地址

北京市石景山区
八角西街27号

电话

010-68883642

传真

010-68880579

邮编

100043

电子信箱

sjsqzb@126.com

《北京石景山年鉴》编纂委员会

《北京石景山年鉴》编辑部

主　　编	李　新
常务副主编	田利跃
执行副主编	李月萍
责任编辑	姚晓妹　张耀中
编　　辑	杨　旭　杜京珊　宋正鑫
摄影人员	岳　星　唐志常　杨京伟　叶晓竹
	杨　峻　徐　星　杜　雷　赵　昂

编 纂 说 明

一、《北京石景山年鉴》是石景山区人民政府主办、区地方志办公室按年编纂、连续出版的大型综合性、权威性、资料性工具书。自2006年开始逐年编纂并公开出版，一年一卷，本卷为第15卷。

二、本鉴以马克思列宁主义、毛泽东思想、邓小平理论、“三个代表”重要思想、科学发展观、习近平新时代中国特色社会主义思想为指导，遵循实事求是原则，力求科学、客观、全面、系统记录石景山区经济和社会发展的基本情况，体现时代特征、地区特点、行业特色。旨在为社会各界了解、研究石景山区提供基本资料，同时为修编《北京市石景山区志》积累史料。

三、本鉴收录范围以地域为界，凡在石景山区境域之内的部门单位、各行各业，不论其性质、隶属关系和级别，均在收录之列。本鉴以详记区属各系统、各单位情况为主，适当记述辖区内中央、市属单位情况，既突出主体又概括全貌。

四、本鉴所收录资料信息的主要形式为文字（文章和条目）、数据（表格）、图片，采用分级分类编纂法，以条目体为主，用规范的语体文直陈其事，文字力求言简意赅。按栏目、分目、次分目、条目四级结构层次编排。

五、本鉴设置30个类目。按政治、经济、文化、社会的顺序，依次排列。依次为区情概览、特载、专文、大事记、中共石景山区委员会、石景山区人民代表大会、石景山区人民政府、政协石景山区委员会、纪检 监察、民主党派、人民团体、法治、军事、综合经济管理、城市建设、新首钢高端产业综合服务区与首钢集团、商业贸易、旅游、城市管理、生态环境、科学技术、教育、文化、卫生、体育、社会生活、街道、人物 荣誉、统计资料、附录。全书总计约93万字。

六、本鉴记述时限为2019年1月1日至12月31日。本鉴中凡未注明年份的事物，均为2019年内所发生。各级负责人任职情况，一律以2019年12月31日在册统计为准。

七、本鉴所用文章和条目，部分由区属各部门和驻区有关单位确定专人撰写或提供，并经撰稿单位主管领导审核。部分资料由编辑部收集。综合性统计资料由区统计局提供，业务部门的统计数字由各主管部门提供。随文图片由各单位提供为主，编辑部提供为辅。

八、本鉴卷首有“总目”和“分目”，卷尾有“索引”。索引采用主题分析法，按主题词首字汉语拼音字母顺序排列。“总目”采用中英文对照，便于涉外交流。同时配有电子版（光盘）。

数字石景山

区域总面积 85.74 平方千米
常住人口 57 万人，户籍人口 39 万人
地区生产总值 806.4 亿元
三次产业构成为 0:16.7:83.3
财政收入总计 113 亿元
财政支出总计 206.7 亿元
社会消费品零售总额 327.2 亿元
居民人均可支配收入 76990 元
居民人均消费支出 45904 元
城市绿化覆盖率 52.67%
人均公共绿地面积 21.96 平方米
新建改造公园绿地 21 处、139.7 公顷
新建 6 家养老驿站，养老床位总数 4155 张

3月14日，新任命政府组成部门人员进行宪法宣誓

区环卫中心在“不忘初心、牢记使命”主题教育中，建成“老街坊”暖心互助站，为城市户外工作者提供服务

10 月 17 日，石景山区政府参与主办的第二届中国银行保险业国际高峰论坛在北京·银行保险产业园开幕

3 月 26 日，清华校友三创大赛在石景山区举办

新地标银河商务区

5月29日，京交会石景山首钢园区分会场侨梦苑北京论坛在北京·银行保险产业园举办

12月20日，石景山“科创28条”政策发布会暨石景山区应用场景建设工作推进会

4 月 13 日，石景山区主办“金融科技创新发展机遇与挑战”金融科技对话交流会

5 月 30 日，区科委与北京航天测控技术有限公司重点项目签约

12 月，位于苹果园南路东口的石景山区文化中心建成，占地总面积 15863 平方米

总　目

CONTENTS

目　录

石景山区人民代表大会

石景山区人民政府

政协石景山区委员会

纪检　监察

民主党派

人民团体

法　　治

军　事

综合经济管理

城 市 建 设

旅　游

城 市 管 理

生 态 环 境

科学技术

教　育

文 化

卫　生

体 育

社 会 生 活

街　道

人物　荣誉

统计资料

附　录

区情概览

基 本 地 情

石景山区位于北京西部西山风景区南麓和永定河冲积扇上，因燕都第一仙山——石景山而得名。地理坐标为北纬39°53′~39°59′，东经116.07′~116°14′，东至玉泉路与海淀区毗连，南抵张仪村与丰台区接壤，北倚克勤峪与海淀区搭界，西濒永定河与门头沟区为邻。辖区东西宽约12.25千米，南北长约13千米，最东端距天安门14千米，总面积85.74平方千米。

石景山区地势北高南低，海拔高度70~130米。西北部山地是太行山余脉，约占全区面积的三分之一，40余座山峰比肩而立。南部横亘着古老的永定河，蜿蜒曲折。中部和东南部是永定河冲积扇形成的夹带残丘的平原，为全区人民生产生活的主要地区。石景山地处暖温带半湿润大陆性季风气候区，年平均气温13.9℃，较常年平均值(12.7℃)偏高。年总降水量483.3毫米，较常年(540.7毫米)偏少。

石景山区自古就是京西历史文化重镇，既是西进京城的军事交通要塞，也是北京现代工业的发祥地，历史文化独特鲜明。境内名胜古迹众多，有近现代重要史迹及代表性建筑20余处，以“三山八刹十二景”著称的一代名园八大处、以明代壁画闻名于世的法海寺、石刻造像美仑美奂的田义墓、第四纪冰川遗迹陈列馆、八宝山革命公墓等均荟萃于此。

石景山区是北京市继东城、西城之后第三个没有农业户籍人口的城区，下辖八宝山街道、老山街道、八角街道、古城街道、苹果园街道、金顶街街道、广宁街道、五里坨街道及鲁谷街道9个街道。全区有46个民族，常住人口57万人。

石景山区曾是北京传统重工业区，以首钢为核心的重工业在地区经济社会发展中占有重要地位。根据北京市赋予石景山区“一区三中心”的城市功能定位，随着首钢搬迁调整的逐步深入，石景山区在2011年区第十一次党代会上提出由传统工业石景山向绿色生态石景山转型的总方向。2013年12月，区委十一届八次全体（扩大）会提出“全面深度转型、高端绿色发展”战略和建设国家级绿色转型发展示范区目标。2019年是中华人民共和国成立70周年，是全面建成小康社会、实现第一个百年奋斗目标的关键之年。石景山区深入贯彻习近平总书记对北京重要讲话精神，紧紧抓住“两大机遇”，牢牢把握“三区定位”，扎实做好稳增长、促改革、调结构、惠民生、防风险、保稳定各项工作，全面完成全年各项任务。

重 点 任 务

庆祝中华人民共和国成立70周年活动服务保障。严格落实市委市政府部署，以最坚决的态度、最周密的筹划、最高的标准，高质量完成群众游行、广场联欢、游园活动等重点任务，举办群众性文化活动55项93场次。实施长安街石景山段等重点区域环境综合提升工程，完成风貌修补、夜景照明和绿化提升项目。开展“擦亮城市西大门、文明祥和迎大庆”专项行动，完成13个重点领域安全隐患专项整治，按照“七个严防”要求做好安保维稳工作，实现“大事不出、小事也不出”的目标。

冬奥服务保障。成立工作专班，与冬奥组委机关进行2次高层对接，同国家体育总局冬运中心开展战略合作，首钢滑雪大跳台成为北京赛区首个完工的新建场馆并顺利通过赛事检验，万达嘉华、首钢工舍被确定为冬奥官方接待酒店，完成北京冬奥倒计时1000天、吉祥物发布、志愿者全球招募等重大活动服务保障工作。承办2019沸雪世界杯、冰壶世界杯总决赛等10余场高规格冰雪赛事，石景山区运动员在全国二青会和市青少年冬季项目比赛中获16枚金牌。推进冰雪产业发展，以“双奥之区”形象亮相冬博会，举办首届冰雪产业论坛，设立全市首个体育产品公共保税仓库。推动冰雪体育“四进”活动，高井路社区成功创建全市首家冬奥社区。

新时代首都城市复兴新地标建设。树立“命运共同体、发展共同体”理念，与首钢建立区企高层定期对接、专班常态化推进工作机制，召开10次对接会，研究解决90个重点难点问题。围绕“四个复兴”，落实三年行动计划，全力推进30项任务和55个项目。建立市区经济贡献共享机制，争取支持老工业区转型升级的综合政策包，制定新首钢地区发展建设指标评价体系。探索财税分享模式，发展“体育+”等相关产业，推进全球首发平台、首店商业街区等项目建设，获得国务院老工业基地调整改造真抓实干成效显著城市表彰，入选第二批国家级产业转型升级示范区。

西山永定河文化带建设。发布实施西山永定河文化带保护发展规划和五年行动计划，编制承恩寺、法海寺保护规划，实施模式口历史文化保护区、八大处景区基础设施提升工程。成立三级新时代文明实践中心，建成区文化中心，9个街道综合文化中心实现社会化运营，出台实体书店发展行动计划及扶持办法，新增实体书店19家。开展北京清明诗会、古城之春艺术节、重阳游山会、原创话剧展演等各类文化惠民活动3000场，服务群众超过200万人次，在第四批国家公共文化服务体系示范区创建中期调度工作中获得全国第二名。

经 济 发 展

主要经济指标。地区生产总值完成630亿元，同比增长7%；一般公共预算收入完成63.4亿元，同比增长

2%；固定资产投资完成290亿元，同比增长6%，其中建安投资完成110亿元，同比增长22%；市场总消费完成606.9亿元，同比增长5.4%；居民人均可支配收入76230元，同比增长7%；万元地区生产总值能耗下降4%，达到市级要求。

高精尖产业。紧抓北京服务业扩大开放试点、京西产业转型升级示范区、国家级金融产业示范区获批机遇，加快构建“1+3+1”高精尖产业体系，高精尖产业实现收入1800亿元，同比增长15%。现代金融业快速发展，全年收入增速超过20%，占高精尖产业收入近一半。推进科技服务业，设立每年5000万元“科技创新”专项资金，推动自动驾驶服务示范区等21个应用场景建设项目。数字创意产业优势明显，动漫游戏、媒体融合等优势产业高质量发展，成功举办国际文创娱乐产业峰会。商务服务业支撑作用加强，出台促进消费升级三年行动计划，落实六大举措、39项重点任务，创建全市首个生活性服务业示范区，成为全国首批家政服务业“领跑者”行动试点城市。

重点功能区建设。北京银行保险产业园市政道路、地下综合管廊等基础设施完工，中央绿地公园、金融交流文化中心、星级酒店等高端商务配套设施投入使用，举办中国银行保险业国际高峰论坛等大型活动10余场，入驻金融机构30余家。中关村石景山园加快建设，工业互联网产业园、人工智能创新应用产业园、北京城市大数据研究院等重点项目落地，园区实现收入2800亿元，同比增长14%，地均产出率、劳均产出率、人均税费等指标在中关村“一区十六园”中排名前列。京西商务中心入驻企业400余家，36个优化升级项目有序推进，召开首届“侨梦苑北京论坛”，集聚百余家侨资企业。

营商环境。贯彻国家减税降费政策，减免税费50亿元。深化“放管服”改革，落实优化营商环境三年行动计划，在全市率先出台“9+N”政策3.0版，完成世界银行和国家营商环境评价迎检工作。落实区处领导服务企业制度，构建“亲清”政商关系，送出服务包170个，解决企业实际问题335个。全面推行好差评、综合窗口、一网通办、一厅通办等便利化政务服务措施，全市首家24小时自助办税厅对外开放。参加第二届进口博览会，京交会石景山分会场获评“最佳专题展区”。全年新注册企业3030户，其中注册资本5000万元以上的规模企业124户。

城市建设与管理

规划编制。编制完成分区规划并获市政府批复，启动控制性详细规划编制工作，完成总体城市设计方案，制定五个专题城市设计导则，完善地下空间、街区更新、区域存量工业用地、“四道”融合等36项专项规划编制。落实常态化城市体检评估机制，全面清理整治大棚房、浅山区违法占地违法建设、违建别墅、绿地认建认养及公园配套用房出租问题。完成第三次全国国土调查和第四次全国经济普查，启动“十四五”规划编制工作。

“疏整促”专项行动。完成拆除违法建设等13项市级任务，16项专项任务保持“动态清零”。坚持以功能疏解带动人口调控，加强平房区综合整治，全区常住人口控制在57.2万人。严格执行产业禁限目录，完成产业转型腾笼换鸟等6项区级任务。推进“六个一批”建设，实施“留白增绿”48.94公顷，新建、提升生活性服务业网点41个，网点连锁化率52.5%，实现8项基本便民服务功能全覆盖。

精细化管理。健全网格化管理体系，685条大街小巷实现“街巷长制”全覆盖。完成4个重点区域、2条精品街、29条背街小巷环境整治和景观提升工程，实施9条道路架空线入地、10座公厕改造项目。建设5项疏堵改造工程，新增停车位6000个，道路停车全部实现电子收费。深入开展垃圾分类，创建3个街道示范片区、10个样板小区、20个示范校园，党政机关、中小学校、大型商超、餐饮单位全部实现生活垃圾强制分类。推动智慧城市建设，发布实施大数据三年行动计划，建设城市大数据“四大工程”，开展应急管理信息化平台等示范应用，构建“1+1+N”发展格局。

生态环境。落实国家森林城市建设总体规划，推进新一轮百万亩造林绿化工程，新建改造西长安街文化艺术公园、新安城市森林公园、旺景公园等公园绿地21处、139.7公顷，西长安街城市森林公园群基本建成，全区公园绿地500米服务半径基本实现全覆盖，城市绿化覆盖率52.67%，人均公共绿地面积21.96平方米，均排名中心城区第一。打好蓝天保卫战，狠抓大气污染防治“一微克”行动，PM2.5年均浓度43微克/立方米，同比下降18.9%。严格落实河长制，完成永引渠景观提升一期工程，3个监测断面水质稳定达标。开展第二次全国污染源普查，完成生态保护红线勘界定标工作。

社会事业建设和社会治理

全国文明城区创建。融合创城与重点工作任务、新中国成立70周年庆祝活动，统筹推进文明城区创建和城市治理等相关工作。制定2019年创城指标任务分解方案，从安全防控、城市秩序、城市环境、窗口服务、宣传教育5个方面持续发力，开展“十大提升工程”，分解落实35个项目、171项任务，全区城市环境面貌明显改善。出台创城宣传导则，举办弘扬社会主义核心价值观系列教育活动。

公共服务体系。投入15.7亿元完成36件重要民生实事，投入2.07亿元实施72项济困工程。出台“1+2”系列文件，明确教育现代化发展目标。组建人大附中石景山学校教育集团，实现教育集团化全覆盖。新增幼儿园4所、学位1100个，完成7所民办幼儿园转普工作，全区普惠幼儿园覆盖率达到70%。出台新一轮就业创业优惠政策，登记失业人员实现就业5776人，城镇登记失业率控制在2%以下，为首钢搬迁调整以来最好水平。深化医耗联动综合改革，重点人群家庭医生签约率、院前急救呼叫满足率居全市前列，成功申办国家医共体试点，圆满完成国家卫生区复审和国家慢性非传染性疾病综合防控示范区创建。新建6家养老驿站，养老床位总数达到4155张，每千名常住人口养老床位数7.04张，养老服务设施实现全覆盖。实施8个保障性住房项目，各类保障性住房开工3339套、竣工5023套，超额完成市级任务。组建区级保障房运营公司，租售并举解决1900户困难家庭住房问题。残疾人职业康复中心一期工程封顶。在23个社区实施奥林匹克体育生活化社区二期工程，新增健身步道5公里。

接诉即办。制定《深化12345市民服务热线接诉即办工作实施方案》，成立区级领导小组，搭建区、街道部门、社区三级工作专班体系，落实首办责任制、“三见面”、区领导直通车等机制，层层压实责任，切实做到闻风而动、接诉即办。全年办理市民热线5.2万件，解决率62.78%，满意率79.37%，比年初分别提高了10.37%和4.89%，有效解决了一批群众关心关注的热点难点问题。

精准扶贫和对口协作。落实精准扶贫年度工作计划，建立区、部门、街道、企业四方联动机制。实施扶贫协作和支援合作项目272个，巩固宁城、称多、顺平脱贫摘帽成果，助力莫旗实现脱贫摘帽，“一企一村、精准扶贫”工作获内蒙古自治区2019年五一劳动奖。创新协作模式，拓宽合作领域，与昌平区和湖北省竹山县开展对口协作工作。

重点领域改革

机构改革。落实市委市政府关于机构改革的总体部署和区委工作方案，稳步推进政府系统机构改革工作，确保机构改革和日常工作两不误、两促进。改革后，政府部门精简为31个，机构设置更加科学，职能配置更加合理，工作运转更加高效。

吹哨报到改革。落实北京市《关于加强新时代街道工作的意见》，召开新时代街道工作推进会，分解落实39项重点任务。完成街道内设机构改革，9个街道重新制定“三定”方案，综合设置为“六室一队三中心”，资源力量进一步整合到基层、下沉到一线。各街道开展吹哨报到560次，解决问题564个。

养老体制改革。开展国家级居家和社区养老服务体制改革试点，打造“十有”养老服务品牌项目，为7.4万名65岁以上老年人投保人身意外伤害险，在200个家庭进行适老化改造，向500位失能老人提供定制服务，为1万户“三失一独”老人配置居家养老信息机。开展市级政策性长期护理保险试点，惠及228位失能老人。

经济体制改革。制定深化国资国企改革工作方案，推动落实9项重点任务，整合组建北京石泰集团公司，5家企业改制、琅山苗圃划转等工作有序推进。加强集体经济改革，稳妥推动农工商总公司改制。做好财政支持民营和小微企业金融服务综合改革试点，完成清理拖欠民营企业中小企业账款工作，促进民营经济健康发展。

特　载

在区委十二届十次全会上的工作报告

区委书记　常　卫

(2019 年 12 月 27 日)

我受区委常委会委托,向全会报告工作。

第一部分　关于 2019 年工作

今年是中华人民共和国成立 70 周年,是全面建成小康社会、实现第一个百年奋斗目标的关键之年。一年来,习近平总书记 4 次视察北京,5 次对北京发表重要讲话,年初专程到冬奥组委和新首钢慰问,体现了对首都工作的高度重视和巨大关怀,为做好新时代首都工作提供了根本遵循。蔡奇书记两次点评指导我区工作,年底前又专门调研石景山,为高水平打造首都城市西大门指明了前进方向。在市委坚强领导下,区委常委会坚持以习近平新时代中国特色社会主义思想为指导,深入贯彻党的十九大和十九届二中、三中、四中全会精神,深入贯彻习近平总书记对北京重要讲话精神,认真落实市委决策部署,先后召开 48 次区委常委会会议并主持召开区委十二届九次全会,对全区各方面工作作出安排部署,全面完成了全年各项任务。区委常委会突出抓了以下几项重点任务:

第一,圆满完成庆祝新中国成立 70 周年等重大活动服务保障任务。坚持把服务保障新中国成立 70 周年庆祝活动作为统领全区工作的纲,以最高标准、最严要求、最好状态圆满完成我区承担的群众游行、广场联欢、群众游园活动。长安街石景山段和新首钢大桥“十一”前全线贯通,全区环境整体提升,营造出整洁靓丽、喜庆欢乐的节日氛围。精心组织“擦亮城市西大门、文明祥和迎大庆”专项行动,广泛开展“我和我的祖国”群众性主题宣传教育活动,激发爱国热情,凝聚奋斗力量。统筹做好第二届“一带一路”国际合作高峰论坛、亚洲文明对话大会、世界园艺博览会等各项重大活动服务保障工作。

第二,精心组织开展“不忘初心、牢记使命”主题教育。全面落实市委关于第二批主题教育的安排,按照“守初心、担使命,找差距、抓落实”的总要求,召开 5 次领导小组会统筹调度,组建 11 个区级巡回指导组跟进督导。坚持把学习贯彻习近平新时代中国特色社会主义思想作为主题教育的根本任务,系统研读《习近平关于“不忘初心、牢记使命”重要论述选编》《习近平关于北京工作论述摘编》等文献,做到学思用贯通、知信行统一。坚持问题导向,组织“十百千万”大调研,深入开展“8 + 1 + 1”专项整治,认真开好民主生活会和组织生活会,做到立查立改、即知即改。坚持与中心工作相结合,把做好国庆服务保障、推进老旧小区综合整治等重点任务作为检验主题教育成果的试金石,切实增强了党员干部的思想担当、政治担当、时代担当、责任担当,促进了各项工作向前推进。我区主题教育取得明显成效,得到了中央第二巡回督导组和市委第四巡回指导组充分肯定。

第三,平稳有序推进机构改革。认真落实市委关于机构改革的总体部署,周密制定改革实施方案,紧凑有序推进机构改革。改革后,全区共设置党政机构 43 个,其中区委机构 12 个,政府机构 31 个,重新编制并公布 1118 项权力清单,职能划转和人员转隶有序到位,干部队伍稳定,工作运行顺畅。同步完成街道管理体制改革,统一设置“六室一队三中心”,推进职能整合、明责赋权、力量下沉、管理增效。

第四,深入开展大抓基层工作。牢固树立以人民为中心思想,强化到基层一线解决问题的工作导向,以“吹哨报到”“接诉即办”、老旧小区治理为抓手,着力解决群众的操心事、烦心事、揪心事。召开全区街道工作会议,实施“吹哨报到”改革 39 项年度任务,打通服务群众的“最后一公里”。出台“接诉即办”工作实施办法,健全三级专班体系,落实首办责任制、“三见面”等机制,形成指挥、处置、监督闭环管理系统。1—11 月,受理群众诉求 4.7 万件,响应率始终保持 100%,解决率、满意率由 52% 和 74% 分别上升到 67% 和 82%。坚持未诉先办,主动破解群众反映最集中的老旧小区问题。与首开集团签订战略合作协议,同步推进区属物业管理改革,实施八角南里等 3 个老旧小区综合整治,开展老山东里北等 9 个老旧小区有机更新试点,努力在老旧小区改造和城市更新方面探出新路。

一年来,区委常委会统筹推进全区各项事业发展,主要做了以下工作:

一、认真做好冬奥筹办服务保障工作

圆满完成年度重点任务。加强与冬奥组委机关对接,与国家体育总局冬运中心签订战略合作协议,首钢滑雪大跳台成为冬奥会北京赛区首个建成并投入使用的新建场馆。成功举办沸雪世界杯、冰壶世界杯总决赛、大陆冰球联赛等高规格冰雪赛事,顺利完成北京冬奥会倒计时 1000 天、冬奥会冬残奥会吉祥物发布、冬奥赛会志愿者全球招募等活动的服务保障任务。

显著改善赛场周边城市环境。实施冬奥赛场周边及阜石路沿线环境整治提升和绿化美化工程,完成新安城市森林公园、石景山景观公园等一批精品公园建设改造,西长安街城市森林公园群基本建成。制定冬奥组委机关驻地维稳

安保工作方案，开展无障碍环境提升行动，城市运行、医疗卫生、文化旅游、安全应急等方面的服务保障能力不断增强。

积极营造浓厚冰雪氛围。举办首届冰雪产业论坛，参展国际冬季运动博览会，制定促进冰雪产业发展的若干措施，设立北京首个体育产品公共保税仓库。深入开展冬奥文化、冰雪运动“四进”工作，举办石景山冰雪节、迎冬奥新春体育庙会等活动，高井路社区成功创建全市首家冬奥社区，冰雪运动进一步走进市民生活。

二、加快推进新时代首都城市复兴新地标建设

区企对接日益深化。树立“命运共同体、发展共同体”理念，建立与首钢高层定期对接、专班常态化推进的工作机制，召开对接会10次，研究解决重点难点问题90项。制定新首钢地区发展建设指标评价体系，创新首钢工业建筑物和构筑物保护性改造利用审批流程，荣获国务院老工业基地调整改造真抓实干成效显著城市表彰，入选第二批国家级产业转型升级示范区。

重大项目加快推进。落实首都城市复兴新地标三年行动计划，统筹推进30项重点任务和55个重点项目。首钢北区全面开工，东南区22个地块入市，南区控规基本稳定。推进规划拼图，完成市政供水水源切换，推动首钢地区市政设施、公共服务等纳入城市统一管理。

创新要素不断聚集。编制新首钢园区产业引导目录，大力发展人工智能、5G、“体育+”、科技服务等产业，启动建设全球首发中心，京交会首钢分会场荣获“最佳专题展区奖”。建立市区经济贡献共享机制，推进侨梦苑、新首钢国际人才社区、城市织补创新工场等项目建设，打造中关村核心区企业新业务空间集中承载地。

三、努力推动经济高质量发展

发展质量和效益不断提高。全面贯彻新发展理念，加快构建“1+3+1”高精尖产业体系，全年高精尖产业收入突破1800亿元，同比增长15%。加大投资带动，固定资产投资完成290亿元，同比增长6%，其中建安投资完成110亿元，同比增长22%。促进消费升级，市场总消费完成606.9亿元，同比增长5.4%。树立过紧日子思想，强化成本控制，做好节支工作，严格政府债务管理，加强金融监管和风险防范。预计地区生产总值完成630亿元，同比增长7%；一般公共预算收入完成63.4亿元，同比增长2%；居民人均可支配收入与经济增长同步，万元地区生产总值能耗下降4%，全区经济保持了总体平稳、稳中有进的发展态势。

重点功能区建设加快推进。北京银行保险产业园规划建成率超过70%，成功举办中国银行保险业国际高峰论坛等大型活动10余场。中关村石景山园快速发展，工业互联网产业园、人工智能创新应用产业园等特色园区加快建设，园区实现收入2800亿元，同比增长14%，地均产出率、劳均产出率、人均税费在中关村“一区十六园”中排名前列。京西商务中心36个优化升级项目有序推进，银河商务区天安人寿大厦、苹果园大悦城项目加紧建设，泰禾长安中心投入运营，发展空间进一步拓展。

营商环境持续优化。修订升级“2+N”政策体系，发布鼓励企业上市发展实施办法、促进应用场景建设加快科技创新支持办法等系列政策。落实国家减税降费政策，减免税费50亿元。构建亲清政商关系，完善企业“服务管家”机制，送出专属“服务包”170个。深化区属国企改革和国资监管，稳步推进农工商总公司改制，促进民营经济健康发展。加强社会信用体系建设，健全失信联合惩戒机制。深化“放管服”改革，推行“综合窗口”“一网通办”“一厅通办”等便利化政务服务措施，完成世界银行和国家营商环境评价迎检工作。

四、积极推进西山永定河文化带建设

率先发布实施西山永定河文化带保护发展规划和五年行动计划。推进永定河综合治理与生态修复，做好模式口历史文化保护区、八大处景区基础设施提升工程。编制完成法海寺、承恩寺保护规划，实施慈善寺等古建筑群保护修缮工程，创作西山永定河文化带系列丛书、《模式口红色记忆》等文艺作品，做好文化保护传承与利用。修订文化及相关产业扶持政策，推动文化事业和文化产业创新发展。

扎实推进国家公共文化服务体系示范区建设。区文化中心全面建成，9个街道综合文化中心实现社会化运营。加大对实体书店的扶持力度，办好“我们的节日”等系列文化活动3000余场，服务群众超过200万人次。在创建国家公共文化服务体系示范区中期调度中获得全国第二名。

深化全国文明城区创建。坚持创城惠民、创城利民的宗旨，重组创城工作机构，健全创城工作体系，加强对创城工作的思想发动、宣传引导和资源汇集。对标对表全国文明城区测评标准，开展创城“十大提升工程”，统筹推进文明城区创建、全国双拥模范城创建、国家卫生区复审和城市治理等相关工作，地区人居环境、市民文明素质和社会文明程度进一步提升。通过国家卫生区复审，扎实有效开展全国双拥模范城创建活动。

五、全面提升城市治理水平

深入落实新版北京城市总体规划。分区规划编制完成并获市政府批复，地下空间、街区更新、“四道”融合等专项规划编制稳步推进，存量工业用地规划研究、建设用地减量路径研究取得新成果。制定完成总体城市设计方案和第五立面、城市色彩等5个专题城市设计导则，落实常态化城市体检评估机制，责任规划师制度全面推开。

重大项目建设统筹推进。完善重大项目推进调度机制，开展重大项目征收拆迁收尾专项行动，全力推进92个固定资产投资项目和28个重大项目。轨道交通S1线、M11线冬奥支线、苹果园综合交通枢纽加快建设，古城南街、永引渠南路东段等城市主干路通车。石景山220kV等5座变电站建成，石景山水厂、五里坨污水处理厂加快建设。衙门口、广宁村棚户区改造有序推进，西黄村、北辛安棚改安置房实现回迁入住。

城市精细化管理水平不断提高。持续深化疏解整治促提升专项行动，16类专项任务保持动态清零。完成4个重点区域、2条精品街、29条背街小巷环境整治和景观提升,实施9条道路架空线入地和10座公厕改造项目,新建、改造生活性服务业网点41个,实施“留白增绿”48.94公顷。开展交通综合治理,道路停车全部实现电子收费。大力推进垃圾分类,创建3个街道示范片区、10个样板小区、20个示范校园。健全网格化管理体系,685条街巷全部落实街巷长制。实施大数据三年行动计划,推进城市大脑应用场景建设。

生态环境质量持续改善。深化大气污染防治“一微克”行动,PM2.5年均浓度42微克/立方米,同比下降22.2%。落实河长制,完成永引渠水系生态景观提升一期工程,国控市控地表水考核断面稳定达标。强化土壤污染风险管控和修复。制定实施国家森林城市建设总体规划,新一轮百万亩造林绿化年度任务超额完成,公园绿地500米服务半径基本实现全覆盖,城市绿化覆盖率52.67%,人均公共绿地面积21.96平方米,均为中心城区第一。

六、不断增进民生福祉

公共服务供给进一步优化。召开全区教育大会,加大优质教育资源的培育和引进力度,组建人大附中石景山学校教育集团,实现集团化办学全覆盖。推进学前教育发展,普惠性幼儿园覆盖率达到70%。出台新一轮就业创业优惠政策,城镇登记失业率控制在2%以内,为首钢搬迁调整以来最好水平。顺利实施医耗联动综合改革,积极推进医联体和分级诊疗体系建设,获批全国医共体建设试点,重点人群家庭医生签约率、院前急救呼叫满足率居全市前列。稳步推进国家级养老服务体制改革试点和市级长期护理保险试点,推动医康养护融合发展,加强老旧小区加装电梯等适老化改造,启动建设全市首家康复辅助器具产业园。玉泉路、东下庄等共有产权房项目加快推进,集体土地租赁住房项目进展顺利,超额完成住房保障年度任务。落实各类社会救助政策,实施72项济困工程。提升生活性服务业品质,实现8项基本便民服务功能全覆盖,率先获批创建北京市生活性服务业示范区。实施奥林匹克体育生活化社区二期工程,5公里健身步道投入使用。

精准扶贫不断深入。建立完善扶贫长效工作机制,区主要领导带队到受援地对接,统筹财政援助资金1.4亿元、实施扶贫协作和支援合作项目272个,助力莫旗实现脱贫摘帽,巩固宁城、称多、顺平脱贫成果,“一企一村、精准扶贫”工作获内蒙古自治区2019年五一劳动奖。

社会秩序安全稳定。始终把维护政治安全作为压倒一切的任务,深入推进平安石景山建设,开展扫黑除恶专项斗争,落实反恐“六住”措施,保持对违法犯罪严打高压态势,群众安全感达到98.7%。完善社会矛盾纠纷多元化解机制,全区初信初访化解率不断提升。深化“老街坊”品牌建设,获批创建全国社区治理和服务创新实验区。建立安全生产督察工作机制,狠抓重点行业领域安全风险排查和整治。严格落实食品药品监管责任,成功创建北京市食品安全示范区。推进城市应急指挥信息化平台建设,强化供水、电力、燃气、供暖、通信等市政设施的管理维护,城市公共安全水平不断提高。

七、全面加强党的建设

强化党的全面领导。充分发挥区委总揽全局、协调各方作用,进一步完善区委党建领导小组工作制度,设立和调整区委深改委、财经委、城工委等11个区委议事协调机构,建立完善区、街道、社区三级党建工作协调委员会。区委常委会研究党建议题126项,占比58%。统筹开展党建述职考核评议,督促各级党组织扛起管党治党政治责任。落实区人大常委会、区政府、区政协等党组定期向区委常委会报告工作制度,支持人大、政府、政协依法监督、依法行政、积极履职。组织召开区委第五次人大工作会议,出台新时代加强和改进人大工作的实施意见。加强党对政法工作的领导,支持保障法院、检察院依法独立行使职权。统筹做好新时期统战、群团、武装、双拥、民族、外事、侨务等工作,完成中央宗教工作督查专项整治任务。

始终把党的政治建设摆在首位。印发区委关于加强党的政治建设的工作措施,教育引导全区各级党组织和党员干部自觉在思想上政治上行动上同以习近平同志为核心的党中央保持高度一致,切实增强“四个意识”、坚定“四个自信”、做到“两个维护”。严格执行请示报告制度,以区委名义向市委请示报告100余件次。从讲政治的高度深入落实规划和自然资源领域问题整改,不折不扣清查整治违建大棚房、浅山区违法占地违法建设、违建别墅、绿地认建认养及公园配套用房出租等问题。

持续深化思想理论武装。坚持用习近平新时代中国特色社会主义思想武装头脑,及时学习贯彻习近平总书记国庆70周年系列重要讲话精神和党的十九届四中全会精神,开展区委理论中心组学习20场,举办各级各类培训班25期,培训干部2300余人。大力推进融媒体中心建设,成立新时代文明实践中心三级服务组织,培育和践行社会主义核心价值观。全面落实意识形态工作责任制,加强网络信息监管,做好舆论引导和舆情处置。

切实加强领导班子和干部队伍建设。落实新时期好干部标准,持续做好干部选、育、管、用工作,完成机构改革中的班子配备和干部调整,区委常委会研究干部职务调整15批372人次,为国庆服务保障、创建全国文明城区等重点工作抽调干部92人次。强化干部监督,严格执行领导干部个人有关事项报告和抽查核实等制度。平稳有序推进公务员职务与职级并行工作。发挥北京博士后成果转化基地、海外院士专家北京工作站等平台作用,举办首届石景山人才宣传周、走进高校引才计划等系列活动,为区域发展提供人才支撑。

扎实推进基层党组织建设。实施基层党组织引领力提升工程,推行基层党建清单制管理,持续推进党支部标准化规范化建设。深化党建引领基层治理创新,开展“社区吹哨我报到、文明创建我先行”双报到主题活动。率先完成社区“两委”换届,统筹推进各领域基层党建,建设全国城市基层党建示范区。

深入推进党风廉政建设和反腐败斗争。深化纪检监察体制改革,健全纪律监督、监察监督、派驻监督、巡察监督协调联动格局。围绕区委中心任务开展日常监督和专项监督,有力推动重点工作落实。规范和拓展巡察工作,开展两轮常规巡察和规划自然资源领域专项巡察。召开"以案为鉴、以案促改"警示教育大会,制定深化警示教育措施。严格执行中央八项规定精神和市委实施意见,加大形式主义、官僚主义问题集中整治力度,对26件违反中央八项规定精神案件全部通报曝光。保持惩治腐败高压态势,全年共处置问题线索195件,新立案83件,给予党纪政务处分65人。

区委常委会高度重视自身建设,各位常委同志带头增强"四个意识"、坚定"四个自信"、做到"两个维护",为全区作出表率。带头落实民主集中制,认真执行领导班子议事决策规则。带头履行全面从严治党主体责任,层层压实责任,加强对分管联系部门党建工作的指导。带头当好"施工队长""生产队长",坚持完善四套班子实地拉练、主要领导带队调研、重点工作现场推进会、月度工作点评会等工作机制,加强对各项工作的统筹和重点任务的突破,促进全区各项工作往深里抓、往实里做、往高水平推。

各位委员、同志们,以上是区委常委会一年来的主要工作。这些成绩的取得,是市委坚强领导的结果,是全区各级党组织和广大党员干部奋力拼搏的结果,是全区人民和社会各界大力支持的结果。在此,我代表区委常委会,向为石景山发展作出贡献的全体党员干部群众、驻区单位和社会各界人士,致以崇高的敬意和衷心的感谢!

在总结成绩的同时,区委常委会也清醒地认识到,工作中还存在一些困难和问题,主要是:区域经济发展的质量和效益还不高,高精尖产业有而不强、有而不优,高质量发展缺乏强有力的支撑,稳增长仍然面临较大压力;人口资源环境矛盾依然突出,人口调控、污染防治形势严峻,城市治理精细化水平有待提高;城市基础设施存在短板,公共服务供给与人民群众对美好生活的期盼还有差距,发展的不平衡不充分问题亟待解决;构建更加有效的基层治理体系任务繁重,制度建设和治理能力建设需要下更大功夫;全面从严治党还存在薄弱环节,部分党员干部思想观念、能力素质、工作作风还不能适应高标准高质量要求,干事创业的精气神需要进一步提振。这些都是关系石景山长远发展的关键问题,我们必须高度重视、认真研究,采取有效措施加以解决。

第二部分　关于2020年工作

2020年是全面建成小康社会和"十三五"规划收官之年,要实现第一个百年奋斗目标,为"十四五"发展和实现第二个百年奋斗目标打好基础,既是决胜期,也是攻坚期。党的十九届四中全会开启了国家治理体系和治理能力现代化新征程,首都进入高质量发展新阶段,石景山处在大有可为的重要战略机遇期,做好明年工作具有里程碑、标志性意义。全区工作的总要求是:坚持以习近平新时代中国特色社会主义思想为指导,全面贯彻党的十九大、十九届二中、三中、四中全会和中央经济工作会议精神,深入贯彻习近平总书记对北京重要讲话精神,认真贯彻市委十二届十一次全会精神,按照蔡奇书记和市委对石景山工作的指示要求,紧扣全面建成小康社会目标任务,坚持稳中求进工作总基调,坚持新发展理念,紧紧抓住"两大机遇",牢牢把握"三区定位",以服务保障冬奥筹办为统领,以打造新时代首都城市复兴新地标为重点,以推动高质量发展为要务,以构建城市基层治理新格局为着力点,以保障和改善民生为落脚点,以全面从严治党为保障,努力把各方面工作做到细致精致极致、实现"一枝独秀",高水平建设好首都城市西大门。

做好明年工作,要做到"五个必须":

一是必须提高政治站位。看北京首先要从政治上看。作为首都中心城区,我们必须树立大局观,牢牢把握国家发展大局和首都战略定位,更加自觉地把石景山的工作放到首都治理的大视野中去思考,放到满足人民日益增长的美好生活需要中去审视,放到建设国际一流和谐宜居之都的战略目标中去谋划,更加自觉地增强"四个意识"、坚定"四个自信"、做到"两个维护",更加主动地围绕"四个中心"、做好"四个服务",坚定目标方向、增强战略定力,全面落实好区域功能定位,履行好职责使命,确保一张蓝图干到底。

二是必须抢抓发展机遇。未来几年是石景山高质量发展的黄金机遇期。新版北京城市总体规划和我区分区规划颁布实施,北京冬奥会筹办进入关键阶段,打造新时代首都城市复兴新地标处于加快推进时期,这些历史机遇相互叠加,为我区强化中心城区功能、争取政策支持、建设重大项目、优化产业布局、补齐发展短板、汇聚高端要素,提供强大动力和广阔空间。尽管前进道路上还会遇到许多困难和挑战,但我们一定要树立必胜信心,坚持稳中求进工作总基调,坚定不移贯彻新发展理念,做到稳字当头,在稳的基础上主动担责、奋发进取,抓住机遇、乘势而上,切实把发展潜力转化为发展成果,推动各方面工作不断向高质量发展迈进。

三是必须坚持以人民为中心。人民对美好生活的向往就是我们的奋斗目标。我们所做的一切工作,归根到底就是要更好地满足人民需要,增强群众的获得感幸福感安全感。坚持以人民为中心,关键是要紧扣"七有"要求和"五性"需求,找准人民群众的操心事、烦心事、揪心事,继续抓重点、补短板、强弱项,确保全面建成小康社会圆满收官,得到人民认可、经得起历史检验。

四是必须强化制度建设。制度最能管根本、管长远、管全局。治理体系和治理能力现代化建设是一项复杂的系统工程,需要完备的制度体系和牢固的制度意识作为支撑。要形成自觉尊崇制度、严格执行制度、坚决维护制度的浓厚氛围,积极构建覆盖全区、科学完备的制度体系,健全制度执行机制和监督机制,提高制度执行能力和水平,在制度的轨道上履行职责、行使权力、开展工作。

五是必须增强干事创业的精气神。政治路线确定之后,干部就是决定因素。要大力加强干部队伍建设,围绕重点工作有针对性开展“干部素质提升工程”,切实增强八个方面的执政本领。鼓励干部把心思集中在想事上,把本领体现在干事上,把目标锁定在成事上,牢固树立追求卓越、争创一流的进取意识,彻底摒弃“一般化”“差不多”的工作思维,把“一枝独秀”的要求贯穿全区各方面和工作全过程,高水平建设好首都城市西大门。

具体来讲,重点抓好以下几个方面工作。

一、深入学习贯彻党的十九届四中全会精神

学习贯彻党的十九届四中全会精神是当前和今后一个时期的重要政治任务。要把学习贯彻四中全会精神与学习贯彻习近平新时代中国特色社会主义思想紧密结合起来,与学习贯彻市委十二届十次、十一次全会精神紧密结合起来,与巩固拓展“不忘初心、牢记使命”主题教育成果紧密结合起来,通过学习研讨、宣传宣讲、党校培训、理论中心组学习等形式,推动全会精神入脑入心,引导广大党员干部群众进一步坚定制度自信,不断强化制度思维,增强制度执行自觉。

贯彻落实四中全会精神,关键是要构建起科学完备的制度体系。要认真落实好市委实施意见,紧紧围绕推进治理体系和治理能力现代化的总要求,着力固根基、扬优势、补短板、强弱项,从坚持和巩固、完善和发展、遵守和执行三个方面入手,分级对接、分层推进、分类落实,围绕坚持和完善党的领导、保证人民当家作主、推动高质量发展、提高城市治理水平、保障和改善民生等方面,加强各项政策制度在我区的协调配套和系统集成,提升工作的制度化、规范化、科学化水平。

贯彻落实四中全会精神,必须全面深化改革。要聚焦转型发展关键任务,把有利于提升群众获得感的改革放在突出位置,建立重点改革任务清单,着力围绕科技、文化、体育、金融、营商环境、减量发展、生态建设等事关高质量发展的重点领域和关键环节,拿出一批新举措,取得一批立得住、叫得响的改革成果。要层层压实改革责任,实行重点改革任务主管区领导负责制,鼓励基层继续推出一批小切口、见效快的探索创新,确保改革工作落到实处、取得实效。

二、全力服务保障北京冬奥筹办

北京冬奥会、冬残奥会是习近平总书记亲自决策、亲自推动的一件国家大事。我区作为冬奥组委机关驻地和重要赛区,服务保障冬奥筹办是全区的中心工作,起统领作用。明年开始,北京冬奥会系列测试赛将逐步展开,冬奥筹办进入关键阶段。要按照“一刻也不能停、一步也不能错、一天也误不起”的要求,全方位做好服务保障工作。

要在服务冬奥上下功夫。按照“竞赛为中心、场馆为基础、属地为保障”的原则,实现工作重心和体制、机制向冬奥赛时转移。组建冬奥工作专班,完善服务保障工作体系,建立“双进入”工作模式,健全与冬奥组委机关的沟通协调机制、场馆运行与外围保障的对接机制,建设运营好滑雪大跳台、国家冬训中心等冬奥场馆及配套设施。围绕赛时“吃住行游购娱”需要,加紧开展相关要素合理布局和完善提升,带动区域商务服务和文旅消费升级,为冬奥赛事提供一流的硬件设施和软件服务。

要在借势冬奥上下功夫。树立办赛事就是建城市的意识,推进赛场周边水、电、气、热等市政基础配套,加快 M11 线冬奥支线和苹果园综合交通枢纽建设,完善无障碍设施,规范中英双语标识,将冬奥元素全面融入公共空间。按照“一核两轴一带多点”的环境提升总体布局,重点做好赛场周边、阜石路沿线、永定河左岸、莲石湖公园的环境综合整治和景观提升,在治乱、见新、添彩的过程中提升全区城市环境建设水平。加快建设国家体育产业示范区,支持冰雪产业与金融、科技、文化等领域深度融合,深化国际国内冰雪合作交流,高水平办好中国冰雪大会、冰雪产业论坛、沸雪世界杯等活动和赛事,努力扩大冬奥的经济效益和社会效益。

要在参与冬奥上下功夫。深化与国家体育总局冬运中心战略合作,精心策划冬奥特色主题活动,积极推进冬奥社区建设,做好冬奥文化、冰雪运动“四进”工作,广泛开展群众性冬季体育活动,打造“带动三亿人参与冰雪运动”示范区。持续加强冬奥文化宣传,营造浓厚冬奥氛围,提升城市品牌形象。加快建设体育公园、健身步道等体育设施,推动社会单位体育设施开放共享,补充更多群众家门口的体育健身场所,带动全民健身活动蓬勃开展,展示“双奥之区”的城市活力和人文风貌。

三、加快打造新时代首都城市复兴新地标

新首钢地区是首都城市西大门和城市复兴新地标,是带动首都西部地区转型发展的核心和关键。要全面落实北京市新首钢高端产业综合服务区发展建设领导小组要求,深化市、区、企联动工作机制,强化与首钢高层对接,探索存量空间资源利用模式,推动市政设施、土地开发、环境建设、公共服务、产业发展等纳入全区整体规划,实施新首钢地区绿色生态发展行动计划,狠抓十大攻坚工程建设,促进生态与城市、产业与城市、厂区与城区融合发展。

认真落实新首钢三年行动计划,明确时间节点,倒排工期进度,推动重点项目建设全面提速。加快文化复兴,推进首钢工业遗址公园和冬奥广场项目,打造山水相连、工业遗存和冬奥元素共生的城市风貌。加快产业复兴,紧抓冬奥机遇,立足区域禀赋,围绕“体育+”产业,加强载体建设,加速推进产业集聚,建设传统工业绿色转型升级示范区、京西高端产业新高地、后工业文化体育创意基地。加快生态复兴,精心打造西长安街城市森林公园群,促进长安街延线景观环境整体提升。加快活力复兴,推进新首钢国际人才社区建设,打造国际一流的宜居宜业环境。

四、大力推动经济高质量发展

推动高质量发展是我区转型升级的关键。要始终坚持以发展为第一要务,持续推进减量发展、创新发展、高质量发展,加快建设国家级产业转型发展示范区。

继续做好“六稳”工作。推动全区经济社会平稳健康发展,地区生产总值增长 6.5% 左右,一般公共预算收入增长 2% 左右,固定资产投资增长 5.2% 左右,市场总消费增长

5.4%左右，居民人均可支配收入增长与经济增长基本同步，城镇登记失业率控制在2.8%以内。加强税源建设，做好重点领域税源的分析监控，确保应收尽收。提高过紧日子的能力和水平，保证重点工作，压减一般性支出，提高财政资金使用效益。加强政府债务管理，依法整治网贷乱象，坚决防范化解金融风险。

积极培育高精尖产业。充分发挥长安街延长线优势，善于在“螺蛳壳里做道场”，坚持走高精尖的路子。强化现代金融产业主导地位，促进资产管理、保险科技、消费金融等创新发展，办好银行保险业国际高峰论坛，加快建设国家级金融产业示范区。聚焦科技服务、数字创意、新一代信息技术，建立并用好各类产业发展基金、科技创新专项资金，着力培育工业互联网、虚拟现实、5G等产业，加快形成高精尖产业集聚的发展态势和影响力。落实消费升级三年行动计划，加快建设中海环宇荟、苹果园大悦城，推动当代鼎城、万达广场等升级改造，扩大体育、文化和夜间消费供给，创建生活性服务业示范区。

加快建设重点功能区。加强对长安街沿线楼宇资源管理，出台促进楼宇经济发展措施，在增量提质和存量增效上狠下功夫，提高人均产出、地均产出，提升长安金轴商务楼宇资源的内涵品质和经济效益。发挥中关村石景山园主战场作用，加快工业互联网产业园、虚拟现实产业园建设，落实“科创28条”，抓好科技应用场景建设，满足企业从开发实验品到产品的公共基础性试验平台的需求。推动北京银行保险产业园主园区基本建成，进一步优化政策体系和运营体制，努力打造北京金融新地标。紧密结合老厂房利用和西山永定河文化带建设，实施1919京西影视文创园、郎园Park等项目，打造文化产业特色品牌。

持续优化营商环境。不折不扣落实好国家减税降费政策，降低企业商务成本。落实营商环境3.0版政策，优化我区“2+N”政策体系，坚持区处领导走访服务企业，完善“服务包”制度和“服务管家”机制，发挥市民热线企业服务功能，做到无事不扰、有求必应。加快政务服务中心建设，推进政务服务一体化工作，打造“整体政府”，真正实现群众办事只进一门、只跑一窗。创新招商引资举措，建立市场化、专业化运营机制，充分利用京交会、冬博会、银行保险业国际论坛等平台，聚焦主导产业，列出重点企业清单，紧盯并引进业内标杆性、国际化的总部企业、头部企业。深化国有企业、集体经济改革，支持民营经济健康发展，建立小微企业融资服务平台和风险补偿金制度，开展小微企业续贷服务，激发各类市场主体发展活力。

五、扎实推进西山永定河文化带建设

西山永定河文化带建设是我区服务全国文化中心建设的重要抓手。要落实“一核一城三带两区”总体布局，加大绿色生态涵养力度，保护历史文化遗产，不断提升西山永定河文化带石景山段的文化价值，做好首都文化的西山永定河篇章。

完善西山永定河文化带建设领导体制和工作机制，落实发展规划和行动计划，推进市级挂账项目实施和重点任务落地。加强永定河左岸综合治理与生态修复，加强精华片区保护建设，注重文化内涵挖掘，加大“三道五区”“六张名片”等重点项目支撑力度。梳理整合文化旅游资源，加快推进模式口文保区、八大处公园、石景山游乐园提升工程，把文化软实力转化为现实生产力。

全面提升公共文化服务水平。深入推进公共文化服务体系示范区创建，提升区文化中心运营管理水平，加快建设非遗中心和区博物馆，推进区档案馆建设，支持实体书店发展，推动文化设施提档升级。持续打造北京清明诗会、古城之春艺术节、重阳游山会等群众文化品牌，提高文化服务的质量和覆盖面，不断满足人民群众日益增长的精神文化需求。

统筹推进全国文明城区创建。认真落实《新时代公民道德建设实施纲要》，以提升文明素养、形成良好风气为重点，以“擦亮城市西大门、文明祥和迎冬奥”活动为载体，紧密结合城市建设、精细化管理、改善民生等工作，层层压实街道、部门和各级干部的创建责任，形成齐抓共管、合力共为、有序推进的工作格局，实现创城惠民、创城利民。

六、努力提升城市规划建设管理水平

高水平规划建设管理好石景山，是建设国际一流和谐宜居之都的必然要求。要坚持规划引领，发扬工匠精神，下足绣花功夫，倾注人文关怀，做到精洽细致，追求一枝独秀，展现首都城市西大门的良好形象。

充分发挥规划引领作用。强化区委城工委统筹领导，抓好分区规划落地实施。精心编制控制性详细规划、“十四五”规划和各专项规划，加强规划统筹，做好规划衔接，推进多规合一。加强对规划实施的监督，落实责任规划师制度和城市体检制度，坚决守住“双控”“三线”要求，确保规划刚性管控。

扎实开展疏解整治促提升专项行动。落实“控增量”“疏存量”要求，严格执行新增产业禁限目录，加大城市痼疾顽症整治力度，保持各类违法违规行为动态清零。巩固“基本无违法建设城区”成果，持续推进大棚房等规自领域问题整改。多措并举强化人口管理，坚决完成人口调控目标任务。在疏解整治的基础上，下更大力气做好优化提升工作，统筹用好腾退空间，积极引入高端要素，实现腾笼换鸟。

提高城市承载能力。统筹推进100余项固定资产投资项目和26项重大项目，抓好新建项目开工、续建项目进度和在建项目质量，做好项目储备。积极推进轨道交通S1线、1号线福寿岭站建设，加快建设高井规划一路、北辛安路南段、锅炉厂南路东段、刘娘府东街北段等城市主干路，推进苹果园、新首钢和西黄村、北辛安等重点区域市政道路建设。有序推进石景山水厂、鲁谷和北重供热厂、苹果园110kV等3个输变电工程，做好海绵城市建设工作。

加强城市精细化管理。落实北京市加强城市精细化管理工作的意见，构建城市精细化管理体系。推进市民服务热线与网格平台统筹融合，提高工作的整体性、实效性。完善城市管理大数据平台，推进城市大脑建设，提高城市智能化管理水平。积极开展城市修补,建立健全地下管线综合管理机制,做好架空线入地工作,加快推进城市缝合。实施交通疏堵工程,加强慢行系统建设,提高交通综合保障能力。深化一刻钟社区服务圈建设,重点织补便民设施,更好满足群众需求。

提升生态环境质量。坚持生态优先,全面落实清洁空气行动计划,坚决打赢蓝天保卫战。推进水环境治理,严格落实河长制,确保全域考核断面水质稳定达标。落实土壤污染防治行动计划,加强土壤污染管控和修复。落实生活垃圾管理条例,积极倡导绿色生产生活方式,努力走在全市前列。推进国家森林城市创建工作,建设麻峪、衙门口等城市森林公园,确保新一轮百万亩造林绿化五年任务三年完成,打造大尺度城市森林景观。完善"山、河、轴、链、园"生态体系,实施"增彩延绿"工程,高标准建设山水绿链,打造"秀水石景山",展现"一半山水一半城"的美丽姿态。

七、积极构建城市基层治理新格局

构建超大城市基层治理新格局,是推进首都治理体系和治理能力现代化的重要内容。要抓住北京市制定实施街道办事处条例、物业管理条例的有利契机,以建设全国社区治理和服务创新实验区为抓手,从深化街道体制改革、加强街区有机更新、完善社区治理三个层面,构建党建引领基层治理新格局。

深化"吹哨报到"改革。认真贯彻街道工作会议精神,全面落实街道职责清单,推动赋权、下沉、增效,持续解决好街道基本队伍、基本活动、基本阵地、基本制度、基本保障等问题,加快建设文明街道、活力街道、宜居街道、平安街道。健全完善社区治理体系,拓宽议事厅、恳谈会等参与渠道,整合街巷长、小巷管家、社区专员、社区工作者、协管员、"老街坊"以及驻区单位等力量,推动"吹哨报到"向社区延伸,建设社会治理共同体。

提升"接诉即办"水平。坚持大抓基层的工作导向,着力办好群众身边的事。严格执行四级处置机制,提高诉求解决率,深化首办责任制,落实"三见面"等工作机制,建立"双派双考"系统,将年度综合考核与工作绩效挂钩,保证"接诉即办"工作的长期效果。坚持"接诉即办"与主动治理相结合,对重点问题和高频事项纳入工作专班专题研究突破。聚焦"七有""五性"等民生问题,重点补齐短板弱项,不断提高群众的获得感幸福感安全感。

深入实施老旧小区更新改造。制定实施老旧小区综合整治和长效治理工作方案等系列文件,探索建立系统完备的顶层设计。深化与首开集团战略合作,推进区属物业企业改革,从市属、区属两个方面共同发力,全面加强老旧小区管理。完成十万平、五芳园、铸造村14号楼等"7+1"老旧小区综合整治工程,再启动两批综合整治项目。完成9个街道试点小区更新提升工作,总结推广"3+N"工作经验,扩大老旧小区更新提升覆盖面。坚持党建引领,在业委会、物业企业中建立党组织,纳入社区治理体系。落实共同缔造,充分发动和依靠居民群众,实现共建共治共享。

八、着力保障和改善民生

增进人民福祉、促进人的全面发展,是我们党立党为公、执政为民的本质要求。要用好"七有""五性"监测评价结果,实施公共服务供给侧改革,抓重点、补短板、强弱项,满足群众多层次多样化需求。

扎实办好各项民生实事。全面完成第三期学前教育行动计划,确保普惠性幼儿园覆盖率达到80%。全面落实教育大会各项任务,深化教育改革,加快建设北大附中石景山学校(新址)、十一学校石景山实验中学,下大力气抓好名校、名校长、名教师建设,提高教育教学质量。完成平安校园建设,全区中小学幼儿园100%达到平安校园标准。落实促进就业系列政策,大力抓好就业再就业工作,提升社会保障服务能力。深化医药卫生体制改革,构建健康服务体系,做好国家医共体试点和北京市紧密型医联体试点工作,加快朝阳医院西院扩建项目等优质医疗资源建设。深入推进医养结合,深化居家和社区养老试点工作,全面推开政策性长期护理保险试点,启动建设老年友善社区卫生服务中心试点和康复辅助器具社区租赁服务国家试点,大力推进老旧小区适老化改造。落实租购并举的住房保障制度,加快北辛安、衙门口棚改进度,基本完成广宁村项目征收,完成各类保障性住房供给任务。实施济困工程,统筹做好社会救助工作。全面打赢脱贫攻坚战,深化对口协作工作,助力受援地区加快脱贫实现小康。

切实维护社会和谐稳定。增强底线思维,坚决守好政治安全、金融安全、社会民生"三条底线"。深化平安石景山建设,切实做到"三个不能""五个坚决防止",争创全国市域社会治理现代化试点。深入推进扫黑除恶专项斗争,加强社会面整体防控,严厉打击各类违法犯罪活动。深入开展社会矛盾纠纷多元化解,加强风险评估、监测预警、精准治理。层层压实意识形态工作主体责任,做好网络安全工作。严格落实安全生产责任,加强危化品、消防、建设施工、食品药品等重点行业领域的安全风险排查和治理。加快应急指挥平台和综合救援队伍建设,提高防灾减灾救灾能力。开展城市安全隐患治理,切实维护城市运行安全。

九、持续推动全面从严治党向纵深发展

牢固树立抓好党建是最大政绩理念,进一步压紧压实全面从严治党主体责任,为完成各项任务提供坚强保证。

始终把党的政治建设摆在首位。严格执行新形势下党内政治生活的若干准则,严明党的政治纪律和政治规矩,切实增强"四个意识"、坚定"四个自信"、做到"两个维护"。认真贯彻落实党中央各项决策部署,确保政令畅通,做到令行禁止。提高政治敏锐性和鉴别力,增强斗争精神,提高斗争本领。

强化思想理论武装。坚持用习近平新时代中国特色社会主义思想武装头脑、指导实践、推动工作。有计划、分层次、高质量开展党员教育培训,抓好各级党委(党组)理论中心组学习,用好"学习强国"学习平台。巩固和拓展"不忘初心、牢记使命"主题教育成果,固化主题教育各项制度。坚

持守正创新，统筹新时代文明实践中心、融媒体中心、政务门户网站力量，做大做强正面宣传。

加强领导班子和干部队伍建设。深入贯彻新时代党的组织路线，研究制定领导班子建设规划纲要实施意见，牢固树立正确用人导向，健全在重大任务和基层一线考察识别干部的有效机制，切实将德才兼备、担当作为、业绩突出、群众公认的干部提拔使用起来。强化干部轮岗交流，加强对优秀年轻干部的培养，提升领导班子整体功能。建立健全容错纠错机制，激励干部担当作为。完善从严管理监督干部制度体系，统筹做好公务员职务与职级并行工作，切实将关心关爱干部各项要求落到实处。做好机构改革后续工作，强化人员融合、业务整合。按照全市统一部署，扎实稳妥推进事业单位改革。用心用情做好老干部工作。落实人才五年行动计划，启动专项人才发展工程，为高质量发展提供智力支撑。

加强基层党组织建设。以增强政治功能和组织力为重点，深化党支部规范化建设，把每个党支部都建成坚强的战斗堡垒。推进党建工作创新，打造具有石景山特色的党建品牌。深化城市基层党建工作，做实三级党建工作协调委员会，推进街道社区党建、单位党建、行业党建互联互动。发挥机关党建表率作用，统筹提升国企、事业单位、“两新”组织等各领域党建工作质量。

持之以恒正风肃纪反腐。完善作风建设长效机制，锲而不舍落实中央八项规定精神，集中整治形式主义、官僚主义。落实全面从严治党责任制度，促进管党治党主体责任和监督责任贯通联动，全面做好纪律监督、监察监督、派驻监督、巡察监督工作。建立权责清单制度，健全巡视巡察上下联动及整改督查落实情况报告制度，完善监督问责工作机制，确保重大决策部署落地见效。深化运用“四种形态”，紧盯重大工程、重点领域的腐败问题，持续整治群众身边腐败和作风问题，保持惩治腐败高压态势。

完成明年各项任务，必须强化党对全区工作的领导。要坚持区委总揽全局、协调各方，充分发挥区委各议事协调机构作用，不断提高各级党委把方向、管大局、作决策、保落实的能力和水平。支持和保障人大及其常委会依法行使职权，充分发挥人大聚民心、议大事、保落实、促善治的重要作用。积极推进政府治理体系和治理能力现代化，提高行政效能，建设人民满意的服务型政府。坚持和完善中国共产党领导的多党合作和政治协商制度，召开区委第五次政协工作会议，推进政协履行职能制度化、规范化、程序化。巩固和壮大爱国统一战线，支持各民主党派、工商联和无党派人士积极参政议政。全面推进依法治区工作，提高依法决策、依法行政和公正司法的水平，维护社会公平正义。加强对工会、共青团、妇联等群团组织的领导，做好新形势下的武装、双拥、民族、宗教、外事、侨务等工作。

同志们，做好明年工作意义重大、责任重大。我们要更加紧密地团结在以习近平同志为核心的党中央周围，在市委的坚强领导下，锐意进取、真抓实干，高水平建设好首都城市西大门，为夺取全面建成小康社会伟大胜利作出应有贡献！

政府工作报告

——在北京市石景山区第十六届人民代表大会第六次会议上

代区长　李　新

（2020 年 1 月 7 日）

各位代表：

现在，我代表石景山区人民政府向大会报告工作，请予审议，并请各位政协委员提出意见。

一、2019 年工作回顾

2019 年是中华人民共和国成立 70 周年，是全面建成小康社会、实现第一个百年奋斗目标的关键之年。一年来，习近平总书记 4 次视察北京，5 次对北京发表重要讲话，专程到冬奥组委和新首钢慰问，体现了对首都工作的高度重视和巨大关怀，为做好新时代首都工作提供了根本遵循。蔡奇书记两次点评指导我区工作，年底前又专门调研石景山，为高水平打造首都城市西大门指明了前进方向。一年来，在市委市政府的坚强领导下，在区委的直接领导下，在区人大、区政协的监督支持下，我们以习近平新时代中国特色社会主义思想为指导，深入贯彻党的十九大和十九届二中、三中、四中全会精神，深入贯彻习近平总书记对北京重要讲话精神，紧紧抓住“两大机遇”，牢牢把握“三区定位”，扎实做好稳增长、促改革、调结构、惠民生、防风险、保稳定各项工作，完成了年度各项任务。

（一）全力以赴落实重点任务，中心城区功能持续增强

新中国成立 70 周年庆祝活动服务保障圆满完成。严格落实市委市政府部署，以最坚决的态度、最周密的筹划、最高的标准，高质量完成群众游行、广场联欢、游园活动等重点任务，举办群众性文化活动 55 项 93 场次，营造了喜庆

祥和的节日氛围。实施长安街石景山段等重点区域环境综合提升工程,完成风貌修补、夜景照明和绿化提升项目,市容市貌整洁靓丽。开展“擦亮城市西大门、文明祥和迎大庆”专项行动,完成13个重点领域安全隐患专项整治,按照“七个严防”要求做好安保维稳工作,实现“大事不出、小事也不出”的目标。

冬奥服务保障扎实推进。成立工作专班,与冬奥组委机关进行2次高层对接,同国家体育总局冬运中心开展战略合作,首钢滑雪大跳台成为北京赛区首个完工的新建场馆并顺利通过赛事检验,万达嘉华、首钢工舍被确定为冬奥官方接待酒店,圆满完成北京冬奥倒计时1000天、吉祥物发布、志愿者全球招募等重大活动服务保障工作。承办2019沸雪世界杯、冰壶世界杯总决赛等10余场高规格冰雪赛事,我区运动员在全国二青会和市青少年冬季项目比赛中获16枚金牌。推进冰雪产业发展,以“双奥之区”形象精彩亮相冬博会,举办首届冰雪产业论坛,设立全市首个体育产品公共保税仓库。推动冰雪体育“四进”活动,组建20支冰雪运动队,打造冰雪节、迎冬奥新春体育庙会等冰雪品牌,高井路社区成功创建全市首家冬奥社区,冰雪运动进一步走进市民生活。

新时代首都城市复兴新地标加快建设。树立“命运共同体、发展共同体”理念,与首钢建立区企高层定期对接、专班常态化推进工作机制,召开10次对接会,研究解决90个重点难点问题。围绕“四个复兴”,落实三年行动计划,全力推进30项任务和55个项目,首钢北区全面开工,东南区22个地块入市,南区控规基本稳定,园区开发建设与区域转型发展深度融合。建立市区经济贡献共享机制,争取支持老工业区转型升级的综合政策包,制定新首钢地区发展建设指标评价体系。探索财税分享模式,发展“体育+”等相关产业,推进全球首发平台、首店商业街区等项目建设,获得国务院老工业基地调整改造真抓实干成效显著城市表彰,入选第二批国家级产业转型升级示范区。

西山永定河文化带建设有序推进。发布实施西山永定河文化带保护发展规划和五年行动计划,编制承恩寺、法海寺保护规划,实施模式口历史文化保护区、八大处景区基础设施提升工程。成立三级新时代文明实践中心,建成区文化中心,9个街道综合文化中心实现社会化运营,出台实体书店发展行动计划及扶持办法,新增实体书店19家。开展北京清明诗会、古城之春艺术节、重阳游山会、原创话剧展演等各类文化惠民活动3000场,服务群众超过200万人次,在第四批国家公共文化服务体系示范区创建中期调度工作中获得全国第二名。

(二)聚焦高质量发展,区域经济提质增效

主要经济指标全面完成。预计地区生产总值完成630亿元,同比增长7%;一般公共预算收入完成63.4亿元,同比增长2%;固定资产投资完成290亿元,同比增长6%,其中建安投资完成110亿元,同比增长22%;市场总消费完成606.9亿元,同比增长5.4%;居民人均可支配收入76230元,同比增长7%;万元地区生产总值能耗下降4%,达到市级要求。

高精尖产业发展态势良好。紧抓北京服务业扩大开放试点、京西产业转型升级示范区、国家级金融产业示范区获批机遇,加快构建“1+3+1”高精尖产业体系,高精尖产业实现收入1800亿元,同比增长15%。现代金融业快速发展,全年收入增速超过20%,占高精尖产业收入近一半,产业主导地位进一步巩固。科技服务业稳步推进,设立每年5000万元“科技创新”专项资金,推动自动驾驶服务示范区等21个应用场景建设项目。数字创意产业优势明显,动漫游戏、媒体融合等优势产业高质量发展,成功举办国际文创娱乐产业峰会。新一代信息技术产业聚集发展,聚焦工业互联网、虚拟现实等产业,与中关村管委会、中关村发展集团共同建设创新服务体系。商务服务业支撑作用加强,出台促进消费升级三年行动计划,落实六大举措、39项重点任务,创建全市首个生活性服务业示范区,成为全国首批家政服务业“领跑者”行动试点城市。

重点功能区建设加速推进。北京银行保险产业园市政道路、地下综合管廊等基础设施完工,中央绿地公园、金融交流文化中心、星级酒店等高端商务配套设施投入使用,举办中国银行保险业国际高峰论坛等大型活动10余场,入驻金融机构30余家。中关村石景山园加快建设,工业互联网产业园、人工智能创新应用产业园、北京城市大数据研究院等重点项目落地,园区实现收入2800亿元,同比增长14%,地均产出率、劳均产出率、人均税费等指标在中关村“一区十六园”中排名前列。银河商务区天安人寿大厦开工,京西商务中心入驻企业400余家,36个优化升级项目有序推进,召开首届“侨梦苑北京论坛”,集聚百余家侨资企业,产业布局初步形成。

营商环境持续优化。认真贯彻国家减税降费政策,减免税费50亿元。深化“放管服”改革,落实优化营商环境三年行动计划,在全市率先出台“9+N”政策3.0版,完成世界银行和国家营商环境评价迎检工作。落实区处领导服务企业制度,构建“亲清”政商关系,送出服务包170个,解决企业实际问题335个。全面推行好差评、综合窗口、一网通办、一厅通办等便利化政务服务措施,全市首家24小时自助办税厅对外开放。参加第二届进口博览会,京交会石景山分会场获评“最佳专题展区”。全年新注册企业3030户,其中注册资本5000万元以上的规模企业124户。

(三)认真落实新版北京城市总体规划,城市治理水平不断提升

规划引领作用充分发挥。编制完成分区规划并获市政府批复,启动控制性详细规划编制工作,完成总体城市设计方案,制定五个专题城市设计导则,深化地下空间、街区更新、区域存量工业用地、“四道”融合等36项专项规划编制,城市发展的整体性协调性进一步增强。落实常态化城市体检评估机制,全面清理整治大棚房、浅山区违法占地违法建设、违建别墅、绿地认建认养及公园配套用房出租问题。完

成第三次全国国土调查和第四次全国经济普查，启动“十四五”规划编制工作。

“疏整促”专项行动扎实开展。坚持疏控结合，完成拆除违法建设等13项市级任务，16项专项任务保持“动态清零”。坚持以功能疏解带动人口调控，加强平房区综合整治，全区常住人口控制在57.2万人。严格执行产业禁限目录，完成产业转型腾笼换鸟等6项区级任务。稳步推进“六个一批”建设，实施“留白增绿”48.94公顷，新建、提升生活性服务业网点41个，网点连锁化率52.5%，实现8项基本便民服务功能全覆盖。

城市承载能力不断增强。完善重大项目推进机制，建设信息化管理平台，加强工程调度，统筹推进92个固定资产投资项目和28个重大项目。轨道交通S1线、M11线西段和苹果园综合交通枢纽加快建设，长安街西延、新首钢大桥、古城南街、永引渠南路东段建成通车。石景山220kV等5个输变电工程建成。石景山水厂建设有序推进，五里坨污水处理厂升级改造工程主体结构完工。加快衙门口、北辛安棚改项目建设，启动广宁村棚户区改造，北辛安一期、西黄村回迁安置房竣工交付。科学把握土地开发入市节奏，土地上市交易27公顷，完成年度任务的180%。

精细化管理水平稳步提升。健全网格化管理体系，685条大街小巷实现“街巷长制”全覆盖。完成4个重点区域、2条精品街、29条背街小巷环境整治和景观提升工程，实施9条道路架空线入地、10座公厕改造项目。建设5项疏堵改造工程，新增停车位6000个，道路停车全部实现电子收费。深入开展垃圾分类，创建3个街道示范片区、10个样板小区、20个示范校园，党政机关、中小学校、大型商超、餐饮单位全部实现生活垃圾强制分类。推动智慧城市建设，发布实施大数据三年行动计划，建设城市大数据“四大工程”，开展应急管理信息化平台等示范应用，构建“1+1+N”发展格局。

生态环境质量明显改善。落实国家森林城市建设总体规划，推进新一轮百万亩造林绿化工程，新建改造西长安街文化艺术公园、新安城市森林公园、旺景公园等公园绿地21处、139.7公顷，西长安街城市森林公园群基本建成，全区公园绿地500米服务半径基本实现全覆盖，城市绿化覆盖率52.67%，人均公共绿地面积21.96平方米，均排名中心城区第一。打好蓝天保卫战，狠抓大气污染防治“一微克”行动，PM2.5年均浓度43微克/立方米，同比下降18.9%。严格落实河长制，完成永引渠景观提升一期工程，3个监测断面水质稳定达标。有序推进污染地块治理，实行建设用地土壤污染风险管控和修复名录制度。开展第二次全国污染源普查，完成生态保护红线勘界定标工作。

（四）坚持创城为牵引，民生福祉进一步改善

全国文明城区创建深化提质。将创城与重点工作任务、新中国成立70周年庆祝活动有机融合，统筹推进文明城区创建和城市治理等相关工作。制定2019年创城指标任务分解方案，从安全防控、城市秩序、城市环境、窗口服务、宣传教育5个方面持续发力，开展“十大提升工程”，分解落实35个项目、171项任务，全区城市环境面貌明显改善。出台创城宣传导则，举办弘扬社会主义核心价值观系列教育活动，城市文明程度和市民文明素养不断提升。

公共服务体系更加健全。认真落实“七有”要求和“五性”需求，着力办好群众最关心最期盼的民生实事。投入15.7亿元完成36件重要民生实事，投入2.07亿元实施72项济困工程。召开全区教育大会，出台“1+2”系列文件，明确教育现代化发展目标。组建人大附中石景山学校教育集团，实现教育集团化全覆盖。新增幼儿园4所、学位1100个，完成7所民办幼儿园转普工作，全区普惠幼儿园覆盖率达到70%。出台新一轮就业创业优惠政策，登记失业人员实现就业5776人，城镇登记失业率控制在2%以下，为首钢搬迁调整以来最好水平。深化医耗联动综合改革，重点人群家庭医生签约率、院前急救呼叫满足率居全市前列，成功申办国家医共体试点，圆满完成国家卫生区复审和国家慢性非传染性疾病综合防控示范区创建。新建6家养老驿站，养老床位总数达到4155张，每千名常住人口养老床位数7.04张，养老服务设施实现全覆盖。实施8个保障性住房项目，各类保障性住房开工3339套、竣工5023套，超额完成市级任务。组建区级保障房运营公司，租售并举解决1900户困难家庭住房问题。残疾人职业康复中心一期工程封顶。在23个社区实施奥林匹克体育生活化社区二期工程，新增健身步道5公里，全民健身公共服务体系更加完善。

接诉即办工作成效明显。制定《深化12345市民服务热线接诉即办工作实施方案》，成立区级领导小组，搭建区、街道部门、社区三级工作专班体系，落实首办责任制、“三见面”、区领导直通车等机制，层层压实责任，切实做到闻风而动、接诉即办。全年办理市民热线5.2万件，解决率62.78%，满意率79.37%，比年初分别提高了10.37%和4.89%，有效解决了一批群众关心关注的热点难点问题。

老旧小区更新改造取得突破。与首开集团签署老旧小区有机更新和物业服务管理战略合作协议，深入研究区属物业企业改革，实现老旧小区管理全覆盖。出台责任规划师制度，落实“四有”服务标准，建立“四个一点”资金筹集渠道，创新老旧小区长效管理机制。实施八角南里等3个老旧小区综合整治工程，以老山东里北为试点完成“3+N”有机更新改造工程，推动试点经验覆盖所有街道，努力在老旧小区改造和城市更新方面探出新路。

社会治理能力持续增强。率先完成社区“两委”换届工作，深化“老街坊”品牌建设，被确定为全国社区治理和服务创新实验区。创建21个社区之家，升级30个名片社区，“一刻钟社区服务圈”品质进一步提升。落实城市安全隐患整治三年行动计划，推进电动自行车充电棚建设和平房区消防安全综合整治，加强危化品、道路交通、食品药品等重点领域隐患排查治理，成功创建北京市食品安全示范区，全年火警、火灾数均下降20%。扎实做好矛盾排查化解工作，深化扫黑除恶专项斗争，严密防范和惩治各类违法犯罪活动，圆满完成四中全会、全国“两会”“一带一路”峰会、世

园会、亚洲文明对话大会等重大活动服务保障任务。精准扶贫和对口协作不断深入。落实精准扶贫年度工作计划，建立区、部门、街道、企业四方联动机制。实施扶贫协作和支援合作项目272个，巩固宁城、称多、顺平脱贫摘帽成果，助力莫旗实现脱贫摘帽，“一企一村、精准扶贫”工作获内蒙古自治区2019年五一劳动奖。创新协作模式，拓宽合作领域，与昌平区和湖北省竹山县开展对口协作工作。

（五）突出问题导向，重点领域改革纵深推进

机构改革顺利完成。认真落实市委市政府关于机构改革的总体部署和区委工作方案，稳步推进政府系统机构改革工作，确保机构改革和日常工作两不误、两促进。改革后，政府部门精简为31个，机构设置更加科学，职能配置更加合理，工作运转更加高效。

吹哨报到改革持续深化。落实北京市《关于加强新时代街道工作的意见》，召开新时代街道工作推进会，分解落实39项重点任务。完成街道内设机构改革，9个街道重新制定“三定”方案，综合设置为“六室一队三中心”，资源力量进一步整合到基层、下沉到一线。各街道开展吹哨报到560次，解决问题564个，进一步完善了基层治理的应急机制、服务群众的响应机制、打通抓落实“最后一公里”的工作机制。

养老体制改革深入推进。开展国家级居家和社区养老服务体制改革试点，打造“十有”养老服务品牌项目，为7.4万名65岁以上老年人投保人身意外伤害险，在200个家庭进行适老化改造，向500位失能老人提供定制服务，为1万户“三失一独”老人配置居家养老信息机，区街居三级养老服务体系更加健全。开展市级政策性长期护理保险试点，出台工作方案和实施细则，八角等3个街道先行先试效果良好，惠及228位失能老人。

经济体制改革扎实推进。制定深化国资国企改革工作方案，推动落实9项重点任务，整合组建北京石泰集团公司，5家企业改制、琅山苗圃划转等工作有序推进。加强集体经济改革，积极稳妥推动农工商总公司改制。做好财政支持民营和小微企业金融服务综合改革试点，完成清理拖欠民营企业中小企业账款工作，促进民营经济健康发展。

（六）狠抓务实高效，政府自身建设进一步加强

政治建设不断强化。牢固树立“四个意识”，坚定“四个自信”，做到“两个维护”，全面落实市委市政府部署和区委要求，切实做到政令畅通、令行禁止。扎实开展“不忘初心、牢记使命”主题教育，查摆、整改17项具体问题。压实政府党组主体责任，强化全面从严治党，完善绩效管理体系，加强审计监督、绩效考核和行政问责，政府执行力和公信力不断提升。

依法行政持续深化。坚决执行区人大及其常委会的决议决定，坚持重大事项报告制度，认真听取区政协的意见建议，自觉接受区人大工作监督、法律监督和区政协民主监督。做好人大建议、政协提案办理工作，建立三级领导工作机制和目标管理责任制，落实满意度“二次评价”，在石景山新闻开设《事事有回音件件有落实》专栏，全年办复人大建议125件、政协提案203件，办成率75.6%，同比提高8.9%，为近年来最高。落实“三重一大”制度，召开区政府常务会议、区长办公会议49次，集体研究重大问题275个。依法全面履行政府职能，办理行政复议、行政诉讼案件129起，公开政务信息9588条，政府系统实现法律顾问全覆盖。在全市率先构建“三纵三横”退役军人服务保障体系，扎实有效开展全国双拥模范城创建活动。密切与各民主党派、工商联、无党派人士联系，支持工会、共青团、妇联等人民团体开展工作。民族、宗教和侨务等工作深入推进，普法、统计、档案、人防、保密、外事和对台等工作取得新成绩。

各位代表，过去一年全区经济社会各项事业全面进步，呈现出稳中有进、稳中向好的良好态势。这些成绩的取得，是市委市政府坚强领导的结果，是区委直接领导的结果，是区人大、区政协监督支持的结果，是全区广大干部群众团结拼搏、努力奋斗的结果。在此，我代表区人民政府，向各位人大代表、政协委员，向辛勤工作在各条战线上的劳动者，向关心支持参与石景山区发展的同志们、朋友们，表示崇高的敬意和衷心的感谢！

成绩来之不易，但工作中也存在一些不足。对照区十六届人大五次会议确定的目标，一般公共预算收入增长5%、编制完成控制性详细规划、区体育中心改扩建项目开工、北大附中石景山学校（新址）和十一学校石景山实验中学开工等4项工作根据实际情况做出计划调整。我们将在今后工作中，进一步加强整体化设计、清单化引领、项目化推进、责任化落实，抓好任务完成。

同时，我们也清醒地认识到，全区正处在滚石上山、爬坡过坎的转型关键期，工作中还存在一些困难和问题：一是区域经济发展的质量和效益还不高，高精尖产业有而不强、有而不优，高质量发展缺乏强有力的支撑，稳增长仍然面临较大压力；二是人口资源环境矛盾依然突出，人口调控、污染防治形势严峻，城市治理精细化水平有待进一步提高；三是城市基础设施存在短板，公共服务供给与人民群众对美好生活的期盼还有差距，发展的不平衡不充分问题亟待解决；四是构建更加有效的基层治理体系任务繁重，制度建设和治理能力建设需要下更大功夫；五是政府系统全面从严治党还存在薄弱环节，部分干部思想观念、能力素质、工作作风还不能适应高标准高质量要求，干事创业的精气神需要进一步提振。对此，我们将采取有效措施，切实加以解决。

二、2020年主要任务

2020年是全面建成小康社会和“十三五”规划收官之年，要实现第一个百年奋斗目标，为“十四五”发展和实现第二个百年奋斗目标打好基础，既是决胜期，也是攻坚期。我区发展既迎来难得机遇，又面临严峻挑战，机遇大于挑战。一方面，宏观形势稳中有变、变中有忧，外部环境复杂严峻，经济下行压力加大，首都减量发展对转变发展方式、优化经

济结构、转换增长动力提出了更为迫切的要求,我区转型升级步伐急需加快。另一方面,我国经济转入高质量发展新阶段,北京处于城市转型发展新时期,我区作为中心城区,充分借助冬奥契机,加快打造新时代首都城市复兴新地标,为启动重大项目、汇聚高端要素、推动高质量发展,提供了强大动力和广阔空间,推动区域全面深度转型、高端绿色发展机遇难得、责任重大、任务艰巨。

今年政府工作的总要求是:坚持以习近平新时代中国特色社会主义思想为指导,全面贯彻党的十九大、十九届二中、三中、四中全会和中央经济工作会议精神,深入贯彻习近平总书记对北京重要讲话精神,按照市委市政府部署和区委对全区工作的要求,紧扣全面建成小康社会目标任务,坚持稳中求进工作总基调,坚持新发展理念,紧紧抓住“两大机遇”,牢牢把握“三区定位”,以服务保障冬奥筹办为统领,以打造新时代首都城市复兴新地标为重点,以推动高质量发展为要务,以构建城市基层治理新格局为着力点,以保障和改善民生为落脚点,以全面从严治党为保障,努力把各方面工作做到细致精致极致、实现“一枝独秀”,高水平建设好首都城市西大门。

全区经济社会发展的主要预期目标是:地区生产总值增长6.5%左右,一般公共预算收入增长2%左右,固定资产投资增长5.2%左右,市场总消费增长5.4%左右,居民人均可支配收入增长与经济增长基本同步,城镇登记失业率控制在2.8%以内,万元地区生产总值能耗和PM2.5年均浓度下降指标达到北京市要求。

围绕实现全年目标任务,重点做好以下六个方面工作:

(一)服务首都发展大局,着力增强中心城区功能

高站位谋划区域发展。深入落实新版北京城市总体规划和分区规划,有序推进控制性详细规划和地下空间、“四道”融合等专项规划编制,推动多规合一。深刻把握时代背景和形势要求,梳理“十四五”时期经济社会发展基本思路,推进14个前期课题和41个专项规划研究,科学编制“十四五”规划纲要。开展西部浅山区发展、平房区综合整治等专题研究,抓好规划自然资源领域问题整改,落实责任规划师制度和常态化城市体检评估机制,有针对性引领指导城市建设。

高标准服务保障冬奥筹办。强化“服务冬奥”理念,加强与冬奥组委机关高层对接,全面落实属地责任,高标准建设运营好冬奥场馆设施,做好“相约北京”测试赛“双进入”工作,实施冬奥赛场周边及阜石路沿线环境整治工程,建成冬奥中医药国际保障中心并投入试运营,完善无障碍、医疗、商务酒店等公共服务设施,开展英语标识规范专项整治工作,将冬奥元素融入城市家具等公共空间。强化“借势冬奥”理念,举办中国冰雪大会、冰雪产业论坛、沸雪世界杯等高规格活动和赛事,开展多元文化交流,用好冬博会、京交会等平台,打造冬奥精品旅游文化线路,培育壮大冰雪产业,借力冬奥让城市更美好。强化“参与冬奥”理念,深化冬奥社区建设,推动冬奥文化和冰雪体育“四进”活动,打造“带动三亿人参与冰雪运动”示范区。加大体育公园建设力度,新建3块体育活动场地、5公里健身步道,区体育中心改扩建工程开工,推动社会单位体育设施开放共享,补充更多群众家门口的体育健身场所,更好满足不同年龄段、多元化、多层次健身需求,展示“双奥之区”的城市活力和人文风貌。

高质量建设新时代首都城市复兴新地标。编制“十四五”时期新首钢高端产业综合服务区专项规划,落实三年行动计划和2020年工作方案,深化区企高层对接机制,着力推进重点项目建设。落实新首钢地区绿色生态发展行动计划,推动十大攻坚工程建设,促进基础设施、景观风貌、公共服务及产业发展紧密衔接。聚焦“体育+”、“科技+”等产业领域,推动国际人才社区等载体建设,加强企业引进和项目导入,打造城市更新标杆。深化运行管理机制改革,积极探索工业建筑物、构筑物改造审批、验收、工商注册新路径,推动新首钢地区土地开发、市政设施、环境建设纳入全区整体规划,促进产业、资本、技术、人才全方位“城园”融合发展,带动首都西部地区转型升级。

高水平打造西山永定河文化带。完善西山永定河文化带建设领导体制和工作机制,落实发展规划和行动计划,加大“三道五区”“六张名片”等重点项目支撑力度,鼓励支持西山永定河文化研究、发展论坛等活动,打造有影响力的文化品牌。推进模式口文保区基础设施建设和环境提升工程,实现法海寺壁画数字活化展示,建成承恩寺燕京八绝博物馆,打造田义墓石刻文物园,实施石景山古建筑群保护修缮和八大处公园基础设施提升工程,西部文体中心实现开工,新增实体书店90家。发挥区文化中心辐射引领作用和街道社区文化设施载体阵地作用,开展北京清明诗会、古城之春艺术节、重阳游山会等文化惠民活动,做好国家公共文化服务体系示范区创建终期验收工作。

(二)加快构建高精尖经济结构,着力推动高质量发展

健全完善高精尖产业体系。充分发挥长安街延长线优势,善于在“螺蛳壳里做道场”,坚持走高精尖的路子,加快建设国家级产业转型发展示范区、京西产业转型升级示范区。强化现代金融业主导地位,办好国际高峰论坛,扩大影响力,促进资产管理、保险科技、消费金融创新发展,建设国家级金融产业示范区。加快科技服务业发展,落实“科创28条”,抓好科技应用场景建设,满足企业从开发实验品到产品的公共基础性试验平台的需求。加快数字创意产业发展,促进郎园Park、北重科技文创园、1919京西影视文创园等项目建设,支持动漫游戏、媒体融合等优势产业高质量发展。加快新一代信息技术产业发展,推动工业互联网、虚拟现实、5G等优势企业集聚,为抢占产业发展风口做好充分准备。加快商务服务业发展,推动中海环宇荟、苹果园大悦城建设,推进当代鼎城等商圈升级改造,打造古城步行街等示范街区,提高生活性服务业示范区建设水平。

扎实推进重点功能区建设。进一步优化提升银河商务区、京西商务中心,推动京燕周边升级改造,促进长安金轴

高品质发展。推动北京银行保险产业园主园区基本建成，优化政策体系和运营体制，集聚高端资源，走特色化、差异化之路，努力打造北京金融新地标。发挥中关村石景山园创新引领作用，落实与中关村发展集团战略合作协议，健全创新服务体系，全年新增100家国家高新技术企业，储备高精尖产业项目20项，技术交易额达到110亿元。加快文创园建设，利用老工业厂房、腾退市场等空间资源，依托文博会、文创大赛等平台，引入优质新业态，打造文创科技融合发展的特色产业园区。加强侨梦苑品牌建设，实施侨创空间、中欧科技创新中心等项目，建设华侨华人在京创新创业示范基地。

推动楼宇经济提质增效。坚持存量增效和增量提质并重，出台促进楼宇经济高质量发展的实施办法，建立全区产业空间资源库和重点楼宇数据监测系统，提高人均产出、地均产出，提升楼宇资源的内涵品质和经济效益。在存量增效上，加强对楼宇资源的管理，有效管控低小散企业，促进腾笼换鸟。在增量提质上，抬高准入门槛，吸引与战略定位相匹配的主导产业和优质企业入驻，促进楼宇经济高质量发展。

加大力度招优引强。发挥招商引资领导小组统筹作用，明确年度招商任务指标，完善"2+N"政策体系，举办全区经济发展推进大会，围绕主导产业和重点功能区，列出重点企业清单，紧盯并引进业内标杆性、国际化的总部企业、头部企业，通过企业示范带动产业和园区发展。创新招商引资工作机制，强化平台招商、线上招商、以商引商，提高招商效果。加强落地项目服务保障，做到"进得来、长得大、留得住"。持续做好存量企业服务工作，推动区域发展。

持续优化营商环境。认真贯彻国务院《优化营商环境条例》，不折不扣落实减税降费政策。建立民营和小微企业融资服务平台和风险补偿金制度，开展小微企业续贷服务，用好各类产业基金，提升金融服务实体经济能力。落实服务包制度，健全区处两级服务企业工作机制，搭建早餐会、企业座谈会等互动平台，做好企业诉求热线办理工作，为企业发展提供精准服务。加快政务服务中心建设，推动政务服务一体化工作，深化一网通办，推进掌上办、自助办、马上办、就近办，全面实施综合窗口无差别受理服务模式，擦亮"石景山服务"品牌。加强社会信用体系建设，健全失信联合惩戒机制。落实北京市新一轮"放管服"改革任务，高质量完成世界银行和国家营商环境迎评工作。深化国有企业、集体经济改革，支持民营经济健康发展，激发各类市场主体发展活力。依法整治网贷乱象，坚决防范化解金融风险。发挥北京博士后成果转化基地、海外院士专家北京工作站等平台作用，为区域发展提供人才支撑。

（三）加强城市综合治理，着力提高城市功能品质

深入推进"疏整促"工作。落实三年行动计划，巩固"基本无违法建设城区"成果，完成18项专项整治任务，深化8项疏解整治措施，确保我区常住人口控制在55.3万人以内。精准使用疏解腾退空间资源，开展10项提升工程，实施"留白增绿"15.79公顷，推进八角街道腾退空间再利用等6个公共空间改造项目，实施16个社区治理专项工程，新建、提升生活性服务业功能网点60个，连锁化率提高到55%，更好满足群众需求。

加快推动重大项目建设。全年安排100余个固定资产投资项目和26个重大项目，固定资产投资和建安投资分别完成305亿元和115亿元。加强重大项目调度，强化征收拆迁，积极运作土地储备项目，推进前期手续办理，倒排工期加快项目建设。积极推进苹果园综合交通枢纽、轨道交通M11线西段、S1线金苹区间建设和1号线福寿岭站改造，加快建设高井规划一路、北辛安路南段、锅炉厂南路东段、刘娘府东街北段等城市主干路，推动苹果园、新首钢和西黄村、北辛安、衙门口等重点区域市政道路建设。有序推进石景山水厂、鲁谷和北重供热厂、苹果园等3个110kV输变电工程，做好海绵城市建设工作。推动刘娘府综合改造、北辛安、衙门口等项目土地入市交易。

提高精细化管理水平。认真贯彻北京市《关于加强城市精细化管理工作的意见》，坚持法治化、标准化、智能化、专业化、社会化，构建城市精细化管理体系，提高精治共治法治水平。加强环境建设，实施4个重点区域和30条背街小巷环境综合整治工程，做好架空线入地工作，推进老旧小区水电气热管线改造，开展5项交通疏堵工程，新增5000个停车位，建设"B+R"换乘系统、电子围栏，统筹推进全区慢行系统建设。完善街巷道路养护保洁标准，落实"门前三包"责任，充分发挥街巷长、小巷管家作用，加大对占道经营、堆物堆料等痼疾顽症执法力度，提高网格化管理水平。落实生活垃圾管理条例，积极倡导绿色生产生活方式，推动源头减量、强制分类、资源化利用、社会化参与，努力走在全市前列。完善城市管理大数据平台，推进"城市大脑"建设，提高城市智能化管理水平。

全面提升生态环境质量。扎实推进国家森林城市创建，确保新一轮百万亩造林绿化五年任务三年完成，建设麻峪、衙门口、炮山等城市森林公园，打造大尺度城市森林景观。编制绿地系统规划，实施"增彩延绿"工程，新建绿地155.7公顷、绿道14公里，打造"三季有彩、四季常绿"的宜居城区。加强永定河综合治理，实施永定河左岸景观提升、永引渠两侧森林带建设等7项水务工程，打造"秀水石景山"，展现"一半山水一半城"的美丽姿态。深化大气污染防治"一微克"行动，强化"六个一"精细化管控措施，建设空气质量加密监测网络，加强工地、裸地、道路扬尘管控和柴油货车、挥发性有机物治理，推动PM2.5年均浓度、三年滑动平均浓度继续下降。深化河长制，严格水生态环境执法，促进水质不断改善。落实土壤污染防治行动计划，加强土壤污染管控和修复。做好第二轮中央生态环境保护督察迎检工作，抓好反馈问题整改落实。

（四）以创建全国文明城区为牵引，着力保障改善民生

深入开展全国文明城区创建工作。认真落实《新时代公民道德建设实施纲要》，把创城指标作为衡量工作的标

尺，推动创城与城市建设、精细化管理、改善民生等工作紧密结合，做到指标整合、工作融合、统一指挥、一体推进。聚焦失分问题、薄弱环节、痼疾顽症等工作短板，深入开展“擦亮城市西大门、文明祥和迎冬奥”活动，落实创城“六进”和专项整治任务，层层压实责任，夯实工作基础，实现创城为民、创城惠民。

扎实提高公共服务水平。紧扣“七有”要求和“五性”需求，完善制度、守住底线，全面办好36件重要民生实事和68项济困工程，让群众有更多、更直接、更实在的获得感幸福感安全感。全面落实教育大会各项任务，加快推进北大附中石景山学校（新址）等项目建设，深化集团化办学、校长职级制、教师绩效工资等改革，以名校、名校长、名教师为重点，大力加强师资队伍建设，落实立德树人根本任务，提高教育教学质量。完成第三期学前教育行动计划，普惠幼儿园覆盖率达到80%。加强平安校园建设，全区中小学幼儿园100%达到平安校园标准。做好就业帮扶、创业引导、技能培训，登记失业人员实现就业5000人。推进现代医院管理制度改革，开展国家医共体试点和北京市紧密型医联体试点。加快中医药创新发展六大品牌建设，高标准举办第五届北京西山中医药文化季活动，推进朝阳医院西院区改扩建等项目。加快北辛安、衙门口棚改进度，基本完成广宁村项目征收，推动铸造村一区共有产权房建设，实现开工各类保障性、政策性住房3259套，竣工1784套。出台公租房轮候家庭及企业人才住房保障实施方案，完善住房保障工作机制。完成残疾人职业康复中心一期工程，加快儿童福利院和社会救助站建设。开展国家级康复辅助器具社区租赁服务试点，残疾人康复服务率达到90%以上。

优化提升接诉即办工作。坚持大抓基层工作导向，着力办好群众的身边事。深化首办责任制，严格落实“三见面”等工作机制，建立双派双考系统，将年度综合考核与工作绩效挂钩，将基层办理结果纳入部门考评，严格考核奖惩，保证接诉即办工作的长期效果。坚持接诉即办与主动治理相结合，对重点问题和高频事项启动工作专班专题研究突破，对案件特点和发展趋势采用信息化技术加强工作研判，切实做到各负其责、标本兼治、务求实效。

加快推进老旧小区更新改造。制定实施老旧小区综合整治和长效治理工作方案等系列文件，形成系统完备的顶层设计。深化与首开集团战略合作，推进区属物业企业改革，从市属、区属两个方面共同发力，全面加强老旧小区管理。实施十万平、五芳园、铸造村14号楼等“7+1”老旧小区综合整治工程，再推进两批“六治七补三规范”综合整治项目。以加装门禁、垃圾分类、停车管理等为重点，完成9个街道试点小区更新提升工作，进一步扩大老旧小区更新提升覆盖面。坚持党建引领，强化街道社区党组织领导核心作用，在业委会、物业企业中建立完善党组织，纳入社区治理体系。落实共同缔造，充分发动和依靠居民群众，实现共建共治共享。

完善社会治理体系。以建设全国社区治理和服务创新实验区为抓手，加强石景山“老街坊”品牌体系建设，推进社区之家示范点创建和名片社区提升工作，构建党建引领基层治理新格局。强化各类风险分析评估、预警防控，着力防范化解重大安全风险。严格落实安全生产责任制，加强危化品、道路交通、食品药品、消防等重点领域安全风险排查治理，推进市政基础设施消隐三年行动计划，确保城市运行安全。深化平安石景山建设，以雪亮工程为支撑，完善立体化社会治安防控体系，深入推进扫黑除恶专项斗争，依法精准打击各类违法犯罪活动。持续深化双拥共建工作，充分发挥退役军人服务保障体系效能。做好新形势下的民族、宗教、外事、侨务等工作，支持工会、共青团、妇联等人民团体更好发挥桥梁纽带作用。

做好精准扶贫和对口协作工作。坚决扛起脱贫攻坚政治责任，对标对表国家和北京市考核指标，统筹安排好帮扶资金，谋划实施产业扶贫、民生保障、特色农业等项目，巩固拓展莫旗、宁城、称多、顺平脱贫摘帽成果，全面打赢脱贫攻坚战。加强与昌平区和湖北省竹山县对口协作工作。

（五）深化改革创新，着力增强转型发展动力

纵深推进吹哨报到改革。认真贯彻街道工作会议精神，全面落实街道职责清单，推动赋权、下沉、增效，持续解决好街道基本队伍、基本活动、基本阵地、基本制度、基本保障等问题，加快建设文明街道、活力街道、宜居街道、平安街道。健全完善社区治理体系，拓宽议事厅、恳谈会等参与渠道，整合社区专员、社区工作者、协管员和“老街坊”，以及驻区单位和社会力量，推动吹哨报到向社区延伸，建设社会治理共同体。

加强养老服务体制改革。完成国家级居家和社区养老试点验收，推出养老体制改革2.0版，升级“三边四级”服务体系内涵，启动国家首批老年友善社区卫生服务中心试点，发挥区级养老服务指导中心效能，加强家庭养老床位建设，推进适老化改造，推动养老服务标准化、信息化、社会化。全面开展国家级政策性长期护理保险试点，推进医康养护结合工作，提升居家养老服务水平。

做好机构改革后续工作。强化干部队伍建设和政府职能转变，促进简政放权、建章立制、优化服务，推动各项工作顺畅衔接、高效开展，实现制度健全到位、人员融合到位、业务整合到位、资源统筹到位、服务优化到位，不断提高工作效率效能。按照全市统一部署，扎实稳妥推进事业单位改革。

统筹推进各领域改革任务。聚焦科技、文化、体育、减量发展、生态建设等高质量发展的重点领域和关键环节，把有利于提升群众获得感的改革放在突出位置，建立重点改革任务清单，层层压实改革责任，着力推出一批小切口、见效快的探索创新，取得一批立得住、叫得响的改革成果，确保改革工作落到实处、取得实效。

（六）加强治理体系建设，着力提升政府治理效能

坚持正确政治方向。提高政治站位，严守政治纪律和政治规矩，牢固树立“四个意识”，坚定“四个自信”，做到“两个维护”，坚定不移地在思想上政治上行动上同以习近平同志为核心的党中央保持高度一致，坚定不移地推动中央精神及市委市政府决策部署和区委工作要求落地落实。坚持党建引领，严格落实政府党组全面从严治党主体责任，巩固和用好“不忘初心、牢记使命”主题教育成果，持之以恒落实中央八项规定精神，下大力气解决“四风”问题，把政府系统党风廉政建设和反腐败工作推向深入。健全廉政风险防控机制，推动公共资金、国有资产、国有资源和领导干部履行经济责任审计全覆盖，严格审计监督和追责问责，确保干部清正、政府清廉。

全面推进依法行政。强化制度意识，加强制度建设，推进政府治理体系和治理能力现代化，努力把制度优势转化为治理效能。认真执行区人大及其常委会决议决定，主动加强与区政协的沟通协商，就全区经济社会发展、财政预决算、国有资产管理等重大事项，定期向人大报告工作，向政协通报情况，主动接受人大和政协监督，提高人大建议和政协提案办理质量。支持区监委、法院、检察院开展工作，认真听取民主党派、工商联、无党派人士的意见。健全依法决策机制，做实重大事项风险评估机制，坚持代表委员等列席政府常务会议制度。深化行政执法体制改革，完善考评体系，提高执法效能。充分发挥政府法律顾问作用，加强行政复议和应诉工作，加大法律培训力度，抓好政务公开和信息公开，畅通社会监督渠道。

切实强化担当精神。树立一流标准，强化责任意识、效率意识、创新意识，把“一枝独秀”的要求贯穿全区各方面和工作全过程。加强税源建设，做好重点领域税源的分析监控，稳定存量、壮大增量。树立过紧日子的思想，严格政府债务管理，一般性公共支出压减10%以上。大兴调查研究之风，增强调研的针对性和实效性。大力精简各类检查、报表、会议，切实为基层减负。建立权责清单制度，强化政府督查和绩效考评，增强行政执行力，促进政府工作提质增效。加强部门协同联动，以“办成一件事”为目标，打造“整体政府”，真正实现群众办事只进一门、只跑一窗，提升人民群众满意度。

各位代表，随着冬奥临近、新地标建设加快，石景山经济社会发展进入到加速推进、全面提升的关键时期，责任重大、使命光荣。让我们更加紧密地团结在以习近平同志为核心的党中央周围，在市委市政府的坚强领导下，在区委的直接领导下，紧紧依靠全区人民，不忘初心、牢记使命，锐意进取、埋头苦干，高水平建设好首都城市西大门，为夺取全面建成小康社会伟大胜利作出应有贡献！

专　文

石景山区2019年国民经济和社会发展统计公报

2019年,在区委、区政府的坚强领导下,全区以习近平新时代中国特色社会主义思想为指导,深入贯彻党的十九大和十九届二中、三中、四中全会精神,深入贯彻习近平总书记对北京重要讲话精神,坚持稳中求进工作总基调,坚持新发展理念,紧紧抓住"两大机遇",牢牢把握"三区定位",扎实做好稳增长、促改革、调结构、惠民生、防风险、保稳定各项工作,经济运行稳中向好,发展质量不断提高,民生福祉持续增进,实现了经济平稳健康发展与社会和谐稳定。

一、综合

经济增长:初步核算,全年实现地区生产总值806.4亿元,按可比价格计算,比上年增长6.9%。其中,第二产业增加值134.9亿元,增长7.7%;第三产业增加值671.5亿元,增长6.8%。三次产业构成为16.7:83.3。按年均常住人口计算,全区人均地区生产总值为13.9万元。

表1　地区生产总值　单位:亿元

指　标	绝对数		比重(%)		2019年比2018年增长(%)
	2019年	2018年	2019年	2018年	
地区生产总值	806.4	748.8	100.0	100.0	6.9
按产业分					
第一产业					
第二产业	134.9	124.0	16.7	16.6	7.7
第三产业	671.5	624.8	83.3	83.4	6.8
按行业分					
农、林、牧、渔业					
工业	45.8	43.6	5.7	5.8	3.9
建筑业	86.9	78.2	10.8	10.4	9.9
批发和零售业	45.0	44.4	5.6	5.9	1.4
交通运输、仓储和邮政业	3.4	3.7	0.4	0.5	-4.7
住宿和餐饮业	8.5	7.9	1.1	1.1	2.4
金融业	162.8	132.5	20.2	17.7	22.4
房地产业	56.7	52.5	7.0	7.0	12.5
其他服务业	397.4	385.9	49.3	51.5	1.4

人口:年末全区常住人口57.0万人,比上年末减少2.0万人。其中,常住外来人口13.7万人,占常住人口的比重为24.0%。常住人口出生率7.38‰,死亡率6.26‰,自然增长率1.12‰。常住人口密度为每平方公里6648人,比上年末减少233人。

财政收入:全区完成一般公共预算收入63.4亿元,比上年增长2.1%。其中,增值税26.1亿元,增长8.0%;企业所得税10.6亿元,下降5.3%。

表2　2019年末常住人口及构成

指　标	年末人数(万人)	比重(%)
常住人口	57.0	100.0
按性别分:男性	28.4	49.8
女性	28.6	50.2
按年龄组分:0-14岁	5.2	9.1
15-64岁	45.2	79.3
65岁及以上	6.6	11.6

二、工业和建筑业

工业:全年实现工业增加值45.8亿元,按可比价格计算,比上年增长3.9%。规模以上工业实现现价工业总产值232.1亿元,比上年增长11.1%。实现销售产值231.9亿元,增长10.7%。其中,出口交货值1.1亿元,下降68.5%。建筑业:全区具有资质等级的总承包和专业承包建筑业企业完成建筑业总产值605.1亿元,比上年增长16.4%。其中,在本市完成146.5亿元,增长21.5%;在外省完成458.5亿元,增长15.0%。本年新签合同额1071.8亿元,增长18.7%。

三、金融

年末全区中资银行人民币存款余额2433.6亿元,比年初增加354.5亿元。其中,单位存款1365.3亿元,比年初增加282.3亿元;个人存款987.8亿元,比年初增加118.3亿元。年末全区中资银行人民币贷款余额1019.5亿元,比年初增加101.9亿元。其中,境内短期贷款235.8亿元,比年初增加53.5亿元;境内中长期贷款779.9亿元,比年初增加45.7亿元。

表3　2019年中资银行人民币存贷款余额情况

单位:亿元

指　　标	年末数	比年初增加额
期末银行存款余额	2433.6	354.5
其中:单位存款	1365.3	282.3
个人存款	987.8	118.3
其他存款	80.4	-46.1
期末银行贷款余额	1019.5	101.9
其中:境内短期贷款	235.8	53.5
境内中长期贷款	779.9	45.7

四、固定资产投资和房地产开发

固定资产投资:全年固定资产投资(不含农户)比上年增长6.1%。建安投资增长22.5%。基础设施投资下降12.4%。分产业看,第二产业投资下降9.2%;第三产业投资增长6.8%。房地产开发:全年房地产开发投资比上年增长57.2%。其中,住宅投资增长95.1%,办公楼投资增长35.1%,商业营业用房投资增长0.3%。年末全区房屋施工面积382.3万平方米,比上年末增长10.3%。其中,本年新开工面积88.1万平方米,增长72.1%。全年房屋竣工面积24.3万平方米,增长26.6%。

表4　2019年房地产开发和销售主要指标

指　　标	绝对数(万平方米)	比上年增长(%)
房屋施工面积	382.3	10.3
其中:住宅	174.0	20.7
其中:本年新开工面积	88.1	72.1
其中:住宅	39.9	7.8
房屋竣工面积	24.3	26.6
商品房销售面积	58.1	103.2
其中:住宅	50.3	108.7

五、市场消费

全年实现社会消费品零售总额327.2亿元,比上年增长4.7%。其中,限额以上企业实现零售额277.1亿元,增长3.8%,占社会消费品零售总额的84.7%。全区限额以上企业实现网上零售额118.4亿元,增长23.1%。

表5　2019年社会消费品零售总额

指　　标	社会消费品零售总额(亿元)	比上年增长(%)
总　计	327.2	4.7
按限额标准分		
限额以上	277.1	3.8
限额以下	50.1	10.5
按行业分		
批发业	43.4	-1.6
零售业	263.6	5.6
住宿业	1.5	3.7
餐饮业	18.7	8.7

六、对外经济

对外经济:全年石景山地区进出口总值55.8亿元,比上年下降13.1%。其中,出口36.6亿元,下降7.1%;进口19.2亿元,下降22.6%。

七、人民生活和社会保障

人民生活:全年全区居民人均可支配收入为76990元,比上年增长8.1%。从四项收入构成看,居民人均工资性收入45292元,增长6.8%;人均经营净收入864元,下降28.6%;人均财产净收入8420元,增长5.9%;人均转移净收入22414元,增长13.9%。全区居民人均消费支出为45904元,比上年增长6.0%。

民生改善:全年完成一般公共预算支出117.0亿元,比上年下降6.1%。其中,用于教育、社会保障和就业支出分别增长9.5%和10.1%。年末城镇登记失业率为1.87%,比上年末下降0.25个百分点。社会保障:年末参加企业职工基本养老、失业和工伤保险人数分别为47.7万人、31.6万人和29.0万人,分别比上年末增加1.6万人、1.3万人和0.5万人。

八、环境

环境:全区细颗粒物(PM 2.5)和可吸入颗粒物(PM 10)年均浓度值分别为43微克/立方米和71微克/立方米,分别下降18.9%和10.1%。二氧化氮和二氧化硫年均浓度值分别为39微克/立方米和4微克/立方米,分别下降18.8%和33.3%。

公报注释:

1. 本公报中2019年数据均为初步统计数。

2. 三次产业划分依据国家统计局2018年修订的《三次产业划分规定》(国统字〔2012〕108号),行业划分执行《国民经济行业分类》(GB/T4754－2017)。

3. 地区生产总值及其中各行业增加值增长速度均按不变价计算。2018年地区生产总值数据根据国家核算制度和石景山区第四次全国经济普查结果进行了修订。

4. 规模以上工业企业是指年主营业务收入2000万元及以上的全部法人工业企业;限额以上批发和零售业单位是指年主营业务收入2000万元及以上的批发业、年主营业务收入500万元及以上的零售业单位(包括法人单位、产业活动单位和个体经营户)。

5. 公报中部分数据合计数或相对数由于计量单位取舍不同而产生的计算误差,均未作机械调整。

资料来源:

本公报中财政数据来自石景山区财政局;进出口数据来自石景山区商务局;就业数据来自石景山区人力资源和社会保障局;空气质量数据来自石景山区生态环境局;户籍人口数据、存贷款数据和社会保障数据来自北京市统计局、国家统计局北京调查总队反馈数据;其他数据来自石景山区统计局、北京市石景山区经济社会调查队。

大事记

中华人民共和国成立70周年
The 70th Anniversary of the Founding of
The People's Republic of China

1月

3日 区委十二届八次全体会议召开。全会听取并审议区委常委会工作报告,审议区委常委会抓党建工作情况报告。表决通过《中共北京市石景山区第十二届委员会第八次全体会议决议》。

7日—10日 政协石景山区第十届委员会第三次会议召开。会议审议通过政协常委会工作报告和提案工作报告,听取并讨论政府工作报告,通过大会决议。

8日 清华大学社会科学学院社区管理研究中心在区委党校揭牌。

8日—11日 石景山区第十六届人民代表大会第五次会议召开。会议宣布选举结果和当选名单。新当选的石景山区人民政府区长陈之常进行宪法宣誓。会议表决通过《关于石景山区人民政府工作报告的决议》《关于石景山区2018年国民经济和社会发展计划执行情况与2019年国民经济和社会发展计划的决议》《关于石景山区2018年预算执行情况和2019年预算的决议》《关于石景山区人大常委员会工作报告的决议》《关于石景山区人民法院工作报告的决议》《关于石景山区人民检察院工作报告的决议》。

23日 举办主题为"立足冬奥、面向未来"的首届石景山区冰雪产业论坛。

同日 石景山区外国人出入境服务厅揭牌。

28日 北京城市大数据研究院在石景山区揭牌成立。

30日 石景山区召开2019年春节军政座谈会。

同日 石景山区举行2019年新春交响音乐会。

2月

1日 习近平总书记到位于首钢园区的北京冬奥会展示中心和办公区、国家冬季运动训练中心考察北京冬奥会和冬残奥会筹办工作。

同日 区纪委十二届六次全体会议召开。

2日 全区领导干部大会召开。会议传达市委常委会(扩大)会议精神,部署春节及"两会"期间城市运行保障、安全生产、环境布置等服务保障工作和安全稳定、党风廉政建设等工作。

22日 石景山区党风廉政建设大会召开。会议学习贯彻习近平总书记在中央纪委十九届三次全会上的讲话精神,落实市委十二届七次全会、市纪委十二届四次全会和区委十二届八次全会工作部署。

3月

8日 市委常委、宣传部部长杜飞进到石景山区调研。

15日 石景山区机构改革动员部署会召开,全面启动机构改革工作。截至年底,石景山区共设置党政机构43个,其中区委工作部门12个,政府工作部门31个。议事协调机构55个。

16日 区委召开常委(扩大)会议,学习贯彻全国"两会"精神和全市领导干部会议精神。

18日 石景山区应急管理局、石景山区市场监督管理局、石景山区文化和旅游局、石景山区政务服务管理局、石景山区医疗保障局分别挂牌成立。

同日 石景山区社会工委、石景山区民政局合署办公。

19日 石景山区卫生健康委员会、石景山区退役军人事务局分别挂牌成立。

21日 石景山区生态环境局挂牌成立。

同日 2019年"国际森林日"植树纪念活动在石景山区新安城市记忆公园举办。

24日 石景山区150个社区中,除9个拆迁社区按照规定不参加换届外,其余141个社区居委会完成换届选举工作。

25日 石景山区被民政部确认为全国社区治理和服务创新实验区。

26日 由清华校友总会和石景山区政府联合主办的西山创新创业论坛在北京银行保险产业园举行。

4月

1日—3日 陈之常率石景山区党政代表团到内蒙古呼伦贝尔市莫力达瓦达斡尔族自治旗对接扶贫协作工作。

2日 2019年北京市清明红色祭扫活动在八宝山革命公墓举行。

同日 第12届北京清明诗会在北京国际雕塑公园举行。

4日 石景山区开展第35个首都全民义务植树日活动。

9日 市委常委、统战部部长齐静以"四不两直"方式到石景山区社会主义学院,检查民族宗教政策进课堂工作落实情况。

10日—12日 陈之常率石景山区党政代表团赴青海省玉树州称多县对接扶贫协作工作。

13日 石景山区举办金融科技创新发展机遇与挑战主题沙龙活动。

16日 于长辉率石景山区党政代表团赴河北省保定市顺平县对接对口帮扶工作。

20日 北京市第十二届全民健身体育节开幕式在石景山区举行。

23日 北京市康复辅助器具产业园区在石景山区启动建设。

28日 石景山区以"时代先锋,社会楷模"为主题开展庆"五一"表彰活动。

5月

8日 共青团北京市石景山区第十三次代表大会召开。会议审议并通过共青团北京市石景山区第十二届委员会工作报告,选举产生由34名委员和15名候补委员组成的共青团石景山区第十三届委员会。

9日 石景山区新时代文明实践中心成立揭牌仪式在区社区学院举行。

11日 石景山区庆祝北京2022年冬奥会倒计时1000天系列活动暨

"冬奥社区"揭牌仪式在广宁街道高井路社区大唐国际高井热电厂举行。高井路社区是北京市授牌的第一个"冬奥社区"。

17日　石景山区西山永定河文化研究中心成立大会在八大处公园召开。该研究中心由区西山永定河文化带建设管理委员会牵头成立,首批聘请文化、历史、园林、旅游等方面专家21人。

24日　市委常委、组织部部长魏小东到八角街道出席推进街道工作意见落实和深化"街乡吹哨、部门报到"改革现场调度会和工作专班月度例会。

26日　北京侨梦苑·侨商跨境产品交易交流中心落户石景山区。

29日—30日　京交会首钢园区分会场举办侨梦苑北京论坛以及"冰雪机遇与城市发展"论坛。

30日—31日　由中国精算师协会和中再寿险合作举办的主题为"回归保险本源,服务实体经济"的2019年中国总精算师论坛在北京·银行保险产业园举行。

31日　石景山区未成年人互动体验式法治教育中心建成并启用。这是北京市检察机关首个未成年人法治教育中心。

6月

2日　石景山区召开全区领导干部大会。会议宣布常卫任中共北京市石景山区委员会委员、常委、书记,于长辉不再担任中共北京市石景山区委员会书记、常委、委员职务。

6日　石景山区开展"我和我的祖国"精品原创文艺节目展演暨"文化和自然遗产日"主题宣传活动。

14日　石景山区生态环境综合执法大队挂牌成立。

17日—18日　中央扫黑除恶第11督导组下沉督导第四组对石景山区部门和街道进行督导。

26日　市委常委、常务副市长林克庆到八角街道开展"不忘初心、牢记使命"主题调研。到联系点杨南社区报到,并主持召开座谈会。

27日　石景山区召开纪念中国共产党成立98周年主题座谈会。

28日　石景山区举行"我和我的祖国"主题原创话剧《升起天安门广场的国旗》"庆七一"专场演出活动。

7月

2日　副市长、冬奥组委执行副主席张建东到广宁街道高井路社区开展"不忘初心、牢记使命"主题教育调研。

9日　区人力社保局举办首届石景山工匠职业技能才艺大赛。大赛产生一等奖6名,授予石景山工匠称号;二等奖11名,授予石景山优秀技能人才称号;三等奖22名,授予石景山技能人才称号。

11日　区政府与首开集团签署战略合作协议,达成包含推进老旧小区综合整治、推动街区更新发展、开展区企全方位合作等三大方面内容的战略协议。

21日　石景山区与人大附中联合总校签署合作办学协议。

24日　中部战区政治工作部、陆军政治工作部、北京军区善后办等驻区部队领导以及区领导分四路对石景山区优抚对象代表进行联合走访慰问。区领导分四路到武警执勤第六支队、预备役四团、区武装部等驻区部队走访慰问。

25日　区委十二届九次全体会议召开。常卫代表区委常委会做工作报告。会议表决通过《中共北京市石景山区第十二届委员会第九次全体会议决议(草案)》。

30日　石景山区举办"八一"军政座谈会暨第37次区长进军营现场办公活动。

8月

5日　石景山区与门头沟区召开合作发展工作座谈会。

6日　市委"不忘初心、牢记使命"主题教育第十二指导组到北京·银行保险产业园调研。

12日　副市长王红率市第五督查组到区督查新中国成立70周年维稳安保暨扫黑除恶专项斗争整改工作。

15日　区纪委十二届七次全体会议召开。

27日　首届"京西古香道文化"国际学术交流会在石景山区天泰山慈善寺举行。

30日　京呼对口帮扶与产业合作联席会在京召开。呼伦贝尔市政府与石景山区政府签订《友好城市合作框架协议》,莫力达瓦自治旗与石景山区签订携手奔小康——特色农畜产品进京展销系列活动合作协议。

9月

2日　人大附中石景山学校开学典礼暨揭牌仪式举行。

4日　石景山区召开新中国成立70周年庆祝活动服务保障工作动员大会暨"一带一路"国际合作高峰论坛、北京世园会、亚洲文明对话大会服务保障工作总结大会。

10日　石景山区召开"不忘初心、牢记使命"主题教育动员部署会议。

同日　区政协"庆祝新中国成立70周年、人民政协成立70周年"书画展活动开幕。10月10日,活动结束。

17日　市委书记蔡奇、市委副书记市长陈吉宁到新首钢地区调研,对首钢百年表示祝贺。

19日　区四套班子领导集体赴香山革命纪念地瞻仰学习。

20日　石景山区与中关村发展集团签署战略合作框架协议。

25日　石景山区召开开展新一届全国双拥模范城创建活动动员部署会,传达全国及北京市相关会议精神。

29日　长安街西延线道路工程新首钢大桥全面建成通车。

10月

1日　全区2972名游行群众、2620名联欢演员和415名观礼代表参与庆祝新中国成立70周年大会。

15日　区四套班子领导集体参观“伟大历程辉煌成就”——庆祝中华人民共和国成立70周年大型成就展。

16日　石景山区与北京公交集团在区机关签署《战略合作框架协议》和《2019年拟推动落实的七件实事》。

17日—18日　2019中国银行保险业国际高峰论坛在北京银行保险产业园举行。

19日　“弘扬国粹·添彩冬奥·让中医药走向世界”第四届北京西山中医药文化季系列活动在八大处公园开幕。

21日　中央主题教育第二巡回督导组下沉石景山区调研第二批主题教育工作。

23日　石景山区党政代表团围绕“不忘初心、牢记使命”主题教育赴通州区学习调研。

28日　石景山区与市保障房建设投资中心签约保障性住房建设战略合作协议。

29日　由市文旅局、区政府联合主办的“文旅融合——公共文化服务新动能”创建国家公共文化服务体系示范区交流研讨活动在银保建国酒店举行。

31日　市委常委、市纪委书记、市监委主任陈雍到石景山区调研。

11月

1日　石景山区召开服务保障新中国成立70周年庆祝活动总结大会。

同日　首钢滑雪大跳台建成。这是北京2022年冬奥会北京赛区内首个完工的新建场馆，也是唯一的雪上比赛场地。

3日　首届京西法治论坛在石景山区银保建国酒店举办。

4日　石景山区7名首席责任规划师及团队到位，责任规划师工作全面启动。

8日　石景山区第八个教育集团人大附中石景山学校教育集团成立。

20日　市委主题教育第四巡回指导组对石景山区主题教育进行“回头看”情况反馈。

21日　区四套班子领导到12345市民热线服务中心接听群众电话并现场协调解决群众诉求。

27日　石景山区委十二届十次全体会议召开。会议听取并审议区委常委会工作报告，审议区委常委会抓党建工作情况报告，表决通过《中国共产党北京市石景山区第十二届委员会第十次全体会议关于同意宋永红同志辞去区委委员职务的决定》《中国共产党北京市石景山区第十二届委员会第十次全体会议关于递补区委委员的决定》《中国共产党北京市石景山区第十二届委员会第十次全体会议决议》。

29日　怀柔区党政代表团到石景山区调研，石景山区、怀柔区四套班子领导以及北京冬奥组委领导郭怀刚，首钢集团领导张功焰、王世忠参加活动。

同日　北京市学习贯彻党的十九届四中全会精神宣讲团到石景山区宣讲。市规划自然资源委党组书记、主任张维作宣讲报告。

12月

4日　石景山区举办2019年“12·4国家宪法日”集中宣传活动。

5日　陈吉宁实地察看创业公社37度公寓、北京航宇荣康科技公司和达瓦未来影像科技公司，研究石景山经济社会发展工作。

7日　北京市首个建成并服务保障重大考试的信息化指挥平台石景山区人事考试信息化指挥平台启用。

14日　蔡奇先后察看首创郎园Park、老山东里北社区和北京·银行保险产业园，并在座谈会上指出石景山要善于在螺蛳壳里做道场，发展上要坚持走“高精尖”的路子，办好“四个园”。

25日　区第十六届人民代表大会常务委员会第二十五次会议决定，接受陈之常辞去石景山区人民政府区长职务的请求；决定任命李新为石景山区人民政府副区长；决定由李新代理石景山区人民政府区长职务。

27日　区委十二届十次全体会议召开。会议听取并审议区委常委会工作报告，审议区委常委会抓党建工作情况报告，表决通过《中国共产党北京市石景山区第十二届委员会第十次全体会议关于同意宋永红同志辞去区委委员职务的决定》《中国共产党北京市石景山区第十二届委员会第十次全体会议关于递补区委委员的决定》《中国共产党北京市石景山区第十二届委员会第十次全体会议决议》。

28日　石景山区第六届冰雪季启动仪式在北京国际雕塑公园雪上乐园举办。

31日　石景山区消防救援支队挂牌成立。

12月　位于苹果园南路东口的石景山区文化中心建成，总占地面积15863平方米。

中共石景山区委员会

综　述

【概况】 中共北京市石景山区委员会(简称区委)是中国共产党在石景山区的领导机关。本届(第十二届)区委是在2016年12月8日召开的中共北京市石景山区第十二次代表大会产生的。区委设纪律检查委员会、办公室、组织部、宣传部、统战部、政法委员会、研究室、网络安全和信息化委员会办公室、机构编制委员会办公室、区直属机关工作委员会、巡察工作领导小组办公室、老干部局12个工作机关。2019年是新中国成立70周年,是全面建成小康社会、实现第一个百年奋斗目标的关键之年。在市委领导下,区委常委会坚持以习近平新时代中国特色社会主义思想为指导,深入贯彻党的十九大和十九届二中、三中、四中全会精神,认真落实市委决策部署。圆满完成庆祝新中国成立70周年等重大活动服务保障任务,精心组织开展“不忘初心、牢记使命”主题教育,平稳有序推进机构改革,深入开展大抓基层工作,认真做好冬奥筹办服务保障工作,加快推进新时代首都城市复兴新地标建设,努力推动经济高质量发展,积极推进西山永定河文化带建设,全面提升城市治理水平,不断增进民生福祉,全面加强党的建设,全区各项事业取得新进展新成效。

(王　欢)

【市委领导到区调研】 3月8日,市委常委、宣传部部长杜飞进到石景山区进行调研,实地察看融媒体中心建设情况,观看文化中心效果展示,随后到社区学院,察看公共文化服务资源、设施情况并听取工作汇报。4月9日,市委常委、统战部部长齐静以“四不两直”方式到石景山区社会主义学院调研检查民族宗教政策进课堂工作落实情况,对石景山区民族宗教政策相关培训安排予以肯定,并就下一步工作提出具体要求。5月24日,市委常委、组织部部长魏小东到八角街道出席推进街道工作意见落实和深化“街乡吹哨、部门报到”改革现场调度会和工作专班月度例会。会前,魏小东沿八角西街实地查看地区商户参与共治、落实“新门前三包”责任情况,以及背街小巷环境整治情况,实地了解街道创新管理模式。10月31日,市委常委、市纪委书记、市监委主任陈雍到石景山区开展调研。实地查看法海寺文物保护、修复及传统文化传承情况,金顶街街道西福村社区基层党建、民生和监督工作向基层延伸情况,视察区纪委区监委合署办公场所,听取区委、区纪委关于履行全面从严治党主体责任、监督责任工作情况和基层纪检监察干部履职情况汇报,并就推动纪检监察工作高质量发展提出要求。

(王　欢)

【市委书记到区调研】 12月14日,市委书记蔡奇到石景山区调查研究。在首创郎园Park,蔡奇到音乐沙龙、木工坊、书屋,对郎园Park将老旧厂房、市场腾笼换鸟引入新业态的模式表示肯定,强调要吸引优质资源打造群众休闲乐园,把园区办出特色和品质。在老山街道老山东里北社区,蔡奇察看道路修缮、绿化修补、物业管理等情况,询问社区服务和居民需求,叮嘱要加强适老化改造,提升物业管理水平,为居民提供便利服务。在北京·银行保险产业园,蔡奇察看产业园规划建设情况,要求集聚高端资源,走特色化、差异化之路。随后,蔡奇出席座谈会并指出,石景山位于长安街延长线上,区位优势明显。要从自身实际出发,善于在螺蛳壳里做道场,发展上坚持走“高精尖”的路子,办好“四个园”。新首钢园区要打造高端产业综合服务功能区,深入实施新首钢三年行动计划,注入科技元素,服务好冬奥,借势借力发展“体育+”产业;中关村石景山科技园要营造良好创新生态,主动承接中关村辐射外溢,用足用好相关政策,推广续贷中心做法,集聚更多科技成长型企业;银行保险产业园要抬高准入门槛,提高地均人均产出,发展金融科技,办好国际高峰论坛,扩大影响力;文创园要充分利用好老旧厂房,增加公共服务功能,打造特色品牌,为地方添秤。他强调,要深入贯彻落实党的十九届四中全会精神和中央经济工作会议精神,坚持高质量发展,加强城市有效治理,高水平打造首都城市西大门。

(王　欢)

区委重要会议

【概况】 区委重要会议包括党的代表大会及由此选举产生的区委全体委员会,以及全会选举产生的常务委员会所召开的会议。还包括党风廉政建设大会、党务工作会和领导干部会议等。这些会议作出的安排部署,为贯彻落实中央决策部署和市委工作要求,统筹推动全区各项工作,高水平建设好首都城市西大门提供坚强保证。

(王　欢)

【十二届八次全体会议】 1月3日召开。全会深入学习贯彻习近平新时代中国特色社会主义思想和党的十九大精神,学习贯彻中央经济工作会议精神和市委十二届七次全会精神,总结2018年工作,研究部署2019年任务。全会听取并审议区委常委会工作报告,审议区委常委会抓党建工作情况报告。表决通过《中共北京市石景山区第十二届委员会第八次全体会议决议》。区四套班子领导,区委委员、候补委员,区纪委委员,各民主党派主委,工商联主席,各单位党政正职领导,部分市、区党代会代表参加会议。

(王　欢)

【领导干部会议】 全年召开4次。2月2日,传达市委常委会会议(扩大)精神,部署春节及“两会”期间城市运行保障、安全生产、环境布置等服务保障工作和安全稳定、党风廉政建设等工作。2月15日,学习贯彻市委十二届八次全会精神,部署全区贯彻落实工作。5月31日,传达学习区委书记月度工作点评会会议精神,部署全区贯彻落实工作。7月20日,传达学习贯彻市委十二届九次全会精神,动员全区各级党组织和广大党员干部统一思想、凝聚共识,对标定位、真抓实干,以钉钉子精神推动市委全会决策部署在石景山落地落实。

（王　欢）

【党务工作会】 2月21日召开。会议总结2018年全区党务工作，对2019年党务工作进行部署。会议还总结部署组织和宣传思想文化工作、政法工作、统战、调研和改革工作、社会建设工作。区四套班子领导参加会议。

（王　欢）

【党风廉政建设大会】 2月22日召开。会议深入学习贯彻习近平总书记在中央纪委十九届三次全会上的讲话精神，认真落实市委十二届七次全会、市纪委十二届四次全会和区委十二届八次全会工作部署，回顾总结2018年全面从严治党、党风廉政建设和反腐败工作，对2019年全面从严治党任务进行部署。

（王　欢）

【党建述职考评会】 2月27日召开。会议传达全市区委书记、系统党（工）委书记抓基层党建述职评议会精神，通报市委点明全区基层党建工作存在的突出问题。7位街道党工委书记和5位行业党（工）委书记现场述职，其他党（工）委书记进行书面述职。区委常委现场点评。与会人员对参加述职的党（工）委书记进行测评。

（王　欢）

【月度工作点评会】 全年召开8次。3月7日，老山街道、苹果园街道、金顶街街道党工委书记发言，于长辉作集中点评。5月14日，针对市民热线办理和空气污染治理两项工作重点点评，老山街道、苹果园街道、五里坨街道党工委书记发言，于长辉作集中点评。7月1日，八宝山街道、古城街道、广宁街道党工委书记进行发言，常卫作集中点评。8月1日，鲁谷街道、五里坨街道、发展改革委、城管委和生态环境局依次发言，常卫一一点评。8月29日，八角街道、金顶街街道、教委、住建委和市场监管局依次发言，常卫作集中点评。会议通报全区各街道、委办局“接诉即办”工作情况。10月26日，老山街道、苹果园街道、国资委、卫生健康委、人力资源社会保障局依次发言，常卫一一点评。会议传达区委书记月度工作点评会精神，通报全区各街道、委办局“接诉即办”工作情况。11月29日，古城街道、广宁街道、商务局、文化和旅游局、规自分局依次发言，常卫一一点评。会议通报全区各街道、委办局“接诉即办”工作情况。12月31日，八宝山街道、五里坨街道、集体资产监管办、金融办、园林绿化局依次发言。常卫一一点评。会议通报12月全区各街道、委办局“接诉即办”工作情况，盘点2019年“接诉即办”工作。

（王　欢）

9月30日，区机关举行“唱响祖国赞歌”迎十一主题升国旗仪式

（区直机关工委供图）

【机构改革动员部署会】 3月15日召开。陈之常主持会议。田利跃对石景山区机构改革工作进行说明。于长辉作讲话。

（王　欢）

【十二届九次全体会议】 7月25日召开。区委常委会主持会议。全会以习近平新时代中国特色社会主义思想为指导，深入贯彻党的十九大和十九届二中、三中全会精神，深入贯彻习近平总书记对北京重要讲话精神，全面落实市委十二届七次、八次、九次全会部署，总结2019年上半年工作，部署下半年任务。常卫代表区委常委会作工作报告并讲话。会议表决通过《中共北京市石景山区第十二届委员会第九次全体会议决议（草案）》。区四套班子领导，区委委员、候补委员，区纪委委员，各单位及街道党政正职领导，部分市、区党代会代表参加会议。

（王　欢）

【“以案为鉴、以案促改”警示教育大会】 9月11日召开，会议组织观看警示教育片，梳理分析全区主要问题，通报2018年警示教育大会以来受处分的处级干部名单。市委“不忘初心、牢记使命”主题教育第四巡回指导组组长王红专，区四套班子领导在主会场出席会议。全区各单位科级以上干部、国资系统各公司中层以上干部、集体经济系统各公司中层以上干部、各社区书记主任等，在各视频分会场参加会议。

（王　欢）

【十二届十次全体会议】 12月27日召开。全会以习近平新时代中国特色思想为指导，全面贯彻党的十九大、十九届二中、三中、四中全会和中央经济工作会议精神，深入贯彻习近平总书记对北京重要讲话精神，认真贯彻市委十二届十一次全会精神，总结2019年工作，部署2020年任务。会议听取并审议区委常委会工作报告,审议区委常委会抓党建工作情况报告,表决通过《中国共产党北京市石景山区第十二届委员会第十次全体会议关于同意宋永红同志辞去区委委员职务的决定》《中国共产党北京市石景山区第十二届委员会第十次全体会议关于递补区委委员的决定》《中国共产党北京市石景山区第十二届委员会第十次全体会议决议》。区四套班子领导,区委委员、候补委员,区纪委委员、区监委委员,各民主党派主委,工商联主席,各单位党政正职领导,部分市、区党代会代表,驻区单位、企业代表,社区居民代表参加会议。

(王　欢)

【区委常委会会议】 区委常委会着眼于抓大事、议大事、定大事,坚持科学决策、民主决策,统筹协调兼顾、合理组织安排,全年筹备召开区委常委会49次,安排常规议题220个、传达学习类议题61个。

(刘　彦　王　雪　刘凯杰)

表6　区委常委会会议一览表

上会日期	单　位	议　题　题　目
1月2日 第1次 (十二届88次)	组织部	关于《2018年区委常委会抓党建工作情况报告》起草情况的汇报
	组织部	关于开展2018年度党委(党组)书记抓党建述职评议考核工作相关安排的汇报
		传达学习习近平同志2019年新年贺词
1月3日 第2次 (十二届89次)		区委办听取各组讨论情况(全会)
1月17日 第3次 (十二届90次)		传达学习习近平同志在中央政治局第十一次集体学习时的讲话精神
		传达学习蔡奇同志在市委全面依法治市委员会第一次会议上的讲话精神
		传达学习蔡奇同志在北京市社会建设工作领导小组会议上的讲话精神
	纪委监委	关于调整石景山区全面从严治党主体责任检查考核工作安排的汇报
	纪委监委	关于《关于集中整治形式主义、官僚主义的工作方案》的汇报
1月23日 第4次 (十二届91次)		传达学习中国共产党第十九届中央纪律检查委员会第三次全体会议精神
		传达学习市委政法工作会议精神
		传达学习全国宣传部长会议和全市宣传工作会议精神
	主体办	关于落实市委《关于深化落实全面从严治党主体责任的意见》的汇报
	人大办	关于《区人大常委会关于加强干部履职监督工作情况的报告》的汇报
	政协办	关于石景山区政协对区属党政部门履职情况开展民主监督与评议工作的汇报
	信访办	关于2018年信访工作完成情况及2019年工作安排的汇报
	环保局	关于2018年环保工作完成情况及2019年工作安排的汇报
	安监局	关于2018年安全生产工作完成情况及2019年工作安排的汇报
	纪　委	关于中共北京市石景山区第十二届纪律检查委员会第六次全体(扩大)会议筹备情况的汇报
	纪　委	关于给予佟某处分的请示
1月30日 第5次 (十二届92次)		贯彻落实蔡奇同志在区委书记月度工作点评会上的讲话精神
		传达学习市委常委会扩大会议精神
	区委办	关于区委常委会2019年议题计划的汇报
	研究室	关于石景山区2019年调研工作要点和课题计划的汇报
	宣传部	关于《2018年第四季度首都意识形态领域情况的通报》
	宣传部	关于石景山区2018年意识形态工作情况的汇报
	住建委	关于限价房轮候家庭购买大兴区采育镇育新花园北里项目商品房货币补贴经费的汇报
	巡察办	关于十二届区委第五轮巡察和"机动式"巡察工作情况的汇报
	组织部	关于开展2018年度区、处级领导班子和领导干部年度考核工作的汇报
	组织部	干部任免

续表

上会日期	单 位	议 题 题 目
2月13日 第6次 (十二届93次)	区人大	关于区人大常委会2019年工作要点的汇报
	区政协	关于区政协常委会2019年工作要点的汇报
	统战部	关于石景山区2019年统战工作要点的汇报
	政法委	关于石景山区2019年政法工作要点的汇报
2月20日 第7次 (十二届94次)		传达学习习近平同志在中央政治局第十二次集体学习时的讲话精神
		传达学习蔡奇同志在市委统战工作领导小组会议上的讲话精神和齐静同志在全市统战部长会议上的讲话精神
		传达学习2018年度区委书记、系统党(工)委书记抓基层党建述职评议会议精神
	组织部	关于石景山区2019年组织工作要点的汇报
	宣传部	关于石景山区2019年宣传思想文化工作要点的汇报
	社会工委	关于石景山区2019年社会建设工作要点的汇报
	区委办	关于中共北京市石景山区委2019年党务工作会筹备情况和《在区委2019年党务工作会上的讲话提纲》的汇报
	纪 委	关于石景山区2018年全面从严治党(党建)工作检查考核情况的汇报
	纪 委	关于石景山区2019年党风廉政建设大会筹备情况和《在全区2019年党风廉政建设大会上的讲话提纲》的汇报
	政法委	关于传达《组建市委"平安北京"建设领导小组的通知》及组建区委"平安石景山"建设领导小组的汇报
	政法委	关于石景山区扫黑除恶督导问题整改情况的汇报
	总工会	关于推荐评选2019年全国五一劳动奖和全国工人先锋号工作情况的汇报
2月27日 第8次 (十二届95次)	发改委	关于《石景山区委区政府、首钢集团贯彻落实〈加快新首钢高端产业综合服务区发展建设打造新时代首都城市复兴新地标行动计划(2019－2021年)〉2019年工作方案》的汇报
	民政局	关于《石景山区2019年双拥工作要点》的汇报
	组织部	关于提名评选国家勋章和国家荣誉称号初步建议人选工作的汇报
	组织部	关于《全市党建述职会点评问题整改方案》的汇报
3月6日 第9次 (十二届96次)		传达学习蔡奇同志在今年市委首个现场推进会上讲话精神
		传达《中共北京市委关于北京隆达轻工控股有限责任公司及下属印刷包装集团有限公司制版厂违反政治纪律和组织纪律问题责任追究的通报》
	人大办	关于召开石景山区第十六届人大常委会第十九次会议的请示
	创城办	关于2019年创城工作安排的汇报
	社会工委	关于石景山区贯彻落实北京市街道工作会议的工作汇报
	城管委	关于2019年交通综合治理重点工作的汇报
	城管委	关于永引渠区域整体环境提升相关工作情况的汇报
3月9日 第10次 (十二届97次)	组织部	干部任免
3月20日 第11次 (十二届98次)		传达学习习近平同志在中央政治局第十三次集体学习时的讲话精神
	区委办	关于机构改革15个新设立、调整设立的议事协调机构成员名单的汇报
	主体办	关于调整区委巡视整改落实工作领导小组及办公室成员情况的汇报
	八大处景区管委会	关于西山八大处门区至七处道路及景观改造提升工程的汇报
	组织部	关于干部工作相关事项的汇报

续表

上会日期	单　位	议　题　题　目
4月3日 第12次 (十二届99次)		传达学习习近平同志在中央机构编制委员会第一次会议上的讲话精神
		传达学习习近平同志在中央全面依法治国委员会第二次会议上的讲话精神
		传达学习《中共北京市委常委班子2018年度民主生活会情况通报》
	宣传部	关于《石景山区2019年区处两级理论学习中心组学习计划》的汇报
	创城办	关于石景山区2019年文明委会议暨创城工作推进会筹备情况和调整区创城办相关情况的汇报
	文明办	关于石景山区2019年精神文明建设工作要点和未成年人思想道德建设工作要点的汇报
	总工会	关于石景山区工会第十次代表大会筹备工作情况的汇报
	纪　委	关于《关于调整石景山区纪委区监委派驻机构监督范围的实施方案》的汇报
	纪　委	关于给予张某处分的请示
4月10日 第13次 (十二届100次)		传达学习中央、市委巡视巡察工作精神
		传达学习《2018年全市问责情况通报》
	社会工委	关于石景山区推进街道工作相关情况的汇报
	城管委	关于石景山区2019年街巷整治提升工作计划及资金的汇报
	纪　委	关于对区委宣传部、区文明办在创城申报材料中弄虚作假进行问责情况的汇报
4月17日 第14次 (十二届101次)		传达学习《关于2019年第二季度意识形态领域需要关注的重点问题情况通报》
		传达学习市委统战部相关文件精神
	保险产业园	关于北京保汇置业发展有限公司拟与葛洲坝集团战略增资有关工作的汇报
	政法委	关于第二届"一带一路"国际合作高峰论坛、北京世界园艺博览会、亚洲文明对话大会三大活动石景山区维稳安保工作的汇报
	区委办	关于《区委领导班子形式主义、官僚主义突出问题清单》和《关于解决形式主义突出问题为基层减负的二十条措施》的汇报
	组织部	干部任免
4月25日 第15次 (十二届102次)		传达学习蔡奇同志在街道乡镇党(工)委书记座谈会上的讲话精神
	发改委	关于石景山区2019年一季度经济社会发展情况的汇报
	金融办	关于《石景山区鼓励企业上市发展实施办法》的汇报
	商务委	关于古城南路步行街建设工作安排及相关资金的汇报
	宣传部	关于《石景山区推进新时代文明实践中心建设实施方案》的汇报
	纪　委	关于《石景山区第二十八届党风廉政建设宣传教育月活动计划》的汇报
	团区委	关于共青团石景山区第十三次代表大会筹备工作的汇报
	统战部	关于民建石景山区工委主委调整工作情况的汇报
	组织部	关于开展副调研员职务核定工作的汇报
	组织部	干部任免
4月26日 第16次 (十二届103次)	组织部	干部任免
5月8日 第17次 (十二届104次)	组织部	研究干部工作
	组织部	干部任免
	监督指挥中心	关于石景山区4月份非紧急救助服务系统工作情况的汇报
	发改委	关于石景山区优化营商环境工作有关情况的汇报
	投促局	关于《石景山区重点企业"服务包"制度工作方案》的汇报

续表

上会日期	单　位	议　题　题　目
5月8日 第17次 （十二届104次）	投促局	关于兑现2018年度政策支持资金的汇报
	司法局	关于区委全面依法治区委员会第一次会议筹备情况的汇报
	区委办	关于区人大建议、政协提案办理工作情况的汇报
	区委办	通报《关于对石景山区2018年全面从严治党（党建）工作考核情况的反馈意见》
	组织部	关于召开石景山区党建工作协调委员会会议有关情况的汇报
	人大办	关于区人大常委会党组2019年党建工作要点的汇报
	政府办	关于区政府党组2019年党建工作要点的汇报
	政协办	关于区政协党组2019年党建工作要点的汇报
5月15日 第18次 （十二届105次）		传达学习蔡奇书记在市反腐倡廉建设领导小组2019年第一次会议上的讲话
	人大办	关于召开石景山区第十六届人大常委会第二十次会议的请示
	财政局	关于拨付新首钢高端产业综合服务区市区经济贡献共享机制资金的汇报
5月18日 第19次 （十二届106次）	组织部	干部任免
5月22日 第20次 （十二届107次）		传达学习习近平同志在解决"两不愁三保障"突出问题座谈会上的讲话精神
	区委办	关于区委常委分工的汇报
	保险产业园	关于申请北京银行保险产业园建设项目贷款、融资的汇报
5月29日 第21次 （十二届108次）	组织部	干部任免
	5·9专班	关于"5·9"事件善后处置进展情况的汇报
6月13日 第22次 （十二届109次）		传达学习赵乐际同志在市县巡察工作推进会上的讲话
		传达学习《关于当前意识形态领域形势的通报》
	纪　委	关于《关于推进全面从严治党（党建）工作考核整改情况的报告》的汇报
	城管委	关于《石景山区2019年河长制工作方案》的汇报
6月19日 第23次 （十二届110次）	规自分局	关于《石景山区关于违建别墅问题清查整治专项行动的工作方案》的汇报
	园林局	关于《石景山区关于对绿地认建认养及公园配套用房出租中侵害群众利益问题开展专项清理整治工作的总体方案》的汇报
	纪　委	关于《关于在全区绿地认建认养及公园配套用房出租专项清理整治中强化监督执纪问责的工作方案》的汇报
	创城办	关于《石景山区"擦亮城市西大门，文明祥和迎大庆"专项行动方案》的汇报
7月3日 第24次 （十二届111次）		传达学习北京市公安工作会议精神
		传达学习《北京市党政领导干部安全生产责任制实施细则》
	发改委	关于石景山区2019年国民经济和社会发展计划上半年执行情况的汇报
	公安分局	关于石景山区2019年上半年反恐怖工作情况及下半年工作安排的汇报
	消防支队	关于"防风险保平安迎大庆"消防安全执法检查专项行动进展情况的汇报
	宣传部	关于《关于隆重庆祝中华人民共和国成立70周年广泛组织开展"我和我的祖国"群众性主题宣传教育活动的安排》的汇报
	宣传部	关于推荐北京市"最美奋斗者"候选人工作情况的汇报
7月10日 第25次 （十二届112次）	人大办	关于召开石景山区第十六届人大常委会第二十一次会议的请示
	禁毒办 （公安分局）	关于石景山区2019年上半年禁毒工作情况及下半年工作安排的汇报
	纪　委	关于提请区委全体会议追认给予房某处分的请示

续表

上会日期	单　位	议　题　题　目
7月17日 第26次 (十二届113次)		传达学习《习近平总书记在中央政治局第十五次集体学习时的重要讲话精神》
		传达《关于当前首都意识形态领域形势的通报》
	区委办	关于《区委十二届九次全会安排意见的请示》的汇报
	审计局	关于《关于进一步深化审计整改工作的落实方案》的汇报
	文旅局	关于石景山区创建国家公共文化服务体系示范区工作的汇报
	民政局	关于推荐"首都见义勇为荣誉市民"候选人工作情况的汇报
	教工委	关于推荐2019年全国教育系统先进集体和先进个人候选对象工作情况的汇报
	组织部	干部任免
7月23日 第27次 (十二届114次)		传达学习习近平总书记在中央和国家机关党的建设工作会议上的重要讲话精神
	研究室	关于《在区委十二届九次全会上的工作报告》的汇报
	人大办	关于区人大常委会党组2019年上半年工作进展情况和下半年主要工作安排的汇报
	政府办	关于区政府党组2019年上半年工作进展情况和下半年主要工作安排的汇报
	政协办	关于区政协党组2019年上半年工作进展情况和下半年主要工作安排的汇报
7月25日 第28次 (十二届115次)	区委办	听取各组讨论情况
8月1日 第29次 (十二届116次)	组织部	关于做好"不忘初心、牢记使命"主题教育与第一批衔接联动工作有关情况的汇报
	政法委	传达《中央扫黑除恶第11督导组督导北京市情况反馈会》《北京市落实中央扫黑除恶督导反馈意见整改工作部署会》精神
	城管监督指挥中心	关于《石景山区深化12345市民便民服务热线"接诉即办"工作实施方案》的汇报
	宣传部	关于《石景山区2019年上半年意识形态工作情况报告》的汇报
	商务局	关于《石景山区促进消费升级发挥新消费引领作用行动计划(2019年—2021年)》的汇报
	老干部局	关于推荐全国离退休干部先进个人,北京市离退休干部先进集体和先进个人、老干部工作先进集体和先进老干部工作者情况的汇报
8月7日 第30次 (十二届117次)		传达学习蔡奇同志市委常委会讲话精神和全市社会主义学院工作会议精神
	侨　联	关于《石景山区归国华侨联合会换届工作方案》的汇报
	应急局	关于石景山区2019年上半年安全生产工作情况及下半年重点工作安排的汇报
	民政局	关于《北京市石景山区推进全国社区治理和服务创新实验区工作实施方案》的汇报
8月21日 第31次 (十二届118次)		传达学习市城市副中心规划建设现场推进会会议精神
	组织部	关于《关于加强党的政治建设的工作措施》的汇报
	政法委	关于《石景山区落实中央扫黑除恶第11督导组反馈意见整改工作方案》的汇报
	区纪委	关于区纪委区监委2019年上半年监督责任的报告的汇报
	老干部局	关于《石景山区关于进一步加强和改进离退休干部工作的实施方案》的汇报
	统战部	关于推荐全国民族团结进步模范个人的汇报
	组织部	关于开展集中规范领导干部配偶、子女及其配偶经商办企业行为工作的汇报
8月28日 第32次 (十二届119次)		传达学习《中共中央办公厅关于贵州省认真贯彻习近平总书记重要指示批示精神深入开展领导干部利用茅台酒谋取私利问题专项整治情况的通报》文件精神
		传达学习北京市"以案为鉴、以案促改"警示教育大会精神
	人　大	关于召开石景山区第十六届人大常委会第二十二次会议的请示
	金融办	关于石景山区防范和化解金融风险工作情况和下一步工作安排的汇报

续表

上会日期	单　位	议　题　题　目
8月28日 第32次 （十二届119次）	国资委	关于石泰公司等四家企业整合重组方案的汇报
	组织部	关于调整区属国有企业领导人员管理体制工作情况的汇报
	财政局	关于石景山区2019年政府性基金预算调整方案的汇报
	国资委	关于为石泰公司衙门口棚户区改造土地开发项目增加5.2亿元资金的请示
	国资委	关于为保险园公司增加10亿元注册资本金的请示
	信访办	关于石景山区2019年上半年信访工作情况及下半年工作安排的汇报
	组织部	干部任免
9月6日 第33次 （十二届120次）	区委办	关于调整区委常委分工情况的汇报
	城管监督指挥中心	关于12345热线“接诉即办”情况的汇报
9月9日 第34次 （十二届121次）	组织部	关于石景山区“不忘初心、牢记使命”主题教育有关情况的汇报
9月11日 第35次 （十二届122次）		“不忘初心、牢记使命”主题教育学习——习近平总书记在“不忘初心、牢记使命”主题教育工作会议上的重要讲话精神和在内蒙古指导开展“不忘初心、牢记使命”主题教育时的重要指示精神
		传达庆祝新中国成立70周年活动市安全保卫和社会治安指挥部9月10日会议精神及市国庆维稳安保第六督查组来石景山区开展督查工作情况
	区纪委	关于《关于深入开展“以案为鉴、以案促改”警示教育的十项措施》的汇报
9月16日 第36次 （十二届123次）		“不忘初心、牢记使命”主题教育学习——习近平总书记在中央政治局第十五次集体学习上的讲话精神和在中央和国家机关党的建设工作会议上的讲话精神
	巡察办	关于十二届区委第六轮巡察工作情况的汇报
	组织部	关于2018年度处级干部考核等次和奖励情况的汇报
	组织部	干部任免
9月25日 第37次 （十二届124次）		“不忘初心、牢记使命”主题教育学习——《中国共产党宣传工作条例》
		传达学习《新中国成立70周年纪念日期间意识形态领域需要关注的重点问题情况通报》
	政法委	关于《落实中央扫黑除恶第11督导组反馈意见整改工作情况报告》的汇报
	创城办	关于做好石景山区创建全国文明城区2019年度测评服务保障工作的汇报
	应急局	关于制定《北京市石景山区安全生产督察工作规范》的情况汇报
	国资委	关于《石景山区区管企业负责人履职待遇、业务支出管理暂行办法》的汇报
	住建委	关于组建区级保障房运营企业有关情况的汇报
10月16日 第38次 （十二届125次）		“不忘初心、牢记使命”主题教育学习——习近平在中央党校（国家行政学院）中青年干部培训班开班式上重要讲话精神
	组织部	关于《石景山区关于落实公务员职务与职级并行制度的工作方案》的汇报
	人大办	关于《中共北京市石景山区委关于新时代加强和改进人大工作的实施意见》的汇报
	人大办	关于补选区第十六届人民代表大会代表的有关工作情况汇报
	组织部	干部任免
10月28日 第39次 （十二届126次）		传达中央主题教育第二巡回督导组副组长龙新南调研石景山区主题教育时的讲话精神
		传达蔡奇书记在相约北京系列冬季体育赛事组委会全体会议暨动员部署大会上的讲话精神

续表

上会日期	单　位	议　题　题　目
10月28日 第39次 (十二届126次)		传达中华人民共和国成立70周年庆祝活动北京市筹备和服务保障工作总结表彰大会精神
	城管监督指挥中心	关于12345热线“接诉即办”情况的汇报
	区委办	关于召开中华人民共和国成立70周年庆祝活动石景山区筹备和服务保障工作总结大会的汇报
	政法委	关于传达全市扫黑除恶推进会精神及石景山区配合中央扫黑除恶督导“回头看”工作安排的汇报
	纪　委	关于《2019年石景山区全面从严治党(党建)工作考核实施方案》的汇报
	发改委	关于2019年前三季度国民经济社会发展情况的汇报
	组织部	干部任免
11月5日 第40次 (十二届127次)		“不忘初心、牢记使命”主题教育学习——《中国共产党章程》
		学习《党政领导干部选拔任用工作条例》修订情况
		传达学习市委统战工作领导小组专题会暨加强参政党建设工作部署会精神
		传达学习市委常委、市纪委书记、市监委主任陈雍同志到石景山区调研时的讲话精神
	人大办	关于召开区第十六届人大常委会第二十三次会议及区第十六届人大第六次会议的请示
	政协办	关于召开政协石景山区第十届委员会第四次会议的请示
	发改委	关于《北京市石景山区“十四五”时期国民经济和社会发展规划编制工作方案》的汇报
	组织部	关于《石景山区区管干部选拔任用工作流程》的汇报
	组织部	干部任免
11月13日 第41次 (十二届128次)		学习习近平总书记关于网络安全工作的重要指示精神
		“不忘初心、牢记使命”主题教育学习——《关于新形势下党内政治生活的若干准则》
	组织部	关于全区“不忘初心、牢记使命”专题民主生活会有关工作安排的汇报
	科　委	关于《石景山区促进应用场景建设,加快创新发展的支持办法》的汇报
	行政处	关于区政务服务中心和档案馆新建工程项目情况的汇报
	巡察办	关于十二届区委规划自然资源领域专项巡察工作情况的汇报
	组织部	干部任免
11月19日 第42次 (十二届129次)	组织部	关于推荐考察对象人选的说明
11月20日 第43次 (十二届130次)		传达蔡奇书记在区委书记座谈会上的讲话精神
		传达蔡奇书记在加强街道工作暨基层治理拉练式检查及现场推进会上的讲话精神
		“不忘初心、牢记使命”主题教育学习——《中国共产党纪律处分条例》
		传达学习王鸿津主任在全国县级巡察办主任提级培训班上的讲话精神
		传达中共北京市委第五次政协工作会议精神
	研究室	关于《区委常委会“不忘初心、牢记使命”专题民主生活会检视剖析材料》的汇报
	组织部	关于2019年“两新”组织党建工作情况的汇报

续表

上会日期	单　位	议　题　题　目
11月27日 第44次 （十二届131次）	国资委	关于2019年国有企业党建工作情况的汇报
	教工委	关于2019年中小学校和民办学校党建工作情况的汇报
	教工委	关于《石景山区推行中小学校长职级制度的实施方案》的汇报
	生态环境局	关于保障第二轮中央生态环境保护督察工作方案的汇报
	住建委	关于石景山区2019年老旧小区综合整治工作及相关资金的汇振
	财政局	关于2019年预算调整安排建议的汇报
		“不忘初心、牢记使命”主题教育学习——《坚决彻底反对形式主义、官僚主义——毛泽东等老一辈革命家的部分论述》
	人大办	关于区人大常委会工作报告、召开六次人代会、召开第二十四次人大常委会有关事项的汇报
	政协办	关于区政协十届委员会常委会工作报告的汇报
	法　院	关于区人民法院工作报告的汇报
	检察院	关于区人民检察院工作报告的汇报
	规自分局	关于《2018年度北京石景山区城市体检报告》的汇报
	住建委	关于广宁村棚户区改造实施方案及启动资金等相关工作的汇振
12月4日 第45次 （十二届132次）		“不忘初心、牢记使命”主题教育学习——《中国共产党问责条例》
		传达《北京市人民政府关于对〈石景山分区规划（国土空间规划）（2017年—2035年）〉的批复》
	宣传部	关于党的十九届四中全会精神宣讲工作情况的汇报
	人大办	关于《区人大常委会党组2019年落实全面从严治党主体责任工作报告》的汇报
	政协办	关于《区政协党组2019年落实全面从严治党主体责任工作报告》的汇报
	总工会	关于区总工会2019年工作总结及2020年重点工作任务的汇报
	团区委	关于团区委2019年工作总结及2020年重点工作任务的汇报
	妇　联	关于区妇联2019年工作总结及2020年重点工作任务的汇报
	组织部	干部任免
12月11日 第46次 （十二届133次）	组织部	关于贯彻落实全国、全市干部监督工作会议精神的汇报
	发改委	关于《北京市石景山区2019年国民经济和社会发展计划执行情况与2020年国民经济和社会发展计划草案的报告》的汇报
	发改委	关于2020年拟办重要民生实事计划安排的汇报
	重大办	关于2019年重大项目完成情况及2020年计划安排的汇报
	财政局	关于2019年预算执行情况和2020年预算草案的汇报
	财政局	关于落实国家规范奖励性补贴等政策需追加经费情况的汇报
12月19日 第47次 （十二届134次）		传达蔡奇书记在市工作务虚会上的讲话精神
	党　校	关于区委党校2019年工作总结及2020年工作思路的汇报
	政法委	关于申报全国市域社会治理现代化试点相关工作的汇报
	反恐办	关于2019年反恐怖工作总结及2020年重点工作任务的汇报
	宣传部	关于2019年“扫黄打非”工作总结及2020年重点工作任务的汇报
	经信局	关于区经信局某项目有关资金的汇报
	退役军人局	关于《石景山区2019年计划分配军转干部安置方案》的汇报
	统战部	关于拟对部分区政协委员进行调整增补的情况汇报
	组织部	干部任免

续表

上会日期	单　位	议　题　题　目
12 月 23 日 第 48 次 （十二届 135 次）	组织部	干部任免
	区委办	关于《区委十二届十次全会安排意见的请示》的汇报
	人大办	关于召开石景山区第十六届人大常委会第二十五次会议的请示
	研究室	关于《在区委十二届十次全会上的工作报告》的汇报
	组织部	关于《2019 年区委常委会抓党建工作情况报告》起草情况的汇报
	研究室	关于《政府工作报告》的汇报
12 月 23 日 第 48 次 （十二届 135 次）	教工委	关于《石景山区进一步完善义务教育学校绩效工资分配制度实施方案》的汇报
	组织部	关于递补中国共产党北京市石景山区第十二届委员会委员的工作汇报
12 月 27 日 第 49 次 （十二届 136 次）	区委办	听取各组召集人汇报

（刘　彦　王　雪　刘凯杰）

主要工作和重大活动

【概况】　年内，区委牢牢把握“建设国家级产业转型发展示范区、绿色低碳的首都西部综合服务区、山水文化融合的生态宜居示范区”的功能定位，紧紧抓住北京举办 2022 年冬奥会冬残奥会和打造新时代首都城市复兴新地标的重大历史机遇，圆满完成庆祝新中国成立 70 周年等重大活动服务保障任务，精心组织开展“不忘初心、牢记使命”主题教育，统筹做好稳增长、促改革、调结构、惠民生、防风险、保稳定各项工作，深入推进全面从严治党，高质量完成全年各项任务。

（王　欢）

【街道吹哨 部门报到】　1 月 26 日，以“文明祥和过大年”为主题开展“社区吹哨我报到、文明创建我先行”第十次集中活动。结合石景山区“文化进万家”“传递温暖·共筑文明”等活动，通过传统文化文艺联欢、周末卫生大扫除、文明巡查劝导和礼遇城市劳动者等多种形式，巩固创城成效，弘扬传统文化，营造新春氛围。全区 40 家单位党组织、4643 名在职党员、3924 名社区“老街坊”志愿者参加活动。5 月 25 日，以“涵养家风促和谐”为主题开展“社区吹哨我报到、文明创建我先行”第十四次集中活动暨石景山区首个新时代文明实践推动日主题活动。结合石景山区推进全国文明城区创建工作，突出红色家风传承、传统美德宣传、文明志愿服务三个方面内容，通过新时代文明实践站揭牌宣讲仪式、红色家书诵读、主题讲座宣讲等多种形式，引导广大社区居民立家规、传家训、树家风，弘扬传统美德，厚植家国情怀，掀起文明实践的新热潮。全区 31 家报到单位党组织、5031 名在职党员、3093 名社区“老街坊”志愿者参加活动。9 月 21 日，以“扮靓家园庆国庆”为主题开展“新时代文明实践推动日”暨基层党组织和在职党员“双报到”集中活动。活动结合“不忘初心、牢记使命”主题教育、“擦亮首都西大门、文明祥和迎大庆”专项行动要求，以消除安全隐患、美化社区环境、营造喜庆氛围的实际行动助力国庆 70 周年服务保障工作。全区 39 家基层单位党组织、4910 名在职党员、3396 名社区“老街坊”志愿者参加活动。

（王　欢）

【军民融合发展】　1 月 30 日，召开 2019 年新春军政座谈会。中部战区政治工作部副主任刘滨，陆军政治工作部副主任党增龙，北京军区善后办副主任袁良斌，中部战区政治工作部群联局局长谢杰，陆军政治工作部群联局副局长李春，北京军区善后办政工局主任徐青云出席会议。4 月 29 日，退役军人事务工作领导小组暨石景山区双拥工作领导小组第一次全体会议召开。市退役军人事务局副局长、市双拥办副主任马可容，中部战区政工部群工联络局副局长徐大勇，陆军政工部群工联络局副局长李春，北京军区善后办政工局副主任张广智，中央军委审计署驻中部战区审计局政治协理员刘振国参加会议。会议传达全国、北京市双拥工作和退役军人工作会议精神，部署 2019 年双拥及退役军人工作、石景山区争创全国双拥模范城迎检工作。7 月 10 日，区委第二次议军会议召开。会议听取石景山区民兵工作情况，上半年双拥工作情况和下半年计划暨“八一”双拥月活动安排。24 日，军地领导带队走访慰问优抚对象。中部战区政治工作部副主任王成蔚、陆军政治工作部副主任江前明、北京军区善后办副主任袁良斌等驻区部队领导，区领导常卫、陈之常、李文起、吴克瑞、姚茂文、陈婷婷、朱钢银、刘建国分四路对石景山区 8 户优抚对象代表进行联合走访慰问，为他们送去慰问品和慰问金。并分四路到区人武部等驻区部队走访慰问，与部队官兵共庆“八一”建军节，对驻区部队在区域经济建设、社会稳定等方面给予的大力支持、做出的突出贡献表示感谢，并为他们送去慰问金。10 月 30 日，市双拥创建活动检查组来石景山区考评检查。检查组来到八宝山革命公墓，在烈士纪念园瞻仰军人烈士墓碑，在中一室敬献花篮；来到冬奥组委办公区，参观2022年冬奥组委展示中心；到部队礼堂前广场，参观军地双拥共建活动成果展。随后，召开座谈会进行座谈。

（王　欢）

【2022年冬奥会服务保障】 2月11日，区领导到北京冬奥组委对接服务冬奥筹办工作。6月19日，区领导到北京冬奥组委对接服务冬奥工作。7月8日，召开区委书记专题会研究服务保障冬奥环境整治提升、绿化美化工作，听取关于长安街石景山段、冬奥赛场周边及阜石路沿线整治提升、绿化美化工作情况的汇报。8月29日，召开书记专题会研究冬奥社区建设工作，常卫主持会议。年内，石景山区圆满完成年度重点任务。加强与冬奥组委机关对接，与国家体育总局冬运中心签订战略合作协议，首钢滑雪大跳台成为冬奥会北京赛区首个建成并投入使用的新建场馆。成功举办沸雪世界杯、冰壶世界杯总决赛、大陆冰球联赛等高规格冰雪赛事，顺利完成北京冬奥会倒计时1000天、冬奥会冬残奥会吉祥物发布、冬奥赛会志愿者全球招募等活动的服务保障任务。显著改善赛场周边城市环境。实施冬奥赛场周边及阜石路沿线环境整治提升和绿化美化工程，完成新安城市森林公园、石景山景观公园等一批精品公园建设改造，西长安街城市森林公园群基本建成。制定冬奥组委机关驻地维稳安保工作方案，开展无障碍环境提升行动，城市运行、医疗卫生、文化旅游、安全应急等方面的服务保障能力增强。举办首届冰雪产业论坛，参展国际冬季运动博览会，制定促进冰雪产业发展的若干措施，设立北京首个体育产品公共保税仓库。深入开展冬奥文化、冰雪运动“四进”工作，举办石景山冰雪节、迎冬奥新春体育庙会等活动，高井路社区成功创建全市首家冬奥社区。

（王　欢）

【街道工作】 2月21日，于长辉就贯彻落实全市街道工作会议精神，围绕“坚持党建引领，提升社区治理能力”进行调研。于长辉首先来到八宝山街道四季园社区参观“冬奥之光”彩绘墙，随后主持召开工作座谈会，分别听取部分社区党组织书记、街道党工委书记的工作汇报。4月18日，召开新时代街道工作推进会。陈之常主持会议。田利跃传达北京市街道工作会议精神，部署落实市委市政府《关于加强新时代街道工作的意见》任务分解和2019年重点任务分工安排。于长辉作讲话。11月15日，召开街道党工委书记座谈会。会上，各街道党工委书记围绕年度重点工作、街道体制改革、城市精细化治理、干部队伍建设等问题建言献策。常卫一一回应。

（王　欢）

【疏解整治促提升】 2月28日，召开深入推进“疏解整治促提升”促进城市生态环境建设动员大会。会议部署石景山区“疏解整治促提升”专项行动、生态文明和城市环境建设2019年工作安排。区四套班子领导参加会议。年内，石景山区提高城市精细化管理水平。持续深化疏解整治促提升专项行动，16类专项任务保持动态清零。完成4个重点区域、2条精品街、29条背街小巷环境整治和景观提升，实施9条道路架空线入地和10座公厕改造项目，新建、改造生活性服务业网点41个，实施“留白增绿”48.94公顷。开展交通综合治理，道路停车全部实现电子收费。推进垃圾分类，创建3个街道示范片区、10个样板小区、20个示范校园。健全网格化管理体系，685条街巷全部落实街巷长制。实施大数据三年行动计划，推进城市大脑应用场景建设。

（王　欢）

【扶贫协作 对口支援】 3月28日，召开扶贫协作和支援合作工作领导小组第二次会议。会议传达中央及北京市扶贫工作的相关会议精神及工作要求，审议通过《石景山区2019年度精准扶贫工作计划》和《石景山区2019年对口协作湖北省十堰市竹山县工作计划》。4月16日，于长辉率石景山区代表团赴河北省保定市顺平县对接对口帮扶工作。代表团一行实地察看台鱼乡望蕊仙桃合作社、白云乡常庄大村智能温室建设项目，走访慰问贫困户，并进行座谈。会前，河北省省人大常委会副主任、保定市市委书记聂瑞平与石景山区代表团进行会面。保定市扶贫办调研员吴从志，顺平县县委书记李克英等领导参加会议。5月28至29日，于长辉率石景山区代表团赴内蒙古自治区赤峰市宁城县对接对口帮扶工作。代表团一行实地察看大明镇贫困户搬迁后续产业棚室、中节能宁城县20兆瓦结合设施农业分布式光伏发电项目，慰问贫困户，并进行座谈。宁城县县委书记张恒等领导参加活动。

（王　欢）

【接诉即办】 4月22日，石景山区召开市民服务热线工作交流推进会。8月10日，常卫主持召开石景山区委2019年第14次书记专题会，研究12345市民便民服务热线“接诉即办”工作。11月14日，常卫主持召开12345市民服务热线“接诉即办”工作现场推进会。年内，制定全区“接诉即办”工作方案，成立由区委区政府主要领导牵头的工作领导小组，健全区、街道部门、社区三级工作专班体系。落实首办责任制、“三见面”、区领导直通车等机制，层层压实责任，形成指挥、处置、监督闭环管理系统。建立街道级接诉即办指挥中心，完善区、部门、街道、社区四级处理机制，推动接诉即办向主动治理转变。截至年底，受理群众诉求5.2万件，响应率始终保持100%，解决率、满意率由52%和74%分别上升到67%和82%。坚持未诉先办，主动破解群众反映最集中的老旧小区问题。与首开集团签订战略合作协议，同步推进区属物业管理改革，实施八角南里等3个老旧小区综合整治，开展老山东里北等9个老旧小区有机更新试点，努力在老旧小区改造和城市更新方面探出新路。

（王　欢）

【争创全国文明城区】 年内，区委区政府将创城作为全区高端绿色崛起的牵引工程,区四套班子主要领导担任创城工作指挥部指挥长,坚持"1+8+9"创城工作体系,3位区委常委担任区创城办主要领导,8个专项工作组组长和9个街道分指挥部指挥长由区领导分别担任。建立区、行业(系统)街道、点位三级包片包点责任网,实现创建任务到点、到人、到事,实现片接片、点对点、人到人,路到路、墙到墙,强化对点位日常维护巡护的督察考核,逐级压实包片包点责任人责任,自下而上协调解决问题。实施"十大提升工程",推进35个提升项目、171项工作任务。从社会面安全防控、城市秩序、城市环境、窗口服务、社会面宣传5个方面持续发力,聚焦54项重点任务,实现城市环境秩序、城市文明程度和市民文明素质明显提升。4—11月,组织区四套班子领导实地拉练2次,召开区创城办工作例会27次,讨论议题64个。通过实地拉练、实地督查和下发整改通知书等手段进行督查协办,督办问题847个,向15家网上申报主责单位制发81个问题督办单,针对北京市测评检查出的76个实地问题,制发督查协办清单,督促各相关单位迅速整改。在2019年度北京市文明城区测评中,石景山区综合测评成绩为95.62(总分100),在全市16区排名第2,总成绩在5个创城区和4个提名区中排名第1。其中,实地考察66.44(总分70),单项排名全市第2;问卷调查29.17(总分30),单项排名全市第6。11月18日至20日,中央测评组对石景山区2019年度全国文明城区创建工作进行实地暗访考察和入户问卷调查,同步进行未成年人思想道德建设工作测评。按照材料占比40%、实地占比40%、问卷占比20%形成年度测评成绩。

(区创城办)

【创建国家森林城市】 5月6日,召开书记专题会研究创建国家森林城市工作,于长辉主持会议。会上集体讨论石景山区创建国家森林城市工作进展情况,同意印发《石景山区森林城市建设总体规划(2018—2035年)》。

(王　欢)

【西山永定河文化带建设】 5月9日,区新时代文明实践中心揭牌仪式举行。滕盛萍和于长辉共同为区新时代文明实践中心揭牌,滕盛萍、于长辉、田利跃和姚茂文共同为9个街道新时代文明实践所、首批(5个)新时代文明实践基地授牌,为9个"老街坊"志愿服务中队授旗。同月20日,召开新时代文明实践中心建设现场调研推进会。区领导于长辉、姚茂文参加活动,先后实地察看古城街道、八角街道、八宝山街道新时代文明实践所(站)。6月6日,开展"我和我的祖国"精品原创文艺节目展演暨"文化和自然遗产日"主题宣传活动。区领导常卫、陈之常、李文起、吴克瑞、姚茂文、陈婷婷参观非遗项目展示活动,观看文艺演出。

(王　欢)

【深化区校战略合作】 5月15日,区领导与北方工业大学领导座谈,落实"一区一校"工作,深入推进区校战略合作。区领导于长辉、陈之常,北方工业大学党委书记郑文堂,党委副书记、校长丁辉参加座谈。丁辉表示:希望进一步推动区校双方在创新街区建设、高精尖产业发展、城市应急管理等方面深度合作。郑文堂感谢石景山区对学校发展的大力支持,要深入开展区校战略合作,校方将在服务保障重大活动、创建全国文明城区、推动科技创新等重点工作中继续发挥自身人才、科技优势,助力石景山区高端绿色发展。陈之常认为:要持续深化双方在产业转型升级、城市更新改造、风险应急管理等方面的共建共享,打造区校合作典范。于长辉表示:双方在各领域合作成果丰硕,要积极落实市委"一区一校"建设要求,深化战略合作,加强沟通对接,不断完善互惠共赢、深度融合的常态化合作机制,积极推进合作项目落实落细,携手建设好首都城市西大门。

(单培玉)

【扫黑除恶专项斗争】 5月15日,市委政法委副书记马强到石景山区督导"亚洲文明对话大会"维稳安保和扫黑除恶专项斗争工作落实情况。田利跃汇报石景山区"亚洲文明对话大会"期间维稳安保工作、全区扫黑除恶专项斗争工作开展情况及配合做好中央扫黑除恶专项斗争督导工作准备情况。同月25日,召开区委书记专题会研究扫黑除恶专项斗争工作,听取关于配合做好中央扫黑除恶专项斗争督导准备工作情况的汇报以及关于《石景山区扫黑除恶专项斗争工作情况》的汇报。6月17日,召开扫黑除恶专项斗争工作汇报会。中央扫黑除恶第11督导组下沉督导第四组组长、最高人民法院研究室副局级审判员李晓及中央扫黑除恶第11督导组下沉督导第四组成员参加会议。同月17日至18日,中央扫黑除恶第11督导组下沉督导第四组对石景山区部门和街道进行督导。到区检察院、区法院、八宝山街道、老山街道、八角街道、苹果园街道督导扫黑除恶专项斗争工作。25日,召开扫黑除恶专项斗争领导小组(扩大)会暨督导问题立行整改工作部署会。常卫主持会议并讲话。田利跃传达中央扫黑除恶第11督导组督导北京市第二次工作通报对接会及全市立行立改部署会议精神,并对石景山区扫黑除恶督导问题立行立改工作进行部署。常卫主持会议并讲话。8月14日,召开落实中央扫黑除恶督导反馈意见整改工作部署会。11月5日,召开扫黑除恶专项斗争领导小组(扩大)会议。会议传达中央扫黑除恶第11督导组督导北京市"回头看"工作汇报会精神。常卫作讲话。14日,召开扫黑除恶专项斗争领导小组会议。会议传达中央扫黑除恶第11督导组督导北京市"回头看"情况反馈会、全市整改工作部署会精神。常卫主持会议并指出,要突出问题导向,把整改工作作为长期任务和推动专项斗争的重要抓手,坚决打赢扫黑除恶专项斗争这场硬仗。

(王　欢)

【庆祝新中国成立70周年】 6月28日,石景山区举行"我和我的祖国"主题原创话剧《升起天安门广场的国旗》"庆七一"专场演出活动。首钢集团领导何巍、魏立宝参加活动。7月13日,区四套班子主要领导围绕"擦亮城市西大门,文明祥和迎大庆"专项行动开展实地拉练。常卫一行沿途察看长安街延线石景山段环境整治、宣传布设情况，实地察看八角雕塑园创城宣传和志愿者工作开展情况。8月5日，召开“壮丽70年·奋斗新时代”集中采访活动座谈会。区领导常卫、柯永果、姚茂文，市委宣传部新闻处领导和来自中央、区属媒体的20余名记者参加会议。常卫介绍石景山区经济社会发展情况，并回答媒体记者围绕区域产业布局规划、打造新时代首都城市复兴新地标、服务保障冬奥和推广冰雪文化等问题采访。8月17日，常卫以“四不两直”方式检查“擦亮城市西大门，文明祥和迎大庆”专项行动工作。28日，常卫主持召开第17次书记专题会，听取关于新中国成立70周年庆祝活动维稳安保工作的汇报。30日，召开区委常委(扩大)会议。会议传达学习市委常委扩大会议精神和蔡奇在新中国成立70周年庆祝活动北京市服务保障工作动员大会暨“一带一路”国际合作高峰论坛、北京世园会、亚洲文明对话大会北京市服务保障工作总结大会上的讲话精神。9月4日，召开新中国成立70周年庆祝活动服务保障工作动员大会暨“一带一路”国际合作高峰论坛、北京世园会、亚洲文明对话大会服务保障工作总结大会。7日，常卫围绕“不忘初心，牢记使命——服务保障新中国成立70周年庆祝活动及‘两节’期间安全生产工作”进行检查。先后实地检查丰辰加油站鲁谷分店等重点点位及人员密集场所，详细了解安全生产责任制落实情况。10日，区政协“庆祝新中国成立70周年、人民政协成立70周年”书画展活动开幕。中国书法家协会理事、市书法家协会副主席刘俊京参加活动。同日，召开统一战线庆祝新中国成立70周年暨多党合作制度确立70周年座谈会。区领导常卫、陈婷婷，党外代表人士参加会议。26日，召开服务保障国庆70周年庆祝活动第三次全体会议。会议传达市相关会议精神。27日，常卫走访慰问老党员，向全区为新中国成立发展作出贡献的革命先辈们致敬。28日，常卫围绕“不忘初心、牢记使命”主题教育到八角地区调研国庆服务保障工作。常卫实地察看景阳东街第二社区、体育场南路社区、建钢南里社区、八角中里社区、八角文化广场、杨庄北区社区的环境布置、安保维稳等情况。30日，区机关举行“唱响祖国赞歌，谱写新的华章”主题升国旗仪式。市委第四巡回指导组组长王红专参加活动。升旗仪式上，全体机关党员干部合唱《我和我的祖国》。同日，常卫带队检查国际雕塑公园国庆游园活动现场运行保障情况。先后察看游园路线景观布置、文化演出、体育表演、展览展示等情况，慰问公安民警、武警官兵、志愿者等服务保障工作人员。10月2日，召开国庆期间城市运行保障工作调度会，常卫出席并讲话。11月1日，召开服务保障新中国成立70周年庆祝活动总结会议。会议贯彻落实新中国成立70周年庆祝活动北京市筹备和服务保障工作总结表彰大会精神，总结石景山区国庆筹备和服务保障工作，表扬参与的集体和个人。常卫代表区委、区人大、区政府、区政协，向全区各条战线、各个领域的同志们，向全区人民，致以崇高的敬意和衷心的感谢。

(王　欢)

8月10日，“中华儿女”方阵现场合练　　(团区委供图)

【“不忘初心、牢记使命”主题教育】 9月19日，区四套班子领导集体赴香山革命纪念地瞻仰学习。到双清别墅、来青轩，瞻仰毛泽东、朱德、刘少奇、周恩来、任弼时同志办公居住地，缅怀老一辈革命家当年在香山工作生活情况。随后来到北京香山革命纪念馆，重温入党誓词，参观《为新中国奠基——中共中央在香山》主题展览。9月以来，石景山区严格按中央、市委部署，在市委第四巡回指导组指导下，全区4个区级班子23名局级干部、93个处级班子651名处级以上干部(含副局级待遇5人)、1931个基层党组织、56477名党员，认真学习贯彻习近平总书记重要讲话精神，落实“十二字”总要求，围绕“五个目标”，聚焦主题主线，坚持“四个贯穿始终”，紧抓“四个到位”，做到“四个注重”，切实增强“四个担当”。研究制定以全区实施方案、区委常委会工作方案为核心的“1+1+4+4”文件体系，对全区主题教育作出整体部署。区委成立主题教育领导小组及工作机构，常卫担任领导小组组长，主持召开5次领导小组会议研究部署重要工作，深入基层调研指导，切实肩负第一责任人职责。各位党员区领导分别建立主题教育基层联系点，直接联系到社区和科队站所等基层一线党组织，深入基层开展指导80余人次。区主题教育办公室通过定期召开工作例会、巡回指导组例会、联络员会、工作座谈会等加强工作推进。加强对各领域基层党组织的分类指导，分别制定街道社区、党政机关、国有企事业单位和“两新”组织4个领域基层党组织开展主题教育的指导意见，重点明确各领域需要学习的重点内容、需要解决的重点问题和需要推进的重点任务。组建11个巡回指导组，根据单位性质科学分组，对全区93个处级单位及其所辖基层党组织开展主题教育进行督促指导。各党(工)委结合实际组建137个指导机构，指导所辖基层党支部落实好主题教育各项部署要求。开展“十百千万”大调研活动，区领导带头开展十大专题调研，发动上百名职能部门和街道领导班子成员深入百家企业、蹲点百个社区，每名处级党员干部直接联系2名服务对象(1000人以上)，动员万余名在职党员回社区报到，高标准高起点走好新时代群众路线。区委常委会围绕国庆服务保障、全国文明城区创建、市民热线“接诉即办”等重点工作密集开展拉练调研，开展调研206人次，列出问题清单354项，现场解决307项、挂账督办47项。区级班子成员分别到通州、怀柔、朝阳等区县开展学习调研6次，谋划推动区域高质量发展的办法措施。全区发现、收集问题6193个，现场解决问题3729个。区委主动落实好市委部署的8+1专项整治任务，紧密结合石景山实际，将群众反映最强烈的老旧小区改造问题列入专项整治，形成全区“8+1+1”专项整治任务，制定1个专项整治总方案和10个专项整治分方案，提出108项整治任务，制定253条整改措施。深入落实规划和自然资源领域问题整改，清查整治违建大棚房、浅山区违法占地违法建设、违建别墅、绿地认建认养及公园配套用房出租中侵害群众利益问题。在推进过程中，综合运用上下联动抓整改、列明清单抓整改、综合评估抓整改等方式增强整改实效，完成整改措施180条，完成比例达到71%。

(区委组织部)

【中国银行保险业国际高峰论坛】 10月17日至18日，2019中国银行保险业国际高峰论坛在北京·银行保险产业园召开。副市长杨斌，市金融监管局党组书记、局长霍学文，副局长栗志纲，北京银保监局副局长蒋平，北京金控集团党委书记、董事长范文仲出席活动。本届论坛以“转型与创新——踏上中国金融业高质量发展新征程”为主题，重点讨论“金融改革开放与服务实体经济”这一议题。论坛设置“对话诺奖”“银保园之夜”等环节，发布《2019中国保险科技白皮书》，启动北京保险科技加速器等金融创新平台。

(王　欢)

【区企对接】 年内，石景山区树立“命运共同体、发展共同体”理念，建立与首钢高层定期对接、专班常态化推进的工作机制，召开对接会10次，研究解决重点难点问题90项。制定新首钢地区发展建设指标评价体系，创新首钢工业建筑物和构筑物保护性改造利用审批流程，获国务院老工业基地调整改造真抓实干成效显著城市表彰，入选第二批国家级产业转型升级示范区。重大项目加快推进。落实首都城市复兴新地标三年行动计划，统筹推进30项重点任务和55个重点项目。首钢北区全面开工，东南区22个地块入市，南区控规基本稳定。推进规划拼图，完成市政供水水源切换，推动首钢地区市政设施、公共服务等纳入城市统一管理。创新要素不断聚集。编制新首钢园区产业引导目录，大力发展人工智能、5G、“体育+”、科技服务等产业，启动建设全球首发中心，京交会首钢分会场获“最佳专题展区奖”。建立市区经济贡献共享机制，推进侨梦苑、新首钢国际人才社区、城市织补创新工场等项目建设，打造中关村核心区企业新业务空间集中承载地。

(王　欢)

【开展专题调研】 区委书记围绕提升社区治理能力、优化营商环境、推动高质量发展、构建高精尖产业、西山永定河文化带建设、推进接诉即办工作、养老服务体制改革、生态文明建设、发展夜间经济、垃圾分类工作、服务保障冬奥和冬残奥交通基础设施建设、老旧小区物业管理、服务保障新中国成立70周年庆祝活动、京西商务中心优化升级工作、沸雪世界杯赛事工作等开展专题调研。

(邢　拓　糜栋炜)

表7　区委书记主要调研情况一览表

类　型	时　间	内　容	地　点	承办单位
走访检查	1.21	春节前走访慰问结对生活困难党员	本　区	组织部
	1.21	全面从严治党(党建)工作考核区领导带队督查	本　区	区纪委 区监委
	1.21	区委主要领导走访慰问退休老干部	本　区	组织部 老干部局
	1.24	走访慰问驻区企业	本　区	投促局
	1.29	区领导慰问劳动模范和困难职工	本　区	工　会
	1.30	慰问优抚对象代表	本　区	区委办 人大办 政府办 政协办 双拥办
	1.31	走访慰问政法单位	本　区	区委办 政法委
	2.1	慰问驻区部队	本　区	区委办 人大办 政府办 政协办 双拥办
	2.2	春节前夕区领导带队检查安全生产工作	本　区	安监局

续表

类　型	时　间	内　容	地　点	承办单位
走访检查	2.2	区领导走访信访办	信访办	区委办 信访办
	2.4	区领导检查慰问一线职工	本　区	区委办 政府办
	2.5	区领导检查春节庙会安全保障和服务接待情况	本　区	区委办 旅游委
	2.15	区领导检查"福满京城,春贺神州"灯会活动安全保障和服务接待情况	本　区	区委办 宣传部 文化委
	2.18	"福满京城 春贺神州"石景山区正月十五元宵节活动服务保障工作检查	石景山游乐园	区委办 宣传部 文化委
	2.19	"福满京城 春贺神州"石景山区正月十五元宵节活动服务保障工作检查	本　区	区委办 宣传部 文化委
	3.5	区领导督导检查全国"两会"维稳安保工作,慰问一线执勤干警、治安志愿者	本　区	政法委
	3.12	社区居委会换届选举调研督导	八角街道	组织部 八角街道党工委
	4.1	市领导检查清明节群众扫墓工作	八宝山革命公墓	市委政法委
	4.5	清明祭扫服务保障工作现场检查	八宝山革命公墓	区委办 民政局
	4.28	"五一"期间区委主要领导带队安全检查	本　区	应急局
	6.3	走访人大、政府、政协	机　关	区委办
	6.26	"七一"前走访慰问结对生活困难党员	八角街道	组织部
	7.24	军地领导分四路慰问优抚对象	本　区	区委办 政府办 双拥办
	7.24	区领导分四路慰问驻区部队	本　区	区委办 政府办 双拥办
	8.7	区领导到中铁建设股份公司走访调研	中铁建设股份有限公司	金融办
	9.7	区委主要领导"四不两直"现场督查	本　区	区委办
	9.9	区领导走访慰问教育工作者代表	本　区	教　委
	9.9	区领导走访慰问联系学校	石景山业余大学	教　委
	9.16	区委主要领导围绕"不忘初心,牢记使命"主题教育开展"四不两直"现场督查	本　区	区委办
	9.29	区委主要领导围绕"不忘初心、牢记使命"主题教育——服务保障新中国成立70周年庆祝活动及"两节"期间安全生产工作检查	本　区	区委办 应急局
专题调研	2.21	落实北京市街道工作会议精神区委主要领导围绕"坚持党建引领 提升社区治理能力"专题调研	四季园社区	区委办 社工委
	5.9	"四不两直"专题调研	本　区	区委办
	5.14	区委主要领导专题调研——优化营商环境	本　区	投促局
	5.24	区委主要领导专题调研——推动高质量发展、北京银行保险产业园建设	本　区	发改委
	6.11	区委主要领导专题调研——构建高精尖产业、"一轴三园"建设	本　区	区委办 发改委
	6.18	农工党市委"疏解整治促提升"专项民主监督调研	本　区	统战部
	7.8	区委主要领导专题调研——围绕西山永定河文化带建设和融媒体中心建设	本　区	区委办 宣传部
	7.9	区委主要领导专题调研——围绕深化"12345"热线办理、推进接诉即办工作	城管监督指挥中心	区委办 政府办 城管监督指挥中心

续表

类　　型	时　间	内　　容	地　　点	承办单位
专题调研	7.10	区委主要领导专题调研——围绕全区教育工作	教　委	区委办 教　委
	7.16	区委主要领导专题调研——围绕区重点工程建设情况	本　区	区委办 住建委
	7.17	区委主要领导专题调研——围绕生态文明建设、打赢污染防治攻坚战暨石景山区委生态文明建设委员会第一次全体会议	本　区	区委办 生态环境局
	7.25	区委主要领导专题调研——围绕发展夜间经济,促进传统消费升级	本　区	区委办 商务局
	7.30	区委主要领导专题调研——围绕垃圾分类工作	本　区	区委办 城管委
	8.6	区委主要领导专题调研——围绕社区治理创新及养老服务体制改革	本　区	区委办 社工委(民政局)
	8.21	区委主要领导专题调研——围绕服务保障冬奥、冬残奥交通基础设施建设、银行保险产业园建设	本　区	区委办 城管委 金融办
	9.6	区委主要领导专题调研——老旧小区物业管理	本　区	区委办 住建委
	9.21	区四套班子领导围绕“不忘初心,牢记使命—服务保障新中国成立70周年庆祝活动——宣传布设和环境整治提升工作”专项调研	本　区	区委办 城管委 创城办
	10.14	区委主要领导围绕“不忘初心、牢记使命”主题教育到基层单位开展调研指导	八角街道	区委办 组织部
	11.9	区委主要领导围绕“不忘初心、牢记使命”主题教育——专题调研京西商务中心优化升级工作	京西商务中心	区委办 投促局 园区
	11.14	区委主要领导专题调研“12345”热线工作开展情况	古城街道	区委办
	11.22	区领导围绕“不忘初心、牢记使命”主题教育到门头沟区学习调研	门头沟区	区委办 政府办
	11.23	区委主要领导围绕“不忘初心、牢记使命”主题教育——专题调研冬奥服务保障和冰雪体育发展	本　区	区委办 体育局
	12.9	区委书记专题调研——沸雪世界杯赛事工作	首钢滑雪大跳台	区委办 体育局
	12.21	区领导到区文化中心专题调研	本　区	区委办
工作调研	2.19	区委主要领导工作调研	城管执法局	区委办 城管执法局
	4.9	区委主要领导工作调研——机构改革	市场监管局	区委办
	4.11	区委主要领导工作调研——机构改革	司法局	区委办
	4.12	区委主要领导工作调研——机构改革	应急局	区委办
	4.19	区委主要领导工作调研——机构改革	科　委	区委办
	4.26	区委主要领导工作调研——机构改革	退役军人事务局	区委办
	4.26	区委主要领导工作调研——机构改革	民政局(社工委)	区委办

续表

类型	时间	内容	地点	承办单位
工作调研	6.6	区委主要领导工作调研	八角街道	区委办
	6.11	区委主要领导工作调研	鲁谷街道	区委办
	6.11	区委主要领导工作调研	广宁街道	区委办
	6.12	区委主要领导工作调研——打造新时代首都城市复兴新地标、落实三年行动计划	首 钢	区委办 发改委
	6.13	区委主要领导工作调研	五里坨街道	区委办
	6.14	区委主要领导工作调研	古城街道	区委办
	6.19	区委主要领导工作调研	冬奥组委	区委办
	6.20	区委主要领导工作调研	苹果园街道	区委办
	6.20	区委主要领导工作调研	金顶街街道	区委办
	6.21	区委主要领导工作调研	古城街道	区委办
	6.24	区委主要领导工作调研	区纪委区监委	区委办
	6.27	区委主要领导工作调研	古城街道	区委办
	6.28	区委主要领导工作调研	八宝山街道	区委办
	7.1	区委主要领导工作调研	老山街道	区委办
	7.4	区委主要领导工作调研	政法委	区委办
	7.11	区委主要领导工作调研	公安分局	区委办 公安分局
	8.19	区委主要领导工作调研	信访办	区委办 信访办
	12.3	到光大集团调研	光大集团	区委办
领导活动	1.24	区委常委班子民主生活会	本 区	组织部
	1.25	2019 年石景山区政协统战新春茶话会	本 区	政协办 统战部
	1.28	八角街道 2018 年度民主生活会	八角街道	组织部 八角街道党工委
	1.30	2019 年石景山区新春交响音乐会	青少年活动中心	文化委
	2.1	理论中心组学习——“坚定文化自信、传承和弘扬中华优秀传统文化”专题辅导报告	中铁建设大厦	宣传部 文化委
	2.3	石景山区机关 2019 年春节团拜会	102 会议室	机关工委
	2.11	四套班子领导给区机关全体同志拜年	区机关	区委办 政府办
	2.11	落实习近平总书记春节前夕在北京看望慰问基层干部群众重要讲话精神石景山区对接服务冬奥筹办有关活动	冬奥组委	区委办
	2.11	落实习近平总书记春节前夕在北京看望慰问基层干部群众重要讲话精神石景山区对接支持新首钢建设有关活动	首 钢	区委办
	3.4 – 3.15	区领导现场指导社区居委会换届选举	本 区	组织部
	3.6	“北京榜样”优秀群体先进事迹石景山专场报告会	中铁建设大厦	文明办
	3.7	石景山区纪念三八国际妇女节 109 周年活动	北方工业大学	妇 联
	3.18	石景山区机构改革单位揭牌仪式	本 区	区委办 政府办及相关单位
	3.20—3.21	随北京市代表团到上海学习考察	上 海	市委办公厅
	3.26—3.27	随北京市党政代表团赴内蒙古自治区对接扶贫协作工作	内蒙古	市委办公厅

续表

类　型	时　间	内　　容	地　　点	承办单位
领导活动	3.29	“不忘初心 牢记使命 缅怀先烈 继续前进”区级中心组专题学习活动	八宝山革命公墓	宣传部 组织部
	4.2	2019年清明节系列活动	本　区	宣传部 团区委 文化和旅游局
	4.4	第35个首都全民义务植树日活动	莲石湖公园	园林绿化局
	4.16	北京市石景山区代表团赴河北省保定市顺平县对口帮扶	河北省顺平县	区委办 发改委
	4.23—4.24	北京市石景山区代表团赴内蒙古自治区赤峰市宁城县对口帮扶	内蒙古自治区宁城县	区委办 发改委
	4.28	“时代先锋、社会楷模”石景山区庆“五一”主题活动	古城电影院大礼堂	工　会
	4.30	“文明创城我先行，奋发有为做先锋”主题升国旗仪式	区机关	机关工委
	5.9	石景山区新时代文明实践中心成立揭牌仪式暨文明实践所(站)长专题培训	社会学院	宣传部
	5.13	参观“泥正逢时·老北京故事——纪念新中国成立70周年泥塑·书画·艺术展”	国际雕塑公园	统战部
	5.15	与北方工业大学领导座谈	221会议室	研究室
	5.21	陪同市领导赴河北阜平对接扶贫工作	河北省阜平县	市委办公厅
	5.22—5.25	接待麻浦区友好访问团	本　区	外事办
	5.24	市“街乡吹哨，部门报到”现场推进会	八角街道	组织部
	5.27	首届石景山区人才宣传周活动启动仪式	万商花园酒店	组织部
	5.28—5.29	北京市石景山区代表团赴内蒙古自治区赤峰市宁城县对口帮扶	内蒙古自治区宁城县	发改委
	5.30	2019年中国国际服务贸易交易会石景山首钢园区分会场主论坛	首钢3号高炉	商务局
	5.31	石景山区庆祝“六一”国际儿童节主题教育活动	金鹏剧场	教　委
	6.6	石景山区原创精品文艺节目展演暨2019年度文化遗产日主题宣传活动	青少年活动中心	文化旅游局
	6.10	“烟花树”运行演练活动	首　钢	联欢活动指挥部办公室
	6.26	石景山区委办、党史办联合党支部“守初心担使命 砥砺奋进新时代”主题党日活动	201会议室	区委办
	6.27	“不忘初心、牢记使命”——石景山区纪念中国共产党成立98周年主题座谈会	201会议室	组织部
	6.28	区直机关“共产党员献爱心”捐款仪式	区机关	机关工委
	6.28	“我和我的祖国”主题原创话剧《升起天安门广场的国旗》“庆七一”专场演出活动	古城电影院	宣传部 文化和旅游局
	7.13	区四套班子主要领导围绕“擦亮首都西大门文明祥和迎大庆”专项行动主题拉练	本　区	创城办
	7.22	第31方阵总队组织训练誓师大会	102会议室	团区委
	7.26	区直机关系统“践行绿色使命，提升城市文明”主题集中行动日活动	区机关	机关工委

续表

类　型	时　间	内　容	地　点	承办单位
领导活动	8.5	市委宣传部“壮丽70年·奋斗新时代”重大主题宣传集中采访活动	北京银行保险产业园	宣传部
	8.5	石景山区与门头沟区工作对接会	201会议室	区委办 政府办发改委
	8.9	到东城区学习调研	东　城	区委办 政府办发改委
	8.12	市领导督导检查石景山区国庆70周年维稳安保及扫黑除恶专项斗争整改工作	本　区	政法委
	8.15	石景山区政府与公交集团签订战略合作协议	本　区	城管委
	8.16	“忠诚誓言”—“不忘初心、牢记使命”主题教育暨优秀民警事迹宣讲活动	北方工业大学	公安分局
	8.19	视察第31方阵总队合成训练情况	本　区	区委办 团区委
	8.27	启迪冰雪世界灭火救援综合实战演练	启迪冰雪世界	消防支队
	8.30	京呼对口帮扶与产业合作联席会	内蒙古大厦	区委办 发改委
	9.2	石景山区中小学秋季开学典礼	人大附中石景山学校	教　委
	9.4	石景山区政府与首钢集团2019年第三次区企高层对接会	首钢陶楼	发改委
	9.6	区委主要领导约访	信访办	信访办
	9.10	石景山区政协“庆祝新中国成立70周年、人民政协成立70周年”书画展	区图书馆	政协办
	9.17	北京2022年冬奥会和冬残奥会吉祥物发布活动	首　钢	冬奥组委
	9.19	“不忘初心，牢记使命”革命传统教育——参观北京香山革命纪念地	香山革命纪念地	宣传部
	9.20	石景山区2019年“不忘初心，牢记使命”我和我的祖国主题宣讲报告会	金鹏剧场	宣传部
	9.30	2019年“十一”国庆节区机关升旗仪式活动	区机关	机关工委
	9.30	北京市石景山区烈士纪念日烈士公祭仪式	八宝山革命公墓烈士纪念园广场	宣传部
	10.15	“不忘初心、牢记使命”主题教育——参观新中国成立70周年成就展	北京展览馆	组织部 宣传部
	10.16	石景山区与北京公共交通控股(集团)有限公司签订战略合作框架协议	201会议室	城管委
	10.17—10.18	2019中国银行保险产业国际高峰论坛	银保产业园	区委办 政府办金融办
	10.19	第四届北京·西山中医药文化季开幕式	八大处公园二处广场	卫健委
	10.22	相约北京系列冬季体育赛事组委会全体会暨动员部署大会	首钢文馆	相约北京组委会办公室
	10.28	与市保障房投资中心签订战略合作协议	201会议室	政府办 住建委
	11.2	区四套班子主要领导围绕“不忘初心、牢记使命”主题开展“全国文明城区测评服务保障”实地拉练	本　区	区委办 创城办
	11.16	区领导到报到社区参加“社区吹哨我报到、文明创建我先行”2019年11月集中活动	本　区	区委办 组织部

续表

类型	时间	内容	地点	承办单位
领导活动	11.21	区委主要领导到12345市民热线服务中心接听群众电话	市民热线服务中心	城管监督指挥中心
	12.13	第六届全国大众冰雪季国际、相关国家及港澳地区冰雪体育组织负责人到石景山区参观	高井路社区	国家体育总局冬季运动管理中心

(邢　拓　糜栋炜)

组织建设

【概况】 中共北京市石景山区委组织部(简称区委组织部)是区委重要职能部门。设办公室、研究室、组织一科、组织二科、组织三科、综合干部科、干部一科、干部二科、教育培训科、干部监督科、公务员科、人才工作科、党建办秘书科,行政编制49人;下辖石景山区党员电化教育中心(加挂区干部管理信息中心牌子,事业编制15人)、石景山区国际人才服务中心(加挂海外学人中心石景山分中心牌子,事业编制12人)。年内,将人力社保局公务员科相关职能划入组织部,成立公务员科。截至年底,全区共有各级党组织2009个,其中党委174个、总支90个、支部1745个。从基层组织覆盖领域来分,机关党组织311个,事业单位党组织247个,企业党组织454个(其中,公有制企业党组织96个,非公有制企业党组织358个),社区党组织957个、社会组织党组织33个、人才交流中心党组织7个。全区党员总数为58103名,其中预备党员395名,女党员23711名,少数民族党员1834名。从年龄结构上看,全区60岁以上党员30772名,占全区党员总数的52.96%,全区35岁以下年轻党员5737名,占全部党员总数的9.87%;从文化结构看,研究生以上学历4336人,占全区党员总数的7.46%,大学本、专科学历党员26361名,占全区党员总数的45.37%,高中及中专学历党员15266名,占全区党员总数的26.27%,初中及以下学历党员12140名,占全区党员总数的20.89%;从职业结构看,公有制单位在职党员9341名,占党员总数的16.08%,非公有制单位在职党员3501名,占党员总数的6.03%,离退休党员37203名,占党员总数的64.03%,其他类型党员7968名,占党员总数的13.71%。年内,区委组织部坚持以习近平新时代中国特色社会主义思想为指导,深入学习贯彻党的十九大和十九届二中、三中、四中全会精神,深入贯彻新时代党的建设总要求和新时代党的组织路线,围绕服务保障新中国成立70周年庆祝活动这条主线,把握开展"不忘初心、牢记使命"主题教育这个契机,深化党建引领"街道吹哨、部门报到"改革,推进干部、组织、人才工作以及自身建设,提高全区组织工作的质量和水平。编发《石景山区"不忘初心、牢记使命"主题教育简报》58期,被市委主题教育简报组采用17条,在全市名列第二。全年刊发《石景山组工信息》正刊12期、专报5期,被《中国组织人事报》采稿1篇,被市委组织部《组工动态》采稿7篇,被《北京组工通讯》采稿5篇,被《支部生活》采稿8篇,在服务领导决策、展现全区工作成效、促进工作创新上发挥作用。

(战　菲)

【党内帮扶】 年内,区委组织部按照党内帮扶工作要求,在元旦春节、"七一"和"十一"等重要节点,分级分类做好全区困难党员、老党员的帮扶走访工作。分别制发《关于认真落实中央、市委精神做好元旦春节期间走访慰问生活困难党员、老党员、老干部工作的通知》(京石组发〔2018〕37号)和《关于做好2019年"七一"期间帮扶、慰问困难党员工作的通知》(京石组发〔2019〕12号),做好服务保障。区四套班子主要领导、区委常委和各处级班子成员在元旦春节、"七一"和"十一"期间走访慰问党员2193人,划拨资金295.163万元,做到"走访一户,温暖一片",让困难党员和群众充分感受党组织的关怀和温暖。

(王　佳)

【召开各级民主生活会】 1月24日,区委常委班子召开2018年度民主生活会,紧扣"强化创新理论武装,树牢'四个意识',坚定'四个自信',做到'两个维护',勇于担当作为,以求真务实作风坚决把党中央决策部署落到实处"的主题,对照习近平新时代中国特色社会主义思想,对照党章党规,对照初心和使命,结合思想和工作实际,深入进行自我检查、党性分析,开展批评与自我批评。于长辉主持会议,陈之常、田利跃、柯永果、郭鹏、富大鹏、晋秋红、肖平、姚茂文、邓晓兵参加会议,李文起、吴克瑞列席会议,市纪委、市委组织部有关人员到会指导。25日,区人大常委会党组、区政府党组、区政协党组分别召开2018年度民主生活会,各党组主要负责人分别代表班子作对照检查发言,班子成员开展批评与自我批评,区委组织部、区纪委相关负责人列席三个班子的民主生活会。1月25日至2月1日,全区81个处级班子(含合并召开)2018年度民主生活会全部召开。党员区领导深入联系点单位进行现场指导并作点评讲话。区委统筹年度综合考评工作,派出11个综合考评组对处级班子民主生活会进行"全覆盖"督导。

(张　申　樊　典　吴　彬)

【社区居委会集中换届选举】 1月30日,区委组织部启动社区居委会换届选举工作。依法依规开展推选选委会、选民登记、候选人提名、人选资格联审、投票选举等环节,截至3月24日,全区

150个社区中，除9个拆迁社区按照规定不参加换届外，其余141个社区居委会全部顺利完成换届选举。

（张 申 樊 典 吴 彬）

【区委党建工作领导小组现场会】 3月14日，区委党的建设工作领导小组会议在广宁街道高井路社区召开。会前，于长辉到麻峪北社区察看平房区治理成效，随后前往高井路社区实地察看社会治理综合执法站运行情况，详细了解冬奥社区建设工作进展。在高井路社区"老街坊"议事厅，于长辉主持召开区委党的建设工作领导小组会议。会议首先传达市委党的建设工作领导小组会议精神，听取区委党的建设工作领导小组及办公室成员调整建议和2019年领导小组工作要点起草情况的汇报，审议2019年全区党风廉政建设、基层党建、理论武装和意识形态工作重点任务安排建议，与会同志进行工作讨论。于长辉围绕抓实党的建设各项工作讲话。区领导田利跃、郭鹏、姚茂文及区委党建工作领导小组成员参加会议，各街道党工委书记列席会议。

（张 申 樊 典 吴 彬）

【人才队伍建设】 年内，区委组织部组织符合条件的高端人才，申报市优秀人才培养资助项目、中关村高端领军人才高级工程师等各项人才工程。以项目化运作为手段，统筹引导全区各单位主动加强各类人才队伍建设，在年初申报、推荐评审、上会研究的基础上，对"333"人才二期工程、职工创新工作室等11个项目给予80万元的资助。实施走进高校引才计划，开展"筑梦京西、共创未来"系列活动，走进清华大学、北京大学、中国人民大学、中央财经大学等8所知名高校，为60余家驻区中央、市属国有企业和区属重点企事业单位招聘高校人才，线上关注浏览量2.8万人次，收到简历2200余份。

（沈 娟 陈 山）

【党(工)委书记年度述职评议】 4月27日，区委以视频会议形式召开2019年度党(工)委书记抓党建述职评议工作会。常卫主持会议并讲话，区委常委和区委党建工作领导小组成员、各党(工)委书记、副书记以及部分"两代表一委员"、基层党组织书记代表参加会议。会上传达全市区委书记、系统党(工)委书记抓基层党建述职评议会精神，通报市委对石景山区基层党建工作的综合评价意见。随后，各街道党工委书记现场述职，区委常委现场点评，肯定成绩的同时，重点指出不足和问题，并对下一步工作提出要求。其他党(工)委书记进行书面述职。与会人员对各党(工)委书记抓基层党建工作进行考核测评。

（张 申 樊 典 吴 彬）

【区党建工作协调委员会】 5月16日2019年第一次会议召开。会议研究确定区党建工作协调委员会议事规则起草情况和2019年重点工作任务安排，推动党建引领基层治理、驻区单位共建共治共享。会议由区委常委、组织部部长、区党建工作协调委员会办公室主任唐行安主持，区党建工作协调委员会主任于长辉出席会议并讲话，区党建工作协调委员会执行副主任田利跃就相关工作作说明，区领导李文起、吴克瑞、柯永果、郭鹏、姚茂文、邓晓兵、陈婷婷、周西松和中部战区政治工作部、陆军政治工作部、北京军区善后工作办公室、首钢集团等40家驻区单位党组织负责人作为区党建工作协调委员会成员全程参加会议，区委各行业系统工委(党委)和9个街道主要负责人列席会议。

（王 耿 陆晨方）

【完善人才工作领导小组职能】 5月，区人才工作领导小组召开会议，明确2019年度人才工作重点任务。区人力社保局、科委、投促局等单位就本单位重点项目进展进行汇报，进一步强化人才发展理念，增强人才工作行动自觉。围绕经济社会转型发展需要，调整区人才工作领导小组成员单位(由25家增至31家)，成员单位分别由区委组织部、区人力社保局，以及教育、卫生等人才工作重要职能部门组成，全区人才工作的领导力、执行力和协调力得到增强。

（沈 娟 陈 山）

【全国"人民满意的公务员"推荐评选】 年内，根据中央组织部、市委组织部通知要求，做好第九届全国"人民满意的公务员"和"人民满意的公务员集体"推荐评选工作。在对各单位申报人选、集体进行综合联审、征求纪检监察部门意见的基础上，经报区委研究决定，推荐石景山区城市管理综合行政执法监察局姚震参加全国"人民满意的公务员"评选，推荐石景山区看守所参加全国"人民满意的公务员集体"评选。6月，经市委组织部、中央组织部层层遴选，姚震获第九届全国"人民满意的公务员"称号。

（陈 鹏 李利青）

【干部调整配备】 年内，区委组织部在机构改革中，抓好干部调整配备，确保改革期间思想不乱、工作不断、队伍不散、干劲不减。按照市委批复的石景山区机构改革方案，与机构设置同步研究人员配备，围绕治理体系和治理能力现代化总体要求，立足强化各单位职能作用，结合各单位历史沿革、干部个人特点能力因素，科学配备领导班子，调整干部涉及32个处级领导班子175人。上半年，完成非领导职务核定工作，区委综合考虑干部实绩和各单位干部队伍建设情况等因素，研究确定14名副调研员。

（冯 瑞 韩 玲）

【公务员招录】 年内，区委组织部完成2019年度新录用公务员入职工作，启动2020年度考试录用公务员工作。上半年，按程序依次完成2019年度公务员面试资格复审、面试组织、体检、考察等工作，46人进入公务员队伍。定向招录优秀社区书记进入公务员队伍2人。下半年，经统计全区各单位人员缺口、岗位需求，综合考虑全区事业发展，面向社会发布招录岗位78个，涉及34家单位，拟招录97人。

（陈 鹏 李利青）

【区党建工作协调委员会联络员会议】 7月12日在区机关召开。会上播放《党建引领、治理创新——石景山区持续深化"街乡吹哨、部门报到"改革纪实》，首钢集团、市检察院第一分院、物美集团和京西燃气热电有限公司4家成员单位围绕全面融入区域化党建格局、参与创城重点工作进行交流发言。随后,会议对开展"擦亮城市西大门,文明祥和迎大庆"专项行动进行部署说明,动员社会力量共同参与地区治理,举全区之力落实落细创城指标任务,共同营造安全、整洁、文明、祥和的社会环境。会议号召各成员单位充分认识党建工作协调委员会助力全区经济社会事业发展的重大意义,携手并进、共同努力将这一平台打造成为地方党委政府与驻区单位扩大交流合作的朋友圈、凝聚资源力量的同心圆、展示自身风采的大舞台,以共驻共建共享的新成效迎接新中国成立70周年。区党建工作协调委员会各成员单位联络员以及各街道党工委、区有关部门负责人参加会议。

(樊　典　吴　彬)

【印发关于加强党的政治建设工作措施的通知】 8月27日,区委印发《中共北京市石景山区委关于加强党的政治建设的工作措施》的通知,《措施》共分为五部分28项内容。第一部分为坚定政治信仰。包括深入学习习近平新时代中国特色社会主义思想;坚定执行党的政治路线;坚决站稳政治立场;扎实开展"不忘初心、牢记使命"主题教育;严格落实意识形态工作责任制;全力整治网上政治安全突出隐患等6项内容。第二部分为坚持党的政治领导。包括坚决做到"两个维护";坚决贯彻党中央和市委决策部署;严格执行请示报告制度;树牢"首都无小事、事事连政治"观念;完善实施党的领导的制度机制;加强全国政治中心功能建设;开展形式主义、官僚主义集中整治等7项内容。第三部分为提高政治能力。包括深化党建引领"街乡吹哨、部门报到"改革;深入推进党支部标准化规范化建设;彰显党和国家机关政治属性;强化国有企事业单位政治导向和"两新"组织党组织政治功能;发挥群团组织政治作用;强化党员干部政治能力训练和政治实践历练;捍卫首都政治安全等7项内容。第四部分为净化政治生态。包括严肃党内政治生活;推进忠诚、警示教育常态化;严明党的政治纪律和政治规矩;加强党内政治文化建设;突出政治标准选人用人;持续保持反腐败高压态势;抓好全面从严治党(党建)考核工作等7项内容。第五部分为强化组织实施。明确各相关部门、各级党组织工作责任和相关工作要求。

(王　耿　陆晨方)

【启动"不忘初心、牢记使命"主题教育】 9月9日,区委"不忘初心、牢记使命"主题教育领导小组召开第一次会议。会议通过领导小组工作规则、领导小组办公室构成及工作职责、巡回指导组组成安排和工作规则,审议建立党员区领导基层联系点、学习教育工作方案、调查研究工作方案、宣传工作方案以及机关、社区、国有企事业单位、"两新"组织四个领域基层党组织开展主题教育的指导意见等文件。领导小组组长常卫主持并讲话,领导小组副组长陈之常、田利跃、郭鹏、姚茂文、唐行安出席会议。同月10日,区委召开"不忘初心、牢记使命"主题教育动员部署会。常卫主持会议并作动员部署。主题教育期间,区委常委班子按照中央、市委的部署要求,立足当前正在做的事,围绕学习贯彻习近平新时代中国特色社会主义思想,聚焦全区发展存在的突出问题和群众反映强烈的热点难点问题,深入开展"十百千万"大调研,围绕重点工作任务密集开展拉练调研,多次赴其他区县进行学习调研,把主题教育与正在做的事结合起来,以调查研究深化学习、检视问题、破解难题、推动工作,着力解决群众反映强烈的突出问题,解决推动全区高质量发展的难题短板。

(张　申　樊　典　吴　彬)

【"一呼百应"党员志愿服务】 年内,区委组织部开展"一呼百应"系统二期项目验收,做好功能测试和问题整改,同时,会同区经信局做好项目档案审查并归档留存。在国庆期间,抓好系统安全隐患排查与整改工作,会同中软公司进行系统与基础设施巡检、数据库与数据备份、环境安全排查以及应急处理预案定制等工作,圆满完成国庆和春节期间的系统信息安全保障工作。做好"一呼百应"调度指挥中心的运行管理,以创建全国文明城区为切入点、"不忘初心、牢记使命"主题教育为重点,组织党员通过"一呼百应"系统接发单。全年累计开展志愿活动2530余次,其中助力创城117次、"七十周年大庆"相关活动47次、"不忘初心、牢记使命"主题教育40余次,参与志愿活动总计1.1万余人次。

(张晓东　侯　景　马　廷)

【区委常委会专题民主生活会】 12月4日,区委常委会召开"不忘初心、牢记使命"专题民主生活会。按照习近平总书记关于"四个对照""四个找一找"的要求,盘点收获、检视问题、深刻剖析,严肃开展批评和自我批评,明确努力方向和改进措施。常卫主持会议,王红专作点评讲话。

(张　申　樊　典　吴　彬)

【基层组织体系建设】 年内,区委组织部以党政机构改革为契机,全面规范各级党组织设置。制定工作方案,印发《关于调整党组织设置的通知》《关于部分单位成立党组的通知》《关于做好党组织日常管理关系转接工作的通知》等规范性文件,以三步走的形式,于法有据、于事周延、平稳推进、正本清源,确保石景山区党组织设置隶属顺畅、覆盖全面、结构合理、运行规范。撤销12个党组,分别为区文化委员会党组、区旅游发展委员会党组、区卫生和计划生育委员会党组、区安全生产监督管理局党组、区政务服务办公室党组、市规划和国土资源管理委员会石景山分局党组、市工商行政管理局石景山分局党组、区质量技术监督局党组、区食品药品监督管理局党组、区民政局党组、区民防局(地震局)党组、区档案局党组。新建15个党组,分别为区文化和旅游局党组、区卫生健康委员会党组、区城市管理委员会党组、区政府集体资产监督管理办公室党组、区人防办党组、区应急管理局党组、区市场监督管理局党组、市规划和自然资源委员会石景山分局党组、区退役军人事务局党组、区医疗保障局党组、区政务服务管理局党组、区生态环境局党组、区归国华侨联合会党组、区融媒体中心党组和西山永定河文化带建设管理委员会党组。

（左泽东）

【党组织设置】 年内，区委组织部根据新颁布的《中国共产党党组工作条例》，梳理机构改革后区、处两级党组设置情况，全面掌握43个党组成立机关党组织、党组成员数等准确情况。做好机构改革后续党组织调整和梳理工作，针对机构改革后全区各单位的实际情况，指导区委社会工委、城管委、市场监督管理局、退役军人事务局、医保局、城管监督指挥中心和八大处公园等单位党组织隶属关系调整和党员党组织关系转接，并在党员E先锋中及时跟进更新。建立全区各级各类基层党组织情况台账，通过对各工委，区委直属党委、党总支的情况摸底，依托党员E先锋系统，对全区各级各类基层党组织的隶属关系、党组织建制、党组织类型、委员数、本届任期等情况进行整理并形成台账，夯实工作基础，提供决策依据。根据《中国共产党支部工作条例（试行）》，对各工委，区委直属党委、党总支所辖的到期未换届和临近换届的党组织进行工作提醒和业务指导，落实党内规章制度，规范党组织设置。对新成立的石景山区集体资产监督管理办公室设立机关党委相关工作进行业务指导并完成阶段批复工作。

（王　佳）

【调整街道党工委委员配备】 年内，区委组织部按照市委市政府《关于加强新时代街道工作的意见》，专题研究街道党工委委员配备工作，印发《关于调整街道党工委委员配备的通知》，明确街道工委委员的任免权限、工作程序和调整原则，吸纳优秀社区书记进入工委班子，全面加强街道社区党组织对地区各类组织和各项工作的领导。

（左泽东）

【调整部分单位机关党组织设置】 年内，区委组织部厘清机构改革中已做出调整的单位机关党组织设置和隶属，明确机关党委设委员5至7名，其中书记1名、副书记1名，同步设立机关纪委，委员3名，其中书记1名；机关党总支设委员5至7名，其中书记1名、副书记1名，委员中需设置1名纪律检查委员；机关党支部设委员3至5名，其中书记1名，委员中需设置1名纪律检查委员；不设支部委员会的机关党支部，设书记1名。成立中共北京市石景山区人民政府集体资产监督管理办公室机关委员会，统一管理集体经济系统党组织；成立中共北京市石景山区生态环境局机关总支部委员会、中共北京市石景山区退役军人事务局机关支部委员会、中共北京市石景山区医疗保障局机关支部委员会、中共北京市石景山区科学技术委员会机关支部委员会、中共北京市石景山区人民防空办公室机关支部委员会、中共北京市石景山区西山永定河文化带建设管理委员会机关支部。

（左泽东）

【党组织“引领力”提升工程】 年内，区委组织部坚持以党建引领为前提、以改革创新为关键、以“吹哨报到”为路径、以“接诉即办”为标准、以群众满意为目标，开展党组织“引领力”提升工程，通过做实党建工作协调委员会、推进基层社会精细化治理、改革社区工作和服务模式，提升党组织“领导力”“战斗力”“服务力”，增强街道党工委统筹协调能力和社区党组织服务群众能力水平，破解基层治理难题，解决群众的操心事、烦心事。

（张　中　樊　典）

【破解“两新”党建难题】 年内，区委组织部召开石景山区“两新”组织党建工作联席会，修订“两新”组织党建工作联席会议制度，完善部分成员单位职责，调整联席会议成员单位至41家，理顺工作机制，规范组织架构。通过聚焦3件事暨精准施策夯实“两个覆盖”、提质增效实现“三个提升”、聚焦重点抓党建促发展和开展7项重点工作暨商务楼宇党建提升专项行动、“两个覆盖”大调研大摸排、党建引领物业和业委会参与社会治理、互联网企业和律师行业党建、行业党建归口管理、优化营商环境建立党组织服务企业机制、党建“1+1”活动，圆满完成“两个覆盖”指标任务，“两新”组织覆盖率为84.06%，其中非公经济组织86.67%、社会组织65.28%，较去年分别增长46%和4.67%。

（左泽东）

【党建引领物业和业委会参与社会治理】 年内，区委组织部开展党建引领物业和业委会参与社会治理第一批试点工作，选取4种类型的8个试点小区，包括商品房小区、保障房小区、老旧小区和房改房小区，按照“一小区一对策”的原则，分类指导、精准施策。通过“两健全”（健全工作机制和健全工作体系）、“六加强”（加强协调指导、加强统筹调度、加强基层组织建设、加强“双向进入、交叉任职”工作、加强试点带动、加强党组织和党员作用发挥），旗帜鲜明地开展工作。通过试点带动，区内所有物业管理单位、业委会和自管会中没有党员或因党员人数不够未成立党组织的，均已派驻党建指导员开展工作。通过派出107名党建指导员和完成277人“双向进入、交叉任职”，基本实现现有小区物业服务企业和业主委员会党的组织应建尽建、党的工作全覆盖。

（左泽东　杨君杰）

【党群服务中心建设】 年内，区委组织部科学统筹谋划，稳步推进全区各级各类党群服务中心建设。在园区建设区级党群服务中心，面积为1500平方米，将宣传教育、组织活动、政务服务、交流互动等功能有机融合，充分彰显联系党员群众、服务企业生产经营的阵地作用。在9个街道建设街道级党群服务中心中，八宝山街道、八角街道、老山街道、古城街道、鲁谷街道、金顶街街道党群服务中心已投入运营。开展商务楼宇工作站专项提升行动，梳理全区41个商务楼宇工作站，通过“党建+商圈”的模式，初步形成中心站辐射、工作站支撑的较为完备的商务楼宇党群服务中心体系。

（左泽东　杨君杰）

【国企党建】 年内，区委组织部坚持以国企党建工作方案中确定的“一个引领，四个融入”为总体目标，严格推进《石景山区进一步加强国企党建重点任务清单》中确定的74项重点任务。结合开展的党建引领物业和业委会参与社会治理工作,系统梳理国企物业服务企业台账,指导4家国企物业服务企业夯实党建工作,履行国企责任,融入社会治理。

(左泽东)

【公立学校党建】 年内,区委组织部强化政治引领,把党建工作纳入学校章程,推行党组织负责人和行政班子成员“双向进入、交叉任职”。系统梳理思政课授课教师情况,建立系统的思政课授课教师培养体系。抓好一线党员教师队伍建设,把党支部建在教研组、年级组等基本教学单位,夯实教育系统组织基础。

(左泽东)

【公立医院党建】 年内,区委组织部系统梳理石景山区12家公立医院台账,制定《石景山区2019年公立医院党建基本任务清单》,明确11项重点工作。把加强公立医院党建作为城市基层党建的重要组成部分,开展“社区吹哨我报到、卫生健康惠万家”主题活动,在群众反映强烈的突出问题上精准发力。

(左泽东)

【党代表管理】 年内,区委组织部贯彻落实《中国共产党全国代表大会和地方各级代表大会代表任期制规定》相关要求,结合党代表工作实际情况,组织市、区两级党代表18人次参加区委全会,促进党代表正确行使代表权利,提高履职能力。

(高世君)

【基层党员教育培训】 年内,区委组织部按照全年培训计划办好各类培训班次。组织社区党组织书记专题培训班,帮助新一届社区党组织书记尽快进入角色,提升社区党组织负责人能力水平,全区近300名社区党组织书记、副书记参加培训;举办两期入党积极分子培训班,培训入党积极分子495名,帮助入党积极分子坚定理想信念、端正入党动机、熟悉党的历史、学习身边榜样;开展送教上门,为区直机关工委党员培训班、金顶街街道党工委、公安分局党委党组织书记培训班讲解党务基础知识4次,覆盖人数600人次;根据《石景山区深入开展“不忘初心、牢记使命”主题教育实施方案》,分两期举办全区基层党组织书记轮训,覆盖全区1500余名各级各类基层党组织书记,加深对习近平新时代中国特色社会主义思想重大意义、科学体系、丰富内涵的理解;开办新党员和大学生党员培训班,帮助他们尽快完成从“程序入党”到“思想入党”的转变,培训280余人。

(王　佳)

【发展党员】 年内,区委组织部严格落实《中国共产党发展党员工作细则》有关要求,调控总量、严格程序,切实把牢入口关,确保新发展党员质量。落实发展党员联审机制,由区委组织部牵头协调各部门,借助联审机制,试行对发展对象进行联审,联审结果反馈给各直属党(工)委,写入综合性政审材料,全年审查521人;完成2018年发展的350名党员备案工作;全年发展党员376人。

(王　佳)

【组织生活会和民主评议党员】 年内,区委组织部开展2018年度组织生活会和民主评议党员工作。围绕深入学习贯彻习近平新时代中国特色社会主义思想,树牢“四个意识”,坚定“四个自信”,做到“两个维护”,对标新时代党的建设总要求和新时代党的组织路线,提升基层党组织组织力,对标“四讲四有”合格党员标准,强化党的观念,提高党性修养,发挥党员先锋模范作用,高质量完成2018年度组织生活会和开展民主评议党员工作。全区处级以上党员领导干部600余人次参加所在党支部组织生活会和民主评议党员。高质量完成“不忘初心、牢记使命”专题组织生活会和民主评议党员工作。按照中央、市委关于“不忘初心、牢记使命”专题组织生活会的部署要求,各基层党组织紧紧围绕深入学习贯彻习近平新时代中国特色社会主义思想,紧扣“不忘初心、牢记使命”主题,组织党员盘点参加主题教育的收获提高,查找违背初心和使命的差距不足,引导党员自觉把思想和行动统一到习近平总书记重要指示批示精神和主题教育的部署要求上来,区委主题教育领导小组办公室研究制定《关于开好“不忘初心、牢记使命”专题组织生活会和开展民主评议党员的通知》,市委主题教育第四巡回指导组成员列席部分基层党组织的专题组织生活会和民主评议党员环节,了解掌握“活的情况”,开好专题组织生活会,做好民主评议党员工作。

(王　佳　高世君)

【“共产党员献爱心”活动】 年内,区委组织部与区慈善协会合作,在全区范围内动员全体党员、入党积极分子、热心群众和社会各界人士,播撒无私大爱,汇聚爱心力量,募集爱心善款,救助困难群体,传递组织温暖。全区201家单位、23570名党员和2135名入党积极分子、共青团员、民主人士、社会群众捐款140万余元,活动参与人数和捐款总额再创新高。

(王　佳　高世君)

【党员信息库日常维护与年度统计工作】 年内,区委组织部每周对全区党员E先锋和党内信息管理系统进行定期数据更新和维护,每月对基层信息库数据质量进行核查,截至年底核查12次,确保系统内党员党组织信息完整准确。按照市委组织部要求,组织全区各工委、直属党委以及街道、教育、国资、集体经济系统各级党组织党统干部400余人开展党统工作培训,加强党统干部业务水平,提高全区党统数据质量,高水平完成党内年度统计工作。

(王　佳　高世君)

【干部挂职助力脱贫攻坚】 年内,区委组织部将挂职工作作为一项重要政治任务,把脱贫攻坚、精准扶贫作为培养干部的重要阵地,选派党政干部到脱贫攻坚第一线砥砺品质、锤炼作风,增强为民服务的本领。根据市委组织部统一部署,结合石景山区扶贫攻坚实际需要,全年派出11名党政干部到青海、河北、内蒙古、湖北等地开展对口帮扶和挂职锻炼工作,其中局级1名、处级5名、科级5名。

(杨昆仑　程　伟)

【关心关爱干部】 年内,区委组织部做好干部关心关爱工作,做到思想上关注、工作上支持、身体上关护,激发干事活力,提升干部管理服务水平。加强思想交流,多次召开援派挂职干部座谈会,联合区总工会做好挂职干部家属座谈、慰问等工作,及时了解援派挂职干部的思想动态、工作状况,加强情感联络,促进挂职工作顺利进行。做好第一批"三个一批"实践锻炼工作总结,于长辉主持召开挂职干部座谈会并讲话,对干部实践锻炼工作提出明确要求,为年轻干部成长成才指明方向,激发年轻干部担当作为的"精气神"。同时,做好局处级干部健康体检工作,丰富体检项目,提升体检质量和体验。

(杨昆仑 程 伟)

【干部选调】 年内,区委组织部聚焦新中国成立70周年服务保障,北京2022年冬奥会、冬残奥会筹备保障,"不忘初心、牢记使命"主题教育巡回指导等重大专项工作,从区机关抽调约50名处科级优秀干部参加相关工作。

(杨昆仑 程 伟)

【全区处级干部队伍】 截至年底,全区区管干部592人。其中,处级领导干部434人(正处级128人,副处级306人)。女干部206人,占总数的34.8%;少数民族干部25人,占总数的4.2%;党外干部20人,占总数的3.4%。研究生文化程度270人,占45.6%;大学文化程度316人,占53.4%;大专文化程度6人,占1%。40岁以下42人;41～45岁71人;46～50岁120人;51～55岁186人;56岁及以上173人。

(冯 瑞)

【干部选拔任用】 全年区委常委会讨论决定处级干部任免和职级晋升15批411人次。其中,提拔处级干部38人,包括正处级干部8人,副处级干部30人;4名副处级干部进一步使用;交流调整319人,包括正处级干部111人,副处级干部208人;晋升职级50人次,包括晋升二级巡视员8名,一级调研员42名。

(冯 瑞)

【理论教育和党性教育】 年内,区委组织部深入推进以习近平新时代中国特色社会主义理论体系为核心内容的理论教育和党性教育,把握思想建党这一根本,把理想信念教育、党性教育、作风教育作为干部教育培训的主干和灵魂。完善重大政治理论轮训机制,组织安排区属各单位处级干部、区属国有企业领导班子成员、部分正科职干部、集体经济组织负责人等,参加习近平新时代中国特色社会主义理论体系研修学习,通过系列专题学习辅导,引导广大干部增强"四个意识"、坚定"四个自信"、做到"两个维护",切实做到在思想上政治上行动上同以习近平同志为核心的党中央保持高度一致,为决胜全面建成小康社会、夺取新时代中国特色社会主义伟大胜利、实现中华民族伟大复兴的中国梦不懈奋斗。

(仲建维 张运周)

【统筹全区教育培训】 年内,区委组织部认真落实全市组织部长会议精神,围绕服务保障新中国成立70周年庆祝活动这条主线,坚持首善标准,锐意改革创新,着力培养党员干部的斗争精神和斗争本领。按照石景山区建设国家级产业转型发展示范区、绿色低碳的首都西部综合服务区、山水文化融合的生态宜居示范区的功能定位,以北京举办2022年冬奥会、冬残奥会和打造新时代首都城市新地标和创建全国文明城区对全区干部教育培训工作的需求为牵引,做好干部教育培训工作。有针对性地举办《领导干部执政与战略思维能力提升班》《领导科学与管理心理专题班》和《石景山区领导干部金融知识培训班》等培训班次。

(仲建维 张运周)

【精准化培训】 年内,区委组织部通过开展精准化培训,补齐干部的知识短板和能力弱项。围绕首都"四个中心"功能定位,立足石景山区"两大生态"建设目标任务,从培训对象的现实需求出发,谋划培训主题,科学设置培训内容,在教学内容设计、课程设置上,注重培训对象的现实需求,借助首都高校教育资源优势,在党校主体培训班中引进清华大学、北京大学和中国人民大学等院校的名师,开展前沿理论、专业知识、法治素养培训,分别举办领导干部执政与战略思维能力、领导科学与管理心理、推进金融产业发展和优化营商环境,推动高精尖产业发展等专题培训班,完善干部知识结构、拓宽干部工作视野,破解抓工作促发展难题,引领推动事业发展的能力水平得到提升。

(仲建维 张运周)

【干部教育培训改革】 年内,区委组织部深入推进领导干部上讲台,区委领导结合自身学习体会,带头在"处级干部进修班"和"习近平新时代中国特色社会主义理论体系研修班"上作专题辅导报告。全年近30余名区处级领导结合自己分管的工作,分别在党校培训班次中为学员解读中央文件、讲解理论、交流区情社情,强化党员干部政治理论武装;开设"贯通式"教学模块,培育壮大老干部讲师团,20余名处级干部走上讲台为参训学员讲解领导艺术、应急管理、心得体会,加强对优良传统和经验做法的传承。坚持在培训过程中考察识别干部,把干部教育培训期间的表现作为日常考察了解干部的重要内容。健全培训座谈机制,组织班委会成员、班主任老师开展座谈,听取意见建议,建立培训考核实绩档案。

(仲建维 张运周)

【领导干部个人有关事项报告】 年内,区委组织部严格执行"两项法规"要求,周密部署实施年度填报工作,召开2019年处级领导干部个人有关事项报告工作培训会,分四场对全区填报干部进行全员培训,加强填报问题总结和指导力度,开展分类提醒和专项审核,全面提升填报质量。全区632名填报干部填报率达100%,随机抽查如实报告率为92.31%,较上年度有较大提升。

(苏宇明 孙晓霞)

【选人用人及不担当不作为问题检查】

年内,区委组织部根据全市统一部署,结合区委巡察工作,对13家区属单位、企业开展选人用人专项检查及不担当不作为问题检查。

(苏宇明)

【加强审计监督】 年内,区委组织部按照审计工作相关规定,协同区审计局开展经济责任审计和自然资源资产审计工作,对5家单位6名处级干部开展经济责任审计。

(苏宇明)

【超职数配备干部清理规范】 年内,区委组织部协同区编制部门、财政部门,全面梳理全区参公以上单位处级干部职数编制及实际配备情况,按照全市统一口径开展规范调整工作,对6类问题涉及干部任职进行调整规范。

(苏宇明)

【一报告两评议】 年内,区委组织部首次开展"一报告两评议"(一报告即专题报告年度干部选拔任用工作情况,两评议即评议选人用人工作,评议新提拔干部)全覆盖测评。组织85家单位2488人对上年提拔的125名科级干部开展"一报告两评议",并将民主评议结果作为考核评价各单位干部选拔任用工作的重要依据。

(苏宇明 孙晓霞)

【"12380"信访举报受理】 年内,区委组织部按照《关于进一步加强组织部门信访工作的意见》等文件精神,结合机构改革优化完善组织部门信访举报工作受理转办机制,构建以干部监督科为流转中心的信访举报处理模式,通过完善信访举报工作台账、信访举报转办送达签收机制、信访举报办结反馈机制等,完善工作流程,加强"12380"综合举报平台的运行效率。

(张 羽 苏宇明 孙晓霞)

【"三重一大"监督检查】 年内,区委组织部组织实施区属单位"三重一大"(即重大事项决策、重要干部任免、重大项目投资决策、大额资金使用)制度建设和执行情况的监督检查工作。通过采取自查自纠、日常检查、专项巡察相结合的形式,对区属单位"三重一大"制度执行情况进行全覆盖监督检查。

(苏宇明 孙晓霞)

【干部日常监督管理】 年内,区委组织部运用提醒、函询、诫勉举措,结合领导干部个人有关事项报告、信访举报、经济责任审计、"一报告两评议"等工作中发现的问题加强日常干部管理监督,对苗头性倾向性问题及时发现、提醒,加强干部政治思想修养,消除潜在廉洁风险。

(张 羽 苏宇明 孙晓霞)

【成立公务员科】 年内,区委组织部按照区委关于机构改革的工作要求,将人力社保局公务员科相关职能划入组织部,成立公务员科,负责《公务员法》及其配套法规的推行和实施工作;负责指导全区公务员队伍建设,依法对公务员实施监督;负责公务员和参照公务员法管理事业单位工作人员录用、公开遴选、公开选调、调任等工作;负责公务员绩效管理、奖励、惩戒、申诉等工作;负责科级领导职务和非领导职务的任职资格审查和任免备案工作;负责全区科级及以下干部人事管理工作;负责全区公务员信息统计工作;承担以区公务员局名义开展的行政复议和行政应诉有关工作;承担区评选表彰工作领导小组办公室日常工作;会同有关部门开展本区相关部门的工作目标督查考核相关工作。

(陈 鹏)

【考核结果评价运用】 年内,区委组织部发挥考核的指挥棒、风向标作用,结合考核工作实际,对原有办法进行修订完善,出台《石景山区考核结果评价运用办法》。新的办法调整领导小组办公室设置、规范工作绩效考评方式、改善"社会评价"考核形式、清理"一票否决"事项、提升考核指标针对性、拓宽考评结果运用范围,对充分发挥考核主体作用、改进工作作风、树立正确导向、促进事业发展具有重要意义。

(陈 鹏 丁永强)

【公务员职务与职级并行】 年内,区委组织部按照中央、市委工作要求,推动公务员职务与职级并行工作落地。联合区委编办、区人力社保局成立工作专班,集中研习相关政策、全面梳理机构编制情况,测算各层次职级职数,摸排现有人员情况,模拟职级套转流程,出台《石景山区关于落实公务员职务与职级并行制度的工作方案》,完成全区73家单位1582名非领导职务公务员职级套转,其中区管干部177人,科级及以下干部1405人。截至年底,全区255人晋升职级。

(陈 鹏 丁永强)

【公务员年度信息采集和干部统计】 年内,区委组织部精准做好年度公务员信息更新采集和干部统计工作。本着实事求是、精准高效的原则,对全区组工干部进行业务培训,逐步克服更换统计系统、数据交换等问题,对全区公务员数据进行更新维护、修改完善。全面加强与干部科的沟通协调,共同做好处级干部信息维护。截至年底,全区共有公务员及参公人员3076人,其中机关公务员2002人,街道系统655人,群团系统60人,参公事业人员359人。

(陈 鹏 王鹏坤)

【构建"1+1+N"政策体系】 年内,区委组织部落实市委《新时代推动首都高质量发展人才支撑行动计划(2018年—2022年)》,结合石景山区实际,制定出台实施方案,细化责任分解,确保方案落地见效。在梳理区域人才政策文件的基础上,构建"1+1+N"的人才政策体系,聚焦引育"1+3+1"高精尖产业和体育、文化等领域高层次人才,起草《关于进一步加强石景山区人才工作的意见》《石景山区吸引和鼓励高层次人才创业和工作计划实施办法(试行)》,加大个人专项奖励力度。提前谋划做好"十三五"时期人才规划的终期评估和"十四五"规划的前期调研工作,制定《"石景山区人才工作专项调研"课题实施方案》,并组成专题调研组,开展"十三五"规划终期评估工作,对全区人才队伍建设情况、人才工作有效性、人才和经济社会发展契合度等内容进行综合调研评估。

(沈 娟 陈 山)

【人才交流活动】 年内,区委组织部将市场化人才引育与产业发展紧密衔接,与北京海外高层次人才协会、人民教育网等机构的合作,依托园区讲堂、创新石景山公众号等载体，举办“知识产权孵化加速营”“信息领域高级研究班”等培训活动，邀请工程院院士、小米、格灵深瞳等行业领军人才进行专题培训，加大对人才的培育力度。落实京津冀人才发展战略，搭建人才交流协作平台，开展“石景山区人才天津行”活动，组织搜狐畅游、东土科技、安博教育等31家区域重点企业的引进人才和高管到清华大学(天津)高端装备院、滨海区深之蓝水下智能机器人和国家动漫园考察学习，推动两地人才工作协同发展。举办以“广聚天下贤才，助力京西发展”为主题的首届石景山区人才宣传周，邀请中科院高能物理所、电科院、北方工大、字节跳动等驻区企事业单位150余名人才代表参与，宣传市区引才政策，营造“识才爱才敬才用才”氛围。

(沈　娟　陈　山)

【搭建人才发展平台】 年内，区委组织部打造“国家级+市级+创新型孵化器”相结合的专业化、国际化、市场化的孵化服务体系。截至年底，全区有国家级、市级众创空间和孵化器等创业孵化服务机构15家，全区从事创业服务机构近30家，孵化面积近50万平方米，服务各类企业超过两千家。推动央地人才协同创新发展，支持院士专家工作站、博士后科研园、博士后科研站等平台的建设，畅通产学研协作渠道，为人才开展学术技术交流和科研成果转化搭建桥梁。推动海外院士工作站建设，在征求市人才局、市委统战部和工作分站意见建议的基础上，研究起草《海外院士专家北京工作站建设和管理办法》，加大对海外高层次人才和工作分站的支持力度。以开展“大师课”、侨梦苑“北京论坛”等人才活动为契机，鼓励海外院士专家参与首都发展建设。推进新首钢国际人才社区建设，加强与丰台区、门头沟区、首钢集团的沟通协调，落实首都国际人才社区建设的指导意见和实施方案，制定新首钢国际人才社区建设导则，协调推进重点任务及政策落地。

(沈　娟　陈　山)

【提升人才服务质量】 年内，区委组织部深化区、处级领导联系服务企业工作，按照“区领导一对一、处级领导点对点、楼宇专员面对面、管家服务解难题、数据平台全覆盖”的工作格局，织密服务企业网络，推进“放管服”改革，宣传人才引进、减税降费、优化营商环境等政策内容，精准施策帮助企业和人才解决实际困难。在两节期间，区领导带队到驻区企事业单位走访慰问两院院士、专家，以及各领域的高层次人才，向人才表达党的关怀和新春问候，支持人才为推动石景山区经济社会高质量发展作出新贡献。完善生活服务，为高层次人才优先提供人才引进、共有产权房、子女入学等配套服务，年内为驻区企业申报人才引进需求128人(比2018年申报数增长一倍，)，办理引进落户72人，积分落户148人，工作居住证4708人。

(沈　娟　陈　山　曾　磊)

【“党员E先锋”助力“双报到”】 年内，区委组织部建立和完善分级管理员工作体系和问题收集反馈机制，通过电话、微信群等多种方式实时处理解答各级党组织和党员提出的系统使用问题60余条，及时向市里反馈系统存在问题和基层推广使用情况，确保全区各级党组织和全体党员熟练使用E先锋系统，服务保障石景山区“双报到”工作顺畅开展。年内，全市有26837名在职党员来石景山区报到，区属在职党员报到完成率100%。

(马　廷　梁新昊)

【精品教学资源片建设】 年内，区委组织部结合“不忘初心、牢记使命”主题教育，围绕庆祝新中国成立70周年等重大题材，加强党员教育精品课件的统筹设计，组织拍摄报送区级课件《携手奔小康——石景山区扶贫攻坚工作纪实》《向老党员致敬》系列等8部作品进行评审，《携手奔小康——石景山区扶贫攻坚工作纪实》等3部作品被采用，获得补贴经费5.65万元。与区融媒体中心联合制作《初心·使命》系列片10部，集中展现党的十八大以来全区各行各业涌现出来的先进典型风采，经市委评审，其中7部作品通过评审，4部作品获得80分以上，并得到优秀资源片补贴资金9.5万元，是近年来最好成绩。在参加2019年北京市党员教育电视片观摩交流活动中，筛选、上报5部作品，《大北京城的小保安》和《托起天山的梦——师德光》分别获得二等奖、三等奖。

(侯　景　马　廷)

【现代远程教育队伍建设】 年内，区委组织部从区直机关工委、教委系统和融媒体中心选派3名业务骨干，组织他们参加全市党员干部现代远程教育课件制作人员示范培训班，提高制片专业能力和审美水平，加强业务工作交流和学习互鉴。筹办全区党员现代远程教育终端站点管理员和课件主创人员培训班，组织安排北京长城网专家、中国传媒大学教授为各工委、区委直属党委的200余名电教学员授课，课程设计覆盖基础理论和实际操作，加强党员干部现代远程教育队伍的能力素质和业务水平。

(侯　景　马　廷)

宣传工作

【概况】 2019年，中共北京市石景山区委宣传部(简称区委宣传部)坚持以习近平新时代中国特色社会主义思想为指导，深入贯彻党的十九大和十九届二中、三中、四中全会精神，深入贯彻习近平总书记对北京重要讲话精神，增强“四个意识”，坚定“四个自信”，做到“两个维护”，坚持稳中求进、守正创新，坚持统一思想、坚定信心，抓好首要任务，突出大庆主线，提升首都站位，实现四个贯通，更好承担起举旗帜、聚民心、育新人、兴文化、展形象的使命任务，为高水平建设好首都城市西大门提供有力的思想保证和强大的精神力量，以优异成绩庆祝中华人民共和国成立70周年。

(周　丰)

【“我们的节日”文化活动】 2019年的群众性主题宣传教育活动，围绕新中国成立70周年这个中心，通过制定下发专项实施方案，布置完成区级特色重点亮点活动6项，基层群众性活动32项。其中，春节三大特色庙会、元宵三大灯会、清明节红色祭扫、八大处重阳游山会等市级“我们的节日”主场活动,品牌响亮,内容创新,极大地丰富市民节日文化生活,受到百姓一致好评。国庆前夕拍摄万人同唱“我和我的祖国”音乐作品,首日网络点击量达到2.8万,第一时间被学习强国平台推送。《升起天安门广场的国旗》《红色的背影》《模式口红色记忆》等优秀原创话剧、舞台剧轮番上演,用最接地气的艺术形式致敬祖国的生日。大型“我爱你中国”灯光秀航拍素材在中央电视台新闻联播播放。

(游京蓉)

【百姓宣讲活动】 年内,区委宣传部持续推进百姓宣讲活动。自3月始,先后组建“文明创建我先行”“身边榜样”“我和我的祖国”三支主题百姓宣讲团,同时重新集合2018年的“我与改革开放”“红色基因”及“冬奥在身边”宣讲团,先后在新时代文明实践中心、所、站进行87场次的宣讲,宣讲场次和覆盖群众数量均位列全市区县第一。区“我和我的祖国”宣讲团参加全市百姓宣讲汇讲活动,6名宣讲员得分全部在90分以上,总成绩名列前茅,“我和我的祖国”宣讲团获“北京市优秀百姓宣讲团”称号,宣传科干部魏春艳获“北京市优秀百姓宣讲组织员”称号,全年共有8名宣讲员获“北京市优秀百姓宣讲员”称号。

(游京蓉)

【新时代文明实践中心建设】 年内,区委宣传部按照“首善的道德风尚、一流的城市环境、最好的社会风气”标准和目标要求,研究出台石景山区推进新时代文明实践中心建设《实施方案》《分工方案》和《实践基地管理办法、职能和纳入标准》,研究出台中心建设9方面51条具体举措,制定基地管理办法9条、职能和纳入标准10条。5月,依托石景山区社区学院成立区新时代文明实践中心,形成“区–街道–社区”三级党委负责的组织架构;整合调配区级、街道和社区志愿服务力量,成立石景山区新时代文明实践“老街坊”志愿服务总队、中队和分队。区新时代文明实践中心、9个街道实践所和150个社区新时代文明实践站全部挂牌,23家新时代文明实践基地挂牌。

(王新立)

【新中国成立70周年主题宣传】 区委宣传部围绕“壮丽70年 奋斗新时代”重大主题开展宣传,于8月5日、6日两天时间组织6场集中采访活动,来自新华社、中央电视台、《北京日报》、北京电视台等中央级和市属主流媒体记者采访区主要领导,深入基层一线,围绕打造新时代首都城市复兴新地标、街道综合文化活动中心社会化运营、开展红色教育、“老街坊”社会治理、社区养老服务等主题进行采访报道,刊发原创性稿件44条,《北京日报》《新京报》等媒体刊发头版稿件。组织“壮丽70年 奋斗新时代”集中宣传月,掀起迎国庆宣传高潮,以“每周一主题”的形式,围绕“绿色之城”“双奥之城”“精治之城”“文化之城”主题,通过组织新闻发布、集体采访、投放专版、发布通稿等多种方式进行多维度多角度的宣传,营造良好舆论氛围,组织10余场新闻发布和集体采访活动。自9月初启动至10月8日,中央级及市属主流媒体共刊(播)相关原创性稿件224篇,刊发跨版1个、专版3个。

(刘金梅)

【社会面宣传】 年内,区委宣传部牵头区重大环境布置联席会议制度,联合区城管委、区园林绿化局、区交通支队等十余家单位,圆满完成庆祝新中国成70周年国庆环境宣传布设工作、创城动员及创城社会面宣传环境布设阶段性工作、双拥模范、中秋节、重阳节等多个重要时间节点宣传横幅、道旗悬挂及海报张贴工作。在国庆前夕,对主次干道现有1095根灯杆6570个亚克力发光灯笼,53根灯杆106个亚克力发光中国结进行擦拭与翻新;为烘托喜庆热烈氛围,持续增加17条道路1198根灯杆布设灯饰,其中15条道路937根灯杆增加发光灯笼5622个,全区合计实现发光灯饰2085组(发光灯笼12192个、发光中国结106个),绒质灯笼261组1566个,在全区营造浓厚的环境宣传氛围。12月,在首钢滑雪大跳台举办的2019“沸雪”北京国际雪联单板及自由式滑雪大跳台世界杯赛事中,对赛场周边的古城南街、北辛安路等四条重点道路上布设道旗516套,烘托赛事氛围,传播冬奥体育文化。

(游京蓉)

【区处两级中心组学习】 年内,区委宣传部注重用习近平新时代中国特色社会主义思想武装头脑、指导实践、推动工作,坚持不懈学习马克思列宁主义、毛泽东思想和中国特色社会主义理论体系,把学习贯彻习近平新时代中国特色社会主义思想作为首要政治任务,作为重中之重,坚持读原著、学原文、悟原理,坚持系统学、跟进学、联系实际学。结合开展“不忘初心、牢记使命”主题教育,督导处以上单位党委(党组)认真落实中心组学习计划。全年区分4个单元,采取辅导报告会、集中自学、个人自学、交流研讨等多种形式,组织区级理论学习中心组学习20次,推动习近平新时代中国特色社会主义思想往深里走、往心里走、往实里走。

(王新立)

【十九届四中全会精神宣讲】 年内,区委宣传部以习近平总书记在党的十九届四中全会上的重要讲话精神和全会审议通过的《中共中央关于坚持和完善中国特色社会主义制度、推进国家治理体系和治理能力现代化若干重大问题的决定》为重中之重,以党中央批准的《党的十九届四中全会精神宣讲提纲》为基本依据,采取区领导带头宣讲、组建石景山区宣讲团、开展特色宣讲和百姓宣讲等,深入企业、机关、校园、社区开展宣讲100余场,全面准确阐释、解读全会精神。

(王新立)

【意识形态工作责任制压紧压实】 年内,区委宣传部按照《石景山区党委(党组)意识形态工作责任制实施细则》要求,健全完善意识形态工作机制,牢牢掌握意识形态工作的领导权和话语权。区委常委会每半年专题研究意识形态工作1次,每季度传达学习首都意识形态领域情况通报;宣传系统每季度通报意识形态工作。结合全面从严治党(党建)工作考核,将意识形态工作责任制落实情况纳入督查巡察检查范围,督促各级党组织切实承担起意识形态工作主体责任。

(王新立)

【西山永定河文化带建设】 2019年,西山永定河文化带(石景山段)建设共有6项市级重点任务清单,总投资22360万元,在文化带建设领导小组办公室(设在区委宣传部)的督促监督下,均在年底完成预期建设目标。领导小组在历经10余次意见征集、20余稿修改完善,并提交区委深改委会议以及区长专题会等多次会议讨论后,最终印发实施《石景山区西山永定河文化带保护发展规划》和《石景山区西山永定河文化带保护发展五年行动计划》,真正做到按照科学谋划、顶层设计、规划先行的原则全面推进文化带建设。

(游京蓉)

【主流媒体信息发布】 年内,区委宣传部围绕全区创建文明城区、服务保障冬奥会筹办、新首钢高端产业综合服务区建设、生态文明、创建森林城市、精准扶贫等重点工作,以及市区全国两会、京交会、银行保险产业论坛、冬博会、八大处西山文化节和茶文化节、清明文化活动等重要宣传节点和品牌活动,通过新闻发布、集体采访、刊发专版、领导专访、投放新闻稿件等多种方式开展新闻宣传。全年中央级和市属主流媒体刊播发原创性稿件2808篇,其中中央级媒体发稿373篇,《北京日报》、北京电视台、北京广播电台等3家市属主流媒体发稿802篇,刊发在主流媒体一版的稿件122篇、中央电视台新闻联播栏目5条、北京电视台北京新闻栏目76条。全年组织发布会和集体采访35场,投放专版18个。

(刘金梅)

【新闻出版审批】 机构改革后,原区文化委负责审批的新闻出版、电影、广播电视行业三大类14项行政许可事项的受理及办理工作划转入区委宣传部。区新闻出版局在区政务服务局办事大厅派驻审批工作机构,设立新闻出版局窗口,全年依法受理相关公共服务事项351件。其中出版物零售单位设立50件、注销2件、变更16件;出版物年度核验251件,通过年度核验168件;印刷企业年度报告20件;出版物企业分支机构设立1件;出版物企业设立临时零售点开展出版物销售活动备案8件;出版物再次年度核验1件;出版物企业分支机构备案注销1件;电影放映场所变更及延续1件。全部依法办结。按照国家电影局和市委宣传部的相关要求,新增点播影院点播院线设立审批和监督检查等工作,并积极推进信用体系建设,在区内出版发行企业、电影放映企业间开展守信承诺活动,督促出版物发行企业、电影放映单位签署《石景山区企业守信承诺书》。

(张桂霞)

【软件正版化】 机构改革后,推进全区使用正版软件工作的统筹和组织工作由原区文化委划转入区委宣传部。年内,区委宣传部调整本区软件正版化联席会议成员名单,完善工作机制,继续巩固已有的工作成果,制定全年工作推进方案,组织召开推进会及工作培训会,在全区进行部署,强化监督检查和宣传培训,按时完成和全面落实本年度软件正版化各项工作任务。软件正版化使用日益完善。健全软件正版化工作机制,规范软件采购,建立软件台账,严格使用管理,形成主要领导亲自部署、职能部门积极推进、使用人员严格遵守的工作格局。软硬件源头管理日趋规范。各单位建立健全软件采购制度,各单位在新购置计算机设备时预装正版操作系统软件,并采购配置正版办公软件。信息化管理水平日渐加强。利用国家版权局网络版检查工具,对各单位登记在本单位固定资产账目中的计算机进行全覆盖式检查,加强日常监管,提升检查效率。

(祁　月)

【扫黄打非】 机构改革后,区委宣传部承担"扫黄打非"工作组织协调职能。重新梳理调整"扫黄打非"工作领导小组,制定全年工作方案并下发六大专项行动方案,召开工作部署会,落实责任,全年上报市扫黄办工作信息28篇。推荐五里坨街道南宫社区参评"第三批全国扫黄打非进基层示范点",并被选为北京市4个推荐社区之一。制发《关于进一步推进"扫黄打非"进基层工作,明确街道社区扫黄打非工作站职责任务的通知》,加快区域扫黄打非基层站点的规范化标准化建设,全年牵头组织3次大规模联合执法检查。结合"基层党组织和在职党员双报到"工作和"新时代文明实践推动日"活动,在全区开展"'扫黄打非'进基层,健康文明新生活"主题宣传活动,以1+9+N的方式,设1个区级主会场、9个街道分会场和100余个社区宣传点,开展形式多样的主题活动,共发放宣传资料9000余份。在全区开展"扫黄打非"工作培训,邀请专家学者和政府官员对"扫黄打非"工作领导小组各成员单位及街道社区巡查员开展业务培训。

(赵　亮)

精神文明建设

【概况】 北京市石景山区精神文明建设委员办公室(简称区文明办)是石景山区精神文明建设委员会(简称区文明委)的办事机构。2019年,石景山区精神文明建设工作坚持以习近平新时代中国特色社会主义思想为指导,深入贯彻落实党的十九大精神,落实全国、全市宣传思想工作会议精神和全国、首都地区文明办主任会议精神,深入贯彻习近平总书记对北京重要讲话精神,切实增强"四个意识"、坚定"四个自信",坚决做到"两个维护",坚持稳中求进、守正创新,牢牢把握"三区"功能定位,紧紧抓住"两大"历史机遇,坚持以人民为中心的发展思想,以培育和践行社会主义核心价值观为根本任务,以创建全国文明城区为牵引,通过着力深化群众性精神文明创建活动、实施公民道德建设工程,提升市民文明素质和社会文明程度,为高水平建设好首都城市西大门提供强大的精神动力和滋润的道德滋养。

(田亚芳)

【传统节日主题活动】 年内,区文明办挖掘和阐发中华优秀传统文化内涵,在春节、元宵节、清明节等传统节日,组织开展一系列市民文化活动,增强文化自觉和文化自信。开展“文明有约福到万家”文明宣教活动,撰写以做文明有礼的石景山人为主题的《致全区市民朋友的一封信》,设计制作12000套“我们的节日”新春宣传品,慰问基层精神文明建设先进工作者和各级各类榜样人物和石景山老街坊志愿者。举办“文明颂”——2019贺新春“致敬榜样”主题活动,活动向各行各业涌现出的榜样模范送去祝福,用艺术形式宣传推动全区形成“学榜样,我行动”的社会氛围。

(田亚芳)

【聘任首批城市文明监督员】 年内,区文明办贯彻落实习总书记新年致辞中关于关心环卫工人、快递小哥、出租车司机等千千万万的城市建设者讲话精神,引导各行业劳动者、建设者积极开展秩序维护、文明劝导、义务宣传等活动,1月22日,举办“传递温暖·共筑文明”主题活动暨首批城市文明监督员聘任仪式,500余名快递小哥、环卫工人、的哥的姐及老街坊们到场,受聘成为石景山区首批城市文明监督员,担负起创城监督员、检查员、宣传员的责任。

(田亚芳)

【未成年人思想道德建设】 年内,各机关、企事业单位以《石景山区未成年人思想道德建设测评体系》为导向,根据所承担的职责任务,全力推进未成年人思想道德工作。围绕立德树人根本任务,开展“扣好人生第一粒扣子”主题教育实践活动,努力培养担当民族复兴大任的时代新人。开展新时代学习和争做美德少年评选活动,分别在3月和9月分两批向首都文明办推荐候选人8名,其中京源学校的程禹嘉获得2019第一批首都“新时代好少年”称号,电厂路小学鞠雅萱获得2019年第二批首都“新时代好少年”称号。参加“首都未成年人思想道德建设创新案例”评选活动,征集上报“向阳花”等儿童保护计划等创新案例3个。其中“向阳花”项目入选2019年度首都未成年人思想道德建设创新案例。

(田亚芳)

【新时代文明实践中心建设落地】 4月底,区文明办印发《石景山区推进新时代文明实践中心建设分工方案》,研究筹划9个方面、51条具体举措。5月9日,石景山区成立新时代文明实践中心和“老街坊”志愿服务总队,9个街道成立新时代文明实践所,区委党校、区业余大学、区文化中心、区科技馆、区体育馆首批(5个)新时代文明实践基地授牌,9支街道“老街坊”志愿服务中队授旗。5月底,全区150个社区新时代文明实践站全部挂牌。截至11月底,全区集中开展“新时代文明实践推动日”主题活7期,超过115个党组织、13万余名在职党员和11万名社区“老街坊”志愿者参与主题实践。

(田亚芳)

4月2日,清明红色祭扫　　(区退伍军人局供图)

【推进“V蓝北京”行动】 自5月始,区文明办在全区自下而上、逐级开展“优秀环保公益组织”和“绿色生活好市民”推荐工作,以推行光盘行动、践行绿色生活、倡导理性消费、反对过度包装为主要内容,进行日常引导和集中宣传,倡导自然简约的生活方式。开展“美丽中国,我是行动者”六·五环境日主题宣传,通过线下和线上相结合的宣传活动,推进全民环境宣传教育。推进“控烟行动”主题宣传活动。印发《关于开展石景山区控烟示范单位创建活动的通知》,5月底完成19家单位控烟示范单位创建工作,其中室内外全面禁烟单位3个,室内全面禁烟单位16个。开展“烟头不落地”主题活动,会同区城管委、区卫健委、区城管执法局、区烟草专卖局等部门,以政府机关、万达商圈、石景山游乐园、首钢园和冬奥组委周边为重点,建设吸烟区(点)133个。开展“倡导绿色生活反对铺张浪费行动”,印发《石景山区关于开展倡导绿色生活反对铺张浪费行动方案》,深化“文明餐桌”“绿色出行”主题活动,在全区营造厉行节约、拒绝浪费、全民践行绿色生活的社会氛围。

(田亚芒)

【整合未成年人工作资源】 年内,区文明办制定印发《石景山区2019年未成年人思想道德建设工作要点》,加强对未成年人工作的统筹指导。完善学校、家庭、社会、网络“四结合”教育网络体系。开展“中华美德少年行——家风故事宣讲活动”,将8位同学的作品报送至首都文明办。开展“多彩童谣 绘美中国”新童谣配画作品征集活动,向首都文明办报送参选作品22个。组织参加“第四届美德少年传统艺术学习体验夏令营活动”,6月,组织3名“美德少年”“好少年”代表参加暑假传统艺术学习体验活动,包括基本功学习、大师课、现场观摩等内容。继续推进中小学文明校园创建工作，将第三批13所学校报审首都文明办、市教委，推动市级中小学文明校园创建100%覆盖。

（田亚芳）

【挖掘选树“榜样模范”】 年内，区文明办组织开展第七届“全国道德模范”“中国好人”和“北京榜样”举荐、选树工作，完善榜样模范评选工作机制，规范各级各类榜样选树工作程序，推出一系列事迹突出、群众公认、典型性强的榜样人物。鲁谷街道重兴园社区居民常胜利获评6月“中国好人榜——见义勇为类好人”、登2019“北京榜样”7月第三周周榜；北京市第九中学新疆部主任师德光获评9月“中国好人榜——敬业奉献类好人”；北京市人民检察院第一分院车明珠登2019“北京榜样”10月第三周周榜；全民畅读品牌创始人兼CEO赵杰获2019“北京榜样”提名奖。

（田亚芳）

【文明单位测评】 8月19日，石景山区召开2019年文明单位测评启动会，全面推动各级各类文明单位动态管理，促进各领域文明创建提质增效。制定印发《石景山区2019年文明单位测评工作方案》《2019年石景山区文明单位测评细则》和《石景山区文明单位创建日常管理考核办法》，9月、10月，以现场审查材料和实地考察相结合的方式对123家各级各类文明单位、文明社区、文明校园进行测评，进行评比打分。10月25日，召开文明单位测评结果通报会，对测评结果进行通报，对2019年文明单位、社区、景区、校园创建工作进行全面总结，为石景山区群众性精神文明创建工作提供前进动力。

（田亚芳）

【石景山文明网及文明公众号建设】 9月，石景山文明网网站（www.bjsjs.gov.cn）正式上线启用。网站栏目主要包括要闻资讯、文明创建、实践中心、志愿服务、模范榜样、未成年人工作等板块。截至年底，发布相关信息603条。改版文明石景山微信公众号，共发布推文30篇，其中创城公益广告5个，《响应首都文明办号召 带动市民参与文明实践》一文由中国文明网转载发布。

（田亚芳）

【礼让斑马线专项行动】 年内，区文明办组织开展“礼让斑马线专项行动”广场舞比赛活动，从全区23支报名参赛队伍中，选出11支队伍参加现场比赛，现场评选出一等奖两支舞蹈队、二等奖四支舞蹈队、三等奖五支舞蹈队。12月，八角街道八角快乐舞蹈团、鲁谷街道小草久筑舞蹈队、苹果园街道蒲公英舞蹈队代表石景山区参加市级“礼让斑马线专项行动”广场舞比赛活动，其中小草久筑舞蹈队在北京市决赛中获得一等奖，石景山区获优秀组织奖。

（田亚芳）

【树立“榜样模范”】 年内，区文明办启动“学榜样我行动”主题活动，制作“学榜样我行动”宣传海报，制作“北京榜样”举荐榜海报11000张，在全区各街道、社区、党政机关、中小学校、医院、文化馆、体育馆、科技馆等988个点位进行张贴，联动全区户外LED电子屏、主题街区、通讯报道、微博微信、道德讲堂、市民学校等平台，运用事迹展览、“故事汇”巡演等形式，对先进榜样模范进行立体化宣传。发布《石景山区道德模范礼遇帮扶实施办法》，初步建立全区礼遇帮扶道德模范的长效机制。全区各单位全面推进礼遇帮扶榜样模范工作，组织全区近两年“北京榜样”周榜、月榜人物及各级各类榜样模范150余人次，参加各类礼遇榜样活动。

（田亚芳）

【深化公共文明引导行动】 年内，全区持续深化公共文明引导队伍管理，提高队伍素质和管理水平，实现全区公共文明引导员站台覆盖率和排队乘车站台覆盖率的显著提升。文明引导服务从原有的站台逐步延伸到春运保障、清明节祭扫等重大活动中，拓展到工人体育场和五棵松篮球馆、香山、北京植物园等重点场所中，辐射到主要交通路口。截至年底，石景山区公共文明引导员队伍约有750人。常态化开展每月11日排队日主题活动，全年以“让文明从自觉排队开始，在排队中立德，在礼让中向善”为主题，先后组织开展一系列主题排队活动。全年举荐文明有礼好乘客1040名。在学雷锋服务周活动中，设立学雷锋宣传台41个，摆放发放宣传品3000余份，向社区居委会、养老院派出引导员志愿服务队16支，推动公共文明引导行动纵深发展。

（田亚芳）

【背街小巷环境整治和文明街巷创建】 年内，区文明办坚持齐抓共管机制，联合区城管委，在全区29条背街小巷开展环境整治提升活动。以问题为导向，坚持“日巡、周查、月评、季点名”机制，通过问题专报、总结分析会、工作交流会等形式，及时交流反馈创建中存在的问题，加强整改。开展2019年“美丽街巷我的家”摄影作品征集展示活动，倡导市民群众参与，共建和谐宜居家园，向首都文明办报送参选作品35件。向首都文明办推荐文明街巷10条、文明商户20户，其中4条文明街巷被命名首都文明街巷，14家商户被命名首都文明商户。经过对2017、2018年度首都文明街巷、文明商户进行复核，保留6条首都文明街巷、37家首都文明商户称号。

（田亚芳）

【全国文明城区创建】 年内，区文明办召开石景山区精神文明委暨创城工作推进会，持续发挥创城牵引作用，将创城与服务保障国庆70周年紧密结合，从社会治安、城市秩序环境、窗口服务、交通秩序、未成年人思想道德建设、诚信建设等群众关心关注的问题抓起，推动城市治安秩序持续好转，城市面貌明显改善，政务服务质量明显提升，市民文明素质与城市文明程度显著提升，为群众营造安全、整洁、文明、祥和的国庆节日氛围。将创城与“不忘初心、牢记使命”主题教育紧密结合，围绕检视问题、解决问题、推动工作，落实创建指标落实，动员全区机关干部围绕“不忘初心、牢记使命”，开展“全国文明城区测评服务保障”实地调研与志愿服务活动。完成北京市文明城区测评,高标准服务保障中央文明办测评工作。

(田亚芳)

【公益宣传】 年内,区文明办制作拍摄《社会主义核心价值观》《讲文明、树新风/精神文明》《诚信/行业规范》《未成年人保护/学生守则》《文明旅游/出境游》《公共卫生知识普及》《环境保护生态文明》和《市民公约》8个石景山区创城公益广告。设计制作35万册2019年版《石景山区市民文明手册》,内容涵盖社会主义核心价值观、讲文明树新风、诚信建设、未成年人保护、精神文明、文明旅游、公共卫生知识、环境保护、生态文明、市民公约、行业规范、文明出境旅游、便民电话、群众投诉举报电话、《石景山区创建全国文明城区市民倡议书》《石景山区创建全国文明城区问卷调查知识问答》等方面,在全区9个街道社区和全区各党政机关、企事业单位进行发放,推动核心价值观和文明礼仪走近市民身边、融入百姓生活。

(田亚芳)

统一战线

【概况】 年内,中共石景山区委统一战线工作部(简称区委统战部)在区委领导下,认真学习领会习近平总书记关于加强和改进统一战线工作的重要思想和对北京重要讲话精神,开展“不忘初心、牢记使命”主题教育,围绕庆祝新中国成立70周年的工作主线,凝心聚力、攻坚克难、争创一流,奋力开创新时代统战工作新局面,为高水平建设好首都城市西大门做出贡献。完成石景山统一战线网站改版工作。区委统战部机关干部完成调研报告15篇,组织各民主党派、无党派人士完成调研报告51篇。参加市委统战部组织的“同心同行七十年坚定不移跟党走,庆祝新中国成立70周年”主题宣传系列活动,在主题演讲比赛、主题征文和主题摄影中,取得两项第一名的优异成绩。

(于 娟)

【机构改革】 年内,按照区委统一部署和区机构改革方案,原区民宗办成建制并入区委统战部,原区外侨办侨务工作职责划入区委统战部,接收编制7名,人员6名,对外加挂北京市石景山区民族宗教侨务办公室(简称区民族宗教侨务办)牌子。机构改革后,区委统战部设4个内设机构,分别为办公室(主体责任办、台港澳工作科),主要负责行政工作、落实全面从严治党主体责任工作、对台工作、港澳统战工作等;工作一科,主要负责民主党派、无党派、党外知识分子、党外代表人士队伍建设工作等;工作二科,主要负责民族工作、宗教工作、反恐维稳工作等;工作三科(新的社会阶层人士工作科),主要负责非公经济领域统战工作、新的社会阶层人士统战工作、侨务工作、基层统战工作等。区委统战部有24项政务服务事项,民族宗教领域18项,侨务领域6项。

(于 娟)

【完成国庆服务保障任务】 年内,区委统战部承担观礼人员和新的社会阶层人士参与群众游行的组织服务保障工作。成立工作专班,与区重点非公企业沟通协商,推荐35名新的社会阶层人士参加群众游行方阵训练,与23家人员归口单位建立组织联络体系。制定观礼人员组织方案,明确具体任务,确保观礼全过程安全有序,以最高的标准、最大的热情、最好的成效,完成711名观礼人员参与演练和观礼的组织服务保障工作。

(王雨秾)

【统战系统主题教育】 年内,区委统战部组织开展中心组学习、部务会学习等各类学习教育40余次,安排全区性统战理论专题报告3次。指导支持各界党外人士分层分领域开展系列主题教育活动50余次,制定并落实《“风雨携手·同舟共进”主题教育活动方案》,组织开展12项专项教育活动,重点结合市委西山永定河文化带建设,由石景山区发起,联合丰台区、门头沟区共同以永定河溯源之行为主题,策划“我和我的祖国”爱国主义教育活动,巩固统一战线团结奋斗的共同思想政治基础。

(于 娟)

【党外人士之家】 年内,区委统战部履行党风廉政建设主体责任,分级制定责任清单,层层落实责任。严格执行“三重一大”集体决策制度,召开部务会23次,研究审议90余项议题,专题研究大额资金使用等重要议题。加强重要会议、重要文件精神的学习,严明党的政治纪律和政治规矩,通过召开组织生活会、开展廉政谈话、观看反腐倡廉警示教育片、组织参观区反腐倡廉警示教育基地等形式,增强党员干部的政治意识和党性

严正街文明城区宣传布置 (区创城办供图)

观念。

（李　凯）

【为统战对象办实事】　年内，区委统战部落实部务会决定，加强党派楼日常管理服务保障和党外代表人士走访慰问，主动靠前服务，办理提升党派楼办公保障、协调天主教爱国会办公场所、清真饮食习惯少数民族低保群众救助等实事。重要节日期间走访老主委10余人次，慰问困侨4人次，改进工作作风，密切与统战各界人士的联系。

（安丹阳）

【巩固共同思想政治基础】　年内，区委统战部以庆祝新中国成立70周年为主线，结合深化“不忘合作初心、继续携手前进”主题教育，开展系列主题教育活动。征集“我和我的祖国”群众性主题宣传教育活动创意，组织全区统一战线各界人士参加首都统一战线庆祝新中国成立70周年主题教育活动启动仪式，引导无党派人士举办纪念新中国成立70周年泥塑书画艺术展，组织召开统一战线庆祝新中国成立70周年暨多党合作制度确立70周年座谈会。支持各民主党派和无党派人士累计举办主题征文、快闪、朗诵会、音乐会等活动50余场次。

（王　佳）

【助力首都城市西大门建设】　年内，区委统战部把握创建全国文明城区这一总牵引，发挥各民主党派和无党派人士独特优势作用，在全区统一战线中举办“我为创建全国文明城区献一策”主题建言活动。全年收到党外人士建言信息347条，编报百余条，多篇获各级采用及领导批示，为各级领导科学决策和有效施策提供重要参考。引导支持各民主党派和无党派人士，围绕全国文明城区创建、利用冬奥契机促进区域发展、老旧小区综合治理、提升城市治理水平等全区中心工作，开展调查研究，完成38篇高质量的调研报告，多项调研成果成功实现向政协大会发言、党派政协提案、协商会发言等转化，为高水平建设好首都城市西大门提供重要助力。联合区政协召开“提高全区城市精细化管理水平”专题议政会，支持各民主党派、无党派人士就相关议题开展调查研究、参政议政。

（秦　岭）

【推动民主政治建设】　年内，区委统战部落实“让民主协商和民主监督成为石景山区特色”的要求，推动政党协商制度化规范化，提升政党协商效能。加强制度保障，为党外人士履职尽责畅通渠道、提供便利，制定《关于支持民主党派区级组织开展重点考察调研的意见》《区级中共党员领导干部与党外代表人士联谊交友列名制度》。与区委区政府研究室共同召开重点调研课题与各民主党派、工商联和无党派人士协商推荐会，协商选定重点调研课题，实现调研工作与年度各项重点工作的协同开展、共同推进。开展政党协商，围绕全区重点任务，征集各党派、工商联和无党派人士协商议题建议，研究制定并实施《石景山区2019年政党协商计划》，政党协商针对性和实效性持续提升。

（王　佳）

【提升民主监督效能】　年内，区委统战部保障专项民主监督开展，严格按照《石景山区接受和保障农工党北京市委开展专项民主监督工作方案》部署，支持和保障农工党北京市委围绕“疏解整治促提升”对口石景山区开展专项民主监督。建立清单化管理、知情明政、情况通报等保障机制，协调区发改委等多部门梳理重点关注事项、报送相关材料，服务保障农工党北京市委到石景山区召开调研座谈会，到基层街道社区、养老驿站、便民服务中心等开展现场调研4次。为各民主党派履行民主监督职能创造条件，组织民主党派围绕教育、民生等领域开展专项调研监督4次，加强与特约人员及聘任部门的定期沟通联系。

（秦　岭）

【加强代表人士队伍建设】　年内，区委统战部落实新时代党外代表人士队伍建设意见，结合石景山区实际，制定印发《中共石景山区委关于加强新时代党外代表人士队伍建设的实施意见》。发挥社会主义学院统一战线人才教育培养的主阵地作用，分层分类举办各民主党派领导班子成员及骨干成员、无党派人士代表、优秀党外干部、非公经济和新的社会阶层代表人士培训班，对党的十九届四中全会精神、习近平总书记统一战线重要思想、多党合作历史、加强参政党建设最新文件精神等进行培训。加强与区委组织部沟通联系，共同推动党外代表人士队伍建设，会商党外干部培养、锻炼、使用工作，完善党外后备干部数据库。落实与党外干部所在单位沟通联系制度，及时了解党外干部思想和工作状况。

（王　佳）

【政协党派届中调整】　年内，区委统战部按照政协章程规定，认真做好政协委员调整增补工作，与各民主党派、各人民团体及有关单位充分协商酝酿、推荐产生增补委员人选，按规定程序与区委组织部共同做好推荐人选考察工作，经区委常委会、民主协商会、政协主席会、党组会、常委会通过确定新增补委员13名。筹备完成区政协十届四次会议期间相关选举工作。考虑民建区工委领导班子结构情况，在与市委统战部、民建北京市委协商一致基础上，经人选推荐、考察公示、查阅档案、请示批复等组织程序，完成对民建区工委主委、副主委的届中调整工作。

（秦　岭）

【民营经济统战】　年内，区委统战部深化理想信念教育，举办“民营经济人士学习班”，组织参观军史馆等活动，全年编辑理想信念教育专报30期。推荐财智谷、业主行、立山传媒等公司创建市级统战工作示范点。发挥区服务管理民营经济领导小组协调统筹作用，开展“企业服务季”“盟商在线”等品牌活动，服务企业近300家。开展民营经济人士综合评审11批次，60人次。组织民营企业投身“万企帮万村”精准扶贫行动，全年出资310万元。实现全区9个街道基层商会全覆盖。

（刘景柱）

【新的社会阶层统战】　年内，区委统战部组织30名新的社会阶层人士参加庆祝新中国成立70周年群众游行方阵，展现石景山区新阶层人士风采。加强基础工作，走访调研新阶层人士聚集的企业和相关单位，建立173人的新阶层人士数据库。依托“共筑中国梦”移动直播平台，开展“法律在线”“红色传承”等主题直播60余场，召开“红色星期六与新阶层”主题座谈会，参观“燕京八绝”“北京冬奥组委”。推荐园区创新平台工作站、红色星期六新阶层示范品牌成为市级创建示范点。指导园区成立创新平台新的社会阶层人士联谊会。

（刘景柱）

【基层统战】 年内，区委统战部总结八宝山街道统战示范点街道创建经验，形成《顶层设计 示范引领 加强和改进基层统战工作》年度创新材料。指导各街道社区开展“一街一精品”统战工作示范点创建工作。推荐3家社区单位入选第二批“北京市基层党组织统战工作示范点”。开展基层统战知识培训，组织基层统战干部到叶青大厦、金融街统战工作示范点观摩交流，提升基层统战干部能力素质。将加强基层统战工作纳入区委深改委民主政治领域改革事项，指导街道社区规范统战工作。

（杨海锋）

【侨海外统战】 年内，区委统战部落实护侨惠侨政策，推进侨务政务服务事项“网上办理”，实现政务服务便民利民。开展“侨爱工程温暖行动”，开展护理培训课程，开展侨法宣传活动。承接海外华文媒体研修班、侨界新生代国情研修班参观考察。指导配合区侨联承办2019年全国侨联、北京市侨联“寻根之旅”夏令营活动。推动北京“侨梦苑”建设，服务“一带一路”战略。参加河北“侨梦苑”论坛，加深京津冀三地侨梦苑交流。安排密云区委统战部调研组及专家学者实地调研北京“侨梦苑”。

（张　会）

决策研究

【概况】 中共石景山区委区政府、石景山区人民政府研究室（简称区委区政府研究室）是负责全区综合性政策研究，为区委、区政府科学决策服务的区委工作部门。年内，围绕“三区”建设，把握“两大机遇”，坚持目标导向、问题导向和结果导向，奋发有为，扎实工作，圆满完成全年任务。加强对事关地区发展重大问题的调查研究并取得一批新成果。全区完成调研报告379篇，其中北京市重点关注调研课题2个，区领导牵头的重点协作课题20个，处级党政正职领导完成调研报告82篇。编印《石景山区2018年度优秀调研报告文集》。编发《决策参考》35期。高质量完成区委全会报告和区人代会政府工作报告等重要文稿的起草任务。落实“一区一校”建设要求，深化与北方工业大学战略合作，“石景山发展研究中心”成果显现，加强与北京安邦咨询公司、北京方迪经济发展研究院等信息咨询机构合作，全年开展10余个课题研究合作项目，为全区经济社会发展提供智力支持。发挥“石景山调研”公众号作用，推进调研工作新平台建设。

（单培玉）

【调研课题推荐】 4月10日，区委区政府研究室与区委统战部联合召开重点调研课题与民主党派工商联协商会，向民主党派主委及工商联负责人介绍2019年重点课题总体情况，推荐课题61个。

（单培玉）

【区重点协作调研课题】 年内，区委区政府研究室贯彻落实区委十二届八次、九次全会和区“两会”精神，做好全区调研工作，根据《石景山区2019年调研工作要点》安排，制定2019年全区重点协作调研课题20个：关于落实新版北京城市总体规划推进我区高端绿色发展重大问题研究；统筹解决老旧小区问题健全完善城市基层治理研究；关于人大推进老旧小区整治和提升的实践与思考；关于加强我区城市精细化管理的调研报告；石景山区党建引领社区治理组织体系和运行机制研究；石景山区产业结构转型升级研究；关于监察监督向基层延伸的实践与思考；模式口文保区保护发展专题调研；关于加强新时代参政党基层组织建设的思考；关于石景山区人才工作的调研和思考；关于我区楼宇经济发展现状的调研报告；新时代发挥人大代表作用的实践与思考；关于区人民检察院公益诉讼检察工作情况的调研报告；关于加快提升我区公共厕所建设管理水平的调研报告；公安分局以智慧警务融入推动新时代智慧石景山建设的实践与思考；关于石景山区打造冬季体育运动特色先行区的调研报告；石景山区政务服务顶层设计的调研；关于优化和提升我区营商环境的建议；关于以冬奥和冬残奥会为契机进一步加强我区无障碍设施建设的调研报告；关于借势冬奥，开展冰雪嘉年华活动，推动我区冰雪体育产业发展的调研报告。

（单培玉）

【完成综合文稿】 区委区政府研究室全年起草各类报告、讲话等综合文稿80余篇。服务区委、区政府重要会议，高质量完成常卫在区委十二届九次、十次全会上的工作报告和李新在区第十六届人民代表大会第六次会议工作报告等。完成大量常规性文稿，包括区委区政府重要会议材料、领导讲话、月度点评、重要报刊约稿等。完成区领导临时交办的文稿任务，包括市领导到石景山区调研的区情工作汇报、市委宣传部关于迎接新中国成立70周年集中采访活动石景山区约稿、市委研究室商情提供高质量发展情况的复函材料、石景山区构建多元化解体系打造新时代城市版“枫桥经验”、石景山区打造政企合作老旧小区管理新模式，以及区委班子民主生活会对照检查报告和整改方案等。

（单培玉）

【落实新版北京城市总体规划推进高端绿色发展重大问题研究】 常卫主持的《关于落实新版北京城市总体规划推进石景山区高端绿色发展重大问题研究》是北京市重点关注调研课题，由区委区政府研究室牵头，形成近2万字的研究成果。该课题立足落实北京城市总体规划的新形势、新要求，深刻认识石景山区作为中心城区的职责使命和功能定位，按照减量发展、高质量发展、绿色发展、共享发展的要求，坚持问题导向，聚焦重点领域和关键问题，谋划未来一段时期高端绿色发展的总体思路、基本原则、发展目标、重点任务和实施路径。聚焦优化功能定位，把握服务保障冬奥筹办和打造新时代首都城市复兴新地标的机遇，推进西山永定河文化带建设，更好地服务首都城市战略大局。聚焦产业转型升级，加快构建高精尖产业体系，实现重点功能区集约高效发展，持续优化营商环境。聚焦提升城市品质，推进城市管理和服务标准化建设，加快城市更新与街区整治，推动智慧石景山建设，构建山水城市融合的绿色生态体系，全面提高城市精细化管理水平。聚焦补齐民生短板，落实"七有""五性"提升民生保障水平和生活性服务业发展品质，推动公共服务优质均衡发展。聚焦体制机制创新，完善基层精细化治理模式，深化"老街坊"品牌建设，健全多主体参与的社区治理新体制。在实施机制设计、构建统计监测与考核体系、推进重大项目落地、常态化城市体检评估等方面保障，确保落实北京城市总体规划、实现区域高端绿色发展。

（单培玉）

【统筹解决老旧小区问题健全完善城市基层治理研究】 李新主持的《统筹解决老旧小区问题健全完善城市基层治理研究》是北京市重点关注调研课题，由区委区政府研究室牵头，形成近2万字的研究成果。此次调查研究，通过对老旧小区的涵义、特点、要素、需求、法律法规和现实条件等进行深入调查研究，厘清老旧小区相关利益主体的法律权责关系、面临的主要问题和背后的深层次原因。坚持遵守法律法规、尊重老旧小区历史和尊重城市建设发展规律的原则，结合北京市和石景山区有关老旧小区综合整治和有机更新政策要求，通过党建引领、共同缔造、问题导向，逐步实现老旧小区综合整治从工程改造向综合服务提升转变；从阶段性改造向物业长效机制转变；从政府为主、自上而下转变为上下结合，"共谋、共担、共建、共治、共享"，实现共同缔造转变；从单一部门牵头向"规建管治街"联合一体化转变；从碎片信息向全数据智慧管理转变；从单一政府出资向多方筹资转变，探索构建新型城市基层治理模式，健全完善老旧小区居住条件和配套设施，解决好群众最关心、最直接、最现实的问题，努力把老旧小区打造成安全有序、环境整洁、绿色生态、生活便捷、邻里和谐、守望相助，具有现代人文特色的幸福家园。

（单培玉）

【优秀调研文集】 年内，区委区政府研究室完成2018年度《石景山区优秀调研报告文集》编辑、印发工作。《石景山区优秀调研报告文集》收录优秀调研报告85篇，其中一等奖10篇、二等奖20篇、三等奖40篇、民主党派和工商联优秀报告15篇，同时收录区领导主持的区重点协作调研课题20篇以及当年部分重要文件。

（单培玉）

【决策参考】 为内部刊物，全年刊发35期，向区领导报送国内经济与社会发展方面最新动态、典型经验和做法，以及区内各单位完成的具有探索性和有一定参考价值的调研成果。

（单培玉）

全面深化改革

【概况】 3月25日，区委印发《中共北京市石景山区委关于调整组建区委全面深化改革委员会的通知》(京石委〔2019〕9号)，中共北京市石景山区委全面深化改革领导小组更名为中共北京市石景山区委全面深化改革委员会(简称区委深改委)。2019年，在市委深改委和区委常委会领导下，区委深改委坚持以习近平新时代中国特色社会主义思想为指导，深入贯彻党的十九大和十九届二中、三中、四中全会精神，深入贯彻习近平总书记对北京重要讲话精神，紧紧围绕首都中心工作和石景山区发展大局，加强对全区改革工作的统筹谋划、重点攻坚、整体推进、督促落实，推动石景山区改革取得新成效。修订完善深改委、专项小组以及改革办的工作规则和细则，巩固完善三级负责制。全年完善改革统筹谋划和推进落实机制，制定年度改革工作要点，实施项目清单式管理，明确年度26项重点改革任务。强化深改委决策议事协调职能，全年召开深改委会议4次，审议议题15个，通过改革方案和文件15个。发挥各专项小组牵头组织协调作用，共召开会议50次，审议议题54个。强化重点改革任务主管区领导负责制，主管区领导主持召开改革专题会议15次，确保改革课题研究、方案制定、议题审议、任务督察有序推进，推动全区重点领域和关键环节改革取得新突破。加强与市委改革办的沟通对接，配合市委改革办到石景山区开展6次调研。加强对督察的全程管理，创新拓展督察方式，对国家级居家和社区养老服务体制改革试点开展第三方评估，促进改革高质量推进。

（白　洋）

【"吹哨报到"改革】 年内，区委深改委落实北京市关于加强新时代街道工作的意见和"街乡吹哨、部门报到"实施方案，召开街道工作推进会，分解落实39项重点任务，各街道开展"吹哨报到"560次，解决问题564个，打通服务群众的"最后一公里"。

（白　洋）

【推动减量发展改革】 年内，区委深改委落实新版北京城市总体规划，编制完成分区规划并获市政府批复，存量工业用地规划研究、建设用地减量路径研究取得新成果。落实常态化城市体检评估机制，责任规划师制度全面推开。坚持疏控结合，严格执行产业禁限目录，稳步推进"六个一批"建设，深入开展垃圾分类。

（白　洋）

【围绕服务保障冬奥推进改革】 年内，区委深改委加强与冬奥组委机关对接，制定冬奥组委机关驻地维稳安保工作方案，全方位提升服务保障能力。与国家体育总局冬运中心签订战略合作协议，首钢滑雪大跳台成为冬奥会北京赛区首个建成并投入使用的新建场馆。制定促进冰雪产业发展的若干措施,举办首届冰雪产业论坛,设立北京首个体育产品公共保税仓库。开展冬奥文化、冰雪运动“四进”工作,高井路社区成功创建全市首家冬奥社区。

(白　洋)

【围绕打造首都城市复兴新地标推进改革】 年内,区委深改委建立与首钢高层定期对接、专班常态化推进的工作机制,落实首都城市复兴新地标三年行动计划,制定新首钢地区发展建设指标评价体系,创新首钢工业建筑物和构筑物保护性改造利用审批流程,编制新首钢园区产业引导目录,建立市区经济贡献共享机制,获国务院老工业基地调整改造真抓实干成效显著城市表彰,入选第二批国家级产业转型升级示范区。

(白　洋)

【围绕高质量发展推进改革】 年内,区委深改委围绕加快建设国家级产业转型发展示范区,构建“1+3+1”高精尖产业体系。强化现代金融业主导地位,全年收入占高精尖产业收入近一半;稳步推进科技服务、数字创意、新一代信息技术产业聚集发展,设立每年5000万元“科技创新”专项资金,与中关村管委会、中关村发展集团共同建设创新服务体系;加快推进商务服务业发展,出台促进消费升级三年行动计划,创建全市首个生活性服务业示范区。北京银行保险产业园、中关村石景山园快速发展,以郎园Park为代表的文化创意特色产业园区形成亮点。制定深化国资国企改革工作方案,有序推进5家企业改制。加强集体经济改革,推动农工商总公司改制。推进财政支持民营和小微企业金融服务综合改革试点,促进民营经济健康发展。

(白　洋)

【优化营商环境改革】 年内,区委深改委落实优化营商环境三年行动计划,在全市率先出台“9+N”政策3.0版。修订升级“2+N”政策体系,发布鼓励企业上市发展实施办法、促进应用场景建设加快科技创新支持办法等系列政策。落实国家减税降费政策,减免税费50亿元。完善企业“服务管家”机制,送出专属“服务包”170个。加强社会信用体系建设,健全失信联合惩戒机制。深化“放管服”改革,全面推行“综合窗口”无差别受理等便利化政务服务措施,区级政务服务事项精简60%,“一网可办率”“一门进驻率”“一窗受理率”均超过90%,100个高频事项实现“最多跑一次”或者“一次不用跑”,全市首家24小时自助办税厅对外开放。

(白　洋)

【老旧小区管理体制改革】 年内,区委深改委努力在老旧小区改造和城市更新方面探出新路,把老旧小区综合治理作为石景山区自选动作的头号改革工程,坚持党建引领、共同缔造、问题导向、试点先行的理念,创新管理服务模式。与首开集团签署战略合作协议,通过“政企合作”方式,分步骤、分阶段推进老旧小区更新发展,创新老旧小区长效管理机制。实施八角南里等3个老旧小区综合整治工程,开展老山东里北等9个老旧小区有机更新试点,初步探索形成老山东里北社区“3+N”有机更新体系,推动试点经验覆盖所有街道。

(白　洋)

【养老体制改革】 年内,区委深改委稳步推进国家级居家和社区养老服务体制改革试点工作,打造“十有”养老服务品牌项目,为7.4万名65岁以上老年人投保人身意外伤害险,在200个家庭进行适老化改造,向500位失能老人提供定制服务,为1万户“三失一独”老人配置居家养老信息机,健全区街居三级养老服务体系。建成养老机构8家、街道养老照料中心9家、社区养老服务驿站40家,实现养老服务设施全覆盖,《北京日报》头版头条刊登石景山区做法。市级政策性长期护理保险试点工作取得实效,出台长期护理保险试点工作方案和实施细则,在八角、八宝山、鲁谷3个街道开展长护险试点工作,累计228人享受长护险待遇。

(白　洋)

【围绕“七有”“五性”推进改革】 年内,区委深改委坚持以人民为中心,把有利于提升群众获得感幸福感安全感的改革放在突出位置,满足群众多层次多样化需求。召开全区教育大会,出台“1+2”系列文件,组建人大附中石景山学校教育集团,实现集团化办学全覆盖,推进学前教育发展,普惠性幼儿园覆盖率达到70%。实施医耗联动综合改革,推进医联体和分级诊疗体系建设,获批全国医共体建设试点。组建区级保障房运营公司,租售并举解决1900户困难家庭住房问题。深化石景山“老街坊”品牌建设,获批创建全国社区治理和服务创新实验区。推进平安石景山建设,完善社会矛盾纠纷多元化解机制,全区初信初访化解率提升。深化司法体制综合配套改革,推动以审判为中心的刑事诉讼制度改革,深化落实公安改革,推进落实司法行政改革,加快区级法律公共服务中心建设。加强法治政府建设,政府系统实现法律顾问全覆盖。建立安全生产督察工作机制,狠抓重点行业领域安全风险排查和整治。

(白　洋)

【围绕全面从严治党推进改革】 年内,区委深改委坚持把党的政治建设摆在首位,印发区委关于加强党的政治建设的工作措施,严格执行请示报告制度。扎实开展“不忘初心、牢记使命”主题教育,推进“8+1+1”专项整治。推进融媒体中心建设,成立新时代文明实践中心三级服务组织。全面落实意识形态工作责任制,加强网络信息监管,做好舆论引导和舆情处置。加强领导班子和干部队伍建设,巩固重品行、重实绩、重公认、重基层用人导向,持续优化班子队伍结构,严格执行领导干部个人有关事项报告和抽查核实等制度,平稳有序推进公务员职务与职级并行工作。实施基层党组织引领力提升工程,推行基层党建清单制管理,持续推进党支部标准化规范化建设。深化党建引领基层治理创新,开展“社区吹哨我报到、文明创建我先行”双报到主题活动。统筹推进各领域基层党建，建设全国城市基层党建示范区。发挥北京博士后成果转化基地、海外院士专家北京工作站等平台作用，为区域发展提供人才支撑。深化纪检监察体制改革，建立健全巡察相关制度，完善派驻监督机构，制定深化警示教育措施，健全纪律监督、监察监督、派驻监督、巡察监督协调联动格局。

（白　洋）

【围绕加强民主政治建设推进改革】 年内，区委深改委坚持和完善人民代表大会制度，组织召开区委第五次人大工作会议，出台《新时代加强和改进人大工作的实施意见》，实行代表建议满意度“二次评价”方式，建立市、区人大代表对应联系“家站”机制。坚持和完善中国共产党领导的多党合作和政治协商制度，加强协商民主制度建设，制定《中共石景山区政协党组联系党员委员以及无党派人士界、宗教界委员的安排意见》，出台《政协石景山区委员关于提高提案质量的意见（试行）》，完善政协委员履职评价指标和体系。探索基层统战工作新模式，制定《关于加强和改进新时代街道社区统战工作的若干措施》，巩固和发展最广泛的爱国统一战线，推进基层统战工作创新发展。

（白　洋）

机构编制管理

【概况】 北京市石景山区委机构编制委员会办公室（简称区委编办）是区委机构编制委员会（简称区委编委会）的常设办事机构，在区委编委领导下，负责本区行政管理体制和机构改革以及机构编制管理的日常工作，是区委工作部门，列入区委机构序列。2019年，机构编制工作围绕区委区政府中心工作，牢牢把握“三区”功能定位，坚持优化协同高效，全面完成区级机构改革和街道综合设置改革任务，统筹使用各类编制资源，加强政治机关建设，提升机构编制工作的质量和水平，较好地完成全年各项工作任务，为高水平建设好首都城市西大门提供坚实的机构编制服务保障。

（新献乐）

【政府部门权力清单修订】 年内，区委编办对照北京市政府部门改革后新版权力清单，对区相关部门权力清单进行梳理，编制形成《区政府部门权力清单2019版》，涉及30个部门1118项权力事项，并于7月底前对外公布。

（新献乐）

【机构编制监督检查】 年内，区委编办结合机构改革，加强对涉改部门、街道机构编制事项落实情况的监督检查力度，组织开展两轮机构改革落实情况监督检查，确保改革措施落实落地。8月至10月，根据区委编委会第3次会议精神，会同区委办公室、区政府办公室对全区38个涉改部门、9个街道和2个调整较大涉改事业单位机构改革后运行情况进行专题调研，形成相关情况调研报告，并针对调研中梳理总结的相关问题提出切实可行的工作建议。

（新献乐）

【事业单位登记管理】 年内，区委编办配合机构改革，做好涉改直属事业单位和部门所属事业单位的法人登记管理工作。截至年底，完成79家事业单位法人设立、变更、注销登记。其中设立登记1个，变更登记68个，注销登记10个。完善事业单位法人“双随机、一公开”监管的全覆盖、常态化机制。配合市委编办，推动清理“僵尸”事业单位，初步梳理出“僵尸”事业单位台账，选取5家有代表性的事业单位实地了解情况，提供指导帮助。

（新献乐）

【区级机构改革】 年内，区委编委会按照市委市政府统一部署，结合石景山区工作实际，统筹推进区级机构改革工作。及时召开机构改革动员部署会，与各职能部门密切配合，抓好市委、市政府批准的石景山区机构改革方案的组织实施。在市委规定的时限内，全面完成人员转隶、机构挂牌、“三定”规定印发等工作。改革中，对涉及改革的38个部门重新制定“三定”规定；3个涉改事业单位中，2个调整较大的重新制定“三定”规定，同步完成各涉改部门的所属事业单位调整工作。此外，在保持区级主要机构设置同中央、北京市基本对应的基础上，加大机构职能优化整合力度，推动相近机构职能深度融合，构建“大宣传”“大统战”“大融媒体”的工作格局，并以减少职责分散、加强编制资源“集约性”为目标，整合优化部门内设机构职责和编制配备，突出主责主业，推动部门履职到位、流程通畅，提高运行效率。改革后，石景山区共设置党政机构43个，其中区委工作部门12个，政府工作部门31个。议事协调机构55个。

（新献乐）

【街道管理体制改革】 年内，区委编办落实全市街道工作会议精神，推进党建引领“街道吹哨、部门报到”改革。根据北京市统一部署，在总结试点街道经验基础上，制定《北京市石景山区深化街道机构综合设置改革工作方案》，将街道机构综合设置为“6室1队3中心”，重新制定街道“三定”规定，调整所属事业单位机构设置，推动明责赋权、力量下沉，实现扁平化管理。同时，将鲁谷社区更名为鲁谷街道办事处、将鲁谷社区工委更名为鲁谷街道工委。

（新献乐）

【行政审批事项改革】 年内，区委编办减轻企业负担，方便企业和群众办事创业，优化营商环境，在机构改革中推动行政审批事项向一个科室集中。改革后，全区24个有行政审批职能的部门中，16个部门实现行政审批事项向一个科室集中，占比达到66.7%。其中，区住建委、区城管委、区人力社保局、区应急局、区卫健委、区园林绿化局6个部门专门设置审批科，为实现企业和群众办事只进“一扇门”创造条件。

（新献乐）

【综合行政执法改革】 年内，区委编办落实深化综合行政执法体制改革实施方案，会同区司法局梳理全区行政执法队伍机构编制情况及执法岗位设置情况，围绕市场监管、生态环境、文化旅游、住房城市建设等领域，调整组建4支相关综合行政执法队。

（新献乐）

【改革后续调整工作】 年内，区委编

办完成有关机构更名调整工作。将区城管执法监察局更名为区城管执法局、区卫生计生监督所更名为区卫生健康监督所;将区消防支队的消防验收管理职责划入区住房城市建设委,并为其机构增加人员力量;为加强重大项目协调推进力度,对区住建委内设机构进行调整,并为其相关机构增加人员力量;对区委组织部、区民政局、区退役军人局、区城管监督指挥中心、区劳动人事争议仲裁院等部门、单位的内设机构、编制、职责等进行优化调整;为引入优质教育资源,结合区教委工作实际,对区教委相关学校进行更名调整。

(靳献乐)

【事业单位改革调整】 年内,区委编办按照北京市统一部署,结合机构改革,落实政事分开要求,推进完成承担行政职能事业单位改革工作,推动区档案局、区地震局、区防汛办等事业单位的行政职能回归相应机关,并撤销区防汛办,实现政事分开。配合机构改革后续工作,对事业单位进行布局调整,将区志办由与区档案馆合署办公调整为与区党史办合署办公,并将区党史办更名为区委党史研究室;协调相关部门推进落实经营类事业单位改革工作任务,撤销区古城电影院。规范事业单位名称,将区投资促进局更名为投资促进服务中心、将区机关行政事务管理处更名为机关事务管理服务中心、将区老龄办更名为老龄事业发展中心。

(靳献乐)

老干部管理

【概况】 中共北京市石景山区委老干部局(简称区委老干部局)是区委区政府服务管理离休和处级以上退休干部的工作部门,由区委组织部归口管理。截至年底,归属老干部局服务管理的离退休干部879人,其中离休干部112人(含易地安置离休干部3人),平均年龄89.5岁;退休干部727人,平均年龄69.7岁,代管退休干部37人,平均年龄64.6岁。按离休干部参加革命时期划分(不包含易地安置离休干部):抗日战争时期25人、解放战争时期84人。按离退休干部所在单位性质划分(不包含代管退休干部):党政机关701人、事业单位99人、企业单位42人。年内,离退休干部去世25人,区退休干部、区政协原主席张俊山被授予“全国离退休干部先进个人”称号。

(汪国成 郭 维)

【走访慰问】 元旦、春节期间区四套班子领导对51名区职离退休干部和6名14级以上离休干部进行走访慰问,同时各单位对867名离退休干部进行走访,实现全覆盖;在新中国成立70周年之际,对全区离休干部、80岁以上高龄退休干部、老干部大学优秀学员共236人进行走访慰问;12月,区委老干部局党总支开展走访慰问活动,共走访老干部75名;全年送别25位离退休干部并慰问家属。

(杜 群)

【老干部自管组织建设】 年内,区委老干部局重视老干部自管组织建设。1月22日,举办“金猪贺岁迎新年”春联展及“军地联合庆新春”笔会,书写春联和福字200余幅。3月6日,举办“巾帼展风采,共筑中国梦”主题插花培训活动,特邀插花讲师为离退休女干部进行讲解体验培训,并现场进行插花的操作展示,100余名离退休女干部参与活动。4月23日至25日,由10名离退休干部组成的门球代表队参与区老龄委主办的石景山区2019年“长乐杯”春季老年门球赛,获得“精神文明奖”。5月5日至12日,举办炫春晖、颂文明书画作品展,展出作品200余幅。同月13日,举办石景山区党风廉政建设宣传教育活动书画作品展,历时20余天,展出作品200余幅,累计观展人数1000余人次。14日,区老干部欣苑合唱团在第十六届景山合唱节比赛中获二等奖。28日,区老干部欣苑合唱团在区第36届“古城之春”艺术节“讴歌中国梦歌聚石景山”群众合唱比赛获一等奖。6月5日,举办“爱国情 粽飘香”端午节活动,全区50余名离退休干部代表参加活动。8月31日,与区老干部大学、区老干部大学八大处军营分校于北京国际雕塑公园联合举办“我和我的祖国——石景山区离退休干部庆祝新中国成立70周年主题活动”,300余名离退休干部和公园游客参与活动。9月4日,举行石景山区离退休干部庆祝新中国成立70周年书画作品展,展览由区委老干部局组织策划,区老年书画研究会、区老干部大学八大处军营分校、区文联、区退役军人局、区图书馆共同承办。老干部局活动中心大厅作为主展区展出作品280幅,区图书馆作为分展区展出作品70幅,展出时间至9月9日。12日,由市委老干部局主办的“唱响新时代、颂歌献祖国”——北京市离退休干部庆祝新中国成立70周年合唱音乐会在北京市委党校礼堂举行,区老干部欣苑合唱团完成演出任务并得到一致好评。10月16日至18日,区老龄委主办石景山区2019年“长乐杯”秋季老年门球赛,离退休干部代表队参加比赛并最终取得团体第四名的成绩。11月22日,区老干部欣苑合唱团在全区民族歌曲合唱比赛获二等奖。

(陈 琛)

【组织领导】 1月29日,召开2019年石景山区老干部工作会暨老干部新春团拜会,区四套班子主要领导出席,向老同志表达新春问候。陈之常代表区四套班子和全区社会各界向全区离退休干部致以新春祝福,并充分肯定全区老干部工作取得的新成绩。全区离退休干部及原北京军区部分离退休干部700余人参会。5月28日,石景山区召开老干部工作领导小组会,研究部署2019年老干部工作。8月13日,石景山区召开新老四套班子领导座谈暨情况通报会,陈之常向老干部通报全区上半年社会经济建设情况和下半年全区工作计划,四套班子主要领导听取老干部代表们在城市治理管理、民生保障改善、老龄事业和老干部工作等方面的意见建议。常卫感谢全区离退休干部对区委区政府工作的支持和肯定,并就做好新时期石景山区老干部提出具体要求。8月27日，以区委办、区政府办文件形式向全区印发《<石景山区关于进一步加强和改进离退休干部工作的实施方案>的通知》(京石办发〔2019〕15号)。陈之常、吴克瑞、郭鹏、唐行安、姚茂文、刘建国分别到区委老干部局调研、出席老干部组织的书画、摄影等活动，鼓励老干部发挥积极作用。10月24日，召开2019年老干部工作推进会，结合老干部工作的新特点和面临的新形势，围绕落实《石景山区关于进一步加强和改进离退休干部工作的实施方案》、推进离退休干部工作领导责任制落实、提升离退休干部的管理服务水平、推进离退休干部服务管理工作重心向社区延伸、强化信息化建设、推动老干部工作规范化精准化等重点工作进行详细部署。12月16日，第4次区委编委会议研究决定，同意区委老干部局所属事业单位北京市石景山区老干部活动中心增加财政补助事业编制2名，充实服务老干部人员力量，同时做好关心下一代等工作。

(郭　维)

【政治建设】 年内，区委老干部局围绕加强政治建设强化学习引领，为老同志发放《习近平谈治国理政》《习近平新时代中国特色社会主义思想三十讲》《习近平关于"不忘初心、牢记使命"论述摘编》《深藏功名坚守初心：95岁老英雄张富清的本色人生》等学习资料，老同志围绕全国"两会"、庆祝新中国成立70周年大会、十九届四中全会等热议点赞发声，引导老同志始终坚定不移地在思想上、政治上、行动上与以习近平同志为核心的党中央保持高度一致。

(杨　媛)

【思想建设】 年内，区委老干部局围绕把学习贯彻党的十九大精神、"不忘初心、牢记使命"主题教育逐步引向深入，全年开设"两会"精神、国际形势报告，继承法律、个人网络信息安全相关知识讲座，宣讲党的十九届四中全会精神等七期"红色大讲堂"，平均每期参与人数在80人左右。9月起开设"不忘初心、牢记使命"主题教育"初心讲堂"，邀请部分区老干部宣讲团成员讲述初心故事，抒发爱党爱国情怀；全年组织离退休干部参加各类报告、研讨、讲座20余次，参加人数500余人次。制定离退休干部党支部"不忘初心 牢记使命"主题教育指导方案，举办2期全区局处级退休干部党校培训班，2期局级退休干部"不忘初心、牢记使命"主题培训班。组织全区300余名局处级退休干部赴延庆平北抗日战争纪念馆。坚持每月定期组织老干部观影活动，全年播放主旋律电影15场。多种形式引导老同志忆初心、悟初心、守初心、践初心。

(杨　媛)

【党组织建设】 年内，区委老干部局坚持把离退休干部党建工作纳入全区党建工作大局。推动八角、金顶街街道党建引领离退休干部工作向基层延伸试点探索和示范创建，制定《石景山区党建引领老干部工作向基层延伸试点工作实施方案》，明确工作目标，细化职责任务，确定实施步骤。推动"B+T+X"组织体系构建。结合实际规范离退休干部党支部建设和组织活动，部分支部进行换届改选，优化年龄结构，打造"老党员之家"，新建离退休干部党员学习活动阵地，分类指导党员活动，开展集中参观学习教育、走访慰问、送讲送学送关怀上门，在职党员联络员参与离退休干部党支部活动，全年编印《支部通讯》7期，离退休干部支部党费100%返还；结合实际创新活动形式，加强老干部自管组织功能型党支部建设。5月，联合开展离退休干部党支部主题党日活动，参观石景山区郎园Park文化创意产业园、座谈交流。6月，组织14位退休干部赴区委党校开展"不忘初心，牢记使命，传承红色基因，继承光荣传统"主题党日活动，同中青班学员座谈交流。10月，离退休干部党支部联合开展"初心讲堂"活动，展现新时代离退休干部党员的坚定政治信仰和爱党爱国情怀。支部书记上门走访老党员60余人次。12月，组织召开2019年度离退休干部党支部书记座谈会，围绕支部基本情况、制度建设、分类管理、党费收缴、特色活动开展等方面交流研讨，加强离退休干部党支部建设。

(杨　媛)

【增添正能量活动】 年内，区委老干部局以老党员先锋队为抓手，搭建为党和人民的事业增添正能量的平台载体，加强规范化建设，为全区93支老党员先锋队统一设计标识、队旗，为3000余名队员制作帽子、马甲、手套等，坚持"五抓""七化"，逐步形成"一街一品""一社区一特色"。全年，老干部宣讲团到社区、党校、机关宣讲70余场，老干部建言献策直通车上报30条，得到回复解决的24条，其余由各相关部门跟进处理。老街坊劝导队、法律服务队、非公党建指导员、六零七零服务队、平安志愿者先锋队等发挥作用突出。6月，组织全区300余名局处级退休干部开展"我看新中国成立70周年新成就"主题参观，参观中国北京市世界园艺博览会，体验园林艺术和园林文化。7月，市委老干部局副局长宋永健带队到金顶街街道调研老干部在社区发挥作用情况，对石景山区老党员先锋队、老干部宣讲团、庆祝新中国成立70周年主题教育活动、活动阵地建设服务管理工作等情况给予充分肯定。11月，市关工委副主任何昕一行到石景山区调研关心下一代工作开展情况。12月，老干部参加老街坊"忘年交"品牌启动仪式，退休干部代表受邀向大学生党员赠送《习近平新时代中国特色社会主义思想(三十讲)》书籍和"不忘初心、牢记使命"笔记本、赠送书画作品，勉励新一代年轻人加强理论修养，搭建离退休党员干部发挥余热新平台。

(杨　媛)

【庆祝新中国成立70周年系列活动】 年内，区委老干部局在全区范围内开展"庆祝新中国成立70周年"主题征文活动，离退休干部投稿50余篇，陆续通过石景山老干部公众号发布。"绣红旗 跟党走 共筑中国梦 石景山区离退休干部共庆七一党的生日"主题活动。组织离退休干部观看庆祝新中国成立70周年大会。

(杨　媛)

【落实政策办实事】 年内,区委老干部局按照北京市要求,落实发放离休干部养老服务津贴;完善"一对一"帮扶及长效联系机制,完善解困帮扶机制,全年帮扶老干部100余人次,补助金额421835元;为离休干部发放健康疗养补助费和小帮手服务费,金额为109480元;为部分企业处级退休干部发放生活困难补助金178500元;日常看望慰问住院老干部300余人次;为全区离退休干部以每人800元标准进行健康体检,参检人数700余人;继续以每人400元标准落实"四就近"经费保障。

(杜 群)

【舆论宣传与引导】 年内,区委老干部局利用"北京时间""北京晚晴"栏目等平台,全年推送4支老党员先锋队典型事迹(鲁谷七星园北七星茶座、杨中社区乐淘淘、特钢社区金色亲情、模西北绿丝带);学习强国APP平台推送3期石景山区老干部事迹("驿站"里的老党员、官庆培:为北京石景山老街坊留住家乡的回忆、旗遇冬奥);中央人民广播电台老年之声播出2期老干部专题录音(祖国,我想对你说——于书芳、陈进);《北京日报》刊载1期离休干部事迹(李清扬:飞越天安门),挖掘老同志打动人心、感染人心的事迹。利用《石景山报》《见证石景山》杂志、老干部《欣苑》报、老干部局网站、微信公众号宣传老党员先锋队活动情况和先进典型优秀事迹。

(杨 媛)

区直机关党建

【概况】 中共石景山区委区直属机关工作委员会(简称区直机关工委),是区委的工作部门。编制数11人,实有11人。负责领导和管理区直属党、政、群机关基层党组织。截至年底,辖有61个区直机关基层党组织,其中党委13个,党总支9个,党支部39个,党员3625人;区直机关工会工委辖机关工会61个,会员5201人;区机关团工委辖18个团组织,团员183人。年内,区直机关工委建立《区直机关系统组工信息和网宣文章工作办法》等3项新的工作制度,使收录到《石景山区直机关系统党建工作规范》的单项制度达到31项,具体指导帮助政务服务局机关党支部制定《驻中心机关党员工作人员参加支部组织生活规定》。

(王 涛)

【关爱帮扶】 区直机关工委在元旦春节及"七一"期间,慰问服务困难党员99人,合计慰问金额20.5万元。组织区四套班子领导和区机关753名机关党员干部参加"共产党员献爱心"捐款活动,捐款69190元;组织全体干部职工648名,参加"春风送暖""博爱在京城"募捐活动,合计捐款62560元。全年发展党员59名,预备党员转正56名,组织本系统65名入党积极分子参加集中培训。

(王 涛)

【党组织设置调整】 在年内机构改革中,中共北京市石景山区委直属机关工作委员会,更名为中共北京市石景山区委区直属机关工作委员会。为积极适应机构改革新情况,确保区机关机构改革后党的组织设置全覆盖,及时跟进指导,确保基层组织健全,队伍相对稳定。5月底,对涉及撤销的19家党组织,依照《区直机关系统党员组织关系转接工作规则》,将本党组织所属党员组织关系转至党员本人所在新的单位机关党组织,对剩余的党组织活动经费已结清交明,并提交相应报告。涉及新建党组织的19家单位,全部完成党组织成立工作。伴随各区直机关党组织的撤、并、留、立,保留38个区直机关工会组织,撤消20个区直机关工会组织,更新5个区直机关工会组织名称,新建18个区直机关工会组织。指导区直机关各部门中工青妇等群团组织建设的调整组建工作。

(王 涛)

【政治建设】 年内,区直机关工委认真学习贯彻中共中央《关于加强党的政治建设的意见》,制定《以政治建设为统领,全面加强机关党的建设工作要点》。领导组织全系统积极投入庆祝新中国成立70周年等重大活动的服务保障工作,组织机关干部参加庆祝活动,观看《中华儿女》文艺演出、参观《新中国成立70周年大型成就展》、拍摄"我和我的祖国"快闪、做好群众游行队伍组建及训练、嘉宾观礼组织和演练工作、举行"唱响祖国赞歌,谱写新的华章"迎十一主题升国旗仪式等活动,高质量高水平完成好市委、区委交办的各项任务。服务保障创城创森,制定区直机关创城工作要点和任务分解书,将创城各项工作任务层层分解,逐项落实到人,压实创建责任,号召机关党员干部在文明创城中"十带头"。举办"创城"知识有奖竞答活动,举办区直机关系统第四届以"创建全国文明城区"为主题的办公技能暨申论写作比赛,举办"文明创城我先行、奋发有为做先锋"迎五一主题升国旗仪式等多种形式的活动助力"创城"工作。围绕全区"擦亮首都城市西大门、文明祥和迎大庆"开展创城主题志愿服务日活动,抽调机关干部助力创城年度迎检。举办区直机关系统"秀野踏青、走向森城"主题阳春健步走活动。组织实施开展"创建森林城市,绿化美丽家园"义养绿地党建服务项目,将区政府南侧公共绿地作为服务项目的具体实践基地,组织机关党员干部开展4次补种草坪、绿植施肥、中耕土地、清扫步道、绿植修剪、设施清洁等志愿活动。运用"党组织服务项目化管理"促进党建和业务工作的深度融合,开展区直机关系统2019年党组织服务项目作品展评工作。

(王 涛)

【学习活动】 年内,区直机关工委制定《区直机关工委理论学习中心组学习计划》。全年参加区处两级中心组学习7次,工委班子理论中心组学习15次,完成调研报告3篇,学习交流16次。向区直机关系统印发《关于进一步做好"学习强国"使用组织工作的通知》,动员和组织广大党员干部要充分运用好"学习强国"平台。区直机关系统持续开展读书活动,按照"每季一个专题、一堂党课、一批图书、一次书评"的要领,以"践行新思想、逐梦新时代"

为总主题，开展以“学习党支部工作条例，加强标准化规范化建设”“创建森林城市，绿化美丽家园”“我和我的祖国”“守初心、强担当、勇作为”为主题的4次读书活动，举办“学习贯彻《中国共产党支部工作条例(试行)》”“中国城市生态环境共同体与森林城市建设”“我和我的祖国”和“文明创建我先行”百姓宣讲团巡讲”“党的初心使命理论与实践”四次专题党课，向区直机关党员干部推荐并购买《中国共产党支部工作规定学习手册》《推进生态文明建设美丽中国》《五大发展理念案例选编领航中国》等图书11490余册，收集书评文稿300余篇。扎实开展主题教育，制定“1+3”工作方案，按照月有重点、周有安排的要求，沿着把准方向搞调研、带着问题学理论、学好理论抓整改、落实整改促提升的路径开展主题教育。制发全系统主题教育交流材料汇编四集。走访基层党组织22家，召开座谈会6次，发放调查问卷45份，对接新组建18个基层党组织，了解主题教育进展情况及指导群团组织设置；及时制定问题清单，建立问题台账，深入查找领导班子及成员个人问题清单20条，制定整改清单，提出整改措施20条，立行立改，明确问题整改责任人和整改时限。加强意识形态工作，制定《区直机关系统组工信息和网宣文章工作办法》，建立机关系统党建信息员队伍，加强对区直机关党组织信息工作的管理。

(王　涛)

【双报到工作】　年内，区直机关工委在全系统实行“双报到”三项常态化长效化机制暨以“公益之星”为激励机制，促进党员到社区报到；以项目化管理为运作机制，完成集中报到日承办项目；以共建双承诺协同机制，落实机关党组织到街道社区报到。指导和督促各基层党组织参加“结对共建社区”所在街道或社区党建工作协调委员会，结合本单位实际，做实“三个清单”和“四个双向”，共商共治、共建共享。

(王　涛)

【党组织集中换届选举】　年内，区直机关工委统一进行任期满4年的各区直机关党委(总支)委员会，以及任期满三年的各区直机关党支部委员会的换届选举工作。此次集中换届的党组织38个，其中党委4个，党总支7个，党支部27个，涉及1400余名党员。新成立机关纪委2个，由党支部调整为党总支1个，优化组织结构。此次换届的38个基层党组织负责人全部由副处级以上的党员领导干部担任。

(王　涛)

党校教育

【概况】　中共北京市石景山区委党校[简称区委党校(行政学院)]是在区委直接领导下培养党政领导干部、理论干部的学校，是培训轮训党政领导干部的主渠道。年内举办各类培训班次79期，培训人员9944人次。其中：组织部调训22期，培训人员3083人次，学时占培训总量的70.36%；协助各委办局及合作办班57期，培训人员6861人次，学时占培训总量的29.64%。聚焦主课，完善教学布局，注重课程和师资的更新率，着力提高教学质量；增强研讨式、案例式、模拟式、体验式等教学方法的运用力度，确保在主体班次中互动式教学课程比重不低于30%；创新培训模式，尝试开展“贯通式培训”，使不同层级、不同领域的学员聚焦某一专题，共同研学、相互交流，打通凝心聚力的通道。

(李嘉鹏)

【举办31期主体班】　年内，党校(行政学院)完成各类主体班培训31期，培训学员4504人次(见下表)

表8　石景山区委党校(行政学院)主体班一览表

序号	培训主题	日　期	人数	主办单位
1	依法行政专题班	3月11日—15日	103	区人力社保局 区行政学院
2	优秀副处职干部、优秀正科职干部培训班	4月15日—6月28日	6	区委组织部 区委党校
3	习近平新时代中国特色社会主义理论体系专题培训班	4月8日—12日	81	区委组织部 区委党校
4	领导科学与管理心理专题班	4月15日—19日	57	区委组织部 区委党校
5	第一期入党积极分子培训班	4月24日—26日	248	区委组织部 区委党校
6	第二十四期中青年干部培训班	5月5日—6月28日	32	区委组织部 区委党校
7	第一期处级干部进修班	5月6日—31日	44	区委组织部 区委党校
8	第二期入党积极分子培训班	5月8日—10日	245	区委组织部 区委党校
9	第一期科级能力素质提升班	5月13日—17日	63	区人力社保局 区行政学院
10	第一期组工干部培训班	6月3日—6月5日	96	区委组织部 区委研究室 区委党校
11	第二期组工干部培训班	6月10日—12日	123	区委组织部 区直机关工委 区委党校
12	推进金融产业发展专题班	6月18日—20日	68	区委组织部 区委党校
13	领导干部执政与战略思维能力提升班	7月8日—12日	54	区委组织部 区委党校
14	职业道德专题班	7月8日—12日	87	区人力社保局 区行政学院
15	坚定文化自信与弘扬中华优秀传统文化	10月8日—12日	54	区委组织部 区委党校

续表

序号	培训主题	日　期	人数	主办单位
16	公务员初任班	10月11日—25日	73	区人力社保局 区行政学院
17	第二期处级干部进修班	10月14日—11月8日	36	区委组织部 区委党校
18	第一期"不忘初心、牢记使命"主题教育基层党组织书记轮训班	10月23日—25日	790	区委组织部 区委党校
19	第二期"不忘初心、牢记使命"主题教育基层党组织书记轮训班	10月30日—11月1日	739	区委组织部 区委党校
20	称多党政干部能力素质提升培训班	10月27日—11月1日	300	区委组织部 区委党校
21	莫旗党政干部能力素质提升培训班	10月28日—11月1日	280	区委组织部 区委党校
22	第二期科级能力素质提升班	10月28日—11月1日	71	区人力社保局 区行政学院
23	第一期公务员科学素质大讲堂	10月22日	55	区人力社保局 区行政学院
24	"不忘初心、牢记使命"主题教育专题党课	10月28日	58	区委组织部 区委党校
25	第二期公务员科学素质大讲堂	11月1日	71	区人力社保局 区行政学院
26	优化营商环境,推动高精尖产业发展专题培训班	11月4日—8日	42	区委组织部 区委党校
27	民族宗教培训	11月11日—12日	98	区委统战部 区委党校
28	第三期公务员科学素质大讲堂	11月19日	76	区人力社保局 区行政学院
29	第四期公务员科学素质大讲堂	11月27日	79	区人力社保局 区行政学院
30	2019年度安全生产专题培训班	11月20日—22日	120	区委组织部 区委党校
31	新党员及社工大学生党员培训	12月2日—4日	255	区委组织部 区委党校

(李嘉鹏)

【科研工作】 年内,区委党校(行政学院)申报各级课题35项。其中,校级课题21项,区级课题11项,市级课题3项。向区党建研究会报送课题7项,向区委研究室上报重点调研课题2项。对接高校、科研院所研究资源,分别委托中国社会科学院社会学研究所、中国人民公安大学开展2项党建重点课题研究工作(《石景山区党建引领社区治理组织体系与运行机制研究》《关于石景山区基层党建责任体系研究》)。向市社院投标1项课题(《新媒体视域下石景山区统战工作路径创新研究》),获得立项。向市思政研究会投标1项课题(《关于西山文化带(石景山段)建设中的文化遗产保护和利用的研究》),获得立项,尚属首次。向市委党校投标1项课题(《习近平新时代中国特色社会主义经济发展思想与社会主义制度优越性研究》)。党校各级课题获得7个奖项:区级课题方面,获得2018年度区级优秀课题一等奖1项、二等奖2项、三等奖3项,创历史新高。市级课题方面,获市党建研究会2018年度优秀自选课题一等奖1项(《关于石景山区"老街坊"参与社会治理模式探索》)。市社院2018年立项课题(《关于石景山区新的社会阶层人士政治参与问题研究》)顺利结项。与清华大学社区管理研究中心联合开展"10065"公益行进社区调研活动,走访慰问15个社区和5个军休所100名65岁以上老人,征求对石景山区经济社会发展的意见建议189条,梳理形成咨政报告,并在区政府常务会议上作专题汇报,作为区政府督查件跟踪督办。

(李嘉鹏)

党史编研

【概况】 中共石景山区委党史研究室(简称区委党史研究室)是区委主管的职能部门。2019年,区委党史研究室坚持党建统领,持续推进精神家园建设。把政治思想建设摆在首位,坚持用党章党规规范党员、干部言行,用习近平总书记系列重要讲话精神武装全党,引导全体党员做合格党员。牢固树立"四个意识",增强"四个自信",做到"两个维护"。持之以恒落实中央"八项规定"精神和市、区实施办法及区委"十要十不准"纪律规定,驰而不息纠正"四风"。坚定理想信念、加强党性修养、提升道德境界,引导党员干部筑牢信仰之基、补足精神之钙、把稳思想之舵,夯实全面从严治党的思想基础。

(高　姗)

【区史编纂】 年内,区委党史研究室按照全市统一部署,加强史料补充,章节修改,推进《中国共产党北京市石景山区历史》的编写进度,通过集中修改,查漏补缺,形成征求意见稿,向全区各相关单位及离退休老同志征求修改意见。

(高　姗)

【资料收集和文献汇编】 年内,区委党史研究室加强文献等基础资料收集整理,收集整理区委重要会议文件资料、党史大事记资料、民间口述资料,为下一步文献资料汇编工作做好准备。

(高　姗)

【主题宣教活动】 年内,区委党史研究室以“不忘初心、牢记使命”主题教育为契机，开展党史“六进”活动（党史成果进机关、进院校、进企业、进军营、进社区、进乡村），邀请北京市党史专家为国资委系统企业党员领导干部以及区直机关系统基层党组织书记作“中国共产党奋斗历程与精神风范”专题党课，通过党史进企业、进机关，党员干部受到一次深刻的党史和党性教育。深入社区，捐献党史、国史相关书籍，支持职工书屋和社区图书室的建设。为庆祝新中国成立70周年营造良好氛围，围绕这一重大时间节点，开展好以“礼赞新北京奋进新时代——庆祝中华人民共和国成立70周年”为主题的石景山区党史宣传月活动。以中华人民共和国成立70周年为主题，征集相关资料。开展全区党史联络员培训，加强党史干部队伍建设。组织开展纪念重大党史事件和重要党史人物的各种活动。举办各类大型展览巡展活动，联合区委办（档案局）、区档案馆（地方志）、区委宣传部（融媒体中心）推出两个展览，即《古都新生 人民胜利——纪念北平和平解放70周年展》和《壮丽70年，奋斗新时代——石景山区70年发展历程掠影展》，联合区委宣传部、区退役军人事务局推出《我和我的祖国纸雕展》。

（高　姗）

【党史党建宣传】 年内，区委党史研究室发挥党史宣传工作社会影响，办好办强《见证石景山》杂志和石景山党建网党史专栏两个公众平台，严把史实关和政治关，讲好党史故事，弘扬正能量，传达主流声音。截至年底，总计发行超过4.8万本，共计160万余字。加大党史和地方志文献、档案、资料征集管理力度，为进一步开发利用、开展研究提供坚实基础。

（高　姗）

中共石景山区委员会

书　记　于长辉（6月免）
　　　　常　卫（6月任）
副书记　陈之常（12月免）
　　　　李　新（12月任）
　　　　田利跃
常　委　文　献（6月免）　田利跃　柯永果
　　　　郭　鹏　富大鹏（达斡尔族，4月免）
　　　　晋秋红（女，2月免）　肖　平（4月免）
　　　　姚茂文（土家族）　邓晓兵
　　　　唐行安（4月任）　陈婷婷（4月任）
委　员　（按姓氏笔画为序）
　　　　王永明　王春风　于长辉（6月免）
　　　　亢　军　石显富　田利跃　宁慧娟（女）
　　　　邓晓兵　刘　红（女）　刘海涛（12月任）
　　　　齐春利（12月任）　孙厚义　李凤莲（女）
　　　　李文起　李金克　李　新（12月任）
　　　　杨旭东　杨京春（女）　杨贵宝
　　　　肖　平（4月免）　吴　燕（女）　吴克瑞
　　　　吴智鹏　佟纪光　宋世媛（女）
　　　　宋永红（女，12月免）　张玉国
　　　　陈之常（12月免）　陈　伟
　　　　陈婷婷（女，藏族，4月任）　邵立文　周西松
　　　　柯永果　赵恩国（苗族）　郝显军（蒙古族）
　　　　侯宝华　姚茂文（土家族）
　　　　晋秋红（女，2月免）　高　虹（女）
　　　　唐行安（4月任）　郭　鹏
　　　　富大鹏（达斡尔族，4月免）
候补委员　（按得票多少为序排列）
　　　　王学秀（女，12月任）　苏文颖（12月任）
　　　　杨文钢（12月任）　李景利　迟志禹
　　　　夏鹏程　佟建国　高春玲（女）

石景山区委工作机构主要负责人

区委办主任　杜　涛
区委组织部部长　晋秋红（女，4月免）
　　唐行安（4月任）
　常务副部长　孙厚义（3月免）
区委宣传部部长　姚茂文（4月任）
　分管日常工作的副部长　丁仁猛（3月任）
区委统战部部长　姚茂文（土家族，5月免）
　　陈婷婷（女，藏族，5月任）
　分管日常工作的副部长　苏文颖
区委政法委书记　富大鹏（达斡尔族，4月免）
　　田利跃（4月任）
　分管日常工作的副书记　夏鹏程
区委区政府研究室主任　迟志禹
区委全面深化改革领导小组办公室主任
　　姚茂文（兼，土家族，3月免）
　常务副主任　迟志禹（兼，3月免）
区委全面深化改革委员会办公室主任
　　姚茂文（兼，土家族，3月任）
　分管日常工作的副主任　迟志禹（兼，3月任）
区委网络安全和信息化领导小组办公室（区互联网信息办公室）主任　侯世玺（3月免）
区委网络安全和信息化委员会办公室（区互联网信息办公室）主任　侯世玺（3月任）
区编办主任　徐亚玲（女，3月免）

区委编办主任 徐亚玲(女,3月任)
区委直属机关工委书记 李景利(3月免)
区委区直属机关工委书记 李景利(3月任)
区委巡察办主任 高 竹(女)
区老干部局局长 王宏芬(女,3月免)
区委老干部局局长 王宏芬(女,3月任)
区文明办主任 杨文钢
区委党校(行政学院)校(院)长 田利跃(兼)
分管日常工作的副校(院)长 侯宝华(副区级)
区社会主义学院院长 陈婷婷(女,藏族,兼,8月任)
区委党史办主任 吕松涛
区档案局局长 张相明(3月免)
区档案馆馆长、区志办主任 张相明
区委教工委书记 郝显军(3月免)
石显富(3月任)
区委社会工委书记 高春玲(女,8月免)
刘吉新(8月任)
区委园区工委书记 周西松(兼)
分管日常工作的副书记 唐 铭(女,3月任)
区委保密办主任 万晓健(3月免)
区委610办主任 朱继忠(3月免)
区委农工委书记 蔡利全(3月免)
区委城管工委书记 肖 平(兼,3月免)

石景山区政府、党政分设工作机构党组织书记

区政府办党组书记 吴 燕(女)
区发改委党组书记 李文化(女)
区科委党组书记 郝显军(3月任)
区经信委党组书记 王晓华(3月免)
区经济信息化局党组书记 田 纬(副区级,3月任)
区财政局党组书记 陈 伟
区人力社保局党组书记 齐 兵
规划国土分局党组书记 徐咏梅(女,5月免)
市规自委石景山分局党组书记
徐咏梅(女,5月任)
区环保局党委书记 张瑞龙(副区级,3月免)
区生态环境局党组书记 张瑞龙(副区级,3月任)
区住房和城乡建设委党组书记 杨旭东(3月免)
区住房和城市建设委党组书记 杨旭东(3月任)
区城市管理委党组书记 颛孙永麒(3月任)
区商务委党组书记 宋世媛(女,3月免)
区商务局党组书记 宋世媛(女,3月任)
区卫计委党组书记 葛 强(3月免)
区卫生健康委党组书记 葛 强(3月任)
区退役军人事务局党组书记 孙厚义(3月任)
区安监局党组书记 佟晓军(3月免)
区应急管理局党组书记 张玉国(3月任)
区工商分局党组书记 张 伟(3月免)
区食药监局党组书记 金跃文(3月免)
区质监局党组书记 韩洪亮(3月免)
区市场监督管理局党组书记 张 伟(3月任)
区审计局党组书记 王亚兰(女)
区国资委党委书记 杨贵宝(3月免)
李路海(3月任)
区体育局党组书记 任连田
区统计局党组书记 王彦明
区园林绿化局党委书记 李元员(女)
区金融办党组书记 杨京春(女)
区政务服务办党组书记 孙栓柱(副区级,3月免)
区政务服务局党组书记 孙栓柱(副区级,3月任)
区民防局(地震局)党组书记 崔 泽(3月免)
区人防办党组书记 崔 泽(3月任)
区集体资产监管办党组书记 蔡利全(3月任)
区委区政府信访办党组书记 张洪江(3月免)
区信访办党组书记 张洪江(3月任)
区医保局党组书记 王 鑫(3月任)
区城市管理综合行政执法监察局党委书记
张玉起
区西山永定河文化带管委会党组书记
刘云清(3月任)
区西建办党组书记 顾京生(副区级)
区环卫中心党委书记 冯雅男
区公园管理中心党总支书记 王金兰(女)
八大处公园管理处党总支书记 刘云清
区广电中心党总支书记 王国强(3月免)
区融媒体中心党组书记 王国强(3月任)
石景山医院党委书记 刘 鹏
区税务局党组书记 谢明江
区旅游委党组书记 安宝喜(3月免)
区档案局党组书记 张相明(3月免)

石景山区人民代表大会

综　　述

北京市石景山区人民代表大会常务委员会(简称区人大常委会)是本区人民代表大会的常设机关,由区人民代表大会选举产生,在区人民代表大会闭会期间,依法行使地方国家权力机关的职权,对区人民代表大会负责并报告工作。第十六届人大常委会组成人员35人,其中主任1人、副主任5人、委员29人。区人大常委会机关内设办公室(信访办公室)、代表联络室(市人大代表联络处)、研究室、财政经济办公室、预算审查办公室、法制办公室(备案审查办公室)、教科文卫体办公室、城建环保办公室等8个办事机构,行政编制35人。年内,在区委领导下,区人大常委会坚持以习近平新时代中国特色社会主义思想为指导,深入学习贯彻党的十九大和十九届二中、三中、四中全会精神,深入学习贯彻习近平总书记关于坚持和完善人民代表大会制度的重要思想,坚持党的领导、人民当家作主、依法治国有机统一,贯彻落实市委、区委第五次人大工作会议精神,围绕庆祝新中国成立70周年、新版北京城市总体规划关于我区的功能定位和全区中心工作、冬奥会冬残奥会筹办和打造新时代首都城市复兴新地标,依法有序履行职责,持续推进工作创新,圆满完成区第十六届人民代表大会第大五次会议确定的各项任务。

(尹仕朝)

重要会议

【概况】 年初,召开区第十六届人民代表大会第五次会议,深入学习贯彻区委十二届八次全会精神,听取和审议人大常委会和“一府两院”年度工作报告,谋划2019年工作,统一思想,凝聚共识,动员全区人民为实现区域功能定位和高水平建设好首都城市西大门而努力奋斗。年内,召开人大常委会会议8次,审议46项议题,其中,听取和审议“一府一委两院”工作报告18项,作出决议、决定和审议意见书22项,开展执法检查2项、专题询问4项、视察3项,依法任免国家工作人员86人次,保障全区机构改革的顺利推进。召开人大常委会主任会议21次,研究处理人大常委会日常工作,指导和协调人大专门委员会和人大常委会工作机构开展工作。

(尹仕朝)

【区十六届人大五次会议】 1月8日至11日,区第十六届人民代表大会第五次会议在万商花园酒店举行。会议听取和审议区人民政府工作报告;审议石景山区2018年国民经济和社会发展计划执行情况与2019年国民经济和社会发展计划草案的书面报告,审查和批准石景山区2019年国民经济和社会发展计划;审议石景山区2018年预算执行情况和2019年预算草案的书面报告,审查和批准石景山区2019年预算;听取和审议区人大常委员会工作报告、区人民法院工作报告和区人民检察院工作报告。在大会议案截止时间内,收到议案18件,其中代表团提出的13件,十人以上代表联名提出的5件。经审查,确定“关于加快推进老旧小区整治和提升的议案”和“关于我区构建区域全覆盖、服务均等的健康服务体系的议案”2件议案,交区人民政府办理。会议期间收到代表建议115件,议案转建议10件,全部交区人民政府研究办理。会议选举陈之常为北京市石景山区人民政府区长。

(尹仕朝)

【区人大常委会第十八次会议】 2月27日在区人大常委会会议厅举行(下同)。会议学习市委十二届八次全会精神,审议通过《石景山区人大常委会2019年工作要点》,以无记名投票表决的方式,通过区检察长提请的人事免职名单。会议强调,要牢牢把握新中国成立70周年庆祝活动这条主线,推动相关服务保障工作高水平完成,以钉钉子精神抓好《要点》确定各项任务的落实。会议由李文起主持,25名常委会组成人员出席会议。

(尹仕朝)

【区人大常委会第十九次会议】 3月14日举行。会议表决通过区长陈之常提请的人事任免名单。会议由李文起主持,29名常委会组成人员出席会议。

(尹仕朝)

【区人大常委会第二十次会议】 5月23日举行。会议听取和审议区人民政府关于2018年度环境状况和环境保护目标完成情况的报告、区人民检察院关于公益诉讼检察工作情况的报告,审议通过《石景山区人民代表大会常务委员会关于支持公益诉讼检察工作的决议》。会议以按键表决的方式,决定接受肖平辞去区人民政府副区长职务的请求,并报区人民代表大会备案;以无记名投票表决的方式,通过区长陈之常提请的人事任职名单,决定任命齐春利为石景山区人民政府副区长;以无记名投票表决的方式,通过陈之常提请的其他人事任职名单。会议由李文起主持,26名常委会组成人员出席会议。

(尹仕朝)

【区人大常委会第二十一次会议】 7月18日举行。会议传达学习中共北京市委第五次人大工作会议精神;听取和审议区政府关于2018年决算草案的报告、2018年度预算执行和其他财政收支的审计工作报告,批准石景山区2018年决算;听取和审议区政府关于2019年上半年国民经济和社会发展计划执行情况的报告,关于2019年上半年预算执行情况的报告,关于构建区域全覆盖、服务均等的健康服务体系的议案办理情况暨专项工作报告,关于加强公共厕所建设与管理情况的报告;会议接受方庆祥等7人辞去石景山区第十六届人民代表大会代表职务的请求,表决通过《关于个别代表的代表资格的报告》,颛孙永麒、侯希承、于长辉、晋秋红、杨立宪、孙钢、肖平、厚伯茏、李敏、石显富、方庆祥代表资格终止;区人大教科文卫体委员会向会议提交《关于检查区人民政府贯彻实施<中华人民共和国食品安全法>及<北京市食品安全条例>情况的书面报告》;会议以按键表决的方式通过《区人大常委会任命区法院人民陪审员名单》,以无记名投票表决的方式通过区检察长提请的免职名单。会议由李文起主持，27名常委会组成人员出席会议。

（尹仕朝）

【区人大常委会第二十二次会议】 9月5日举行。会议听取和审议区政府关于加快推进老旧小区整治和提升工作情况的报告并开展专题询问；听取和审议区政府关于行政事业性国有资产管理情况的报告、关于行政事业性国有资产管理情况的专项审计报告；听取和审议区政府关于2019年政府性基金预算调整方案的报告，决定批准石景山区2019年政府性基金预算调整方案；审议通过《北京市石景山区人民代表大会代表联系选民办法》；审议通过《关于个别代表的代表资格的报告》，宋永红的代表资格终止；表决通过《北京市石景山区人民代表大会常务委员会关于补选石景山区第十六届人民代表大会代表的决定》；区政府向区人大常委会提交《关于2018年度国有资产管理情况的书面综合报告》；会议以无记名投票表决的方式，通过区法院院长、区检察长提请的人事任免事项。会议由李文起主持，27名常委会组成人员出席会议。

（尹仕朝）

【区人大常委会第二十三次会议】 11月14日举行。会议听取和审议区政府关于2018年度预算执行和其他财政收支审计查出问题整改情况的报告，并开展专题询问；听取和审议区人大常委会代表联络室关于区第十六届人大第五次会议代表建议、批评和意见办理情况的报告、区政府关于区第十六届人大第五次会议代表建议、批评和意见办理情况的报告，区第十六届人大第五次会议期间收到125件代表建议，办结率为100%，代表满意率为100%，办成率为60%，较前一年提高17.1个百分点；会议决定2020年1月7日召开区第十六届人民代表大会第六次会议；会议接受李宗荣等4名同志辞去区第十六届人民代表大会代表职务的请求，表决通过《关于个别代表的代表资格的报告》，高春玲、张晓磊、常卫、王庆亮、柯永果、李先侠、唐行安、周冲、范静岩、刘云艳、陈婷婷、由燕军、武秋林、杨贵宝、王国利15名补选代表的代表资格有效，李宗荣、梁锁生、赵世英、洪炜、田景安代表资格终止，由人大常委会予以公告；区政府向会议提交《关于2019年预算支出变动情况的书面报告》；区人大城建环保委员会向会议提交《关于视察我区“六个一批”和重大项目工程建设与管理情况的书面报告》；区人大教科文卫体委员会向会议提交《关于视察西山永定河文化带建设情况的书面报告》；会议以无记名投票表决的方式，通过区长陈之常、区人大常委会主任会议、区法院院长、区检察长提请的人事任免事项。会议由李文起主持，27名常委会组成人员出席会议。

（尹仕朝）

【区人大常委会第二十四次会议】 11月15日举行。会议听取和审议区政府关于2019年一般公共预算调整方案的报告，决定批准2019年一般公共预算调整方案；研究讨论区人大常委会向区第十六届人民代表大会第六次会议所作工作报告（讨论稿），决定提交区十六届人大六次会议审议；审议《区第十六届人民代表大会第六次会议议程（草案）》《区第十六届人民代表大会第六次会议主席团和秘书长等名单（草案）》，决定交各代表联组讨论，在区十六届人大六次会议预备会上表决通过；通过区第十六届人民代表大会第六次会议列席人员名单；人大各专门委员会、人大常委会各街工委向人大常委会提交2019年工作报告；会议以按键表决的方式，决定接受李金柱辞去石景山区第十六届人民代表大会财政经济委员会副主任委员职务的请求，并报区人民代表大会备案。会议由李文起主持，24名常委会组成人员出席会议。

（尹仕朝）

【区人大常委会第二十五次会议】 12月25日举行。会议表决通过《关于个别代表的代表资格的报告》，陈之常的区人大代表资格终止。至此，石景山区第十六届人民代表大会实有代表176名，由人大常委会予以公告；会议以按键表决的方式，决定接受陈之常辞去区人民政府区长职务的请求，并报区人民代表大会备案；会议以无记名投票表决的方式，通过区人大常委会主任会议提请的人事任命名单，决定任命李新为区人民政府副区长；以按键表决的方式决定由李新代理区人民政府区长职务。会议由李文起主持，28名常委会组成人员出席会议。

（尹仕朝）

【人大常委会主任会议】 年内，区人大常委会召开26次主任会议，研究处理人大常委会的重要日常工作，指导和协调人大常委会工作机构开展工作。研究确定8次人大常委会会议召开的时间和日程安排，提出各次会议议程草案；研究讨论人大常委会年度工作要点草案及主要工作安排；研究讨论召开区第十六届人民代表大会第六次会议筹备工作方案、议程及有关名单草案、人大工作报告讨论稿；研究讨论人事任免事项；研究讨论召开人大工作研讨会事宜。

（尹仕朝）

重大事项决议决定

【支持公益诉讼检察工作的决议】 5月23日，区十六届人大常委会第二十次会议，听取并审议区检察院关于公益诉讼检察工作情况的报告，并开展专题询问。为更好地维护国家利益和社会公共利益，全面推进依法治区，支持公益诉讼检察工作，区人大常委会在北京市首个作出“关于支持公益诉讼检察工作的决议”，强调要充分认识公益诉讼检察工作的重要意义，发挥检察机关主体作用，营造依法开展公益诉讼检察工作的良好氛围，加强对公益诉讼检察的监督。

（尹仕朝）

【批准2019年政府性基金预算调整方案的决议】 9月5日，区十六届人大常委会第二十二次会议，听取《石景山区人民政府关于2019年政府性基金预算调整方案的报告》，决定批准北京市石景山区2019年政府性基金预算调整方案。本次预算调整，增加棚户区改造专项债务35亿元，全部用于衙门口棚改项目。相应增加政府性基金预算收支35亿元，政府性基金预算收支分别由74.17亿元调整至109.17亿元，调整后，政府性基金预算收支平衡。会议强调，政府要建立健全债务管理制度、风险预警和风险应急处置机制，加强政府债务日常监督检查，及时梳理排查债务风险隐患，坚决守住不发生区域性系统性风险的底线。细化衙门口棚改项目的资金平衡方案，充分统筹可偿债资金，严格按计划逐项落实还款资金来源。

（尹仕朝）

监督工作

【督办大会议案和代表建议】 区十六届人大五次会议确立“加快推进老旧小区整治和提升工作”和“构建区域全覆盖、服务均等的健康服务体系”两件议案，人大常委会成立专题调研组，抓住百姓需求，坚持问题导向，开展调研。人大常委会听取区政府关于2个议案办理情况的报告，提出审议意见。认真督办区十六届人大五次会议期间收到的125件代表建议。创新实行代表建议满意度“二次评价”方式，建议办成率达到60%，同比上年大幅提高17.1个百分点，创下历史新高。

（尹仕朝）

【监督经济社会高质量发展】 年内，区人大常委会把落实区委对经济工作的要求、国民经济和社会发展计划执行情况作为监督重点，听取和审议2019年上半年国民经济和社会发展计划执行情况的报告，初步审查2020年计划草案。持续关注贯彻实施“十三五”规划纲要、构建高精尖经济结构，专题调研商务楼宇经济发展，提出加强楼宇经济规划统筹、政策引导、招商引资等意见和建议。

（尹仕朝）

【监督城市建设管理和环境保护】 年内，区人大常委会听取和审议环境状况和环境保护目标完成情况的报告，跟踪检查全面提升园林绿化工作审议意见的整改落实情况。连续两年监督公共厕所规划、建设与管理方面的工作情况，集中视察“六个一批”和重大项目工程建设与管理工作，检查机动车停车条例、非机动车管理条例和实施道路交通安全法办法的贯彻落实情况，推动不断完善城市功能、加强交通综合治理、提升精细化水平。

（尹仕朝）

【监督民生保障和文化发展】 年内，区人大常委会检查食品安全法、食品安全条例实施情况，到86家食品生产经营单位检查，听取政府部门的工作报告，提出意见和建议，促进法律法规实施和食品安全监管责任落实。跟踪检查助力冬奥开展全民健身工作情况、长期护理保险试点工作情况。推动西山永定河文化带建设，视察石景山古建筑群及区文化中心、郎园Park等公共文化服务体系建设情况，提出坚持规划引领、加强统筹协调、聚焦工作重点等意见和建议。

（尹仕朝）

【监督监察和司法工作】 年内，区人大主任会议听取区监察委2018年专项工作报告，寓支持于监督之中，就监察委在政治上、改革创新上要继续做好表率，推动全区监察工作高质量发展等方面，提出意见和建议。围绕深化司法体制改革，听取和审议区检察院关于公益诉讼检察工作情况的报告并开展专题询问。持续关注区法院深化司法体制改革工作情况，推进法院全面落实司法责任制，完善多元化纠纷解决机制，完善科学化审判团队建设，组织代表旁听法院公开审理民事、刑事和行政案件，提升司法公信力。

（尹仕朝）

【强化人大备案审查职能】 年内，区人大常委会依法开展规范性文件备案审查，发挥人大专委会的工作优势，对2019年度区政府报送的4件规范性文件进行依法审查。探索与北方工业大学专业团队建立合作机制，提升审查能力，增强审查实效。对区政府2018年制定的规范性文件进行全面审查，提出进一步做好行政规范性文件信息公开等3项建议。

（尹仕朝）

【深化预算审查监督】 年内，区人大常委会贯彻国有资产监督、审计整改落实、预算审查监督等工作要求，推进预算审查监督重点向支出预算和政策拓展，建立预算联网监督系统。人大常委会首次听取和审议行政事业性国有资产管理情况报告及专项审计报告，审议国有资产管理情况的综合报告。听取和审议2018年决算草案、预算执行及其他财政收支的审计工作报告，批准2018年决算，听取和审议审计查出问题整改情况报告，首次开展专题询问，推动区政府强化审计成果运用、健全审计整改长效机制。听取和审议2019年上半年预算执行情况报告、预算支出变动情况报告，审查批准2019年政府性基金预算调整方案、一般公共预算调整方案。

（尹仕朝）

国家工作人员任免和监督

【国家工作人员任免】 年内，区人大常委会坚持党管干部原则与依法任免相统一，任免区国家工作人员86人次，按照机构改革工作部署，任命区政府工作部门领导人员19人，保障机构改革顺利推进。严格执行颁发任命书和任职表态程序，严格执行宪法宣誓制度，增强干部依法履职和为民服务意识。

（尹仕朝）

【监督任命干部履职情况】 年内，经区委同意，区人大常委会对区住建委、区城管委、区卫健委、区文旅局、区财政局、区统计局、区法院和区检察院的领导班子，及其由常委会任命的8名领导人员开展履职监督，并向区委常委会作履职监督工作报告。

（尹仕朝）

代表工作

【加强代表履职服务和管理】 年内，区人大常委会围绕习近平总书记视察北京重要讲话精神、首都发展新实践、经济形势、教育、垃圾分类、公益诉讼检察工作等，组织代表集中履职学习。拓宽代表知情知政渠道，扩大代表对常委会及专委会工作的参与，邀请代表列席常委会会议、专委会会议，参加常委会执法检查和视察，参加专委会专题调研和座谈。推动代表述职规范化、常态化，代表坚持回原选区向选民报告履职情况，接受人民群众监督。加强履职档案管理，建立考勤管理台账，在一定范围内公开代表履职情况。

（尹仕朝）

【集中联系选民活动】 年内，区人大常委会深化组成人员联系代表、代表联系选民的“双联系”制度，坚持开展“讲政治、守规矩，作表率、促发展”主题履职活动。年中，组织人大代表深入选区，开展“民有所呼、我有所应”集中联系选民活动，注重回应群众关切，帮助群众排忧解难，收集到近300条问题建议，经过梳理分析，95%都得到直接处理或作出说明解释，11件形成闭会建议，已全部办复，3件形成《代表监督》信息直通车，由主管副区长牵头研究处理。

（尹仕朝）

【为市人大代表履职服务】 年内，区人大常委会密切市、区两级人大代表的联系，邀请市代表列席区人民代表大会和区人大常委会会议，参加区人大代表联组活动、常委会监督工作。建立市、区人大代表对应联系“家站”机制，鼓励引导市代表进“家”进“站”联系群众、听取意见，协助市人大常委会开展“万名代表下基层、全民参与修条例”征求意见活动，听取人民群众对生活垃圾管理条例修订的意见建议。服务市人大代表出席市十五届人大二次会议，石景山团代表提出议案5件、建议59件，反映人民群众的意愿和呼声，为推动经济社会发展发挥作用。

（尹仕朝）

重要工作和活动

【人大工作研讨会】 8月7日至8日召开。会议以“做好新时代人大工作”为主题，征集文章62篇。吕秀艳作主旨发言，常委会组成人员、人大街工委负责人、特邀代表、法律顾问等12位同志进行大会发言，此次研讨会设立分组研讨环节，与会人员围绕学习领会习近平总书记关于坚持和完善人民代表大会制度重要思想、新时代加强和改进人大及常委会工作、发挥代表作用、发挥人大作用推进高端绿色发展等进行分组研讨。常卫出席会议并指出，要深入学习贯彻习近平总书记关于坚持和完善人民代表大会制度的重要思想，牢牢把握人大工作研究方向，发挥聚民心、议大事、保落实、促善治的重要作用，推动新时代人大工作取得新成效。区人大常委会组成人员、法律顾问，人大街工委和首钢代表联组有关人员，部分市、区人大代表和人大代表联络站站长，及人大机关全体干部参加会议。

（尹仕朝）

【服务保障新中国成立70周年庆祝活动】 年内，区人大常委会把中华人民共和国成立70周年庆祝活动作为统领2019年全年工作的“纲”，统筹安排全年工作。围绕社会稳定和节日市场供应开展一系列调研和检查。选派马兵、毛亚静、孙宏选、张占周、石宇飞、崔丹妮、刘淑仙、高笑旭8名市、区人大代表和齐金艳、李先勇2名机关党员干部参加“民主法治”和“中华儿女”群众游行方阵。10月1日，20名机关党员干部在天安门参加庆祝大会和观礼活动，其他机关干部分别做好社会面维稳防控、集中观看直播、外围服务保障等工作。组织机关干部参观香山革命纪念地、新中国成立70周年大型成就展，学习习近平总书记在庆祝大会上的讲话精神，激励大家将庆祝活动形成的宝贵财富转化为奋斗的强大动力，更加奋发有为地推动人大工作向前发展。

（尹仕朝）

【第五次人大工作会议】 10月30日，为深入贯彻市委第五次人大工作会议精神，区委召开第五次人大工作会议，出台《中共北京市石景山区委关于新时代加强和改进人大工作的实施意见》。区人大常委会党组研究制定关于《意见》主要贯彻落实的措施，强化政治机关属性，完善联动学习制度，强化人大监督刚性，提高议案建议办理实效，打牢代表工作基础，加强组织建设，完善工作制度和工作机制。决定设立人大社会建设委员会；保留人大街工委牌子；街道明确一名副处级干部担任人大街工委副主任，明确一名科级干部负责人大街工委办公室日常工作。

（尹仕朝）

【督导创建全国文明城区】 6月至12月，按照区委统一部署，区人大常委会主任、副主任带领人大机关分管办室同志，到有关街道、单位和社区，对全区行业（系统）、街道包片包点责任制落实情况、围绕创城指标和专项工作推进情况进行督导。

人大专门委员会工作

【概况】 石景山区人民代表大会设有4个专门委员会：即：法制委员会、财政经济委员会、教育科技文化卫生体育委员会、城市建设环境保护委员会。其职责是，根据大会主席团或者常委会主任会议的交付，研究、审议有关议案，提出审议结果报告或者审议意见；研究拟订有关议案，向本级人大或者常委会提出；对属于本级人大及其常委会职权范围内同本委员会有关的问题进行调查研究，向本级人大或者常委会提出建议。在大会闭会期间，受本级人大常委会领导。

（尹仕朝）

【法制委员会】 年内召开会议5次。协助常委会听取和审议公益诉讼检察专项工作报告并提出审议意见，并对对公益诉讼检察工作作出决议。协助主任会议听取区监察委2018年度工作报告，对区监察委工作开展监督。对政府落实“关于开展长期护理保险试点工作情况的报告”的审议意见和法院落实“关于深化司法体制改革情况的报告”的审议意见情况进行跟踪监督。对政府2018年制定的规范性文件和2019年政府报送备案的规范性文件进行审查。组织代表参加旁听法院公开审理民事、刑事和行政案件。配合市人大完成“未成年人保护法”等

7部法律法规草案的征求意见。加强与北方工业大学法学院的合作,请法学院研究生担任专委会委员的法律助理,为委员履职提供法律帮助。

(尹仕朝)

【财政经济委员会】 年内召开会议4次,协助常委会开展专题询问1次,完成10项法定议题的初步审查工作;以专委会名义向区政府提出初步审查意见2件;提交人代会审查结果报告2个。加强区人大国有资产监督职能,全面了解地区国有资产总量、分类及管理现状。服务人大常委会首次对审计查出问题整改情况开展专题询问。推进预算审查监督重点向支出预算和政策拓展。牵头组织各专委会开展2020年部门预算初审,对重点监督部门和重点项目进行审查。稳步推进预算联网监督系统建设。开展走访服务重点企业活动。到北京银行保险产业园、京西商务中心、郎园Park、盛景国际大厦、万商大厦等重点功能区和商务楼宇开展楼宇经济发展现状调研。

(尹仕朝)

【教科文卫体委员会】 年内召开会议4次。协助常委会听取并审议专项工作报告3项,开展专题询问1次,初审报告9篇,组织调研、集中视察、执法检查、建议督办等各类监督活动24次,委员代表166人次参与监督工作。督办"我区构建区域全覆盖、服务均等的健康服务体系"议案。组织开展食品卫生安全法执法检查,保障人民舌尖上的安全。围绕西山永定河文化带建设情况深入调研,组织常委会集中视察,听取政府工作汇报,提出坚持规划引领、加强统筹协调、聚焦工作重点等意见和建议。调研落实全国和北京教育大会精神的举措、促进科技产业发展情况、开展全民健身工作暨打造冬季体育运动特色先行区审议意见的落实情况。

(尹仕朝)

【城建环保委员会】 年内召开会议5次,审议3项议题,协助常委会听取和审议政府专项工作报告3项,完成专题询问1项。督办城建环保类代表建议83件,协助人大主任、副主任牵头重点督办建议2件,跟踪督办区第十六届人大四次会议代表建议4件。组织委员、代表开展视察、执法检查、专题询问、调研等各类活动30余次,参加代表223人次,提出意见建议87条。围绕"加快推进老旧小区整治和提升工作"深入调研,服务人大常委会听取审议政府议案办理情况报告并开展专题询问。跟踪监督统筹推进公共厕所建设与管理的审议意见落实情况。调研2018年度环境状况和环境保护目标完成情况。围绕"六个一批"和重大项目工程建设与管理工作情况组织代表开展集中视察。

(尹仕朝)

石景山区第十六届人民代表大会常务委员会

主　任　李文起
副主任　刘亚泉　高洪雁(女)　朱钢银
　　　　吕秀艳(女)　马丽萍(女,回族)
委　员　马振才　王泽群　王颖玲(女)
　　　　田　勇(女)　田景安(11月免)
　　　　白宏宽　许保国　孙　钢(7月免)
　　　　李　成　李金柱　杨学兵
　　　　杨清霞(女)　宋　平(女)　宋竞男(女)
　　　　张　杰(女)　张　艳(女)　张培莉(女)
　　　　张　清(女)　陈文彰　岳　峰
　　　　徐春生　黄　丹(女)　龚志彪
　　　　梁正刚　梁宗平　梁建新
　　　　颜海波

石景山区第十六届人民代表大会专门委员会

法制委员会主任委员　张培莉(女)
　　副主任委员　杨清霞(女)　魏志强
财政经济委员会主任委员　田　勇(女)
　　副主任委员　李金柱(12月免)
　　　　　　　　宋　平(女)
教科文卫体委员会主任委员　王颖玲(女)
　　副主任委员　徐春生
城建环保委员会主任委员　田景安(11月免)
　　副主任委员　孙　钢(7月免)
　　　　　　　　张　艳(女)

石景山区第十六届人大常委会工作机构负责人

办公室主任　龚志彪
研究室主任　张　清(女)
代表联络室(市人大代表联络处)主任　李　成
财政经济办公室主任　李金柱(11月免)
预算审查办公室主任　田　勇(女)
法制(备案审查)办公室主任　张培莉(女)
教科文卫体办公室主任　王颖玲(女)
城建环保办公室主任　田景安(11月免)
　　　　　　　　　　李金柱(11月任)

石景山区人民政府

综 述

【概况】 北京市石景山区人民政府(简称区政府)是北京市石景山区人民代表大会的执行机关,是石景山区国家行政机关,对本级人民代表大会及其常务委员会和上一级国家行政机关负责并报告工作。机构改革后设置政府工作部门31个。

2019年是中华人民共和国成立70周年,是全面建成小康社会、实现第一个百年奋斗目标的关键之年。一年来,习近平总书记4次视察北京,5次对北京发表重要讲话,专程到冬奥组委和新首钢慰问,体现对首都工作的高度重视和巨大关怀,为做好新时代首都工作提供根本遵循。蔡奇两次点评指导石景山区工作,年底前专门调研石景山,为高水平打造首都城市西大门指明前进方向。一年来,在市委市政府坚强领导下,在区委直接领导下,在区人大、区政协监督支持下,区政府以习近平新时代中国特色社会主义思想为指导,深入贯彻党的十九大和十九届二中、三中、四中全会精神,深入贯彻习近平总书记对北京重要讲话精神,紧紧抓住"两大机遇",牢牢把握"三区定位",扎实做好稳增长、促改革、调结构、惠民生、防风险、保稳定各项工作,完成年度各项任务。

全力落实重点任务,集中力量办大事。2019年圆满完成新中国成立70周年庆祝活动服务保障任务,营造喜庆祥和的节日氛围。推进冬奥服务保障工作,首钢滑雪大跳台成为北京赛区首个完工的新建场馆。加快建设新时代首都城市复兴新地标;有序推进西山永定河文化带建设。

经济提质增效升级,2019年主要经济指标全面完成。预计地区生产总值完成630亿元,同比增长7%;一般公共预算收入完成63.4亿元,同比增长2%;固定资产投资完成290亿元,同比增长6%,其中建安投资完成110亿元,同比增长22%;市场总消费完成606.9亿元,同比增长5.4%;居民人均可支配收入76230元,同比增长7%;万元地区生产总值能耗下降4%,达到市级要求。高精尖产业体系更加完善,重点功能区建设加速推进,营商环境持续优化。落实新版北京城市总体规划。"疏整促"专项行动扎实开展。城市承载能力不断增强,多条轨道交通快速路建成通车。

精细化管理水平稳步提升,生态环境质量明显改善。新建改造公园绿地1.397平方千米,城市绿化覆盖率52.67%,排名中心城区第一。打好蓝天保卫战,PM2.5年均浓度42微克/立方米,同比下降22.2%。公共服务体系更加健全,坚持创城为牵引,民生福祉进一步改善。投入15.7亿元完成36件重要民生实事。新增幼儿园4所、学位1100个,全区普惠幼儿园覆盖率达到70%。接诉即办工作成效明显,老旧小区更新改造、社会治理能力、精准扶贫和对口协作通通都在"向前进"。

重点领域改革纵深推进,政府自身建设进一步加强。2019年机构改革顺利完成。吹哨报到改革、养老体制改革、经济体制改革不断深化。政治建设、依法行政持续强化。石景山区经济社会各项事业全面进步,稳中有进、稳中向好,高端绿色发展迈出坚实步伐!

(林迎午)

【市政府领导到区调研】 4月22日,副市长、冬奥组委执行副主席张建东到区检查优化营商环境和体育领域安全生产有关工作。到区企业开办大厅检查营商环境企业开办环节运行情况,听取石景山区优化企业开办流程相关情况介绍,试用落实李克强总理"好差评"机制的企业开办满意度评价终端。到首钢篮球中心、大势健身游泳俱乐部调研体育运动项目经营单位安全生产工作。6月26日,市委常委、常务副市长林克庆到八角街道开展"不忘初心、牢记使命"主题调研。在市民服务中心,林克庆与前来办理再就业的居民交谈,向工作人员详细了解再就业工作流程;在街巷管理服务站,对街道"三级过滤、四方联动"的工作机制给予肯定;在两位老党员家中,与他们拉家常并带去党组织的关怀;在社区养老驿站,详细了解街道为老服务开展情况。随后,林克庆到联系点杨南社区报到,并主持召开座谈会。7月2日,张建东到广宁街道高井路社区开展"不忘初心、牢记使命"主题教育调研。走访慰问社区困难党员,参观电厂路小学学校冬奥展室,了解"冬奥进校园"活动开展情况。代表冬奥组委分别向电厂路小学和高井路社区赠送冬奥知识书籍和宣传光盘。8月2日,副市长张家明到区就长安街石景山段整治提升工作进行调研。到长安街石景山段整治提升指挥部观看长安街整治提升工作宣传片及沙盘演示,并听取整治提升工作情况汇报。12月5日,市委副书记、市长陈吉宁到区调研。在创业公社37度公寓实地察看首钢古城单身宿舍改造情况,听取存量物业改造、为青年创业者提供职住平衡整体服务情况介绍。到北京航宇荣康科技公司和达瓦未来影像科技公司,听取公司创新发展情况介绍,实地察看并体验公司产品性能,鼓励企业在细分市场做深做透,争当"隐形冠军"。随后,在中关村科技园石景山园管委会召开座谈会,与石景山区和市有关部门负责人座谈,研究石景山经济社会发展有关工作。

(林迎午)

主要工作和重大活动

【概况】 2019年,区政府工作各项工作早动员、早部署,下好先手棋,打好主动仗。围绕折子工程、重大项目、重要民生实事项目和"疏解整治促提升"工作,抓好落实。结合北京城市总体规划,准确把握石景山区发展定位,发挥作为中心城区的交通便利优势,挖掘发展空间,打造后发优势,抓住重大的历史发展机遇,打造石景山区独特的城市魅力。着力抓好稳增长,加快构建"1+3+1"高精尖产业体系,大力推动重点功能区发展,持续优化营商环境,抓好对经济社会主要指标的统筹调度;着力提升城市品质，用城市规划引领城市发展，用重大项目支撑城市发展，用精细化管理服务城市发展，用生态环境建设点靓城市发展；着力改善民生福祉，围绕“七有”“五性”，发挥好创城的牵引作用，集中财力、物力、人力办好民生实事，补齐民生短板，让群众有更多获得感；着力维护安全稳定，始终把维护安全稳定的社会环境作为工作底线，下功夫、重实效。明确责任，抓好领导责任，抓好清单管理，抓好督查督办；讲究方法，不断提高精治、共治、法治的水平；提升能力，坚持自己学、组织帮，用外脑、多沟通，建立高素质、专业化的干部队伍；确保廉洁，进一步落实责任，规范程序，实行层级负责，遵循议事规则，加强资金监管。全区经济社会各项事业全面进步，呈现出稳中有进、稳中向好的良好态势。

(林迎午)

【政府常务会】 全年召开政府常务会15次(见下表)。

表9　　政府常务会一览表

时　间	名　称	议　　题
1月18日	第30次	研究2018年信访工作完成情况及2019年工作安排
		研究2018年安全生产工作完成情况及2019年工作安排
		研究2018年环保工作完成情况及2019年工作安排
3月7日	第31次	研究2018年度法治政府建设情况暨依法行政工作、2019年1—2月行政执法部门执法绩效完成情况有关工作
3月14日	第32次	研究“1+3+1”高精尖产业推进落实工作方案
3月26日	第33次	会前学习2018年石景山区营商环境评价结果剖析有关内容
		研究非紧急救助服务系统工作情况和城市运行管理情况有关工作
		研究扫黑除恶专项斗争工作进展情况及下一步工作安排
		研究生态文明建设目标中期评估有关工作
4月18日	第34次	会前学习2018年度石景山区政府公众满意度调查报告
		研究2018年度区政府绩效考评结果有关工作
		研究2019年区政府领导领衔办理市人大建议、政协提案以及区政府与区人大、区政协开展民主协商有关工作
		研究2019年1—3月行政执法绩效完成情况有关工作
		研究2019年一季度国民经济社会发展情况
		研究污染防治攻坚战一季度进展有关工作
		研究《石景山区净土持久战三年行动计划(2018年—2020年)》
5月20日	第35次	研究2019年1—4月行政执法部门执法绩效完成情况
		研究《石景山区2019年防汛工作方案》及召开2019年石景山区防汛动员部署会有关工作
		研究2018年安全生产综合考核情况及近期安全生产工作情况
		研究2018年度城市环境建设考评结果及2019年4月城市运行管理情况、非紧急救助服务热线诉求办理情况
6月20日	第36次	研究2019年国民经济和社会发展计划上半年执行情况及下半年工作措施
		研究“疏解整治促提升”专项行动有关工作
		研究《石景山区加强政府投资建设项目全过程管理办法(试行)》
		研究2018年度预算执行和其他财政收支审计有关工作
		研究2018年决算草案有关工作
		研究2019年上半年预算执行有关工作
7月4日	第37次	会前学习《中华人民共和国公务员法》
		研究6月城市运行管理情况和12345热线“接诉即办”情况
		研究加强公共厕所建设与管理有关工作
		研究《“石景山区构建区域全覆盖、服务均等的健康服务体系”的议案办理情况暨专项工作报告》
		研究“防风险保平安迎大庆”消防安全执法检查

续表

时 间	名 称	议 题
7月4日	第37次	研究《石景山区人民政府关于落实向区人大常委会报告国有资产管理情况制度的实施意见》
		研究《关于进一步深化审计整改工作的落实方案》
7月16日	第38次	会前学习《北京市城乡规划条例》
		研究《关于全区经济社会发展工作的报告》
		研究2019年上半年市、区政府折子工程、民生实事及市政府绩效任务进展情况研究2019年重大项目上半年进展有关工作
		研究石景山区教育大会有关文件
		研究《石景山区促进消费升级发挥新消费引领作用行动计划》
		研究第四次全国经济普查有关工作
		研究石景山区与天津市河北区2019年度协同发展工作计划有关工作
		研究2019年上半年精准扶贫和对口协作进展情况及下半年工作安排
		研究上半年食品药品安全监管有关工作
7月25日	第39次	会前学习《北京市党政领导干部安全生产责任制实施细则》
		研究2019年上半年安全生产工作情况及下半年重点工作安排
		研究2019年上半年生态环保工作情况及下半年重点工作安排
		研究2019年上半年全社会固定资产投资工作情况及下半年重点工作安排有关工作
		研究招商引资有关工作
		研究2019年上半年信访工作情况和下半年重点工作安排
		研究2019年1—6月行政执法部门执法绩效完成情况
8月27日	第40次	研究2019年政府性基金预算调整方案
		研究2018年度国有资产管理情况及行政事业性国有资产管理情况
		研究行政事业性国有资产管理情况专项审计有关工作
		研究区政府投资建设项目跟踪审计发现问题情况
		研究老旧小区综合整治与提升有关工作
		研究《区政府重大决策出台前向区人大常委会报告工作办法》
		会议研究《北京市石景山区关于落实行政执法公示制度执法全过程记录制度重大执法决定法制审核制度的工作意见》
		研究《北京市石景山区人民政府法治政府示范创建活动实施方案》《北京市石景山区法治政府示范创建单项示范创建项目自评报告》
9月19日	第41次	会前,学习市发改委、市财政局印发的《关于加强市级政府性投资建设项目成本管控若干规定》,学习2018年及2019年上半年行政诉讼案件及非诉讼执行审查案件情况
		研究《北京市石景山区人民政府工作规则》
		研究举办第四届北京·西山中医药文化季活动有关工作
10月24日	第42次	研究2019年前三季度经济社会发展情况
		研究区政府《关于办理区第十六届人大第五次会议代表建议、批评和意见工作情况的报告》
		研究2018年度预算执行和其他财政收支审计查出问题整改情况
		研究2019年财政支出预算变动情况
		研究2019年前三季度重点行政执法绩效任务完成情况
11月14日	第43次	会前部署迎接中央文明办实地考察创建全国文明城区重点工作任务
		会前通报规划自然资源分局、区生态环境局有关问题
		会前通报北京市第四中级人民法院2018年石景山区人民政府涉诉行政案件司法审查报告

续表

时　间	名　称	议　　　题
11月14日	第43次	研究《石景山区百名长者的咨政意见——来自2019年“10065”公益行进社区活动的调研报告》
		研究前三季度污染防治攻坚战有关工作
		研究《石景山区保障第二轮中央生态环境保护督察工作方案》
		研究2019年预算调整安排有关工作
12月6日	第44次	会前宣讲党的十九届四中全会精神
		研究《2020年政府工作报告(审议稿)》
		研究《北京市石景山区2019年国民经济和社会发展计划执行情况与2020年国民经济和社会发展计划草案的报告》
		研究2019年固定资产投资完成情况和2020年计划安排有关工作
		研究2019年重大项目完成情况及2020年计划安排有关工作
		研究2019年预算执行情况和2020年预算草案有关工作
		研究2020年拟办重要民生实事计划安排有关工作
		研究2019年“济困工程”实施情况及2020年工作安排

(林迎午)

【区长办公会】 全年召开区长办公会33次(见下表)。

表10　　区长办公会一览表

时　间	名　称	议　　　题
1月12日	第69次	研究《石景山区人民政府2019年折子工程》及筹备2019年区政府全体会有关工作
		研究关于给予12家企业“一事一议”政策支持有关工作
1月24日	第70次	研究人事任免有关事项
		研究2019年度至2021年度促进就业优惠政策有关工作
		研究区政府与中国电子科技集团共同发起成立北京城市大数据研究院有限公司有关工作
		研究玉泉花圃办公及养护作业用房(原天泰酒楼)装修及设备经费有关工作
		研究2019年区政府常务会议和区长办公会议议题计划
2月14日	第71次	研究人事任免有关事项
		研究非紧急救助服务系统工作情况及城市运行管理工作情况
		研究《石景山区2019年双拥工作要点》
		研究实施2019年度至2021年度促进就业优惠政策有关工作
		研究2019年春节慰问政法单位专项经费有关工作
2月22日	第72次	研究区委区政府、首钢集团贯彻落实《加快新首钢高端产业综合服务区发展建设打造新时代首都城市复兴新地标行动计划(2019—2021年)》2019年工作方案
		研究2019年交通综合治理有关工作
		研究永引渠区域整体环境提升有关工作
		研究《石景山区东下庄1605—630地块共有产权住房项目开始申购登记公告》
		研究五里坨站前小区保障房项目供暖补贴及开展电路改造有关工作
		研究华夏银行信用卡中心2019年房租、物业费及供暖费有关工作
		研究《石景山区污染防治攻坚战2019年行动计划》
3月1日	第73次	研究区“两会”期间人大建议和政协提案办理有关工作
		研究《石景山区集中解决“有路无灯”“有灯不亮”问题工作方案》及资金有关工作
		研究《石景山区关于持续优化营商环境建立重点企业“服务包”制度的工作方案》
		研究西山八大处门区至七处道路及景观改造提升工程(含基础设施改造工程)有关工作

续表

时　间	名　称	议　　题
3月1日	第73次	研究八大处公园消除电力隐患、环境综合整治项目有关工作
		研究2018年绿化项目计划执行和调整有关工作
3月7日	第74次	研究《石景山区房屋征收调查认定处理工作组工作方案》
		研究2019年度区审计局审计项目计划有关工作
3月11日	第75次	研究人事任免有关事项
3月14日	第76次	研究"疏解整治促提升"专项行动有关情况
		研究2019年争取市政府固定资产投资资金支持工作计划
		研究精准扶贫和对口协作有关工作
		研究《石景山区2019年国家卫生区复审行动计划》 会议研究创建国家森林城市、2019年造林绿化任务及"国际森林日"植树纪念活动有关工作
		研究关于给予12家企业"一事一议"政策支持相关工作
		研究五里坨规模学校和黄庄职业高中项目前期手续办理等有关工作
		研究网站集约化升级改造和视频会议会场建设项目资金有关工作
		研究区档案馆及政务服务中心建设项目进展有关工作
3月21日	第77次	研究2019年石景山区生态环境保护实事有关工作
		研究《加快推进石景山区院前医疗急救服务体系建设工作方案》及资金有关工作
		研究2018年消防工作情况及2019年工作安排
		研究区税务局2018年度综合治理考核奖及预拨2019年4－6月人员经费有关工作
3月27日	第78次	研究《石景山区鼓励企业上市发展实施办法》
		研究古城南路步行街建设及资金有关工作
		研究2019年背街小巷环境整治提升工作方案及资金有关工作
		研究古城街道、鲁谷社区重点区域景观提升有关工作
		研究预拨付新首钢高端产业综合服务区市区经济贡献共享机制资金有关工作
4月8日	第79次	研究重大项目信息化平台建设及重大项目一季度进展情况有关工作
		研究北京保汇置业发展有限公司与葛洲坝集团战略增资有关工作
		研究非达标厕所升级改造有关工作
		研究解决永定林工商公司宿舍搬迁项目遗留问题有关工作
		研究衙门口综合场站环境整治提升有关工作
		研究2015年、2017年五个园林绿化项目资金有关工作
		研究《2019年中国国际服务贸易交易会首钢园区分会场方案》
4月18日	第80次	研究人事任免有关事项
4月26日	第81次	研究2019年市、区"两会"建议提案办理进展有关工作
		研究《石景山区利用地下空间补充完善便民商业服务设施工作方案》
		研究《石景山区2019年义务教育阶段入学工作方案》及《2019年非本市户籍适龄儿童少年在石景山区接受义务教育证明证件材料审核标准》
		研究优化营商环境有关工作
		研究《石景山区重点企业"服务包"制度工作方案》及《石景山区加强高质量招商引资工作实施细则》
		研究兑现2018年度政策支持资金有关工作
		研究冬奥社区建设有关工作
5月9日	第82次	研究人事任免有关事项
		研究《石景山区城乡结合部地区重点村安全生产专项整治实施方案》

续表

时　间	名　称	议　　题
5月9日	第82次	研究《平房区出租房消防安全综合治理行动实施方案》及资金有关工作
		研究裸地苫盖及“城中村、边角地”环境整治有关工作
5月13日	第83次	研究一季度固定资产投资情况
		研究《石景山区国家森林城市建设总体规划(2018—2035年)》
		研究北京银行保险产业园建设项目贷款、融资有关工作
		研究石景山区农工商总公司改制有关工作
		研究《石景山区融媒体中心建设工作方案》及资金有关工作
		研究调增行政事业单位住房公积金缴存基数有关工作
5月20日	第84次	研究人事任免有关事项
5月23日	第85次	研究《石景山区2019年河长制工作方案》
		研究餐厨垃圾规范收运经费有关工作
		研究2019年市级大气污染转移支付资金安排有关工作
		研究“基本无违建社区”整治拆除收尾工作经费有关工作
		研究北京国际雕塑公园改造修缮及资金有关工作
		研究政务外网升级项目资金和追加电子政务运维经费有关工作
6月6日	第86次	研究《2019年石景山区建设领域环保、安全、质量联合治理行动暨施工现场专项整治方案》
		研究电动自行车充电棚建设及资金有关工作
		研究《石景山区关于对绿地认建认养及公园配套用房出租中侵害群众利益问题开展专项清理整治工作的总体方案》《石景山区关于违建别墅问题清查整治专项行动的工作方案》
		研究《北京市石景山区大数据三年行动计划(2019年—2021年)》
		研究加快推进北京印刷八厂股份制改制有关工作
		研究《新首钢高端产业综合服务区市区经济贡献共享机制实施细则》
		研究石景山游乐园增加注册资本金及灯光改造有关工作
6月13日	第87次	研究东下庄1605—630地块(西山荟景嘉园)共有产权住房项目后续有关工作
		研究西黄村棚户区改造土地开发项目剩余安置房定价有关工作
		研究空气质量监测网络建设项目及资金有关工作
		研究餐饮服务单位废气净化设备升级改造项目及资金有关工作
		研究《石景山区“擦亮城市西大门，文明祥和迎大庆”专项行动方案》
6月20日	第88次	研究上半年市对区支出进度绩效考核情况有关工作
		研究2019年交通综合治理行动计划
		研究区文化中心周边景观提升项目资金有关工作
		研究10处绿地内公厕及驿站建设资金有关工作
		研究购置电力应急装备资金有关工作
7月4日	第89次	研究创建国家公共文化服务体系示范区有关工作
		研究2019年上半年双拥工作情况和下半年计划暨“八一”双拥月活动安排情况有关工作
		研究集体土地委托管2018—2019年续租租金及其他相关费用有关工作
		研究区环卫中心下属基层单位纳入公费医疗保险范围及核拨经费有关工作
		研究购置环卫专业作业设备及所需经费有关工作
7月25日	第90次	研究人事任免有关事项
		研究给予北京东土科技股份有限公司等6家企业“一事一议”政策支持及支持中国保险信息技术管理有限责任公司创新发展有关工作

续表

时　间	名　称	议　　　题
7月25日	第90次	研究与人大附中合作办学相关协议有关工作
		研究永引渠南路红线内景观提升绿化建设资金有关工作
8月23日	第93次	会前学习《关于治理基层涉地乱象和涉地腐败的意见》《关于加强规划和自然资源领域内部约束监督的意见》
		研究庆祝中华人民共和国成立70周年宣传环境布置工作方案及资金有关工作
		研究2019年平房地区巩固无煤化治理成果工作及资金有关工作
		研究《调整石景山区服务业扩大开放综合试点工作领导小组及工作专班组建方案》有关工作
		研究防范和化解金融风险工作情况及下一步工作安排
		研究方地大厦房屋改造有关工作
		研究石泰公司等四家企业整合重组方案
		研究为石泰公司衙门口棚户区改造土地开发项目增加5.2亿元资金有关工作
		研究为北京保险产业园投资控股公司增加10亿注册资本金有关工作
		研究智慧应急平台建设项目有关工作
		研究关于中小学教师绩效奖励激励机制经费有关工作
9月26日	第96次	研究人事任免有关事项
10月14日	第97次	研究2019年前三季度市、区政府折子工程、民生实事及市政府绩效任务进展情况
		研究2019年前三季度重大项目进展及固定资产投资完成情况
		研究"十四五"规划研究编制工作方案
		研究深化12345市民服务热线"接诉即办"有关工作
		研究规划和自然资源领域专项治理领导小组和专班工作组织方案及重点任务分工
		研究《石景山区责任规划师制度实施办法(试行)》
		研究石景山区"七有""五性"监测评价指标体系有关工作
		研究《石景山区促进北京银行保险产业园创新发展暂行办法》
		研究追加垫付2019年度保障性住房租金补贴经费有关工作
		研究拨付区法院审判执行办案经费有关工作
10月24日	第98次	研究2018年度城市体检工作情况
		研究老楼加装电梯及补贴资金有关工作
		研究《石景山区2019年度符合政府安排工作条件退役士兵安置工作实施方案》
		研究老山城市休闲公园生态修复和环境保护提升资金有关工作
		研究报废更新专业作业车辆及所需经费有关工作
		研究人事任免有关事项
11月4日	第99次	会前,传达学习关于京津冀及周边地区大气污染防治领导小组电视电话会议和中共北京市委生态文明建设委员会大气污染综合治理及应对气候变化工作小组第二次会议精神
		研究《石景山区落实<柴油货车污染治理攻坚战行动计划>实施方案》
		研究2019年第四季度发放老年人养老服务补贴津贴专项经费、追加最低生活保障金有关工作
		研究《石景山区促进应用场景建设加快科技创新的支持办法》
		研究2019年老旧小区综合整治工作及资金、铸造村14号楼就地重置有关工作
		研究区政务服务中心和档案馆新建工程项目有关工作
		研究《石景山区办理<北京市工作居住证>实施细则(试行)》
		研究承办SLS街头滑板联盟世界巡回赛及资金有关工作
		研究为北京盛景嘉和物业管理有限公司增加3000万元注册资本金有关工作
		研究给予北京实兴腾飞置业发展公司扶持资金有关工作

续表

时间	名称	议题
11月14日	第100次	研究广宁村棚户区改造实施方案及启动资金有关工作
		研究八大处公园消除电力隐患项目资金有关工作
		研究体育场西街社区二管厂小区应急保障项目资金有关工作
		研究8户保障房家庭通过廉政风险防范联席会议调整配售型保障房房源有关工作
		研究五里坨建设组团项目划拨教育用地有关工作
		研究人事任免有关事项
12月6日	第101次	研究石景山区"十四五"规划研究编制专项资金有关工作
		研究古城南街东侧1612—819、1612—820地块(瑞锦苑)共有产权住房项目后续有关工作
		研究区政府与中国石化销售股份有限公司北京石油分公司签订"苹铁东"加油站拆迁还建合作框架协议有关工作
		研究追加2019年预算、落实国家规范奖励性补贴等政策需追加经费有关工作
		研究《北京市石景山区人民政府与国家体育总局冬季运动管理中心战略合作框架协议》

(林迎午)

【首届石景山区冰雪产业论坛举办】 1月23日,首届石景山区冰雪产业论坛举办。本届论坛主题为"立足冬奥、面向未来",围绕如何把握冬奥契机、发挥区位优势、催化冰雪经济,展开全方位、多角度、深层次的研讨交流。活动设置主题演讲、圆桌对话、企业推荐、冰雪大课堂等板块,安排冬奥文化及冰雪企业展示、冰雪运动互动体验等环节,通过多种形式推进石景山区冰雪产业健康发展,打造"石景山冰雪"的靓丽名片。区相关领导,政府有关部门、行业协会负责人、院校专家教授以及国内外知名冰雪企业负责人200余人参加活动。

(林迎午)

【外国人出入境服务厅揭牌】 1月23日,石景山区外国人出入境服务厅揭牌。该服务厅的设立,为北京西部地区外籍申请人就近办理工作、学习、团聚、私人事务4类居留许可申请,特殊贡献、投资、任职、家庭团聚4类外国人永久居留申请,以及换补发外国人永久居留身份证申请等事项提供便利条件,优化本市外国人出入境服务的格局。本市外国人签证证件办理场所有6个,分别位于东城区、朝阳区、海淀区、石景山区、通州区及顺义区。

(林迎午)

【北京城市大数据研究院揭牌成立】 1月28日,北京城市大数据研究院在石景山区揭牌成立。市经信局副局长潘峰,市科委副主任谷雨,区领导柯永果、周西松,中国电子科技集团有限公司副总经理黄兴东,中国电子科技集团公司电子科学研究院副院长周彬,北京东土科技股份有限公司常务副总裁赵宏伟,北京百分点信息科技有限公司董事长苏萌出席发布会,并共同为北京城市大数据研究院揭牌。大数据研究院由区政府、中国电子科技集团有限责任公司、太极计算机股份有限公司、北京东土科技有限公司、北京百分点信息科技有限公司共同发起成立,大数据研究院运营实体采用股份公司制模式,采用"1+3+N"建设模式,以解决城市治理和发展难题为主要任务,面向城市综合治理、公共服务和创新产业,打造基础设施和业务平台,带动各项应用领域的创新发展,形成"政产学研资"紧密合作的科技创新生态体系,为石景山区打造高端、绿色、开放、共享的融合发展示范区提供助力。

(林迎午)

【首钢冬奥消防站正式揭牌】 3月6日,首钢冬奥消防站正式揭牌。市消防总队总队长曹奇,冬奥组委秘书行政部部长郭怀刚、副部长于甲川,首钢集团有限公司副总经理王世忠出席活动。首钢冬奥消防站位于首钢园区内,主要担负北京2022年冬奥组委办公区、国家冬训中心"四块冰"、单板滑雪大跳台冬奥项目三大板块建设过程中的消防应急救援任务和首钢园区的消防安全工作,是冬奥会北京地区第一个投入备防的永久消防站。首钢冬奥消防站融入"智慧消防"设计理念,探索"物联网+"技术的推广运用,逐步形成区域性联合防范工作机制,实现实时、动态、互动、融合的消防信息采集、传递和处理,提升消防安全管理信息化、智能化水平,全力保障冬奥组委办公区和首钢园区的消防安全,确保2022年北京冬奥筹备及赛事举办期间消防安全万无一失。

(林迎午)

【"国际森林日"植树纪念活动】 3月21日,2019年"国际森林日"植树纪念活动在新安城市记忆公园举办。国家林草局副局长刘东升,全国绿化办专职副主任胡章翠,市政府副秘书长刘印春,市园林绿化局局长邓乃平,区四套班子领导,20多个国家和国际组织代表,全国绿化委员会成员单位,有关部门(系统)代表及各界干部群众240余人参加活动。种植油松、银杏、白蜡、栾树、国槐、元宝枫等各类苗木800余株。

(林迎午)

【实施国家药品集中采购和使用试点】 3月23日零时,北京市全面执行国家药品集中采购和使用试点结果,统一下

3 月 21 日,“国际森林日”植树纪念活动 (《石景山报》供图)

调 25 种中选药品价格。全区 62 家医疗机构参加本次试点工作。为确保信息系统顺利切换,3 月 22 日晚至 3 月 24 日,区卫健委派出 14 个检查组共 43 人,对参加试点工作的 62 家医疗机构开展督导检查 72 户次。督查结果显示,各医疗机构高度重视本次试点工作,已完成对医务人员的政策培训,在管理、导医、网络保障等岗位增派人员加强值守,并分别采用显示屏、公示栏等方式对中选药品价格进行公示。年内重点加强临床药事服务、药品使用供应情况和舆情监测工作,确保群众用上质优价廉的药品。

(林迎午)

【全国社区治理和服务创新实验区创建】 3 月 25 日,民政部民函〔2019〕41 号批复,经过地方申报、遴选、专家论证等工作环节,经研究,同意将石景山区确认为全国社区治理和服务创新实验区。实验内容:以“老街坊”组织化建设为抓手,以服务精准化、专业化为导向,以志愿服务与个人信用挂钩为突破,以信息化建设为支撑,以培育社区公共精神为核心,构建守望相助的社区和谐幸福家园。11 月 26 日,全区召开石景山区创建全国社区治理和服务创新实验区工作推进会。区委组织部、区委宣传部等 30 家石景山区全国社区治理和服务创新实验区工作推进组成员单位领导参与会议。会议对创建全国社区治理和服务创新实验区工作进行部署,紧扣“打造‘老街坊’品牌,构建共建共治共享社区治理机制”的实验主题,聚焦党建引领、志愿服务专业化建设等 6 个方面抓好创建工作。

(安若冉)

【区党政代表团赴内蒙古对接扶贫协作】 4 月 1 日至 3 日,陈之常率石景山区党政代表团赴内蒙古呼伦贝尔市莫力达瓦达斡尔族自治旗(简称莫旗)对接扶贫协作工作。在莫旗尼尔基镇哈力浅村,陈之常一行走访慰问贫困户,询问家庭收入情况以及取暖情况,并送上慰问金。在莫旗人民医院,举行石景山区医疗设备捐赠及义诊启动仪式,由北京康复医院组成的医疗团队,发挥专长,输送技术。还对莫旗尼尔基镇哈力浅村 2018 年石景山区万商帮扶项目、莫旗—石景山区就业扶贫基地、老山头酒厂、莫旗公共文化与新型智慧城市指挥中心、莫旗创业孵化基地等进行调研。并与相关领导进行座谈。

(林迎午)

【“金融科技创新发展机遇与挑战”主题沙龙】 4 月 13 日在北京·银行保险产业园举办。全国政协委员、原中国保监会党委副书记、副主席周延礼,国务院发展研究中心副所长张丽平,九三学社中央宣传部副部长王汝芳,中关村互联网金融研究院院长刘勇,中国人民大学数学学院院长郑志勇等 18 位专家学者、行业代表围绕金融科技创新发展和北京银行保险产业园发展进行深入探讨。石景山区以此次活动为契机,努力搭建一个有影响力的金融行业思想交流平台,开展经常性、常态化的对话和沟通,共同推动北京银行保险产业园乃至首都金融产业创新发展。陈之常、周西松参加活动。

(林迎午)

【康复辅助器具产业园区建设】 4 月 23 日,北京市康复辅助器具产业园区在石景山区启动建设。市民政局副局长李红兵,区领导陈婷婷参加启动建设仪式。园区将重点聚焦康复辅具产业的“高精尖”环节,在科技研发、公共服务、创新创业 3 个方面体现首都特色,形成示范引领。9 月,园区正式启用,瑞德医疗、唐邦科技、芬兰北部世界创新公司等 10 余家行业重点企业入园发展。截至年底,园区企业入驻率约 30%。

(林迎午)

【国家森林城市建设总体规划通过评审】 4 月 28 日,《石景山区国家森林城市建设总体规划(2018—2035 年)》通过市级专家评审会评审。首绿办在评审会上指出,要高度重视,高位推进,确保石景山区如期圆满完成创建国家森林城市任务;要坚持目标导向,高标准实施好规划,确保石景山区国家森林城市建设的高质量、高标准、高水平;要坚持问题为导向,推动石景山区园林绿化的高质量发展,增强市民对森林城市建设的绿色幸福感和获得感,充分展示首都生态环境建设的最好形象;要坚持特色引领,突出石景山区森林城市建设的一枝独秀,推进让森林走进城市、让城市拥抱森林,促进新时代石景山区生态建设的高质量发展。5 月 20 日,区政府向全区印发《石景山区国家森林城市建设总体规划(2018—2035 年)》(石政发〔2019〕6 号)。

(林迎午)

【侨商跨境产品交易交流中心落户】 5 月 26 日,北京侨梦苑·侨商跨境产品交易交流中心落户石景山区。启动仪式上对首批入驻交易交流中心的侨资企业和品牌文创项目进行授牌，并颁发"北京侨梦苑文化交流大使"聘书。北京侨梦苑·侨商跨境产品交易交流中心作为侨资企业对外展示平台和侨商跨境商品"走进来"窗口，为侨资企业和区属企业打通交流合作的渠道，为市民百姓体验国际文化提供便利场所。石景山区为企业积极搭建互联互通的国际平台，提供多元化、专业化、精准化的创新创业服务。

（林迎午）

【服贸会首钢园区分会场亮点纷呈】 5月28日至6月1日，石景山首钢园区作为2019年中国国际服务贸易交易会分会场之一，围绕"冬奥与城市发展"主题，开展文化、体育、冬奥系列专题活动，设置主题论坛、展览展示、配套活动等，展览规模约3500平方米，30余家单位100余个品牌参展，展示产品近千款。首钢园区分会场侨梦苑北京论坛在北京·银行保险产业园举办。论坛以"相聚北京 共谋发展"为主题，围绕科技、文化、冬奥、人才服务、精品货物贸易等主题进行交流。活动现场签订毫米波太赫兹国际合作实验室、侨商跨境产品交易交流中心等4个合作项目协议；为北京侨梦苑多点先行区授牌；开展对话访谈、主题演讲；市商务局作"双向投资"政策发布。京津冀三地侨梦苑、北京侨商会、北京侨创会、北京市及驻区企业代表、北京侨梦苑海外签约合作机构代表、海外嘉宾等400余人参加活动。5月30日，"冰雪机遇与城市发展"论坛在首钢园区举办。北京冬奥组委专职副主席兼秘书长韩子荣，国际奥委会委员、国际雪车联合会主席伊沃·费里亚尼，市委统战部副部长祁金利，市商务局副局长刘梅英，市体育局副局长杨海滨，首钢集团董事长、总经理张功焰，首钢集团副总经理梁捷，区领导陈之常、李文起、吴克瑞、姚茂文、周西松参加活动。通过主题演讲和圆桌对话探讨冰雪机遇对城市发展产生的综合影响。石景山分会场达成19个签约项目，实现签约总额503亿元。来自政府部门、国际体育组织、部分国家驻京领事馆的嘉宾，参展单位和企业代表，媒体记者等300余人参加活动。

（林迎午）

【2019年中国总精算师论坛】 5月30日，2019年中国总精算师论坛在北京·银行保险产业园举办。论坛围绕"回归保险本源，服务实体经济"进行深入交流。中国银保监会财务会计部（偿付能力监管部）主任赵宇龙，中国精算师协会会长陈东升、副会长王和，区领导陈之常、柯永果参加活动。本次论坛为期两天，中国银保监会、中国精算师协会相关部门负责人，各保险公司总精算师，国外精算师协会资深精算师，部分宏观经济分析学者等200余人参加活动。

（林迎午）

【轨道交通冬奥支线工程】 6月14日，北京轨道交通11号线西段（冬奥支线）工程正式进场。冬奥支线工程北起金顶街站，沿石门路、金顶西街向南敷设，过阜石路后由北辛安路转向首钢地区，之后沿规划的修理厂西路向南，过石景山路后至本期工程终点，采用全地下敷设。冬奥支线长约3.6公里，设站4座，分别为金顶街站、金安桥站、北辛安路站、首钢站，在金安桥站可与6号线、S1线换乘。该项目连接首钢北区的冬奥广场、石景山景观公园、首钢工业遗址公园、城市织补创新工场、公共服务配套区5大功能区及外围的1个换乘中心金安桥站和2条中、大运量轨道交通线路（S1线、6号线），构建区域内南北骨干线。冬奥支线是服务于2022年北京冬奥会冬残奥会举办、打造城市复兴新地标的重大民生基础设施。

（林迎午）

【社会各界献言石景山主题活动】 6月22日，"激情北京冬奥·助力冬奥社区"社会各界献言石景山主题活动在石景山区举办。短道速滑世界冠军、第一任"冬奥社区轮值社区长"赵楠楠介绍冬奥社区即将开展的一系列冰雪体验活动和冬奥文化推广活动。广宁街道介绍冬奥社区建设进展情况及下一步工作思路，并号召大家参与广宁街道冬奥社区建设。"绘冰雪长卷，祝福北京冬奥"活动正式启动，各界人士以书法、绘画等多种艺术形式，表达对北京冬奥会的美好祝福，为冬奥社区建设发展献言献策。

（林迎午）

【第三届金融科技与金融安全峰会】 6月27日在北京·银行保险产业园举办。活动以"开放共享构建无界生态，监管科技重塑金融安全"为主题，由中关村互联网金融研究院主办，中关村科技园区管委会、海淀区政府、石景山区政府指导。中关村园区管委会副主任曹利群，区领导周西松，国务院参事室特约研究员、原保监会副主席周延礼，国务院发展研究中心金融研究所副所长陈道富，中国人民银行参事室副巡视员、国务院参事室金融研究中心秘书长张韶华，国家金融与发展实验室副主任、社科院金融研究所所长助理杨涛出席会议。金融科技、传统金融机构、互联网金融与小微金融领域等500余位企业高管、专家学者和从业人员参加活动。

（林迎午）

【与首开集团战略合作】 7月3日，区政府与首开集团召开战略合作对接会。双方就推进老旧小区长效管理、迎接国家卫生区复审、创建全国文明城区等工作开展战略合作进行研讨，就建立良性沟通机制、签署战略合作协议等达成一致意见。同月11日，首开集团与石景山区政府签署老旧小区有机更新和物业服务管理战略合作协议，开展长期、稳定、全面的多领域合作，着力改善老旧小区的综合服务管理水平，提升中心城区功能，共同打造北京城市更新先行先试示范区，推动首开建设全国领先的非经营性资产管理处置平台。陈之常与首开集团总经理李岩代表双方签署协议。石景山区共有老旧小区71个，建筑面积697万平方米，其中约70%属首开集团管理。

（林迎午）

【与中关村发展集团座谈】 7月27日，陈之常与中关村发展集团总经理宣鸿就打造中关村工业互联网科技园进行座谈。陈之常表示:石景山区愿与中关村发展集团开展深入合作,促进石景山区产业转型升级,优化石景山区高精尖产业结构,共同为北京市落实全国科技创新中心建设贡献力量。双方要充分发挥各自优势、密切合作,打造高品质园区,抢占北京市工业互联网产业发展先机。希望以此次合作为契机,创新解决区企共管公司转型发展问题,实现多方共赢。同时成立工作专班,加快推进战略合作协议、项目土地入市、产业政策制订等工作。中关村发展集团副总经理周武光,区领导柯永果、周西松参加座谈。

(林迎午)

【"京西古香道文化"国际学术交流】 8月27日,首届"京西古香道文化"国际学术交流会暨中国民俗学会中国香文化研究中心成立五周年庆祝活动在天泰山慈善寺举行。中国民俗学会副会长陈咏超、刘晓峰、李刚,北京非物质文化遗产保护中心书记姜婷婷,日本著名香道教育家获须昭大,韩国香道协会顾问朴洪宽以及中国香港等地香道专家参加活动。此次活动亮点为"三个首次":首次由石景山区非遗项目保护单位自主主办,以石景山区非物质文化遗产项目"和香制作技艺"为核心内容的国际学术交流。首次中日韩等地香界文化名人齐聚中国开展香道交流展示。西山永定河文化带——古香道历史遗迹"京西古香道沙盘"首次亮相。

(林迎午)

【民政部调研大城市养老服务】 9月10日,国家民政部部长黄树贤到石景山区寿山福海养老服务中心调研。副市长张家明,市委社会工委书记、市民政局局长李万钧,区领导陈之常、陈婷婷参加调研。黄树贤一行参观寿山福海养老服务中心的餐厅、台球室、书画阅览室、多功能厅、老人居住区等,考察民营资本举办养老机构工作情况,与投资举办方人员、机构工作人员、社工和志愿者交流,听取他们对做好养老服务工作的意见建议;慰问、了解老年人起居、饮食、活动、就医等情况,听取他们的困难和建议。他要求进一步全面放开养老市场,发挥政府作用和市场机制作用,让社会力量成为提供养老服务的主体,鼓励养老企业做大做强,做成连锁和品牌,服务更多的老年人。寿山福海养老服务中心不仅要成为北京市的典型,还要成为全国的典型。

(林迎午)

【"文创繁荣"展览展示】 10月1日至7日,"文创繁荣"科技展在北京国际雕塑公园展出。展览展示活动分为"文创赋能""文创数字""文创书香""文创视界"4个部分。通过图片、文字、音视频、实物等形式,展现百年首钢成功转型的历程和历届冬奥会的吉祥物文创产品。此次展览展示活动呈现3个特点:内容丰富。深挖区域文化底蕴,主题鲜明,内容呈现"以小见大"。展示百年首钢、"双奥"之区、法海寺、驼铃古道等地区文化特色,体现区域性和时代性。形式创新。由区科委牵头展览展示工作,运用5G数据传输、VR虚拟现实、人工智能等科技手段和新媒体技术,鲜活展示石景山区文创成就,体现科技感和时代感。体验性强。整个展览展示贯穿"科技惠民"思想,注重群众性,突出体验互动性和社交参与度,提升人民群众的获得感和幸福感。

(林迎午)

【第二届中国银行保险业国际高峰论坛】 10月17日,第二届银行保险业国际高峰论坛在北京·银行保险产业园开幕。分论坛上,市地方金融监管局副局长栗志纲介绍首都金融业发展情况,对参会中外金融机构发出邀请,欢迎参与北京·银行保险产业园创新发展。陈之常在致辞中与社会各界来宾分享交流北京·银行保险产业园开园一年以来的发展成绩,分论坛由《金融时报》社长邢早忠主持,中国保险学会会长董波、中国人民大学副校长吴晓求、阿布扎比国际金融中心中国代表处首席代表傅诚刚等金融业界专家学者、业内精英围绕"聚焦金融园区建设,推动银保产业发展"开展主题演讲。在本次分论坛上,石景山区与北京金融控股集团达成战略合作,在大数据、金融服务等领域开展深入合作;北京市小微金融服务平台入驻银保园以及平台启动运营。10月18日,副市长杨斌出席第二届中国银行保险业国际高峰论坛并发表致辞。市金融监管局党组书记、局长霍学文主持论坛,区领导常卫、陈之常、李文起、田利跃、周西松参加活动。同日,北京·银行保险产业园金融文化交流中心揭牌暨中国银行业保险业发展史展览举行。

(林迎午)

【2019冬博会石景山专场推介会】 10月18日在北京国际会议中心多功能厅举办。冬奥组委可持续发展委员会副主任、中国雪橇协会主席赵英刚,冬奥组委秘书行政部副部长于甲川,国家体育总局自剑中心党委书记孙为民,中国滑冰协会主席李琰,冬奥社区社区长、短道速滑世界冠军赵楠楠,首钢集团副总经理梁捷,IDG集团亚洲副总裁朱东方,启迪冰雪文旅集团执行总裁侯东亮等来自体育、冰雪、传媒、金融、文化等行业以及芬兰、挪威等国家的300余名嘉宾和观众参加活动。随着2022冬奥会的临近,石景山区紧抓北京2022年冬奥会和新时代首都城市复兴新地标的发展机遇,立足北京,面向国际,全方位、高水平做好冬奥会服务保障工作,提升城市智能化、精细化管理水平,全力培育冰雪产业发展,支持"体育+"文化、旅游、保险、信息、医疗、教育等深度融合型多业态发展,着力打造体育产业生态圈,建设"冬季体育运动特色先行区",打响"双奥之区"的名片。推介会上,举行主题演讲、圆桌对话等活动,现场发布两项成果,一是石景山区与IDG集团签署战略合作协议;二是发布《中国滑雪产业蓝皮书(2019)》。

(林迎午)

【石景山区责任规划师聘任】 11月4日,石景山区召开责任规划师聘任发布会,全区9个街道分别聘任责任规划师,确定意向团队。区领导陈之常,北京市城市规划学会理事长邱跃参加活动。《石景山区责任规划师制度实施办法(试行)》于第97次区长办公会(10月14日)讨论通过,下发实施。方案确定石景山区"责任规划师"为"1+N+X"团队服务模式,其中"1"为设计院或高校推荐的首席规划师,"N"为首席规划师团队内固定社区规划师成员,"X"为责任规划师团队所在设计院或高校的多方力量。石景山区下辖9个街道,每个街道配备一个责任规划师团队。同时,市规自委石景山分局与各大设计院及高校达成合作协议,建立《石景山区责任规划师人才库》,并制定选聘方案。各街道办事处也结合街道实际情况和规划需求,通过《石景山区责任规划师人才库》的信息,选择意向团队,在全区经过统筹后,最终确定聘任名单。

(林迎午)

【参加第二届进口博览会】 11月5日至10日,石景山区组团参加第二届中国国际进口博览会。各相关部门及区属企业组成交易分团,注册参团单位57家,注册人数154人,完成洽谈采购、商务对接、宣传推介等各项任务。分别与波兰、新西兰、澳洲、美国等国家展商达成合作协议,签订采购合同,采购金额近2亿元人民币。继续做好后续服务工作,兑现采购商参会补贴政策,为明年进博会交易分团的组织做好准备;梳理展商企业情况,促成交流合作,深化进博会工作成果;建立签约项目跟踪机制,持续跟进现场签约项目执行情况,推动意向合作向实际成交转化。

(林迎午)

【国家工信安全中心60周年座谈会】 11月18日,国家工信安全中心60周年座谈会在石景山区召开。工信部副部长陈肇雄,中央网信办总工程师赵泽良,中国工程院院士倪光南,国家工信安全中心领导程晓明、尹丽波,中国电子技术标准化研究院院长赵波参加。陈之常代表区委区政府祝贺国家工业信息安全发展研究中心成立60周年及中心取得的辉煌成果,并表示:国家工业信息安全发展研究中心自扎根石景山以来,与石景山同呼吸、共命运,见证石景山由钢铁之城向双奥之城的华丽转身。国家工信安全中心的业务涵盖工业信息安全、工业互联网、人工智能等多个领域,发展优势与石景山区的发展定位高度契合。诚挚希望国家工业和信息化部以及工信安全中心在中关村石景山园的园区建设方面给予指导和帮助,助力中关村工业互联网产业园打造成国家级特色产业园。

(林迎午)

【与东营市签订食品安全区域合作协议】 12月13日,石景山区与山东省东营市签订食品安全区域合作协议,联合保障冬奥食品安全。构建"区域协作、基地保障、全程监管"供应保障体系,从单纯依靠市场准入监管转变为产地准出、销地准入,实现食用农产品源头管理和风险防控。构建食品监管全链条监控体系,实施最严谨的标准、最严格的监管、最严厉的处罚、最严肃的问责,营造良好的产业发展和市场生态环境。建立健全产销两地联席会议、信息共享等制度,签订《进京食用农产品安全保障合作框架协议》及《食品安全区域联动协作机制建设协议》。

(林迎午)

【区政府与光大实业集团座谈】 12月17日,区政府和光大实业集团召开座谈会。光大实业董事长、党委书记、总经理朱慧民,副总经理谢国富、黄智洋。光大实业集团及旗下子公司共5家意愿迁入石景山区,并新注册一家惠民服务公司,希望在个税奖励、办公空间、员工落户及工作居住证办理、住房及子女上学等方面得到区政府支持,并建议区政府与光大实业共同设立基金,支持惠民服务业发展提升。

(林迎午)

【科技创新政策发布会召开】 12月20日,石景山区科技创新政策发布会暨应用场景建设工作推进会在新首钢园区召开。会上发布《石景山区促进应用场景建设加快创新发展的支持办法》(简称石景山"科创28条"),公开发布首批7项应用场景清单,包括中关村(首钢)人工智能创新应用产业园、北京·银行保险产业园智慧园区指挥中心、中关村工业互联网产业园等7个重点项目,涵盖城市运行管理、高精尖产业发展、民生改善领域。同时进行新技术新产品项目路演。区领导周西松,市科委主任助理孙宪峰,区科技领导小组成员单位、科技领军人才、科技企业代表、驻区高校和科研机构等200余人参加会议。

(林迎午)

应急管理

【概况】 2019年,石景山区认真贯彻落实党的十九大精神,以习近平新时代中国特色社会主义思想为指引,坚决贯彻落实党中央、国务院和市委、市政府以及市局关于应急管理工作的各项决策部署,主动完成机构改革工作任务,围绕"四化、三体系、双基"总任务和"两个生态"建设,以新中国成立70周年庆祝活动安全保障为主线,全面加强应急管理、防灾减灾、安全生产等各项工作,确保辖区形式安全平稳。北京市石景山区应急管理局(简称区应急管理局)于3月18日正式挂牌成立。新组建的区应急管理局在原区安监局职责的基础上,划转区政府应急办、规自分局、区民政局、区城管委、区水务局、区园林局、区地震局等部门相应职责。承担区安全生产委员会办公室、突发事件应急委员会办公室、城市防汛指挥部办公室、森林防火指挥部办公室4个议事协调机构的工作职责。

年内,全区应急管理系统年度人均检查量238件,人均处罚量19.7件,行政处罚职权履行率13.9%,移动终端使用率94.72%,各项执法指标在全市同系统位居前列。其中石景山区人均执法检查量位居全市同系统排名第一,街道和行业部门专职安全员辖区企业检查覆盖率实现全覆盖,为石景山区安全生产执法检查工作的历史最好水平。在12个重点领域深入开展城市安全隐患治理"三年行动",共检查生产经营单位9981

家次，排查录入隐患901项，系统挂账隐患253项，整改销账253项，核查率40%，整改率100%，超额完成上级下达的各项指标任务；206家企业完成“一企一标准、一岗一清单”编制工作，隐患排查治理实现联网对接，完成年度任务的105%；推进非经营性加油站的贯标改造和专项治理，辖区内16家经营性加油站和8家非经营性加强站全部完成贯标改造和专项治理工作。推进减灾示范社区创建，完成4个国家级和5个市级综合减灾示范社区申报和评审，129个社区完成创建。推动预防和救援体系建设，以区委、区政府、区应急委名义制定的预案15个，以部门（指挥部等议事协调机构）名义制定的预案93个，以各部门接受企业等单位备案的预案2230个，以各街道制订的预案66个，基本形成纵向到底、横向到边、多层次、全覆盖的应急预案体系。全区19个专项应急指挥部可直接调动各类应急处置队伍29支，街道可直接调动应急处置队伍4支，区人武部、区市场监管局、区红十字会可分别调动应急处置队伍各1支。

（颜惠军）

【专题研究安全生产】 1月18日，陈之常主持召开区政府常务会议，专题研究全区安全生产工作，区人大、区政府、区政协相关领导和各行业、街道主要领导参加会议。会议对2018年全区安全生产工作进行总结并对2019年安全生产工作进行部署。会议要求，落实安全生产主体责任，严格行业监管、属地监管和综合监管，特别是严格落实企业主体责任；深入开展隐患排查治理，围绕城市安全隐患治理“三年行动”，在重点行业领域持续开展隐患排查，全面治理隐患；加强春节等重大节日和重大活动安全监管，结合庆祝新中国成立70周年等重大活动，严格落实党政同责、一岗双责规定，切实落实好监管职责，确保全区安全生产形势持续稳定。4月26日，陈之常主持召开第一季度安全生产形势分析暨重大活动安全保障工作会，区政府全体领导、62个安委会成员单位主要领导、驻区部分企业负责人参加会议。会议简要通报和分析全区第一季度安全生产形势，对重大活动期间安全保障重点工作进行安排和部署。

（颜惠军）

【防汛动员部署会】 5月28日召开。会上，观看2018年防汛工作总结纪实片，区气象局对汛期气候趋势进行分析预测，区防汛指挥部副指挥、应急局局长对2019石景山区防汛工作进行部署，区城管委、八角街道等单位代表发言。会议要求，坚决克服“观望”心理和应付心态，真正做到守土有责、守土尽责、守土负责。充分认识汛期天气气候的复杂性，时刻绷紧维护首都汛期安全这根弦，完成今年各项保障任务。强化指挥决策能力、应急响应能力、物资和队伍保障能力。加强领导，严格落实防汛责任，强化值班值守和信息报送，做好对社会公众的宣传动员和引导提示。区防汛指挥部各成员单位领导参加会议。

（颜惠军）

【假冒伪劣安全帽清理整治】 5月，石景山区开展假冒伪劣安全帽清理整治专项行动。治理范围涵盖各类经营安全帽的建材批发市场、销售储存仓库、销售门店以及网上商城，各类建设工程、工业企业等安全帽使用等单位。集中开展假冒伪劣安全帽清理整治行动，严厉打击安全帽生产、流通销售、配备使用等环节违法违规行为和市场乱象，强化源头把控和流程管控，集中清理销毁一批假冒伪劣安全帽，规范提升企业单位安全帽使用管理，确保从业人员使用符合国家标准的个人安全防护用品，预防和减少生产安全事故的发生。

（杨云超）

【完成年度防汛工作任务】 本年汛期（6月1日至9月15日），石景山区降雨日数34天，总降雨量319.5毫米，比常年同期（406.9毫米）偏少2成。最大降雨过程出现在9月9日至10日，过程降雨量73.3毫米。全区各防汛单位安排各级各类防汛值班值守人员240人、防汛专业抢险队伍1390人、防汛抢险备勤人员4173人；严格落实各项防汛工作制度，提前组织布控，加强雨前雨中巡查，及时处置道路积水、树木倒伏等防汛突发事件，启动Ⅳ级防汛应急响应5次，未出现降雨致灾及人员伤亡情况。

（董学军）

【安全宣传咨询日】 6月16日，石景山区以“防风险、除隐患、遏事故”为主题，在北京京西热电有限公司主会场和各街道办事处的8个分会场开展第18个安全生产月宣传咨询日活动。陈婷婷在活动现场对扎实开展好“安全生产月”和安全生产工作明确要求。全区各部门、各街道共出动宣传工作人员200余人，摆放宣传展板300余块，发放各类宣传资料15000余份，全区企业和社区居民代表2000余人参加活动。

（颜惠军）

【防汛综合演习演练】 7月2日，区防汛指挥部在莲石湖组织防汛综合演练。通过开展水上救援、应急抢险排水演练，检验防汛抢险应急能力和实战能力，为做好防汛工作打好基础。区城管委、区卫健委、各街道办事处防汛抢险队、区气象局、排水集团四分公司、消防支队、区永定河管理所、区红十字会蓝天应急救援队等单位参加演练。区防汛指挥部执行副总指挥陈婷婷、副总指挥杨宏伟及各参演单位主管领导现场观摩演练。

（颜惠军）

【平房区安全隐患整治推进会】 7月16日召开。会议听取各部门关于平房区存在消防安全、生产安全和社会治安安全隐患的汇报，围绕新中国成立70周年庆祝活动和“争创全国文明城区”安全保障任务，对平房区安全隐患综合治理工作进行再动员、再部署。

（颜惠军）

【主汛期防汛工作部署会】 7月18日召开。会议对防汛工作提出具体要求，加强值班值守，严密部署落实。严格执行24小时值班制度，及时做好防汛信息的上传下达工作，及时主动掌握汛情。提前组织布控，做好应急抢险准备。特别是金安桥、京原路、八大处路等易积水道路，琅山社区、黑石头沟等地质灾害隐患点，八大处公园等旅游景区，莲石湖、南马场水库非景区的单位，城镇房屋、在施工地、棚改区等防汛重点部位，水泥厂社区、玉泉路11号院、模式口村、麻峪村、琅山地区、梁公庵地区等内涝易发平房区，要根据预案落实应急度汛措施，做好应急抢险准备，做好群众避险转移工作。加强汛情监控，及时上报情况。应急响应启动后，各级防指按照“零报告”制度向区防汛办报告汛情信息，主要包括雨情、水情、工情、险情、灾情、应对措施。按照一事一报，急情快报，任何单位不得迟报、漏报和瞒报防汛突发事件信息。

（颜惠军）

【重大活动期间危化企业工作会】 8月14日召开。区应急管理局组织全区危化企业负责人，部署国庆70周年危险化学品安全生产工作。会议组织签订《国庆活动期间安全生产承诺书》，对各危化单位明确4项要求，加强应急值守，制定专项应急预案，提高员工应急处置能力，严格落实领导带班制度，遇突发事情及时上报并处理。强化日常巡查，及时消除各类安全隐患，形成排查工作报告。严格风险管控，确保视频监控、一键急停、紧急切断等自动化设备设施必须保证有效正常开启。加强应急设备设施的检查维护，确保应急装备、消防器材等应急救援设备设施正常有效。

（李奕萱）

【演练人员密集场所灭火救援】 8月27日，区应急管理局联合消防支队在市民冰雪体育中心举行人员密集场所灭火救援综合实战演练。演练突出“全要素、全过程”模拟实战，采取先堵截后围攻的战术展开灭火作战，同时突出“救人第一”的作战理念，全面检验参战单位的协同作战能力，全面锻炼指战员处置此类火灾的扑救能力。演练共出动13部消防车、65名指战员赶赴现场处置灾情。

（颜惠军）

【迎国庆城市应急安全服务保障会】 9月9日召开。会议分析突发事件处置和城市运行形式，研究迎国庆城市运行保障和应急准备工作情况，部署城市运行突发事件应对处置工作方案。充实各类专业应急队伍，夯实值班值守制度，做好各类物资、设施和设备准备。不出现人为因素产生的迟报、漏报或瞒报，不出现因推诿扯皮导致处置不力产生的严重后果，不出现应对不当出现的舆情信息和投诉暴增。注意时间节点和信息报送时效，分级做好应急响应，要关注舆情。分级分层落实责任，按照工作流程和突发事件分级对应的相应级别领导赴现场处置。严格审批涉及水电气热各类管线施工工程，防止因不慎挖掘发生的管线事故。区城管委、区应急局、区住建委、区园林局、区经信局、公安分局、各街道办事处以及水电气热相关专业公司负责人参加会议。

（颜惠军）

【检查迁安尾矿库】 9月18日至19日，陈婷婷带队到河北迁安督导检查首钢集团有限公司非煤矿山安全管理及新中国成立70周年安保工作。检查组对大石河铁矿孟家冲尾矿库和水厂铁矿的安全现状、安全生产责任制落实情况、重点部位的应急保障等情况进行检查。

（颜惠军）

【综合保障应急演练】 9月20日下午，区应急管理局在郎园Park东侧停车场举行综合保障应急演练。主要涉及城市道路事故、交通事故、停电事故、紧急救护等4个科目，全面检验城市运行保障及人员救援能力，锻炼突发事件应急处置和指挥能力，检验综合应急救援能力水平。区主管领导及区政府办、区城管委、区卫健委、区经信局、交通支队、消防支队、区环卫中心、区园林局、老山街道等单位有关抢修队伍和负责人参与并观摩演练。

（颜惠军）

【市级安全生产督察】 10月21日，市委、市政府安全生产第三督察组在石景山区召开安全生产督察工作见面会。督察组组长、市城管委一级巡视员吴亚梅主持会议，督察组副组长、市应急局副局长李东洲通报安全生产督察工作安排，陈婷婷汇报石景山区安全生产工作情况，陈之常表态发言。督察组全体成员、区政府部分班子成员出席会议。20个区安委会成员单位主要领导，各街道办事处、部分区重点企业主要负责人参加会议。11月1日，第三督察组召开督察反馈会。吴亚梅反馈石景山区安全生产工作情况。

（颜惠军）

【培训处级领导干部】 11月至12月，在区委党校开展处级领导干部应急管理和安全生产培训。区安委会和应急委成员单位主管领导及安全科室负责人约140人参加培训。培训主要围绕应急管理和安全生产法律知识进行学习，全面把握应急管理法律体系框架，梳理分析专门法构成和法律法规规章内容，系统学习《安全生产法》《突发事件应对法》《消防法》《防洪法》《北京市党政领导干部安全生产责任制实施细则》等法律法规，提升领导干部在突发事件应对和安全生产风险防范等方面的综合能力。

（颜惠军）

【“元旦”期间安全生产检查】 12月31日，李新带队对衙门口棚户区改造634建设项目、中油汇园燃气技术开发有限公司和永辉超市鲁谷店等建筑施工、燃气供应企业和人员密集场所的安全生产、安全管理和节日保障等情况进行检查。区政府办、区应急局、消防支队、区住建委、区商务局、区市场监管局、区生态环境局、鲁谷街道、八宝山街道主要领导陪同检查。

（杨云超）

【安全生产执法检查】 本年，区应急局坚持法定职责必须为和法定职责充分为，以“严执法、消隐患、强管理”为基本思路，开展烟花爆竹、危险化学品、建筑施工工地等专项整治。年内，检查总量为3763件，在全市排第3位；人均检查量为235.19件（同比增长4.06倍），在全市排第1位；处罚总量为325件（同比增长1.5倍），在全市排第6位；人均处罚量位20.31件，在全市排第7位;处罚职权数54条,在全市排第1位;挂账职权激活率为7.21%,在全市排第1位。行政处罚职权履行率13.9%,移动终端使用率94.72%,各项执法指标在全市应急执法系统均位居前列。

(徐　洁)

【安全生产大培训】 年内,科学制定2019年度安全生产培训计划,完成企业负责人及安全管理人员安全生产大培训。组织开展19期生产经营单位主要负责人和安全生产管理人员安全生产培训班,培训2003人,推进生产经营单位安全生产主体责任落实,提高生产经营单位主要负责人和安全生产管理人员的安全生产意识和管理水平。

(颜惠军)

【生产安全事故调查处理】 年内,区应急管理局依法对本区发生的生产安全事故(5起事故,死亡5人伤1人)进行调查处理。在生产安全事故调查处理过程中,事故发生单位均按照政府批复要求进行隐患整改和反馈。调查询问生产经营单位14家,制作询问笔录51份,调取证据290余份,组织召开事故小组工作会6次,科学严谨判定事故原因、认定事故性质、划分责任归属,形成调查报告,提出对有关责任单位和责任人员的处理建议并监督责任追究落实情况,依法追究7家生产经营单位、4位企业主要负责人的事故责任,共计罚款206.2万元。

(毛大伟)

【企业安全生产标准化建设】 年内,185家企业完成安全生产标准化达标创建任务。其中,三级企业41家,小微企业144家。根据实际制定《2019年石景山区企业安全生产标准化建设工作方案》,召开2019年石景区企业安全生产标准化建设工作部署会。及时将年度任务指标分解到部分行业和街道办事处,超额完成市局下达的创建任务。

(李　强)

【有效应对各类突发事件】 区应急指挥中心全年接报各类突发情况239起。其中,城市运行106起,社会安全100起,造成17人死亡、12人受伤;火情13起;公共卫生10起;安全生产5起,造成5人死亡;交通事故5起,造成8人死亡、7人受伤。全年接办各类投诉举报49起,其中"12345"非紧急救助中心投诉举报19件,市12350平台转办16件,群众来电来访14件。经查证,49起投诉举报中26件属实,占53%,23件不属实;非本单位职责退单3件,在"12345"区分中心成功剔除不合理案件2件。各类突发事件及投诉举报均得到妥善处理,群众满意率及案件解决率均100%。各类突发事件和投诉举报未引发任何次生、衍生灾害和不良的社会舆情。

(刘　磊)

【及时发布气象灾害预警】 区气象灾害预警中心全年发布灾害性天气预警信号108期,与市规自委石景山分局联合发布地质灾害预警信号9期,代发防汛指挥部应急响应命令6期,全年无漏发和错发现象。其中,大风54期(蓝50、黄4)、雷电20期(蓝8、黄12)、沙尘2期(蓝)、道路结冰5期(黄)、寒潮4期(蓝)、高温10期(蓝6、黄4)、暴雨7期(蓝)、大雾5期(黄)、暴雪1期(蓝)。全年向石景山区政府及公众发送气象预报预警短信近159万条,发布微博、电子显示屏、微信、邮件、大喇叭、QQ等预警信息各108期,发布预警传真855份。

(霍东晴)

【森林火灾防治】 年内,区森林防火指挥部办公室针对全区森林防火工作组织召开4次工作会,7次组队实地检查森林防火工作,严格落实森林防火责任制。3次组织区森林消防大队进行森林火险处置实战演练,2支专业森林消防中队60名队员全年在岗备勤,随时处理突发火情。

(刘云芳)

【有限空间作业监管】 本年,严格落实《北京市房屋建筑和市政基础设施工程有限空间作业安全管理规定》《工贸企业有限空间作业安全管理与监督暂行规定》等文件精神,加强有限空间作业企业安全生产管理,组织辖区内有限空间作业单位签订责任书,开展工贸企业有限空间作业条件确认工作,压实行业部门监管责任和企业主体责任。强化有限空间作业安全生产隐患排查,组织有限空间作业单位业务培训,提高企业安全意识和规范化作业水平,全年未发生有限空间作业生产安全事故。

(李　强)

【严格行政审批许可】 本年,严格按照行政审批服务工作流程,办理各项行政许可的审查、审核和备案事项,办结审批许可事项47余项,接受咨询120次,推进城市化进程中传统危险化学品经营企业退出。注销1家危险化学品无储存经营企业,注销1家企业易制毒品类经营的许可。全区无易制毒经营企业。

(李奕萱)

【完成烟花爆竹安全监管】 本年,石景山区在双峪路43号南侧空地处设置一处烟花爆竹销售点,春节期间配货2600箱,销售2595箱,销售金额230万,实名购买人数6870人。销售期间,区应急管理局领导带队检查烟花爆竹零售点及危化单位14次,与相关街道出动执法人员183人次,车辆69车次。检查重点危化单位64家次,消除安全隐患21项。

(李奕萱)

【安全生产巡查员队伍建设】 年内,为全区9个街道152个社区配备304名兼职安全生产巡查员,实现街道(社区)兼职安全生产巡查员100%全覆盖。

(李　强)

退役军人事务

【概况】 北京市石景山区退役军人事务局(简称区退役军人事务局)是石景山区机构改革新组建的单位,于3月19日挂牌成立,石景山区退役军人服务中心于4月28日挂牌成立,是负责石景山区退役军人事务工作的区政府工作部门。机关行政编制16名,设局长1名,副局长3名。内设办公室(主体责任办)、移交安置科、双拥工作科和优抚科4个科室及区退役军人服务中心和区军队离休退休干部安置服务管理中心等14个事业单位。主要职责为划入区民政局的退役军人优抚安置职责、军队离退休干部管理职责以及双拥工作职责，区人力社保局的军官转业安置和军转干部服务中心的职责。年内，在区委区政府高度重视和市局具体指导下，退役军人事务局边组建机构、边推进工作，边着手顶层设计、边落实当年任务，各项工作平稳起步，成效比较明显：自身党的建设、政治建设和作风建设得到加强；三级退役军人服务保障体系规范化建设得到市领导充分肯定，市军人退役事务局组织16区在鲁谷街道和八宝山街道沁山水南社区进行参观学习；双拥工作深入开展，争创新一届全国双拥模范城圆满完成北京市双拥办现场考核和工作汇报；退役军人信息采集率达到100%，光荣牌悬挂率达到99%，均走在全市前列；移交安置工作平稳有序，矛盾纠纷排查化解，"12345接诉即办"成效明显。组织完成"最美退役军人""军休榜样"等评选表彰推荐，树立先进典型，发挥示范作用，推选出"全国模范退役军人"王晓庆，"北京市十大军休榜样"冯玉林等先进典型。

（孙振宇）

【组织领导体系】 3月25日，成立由区委书记任组长，相关区领导任副组长，28个单位主要负责人为成员的区委退役军人事务工作领导小组，统筹协调推进全区退役军人工作。4月29日，召开区委退役军人事务工作领导小组全体会议，部署2019年退役军人工作，审议通过《区委退役军人事务工作领导小组工作规则》《区委退役军人事务工作领导小组办公室工作规则》《区委退役军人事务工作2019年工作要点》，形成区委统一领导、退役军人事务部门牵头负责、相关部门积极配合的工作格局。全面加强对双拥工作的组织领导，及时调整区双拥工作领导小组及办公室。

（孙振宇）

【庆八一·迎国庆文艺演出】 7月31日举办"我们，永远是个兵"文艺演出。陆军政治工作部群工联络局副局长李春，中央军委审计署驻中部战区审计局政治协理员刘振国，区领导陈婷婷、朱钢银、刘建国参加活动。原创主题歌曲《退役军人忠于党》被北京市双拥办推荐上报全国双拥办进行推广，《人民日报》客户端予以转播。区双拥工作领导小组成员单位代表和军队离退休老首长、老干部、退役军人代表240余人观看演出。

（孙振宇）

【服务保障体系建设】 年内，区退役军人事务局按照北京市"五有"（有机构、有编制、有人员、有经费、有保障）全覆盖要求，区级层面成立退役军人服务中心，9个街道150个社区设立退役军人服务站，全部在4月30日前挂牌。区级服务中心配备11个事业编制，9个街道配备12个事业编制（其中八角、苹果园、五里坨各配备2个，其它街道各1个），150个社区都安排专兼职人员。落实三级退役军人服务中心（站）建设经费350万元，其中区退役军人服务中心经费50万，街道、社区退役军人服务站300万。所有街道、社区全部悬挂退役军人服务站标识和公示栏，退役军人服务站由党工委书记任站长，设置退役军人服务窗口和接待室，服务窗口悬挂工作职责、工作规范和工作流程，接待室张贴退役军人宣传画，制作有退役军人特色的迷彩屋、迷彩墙，荣誉展板等。依托三级服务保障体系构建"政务服务精准化""专业服务社会化""志愿服务常态化"的"三纵三横"服务网络，全面做好就业创业扶持、走访慰问、帮扶解困、信访接待、权益保障等退役军人事务领域服务性、保障性、事务性、延伸性工作，为广大退役军人提供专业化、亲情化、精细化优质服务。

（李　东）

【思想政治引领】 年内，区退役军人事务局大力宣传党和国家对退役军人工作的高度重视、对广大退役军人的关心关爱，积极组织参加"全国模范军人""最美退役军人"评选推荐活动，在广大退役军人中营造"争先进、当先进"的浓厚氛围，推荐的王晓庆获"全国模范退役军人"称号。组织开展"最美退役军人"学习宣传活动，动员各单位和广大退役军人以先进为榜样，坚守为民初心，担当时代使命，砥砺奋进前行。

（孙振宇）

【优抚工作】 年内，区退役军人事务局组织采集各类退役军人信息27193条，审核通过27193人，信息采集审核通过率100%。为烈属、军属和退役军人等家庭悬挂光荣牌26846块，举行集体颁发悬挂仪式126场次，悬

4月29日，退役军人事务工作领导小组全体会　　（区委宣传部供图）

挂率为99%。为670名优抚对象进行抚恤补助金的调标;为22名残疾军人办理换证、补证;为6名残疾军人补办评定残疾等级;为30名病故军人遗属发放一次性抚恤金1131.2万元;为20名病故军人遗属补发一次性抚恤金52.3万元;全年发放各类定期抚恤补助金1883.5万元。为61户在乡和非在乡优抚对象发放集中供热采暖补助10.4万元;走访慰问143名应征入伍新兵。完成中央、北京市、区军地领导重点走访及普遍慰问优抚对象1250户次,发放慰问金83.2万元。

(陈瑞飞)

【军转干部安置】 按照市局下达给石景山区的安置计划,区退役军人事务局全年接收安置军转干部29人,其中行政团职6人,营连职及专业技术干部23人。行政团职干部由区委组织部根据干部级别、任职经历等情况,确定安置岗位。行政营连职和专业技术干部由区退役军人局按照考试成绩与档案赋分相加的成绩确定排名。组织召开军转干部和接收单位双向选择会,接收单位根据军转干部经历特长与军转干部面对面交谈,按照岗位匹配度确定接收单位。有效安置21人,其中团职4人,营职17人。

(侯　耕)

【退役士兵安置】 石景山区全年接收退役士兵148人,其中自主就业退役士兵134人,政府安排工作退役士兵14人。为自主就业退役士兵发放自主就业经济补助1161.62万元;制定《石景山区关于2019年符合政府安排工作条件退役士兵安置工作实施方案》,采取量化打分、考试考核、座谈征求意见、参加中央企业、市属单位网上选签会等方式,除1人自愿放弃安排工作,选择灵活就业外,8名退役士兵分别安置到区城管委、教委、卫健委、民政局、公园管理中心、八大处公园管理处6家区属事业单位,其余5人安置到中央企业、市属单位。

(王　颖)

【自主择业军转干部管理服务】 年内,区退役军人事务局接收自主择业军转干部172人,完成各类关系转接、落户、退役金发放确认、基本医疗保险、社保卡办理发放等工作。累计接收自主择业军转干部951名,实有939人(1人特招入伍、11人去世),停发退役金3人,退役金发放准确率达100%。参加基本医疗保险的自主择业军转干部776人,占74.8%,参加企业医疗保险104人。组织53名自主择业军转干部参加个性化培训,培训率100%。组织“迎新春、送春联、送祝福、送温暖”新春团拜会。利用春节及八一建军节,走访慰问生活困难和身患疾病的自主择业军转干部及自主择业军转干部遗孀。组织自主择业军转干部参观“科技创新赋能新时期退役军人发展的新引擎”主题展览。组织自主择业军转干部走进中国科学院参观“率先行动、砥砺前行,十八大以来中国科学院创新成果展”。

(张书俊)

【社会保险接续】 年内,区退役军人事务局按照中央和北京市工作部署,制定《石景山区解决部分退役士兵社会保险接续工作实施方案》和《防化风险预案》。受理初期,编写并印制《部分退役士兵社会保险补缴政策解答》手册,发放到150个社区;将《退役士兵保险补缴办理公告》在石景山电视台以滚动字幕的形式进行播放,并把《公告》发放到街道,张贴到辖区楼门公告栏中;通过邮政EMS,把《政府安置退役士兵补缴保险工作一封信》和《告知书》发给存在保险断缴、欠缴情况退役士兵,各街道社区退役军人服务站打电话或上门通知提醒退役士兵办理社保补缴申请手续。设立咨询电话,由专人为广大退役士兵提供政策咨询服务,全年接待咨询2367人,受理616人,全部录入“部分退役士兵社会保险补缴系统”,并完成身份认定和军龄审核工作。

(王　颖)

【矛盾问题攻坚化解】 年内,区退役军人事务局结合12345市民服务热线“接诉即办”,在全区开展“退役军人矛盾问题攻坚化解年”活动。全年排查信访积案149件,接待来访人员110批次141人,接待来电咨询约687次,接办退役军人信访案件63批次54人(其中,国家退役军人事务部转办件18批次12人,市局转办件17批次12人,区信访办转办件28批次30人),办理12345热线交办件65件,回复信访答复意见书12件。实现“四个不发生”的工作目标,即没有发生到重点地区的规模性聚集,没有发生跨地区“声援”事件,没有发生因信访问题引发的个人极端事件,没有发生因工作不到位引发的舆论负面炒作,退役军人群体总体稳定,重点人基本可控。

(徐念之)

【军休干部接收安置】 年内,区退役军人事务局新接收安置军休干部79人。历年累计接收军休干部2813人,现有2123人,其中离休干部123人,退休干部2000人。

(任诗楠)

【无军籍职工管理】 石景山区历年累计接收无军籍职工1915人,现有1622人,其中离休职工11人,退休职工1611人,由8个街道负责管理。年内,组织583名无军籍职工到怀柔疗养,178名无军籍职工到房山疗养。

(任诗楠)

【军休干部服务管理】 年内,军休各部门举办新春团拜会、京剧演出、诗词沙龙、各类比赛、集体生日会、金婚钻石婚庆典、知识讲座、文体培训等284场,参与人数10200余人次。分三批组织339名军休干部到房山进行为期4天的疗养。通过召开座谈会、举办主题活动等形式为军休干部颁发、上门悬挂“光荣之家”牌匾2089块。为126名离休军休干部发放庆祝新中国成立70周年纪念章。

(任诗楠)

【军休党委建设】 截至年底,军休党委有党员2054人,其中军休干部党员2027人,在职党员27人。军休各级党组织开展党日活动118次,集中学习百余次,主题党课44场,“送学上门”1814人次,党员参加活动8500余人次。党委下拨103.97万元党建经费,支持基层党组织开展党建活动。899

名军休党员和群众参加“共产党员献爱心”活动，捐款123420元。军休干部冯玉林以平凡中见伟大的感人事迹，被评为第四届“北京军休榜样”。退役军人王晓庆、军休干部韩瑞芬受邀参加庆祝新中国成立70周年招待会。

（任诗楠）

双拥工作

【概况】 石景山区是京西军事重镇，是中部战区、陆军机关、北京军区善后办所在地，驻军数量多、分布广，军地联系紧密，有“同呼吸、共命运、心连心”军政军民一家亲的优良传统。2019年，全区双拥工作坚持以习近平新时代中国特色社会主义思想为指导，紧紧抓住“两大机遇”，牢牢把握“三区定位”，以创建全国文明城区为总牵引，以争创全国双拥模范城“八连冠”为目标，强化基层基础建设，拓宽双拥领域内涵，进一步巩固军政军民团结。“强军育才接力工程”“强军爱兵暖心工程”“区长进军营”活动持续开展。把解决好部队官兵面临的后路、后院、后代问题作为重中之重，努力为官兵解除后顾之忧。以部队官兵需求为导向，创新工作方式，实心实意办好事，赢得部队和官兵的认可。把弘扬传承军人优秀品质作为重点，采取多种方式，让军人职业在全社会受尊重。全年累计为350名官兵进行专业技能培训，为8名困难官兵发放救助金8万元，接收安置随军家属23人，面向随军家属专项招录社区工作者5名，为67名随军家属发放自谋职业补助金201万元，办理军人子女优待入园入学183人。

（王晓芳）

【军政座谈谋发展】 春节和八一“双拥月”期间，区四套班子主要领导与中部战区、陆军机关及北京军区善后办分别举行2019年春节及八一军政座谈会，共叙军民鱼水情深，共商区域发展大计。

（王晓芳）

【军地联合送温暖】 春节和八一“双拥月”期间，中部战区、陆军机关、北京军区善后办、石景山区人武部领导与区四套班子领导，分四组走访慰问16户优抚对象代表，为每户送去2000元慰问金和慰问品。

（王晓芳）

【深入驻地送关怀】 春节和八一“双拥月”期间，区四套班子领导分四路到驻区部队走访慰问，向驻区官兵致以亲切的问候和节日的祝福并送上慰问品。区领导分别走访武警北京总队执勤第六支队、预备役高炮四团、区人武部等驻区基层部队，赠送慰问金和慰问品330万余元。

（王晓芳）

【全国双拥模范城创建】 年内，石景山区以创建全国双拥模范城“八连冠”为契机，组织召开石景山区创建双拥模范城活动部署会、推进会、动员会，制作发放3000余张宣传海报，在全区重要点位、主要街道、候车亭、护栏、围挡等位置设置永久性固定宣传标志牌、道旗、宣传画。10月30日，接受北京市考察组对石景山区全国双拥模范城创建的检查工作，常卫与考察组进行座谈。11月14日，参加北京市举行争创新一届全国双拥模范城（县）工作汇报会，并在会上作工作汇报。全区军民积极参加全国双拥模范城社会测评，争创全国双拥模范城“八连冠”工作取得阶段性成果。

（王晓芳）

【现场办公解难题】 年内，石景山区举办第37次“区长进军营”现场办公活动，投入650万余元帮助部队解决战备训练、基础设施升级改造、道路交通出行、营区环境整治等实际问题，此活动得到中部战区、陆军、北京军区善后办首长的高度肯定。

（王晓芳）

【品牌工程持续发力】 年内，石景山区实施“强军育才接力工程”，充分发挥地方教育资源优势，开设无人机驾驶、汽车修理、平面图像处理、办公自动化等七个专业，培训官兵350名。开展“强军爱兵暖心工程”，对驻区部队8名家庭困难官兵开展慈善救助，发放救助金8万元。举办“关爱老兵，情暖兵营”活动，为驻区现役官兵、石景山籍现役士兵、军休干部、自主择业干部等优抚优待对象发放慰问金10万元。

（王晓芳）

【双拥宣传氛围浓厚】 年内，石景山区通过举办清明红色祭扫、第12届北京清明诗会和烈士公祭日活动，弘扬红色基因、传承红色记忆，培育和践行社会主义核心价值观。结合庆祝建国70周年，在《石景山报》开辟国防教育和双拥宣传专栏，开展以“赞颂辉煌成就，军民同心筑梦”为主要内容的国防教育和双拥宣传，深入开展国防教育进机关、进企业、进校园、进社区、进家庭等“六进”工作，编印《创建全国双拥模范城》宣传册，制作《双拥花开石景山》画册，体现石景山区军民对标看齐、担当作为，再创辉煌的信心和决心。

（王晓芳）

【解决“三后”问题】 年内，石景山区接收安置军转干部30人，退役士兵145人，发放一次性就业补助金1116.9万元，保障官兵“后路”。接收安置随军家属23人，面向随军家属专项招录社区工作者5名，为67名随军家属发放自谋职业补助金201万元，稳定“后院”。办理军人子女优待入园入学183人，管好“后代”。

（王晓芳）

【“双拥在基层”活动】 年内，石景山区围绕党的建设、社会治理、平安联创联建、美好家园建设等方面，利用重大节日、重点时段，开展“军（警）民共建”和走访慰问活动。开展“3.15消费维权进军营“活动，增强驻区官兵消费维权意识和常识。举办20余项次全区性全民健身活动，100余次社区群众健身活动。

（王晓芳）

【服务部队办实事】 年内，区双拥办联合经信局协调电信运营商为部队提供大数据平台管理系统，根据部队需求建设4G基站34座用于服务军队，同时建设10个室内分布站服务部队办公。为部队提供MDM通信监控平台，确保战士上网通讯等安全保密，开发智慧军营项目。联合区图书馆根据部队官兵的阅读需求,进行补充、更换图书服务,为广大部队基层网点送书12次,计7710册。

(王晓芳)

【拥政爱民宗旨彰显】 年内,中部战区首长高度关注、亲自协调推进石俯路修建、管线铺设和五里坨商业地块建设。陆军首长跨地区、跨部门协调战备井位迁移和重建,使制约北京银行保险产业园建设十多年的老大难问题得以妥善解决。中部战区、武警执勤第六支队官兵参加石景山区义务献血,将一腔热血洒向第二故乡。北京军区善后办支持驻地办学,坚持每年对北大附小石景山学校走访慰问,善后办常委班子走访慰问首钢优抚对象。军委审计署驻中部战区审计局、驻区武警部队、预备役四团等部队在重点项目建设、重大活动维稳安保、70周年国庆阅兵保障、擦亮首都城市西大门等重大保障任务上扛起更多责任。

(王晓芳)

政务服务

【概况】 2019年机构改革中,在原区政务服务办的基础上整合区编办承担的行政审批制度改革工作职责和区政府办公室承担的政务公开以及网站内容监管职责,组建北京市石景山区政务服务管理局(简称区政务服务局),为正处级区政府工作部门,主要负责统筹推进本区简政放权、放管结合、优化服务改革和行政审批制度改革工作;负责协调推进本区、街道、社区三级政务服务体系的建设、管理、指导、规范、监督和服务方式创新工作;负责本区"互联网+政务服务"工作,统筹做好政务服务"一张网"建设;负责本区政务服务中心建设、运行和管理;负责推进、指导、协调、监督本区政府信息公开和政务公开工作;负责推进、指导、监督本区政府网站内容信息管理和监督工作;协调、指导、督促、检查相关部门简政放权、放管结合、优化服务改革和行政审批制度改革工作等。局机关下设四个内设机构:办公室(主体责任办)、审改协调科、审批管理科、政务公开科,机关行政编制17名,其中,局长1名,副局长3名,科级领导职数4正2副。年内,区政务服务局全面贯彻落实区委区政府各项决策部署,牢牢把握稳中求进、争创一流工作总基调,加大力度推动"放管服"改革、加快推进政务服务体系建设,以落实"一网、一窗、一门、一次"政务服务改革为抓手,全力推动利企便民,优化营商环境,各项工作取得新进展新成效。

(殷 韬)

【建立"好差评"机制】 年内,区政务服务局严格落实李克强总理提出的"优化营商环境要建立政府服务'好差评'制度,服务绩效由企业和群众来评判"要求,始终把坚持"群众满意不满意、高兴不高兴、答应不答应"作为检验政务服务工作唯一标准,用"好差评"机制倒逼政务服务工作的提升。于3月7日建立企业开办服务"好差评"工作机制,推出"好差评"终端机,提升政务服务的闭环绩效管理。"好差评"从企业"需求端"入手,在工作规范、工作作风、工作廉洁三个方面设置15项评价内容,办事企业现场或扫描二维码即可进行评价。4月16日"好差评"机制代表北京市接受国务院营商环境企业开办组的督导,得到督察组的充分肯定;4月27日,企业开办大厅作为全国工商和市场监管系统压缩企业开办时间工作会议的示范大厅,接受现场观摩;7月31日,国务院办公厅政府职能转变办领导到我区调研"好差评"机制工作开展情况并实地考察,石景山区企业开办"好差评"机制获得肯定。

(殷 韬)

【政府信息公开】 年内,区政务服务局编制《石景山区2019政务公开工作要点》,完成意见征集、起草说明,以区政府办公室名义发文,并在区政府门户网站公开。组织完成区政府信息主动公开全清单发布工作。对照机构职责,组织41家公开责任单位对1551项政府信息主动公开事项进行全面梳理、逐项核实。在区政府门户网站建立"主动公开全清单"栏目,于8月8日组织各单位集中发布,成为全区按照"应公开、尽公开"原则发布政府信息的主要标准,也成为市民检索政府信息的主要依据。以区政府门户网站为主要平台,严格按照《条例》有关规定,及时公开政府信息,提高政府信息服务效能。"政务公开"栏目全年发布政府信息3212条,各街道以"百姓生活"栏目为主要平台,发布各类政府信息2000条,区政府门户网站发布各类信息10842条。做好会议公开,及时正确传递政策意图。图解区政府常务会议纪要9次,涉及社会广泛关注议题26项。

(殷 韬)

【办理政务服务事项】 年内,全区政务服务系统办理政务服务事项356.4万件,全年人流量244.7万人次。其中,区级政务大厅中社保大厅、办税大厅、公安分局办证大厅和交通支队大厅办理量和人流量较大;街道政务大厅中八角和金顶街办理量较大。

(殷 韬)

【推进"放管服"改革】 年内,区政务服务局统筹推进全区"放、管、服"改革工作。制定"放管服"工作方案。起草《石景山区深化"放管服"改革,推进审批服务便民化、实现政务服务跨越式发展工作方案》,在重点领域制定可量化、可考核、有时限的28条具体目标任务,明确各项任务牵头部门和职责分工。推进政务服务事项标准化、规范化,制定《区政务服务中心、专业大厅和街道政务服务中心规范化、标准化建设指导意见》《街道政务服务中心规范化、标准化建设的实施方案》,为各级政务服务大厅建设提供统一标准。组织45个部门、9个街道和4个企业标准化梳理政务服务事项。完善首都之窗石景山板块政务服务事项,从内容的准确性、规范性等方面进行全面核查,共修改1900余项,确保部门网站与首都之窗网上政务服务大厅事项同源管理、同源发布。着力减事项、减材料、减时限。落实北京市2019年度第三批动态调整政务服务事项工作,做好取消、下放和承接的行政许可等事项的落实和衔接工作。落实北京市精简政务服务事项工作,顺利完成精简市、区两级政务服务事项申报材料60%以上和压缩时限55%的工作任务。落实市政府审改办历次清理规范政府部门行政审批中介服务事项和市政府部门行政审批中介服务事项，共清理规范29项政府部门行政审批中介服务事项，调整后的保留目录清单共计97项。认真清理证明，及时督促涉及证明事项的部门进行自查，拟定证明取消后的办理方式和公布方式，保证市区同步落实。

（殷 韬）

【一网改革成效】 年内，通过全区各部门各街道共同努力，石景山区政务服务事项1679项中，依申请的公示事项1523项，达到网上办理深度的952项，实现全程网办的378项，顺利完成北京市“一网通办”考核任务。

（殷 韬）

【一门改革成效】 年内，区级层面，协调发改、住建、运管、残联和司法等部门的审批事项全部进驻区政务服务中心，区级政务服务中心“一门”办理事项1419项，占全区依申请公开政务服务事项1667项的85%；街道层面，区政务服务局会同各街道推动民政、残联、退役军人、卫生健康等分散在街道不同科室的审批事项100%进驻街道政务服务中心“一门受理”。

（殷 韬）

【一窗改革成效】 年内，区政务服务局梳理各类审批事项，理顺区街审批工作各个环节，通过统一聘用第三方综合窗口工作人员，在区政务服务中心、各街政务服务中心全面实现“前台综合受理、后台分类审批、综合窗口出件”的运行机制和100%政务服务事项“一窗受理”的综合窗口运行模式。在各级大厅，统一设置咨询服务区、窗口服务区、后台审核区、自助服务区、休息等候区、投诉建议区和信息公开区等7类功能区，设立综合咨询、综合受理、综合出件、后台审核窗口，建立新的综合窗口运行规范和工作流程，实现审批事项在政务服务大厅全程闭环，一窗办结，让办事企业群众只找“一窗”。

（殷 韬）

【最多跑一次改革成效】 年内，区政务服务局建立跨部门事项联办机制，实行一表申报、一窗受理、并联审批、一次办结，推动更多事项马上办、就近办、一次办；运用信息化手段，通过全程网办、EMS邮寄等方式，推进政务服务事项让企业群众“最多跑一次”或“一次不用跑”。为进一步提升企业群众办事便利度，区政务服务局分析以往企业群众办事量较大的事项，结合北京市和石景山区产业发展“正面清单”，选取75个“主题事项”，例如我要开书店、我要开便利店等主题，将多个部门的多项审批事项、多张表格整合精简，让办事人“只填一张表、只跑一次”，在区政务服务中心“一窗受理、并联审批、多证联办、限时办结”，精简事项办理流程和时限；同时通过区主题事项网上办理窗口与“首都之窗”网站对接，在全市率先实现60个事项通过网上申报、网上填表等方式，就可以办完一系列行政许可拿到证件，节约企业群众的时间成本。

（殷 韬）

【优化营商环境】 年内，区政务服务局持续优化营商环境，提高办事企业和群众的满意度和获得感。开展“小小窗口、满满服务”六大行动。制定石景山区具体落实方案，明确六大行动具体措施，把以人民为中心的发展思想贯彻到政务服务每一个窗口、每一个环节，用政务服务“小小窗口”为企业群众提供暖、快、优的“满满服务”。在政务服务中心、区企业开办大厅、不动产登记大厅、办税大厅设立“优化营商环境政策天天讲”宣讲窗口，为办事企业进行政策宣讲及疑难问题解答；制作易拉宝、宣传折页等宣传材料，并督促各专业大厅和街道政务服务中心按照现行优化营商环境“9＋N”政策2.0版更新宣传材料，确保与现行政策内容一致。组织“优化营商环境9＋N”政策2.0版业务培训、综合窗口业务培训，共涉及40个部门近千人次。组织区政务服务中心工作人员进行考试，以考促学，巩固学习效果，做到政策培训全覆盖；对综合窗口受理人员从服务规范、职业道德、形象礼仪、沟通技巧、挫折应对、压力管理等方面进行全方位的素质培训。牵头7家主要涉及街道政务服务事项的单位，编制200道试题发至各街道，要求各街道组织政务服务分中心工作人员学习，提高业务能力，培养街道政务服务“明白人”，做到“说得清，问不倒”。

（殷 韬）

【依申请公开】 年内，区政务服务局组织全区45家信息公开责任单位按时更新、公开指南、政府信息公开年度报告。依法依规办理区政府本级依申请公开案件40件；全区受理依申请862件，办理上年结转依申请20件，答复依申请793件，结转2020年继续办理89件。年内，针对区政府本级政府信息公开行政复议3件，全部维持；行政诉讼1件，胜诉；区政府本级政府信息公开行政复议、行政诉讼无败诉。

（殷 韬）

【政府网站内容监管】 年内，区政务服务局加大政府网站监管工作力度，“北京·石景山”政府门户网站实现动态要闻1—2日更新、政策文件每季度更新、领导信息和机构职能及时更新。制定《“北京·石景山”栏目任务分解表》《“北京·石景山”政务公开栏目设置及公开任务分工表》，并向各单位征求意见，明确政府网站各栏目内容发布单位和考核标准。针对机构改革后部门名称和职能变更情况，组织全区各单位对组织机构、领导班子等信息进行及时更新，督促各单位对本单位信息公开专栏进行更新。优化政府门户网站栏目设置。对照“首都之窗”栏目设置，对区政府门户网站“领导班子”栏目展示页面进行优化，并增加“工作履历”信息。优化“网上办事”栏目，新建政务服务统计数据专题。新建“石景山概况”栏目，展示区域概况信息和特色亮点信息。

（殷 韬）

【推进政务新媒体自查整改】 年内，区政务服务局联合区委网信办，组织政府系统各单位对政务新媒体进行自查摸排。结合北京市第三季度政务新媒体监测报告，对政府系统各单位开设的微信、微博、客户端等80余个政务新媒体组织自查整改,组织各单位对账号更新不及时、无互动功能及账号停用、注销、变更等问题进行整改。截至年底,整改不合格政务新媒体21个,处理账号变更问题9个。

(殷　韬)

信　访

【概况】　2019年,北京市石景山区信访办公室(简称区信访办)受理群众信访1502批6007人次,同比批次上升33%、人次下降1%。其中,接待群众来访276批1594人次,同比批次下降20%、人次下降51%,集体访82批1332人次,同比批次下降34%、人次下降55%;受理群众来信1226件4413人次,同比件次上升57%、人次上升58%,联名信17件3038人次。

(王　鑫)

【信访条例宣传月】　5月24日,石景山区开展"打造网上主渠道,智慧信访更阳光"为主题的信访条例宣传活动,全区9个街道分会场同时在辖区开展宣传活动,社区居民4000余人参加,发放宣传宣传册12000余份、宣传袋6000个,悬挂条幅40条、展板67个。

(王　鑫)

【区领导接访】　9月6日,常卫针对八大处公园南宿舍楼平房区无厕所且环境脏乱差问题和西井甲8号院用电问题,与来访群众面对面交流,回应群众期待,解决群众合理诉求,推动信访重点矛盾的有效化解。12月17日,陈之常针对古城南路小区18号、19号楼楼体东侧外墙石材板脱落、房顶漏水等问题,听取群众代表反映诉求,并召集有关部门召开专题会议,研究解决群众反映的诉求,听取工作汇报。

(王　鑫)

【矛盾纠纷排查化解】　区信访办全年排查重点矛盾43件、重点人31名,逐一登记在册、研究解决方案、落实领导包案、加强督查督办,推进矛盾化解和稳控,化解重点矛盾24件、重点人7名,其余问题均得到有效稳控。加强信访积案攻坚化解力度,全区信访积案84件,化解70件,化解率83%。

(王　鑫)

【复查复核】　年内,区复查复核委受理复查复核案件59件,其中撤销、变更原答复意见12件,要求重新答复3件,维持办理机关答复意见的31件。

(王　鑫)

【城市版枫桥经验】　年内,区信访办打造城市版枫桥经验,完善"在线矛盾纠纷多元化解平台"建设,发挥司法调解、行政调解、人民调解作用,调解各类案件6587件,调解成功5401件,调解成功率82%。

(王　鑫)

【人民建议征集】　年内,区信访办官方微信公众号——"随信而安"开通人民建议征集端口,收集群众身边事、关心事、挠头事,征集人民建议105件,解决58件。

(王　鑫)

5月24日,信访条例宣传月　(区信访办供图)

外　事

【概况】　北京市石景山区人民政府外事办公室(简称区外办)是负责本区外事、港澳事务的区政府工作部门。年内,区外办围绕区委十二届八次、九次全会精神、《政府工作报告》提出的各项中心任务和重点工作,结合"不忘初心 牢记使命"主题教育活动,坚持以服务北京国际交往中心建设为目标,拓宽对外交流与合作的广度和深度,加快推进区域国际化建设,为石景山区经济社会持续健康发展做出新贡献。全年配合中央及北京市外事部门接待17个国家的18批来访团组161人次。

(周　杰)

【民间对外交流】　1月16日,由韩中企业家协会会长金奎泽带领的考察团一行参观北京燕京八绝艺术馆,并参加"弘扬优秀民族文化,促进国际交流合作"主题交流会。2月26日,意大利对华友好协会主席路安娜·王率代表团访问石景山区,在黄庄职高与区政府教育督导室签署《石景山区教委与意大利对华友好协会教育合作框架协议》,并与京式旗袍第五代传承人张凤兰老师进行面对面交流。随后,代表团前往中欧科技创新中心与区投促局相关负责人座谈。4月3日,意大利对华友好协会代表团一行4人到古城中学,开展意大利校园足球公开课活动,古中教育集团5所成员校的26名中小学生参加此次活动。4月14日,前外交学会党组书记、常务副会长卢树民及北京戏曲评论学会会长、丝绸之路城市联盟副主席靳飞携第二届丝路青年梦想汇中外选手代表团一行走进石景山区,参观法海寺、承恩寺、京西五里坨民俗陈列馆。4月16日,以英国苏格兰(福建)青年会会长薛瑞勇为团长的代表团一行访问石景山区。7月18日，以意大利对华友好协会代表团一行5人访问区教委，并出席在中欧科技创新中心举行的北京卡乐球体育文化有限公司揭牌仪式。8月10日，马来西亚华裔钢琴家、北京“侨梦苑”文化交流大使克劳迪娅·杨一行访问石景山区，就开展文化、体育、青少年领域友好交流，推动建立友好交流城市主题进行探讨座谈。9月23日，由市政府新闻办主办、国际在线承办的“一带一路·爱上北京”系列电视片《魅力北京》海外传播项目暨四国拍摄活动在京启动。来自4个“一带一路”沿线国家的5家媒体——柬埔寨国家电视台、老挝国家电视台、缅甸国际电视台、缅甸国际广播频率、泰国TNN24电视台——来到位于北京首钢工业区和冬奥组委园区，记录北京老工业基地转型的发展进程。11月15日，以委员长严基哲为团长的韩国富川市梧亭洞居民自治委员会代表团一行22人访问石景山区，参观金顶街第二小学、八角街道政务服务中心和八角北路社区养老服务驿站。

（周　杰）

【服务保障涉外活动】　3月21日，奥地利及黑山共和国驻华大使参加在新安城市记忆公园举办的2019年“国际森林日”植树纪念活动。5月12日，北京灵光寺隆重举办佛诞节庆祝活动，缅甸、尼泊尔、斯里兰卡驻华大使，泰国、越南、印度、老挝、阿富汗等国家驻华使馆代表及中央统战部、全国政协民宗委、中国佛教协会等部门相关负责人等中外嘉宾一同出席活动。同月26日，北京侨梦苑·侨商跨境产品交易交流中心启动仪式在郎园Park举行。来自北京侨商会、企业、媒体的嘉宾400余人出席启动仪式。29日，以“相聚北京、共谋发展”为主题的“侨梦苑”北京论坛在石景山区举行，论坛以科技、文化、冬奥、人才服务、精品货物贸易等专题进行展示及交流，延伸“北京侨梦苑”品牌内涵、促进“一带一路”建设提供服务平台。5月28日至6月1日，中国国际服务贸易交易会（京交会）石景山分会场活动在首钢园区举办。会场设置冬奥主题展区、石景山产业推介、首钢、国家主体展区和服务性、软性展商区域及活动互动区等多个展区，集中宣传展示城市发展和首钢园区的工业遗存，对重点项目进行推介。8月27日，首届“京西古香道文化”国际学术交流会暨中国民俗学会中国香文化研究中心成立五周年庆活动在天泰山慈善寺举行。来自日本、韩国和中国香港、各省的专家学者以及中国民俗协会、区文旅局、区外办相关负责人等近百人参加活动。10月23至24日，2019中国国际文创娱乐产业峰会在石景山区召开。保加利亚、哥伦比亚、西班牙、莱索托等多国驻华使节及中国科学院、清华大学、北京航空航天大学、北京外国语大学、中关村硕博人才与市场经济研究院、SLUSH中国、芬兰未来科技产业联盟等单位的专家学者和企业负责人千余人参与各项主题论坛。11月23日，中俄科技论坛暨中俄科技创新中心成立大会在北京侨梦苑·中欧科技创新中心举办。陈婷婷与国际知识产权发展协会（MARIS）副会长玛利雅·科诺诺娃、俄中友好协会乌拉尔分会会长、乌拉尔经济联盟副主席尤里·瓦波罗夫等中俄嘉宾出席。11月30日，2019西山八大处文化节暨中国·印度文化季活动在八大处柳溪山房开幕。12月1日至5日，“雅物匠心”艺术展、“一带一路”丝路文化展举办，展览融合木雕、乐器、各国货币、印度服饰以及印度特色文化作品。

（周　杰）

【吸引外资落户】　3月22日，英国保诚集团执行总裁韦立思、北京代表处首席代表尹莉、亚洲区总部代表韩天萌一行到北京银行保险产业园走访调研，陈之常、北京保险产业园投资控股有限公司总经理马斌等接待来访人员。4月24日，印尼金融服务管理局数字金融创新负责人MR. TRIYONO、高级分析师MR. BERNARDUS BUDI SULISTIO以及印度尼西亚银行北京代表处秘书兼翻译等一行来到北京银行保险产业园参观走访。10月17日至18日，第二届中国银行保险业国际高峰论坛在北京银行保险产业园举办，副市长杨斌、市地方金融监督管理局副局长栗志纲、北京金控集团董事长范文仲、国家信息中心首席经济师祝宝良等来自政府部门、国内外金融机构、高校、企业的代表齐聚石景山区，共同研讨金融业创新与发展热点难点话题，为金融和经济高质量发展建言献策。

（周　杰）

【服务教育领域对外交流】　年内，区外办接待14批团组156人次来访石景山区学校开展交流合作；为18批团组

10月12日，“领保陪你看世界”主题嘉年华活动　（区委宣传部供图）

25名教师提供规范有序因公出访管理与服务。3月27日,古城中学西语班到厄瓜多尔驻华大使馆开展交流。厄瓜多尔驻华大使馆公使劳德·拉腊接待到访的同学们,讲解该国的地理位置和国情概况,并与同学们进行交流。4月3日至10日,西班牙马德里圣伊西德罗中学师生一行22人来到古城中学校交流访学。同月6日,美国马萨诸塞州韦兰高中6名师生来到北京景山学校远洋分校进行为期8周的交流学习。9月24日,来自UNSOC泰国、韩国的全国委员会专家一行4人到北京教科院附属石景山实验学校参观考察。10月6日至14日,澳大利亚中央海岸文法学校9名师生到京源学校交流访问。11月26日,阿根廷圣达菲省拉斐拉市政府经济发展、革新和国际关系部门协调员何莉真女士来访古城中学,围绕阿根廷Malvinas Argentinas学校与古城中学开展交流合作事宜进行座谈。11月28日至12月7日,应瑞典蒙特梭利国际学校和芬兰维尔普拉中学的邀请,北京市京源学校师生代表团一行23人赴瑞典、芬兰开展学习交流活动。交流访问期间,京源学校与维尔普拉中学签订姊妹校友好关系协议书。

(周　杰)

【领事保护宣传】 4月13日,由市外事办主办,区外办协办的领事保护知识宣传暨出境模拟体验游活动在世界公园举办。5月,通过区文旅局"中国旅游日"现场宣传活动和旅游工作微信群,向驻区旅行社及分支机构、各旅游经营单位发放并推送外交部编制的《中国领事保护和协助指南》(2018版)宣传材料。9月,区外办在北京银行保险产业园开展以"平安海外、领保护航"为主题的领事保护进企业宣传活动。10月12日,由区外办、区文旅局承办的"领保陪你看世界"主题嘉年华活动在古城公园举办,通过"祖国在你身后"领事保护情景剧大赛优秀剧目展演、发放领保知识宣传品、互动游戏、境外旅游知识咨询等形式,吸引300余名市民参加活动。

(周　杰)

【重点外事活动】 4月26日,捷克奥洛莫茨州第一副州长帕维尔·索尔兹等十余名第二届"一带一路"国际合作高峰分论坛参会嘉宾走进石景山区,先后参观首钢工业园区及冬奥组委首钢办公区。市对外友协副会长高双进、首钢集团、区外办等相关部门负责人陪同。6月20日,巴拿马国民大会主席阿夫雷戈议长率领代表团一行8人访问石景山区并考察喜隆多新国际购物中心,区领导李文起、柯永果会见代表团一行,双方就石景山区与巴拿马相关区市间建立友好交流关系、推动双方互访及有关领域合作进行交流探讨。6月24日至30日,吴克瑞率石景山区代表团访问越南、泰国。访问期间,代表团参加"庆祝河内-北京建立友城关系25周年文艺晚会""2019曼谷友好城市周"等活动并献上精彩演出;拜会河内市隆边郡政府、曼谷市副市长克里昂欧斯·苏拉巴,探讨与越南河内市隆边郡及泰国曼谷市相关区建立友好交流关系的可能。9月3日,以全球领袖基金会执行主席何塞·阿尔塞为团长的拉美地方官员代表团一行5人访问石景山区,参观北京银行保险产业园、首钢园区和冬奥组委。10月16日,英国剑桥大学创新中心首席执行官托尼·雷文一行访问石景山区并参观北京银行保险产业园,市政府副秘书长杨秀玲,区领导陈之常、周西松会见代表团。12月13日,国际奥委会副主席胡安·安东尼奥·萨马兰奇、国际和相关国家及港澳地区冰雪体育组织负责人一行,来到广宁街道高井路社区参观冬奥社区建设。北京冬奥组委副主席杨树安,国家体育总局冬季运动管理中心主任、党委书记倪会忠,区领导常卫、陈之常一同参观。

(周　杰)

【友好城市交往】 5月22日至25日,以韩国首尔特别市麻浦区区厅长庾东均为团长的麻浦区代表团一行8人访问石景山区。期间,于长辉、陈之常分别会见代表团;代表团参观考察郎园Park、首钢园区、北京冬奥组委、燕京八绝艺术馆、北京银行保险产业园及北方工业大学图书馆和国际学院艺术馆,了解石景山区近年来文化旅游和经济等领域的发展成果,并探讨双方在文化、艺术等领域开展友好交流合

朝国首尔特别市麻浦区少年足球代表团与京源学校(小学部)、金顶街二小举行友谊赛
(区外办供图)

作的事宜。6月24日至7月1日，由陈之常率领的石景山区代表团访问英国伦敦市、剑桥市，芬兰赫尔辛基市和梅恩泰－维尔普拉市。6月28日，陈之常与梅恩泰－维尔普拉市长马尔库斯·奥维宁共同正式签署《中华人民共和国北京市石景山区与芬兰共和国梅恩泰－维尔普拉市建立友好城市关系协议书》，标志着两区市正式缔结友好城市关系。7月15日至20日，为纪念北京市与东京都缔结友好城市关系40周年，由北京市第九中学师生组成的"2019年北京市青少年友好代表团"一行40人对日本东京、京都、大阪等地进行访问。7月16日，代表团拜会东京都板桥区政府，东京都日中友协会长宇都宫德一郎、板桥区区长坂本健等出席相关活动。9月18日，以麻浦区政府生活体育课长姜荣大为团长的韩国首尔特别市麻浦区青少年足球代表团一行25人访问石景山区。10月9日至11日，以芬兰梅恩泰－维尔普拉市理事会理事长玛丽卡为团长的代表团一行8人访问石景山区。11月4日至10日，齐春利随北京市区友好代表团赴日本东京、熊本、大分、福冈等地进行友好交流访问，在东京期间与墨田区区长山本亨、板桥区副区长桥本正彦进行友好交流。11月12日，俄罗斯后贝加尔边疆区妇联代表团一行12人访问石景山区并开展友好交流。12月6日至13日，以陈婷婷为团长的石景山区代表团赴韩国首尔特别市麻浦区、日本东京都板桥区、墨田区进行友好交流访问。

（周　杰）

【因公出国（境）管理】 年内，区外办严格执行相关规定和要求，完善审核审批制度和工作流程，规范因公出访团组业务办理流程，派驻纪检监察组、国家安全站专门参加团组行前教育会，进行外事纪律、国安教育。坚持做好团组行前公示和出访后公示，提高因公出访工作透明度，加强全流程监管，促进因公出访工作规范廉洁高效运行。全年为全区因公团组41批95人次提供出访服务。对所有因公护照及港澳通行证实施集中规范管理，做到护照收缴率和按期注销率两个100%。

（周　杰）

【优化营商环境】 年内，区外办通过"北京·石景山"网站刊登《APEC商务旅行卡办理指南》，将APEC商务旅行卡申办流程和使用指南等相关内容汇编成《APEC商务旅行卡知识手册》，举办说明会、发放至中关村石景山园、北京侨梦苑、银保园、中关村智造大街等重大功能区和项目的重点商务楼宇等多种形式进行宣传推介。累计为全区32家企业74人办理APEC商务旅行卡，助力企业国际化发展。

（周　杰）

【国际语言环境建设】 年内，区外办以《首都国际语言环境建设工作规划（2016年—2020）》为牵引，以北京举办2022年冬奥会、冬残奥会以及国际交往中心建设为主线，围绕创城工作要求，以营造良好的国际语言环境为重点，提高市民外语应用能力、对外交流水平和国际化意识。抓好区内7家市民讲外语基地建设，以"学外语，促创城，迎冬奥"为主题，举办2019年市民讲外语活动周和外语游园会活动；提升旅游、文化、商业等窗口行业人员外语服务水平，在银保建国酒店举办"牵手冬奥"公益英语讲座活动。以文化旅游、公园系统和街道社区等行业和街道社区重要涉外场所为重点，对区文化中心、慈善寺、银保建国酒店、八大处公园、古城街道、冬奥社区等单位700余处外语标识牌进行现场检查、审核、整改。

（周　杰）

台港澳事务

【概况】 中共北京市石景山区委台湾工作办公室、北京市石景山区人民政府台湾事务办公室（简称区台办）是区委区政府主管对台工作的职能部门，与区委统战部合署办公，机构改革后承担全区涉台工作的组织、指导、管理、协调职能，负责香港、澳门代表人士及基层社区交流等工作。年内，区台办坚决贯彻中央对台港澳工作决策部署，坚决落实市委对台港澳工作要求，以服务北京对台工作大局、服务区域社会发展为目标，最大限度地做好台港澳统战工作。

（杨　雯）

【"彩虹桥"两岸一家亲活动】 区台办按照"京台社区新年联欢"活动安排，由广宁街道副书记带队，区基层社区交流团一行16人赴台参加高雄北京文化周新年联欢文化演出，在高雄市前金区、田寮区举办"迎新除旧一家亲"跨年文化交流系列活动，带动岛内近600余民众参加。活动从2018年12月27日开始至2019年1月2日结束。

（杨　雯）

【台商新春联谊活动】 1月24日，石景山区举办涉台企业春节联谊活动，20多位驻区重点台资企业负责人就优化整合文创产业政策、助推地区经济社会发展、深化合作等议题积极建言，区台办领导通报2019年石景山区重点工作，向台商致以新春问候和祝福。台胞台商安排参观郎园Park文创园、走进启迪冰雪体育中心系列活动，详细了解石景山区文创发展政策，感受冰雪运动之美。

（杨　雯）

【港澳交流访问】 年内，区外办配合中央及全市港澳工作大局，利用港澳资源，服务全市和地区经济社会发展，派遣3批自组团组50余人次赴港澳开展交流访问，接待港澳地区的4批来访团组140人次，深化与港澳地区多领域交流合作。3月，北京景山学校远洋分校代表团赴澳门参加"庆祝澳门回归二十周年'千人汇'会员大会暨与特首面对面"活动，在16所澳门中学与16所内地学校缔结姊妹学校的"千人计划'签署仪式上，北京景山学校远洋分校与澳门东南学校缔结姊妹校关系。4月，北京市黄庄职业高中橄榄球队赴香港参加第三届"京港杯"青少年橄榄球交流赛，并取得高中组第二名的好成绩。5月9日至10日，"香港中小学校长领导研习班"的21位校长分别到北京京源学校、石景山区实验学校、北方工业大学附属学校、首师大附属苹果园中学和北京景山学校远洋分校等5所学校交流访问,观摩学校教育教学活动促进两地中小学间的友谊与合作。6月3日,香港教育代表团一行来到北师大石景山附属幼儿园参观交流。同月4日,由香港教育行政学会会长李少鹤、香港教师会副会长郭楚翘带队,来自香港教育大学、香港专业进修学校、香港公开大学的在校学生等20余人组成的京港幼师专业培训交流团到石景山区实验幼儿园参观交流。19日,香港元朗惠州姐妹校40余位师生访问石景山区实验小学。8月2日,来自香港、澳门的优秀大学生代表50余人参观法海寺壁画和承恩寺燕京八绝艺术陈列馆,近距离感受明代壁画灵动的流光色彩和燕京八绝宫廷技艺的精美绝伦,感受中华优秀传统文化独特的魅力以及传承非遗技艺的极致要求。

(周　杰)

【参访冬奥社区】 5月21日,台湾高雄市阿莲区和田寮区里邻长一行到北京市首个冬奥社区——石景山区高井路社区参访交流。共同举办京台社区研讨会。开展旱地冰壶比赛,走进乐龄广宁养老照料中心,了解社区“医养结合”养老模式。乐龄广宁养老照料中心与高雄阿莲木棉花老人协会签署交流合作协议,双方就促进老人健康生活和社区文化发展达成友好合作事项。

(杨　雯)

【京台校际交流结对】 5月24日至30日,黄庄职业高中一行15人赴台参加结对校台湾明台高中校庆和专业交流活动,期间拜会高雄市、新北、桃园共5所高职院校。与高雄市私立树德高级家事商业职业学校和高雄市私立三信高级家事商业职业学校签署友好学校协议;京源学校与台湾静心中学开展教育教学交流。

(杨　雯)

【两岸青少年橄榄球赛】 8月23日,在国台办、市台办和区委区政府指导下,国台办重点项目“台湾青少年走进大陆校园”活动落地黄庄职业高中。台湾、北京、河北三地高中橄榄球队举办为期2天的橄榄球比赛,以球会友丰富青少年交流内容和形式,为三地青少年厚植友谊提供新的平台。

(杨　雯)

【京津冀台湾青年嘉年华活动】 12月8日,由市台协主办,全国台联、区台办支持,天津市台协、河北省台协协办的京津冀台湾青年嘉年华活动在石景山区举行。126名台湾青年走进法海寺,近距离欣赏精美壁画,感受民族艺术瑰宝,沉浸式体验高科技游乐项目“飞跃中国”。

(杨　雯)

【接待高雄基层社区交流团】 12月19日至24日,台湾高雄基层社区交流团一行23人到区开展为期5天的交流访问。参访金顶街街道模式口村社区,体验一站式社区服务中心、老街坊议事厅、驼铃古道,对模式口村旧街改造中保留文化传承表示钦佩。参观燕京八绝博物馆、庆祝中华人民共和国成立70周年大型成就展、台湾会馆和大栅栏等地,了解新中国发展史、京台交流历史和现状。23日,高雄基层社区交流团参观古城街道燕堤西街社区活动中心,就社区建设、青年创业、文化传承等内容进行探讨,分享社区建设和管理经验,共同开展岁末联欢演出和体育互动游戏,相互赠送“根生同源一家亲”等书法作品。

(杨　雯)

8月23日,国台办重点项目“台湾青少年走进大陆校园”活动落地黄庄职业高中

(区委统战部供图)

【维护台胞合法权益】 年内,多次到台企和社区走访调研,加强“两岸追梦人”“港澳工作”微信群维护联系,及时了解台港澳同胞诉求。接待台胞来信来访回复率100%,办理协调台胞子女就学事项三人次。

(杨　雯)

【落实“55”条惠台政策】 区委、区政府筹建石景山区落实市“55条”措施工作联席会,建立完善联席会制度,对服务台胞台商情况进行摸排。年内,完成三大类中7条服务项,将工作落到实处。

(杨　雯)

【发挥交流平台作用】 年内,区台办发挥台湾街林献堂抗日战争纪念馆和京台民俗文化交流馆对台交流平台作用,两个平台接待台胞交流和各界人士参观400余人次。

(杨　雯)

【立项审批和交流】 年内,区台办办理赴台立项审批15批次78人,涉及领域包括青少年体育和教学交流、医疗卫生交流、法学交流和动漫产业交流。开展对台交流出访来访23批441人,广宁街道、金顶街街道、八宝山街道等多个街道前后参与接待。完成接待台湾统一促进党党首、台湾南投县县长、金马澎各县市同乡会总干事、台民意代表等人员来石景山区参访交流。

(杨　雯)

【服务区域发展】 年内,区台办围绕中心工作和产业园建设,推动多领域交流合作。引介台商到康复辅助具产业园考察，协助园区开展两岸金融专家交流会暨北京银行保险产业园研讨活动，年内5家台资企业落地。帮助职能部门推进对台交流合作，支持15个单位相关人员随团赴台交流，协助区卫健委医疗卫生团组赴台学习参访2批次，支持和指导教委开展“青兰计划”中小幼教赴台教学交流。

（杨　雯）

【涉台宣传】　年内，区台办在主流门户网、国家级、市级报刊杂志的宣传报道42条，向岛内台胞发送石景山区发展新貌、自然景观等资料光盘100余张，贺卡100余张。抓好《台湾工作通讯》《两岸关系》和《北京对台工作》刊物征订，使用覆盖100%的社区。宣传和展示区医养结合养老成果，带动乐龄企业参加两岸三地养老论坛交流、参访和考察合作。

（杨　雯）

【赴台交流培训】　年内，区台办落实行前教育，开展卫生医疗、教育教学等赴台团组行前培训4批次，讲解中央对台方针政策，明确赴台纪律要求，提醒相关注意事项，确保赴台交流安全顺利。

（杨　雯）

石景山区人民政府区长、副区长

区　长　陈之常(1月任，12月免)

副区长　柯永果　肖　平(5月免)　陈婷婷(女，藏族)　亢　军　齐春利(5月任)　左小兵　周西松　生效友　杨宏伟(11月免)

石景山区人民政府工作机构主要负责人

区政府办主任　吴　燕
区发改委主任　李文化(女)
区教委主任　李秀兰(女)
区政府教育督导室主任　王　鑫(3月免)
　李秀兰(女，11月任)
区科委主任　郝显军(3月任)
区经信委主任　王晓华(3月免)
区大数据管理局局长　王晓华(11月任)
区经济信息化局局长　王晓华(3月任)
区民政局局长　丁仁猛(3月免)
　高春玲(3月任，8月免)
　刘吉新(8月任)
区财政局局长　陈　伟
区人力社保局局长　齐　兵
规划国土分局局长　徐咏梅(女，5月免)
市规自委石景山分局局长
　徐咏梅(女，5月任)
区生态环境局局长　王瑞超(5月任)
区住房和城乡建设委主任　杨旭东(3月免)
区住房和城市建设委主任　杨旭东(3月任)
区房屋征收办公室主任　杨旭东(11月任)
区住房保障办公室主任　杨旭东(11月任)
区城市综合管理委主任　张玉国(3月免)
区城市管理委主任　颛孙永麒(3月任)
区城市环境建设管理委员会办公室主任
　颛孙永麒(11月任)
区水务局局长　张玉国(兼，3月免)
　颛孙永麒(11月任)
区交通委主任　颛孙永麒(11月任)
区商务委主任　宋世媛(女，3月免)
区商务局局长　宋世媛(女，3月任)
区文化委主任　王亚迅(3月免)
区旅游委主任　安宝喜(3月免)
区文化和旅游局局长　王亚迅(3月任)
区卫计委主任　葛　强(3月免)
区卫生健康委主任　葛　强(3月任)
区退役军人事务局局长　孙厚义(3月任)
区安监局局长　佟晓军(3月免)
区应急管理局局长　张玉国(3月任)
区应急管理委员会办公室主任　张玉国(11月任)
区工商分局局长　张　伟(3月免)
区食药监局局长　金跃文(3月免)
区质监局局长　韩洪亮(3月免)
区市场监督管理局局长　张　伟(3月任)
区审计局局长　王亚兰(女)
区外事侨务办主任　斯琴格日勒(女，蒙古族，3月免)
区外事办主任　斯琴格日勒(女，蒙古族，3月任)
区委区政府信访办主任　张洪江(3月免)
区国资委主任　李路海
区体育局局长　李劲挺
区统计局局长　王彦明
区园林绿化局局长　毛　轩
区绿化委员会办公室主任　毛　轩(11月任)
区金融办主任　杨京春(女)
区政务服务办主任　孙明磊(3月免)
区政务服务局主任　孙明磊(3月任)
区民防局局长　崔　泽(3月免)
区人防办主任　崔　泽(3月任)
区集体经济办主任　马四虎(3月免)
区集体资产监管办主任　马四虎(3月任)

区信访办主任	张洪江(3月任)
区民族宗教事务办主任	高国强(3月免)
区民族宗教侨务办公室主任	高国强(11月任)
园区管委会主任	唐　铭(女,3月任)
区西山永定河文化带管委会主任	刘云清(3月任)
区西部建设办主任	肖　平(兼,5月免)
区城管执法局局长	董新理(9月免)
	梁锁生(9月任)
区城市管理监督指挥中心主任	张玉国(兼,3月免)
区地震局局长	毕晓梅(女)
区投促局局长	唐　铭(女)
区机关行政处处长	张建刚
八大处公园管理处主任	刘云清
环卫中心主任	冯雅男
区广电中心主任	王国强(3月免)
区融媒体中心主任	王国强(3月任)
公园管理中心主任	王金兰(女)
区房屋征收事务中心主任	傅庆华(11月免)
	唐　嵘(11月任)
石景山医院院长	刘　鹏
区税务局局长	谢明江
区气象局局长	朱　立
区法制办主任	倪斐远(3月免)
区社会办主任	高春玲(女,3月免)
区综治办主任	夏鹏程(3月免)
区流管办主任	夏鹏程(兼,3月免)
区维稳办主任	夏鹏程(兼,3月免)
区动物卫生监督管理局局长	葛　强(兼,3月免)

政协石景山区委员会

综　述

政协北京市石景山区第十届委员会(简称区政协)有委员 184 人。常委会组成人员 33 人,其中主席 1 人、副主席 6 人、秘书长 1 人、常委 25 人。下设办公室、研究室、专委会工作一室、专委会工作二室、专委会工作三室、专委会工作四室、专委会工作五室、专委会工作六室 8 个办事机构。年内,区政协及其常委会在中共石景山区委的领导下,按照全国政协、市政协的部署要求,牢记使命、扎实履职、不负重托,依靠各界委员,坚持围绕中心、服务大局,围绕全区中心任务,紧紧抓住“两大机遇”,牢牢把握“三区”功能定位,认真履行政治协商、民主监督、参政议政职能,在建言资政和凝聚共识上双向发力,推动区政协工作取得全面进步,完成区政协十届三次会议部署的各项任务。全体政协委员围绕推进全区高质量发展,认真履行职责,积极建言献策,在高水平打造首都城市西大门的实践中体现新担当、展现新作为,为促进石景山区经济社会改革发展作出新的贡献。

(樊　华)

重要会议

【概况】 区政协的重要会议包括政协全体会议、常务委员会议、主席会议。年内,区政协围绕中心、助推发展,服务大局,召开全体会议 1 次、常委会会议 5 次、主席会议 7 次。围绕全区改革发展的重大问题和群众关注的切身利益问题,认真履行政协职能,形成政协多层协商格局。

(樊　华)

【区政协十届三次会议】 1 月 7 日至 10 日召开。大会应出席委员 180 人,实际出席 164 人。会议审议通过常务委员会工作报告和提案工作报告。吴克瑞作政协第十届委员会常务委员会工作报告,刘建国作政协第十届委员会常务委员会提案工作报告。大会对《关于加强模式口地区保护、改造与开发工作的建议》等 30 件优秀提案,《关于加快石景山区高端主导产业可持续发展的调研》等 13 篇优秀调研报告,《关于解决老旧小区上下水管道漏水问题的建议》等 23 条优秀社情民意,以及对钱世崇、刘嵘等 25 名委员履职先进个人予以表彰。截至 1 月 8 日 18 时,本次会议共收到提案 247 件,其中,民主党派和工商联提案 16 件,专委会提案 8 件,界别提案 5 件,委员提案 218 件,委员提交提案人数占委员总数的 95%。经审查共立案 241 件,其中,经济科技类 45 件,社法民宗类 34 件,城建环保类 96 件,教卫体类 49 件,文化文史类 17 件。

(樊　华)

1 月 7 日,区政协第十届第三次代表会各界委员　　(区政协供图)

【常务委员会会议】 年内,区政协召开 5 次常务委员会会议。1 月 10 日召开第十次常委会。会议审议政协石景山区第十届委员会常务委员会 2019 年工作要点(草案)。4 月 25 日召开第十一次常委会。会议听取并讨论石景山区城市精细化管理工作情况汇报和石景山区党风廉政建设情况通报。7 月 17 日召开第十二次常委会。会议审议 2019 年区政协常委会调研报告和建议案。10 月 10 日召开第十三次常委会。区城管委就《关于加强我区城市精细化管理的建议案》进行答复;审议政协北京市石景山区第十届委员会常务委员会工作报告;审议常务委员会提案工作报告;审议对区属党政部门履职情况开展民主监督与评议的报告;审议区政协十届四次会议相关文件;审议人事事项。12 月 30 日召开第十四次常委会。会议传达学习区委十二届十次全会精神;审议人事事项。

(樊　华)

【主席会议】 年内,区政协召开 7 次主席会议。2 月 21 日召开第十一次主席会议。会议审议区政协各专委会 2019 年工作计划。3 月 12 日召开第十二次主席会议。会议审议区政协 2019 年协商工作计划;审议 2019 年区政协主席、副主席、秘书长督办重点提案情况;听取关于开展政协委员“下基层、进社区、纳诤言、惠民生”活动的汇报。4 月 1 日召开第十三次主席会议。会议听取关于开展政协委员“走基层、察民情、建真言、惠民生”活动的汇报。7 月 4 日召开第十四次主席会议。会议审议区政协各专委会 2019 年调研报告和建议案;听取关于 2019 年区政协对区属党政部门履职情况开展民主监督与评议工作相关情况的汇报;听取关于举办庆祝新中国成立 70 周年和人民政协成立 70 周年书画展活动的汇报。11 月 28 日召开第十五次主席会议。会议进行 2019 年主席会建议案集中答复;听取区政协各专委会 2019 年工作总结和 2020 年工作计划;

听取《政协北京市石景山区委员会关于提高提案质量的意见》的汇报；审议2019年区政协对区属党政部门履职情况开展民主监督与评议工作情况的报告；审议人事事项。12月10日召开第十六次主席会议。会议审议常委会工作报告、案工作报告；审议财政预算民主监督小组、社会管理综合治理民主监督小组和城市管理民主监督小组评议报告；审议区政协十届四次会议相关文件；审议优秀提案、优秀调研报告、优秀社情民意和委员履职先进个人名单；审议2020年工作要点；听取关于拨付石景山区融媒体中心宣传经费请示的汇报。12月30日召开第十七次主席会议。会议审议人事事项。

（樊　华）

【政协工作理论研讨会】 7月18日，区政协召开第28次政协工作理论研讨会暨"提高我区城市精细化管理水平"专题议政会，组织政协常委和委员重点围绕提高城市精细化管理水平主题集中进行专题协商发言，形成发言材料26篇。

（樊　华）

专门委员会

【概况】 根据政协章程规定和区政协工作实际，第十届区政协设有经济科技委员会、社会法制与民族宗教委员会、城建环保委员会、教文卫体委员会、提案委员会、学习与文史委员会6个专门委员会。年内，专门委员会组织委员认真学习、宣传国家的方针政策和法律；就本区政治、经济、文化和社会生活中的重要问题，人民群众普遍关心的问题，选择其中具有综合性、全局性、前瞻性的课题，开展调查研究，提出意见、建议和提案；团结和联系委员及各族各界人士，反映社情民意；组织各种活动，为委员知情出力、履行职责创造条件。

（樊　华）

【经济科技委员会】 区政协十届二次会议期间，经科委委员提交提案138件，参与撰写社情民意41篇。对区商务局开展民主监督与评议工作，召开座谈会3次，走访调查2次，反馈汇报会1次，形成监督评议报告。组织区政协财政预算民主监督小组开展专项评议活动。开展"走基层、察民情、建真言、惠民生"活动19次，其中，开展优化与提升营商环境等专题活动15次，结合专委会党支部调研开展2次，27名委员提出具体建议3条，解决实际问题25件，提交社情民意20余件。联合民建区工委和九三学社区工委成立联合调研课题小组，开展关于提升营商环境的调研工作，组织召开专题调研会5次，走访企业11次，外出考察1次，开展建议征询3次，形成《关于优化和提升我区营商环境的调研报告》。与科技园区联合组织开展驻区企业座谈会。年内，引进中国铁建网络信息技术有限公司等企业，注册资本金1亿元。走访看望委员21人次，结合专题视察走访委员单位15家。组织召集经济、科技和工商联界别委员开展活动3次。

（樊　华）

8月15日，区政协到八宝山街道调研垃圾分类情况　　（区政协供图）

【社会法制与民族宗教委员会】 全年开展各类活动41次，其中专委会活动12次，界别活动4次，政协专题活动15次，重点提案督办1次，党支部活动5次，其它活动4次。委员出席317人次。提交提案43件、报送社情民意42件，走访委员9人次。与民革区工委、致公党区工委、区残联开展《关于以冬奥和冬残奥会为契机，进一步加强我区无障碍设施建设》的调研。组织委员视察爱心人寿保险股份公司；视察区信访办和金顶街街道调解工作，了解石景山区"在线矛盾纠纷多元化解平台"建设、运行情况；视察双泉寺及"四进"宗教场所活动开展情况；组织政法界别小组视察区公安分局五里坨、八角派出所及警犬基地、涉案财物中心，听取《做好新中国成立70周年庆祝活动服务安保工作》专题汇报并开展座谈。采取多种形式，对区信访办开展民主监督与评议工作。视察八角北里居住小区、八角东街及沃尔玛超市无障碍设施建设情况。全面开展"走基层、察民情、建真言、惠民生"活动，在服务保障新中国成立70周年庆祝活动和2022年冬奥会冬残奥会筹办等方面，集中开展走基层活动9次，委员个人走基层活动121人次。

（樊　华）

【城建环保委员会】 年内，组织13次视察参观、走访座谈、学习讨论等活动，全年106人次参加多种形式的学习和交流。在城市管理精细化方面组织委员进行调查研究，分别对道路建设、老旧小区管线基础设施改造、绿化美化、生态环境保护等内容进行调研，学习先进地区城市精细化管理和文明城市创建设经验，编写并向区委上报城市精细化管理促进创建文明城区的情况报告。区政协全会收到城建环保委委员提案总数60件,平日提案1件。联合九三学社区工委、农工党区工委组成专门监督工作组对区城管委开展民主监督与评议工作。组织全委委员先后10余次对区内重点工程和街道、社区进行视察调研;结合重点调研课题和民主监督评议的内容,在全区范围内容深度了解垃圾分类等热点难点问题,完成社情民意18条。针对景阳东街夜间大型渣土车扬尘污染和噪音扰民问题到融景城第二居委会走访调研,在短时间内解决问题。对实验二小教学楼紧张和广宁村小学迁到临时校址中遇到的电力不足等问题与区教委、区城管委等单位协商并跟踪监督办理结果,最终解决实验二小教学楼紧张问题,通过调整装修改造方案缓解广宁村小学临时校址电力问题。到永定林公司等驻区企业,针对企业提出的周边环境提升等问题分别与有关部门开展协商,现阶段企业提出的问题基本得到解决。

(樊　华)

【教文卫体委员会】 全年组织和参加各类形式的学习、考察调研等活动39次,委员参加231人次。组织委员参加区政协举办的各项学习活动4次。围绕"助力冬奥,推动我区冰雪体育发展",通过实地参观调研、听取工作情况汇报,召开交流座谈会,完成《关于借势冬奥,开展冰雪嘉年华活动,推动我区冰雪体育产业发展的调研报告》并形成主席会建议案,报区政府研究参考。开展"走基层、察民情、建真言、惠民生"活动,开展活动6次。委员今年提交提案或联名提案55件,收集反映社情民意21篇。与农工党区工委联合,以学前教育工作为切入点,对区教委履职工作情况开展民主监督与评议,评议中发放并收回有效调查问卷273份,谈话31人次,委员和党派成员参加31人次。完成《对区教委学前教育工作开展民主监督与评议情况的报告》,并提出合理布局、加快公办园、普惠园建设和管理等建议。

(樊　华)

【提案委员会】 全年组织开展活动39次,其中政协专题活动11次,专委会活动14次,界别协商2次,党支部活动4次,民主监督8次。委员出席332人次。区政协十届三次会议以来,收到提案256件,经审查,立案249件全部办理完成,未予立案的提案7件。政协委员向市政协会议提交提案14件。将8件重点督办提案全部办结并围绕创建文明城区开展提案督办。针对五里坨地区交通拥堵情况和老旧小区物业管理工作进行视察并开展专题协商。提案委员会召开提案工作征求意见座谈会和市政协提案工作(西区)交流座谈会,制定《政协北京市石景山区委员会关于提高提案质量的意见》。开展"走基层、察民情、建真言、惠民生"活动;开展提案委委员"随手拍"活动,收到针对全区范围内发现的问题或取得的成果随手拍103条,报创城办转交相关单位并报送社情民意;提案委员会同社会保障与社会福利界别、无党派界别部分委员对石景山区公共文化服务发展情况开展调研。提案委员会和民盟区工委、民建区工委对鲁谷开展民主监督与评议工作,先后8次组织活动,完成评议报告。全委有24名委员出席政协十届三次全会,全部提交提案63件,其中主提41件,附议22件,提交专委会提案2件,界别提案2件,撰写社情民意共计106篇。

(樊　华)

【学习与文史委员会】 年内,组织委员以"周边局势、大国关系与一带一路"为主题开展专题培训;组织委员以"从中美贸易战看新时代中国经济发展策略"为主题开展专题培训;协助组织委员到北京冬奥组委首钢办公区参观学习;组织委员参加市政协组织的电视会议,观看市政协70周年特别节目《历史的开篇》电视专题片。召开专委会全体会议,并为委员订阅市政协学习委员会编发的内部参考读物《学习》。开展"西山永定河文化带石景山区中医药文化旅游"的专题调研。组织部分委员视察模式口文化古街建设情况;组织委员参加八大处茶文化节、重阳节及中医药文化节有关活动;组织部分委员和文史参事到首钢石景山古建群和区文化中心视察调研。召开文史参事工作会,对文史资料征集整理工作进行部署;结合庆祝新中国成立70周年,编印出版《石景山发展变迁70年史料集萃》(第25辑);启动《石景山文史资料》第26辑征集工作。完成《凝心聚力70年》文章征集三篇《委员履职管理的一次有益的尝试》《永定河生态治理见证政协委员参政议政》《石景山区政协对区属党政部门履职工作开展民主监督与评议探索》。其中《委员履职管理的一次有益

6月20日,区政协到市控老山站调研生态环境工作　　(区政协供图)

的尝试》《永定河生态治理见证政协委员参政议政》2篇文章被市政协采用。召开《关于西山永定河文化保护和发展的建议》提案督办会。政协民主监督与评议工作第六组(学习与文史委员会)于7月对区文旅局进行民主监督与评议。组织部分委员及区政府有关职能部门城管委、区集体资产监管办等单位就推进郎园 Park 建设召开专题协商座谈会。岳林华带领9名对外友好界别委员走进七星园北社区,和社区居民共同漫谈茶文化,会后提交《建议将七星北小区垃圾站及公共厕所迁址》的社情民意。文化艺术界别委员到首钢园区开展书画活动。组织委员到八大处调研中医药与森林康养问题;组织委员到红十字会开展初级救护员技能培训;组织对外友好界别委员到中欧科学创新中心调研;组织专委会委员到社区进行文史知识讲座;组织专委会中共党员委员到京交会首钢园区分会场参观学习;组织委员到区老干部局观看廉政书画作品展;组织举办"庆祝新中国成立70周年暨人民政协成立70周年"书画展活动。

(樊　华)

6月11日,区政协重点提案督办协商　(区政协供图)

重要活动及相关工作

【概况】　年内,区政协把握团结民主两大主题,紧密团结各界委员,认真履行政治协商、民主监督、参政议政职能,围绕中心服务大局,勇于创新、求真务实,为推动经济社会发展做出新贡献。

(樊　华)

【政协领导调研】　3月5日,吴克瑞率队到联通公司调研5G通讯技术并看望委员。围绕4G/5G速率对比等内容进行实地考察体验并进行座谈。5月9日,吴克瑞一行调研老旧小区物业服务管理情况。实地察看杨庄北社区和杨庄中社区老旧小区物业服务和精细化管理情况,听取实兴腾飞公司、实兴金海物业公司就公司发展和小区物业服务管理情况汇报。6月20日,吴克瑞一行调研生态环境保护工作。在实地察看空气质量市控老山站情况并听取生态环境局相关情况汇报后,与会的政协委员就进一步改善生态环境质量和加强监查执法等方面进行专题协商。8月6日,吴克瑞一行调研道路建设和交通管理工作。实地查看朝阳医院京西院区周边交通综合整治情况、古城南街建设情况并听取区城管委和交通支队的相关情况汇报。12月12日,吴克瑞带队围绕老旧小区有机更新及综合整治工作到鲁谷街道调研,先后前往七星东街、六合园南、五芳园社区,实地查看精品街改造、老旧小区有机更新和综合整治情况并听取相关汇报。

(樊　华)

【人民政协成立70周年书画展】　9月10日,由区政协书画院主办的"庆祝新中国成立70周年暨人民政协成立70周年书画展"开幕。本次展览展出书画作品70幅,作品内容以弘扬民族文化,赞美祖国大好河山,歌颂祖国、歌颂人民、歌颂新中国取得的辉煌成就和人民政协履行职能的新风采为主题。

(樊　华)

政协石景山区第十届委员会

主　　席	吴克瑞		
常务副主席	刘国庆		
副 主 席	刘建国	岳林华	赵继新
	高　杰	于秀云(女)	
秘 书 长	刘福利		
副秘书长	程伯静(女)	苏文颖	李凤芹(女)
	毛　轩	李鸿泓	刘东晖
常务委员	王亚迅	毛　轩	白德骏
	仲达文	刘　嵘(女)	刘东晖
	刘吉新	苏文颖	李凤芹(女)
	李鸿泓	李智勇	李路海
	吴　瑕(女)	何云飞	汪礼俊
	张　钢	陈有忠	赵天旸
	赵建平	秦玉山	彭　飞
	蒋志谋	释常藏	焦彦生
	戴　兵(女)		

石景山区政协专门委员会负责人

经济科技委员会主任	刘卫东
社会法制与民族宗教委员会主任	韩　冰(女)
城建环保委员会主任	李元涛
教文卫体委员会主任	杨玉玲(女)
提案委员会主任	于惠兰(女)
学习与文史委员会主任	蒙树红(女)

石景山区政协工作机构负责人

区政协党组成员、秘书长	刘福利
区政协党组成员、办公室主任	程伯静(女)
区政协研究室主任	刘　威
区政协专委会工作一室主任	刘卫东
区政协专委会工作二室主任	韩　冰(女)
区政协专委会工作三室主任	李元涛
区政协专委会工作四室主任	杨玉玲(女)
区政协专委会工作五室主任	于惠兰(女)
区政协专委会工作六室主任	蒙树红(女)

纪检　监察

综 述

【概况】 中国共产党北京市石景山区纪律检查委员会、北京市石景山区监察委员会(简称区纪委区监委)在市纪委市监委和区委的双重领导下办公。设区纪委书记1名,副书记3名,纪委常委5名(由室主任兼任)。设区监委主任1名(由区纪委书记兼任),副主任3名(由区纪委副书记兼任),委员5名(主要由区纪委常委兼任,不由区纪委常委兼任的委员2名)。设16个内设机构和11个联合派驻纪检监察组,行政编制131名,领导职数为27正(副处级)30副(正科级),另设机关党委专职副书记1名(副处级)。下设1个正科级工资规范管理的事业单位,编制9名,领导职数为1正(正科级)1副(副科级)。在全区9个街道派出纪工委监察组,在区直机关工委派出纪检监察工委,均在各单位单独列编。另有设在机构中共北京市石景山区委巡察工作领导小组办公室,设有5个区委巡察组,列入区委工作机关序列,行政编制15名,领导职数为6正(正处级)6副(副处级)。

(李　艳)

【区纪委十二届六次全体会议】 2月1日召开。会议以习近平新时代中国特色社会主义思想为指导,全面贯彻落实党的十九大和十九届二中、三中全会精神,认真学习十九届中央纪委三次全会工作精神,贯彻落实市纪委十二届四次全会和区委十二届八次全会工作部署。郭鹏代表区纪委常委会向大会作工作报告,总结2018年纪检监察工作,部署2019年工作任务。

(李蕊君)

【党风廉政建设大会】 2月22日,石景山区党风廉政建设大会召开,陈之常主持会议,于长辉出席会议并讲话。会议学习贯彻习近平总书记在中央纪委十九届三次全会上的讲话精神,落实市委十二届七次全会、市纪委十二届四次全会和区委十二届八次全会工作部署,回顾总结2018年工作,通报全区2018年全面从严治党(党建)工作检查考核情况,对2019年全面从严治党和党风廉政建设工作进行部署。大会以视频会议形式召开,全区各单位正科级实职以上干部、纪检监察系统全体干部,近1200人参加会议。市纪委市监委有关领导出席会议。

(李蕊君)

【区纪委十二届七次全体会议】 8月15日召开。会议深入学习贯彻习近平新时代中国特色社会主义思想,全面贯彻落实党的十九大精神和十九届二中、三中全会精神,学习市委十二届九次全会精神,贯彻落实区委十二届九次全会工作部署。郭鹏代表区纪委常委会作工作报告,总结2019年上半年纪检监察工作,部署2019年下半年工作任务。

(李蕊君)

2月22日,石景山区召开党风廉政大会　　(区委宣传部供图)

监督工作

【概况】 年内,区纪委区监委立足监督"第一职责",坚持寓监督于日常工作。聚焦关键领域、关键少数,做到精准发现问题、精准把握政策、精准作出处置。推动监察监督向基层延伸工作,制定《关于深化监察体制改革推进监察监督向基层延伸工作方案》及配套制度,积极探索破解熟人监督、同级监督难题,实现对所有行使公权力的公职人员监督全覆盖。

(李蕊君)

【压实全面从严治党主体责任】 2月,组织召开全面从严治党主体责任工作部署培训会,全区79家单位主体责任主管领导及各级纪检监察组织负责人参加培训,对2019年主体责任重点任务进行具体部署,提升履责能力。10月,印发《2019年石景山区全面从严治党(党建)工作考核实施方案》,明确全面从严治党检查考核内容、考核方式、指标体系和落实主体责任39项具体任务。12月,区纪委区监委牵头,成立11个联合检查组,对全区77家单位进行普遍检查。将检查考核情况统一进行通报,并向各单位进行书面反馈。区委、区纪委主要领导对考核结果较差的两家单位实施约谈。

(雷雨晨)

【整治扶贫领域腐败和作风问题】 5月,区纪委区监委加强与区发改委的沟通联系,建立每月扶贫协作工作简报互通机制。6月,对扶贫项目推进情况及扶贫资金筹集、管理、拨付情况开展监督检查。全年参加扶贫协作会议3次,开展座谈2次,对4个受援地督促整改3个共性问题。12月,根据市扶贫支援办《五省区对接检查清单》反映的问题,开展整改措施落实情况监督检查,督促制定整改方案。

(朱　涛)

【廉政宣传教育】 5月,开展第28届

党风廉政建设宣传教育月活动。全年533家单位1.8万余名党员干部职工走进反腐倡廉警示教育基地接受教育，中组部、团中央等中央国家机关和部分央企，市纪委市监委、部分市属国企等先后到基地参观。拍摄警示教育片《上任就放任的队长》并组织全区党员干部观看。组织发案单位党员干部旁听庭审，接受零距离、全景式警示教育。全年在《中国纪检监察报》和中央纪委国家监委网站上稿10篇，在北京纪检监察网、《北京日报》客户端刊发稿件80余篇。用好《石景山报》、区有线电视等区内宣传阵地，在石景山纪检监察网发布信息111篇，动态更新石景山党建网、党风廉政建设板块，"方圆石景山"微信公众号共推送信息91期230余条。年内组织全区40名处级干部、155名科级干部进行任职前廉政法规知识测试，推动以考促学、以考促廉。

（陈庆尧）

【违规代缴医保问题专项监督检查】 6月，区纪委区监委针对巡察和日常执纪监督工作中发现的个别单位违规使用单位资金缴纳基本医疗保险个人缴费部分的问题，在全区范围内启动违规代缴医保问题专项监督检查，发现存在问题的单位260家，涉及人员1万余人，涉及金额2000余万元。截至年底，追缴工作结束，专项监督检查工作高质量完成。

（姚　薇）

【以案为鉴、以案促改】 9月11日，区纪委区监委召开"以案为鉴、以案促改"警示教育大会，梳理全区全面从严治党方面存在的问题，通报上年警示教育大会以来受处分的处级干部名单。年内，运用十八大以来各单位内部出现的违纪违法案例，做细做实"一案四查"、用好"三会两书"。坚持通报曝光"常态化"，全年集中通报3期。抽取2个社区检查"以案为鉴、以案促改"工作情况以及全区警示教育大会精神落实情况，对于推动不积极、落实不到位的进行提醒。创设纪检监察信息廉情专报，反映全区反腐倡廉工作中的新举措、新经验及新问题，通报纪律审查情况，为领导决策提供参考。

（陈庆尧）

【人防系统腐败问题调查整顿】 10月，区纪委区监委在人防系统腐败问题专项治理的基础上，召开工作推进会、梳理人防系统腐败问题线索、听取专题汇报、列席人防办党组会、现场查阅资料等方式，加强对人防工程管理使用排查清理和巡察整改落实工作的监督检查力度，保持对人防系统腐败问题线索的高度关注和动态更新，强化"以案为鉴、以案促改"，开展调查整顿工作。

（姚　薇）

【新中国成立70周年庆祝活动监督】 年内，区纪委区监委把国庆服务保障工作作为政治监督的重点任务，制定《石景山区纪委监委关于国庆70周年庆祝活动监督工作方案》，督促相关单位在服务保障各项任务中，严把政治方向、严守政治责任、严明政治纪律。成立石景山区关于国庆70周年庆祝活动监督组，成员覆盖区委办、政府办、巡察办等多家单位，构建信息共享、紧密衔接的"大监督"格局。召开国庆服务保障工作督导会，按照"精益求精，万无一失"要求，督促落实主体责任，发挥国庆服务保障监督作用。把好党风廉政建设回复关，对1000余名庆祝活动参与人员出具党风廉政建设意见，进行"廉政体检"。

（王剑飞）

【扫黑除恶专项斗争监督执纪问责】 年内，区纪委区监委强化全区扫黑除恶专项斗争监督执纪问责工作，全力配合做好中央扫黑除恶督导及"回头看"，抓好反馈问题整改落实。先后召开13次会议，及时传达精神，研究部署具体工作。主要领导带队督导5家单位，对2家单位主要领导进行约谈。深入开展线索摸排，对新增563件信访件进行初筛，组织召开11次集体线索排查会；对市纪委监委督办的王某寻衅滋事犯罪团伙问题线索，立案查处1件3人，其中1人被认定为"保护伞"。将专项斗争落实情况纳入全面从严治党（党建）工作考核内容。以监察建议推动工作整改，以责任追究倒逼责任落实，全年下发2份监察建议书，问责1人。

（李　娟）

【整治"漠视群众利益"问题】 年内，区纪委区监委查摆细化13个方面问题表现，制定49项具体整治措施，对存在的问题进行全面整治。配合市纪委第八监督检查室对区市场监管局、区住建委等单位开展现场调研，推动主体责任落实。11月，围绕"不忘初心、牢记使命"主题教育，开展"创城惠民"实地督导检查，查摆是否存在漠视侵害群众利益问题。主题教育开展以来，解决群众急难愁盼问题49个，查处侵害群众利益问题及人数13人，涉及扶贫领域的1人，涉及教育医疗、环境保护等民生领域的6人，涉及群众身边不正之风和"微腐败"问题的6人。处置相关问题线索162条，谈话函询20人，组织处理8人，立案47件。

（朱　涛）

【整治形式主义、官僚主义】 年内，区纪委区监委通过"六查"、组织特约监察员暗访、模拟办事、利用电子监察视频监控系统抽查等方式开展监督检查，梳理出4方面10项形式主义、官僚主义问题清单，确定28项整改措施。共查处3起形式主义、官僚主义典型问题，对2个党组织和3人进行问责。

（李　娟）

【落实中央八项规定精神】 年内，区纪委区监委开设"四风"问题监督举报邮箱，利用"四风"随手拍、方圆石景山微信公众号等途径，发挥群众监督作用。建立与财政、审计、税务等职能部门的沟通协调和线索移送机制，掌握专项检查及审计中发现的问题线索，形成监督合力。全年开展"四风"问题监督检查131次，对500余人次进行约谈。对违反中央八项规定精神问题立案26件，给予党纪政务处分23人，全部给予通报曝光。

（薛　枫）

【市民服务热线"接诉即办"监督】 年内，区纪委区监委成立"接诉即办"工作监督组，通过"四不两直"方式对各街道、部门"接诉即办"工作进行明察暗访。到重点单位进行一线督导,对行动迟缓、推进不力、推诿扯皮、拖延不办等情况,进行约谈提醒直至纪律处分,确保“接诉即办”工作落地落实。同时,完成市纪委党风室交办的12345市民服务热线群众诉求督办件的调查初核。

(薛　枫)

审查调查

【概况】　年内,区纪委区监委持续保持惩治腐败高压态势,将审查调查作为最强有力的监督,持续释放越往后执纪越严的强烈信号,加大案件查办力度,巩固和发展反腐败斗争压倒性胜利。

(李蕊君)

【信访举报】　区纪委区监委全年受理信访举报563件次,同比上升20.3%,信访总量继续保持全市最低。越级访同比降低54%,成为全市越级访数量最少、降幅最大的区。优化信访举报转办方式,由原来的转案件监督管理室集体研判,调整为转监督检查室集体研判。全面应用检举举报平台,首批试用12388电话举报受理系统、来访接待系统。开展信访举报处理中形式主义官僚主义问题专项整治工作。

(胡国栋)

【监督执纪“四种形态”】　年内,区纪委区监委运用监督执纪“四种形态”处理146人次,其中第一种形态(即党内关系要正常化,批评和自我批评要经常开展,让咬耳扯袖、红脸出汗成为常态)63人次,占43.2%;第二种形态(即党纪轻处分和组织处理)53人次,占36.3%;第三种形态(即对严重违纪的重处分、作出重大职务调整)6人次,占4.1%;第四种形态(即严重违纪涉嫌违法立案审查)24人次,占16.4%。

(赵　颖)

【调查处置】　区纪委区监委全年处置问题线索195件次,初核175件,新立案83件(其中处级6件,乡科级19件),同比下降17%。审结案件83件。给予党纪处分63人、政务处分9人,涉嫌职务犯罪移送审查起诉20人,提出监察建议1件。从党纪处分情况看,党内警告22人、党内严重警告26人、党内严重警告(影响期二年)4人、开除党籍10人。从政务处分情况看,警告1人,记过1人,撤职1人,开除公职6人。从行政级别看,正处级及相当正处级4人、副处级及相当副处级7人、正科级及相当正科级14人、副科级及相当副科级7人、科员及以下51人。

(赵　颖　刘婧妮)

【巡察工作】　年内,区委对13家处级单位党组织开展3轮常规巡察、对4家处级单位党组织及59个社区党组织开展专项巡察。发现处级单位党组织存在问题244个、社区党组织存在问题286个,问题线索13个。针对巡察发现的突出问题,分别向区委组织部、区委宣传部提出巡察建议;形成国有企业存在共性问题的专项报告,推动落实巡察问题整改;组织开展被巡察单位党组织落实巡察整改情况测评。创新方式方法,聘用会计师事务所专业人员参与检查,提升专业化水平和巡察质量。

(李世民)

【信息保障】　年内,区纪委区监委加强纪检监察专网建设,完成机关纪检监察专网分级保护测评工作及专网扩容建设工作,增设20条专网线路,推进纪检监察专网向派驻(出)机构延伸。开展信息化试点,建设移动监督实时指挥系统和智慧医护系统,申报获批“智能辅助办案”试点项目。建设纪检监察应用系统,形成全面覆盖、深度应用、强化安全的立体化业务平台。使用同步录音录像工作台及便携式设备对执纪监督过程进行同步记录,加强过程监督,促进审查调查行为规范。使用取证航母进行手机取证和外出现场取证,有效收集固定证据。规范信息化工作流程,制定《区纪委区监委涉密介质与载体安全管理规定》等3项制度,强化制度意识,守住网络安全底线。

(刘兴港　许　辰　廖　慧)

中共北京市石景山区第十二届纪律检查委员会

书　记　郭　鹏

副书记　韩孟荣　仲长军(女)　赵锦海(11月免)

常　委　田成立　李月根　牛秋娟(女)　张　莉(女)　赵雁军(女)　李永祥(挂职)

北京市石景山区监察委员会

主　任　郭　鹏

副主任　韩孟荣　仲长军(女)　赵锦海

委　员　田成立　李月根　牛秋娟(女)　郭淑丽(女)　苏增亮

民主党派

综　述

【概况】 2019年,石景山区有7个民主党派区工委,分别是中国国民党革命委员会北京市委员会石景山区工作委员会(简称民革石景山区工委)、中国民主同盟北京市委员会石景山区工作委员会(简称民盟石景山区工委)、中国民主建国会北京市委员会石景山区工作委员会(简称民建石景山区工委)、中国民主促进会北京市石景山区工作委员会(简称民进石景山区工委)、中国农工民主党北京市委员会石景山区工作委员会(简称农工党石景山区工委)、中国致公党北京市委员会石景山区工作委员会(简称致公党石景山区工委)、九三学社北京市委员会石景山区工作委员会(简称九三学社石景山区工委)。7个民主党派有基层支部43个,工作委员会16个,专门委员会7个。民主党派成员1534人,其中领导班子成员35人,工委委员56人。年内,石景山区各民主党派在党派市委和中共石景山区委的领导下,在区属各有关部门的关心支持下,坚定不移以习近平新时代中国特色社会主义思想为指导,深入贯彻党的十九大和十九届二中、三中、四中全会精神和习近平总书记对北京重要讲话精神,落实新版北京城市总体规划赋予的功能定位,围绕中心、服务大局,履行中国特色社会主义参政党职能,为加快推进全区高端绿色发展,高水平建设好首都城市西大门作出贡献。

(秦　岭)

【重点工作】 年内,各民主党派把握中国特色社会主义参政党这一政治定位,按照中央、市委关于加强中国特色社会主义参政党建设的系列部署要求,团结带领各自成员,发挥特色优势,履行政治协商、参政议政、民主监督基本职能,全面加强自身建设,政治把握能力、参政议政能力、组织领导能力、合作共事能力、解决自身问题能力得到有效提升。以思想建设为核心,突出“爱国”主题和“国庆”主线,围绕庆祝新中国成立70周年,结合“不忘合作初心、继续携手前进”主题教育活动,组织开展一系列学习教育活动,凝聚政治共识。以参政议政为重点,按照“强机制、拓平台、广动员、抓重点、塑精品”的工作思路,围绕全国文明城区创建、利用冬奥契机促进区域发展、区域文化旅游产业发展、老旧小区综合治理、提升城市治理水平等中心工作,深入开展调查研究,积极建言献策,形成一批重要的参政议政成果,为区委区政府科学决策提供重要智力支持。以组织建设为根本,探索加强组织建设新举措、新方法,为成员成长锻炼搭建平台、畅通渠道。以社会服务为依托,将社会服务作为展示自我形象的重要窗口,调动和激发成员主动性和创造性,整合内外资源,到街道、社区和学校,开展文化、医疗、法律、扶贫助学等系列公益活动。

(秦　岭)

8月16日,暑期班组织全体党员考察北京金隅集团窦店循环经济园区

(民革石景山区工委供图)

民革石景山区工委

【概况】 民革石景山区工委有6个支部,党员177人。其中男性占59%、女性占41%;博士研究生学历占12%、硕士研究生占35%、大学本科占48%;拥有高级职称占18%、中级职称占21%。有全国青联常委1人,市人大代表1人,市政协委员3人,区人大副主任1人,区人大常委1人,区人大代表1人,区政协常委2人,区政协委员10人。同时,党员中有民革中央各专委会成员9人,民革市委各专委会16人。年内,民革石景山区工委第一支部被民革中央授予首批全国示范支部。

(张　旭)

【组织建设】 年内,民革石景山区工委发展新党员13人,所有支部在年底全部达到“达标支部”的要求。8月,第一支部完成支委改选,孙兴杰当选为第一支部主委。围绕“不忘合作初心,继续携手前进”的主题,举办2019年暑期学习班。为骨干党员购买50本《民革与新中国的建立》《民革前辈与新中国》,供大家学习。

(张　旭　刘辰洋)

【社会服务】 9月30日,民革石景山区工委组织区内老党员们到北京冬奥组委驻地及园区红十字救护站调研座谈,实地调研冬奥园区。年内,资助石景山区残疾学生家庭5家,其中包括结对子街道——八宝山街道的3名残疾学生家庭。

(张　旭　刘辰洋)

【党员之家建设】 10月,建设北京市唯一一家以“三农”为特色的市级“民革党员之家”。11月,民革石景山区工委组织成“石景山民革党员之家”考察组,赴浙江省考察交流,考察民革莫干山党员之家和杭州市萧山民革党员之家,并与民革杭州市委进行座谈。12

月2日，民革中央在全国范围授予200个党员之家为首批“优秀民革党员之家”，北京市4家入选。民革石景山区工委有2个党员之家受表彰，分别是以社会与法治为特色的“石景山民革党员之家”和“民革石景山区工委第一支部民革党员之家”。

（张　旭　刘辰洋）

【理论学习】 年内，民革石景山区工委开展“不忘合作初心，继续携手前进”主题教育活动。11月16日，民革北京市委副主委荣洋到石景山区参加主题教育活动并开展征求意见工作，考察三农特色“民革党员之家”建设情况，并与民革党员深入交流中共十九届四中全会精神学习体会。民革石景山区工委组织党员参加征文活动，柯玲参加中共北京市委统战部组织的“同心同行七十年·坚定不移跟党走”首都统一战线庆祝新中国成立70周年主题征文活动获一等奖。组织党员参加民革市委举办“不忘合作初心，继续携手前进”——庆祝中华人民共和国成立70周年暨民革北京市委成立70周年演讲比赛，获优秀组织奖。组织党员参加首都统一战线庆祝新中国成立70周年“与共和国同行”主题艺术展，李凤芹书法作品和湛小学绘画作品成为入选作品。

（张　旭　刘辰洋）

【参政议政】 年内，民革石景山区工委6个支部完成“关于进一步优化完善我区‘接诉即办’工作的调研及建议”“关于依托北京银行保险产业园发展现代金融业的思考与研究”“关于石景山区水文化、水生态文明建设的研究与思考”“关于开展空气颗粒物精准监测，进一步加强石景山区雾霾治理的调研报告”等6篇调研报告。民革石景山区工委先后组织到区国资公司等处调研及召开各类调研研讨会、座谈会十余次。报送区委统战部各类信息约80多篇，有20多篇被采用。其中，陈小沁撰写的《关于加强中俄在中亚地区战略互动的建议》和王跃撰写的《打通东2.5环，缓解CBD地区交通“死扣”》被北京市政协采用。

（张　旭　刘辰洋）

民盟石景山区工委

【概况】 民盟石景山区工委有9个支部，盟员405人，本党派界别特色人士205人，占成员总数的63.87%；主要分布在高等教育、基础教育、科技、文化领域，其中男性占比52%、女性占比48%，具有博士研究生学历占比3%、硕士研究生（或研究生）占比34.5%、大学本科（或大学）占比60.5%，拥有高级职称（正高和副高）141人，占35%，中级职称129人，占32%。盟员中有现任区政协副主席1人，区政协常委1人，区政协委员人，区人大委员3人。担任石景山区人大代表3人（其中常委1人、代表2人）、政协委员7人（其中副主席1人、常委1人、委员5人）。另有6人担任各级各类特约监督员。年内，北方工大支部、教育支部获民盟北京市委优秀基层支部，胡燕、杨楠楠、柳统林等18位盟员获民盟北京市委优秀盟员，民盟石景山区工委获北京同心“杰出公益社区服务单位”称号。教育支部吴坚代表民盟北京市委在民盟第七届教育论坛上发言，论文获得民盟中央优秀奖。科技支部祝智军获民盟中央科技委员会参政议政“突出个人奖”。柳统林、王朋飞、祝智军代表民盟北京市委参加新中国成立70周年群众游行活动，柳统林作为国庆游行代表在全市表彰大会发言。王朋飞被推荐担任民盟北京市委宣传工作委员会副主任，获民盟中央思想宣传先进个人；焦锐参与2019北京世园会中国馆设计策划，祝智军当选中国（行业）十大领军人物；马骏祥当选中国当代百名楹联书法家。

（李　莉）

【暑期学习班】 7月6日，民盟石景山区工委、门头沟区工委、大兴区工委和房山区总支在京燕饭店联合举办2019年暑期学习班。来自4个区150位新盟员、骨干盟员参加暑期学习班。

（李　莉）

【支部活动】 年内，9个支部开展活动70次。北方工大支部开展“西山永定河文化带”调研活动，首钢工学院组织盟员参观新中国成立70周年成就展；北京工业职业技术学院支部召开“不忘初心”主题研讨会；教育支部开展中小学校园安全调研；工业支部组织盟员到国家地震救援训练基地开展安全体验培训；科技支部组织盟员赴天津考察营商环境；卫生健康支部开展《医疗大数据》讲座；综合支部开展“盟娃”学传统文化。科技支部坚持“六加一”制度，以“你是支部主委”锻炼新盟员的策划、组织、协调能力；北方工大支部以“传帮带、共促进”模式开展支部生活，工业支部以“热心、暖心、温馨”打造“暖心支部”，教育支部以“手拉手”方式打造“团结支部”；经济支部以“点对点”方式打造“活力支部”。7月6日，市区领导为北工院支部、教育支部、科技支部“盟员之家”授牌。

（李　莉）

【组织活动】 年内，民盟石景山区工委在常规座谈、参观、学习的基础上，组织《祖国颂》音乐会、《我和我的祖国》诗歌朗诵会、快闪录制、书画笔会、盟章诵读、祭扫英烈等活动。9月8日，在全市率先完成的《我爱你中国》《我和我的祖国》快闪视频分别在“民盟中央”“北京民盟”公众号发布，点击、阅读量6000，获北京民盟第一。

（李　莉）

【思想宣传】 年内，民盟石景山区工委按照“四新”“三好”要求，将“不忘合作初心，继续携手前进”主题教育活动作为贯穿年度各项工作的主线。开展“学盟史学盟章做合格盟员”“缅怀先烈、致敬英雄”“关爱老盟员”暖心行动等一系列活动。并将“弘扬爱国奋斗精神、建功立业新时代”活动与基层组织建设主题年活动有机结合，围绕中华人民共和国成立70周年等重要时间节点，组织“学石、知石、建石”系列活动，了解石景山区的战略定位、发展目标、城市规模、空间布局、绿色生态、产业转型。

（李　莉）

【组织建设】 年内，民盟石景山区工委发展盟员24名，其中高级职称比例占78%。开展支部、工委“双培”计划，各支部探索新盟员培养、教育和管理的有效途径,注重个性化培养,以“不忘入盟初心,牢记责任使命”作为永恒课题,给新盟员和年青盟员压担子交任务,在学习实践活动中锻炼才干、提升能力。

(李　莉)

【参政议政】　年内,民盟石景山区工委连续三年关注从老旧小区停车、背街小巷治理到老旧小区有机更新,开展系列调研,做深、做细、做实。北方工大支部围绕打造西山永定河文化带石景山区段新名片,教育支部围绕石景山区中小学校园安全,综合支部围绕“冬奥”和城市精细化管理,工业支部围绕街巷规划师,首钢工学院支部围绕垃圾分类,科技支部围绕公共文化服务能力,经济支部围绕现代化经济体系建设需要重点突破的若干问题开展调查研究,并取得丰富的调研成果。经济支部新盟员王锦雷撰写的信息《关于加快推进我国超快激光装备产业集群发展的建议》《关于正式确立梅花为中华人民共和国国花的建议》被民盟中央、北京市政协采用。

(李　莉)

【社会服务】　年内,民盟石景山区工委开展“京西文明伴我行”“书香民盟”“名师大讲堂”品牌社会服务活动,联合更多的社区、社会团体,整合资源,助力脱贫攻坚。区工委联合同心互惠公益组织,募集2000件衣物参与西部温暖计划,协办第六届同心杯《流动的心声》小学生作文大赛决赛,支持流动儿童教育,成为杰出公益社区服务单位。科技支部赴河北省顺平县开展就业扶贫帮扶项目,卫生健康支部赴河北省雄县中医医院开展“精准帮扶共享健康”公益义诊活动。经济支部赴内蒙古自治区呼伦贝尔盟牧区小学,送去慰问金和书籍。

(李　莉)

【创新工作】　年内,民盟石景山区工委与民盟市委联络委员会、青年工作委员会联合开展“在京港澳台学生京西社会实践”“首钢园区转型”参观调研活动,联合民盟海淀区委、丰台区工委、昌平区工委、门头沟区工委、大兴区工委、房山区总支、延庆区总支8个区级组织召开论坛,聚焦“西山永定河文化带”保护与发展。联合门头沟、大兴、房山3个区级组织以“同心同德七十年·坚定不移跟党走”为主题,召开“做新时代的追梦人”研讨会。联合民盟北京师范大学委员会、民盟中国农科院委员会集体参观国家东北虎豹监测与研究中心。

(李　莉)

民建石景山区工委

【概况】　民建石景山区工委有基层支部7个,分别是工商支部、经法支部、科教支部、综合支部、退休支部、直属支部、家访支部。其中直属支部是新会员支部。截至年底,有会员279人,会员平均年龄53岁。其中男性会员172人,女性会员107人;大学本科学历152人;硕士研究生52,博士研究生11人;中高级职称117人。民建北京市委主委1人,常委1人,委员1人;全国政协委员1人,市政协委员1人;区人大代表3人,其中常委1人;区政协委员13人,其中副秘书长1人,常委2人。在民建市委召开的北京市民建组织成立70周年纪念大会上,直属支部获2015－2018年度先进集体荣誉称号,高菱、李文明等9名会员获2015－2018年度优秀会员荣誉称号;杨宁被评为2019年“北京青年榜样 时代楷模——文化之星”。给民建市委网站共报送93篇会务信息并得到采用,有37篇会务信息、会员文章和会员先进事迹被民建中央网站采用,在民建各工委中排名第一。全区统战系统18篇优秀信息中,有7篇来自民建工委,黄玥、石慧杰、洪欣、师剑被评为“优秀通讯员”。民建石景山区工委作为各工委中排名第一的单位,被评为2019年度网站工作“突出表现先进集体”;获“民建脱贫攻坚奖先进集体”称号,会员魏征获“民建脱贫攻坚奖先进个人”称号。

(黄　玥)

【理论学习】　年内,民建石景山区工委采取集中学习与个人学习相结合、线上学习与线下学习相结合的方式,学习习近平在“不忘初心、牢记使命”主题教育工作会议上的讲话等系列重要论述,学习民建中央、北京市以及民建市委系列会议精神。举办暑期会员培训班,邀请相关专家授课,组织召开“统战理论研究与实务培训会”。组织到中国人民抗日战争纪念馆、黄炎培纪念馆、冷嫣纪念馆等地参观。召开民建中央重点理论课题研讨会,帮助各支部高质量完成课题,报送5篇成果,其中文章《风雨同舟70载,多党合作皆永恒》被民建市委采用。组织会员参与“同心同行七十年,坚定不移跟党走——首都统一战线庆祝新中国成立70周年”主题征文,收到会员文章8篇,3篇被民建市委、区委统战部采用。内部报纸《石景山民建》停刊,“MJ石景山”公众号正式上线,全年编辑推送公众号信息149期,及时传达会中央和市会最新精神,发布各类会务信息、活动报道、会员风采等。

(黄　玥)

【组织发展】　年内,民建石景山区工委强化自身建设,梳理并完善各项工委规章制度,指导各支部加强制度管理,汇编形成工委《制度手册》,完成工委“制度建设年”任务。会员发展中认真执行谈话制度,对考察期的会友创新性提出“三个一”要求,全年发展新会员17名,其中经济界人士占76%,40岁以下青年会员占47%。成立文化委员会,共30名会员,发挥文化行业会员作用。

(黄　玥)

【支部活动】　年内,民建石景山区工委各支部开展的西山文化讲堂、非遗技艺参观、金融知识讲座等“我是东道主”活动,展现支部风采和会员风貌。退休支部继续开展的“支部活动送上门”,受到老同志欢迎。经法支部成立25周年纪念活动。经法支部、直属支部相继与外省市民建组织结成友好支部,组织联合植树、共唱红歌、合作捐书等活动。

(黄　玥)

【参政议政】　年内,民建石景山区工委成立特研室作为快速反应工作小组;发扬传帮带的优良传统,开启“会员培养导师制"传承新模式，让经验丰富的老会员带领年轻会员系统性学习理论知识，提升参政议政能力；加强对石景山区情的调研，组织石景山区居民文化、石景山区路侧停车电子收费现状等多项调研活动。支部和专委会组织会员撰写并完成调研报告13篇，创历史新高，其中3篇被区委、区政府研究室评为优秀调研报告；成功主办主题为"文化事业、文化产业、文化消费"的2019首届北京西山永定河发展论坛，北京电视台、今日头条、光明网等10余家媒体报道；创新建立会员政协委员、人大代表联系制度，在区"两会"期间，民建籍政协委员提交个人提案近20篇，提交党派提案3篇，完成大会发言"努力推动双创载体提升，增强城市复兴新动力"。其中《借助冬奥契机，推动我国冰雪装备制造业快速发展的建议》《从中美欧最新排名看如何补齐我国人工智能短板的几点建议》被民建中央采用，11篇被民建市委采用，4篇被中共石景山区委采用，30篇被中共石景山区委统战部采用。

（黄　玥）

【社服联络】　年内，民建石景山区工委持续发挥界别优势，做好社会服务工作，打造社服品牌，工商、经法、科教、综合4个支部参与民建市委"8+1"行动对口帮扶门头沟房良村名誉户主工作，结合各户的实际困难开展精准帮扶，截至9月30日，所帮扶的低收入户全面脱低。继续帮扶石景山区5个残疾人家庭，向每个家庭发放慰问金2000元；携手会员企业"一夫唐人爱心社"向马兰峪镇营房满族中心小学捐赠200套价值3万元的学生桌椅，分批次帮助该校学生改善教学条件；直属支部举办第二届"暖心书香"捐书活动，向河北省唐山市乐亭县庞各庄任田村小学捐赠3500余册少儿书籍；组织9期年轻会员走进老会员家，开启"不忘初心，薪火相传"关爱老会员系列活动；直属支部开展"果香寄情敬老活动"，组织9次石景山民族养老院慰问活动，68人次参与活动，累计购买水果金额13200元。组织3次企业走访活动，交流企业管理经验，增进会员企业间的了解。历时5个月编撰印刷《民建石景山区工委会员企业风采录》，收录工委27家会员企业。

（黄　玥）

民进石景山区工委

【概况】　民进石景山区工委有支部7个，分别是北京九中支部、教育分院支部、金苹古西支部、古东永乐支部、经济支部、退休支部和北方之星青年支部，会员220名；主委1名、副主委4名，委员8名组成。会员中有民进市委常委1名、市政协委员1名、区人大代表3名（其中常委1名），区政协委员11名（其中副主席1名，常委1名），第五届区青联委员2名。年内，民进石景山区工委获民进北京市委年度参政议政优秀组织三等奖，获"民进北京市委社会服务工作先进单位"称号。会员陈反修、于书江获"民进北京市委社会服务工作先进个人"称号。

（姜伯军）

【参政议政】　1月，政协石景山区第十届三次会议上，民进石景山区工委党派提案暨大会发言《关于加强我区老旧小区物业管理，助力石景山区创建文明城区的思考与建议》得到区领导和有关部门的重视。在区政协第二十八次政协工作理论研讨会暨"提高我区城市精细化管理水平"专题议政会上《关于提高市民创城参与度和市民文明素养的建议》的发言受到区委区政府主要领导的好评。年内针对石景山区工业互联网发展开展专题调研，并作为党派提案推动此项工作。各支部发挥会员们参政议政的积极性和主动性，分别就教育、医疗、养老和老旧小区管理等课题开展调研并完成调研报告7篇。重视社情民意信息工作，制定信息报送工作奖励办法，把信息报送数量和被采用情况作为评选优秀会员和先进支部的条件之一。全年共报送信息近百篇，其中被民进北京市委采用5篇，被区委统战部采用32篇。

（姜伯军）

【思想建设】　年内，民进石景山区工委组织会员参加"同心同行七十年·坚定不移跟党走——庆祝新中国成立70周年'民进人·民进情·民进事'"征文活动，6篇文章刊登在北京民进会刊；开展"我和我的祖国"快闪活动，制作的视频被民进中央和民进市委采用；参加"我和我的祖国"主题摄影展、"我眼中的新北京"主题摄影作品征集活动，3名会员的8幅作品参展。召开两次扩大会议专题学习全国"两会"精神、学习中共十九届四中全会精神；工委班子成员首次召开民主生活会，对照"五大建设""五种能力"查找问题，深刻剖析原因，逐项研究整改方案和措施；暑期组织由工委委员、骨干会员、新会员参加的学习班，内容涉及主题教育活动、社情民意信息、组织建设等。作为2019年民进北京市委唯一的民进中央主题教育活动联系点，完成民进中央副主席、民进北京市委主委庞丽娟主题教育活动调研工作。

（姜伯军）

【组织建设】　年内，民进石景山区工委发展新会员10名（含新转入2名），创近年来历史新高。激发"一老一小"会员的活力，青年小组在吸纳新成员的基础上成立青委会，为青年会员搭建发挥才能、展示才华、学习交流的平台；老龄委以退休支部为主体、吸纳其他支部退休会员，建立老龄微信群，组织参观冬奥组委、首钢园区和集体过生日活动，参加活动人数明显增加，老会员的组织归属感显著增强。

（姜伯军）

【社会服务】　年内，民进石景山区工委发挥民进特色优势，促进京津冀教育协同发展。连续第二年赴河北省雄县米家务镇开展支教工作，向米家务镇八洋庄小学捐献新绘本图书700余册及体育用品，促成石景山区古城第二小学与八洋庄小学共同签署手拉手结对共建协议书，加强与雄县在教育资源方面的对接交流。开展"微公益"活动，响应民进中央、民进市委"春联万家"活动，连续第五年组织书法家走进苹果园街道第一社区为居民送福字和春联。持续对石景山区培智中心学校进行帮扶，会员为石景山区培智中心学校捐资助学4万元。支持各支部和会员举办讲座、义诊、培训、文化等公益活动;落实石景山区民主党派与街道"8结9"工作以及创建全国文明城区工作,提升社会服务的针对性和实效性。

(姜伯军)

农工党石景山区工委

【概况】 农工党石景山区工委有基层支部5个,党员167人,70%的党员来自医药卫生界。其中:男61人,女106人。在职人员120人,退休人员47人。平均年龄59岁。硕士研究生以上学历47人,占党员总数28%;大学学历(含大专)121人,占71%;中专以下学历6人,占3.7%。高级职称的80人,占47%;具有中级职称的83人,占49%;初级职称7人,占4%。区人大代表3人,其中区人大常委1人;区政协委员8人,区政协常委2人。担任区政府特约监察员4人。担任农工党市委常委1人,担任农工党市委专委会成员7人。年内,农工党石景山区工委古城地区支部被市委评为先进集体;12名党员被评为优秀党员,3名同志被评为组织工作先进个人,1名同志被评为思想宣传理论研究先进个人,1名同志被评为社会服务工作先进个人。

(高春菊)

【参政议政】 年初,农工党石景山区工委召开区工委扩大会议,研究制定基本调研方向,提倡"小题大做",要求做实做细。其中,《关于创新"医养康护一体化"社区居家养老模式的建议》被选为区政协优秀党派提案。年内,组织骨干党员参加各级各类学习培训20余次,包括专题培训、研讨会、重点提案督办会、座谈恳谈会、网络云课堂等形式,提升党员的专业知识储备和参政议政能力。

(高春菊)

【组织建设】 4月19日,成立眼科医院支部。全年发展新党员7名,发展入党积极分子7名,其中70%的党员来自于医药卫生界。年内,农工党石景山区工委推动各支部、各专委会开展活动,促进工委履职整体水平得提高。在"不忘合作初心,携手继续前行"主题教育活动中,发挥领导班子成员的示范引领作用,带动广大党员提振担当精神、锤炼履职能力,推动人才强党战略落实落细。

(高春菊)

【社会服务】 年内,农工党石景山区工委以服务社会为己任,组织医疗行业的骨干党员专家,高频次开展义诊、咨询等社会服务活动。石景山区医院支部开展社会服务活动50余次、义诊活动20余次、健康讲座30余次、发放资料600余份;眼科医院支部以"中医健康社区,中医治未病"为主题,全年开展社会服务活动20余次,发放资料60余份,1000余人受益。6月,在农工党市委的领导和协调下,组织各医院10余名医学专家远赴河北省保定市涞水县三坡镇卫生院,举行"京津冀协同发展联合共建基地"授牌仪式及帮扶活动。11月,再次组织党员专家赴涞水革命老区进行义诊,26名党员捐赠冬衣36件,购买爱心食品3000余元。先后4次组织医学专家到苹果园中学开展养生培训,320余名教师参与;在区委统战部"8+9"行动的倡议下,由中医药专委会牵头组织,到广宁街道社区开展4次"四季养生"课程。

(高春菊)

【思想建设】 年内,农工党石景山区工委组织参加各级各类学习培训活动110余人次,内容包括中共北京市委统战部、农工党北京市委、中共石景山区委统战部组织的培训班等。8月,农工党石景山区工委首次与农工党顺义区总支联合举办中青骨干培训班,特邀中央社会主义学院王小鸿教授就"多党合作70周年"作专题辅导,近80人参加学习活动。

(高春菊)

【社情民意】 年内,农工党石景山区工委上报各类信息49篇,其中农工党北京市委采纳5篇,区委统战部采纳14篇。其中,区政协委员张紫波执笔撰写的《关于首都金融支持养老产业发展的几点建议》,被北京市政协采纳,全文刊登在《金融时报》《昨日市情》和《诤友》,得到北京市民政局的书面答复。在区委统战部"我为高端绿色发展崛起献一策"主题建言活动中,13名党员做到主动思考,撰写高质量社情民意信息,提出合理化建议。

(高春菊)

【民主监督】 年内,农工党石景山区工委班子成员参加北京市政协、农工党北京市委和石景山区委的协商议政,部分区政协委员、优秀党员代表参与区属党政部门和社区服务中心的民主监督评议工作,针对困难和问题,提出对策建议,发挥民主党派政治协商和民主监督的作用。全力配合农工党北京市委开展"疏解整治促提升"专项民主监督工作,以"社区公共空间提升"为主题深入研究,提出可行性建议,得到农工党市委的肯定。

(高春菊)

致公党石景山区工委

【概况】 致公党石景山区工委现有3个支部,党员98人。其中男党员53人,女党员45人;少数民族4人;归侨、侨属、侨眷、留学归国人员69人。其中,全国政协委员1人、区人大常委1人、区政协副主席1人、区政协委员10人、区青联委员2人。致公党石景山区工委获"致公党中央海外联络工作先进集体",多名党员获致公党北京市委"参政议政先进个人"。

(刘　可)

【服务社会】 年内,致公党石景山区工委开展以"关心弱势群体 关爱残疾家庭"为主题的系列助残活动,打造"扶残助残"服务品牌。1月,慰问古城街道南路社区10户残疾人特困家庭。2月,在春节商展、庙会等活动中,为本区残疾人提供免费摊位和展位。5月,在第29次全国助残日活动中,与本区10户残疾人家庭签订帮扶协议并捐赠助学款。10月,在第六个全国扶贫日,联合内蒙宁城县残联、扶贫和首都医科大学附属北京康复医院启动"宁城县定点康复机构医护人员系列培训"活动,采用分期培训的方式对全县3个医疗康复机构近百名在职自闭症治疗和智力残疾治疗康复人员进行集中轮训。12月，举办每年一次的扶残助学捐赠仪式，为10名残疾学生捐赠助学金。协办“中国科学和平周”主题展览活动，为本区居民提供全市20个博物馆的免费门票百余张。协办的党员全国作品书画展活动中，带领本区居民和书法爱好者免费参观。

（刘 可）

【理论学习】 年内，致公党石景山区工委先后召开年度总结大会、全体党员全国“两会”精神理论学习会等会议。做好“不忘合作初心，继续携手前进”主题教育系列活动。先后召开动员部署大会，研究并制定《主题教育活动方案》，对活动的目标任务、基本要求、工作原则、主要举措、组织实施等方面做详尽安排。成立专门机构，组织主题教育学习大会，开展集中学习。举办“同唱一首歌”主题活动。组织参观中国人民抗日战争纪念馆、“伟大历程 辉煌成就——庆祝中华人民共和国成立70周年大型成就展等活动，实地学习激发党员们的爱国热情和进取意识。

（刘 可）

【参政议政】 年内，致公党石景山区工委先后组织开展“民俗文化”主题调研，考察石景山区旅游节庆活动。召开市、区各级调研课题选题会，明确调研方向和内容。开展“我为创建全国文明城区献一策”主题建言活动。开展赴国家气象局、影视制作中心调研活动。召开调研工作中期推进会和调研成果讨论修改会。组织撰写《关于打造我区旅游5A级景区建设 推动我区文化旅游产业向前发展》《关于进一步加强石景山区无障碍设施建设》《关于进一步推进社会基层治理工作》和《关于加强我区对口扶贫工作》等多篇调研报告。年内，党员撰写并提交《弘扬新时代科学家精神正当时》《切实解决科学家长期呼吁的博士生名额短缺的问题》《关于在首钢园区建立世界一流的国家当代美术馆》《关于尽快清理城市居民区公共区域内小微废弃物》《关于优化营商环境，提高火车站窗口服务质量》《关于规范冬奥体验设备租赁市场》《关于地铁一号线老旧站点出入口通道等处尽快改造防滑设施》等多篇社情民意信息和建议。

（刘 可）

【海外联络】 年内，致公党石景山区工委协办市委“国庆接待海外来宾”系列活动。筹办市委专委会赴石景山区侨梦苑、北京冬奥组委等地的考察活动。带领团队赴北京赛区首个建成的新建比赛场馆——首钢滑雪大跳台参观活动和“磁悬浮S1线车辆场及高科技控制中心”的调研活动。多名党员在致公市委侨海工作委员会任职，在市委层面上作出贡献。

（刘 可）

九三学社石景山区工委

【概况】 九三学社石景山区工委有6个支社，社员188人。其中男性93人，女性95人；高级职称120人，占63.8%。有市政协委员1人，区政协委员12人，区人大代表3人。年内，1名社员被社中央评为组织工作先进个人，医药卫生支社被社市委评为优秀支社，2名社员被评为优秀社员，1名社员被评为优秀组织干部。张家敏被评为首都学雷锋志愿服务“五个100”“最美志愿者”。

（赵军民）

【思想建设】 年内，九三学社石景山区工委领导班子多次安排专题学习，领会习近平总书记关于“不忘初心，牢记使命”重要论述文章。5月11日，组织“庆百年五四，展九三风采”户外徒步及参观焦庄户地道战遗址纪念馆活动。5月18日，组织青年社员赴“两弹一星”纪念馆参观学习。7月27日，医药卫生支社赴雁翎队纪念馆开展主题教育活动。8月17日至18日，组织支社班子成员以上社干部和新社员专题学习和体会交流，开展“我和我的祖国”大合唱活动。10月26日，首钢支社组织社员和入社积极分子赴鱼子山抗日战争纪念馆缅怀革命先烈，传承红色基因。同日，“11联盟”组织青年社员参观冀热察挺进军司令部旧址。多位社员为社市委、区委统战部摄影展提供照片61幅，撰写主题征文13篇，其中有18幅照片被社市委采用并展出，胡卓群的征文在首都统一战线庆祝新中国成立70周年主题征文评选中获得优秀奖。

（赵军民）

【社会服务】 5月30日，九三学社石景山区工委到小飞象训练发展中心开展慰问活动，为自闭症儿童献爱心。7月27日，赴河北廊坊新钢集团有限公司为一线农民工开展义诊咨询活动，服务316人次，到职工家庭为97岁老人提供医疗帮助。11月9日，携手金

5月30日，九三学社石景山区工委赴小飞象训练发展中心慰问

（九三学社石景山区工委供图）

融街门头沟项目联合党支部举办“金秋义诊,走进工地,温暖你我”主题义诊咨询活动,服务182人次。社员张家敏、崔兰带领“粉红丝带”志愿服务队先后32次赴上海、湖南、广东等10多个省市的医院探访,与病友及家属座谈1693次。

(赵军民)

【组织建设】 年内,九三学社石景山区工委坚持组织生活制度,以制度规范班子建设,营造团结务实、民主和谐、风清气正的政治氛围。指导首钢支社顺利完成换届工作;对支社班子成员以上社干部和近三年发展的社员普遍进行一次培训,安排8名社务干部和骨干社员参加社北京市委举办的“基层组织负责人培训”;制定培养方案,推荐10名优秀青年社员进入社北京市委优秀人才库。年内发展社员13人,其中,博士2人,占15%;硕士5人,占38%;高级职称6人,占46%。

(赵军民)

【参政议政】 年内,九三学社石景山区工委围绕提升城市品质,把提高城市精细化管理水平作为协商议政的重点。对《区委全会工作报告》《政府工作报告》征求意见稿积极发表意见,从加强民生工程、提高人民群众获得感、发动全社会力量参与“创城”等方面提出建议。多次参加区委区政府区政协组织的政党协商会,在经济社会形势分析、政协委员人大代表补选、机构改革和人事任免等重大问题上进行政治协商和民主监督,为营造风清气正的政治环境建真言、献良策。参加区政协组织的各类培训会、研讨会、重点提案督办会、协商座谈会、议政会等50余人次,为石景山区高端绿色发展献计出策。《关于创造适合‘高精尖’产业发展的一流营商环境,打造精准服务营商环境绿色企业联盟的建议》被区政协评为2019年1号优秀提案。党派提案《关于以创建国家森林城市为契机建设绿色生态宜居之城的建议》,胡卓群、吴瑕的个人提案,赵平、丁利霞等5人的联名提案被评为优秀提案。在政协十届四次会议上,提交党派提案2件,个人提案22件,吴瑕代表九三学社作《以服务冬奥为统领,加快建设首都城市西大门》的党派发言。抓住服务保障冬奥、建设生态宜居之城、城市精细化管理等重点工作,完成6项调研报告。其中,《关于依托2022年冬奥会打造石景山区冰雪魅力名片的调研报告》《关于加强我区城市精细化管理的调研报告》被区政协评为优秀调研报告。在区政协十届四次会议上,1项调研成果转化为大会发言和党派提案,3项转化为个人提案。

(赵军民)

【社情民意】 年内,九三学社石景山区工委通过发现培育新人、挖掘资源的方法壮大参政议政人才队伍;组织信息培训、工作讲评和经验交流,提高参政议政能力水平;把日常信息工作作为社员参与社务工作的一项重要内容,响应区委统战部开展的“我为创建全国文明城区献一策”主题建言活动,发布信息征集要点。全年采编上报各类社情民意信息84篇,人均上报率在社市委二级组织中名列第二,刘铁军、王影撰写的2篇信息被社中央采用,左小兵撰写的2篇信息被市政协采用并报全国政协。

(赵军民)

石景山区各民主党派负责人

民革石景山区工委主委	李凤芹(女)	民进石景山区工委主委	于秀云(女)
民盟石景山区工委主委	毛　轩	农工党石景山区工委主委	李鸿泓
民建石景山区工委主委	司马红(女,1月免)	致公党石景山区工委主委	高　杰
	汪礼俊(6月任)	九三学社石景山区工委主委	左小兵

人民团体

石景山区总工会

【概况】 石景山区总工会(简称区总工会)以习近平新时代中国特色社会主义思想为指导,深入贯彻党的十九大精神,坚定中国特色社会主义群团发展道路,全面落实中国工会十七大各项任务部署,围绕首都“四个中心”建设和石景山区中心工作,在区委和市总的领导下,坚持党建统领、改革创新、立足职工、履职担当,团结带领广大职工为区域经济社会高质量发展作贡献,完成年度各项工作任务。截至年底,新建独立工会组织24家,联合工会新增覆盖单位55家。工会服务站通过搭载三级服务平台,为会员提供精准服务。受理12351派单累计接单并处理结案571件,其中本年度接单并处理案件89件。石景山区连续十一年被评为“全国职工互助保障工作先进单位”。截至年底,新建会35家,会员人数69450人,持卡会员65673人。

(王 薇)

【送温暖精准帮扶】 “两节”期间,区四套班子及工会领导走访看望一线职工1426人,为游乐园、央务恒远、环卫、交通、民政、八大处公园等单位送去价值21万元节日慰问品;组织1000名环卫职工,在春节期间观看2场电影;“两会”和国庆70周年期间,慰问连续值勤上岗公安干警;暑期,组织慰问环卫、城管、园林、八大处公园、游乐园、建筑公司、森林消防大队等单位露天作业的职工;教师节前慰问全体教职员4702人;慰问国庆70周年群众游行的教练员、工作人员、队员3192人,购清凉包3061份。

(王 薇)

【“时代先锋 社会楷模”庆“五一”表彰活动】 4月28日在首钢大厦举办。区领导陈之常、李文起、吴克瑞、田利跃、陈婷婷、高洪雁,受表彰的先进人物和集体代表,劳动模范和先进人物代表,各单位工会主席、职工代表、基层工会组织代表450余人参加活动。活动对全国、市级劳动奖状、奖章、工人先锋号进行表彰。石景山区获选“全国五一劳动奖章”1名,“全国工人先锋号”1家,“首都劳动奖状”1家,“首都劳动奖章”5名,“北京市工人先锋号”1家。同时,区委组织部、区总工会、区科协对推动高技能人才培养及科技成果推广转化工作中作出突出成绩的3家职工创新工作室授予石景山区级职工“创新工作室”称号。

(王 薇)

【新中国成立70周年群众游行保障】 年内,区总工会负责群众游行31方阵“中华儿女”的组织训练工作。建立建全训练管理机构,成立50余个临时党组织,思想动员先行,科学施训紧跟,各项保障到位,做到“思想训练同步、巡查讲评同步、安全应急同步”。10月1日,31方阵2972名队员以良好精神面貌昂扬走过天安门,接受党和人民的检阅,向全世界展示“中华儿女”的英姿。31方阵获总指演练综合第二名,获总指和四分指颁发的两面最佳方阵红旗和两面最佳大队红旗。区总工会获得新中国成立70周年国庆活动先进集体荣誉称号。

(王 薇)

【脱贫攻坚战】 年内,区总工会对内蒙古宁城县与莫力达瓦旗、青海称多县、河北顺平县4个地区开展精准帮扶工作,与当地达成扶贫协作意向。投入44.8万元,其中40万元用来购买顺平(15万)、莫旗(10万)、宁城(15万)农副产品,慰问全区一线职工;4.8万元对称多县在档困难人口子女进行精准帮扶,捐赠12名贫困人口的子女助学。

(王 薇)

【普惠职工服务项目】 全年,区总工会开展普惠服务项目70个,参与享受服务的会员约11万人次。其中区级活动项目13个,约5万人次享受服务;街道园区普惠活动项目57个,6万人次享受服务。帮扶中心及各街道工会服务站代发市公园庙会门票25572张;参与区融媒体知识问答活动,涉及2600人。为国庆游园石景山文化E站抢票发放游园票2198张。

(王 薇)

【困难职工精准脱贫】 年内,区总工会针对全区12名在档困难职工,进行逐户摸底调查核实。截至年底,已脱困2人;未脱困10人,其中6人因子女上学、收入低未脱困,1人因本人大病未脱困,3人因收入低、供养直系亲属大病未脱困。对仍然困难并暂时无法解困的10名困难职工家庭,按照“一户一档案、一户一计划、一户一措施”的要求,进行后续的追踪走访。

(王 薇)

【专项温暖基金】 年内,区总工会对“北京市温暖基金会石景山区职工帮扶专项基金项目执行细则”进行修改,增加特定救助种类(因公牺牲、见义勇为)。截至年底,救助37名因患重病致家庭困难的职工,发放救助金26.4万元。专项基金建立以来,累计救助104名职工,发放72.5万元救助金。

(王 薇)

【京卡服务】 截至年底,石景山区会员管理系统内基层单位数1239家,采集会员数70031人,持卡会员数65617人。会籍变动人数11001人次,其中转入4196人、转出5846人、保留会籍938人。调整维护单位信息1200余家,核实并修改与银行不一致的会员信息400余人次。核实全区170余家企业涉及调整工作对象与采集信息所在工会不一致,接收外区县的企业5家。

(王 薇)

【金秋助学】 年内,区总工会对2019年9月至2020年7月在读的在档困难职工家庭中的低保、低收入类别家庭就学子女,进行资助,为8名家庭困难、品学兼优的学生,发放金秋助学款5.3万元。

(王 薇)

【春风行动】 年内,区总工会与区人力社保局继续开展2019年“春风行动”。“春风行动”招聘会期间,开展3场专项招聘会,发放宣传资料近1500份,提供免费咨询等就业服务200人次,63家企业参会,提供就业岗位1640个,现场达成意向120人;与4个对口帮扶县开展对接,在活动期间为其提供招聘单位139家,提供就业岗位3767个,达成就业意向504人。助力企业创新，帮助企业申请“首都职工创业小额贷款服务项目”，1家企业申请成功获得30万元免息贷款。

（王　薇）

【职工互助保险】 年内，石景山区570多家基层代办点参保6项（住院医疗、住院津贴、女工特殊疾病、重大疾病、在职意外、子女意外）保费式保险，参保30505人，同比（29102人）增长5%，保费收入3747780元，同比（2983848元）增长25%。其中住院保费投保21099人保费1181544元，住院津贴投保人数15392人保费金额923520元，女工特疾投保5926人保费金额166900元，重大疾病投保11041人保费金额591760元，在职意外保费投保20904人保费853356元，子女意外投保人数539人保费30700元。

（王　薇）

【职工之家暖心驿站建设】 年内，区总工会心灵驿站为会员单位开展站内体验服务，单位工会通过电话预约，到区总工会心灵驿站站内进行体验，一对一私密体验更加保护职工隐私，也能更好地开展个性化服务。职工来到心灵驿站通过心理测评软件，对心理状态进行测评，针对测评结果做出相应的音乐减压和游戏减压等放松调节。截至年底，335人次进行站内体验。职工心灵驿站投入约8.8万元，服务职工约15000人次（其中心理减压室：按摩椅、压力与情绪调节系统全年累计约3000人次）。

（王　薇）

【两模一优】 年内，区总工会推进百人以上新建会企业按照实体化建设要求同步建家。石景山区新增百人以上新建会企业5家。完成区国有资产经营公司工会、区公园管理中心工会2家示范职工之家的建设工作，另有北京中电瑞达物业有限公司工会示范职工之家建设工作正在筹备当中。

（王　薇）

【工资集体协商】 年内，全区所属企业集体合同和工资专项合同签订率均达到85%以上。百人以上的建会企业独立开展集体协商保持90%以上。行业工会联合会集体（专项）合同签订率力争达到90%。截至年底，全区678家企业签订工资专项协议，覆盖职工5万余人，签订率达到93%，签订区域工资集体合同113份。巩固百人以上企业开展工资集体协商的成果，协商达到90%以上。全区所属企业集体合同含“四必谈”内容的合同要达到集体合同总数的90%以上。结合“四必谈”内容、质效评估等工作重点，指导4家企业基层工会完成集体合同的签订和备案。组织开展集体协商专题培训3次、宣讲活动5次、宣传活动20余次、工作指导近百次。

（王　薇）

【厂务公开民主管理】 截至年底，石景山区公有制企事业单位职代会建制率和实行厂务公开率均为100%；非公有制企业职代会建制率为87%，实行厂务公开率90%；百人以上企业独立建制率达到80%以上；建立区域性职代会134个。公司制企业职工董事、职工监事制度建制率达到42%以上。

（王　薇）

【劳动争议调解及法律援助】 年内，调解中心劳动争议调解案件调解成功151件，涉及金额420万元。法律援助案件受理212件，涉及金额450万元。建立企业样本点，根据全总及市总要求，做好工会劳动关系发展态势监测和分析研判工作。

（王　薇）

【农民工专项工作】 年内，区总工会开展“尊法守法·携手筑梦”服务农民工公益法律服务行动，为1500余名农民工进行法律咨询及宣传，提高农民工知法懂法意识。落实《石景山区总工会加强农民工工资支付工作的方案》，发挥工会组织作用，统筹协调全区各级工会，加强沟通，互相配合，做好农民工工资支付工作。加大为农民工公益法律服务力度，履行法律援助职责，开展农民工维权专项工作。

（王　薇）

【创新工作室】 年内，区总工会会同区委组织部、区科协对全区基层工会上报的13家区级创新工作室候选单位进行评选。经过实地审查、验收，最终评选出3家区级创新工作室，并给予每家创新工作室奖励5万元。

（王　薇）

【社会公益事业】 年内，区总工会搭建社会公益活动平台，组织“劳模志愿服务队”参与公益事业。联合八角南里社区共同举办“弘扬雷锋精神，真情服务百姓”学雷锋志愿服务活动，为社区居民开展健康测试、理发、管道维修、保障房政策咨询等服务活动。参加“创建国家森林城，建设美丽石景山”义务植树活动。“劳模志愿服务队”还定期开展文明交通、法律援助、医疗卫生、生态保护、植树造林、居民服务等方面的志愿服务活动。

（王　薇）

【劳模待遇】 年内，区总工会依托各基层工会，开展“劳模大讲堂”“劳模学习沙龙”等活动；为劳模订阅报纸刊物，办理市属公园年票和八大处公园年票；组织劳模参加“春节劳模电影招待会”、世园会游园、国庆游园活动；按照市总工会要求组织劳模进校园、劳模进社区活动；每季度定期完善“劳模管理平台”，实现各级劳模相关信息、数据完整、准确。专人负责定期更新数据库，准确反映劳模队伍总体状况以及个人信息、家庭生活等情况变更，实现劳模动态管理机制。

（王　薇）

【基层组织建设】 年内，区总工会指导燕金源公司、文投大数据公司等单位筹备并成立工会组织，依照程序给予批复；指导合众时代、金顶街街道、八角街道、苹果园街道、园区等单位进行工会主席的补选；原区房屋经管和管理中心已经改制，指导办理工会组织相关手续；指导海联金科、纪委、国资公司等单位工会做好建家工作。区卫健委、区人保局、区住建委、区环保局、区城管委、区文旅局6家工会由区总工会直属变为机关工委所属，区科委、区气象局工会由园区、农委所属的转至机关工委所属，并指导机构改革后新成立单位的工会组建。同时，批准区直机关增加3名兼职副主席。

（王　薇）

【专职工作者管理】 年内，区总工会组织举办专职工作者《高效沟通，快乐工作》讲座;鼓励工作者参加职称学习,6人获得高、中、初级职称,大学毕业生中获得职称人员已经达到65%;分两批组织25名工作者参加市总业务培训,使石景山区工作者的基层组织建设培训率达到100%。并组织召开区第二届专职工作者分会大会,成立新一届工会工作机构;修订工作者慰问管理办法,为1名亲属去世的工作者发放慰问金;组织47名专职工作者分两批进行体检,并为全体人员投保职工互助保险;组织上一年度优秀工作者赴北戴河休养。

(王　薇)

【工会经费税务代收】　截至年底,缴费单位418家,收缴工会经费5412万元,同比(4511万元)增长17 %。本年度新增缴费单位27家,工会直属5家,苹果园街道4家、鲁谷街道2家、八角街道4家、古城街道4家、金顶街街道2家、八宝山街道2家、老山街道1家、五里坨1家、园区2家。增长率、申报率、零申报率、缴款户率均高于全市平均水平,工会经费税务代收工作保持稳步发展趋势。

(王　薇)

共青团石景山区委员会

【概况】　中国共产主义青年团北京市石景山区委员会(简称团区委)负责全区共青团工作,领导少先队区工委,指导区青年联合会。截至年底,全区有基层团组织652个。其中,团区委派出机构团工委13个,团区委直属二级团组织25个,包括团委5个,团总支5个,团支部2个。有1405名团干部,其中专职团干部42人;兼职团干部1363人。共有4446名团员,全年推优入党团员数49人(含征求团组织意见)。

(吕佳奇)

【帮扶困境青少年】　1月22日,团区委开展"青春助跑·传递温暖"两节送温暖工作,通过结合市、区两级帮扶项目,开展公租房配租、节前入户慰问、自护安全教育、冬令营招募等各项活动,为区域的困境青少年送去新年的祝福与温暖。

(吕佳奇)

【青少年保护】　1月23日至25日,石景山区阳光地带社区青年汇在北师大附中京西分校、石景山学校、实验中学分校、古城二小分校、银河小学开展"青春自护·平安春节"青少年自护教育活动之"面对歹徒怎么办——青少年临界防卫技能训练"主题讲座。2月23日,阳光地带社区青年汇联合区卫计委、团区委、疾控中心、中国同心相随志愿者发展中心、北京性病艾滋病防治协会、北京同心相随文化传播有限公司等相关单位在老山城市休闲公园共同举办以"遏制艾滋、呼吁拥抱、控制蔓延、共享阳光——关'艾'零距离,关'艾'零歧视"为主题的"世界艾滋病零歧视日"禁毒、防艾主题宣传活动,200余名青少年和社区群众参加活动。5月17日,团区委针对行为偏差青少年的父母在华奥学校开展"守护希望"亲职教育系列讲座之《亲子教育的重中之重》,特邀市青少年法律与心理咨询服务中心、亲职教育团队著名心理专家李丹青老师为20余名的学生家长们讲授教育方法。

(吕佳奇)

【青年禁毒宣传】　3月30日,石景山区阳光地带社区青年汇走进老山社区开展一场以"拒绝毒品·健康生活"为主题的禁毒宣传活动。4月22日、5月24日,阳光地带社区青年汇分别带领石景山区华奥学校的40余名学生和石景山礼文中学的50余名学生参观石景山区禁毒教育基地。6月3日,"纪念虎门销烟180周年 健康人生 绿色无毒 健步走公益活动"在老山城市休闲公园举行,活动由区禁毒委办公室主办。

(吕佳奇)

【清明红色祭扫】　4月2日上午,2019年北京市清明红色祭扫活动在八宝山革命公墓任弼时广场举行,副市长卢彦参加。来自北方工业大学的学生用大提琴和小提琴演奏《燃情岁月》,表达哀思;卢彦宣读祭文,少先队员献唱《我们是共产主义接班人》,礼兵向革命先烈敬献花篮,全体人员肃穆默哀,中小学生代表深情朗诵《少年中国说》和《相信未来》,表达对革命先烈的浓浓哀思和无限崇敬。市、区相关领导,北京的革命老战士代表、烈士亲属代表、残疾军人代表、退役军人代表、中小学生代表、各行业青年代表240余人向革命先烈敬献鲜花,祭奠为中华民族独立和解放事业英勇捐躯的革命先烈,缅怀为革命胜利建立丰功伟绩的老一辈革命家。

(吕佳奇)

【区第十三次团代会】　5月8日,共青团北京市石景山区第十三次代表大会召开,200余位代表出席。大会审议并通过共青团北京市石景山区第十二届

5月13日,志愿者在北京世园会引导外国小朋友入场　(团区委供图)

委员会工作报告，选举产生由34名委员和15名候补委员组成的共青团石景山区第十三届委员会。在十三届一次全会中，选举产生10名常委，吴智鹏当选为共青团石景山区委员会书记，王传东、刘牧茜当选团区委副书记，林臻、赵广静、史晓刚当选团区委兼职副书记。

（吕佳奇）

【志愿服务】 5月12日至19日，团区委组织石景山区45名青年志愿者集中到中国北京世界园艺博览会上岗，服务妫汭剧场、草坪剧场、花车巡演等世园会大型演艺活动。9月1日至10月31日，石景山区5个城市志愿服务站围绕“我和我的祖国”主题，开展群众性主题教育活动，结合创城宣传文明理念，提供便民志愿服务，550名志愿者上岗，累计服务时长5880小时，服务群众47800人次。8个重点社区持续开展特色志愿服务活动，840余名社区志愿者与社区居民参与服务，累计服务时长3360小时，服务群众16800余人次。10月1日、2日，组织240名驻区高校大学生志愿者参与新中国成立70周年游园志愿服务活动，累计服务2900余小时，服务游园市民、演职人员、工作人员等3万余人次。

（吕佳奇）

【对口帮扶】 7月8日至10日，团区委、区青联赴内蒙古呼伦贝尔市呼伦贝尔市莫力达瓦达斡尔族自治旗，开展现场对口帮扶行动。7月9日，团区委、区青联与莫旗团旗委在尼尔基第一中学举办助学金捐助仪式，结对帮扶莫旗贫困高中生71人、初中生50人、小学生36人，总计帮扶建档立卡贫困学生157人。

（吕佳奇）

【青年交友】 8月7日晚（农历七夕），在郎园Park艺术区兰镜艺术中心共同举办“相约石景山，你我不孤单”青年人才交友联谊活动。此次活动吸引驻区企业、高校、医院、科研院所、高端商业等单位的单身青年及区机关、基层团组织单身青年，以及通过微信公众号报名的单身“粉丝”300余人。

（吕佳奇）

3月4日，纪念“三八”国际妇女节109周年女性家庭风采展——外国友人了解传统手工艺作品 （区妇联供图）

【国庆群众游行活动】 年内，在区委领导和区委组织部直接指导下，团区委承担群众游行第31号方阵“中华儿女”方阵的综合协调、联络保障等工作，牵头制定方阵总队工作方案，组建工作专班，协调7个工作组，统筹推动群众游行各项工作，确保群众游行组织有序、保障有力，完成石景山区庆祝活动群众游行工作任务，群游方阵赢得蔡奇书记“分秒不差、精彩绝伦、举世无双、非常完美、场面震撼”的充分肯定。

（吕佳奇）

【团校培训】 10月14日至17日，团区委举办石景山区共青团第十六期团校青年骨干培训班。培训班以“不忘初心跟党走、牢记使命勇担当”为主题，采取素质拓展、专题讲座、观影及专题讨论等方式，全区各基层团组织的团干部、青年骨干以及驻区单位的团干部90余人参加培训。

（吕佳奇）

石景山区妇女联合会

【概况】 北京市石景山区妇女联合会（简称区妇联）是在区委领导下的妇女群众组织。下设办公室（主体责任办）、组宣部、权益（发展）部、区妇女儿童工作委员会办公室、妇女儿童活动中心。全区共有街道妇女联合会9个，社区妇联150个，机关企事业妇委会16个，企业女职工委员会221个，区级妇女工作研究机构2个，区级妇女工作领域社会组织11个。年内，把握举办2022年冬奥会和打造新时代首都城市复兴新地标的历史机遇，以创建全国文明城区为总牵引，牢牢把握保持和增强政治性、先进性、群众性的根本要求，以“巾帼心向党·建功新时代”为主题，开展“巾帼心向党”“巾帼建新功”“巾帼暖人心”系列行动。

（何　巍）

【“两节”送温暖活动】 1月15日，区妇联在全区范围内开展“营造温暖之家 共享美好生活”送温暖活动。采取直接入户走访的方式，到各街道重点走访慰问“两癌”贫困妇女、单亲贫困母亲等困难群体，帮助解决生活困难。走访慰问全区患病贫困妇女家庭、共建双承诺结对家庭18户，发放慰问品计6800余元。

（何　巍）

【纪念国际妇女节主题活动】 3月4日至10日，区妇联在北方工业大学举办纪念“三八”国际妇女节109周年女性家庭风采展。展览分为“巾帼风采”“家风传承”“巾帼才情”三个部分。3月7日，“新时代 新女性 新风尚”——石景山区纪念“三八”国际妇女节109

周年大会在北方工业大学图书馆信息报告厅举行。大会分为《开启新征程 奋斗新时代》《建功石景山 魅力新女性》《共筑家国梦 引领新风尚》3个篇章,通过短片、诗朗诵、快板、访谈等形式,展现石景山区妇女在社会生活和家庭生活中发挥的独特作用。

(何 巍)

【女性手工艺作品大赛】 4月2日,区妇联在区图书馆多功能厅举办“我和我的祖国”女性手工艺作品大赛。活动征集作品171件套,包含雕刻、编织、刺绣、布艺、纸艺、彩绘、环保、绳结等各类手工技艺。其中,张凤兰的《瑞雪》、宋晓文的《建国70周年献礼》、陆慧宏的《捣练图》获得大赛一等奖。

(何 巍)

【群众性宣传教育】 4月13日,“巾帼心向党 礼赞新中国”群众性宣传教育活动在八宝山街道玉泉西里中社区妇女之家和苹果园街道海三社区妇女之家同步启动。历时6个月,以庆祝新中国成立70周年为主线,通过组织动员妇女群众“唱响祖国颂歌、讲好中国故事、写出家国情怀、献礼祖国华诞”,激励广大妇女自觉把党的命运、国家命运同妇女自身命运紧紧联系在一起,不忘初心、牢记使命,为实现中华民族伟大复兴的中国梦而奋力奔跑。

(何 巍)

【八届四次执委会议】 4月24日,区妇联召开八届四次执委会议。本次会议全面落实中国妇女十二大精神和区委十二届八次全会的决策部署,总结2018年全区妇女工作,部署2019年工作任务,并选举石景山区出席北京市第十四次妇女代表大会代表。为落实《石景山区妇联执委会委员工作制度》,常态化开展执委述职工作,执委代表北方工业大学科技处副处长、区妇联兼职副主席董慧凝及八宝山街道妇联副主席朱宁进行述职,分享履职成果。

(何 巍)

【新中国成立70周年群众游行服务保障】 6月至11月,区妇联参与庆祝新中国成立70周年大会群众游行第31号“中华儿女”方阵总队彩车工作。制定31方阵彩车训练工作实施方案,挑选38名优秀干部组建彩车车长队伍,组织彩车训练期间的协调、服务、保障工作,组织各彩车工作人员参与人车合练、分指合练、验收演练、人车复训、要素演练等各类训练及业务培训会议50余次。在要素演练及当天活动期间配合四分指彩车处做好各彩车的疏散、转场工作。

(何 巍)

【社区家长学校工作推进会】 8月8日召开。会议总结石景山区妇联干部蹲点9个街道共81个社区家长学校的情况,梳理现阶段发现的突出问题、总结优秀的经验做法,各街道妇联围绕社区家长学校工作进行讨论。区创城办未成年人工作组组长、区妇联相关部室负责人、各街道妇联副主席和街道妇联专干参加会议。

(何 巍)

3月8日,“庆三八”社区科普行共建活动 (区科协供图)

【家长学堂】 11月7日,区妇联与沐悦空间共同启动实施“家长学堂”项目。举办8场以增强亲子沟通为主题的讲座,从了解理解孩子、家长学习情绪管理、无条件积极关注和亲子沟通4个方面,向家长们讲述沟通技巧,通过角色扮演的互动环节,指明家长在沟通中常出现的问题。

(何 巍)

【交流交往】 11月18日,俄罗斯后贝加尔边疆区妇女联盟代表团一行12人到区妇女儿童活动中心进行友好访问。区妇联主席陪同代表团参观儿童科普农业园、巧娘手工艺发展促进会精品展室。12月13日,青海省玉树州称多县妇联代表一行4人到区妇女儿童活动中心参观座谈,双方就下一步帮扶工作进行商讨、谋划。区妇联向称多县儿童赠送100件毛衣,表达石景山区妇联及爱心人士对称多县儿童的关心关爱。

(何 巍)

【妇女维权】 12月17日,区妇联召开妇女维权律师团工作总结推进暨妇女维权普法学习交流工作会。会议总结妇女维权律师团工作实施情况,并进行以案释法交流学习,与会人员结合实际工作中发现的继承、家暴、婚姻财产分割等普遍性问题进行提问,与区妇联及维权律师团现场讨论答疑。市、区相关领导为妇女维权律师团成员颁发新一届聘书。市妇联、区司法局、区律师协会等各相关部门领导及各街道妇联维权干部、巾帼亲情服务队队员、区妇女维权律师团成员等60余人参加总结交流。

(何 巍)

石景山区科学技术协会

【概况】 石景山区科学技术协会(简称区科协)是中共石景山区委领导下的

人民团体，是代表石景山区科技工作者的群众组织，是区委、区政府联系科技工作者的桥梁和纽带。全区现有区属学(协)会5个、街道科协9个，民办非盈利社会组织2个，企业科协3个。年内，区科协围绕四类重点人群，全力做好全民科学素质提升工作；动员组织全区科技工作者进行学术交流，组织开展全国科技工作者日活动；组织社会组织及科普志愿者进社区、进学校开展科技周、科普之夏、科普日等大型科普益民服务活动；组织青少年科技创新大赛、机器人大赛等活动，获市青少年科技创新大赛优秀组织奖等荣誉。

(黄　亮)

9月7日，石景山区全国科普日主场活动　(区科协供图)

【科技人才】 年初，区科协组织召开2019年科技工作者迎新春座谈会，组织召开区科协第八届委员会第二次会议。组织委员到"飞越中国"新科技体验活动，组织中秋传统文化学习实践活动。举荐推选优秀科技专家，参与以"广聚天下贤才，助力京西发展"为主题的首届石景山区人才宣传周活动。开展第22届中国科协求是杰出青年成果转化奖候选人、2019年度北京市科学技术奖提名、第22届茅以升北京青年科技奖评选人、第16届中国青年科技奖候选人、第16届中国青年女科学家奖和2019年度未来女科学家计划候选人和2019年中国科协优秀中外青年交流计划北京地区候选人等奖项的推荐工作。

(黄　亮)

【"点石启智"项目】 5月5日，以"中国梦 科技梦"为主题的石景山区中小学生"点石启智"科技创新人才培养项目启动会，在北京景山学校远洋分校举行。该项目是面向全区中小学校长、核心科技教师、学生开展的人工智能创新教育的科创项目。第一期项目通过开通人工智能实训平台，对石景山区5所种子校的师生提供人工智能科普课程资源；对10名科技骨干教师、45名学生代表进行人工智能课程培训，该项目按计划完成。区科协、区青少年活动中心分别与北京四维博大科技有限公司签订合作协议。北京京源学校、北京市第九中学分校、首都师范大学附属苹果园中学分校、北京市古城中学、北京景山学校远洋分校5所学校被命名为石景山区中小学生"点石启智"科技创新人才培养项目基地学校并授牌。

(黄　亮)

【全国科技工作者日】 5月27日，区科协邀请国际宇航科学院、中国科协军民融合学会联合体常务副秘书长杨俊华院士，以"中国航天事业发展"为题，为石景山区实验小学、实验中学近200名青少年代表及科技工作者代表讲述航天事业的发展和科学家的奋斗精神。

(黄　亮)

【青少年科技教育】 7月3日，区科协在清华大学组织开展校长研讨会，邀请中国科普研究所研究员报告《为科技梦想插上翅膀》。7月22日至25日，以人工智能为主题，组织2019年石景山区青少年AI科技夏令营活动，产生10个优秀人工智能科技作品。年内，区科协组织中小学参加第39届北京市青少年创新大赛、第17届北京青少年机器人大赛、第2届青少年创客国际展示活动等系列赛事，获奖项89项；组织参加第9届北京国际电影节青少年科学影像单元暨首届北京国际青少年科学影像展评展映活动，实验小学代表队获科普动画类二等奖和"最佳视觉设计奖"专项奖。组织中小学科技教师参加2019年北京地区青少年科技辅导员专业水平认证工作和第27届北京青少年科技辅导员论文征集活动，三个论文获得奖项；组织科技教师参加基于"STEM+"融合创新实践理念的三题培训。

(黄　亮)

【全国科普日活动】 9月7日，区科协以"礼赞共和国、智能新生活"为主题，在高井中学举行2019年石景山区全国科普日主场活动。活动通过丰富多彩、互动体验性强的科普展项，引导公众关注科学、了解科学、近距离感受前沿科技酷品。现场设置科普项目有VR冬奥滑雪体验、AI健康筛查、手工互动科普、义诊咨询服务、3D打印展示等。北京市公民科学素质大赛线下活动——石景山区公民科学素质大赛活动在现场同期进行。

(黄　亮)

【科学素质纲要】 年内，区科协完成石景山区全民科学素质工作总结和计划，调整领导小组单位及成员。与北京科技报社合作，编辑制作发放《石景山区提升全民科学素质普及读本》5期5万册。组织推荐社会组织、相关单位参加北京市基层科普行动计划工程项目申报评审工作，召开石景山区评审会，向市科协推荐申报社区科普益民工程项目5个，首都公民科学素质提升工程2个，5个项目通过最终评审，获得市级专项资助115万元。

(黄　亮)

石景山区归国华侨联合会

【概况】　石景山区归国华侨联合会(简称区侨联)是区委、区政府领导下的人民团体,是联系区内广大归侨侨眷和海外侨胞的桥梁和纽带。区侨联现有专职侨联干部4人,石景山区第三届侨联委员会委员共25人,其中主席1人,副主席3人,秘书长1人,基层侨联组织9个。

(蔡　琳)

【文化活动】　年内,区侨联开展"第九届首都新侨乡文化节"系列活动,获得"第九届首都新侨乡文化节"最佳组织奖。4月21日,组织全区归侨侨眷200人参加中国侨联在人民大会堂举办的"亲情中华 一起读中国"朗诵音乐会。4月29日,在京西五里坨民俗馆举办"亲情中华 侨韵北京"第九届首都新侨乡文化节"礼赞新中国、助力冬奥会、奋进新时代"石景山区侨界共庆新中国成立70周年华诞文艺演出,来自"一带一路"国家的土耳其、塔吉克斯坦、巴基斯坦、蒙古等国家的外国友人和归侨侨眷300余人观看演出。5月15日,在市民冰雪中心举办第九届首都新侨乡文化节冰雪体验活动,全市侨界群众代表50余人参观冬奥展厅和国家冰壶队训练场馆,体验花样滑冰运动员的训练项目和仿真冰球射门项目。7月8日至17日,参与2019年全国侨联、北京市侨联"寻根之旅"夏令营北京华文学院(石景山)营的承办工作,组织接待海外华侨子孙(12—18岁)50名营员,全程做好联系、审核、制定计划、服务保障等工作。

(蔡　琳)

【街道侨联换届】　5月,区侨联下发《关于做好街道侨联换届工作的通知》,明确街道侨联的选举程序、组成规模、代表条件和构成、委员条件和构成等相关换届要求。区侨联党组调研走访9个街道,听取换届筹备情况和主席、委员、代表人选情况,全面掌握街道侨联换届进程。7月,9个街道侨联全部换届完成,选举出新一届街道侨联委员会。

(蔡　琳)

【维护侨益】　年内,区侨联开展"送温暖"活动,两节期间,走访慰问病困归侨侨眷215户,300余人次,为他们送去慰问品。在全区进行《侨法》宣传,发放《侨法》书籍200本,印有《侨法》的环保袋等宣传资料2000余份。

(蔡　琳)

石景山区工商业联合会

【概况】　石景山区工商业联合会(简称区工商联)聚焦"两个健康"发展主题,组织开展法律、人才、政策、金融、商务交流等精准服务活动50余场,发挥服务品牌示范引领作用,帮助企业坚定经营发展信心,在高质量发展的路上笃定前行。结合优化营商环境"9+N"政策2.0版的出台和石景山区制定行动计划中的任务措施,开展营商环境调查评估工作,向区政府提交《石景山区营商环境评估报告》,为石景山区持续改善营商环境、提升政府服务水平提供支撑。主动引导企业投身脱贫攻坚战,组织会员企业先后7次奔赴顺平开展"携手共进、同步小康－顺平行"扶贫调研和对口支援活动,全年累计投入210万元财政资金和78.81万元社会资金开展产业帮扶。全年发展会员170余家,年底前先后成立工商联鲁谷街道商会、八宝山街道商会,实现全区9个街道基层商会全覆盖。

(张　振)

【优化营商环境】　1月10日,区工商联联合首特孵化器举办"民企学堂——新个税政策解析"培训会,为到会企业详细解读个人所得税法的整体变化、综合所得各项扣除的界定,以及目前企业普遍关心的国地税合并、个人所得税税改后社保的征管与缴纳问题。3月27日,区工商联牵头召集15家区非公经济服务和管理协调领导小组成员单位及一线窗口单位,召开石景山区营商环境评价调研工作部署会。4月3日,区工商联邀请多家职能单位的领导为到场近200余家企业现场解读企业开办和注销、房屋产权交易与办理建筑许可、纳税便利化、财产登记、现代金融政策与获得信贷、获得电力等最新政策。4月26日,区工商联组织召开石景山区营商环境评价调研工作研讨会,13个部门的相关领导参加会议,针对此次石景山区优化营商环境评估报告(讨论稿)进行研讨。5月8日,区工商联联合首特孵化器开展《社保税务变革后、企业如何缴费更合适》培训,为到场45家企业60余人详细讲解社保税务变革后,企业该如何开展缴费工作。5月,结合优化营商环境"9+N"政策2.0版的出台和石景山区制定行动计划中的任务措施,以政策落实情况为切入点,经过1个多月的优化营商环境专题调研,形成《石景山区营商环境评估报告》。

(张　振)

【企业服务联盟活动】　1月起,区工商联企业服务联盟即日起开展主题为"迎新春、送健康、促发展"的义诊周活动。特邀健康研究院中医专家团队为工商联企业及服务联盟盟员免费义诊和调理。联合区金融办举办"企业联盟金融服务港"沙龙活动,针对近期出台的《石景山区鼓励企业上市发展实施办法》进行专题解读;协调宁波银行为有贷款融资需求的非公企业提供一对一咨询服务,特别是税务贷、快审快贷等特色金融产品和多种增值服务。引导非公企业服务社会,组织开展"中国光彩事业临夏行"活动;支持企业投身"万企帮万村"精准扶贫行动,赴顺平开展"携手共进、同步小康－顺平行"扶贫调研和对口支援活动。企业服务联盟开展金融、人才、政策、法律、招商引资等各类服务活动20余场。

(张　振)

【基层商会活动】　1月22日,区工商联老山街道商会召开一届二次理事会,研讨制定2019年商会工作计划。3月28日,区工商联古城商会召开第三届第三次理事会,会议增补7名商会理事,选举商会副会长、副秘书长等人选。5月,区工商联海外学人商会、中关村数字媒体产业联盟及中关村文创游戏产业发展联盟牵头主办2019融媒体短视频行业与行业人士健康发展论坛暨中关村文创游戏产业发展联盟会员代表大会。区工商联在北京燕京八绝艺术馆组织开展主题为“忆光辉史 做追梦人”文化交流活动，区工商联侨联联合支部、老山街道商会、苹果园街道商会、海外学人商会等基层商会党组织、会员、服务联盟30余人参与。8月17日，财智谷商会会员发展交流会暨财智谷自主知识产权工作座谈会在财智谷召开，为9家新会员企业颁发会员证书，选举新副会长。12月5日，区工商联鲁谷街道商会召开成立大会。会议审议通过《石景山区工商业联合会鲁谷街道商会章程》，选举产生第一届石景山区工商联鲁谷街道商会理事、副会长、秘书长、会长。12月26日，区工商联八宝山街道商会召开成立大会。会议审议通过《石景山区工商业联合会八宝山街道商会章程》，选举产生第一届石景山区工商联八宝山街道商会理事、副会长、秘书长、会长。截至年底，石景山区9家街道商会全部建立。

（张 振）

【精准扶贫】 春节前夕，河北省顺平县白云乡常庄大村一行向区工商联和区民营企业北京市景宏利豪市政工程有限公司、一夫唐人爱心社赠送锦旗。年中，投入90万元帮扶顺平县何家营村百果科技示范园区二期东园扩建提升项目，投入60万元帮扶常大村智能温室扩建项目。9月中下旬，追加60万元财政资金和60万元社会资金帮扶顺平县扶贫果品冷藏库建设项目，投入18.81万元社会资金帮扶顺平县韩新庄村果品冷藏库配套项目，预计惠及贫困人口582人。一夫唐人爱心社捐赠齐各庄小学的爱心桌椅150套、空调4台；开展产业帮扶项目1个（百果园二期东园续建项目），投入资金30万元；继续推动2018年扶贫项目——常大村公益屋试点项目；一夫唐人爱心社向常大村公益屋捐赠1300余桶奶粉和玩具、衣物等“爱心”物资，价值近30余万元。区工商联全年累计投入210万元财政资金和78.81万元社会资金开展产业帮扶。

（张 振）

【光彩公益】 春节前夕，区工商联五里坨街道商会到驻区部队慰问春节期间值守在岗的全体官兵。五里坨商会到石景山区福利院看望慰问福利院的老人和工作人员，为他们带去慰问品和节日的祝福。3月，会员企业海瑞通环境工程公司举办“传承雷锋精神，开展志愿服务”活动。40余名员工在老山城市休闲公园开展“捡拾垃圾义务劳动”。8月15日，区工商联组织“夏日送清凉 共建文明城”公益慰问活动，率队会员企业代表一夫唐人爱心社、北京诚彬科技有限公司、海瑞通环境工程公司、北京优适文化有限公司，到区环卫中心慰问一线环卫工人，为他们送上牛奶、饮料、消暑礼盒等价值2.3万余元的慰问品。9月25日，古城街道商会召开“三济工程”座谈会，三年来，30余家企业帮扶捐助困难家庭106户，累计捐助资金57万余元。11月23日至24日，“精准扶贫书画名家义捐”活动在社区老年之家举行，该活动由石景山区工商联发起，北京力龙腾飞商贸有限公司、石景山区力龙社区服务中心执行。创作作品义捐给力龙社区服务中心，义卖款项全部资助本区孤寡老人及残疾人。

（张 振）

【九届四次执委会】 4月3日，区工商联（商会）第九届四次执委扩大会暨石景山区非公经济服务和管理协调领导小组工作会、石景山区非公有制经济人士理想信念教育实践活动动员会、2019年石景山区企业服务季启动四会合一大会召开。会议审议通过2018年工作报告，部署2019年工作；选举产生新的执委、副会长、副主席；表彰区工商联优秀会员单位、优秀个人；宣读区工商联创城倡议书；通报区非公经济服务和管理协调领导小组解决重点企业座谈会反映问题的办理情况；市工商联、区相关部门发布服务民营企业重点举措及最新出台优惠政策。区服务非公经济协调领导小组成员单位及执委会委员和工商联会员企业代表、基层商会代表300余人出席会议。

（张 振）

【优秀会员企业】 4月16日，在区人力社保局召开2018年度“石景山区和谐劳动关系单位”命名工作会，会员企业博天律师事务所等企业获得称号。区工商联、区人保局、区总工会等区协调劳动关系三方（5家）成员单位主管领导到会并为获奖企业颁奖。11月29日，市工商联召开非公经济组织党建工作推进会，区工商联会员企业北京信诚佳美保洁有限公司、北京嘉曼服饰股份有限公司、北京华源亿泊停车管理有限公司、北京海瑞通环境治理有限公司等多家企业党组织及多名党务工作者分别获北京市工商联非公党建示范单位、党员驿站示范点及优秀党务工作者荣誉称号。

（张 振）

【企业服务季活动】 4月至12月，区工商联组织开展第八届石景山区企业服务季活动。与区律协携手建立“企业法律服务包”，开展七期“线下法律服务日”活动，为16家企业提供针对性、实效性强的一对一免费法律服务。组织会员企业参加“建立北京民营企业产权保护社会化服务体系新闻发布会”“检察护航民企发展”主题公众开放日活动、北京市民营企业普法大讲堂（第一期）。连续两次在人民大学举办实习生毕业生双选会，5000余名高校学生参与，800余人与企业达成就业意向。组织会员参加北京市民警家属专场招聘会、丰台区民营企业招聘会；组织企业参加和谐劳动关系达标单位申报工作（爱依）、2020年毕业生需求统计工作和石景山区离校未就业高校毕业生就业帮扶工作（9家企业123个岗位），推荐15家企业参与区委组织部“英才引进”活动，对接区人保局、区人资公共服务中心，解决会员企业工作居住证办理问题，帮助企业做好人才服务工作。举办“民企学堂”暨2019年企业服务季政策解读活动，市场监管局、税务局、规自分局等6家部门以优化营商环境“9+N”2.0版为主题，为120余名企业负责人全面、快速、准确的介绍区域优化营商环境的改革要点与具体措施。与区金融办、园区管委会共同主办——“石景山区金融与企业对接会:科创板政策解读专场”培训活动,对意向上市企业进行政策辅导宣讲;组织会员企业参加“相约北京系列冬季体育赛事”推介及赞助商征集解读会、2019年中关村国际化大讲堂海外科技成果引进与转化专题研讨班、2019年第一期石景山知识产权主题沙龙等活动,反馈《2019年石景山区进一步优化营商环境重点任务》和《石景山区上市服务工作领导小组工作职责》的意见建议。与区金融办、发改委、科委、投促局联合举办金融产业高精尖洽谈会,34家企业和19家金融机构参与活动,20余家企业在现场达成初步合作意向,帮助企业解决融资难、融资贵问题;组织会员企业参加全联民营企业债券融资专题培训班、第四期服务民营企业参与共建“一带一路”专题报告会。组织开展京津工商联座谈交流活动,签订友好商会协议,组织企业参加市工商联“三河、大厂、香河廊坊”项目推介会和市联举办的“走出去风险发布会”,邀请驻区部分民营企业与沙特阿拉伯华商联合会一行召开“中国—沙特阿拉伯项目交流会”。

(张　振)

石景山区人民团体、群众团体负责人

总工会主席	高洪雁
常务副主席	蒋志谋
团区委书记	吴智鹏(9月免)
	贾　曦(12月任)
区妇联主席	刘　红(女)
区科协主席	宋菁慧(女)
区侨联党组书记	安宝喜(3月任)
区工商联主席	马丽萍(女,回族)
党组书记	柴亚洲(7月免)
	赵世英(9月任)
区文联主席	郭　明(10月免)
区残联理事长	栾伟宏
党组书记	栾伟宏
区红十字会会长	左小兵(兼)
党组书记	柏　静(女)

法　治

综　述

【概况】 2019年,石景山区政法系统在中央、市委和区委区政府的坚强领导下,全区政法系统面对大事之年、大考之年繁重艰巨的任务,坚持以习近平新时代中国特色社会主义思想为指导,以首善标准和高度政治责任感,全力以赴做好以新中国成立70周年庆祝活动为中心任务的“五大”维稳安保任务,深入推进扫黑除恶专项斗争,扎实开展“不忘初心、牢记使命”主题教育,为区域经济发展提供坚强有力的法治保障。

(郝　山)

【全民国家安全教育日宣传活动】 4月15日,区委政法委、区国家安全工作站、区保密办、区金融办、区司法局和八角街道在八角百姓大舞台联合开展以“着力防范化解重大风险,喜迎中华人民共和国成立70周年”为主题的“4·15全民国家安全教育日”宣传活动。现场摆放各类宣传展板25块,发放各类宣传材料5000余份、各类宣传物品500余份,参加活动人数500余人。

(高红伟)

【扫黑除恶专项斗争】 年内,成立由区委书记任组长的区扫黑除恶专项斗争领导小组,下设办公室,由政法委书记任领导小组办公室主任,各成员单位、各街道分别成立党政主要领导为第一责任人的领导小组,强化组织领导体系。区委常委会、区政府常务会5次召开扫黑除恶专题会议,领导小组6次召开研究部署工作会议。6月17日、18日,中央扫黑除恶第11督导组下沉督导第四组到石景山区督导检查各项工作安排。区扫黑办主动对标对表,结合工作实际,制定全区整改工作方案及整改任务账单,逐项逐条明确整改任务、整改措施、整改责任和整改期限,通过强化线索核查、基层基础、综合治理、宣传发动等工作。坚持依法严惩,先后组织开展扫黑除恶1号至5号行动,依法查办王某寻衅滋事案等2起恶势力团伙犯罪事件。

(郝　山)

【维稳安保】 年内,全区政法系统围绕新中国成立70周年庆祝活动安保这一主线,坚持“精精益求精,万万无一失”的标准,启动安全保卫和社会治安指挥部。加强督导检查,形成区、部门、街道、社区4个层面、层次的督导检查体系。开展全面梳理“人地物事组织”等基础要素,对全区各类重点人员,逐人开展风险评估,严格实施分级分类管控。确保市民冰雪中心集结点、衙门口大型道具转运点、徒步方队集结、疏散路线和轮式装备疏散路线,以及群众游行第14、30、31方阵参演人员及其他工作人员、车辆的集结、安检、护运等工作的安全有序。全年,启动社会面一级超常防控15天,二级加强防控30天,累计投入群防群治力量180余万人次。

(郝　山)

6月17日,中央扫黑除恶督查组下沉检查工作　　(区委政法委供图)

【维护政治安全】 年内,区委政法委统筹公安、国安等部门围绕敏感节点,强化阵地控制,落地核查30余人次,依法取缔非法宗教地下组织,重拳打掉“心灵法门”邪教组织聚会点,掌握对敌斗争主动权。强化反恐防恐基层基础工作,落实“六住”及“五见面”核录要求,掌握关注群体动态,强化“对抗式”检查,区反恐办牵头先后检查各类敏感场所和反恐重点目标单位2324家次,组织开展综合性反恐处突演练129次,举办反恐专项技能培训20余场次。

(郝　山)

【“平安石景山”建设】 年内,区委政法委实现三级平安建设组织全覆盖。年初,组建由区委书记任组长,两位区委副书记任副组长的区委平安石景山建设领导小组,下设办公室,全面统筹平安建设工作。63个成员单位和9个街道建立相应的平安建设工作体系,落实“一把手”责任,实现市区街三级组长机构的上下贯通。区平安办牵头组织开展社会治安、护路护线、科技创安、特殊人群服务管理、社会矛盾纠纷多元调解、预防青少年违法犯罪等9个专项工作。开展专项督查、调研指导、平安建设考核,督促各级党政“一把手”履行平安建设第一责任人职责。协商两办督查部门、区委组织部和区人力社保局,将平安建设考核与从严治党考核、政府绩效考核有机结合,综合运用通报、督办、约谈等手段,健全完善考核结果运用。

(郝　山)

【立体化防控体系建设】 年内,全区政法系统完成各单位视频监控系统基础台账摸底工作,组织做好567路监控探头的现场踏勘工作,完成重点部位动态人脸识别系统安装调试,整合冬奥组委、国家冬训中心121路图像信息资源联网资源。落实轨道交通地上地下一体化巡控机制，健全完善公安、武警等专业力量与群众力量捆绑作战工作机制，落实定点看控、巡控查控、视频巡控等措施，探索试行全区东西分片联合巡逻防控机制。

（郝　山）

政法委工作

【概况】　中共北京市石景山区委政法委员会（简称区委政法委）是区委领导政法工作的职能部门。2019年，完成原综治办、维稳办、流管办、610办等部门职能和人员编制转隶工作。区委政法委机关共有行政编制26人，内设机构有综合办公室、政治安全科、社会稳定科、法治监督科、综治督导科、治安整治科、政法队伍建设指导科。区委政法委坚持以确保新中国成立70周年庆祝活动绝对安全作为全年工作重中之重，以深化平安建设、法治建设和队伍建设为主线，全力做好防风险、保稳定、护安全、促发展等各项工作，有力维护全区政治稳定和社会安定，实现“三个不能、三个确保、五个坚决防止”的工作目标。

（郝　山）

【防范各类安全隐患】　年初以来，区委政法统筹公安分局、交通救援支队、消防支队持续发动多波次、多频率、大兵团隐患清整、地毯式排查，开展安全隐患排查整治，综合运用“严管、严治、严查、严罚”一体化组合拳，清除隐患、整顿秩序、净化环境。区委政法委统筹公安分局、区应急管理局、区商务局、区经信局等单位，强化物流寄递业严格执行拆箱验视、实名收寄、过机安检“三个100%”制度，严格执行危险物品安全管理规定，落实“低慢小”航空器和空飘物安全管理、户外电子屏网络安全风险排查管控等工作，确保重点行业、重点领域安全监管到位。

（郝　山）

【冬奥筹办安全保障】　年内，区委政法委牵头组织冬奥组委秘书行政部、安保部、首钢集团、公安分局、交通支队、消防支队等部门参加现场专题会议、工作推进会议12次，研究谋划首钢园区涉冬奥区域安保方案体系和安保措施。9月17日，北京冬奥会、冬残奥会吉祥物发布会在首钢园区内举行，区委政法委强化与冬奥组委安保部、首钢集团安保部门沟通对接，统筹公安、交通、消防、城管委及属地街道等部门，加大活动现场外围安保力量投入，做好周边环境治理、道路交通秩序维护、社会面管控等工作，完成冬奥、冬残奥吉祥物发布会活动现场外围安保工作。

（郝　山）

【维护地区安全稳定】　年内，区委政法委制定下发《石景山区2019年重大活动重要敏感节点维稳安保总体工作意见和工作方案》等12个区级层面的总方案，与各专项方案、各成员单位制定的工作方案形成全区维稳安保工作的方案体系。根据全年一系列维稳安保任务总体部署要求，结合每一结点任务的工作实际，召开12次工作部署会议。结合全年集中组织的两次矛盾纠纷排查调处工作，区委政法委加强对可能影响安全稳定“人地物事组织”等基础要素全面梳理，健全完善各项工作台账，强化统筹协调、集中调度。通过全面排查梳理，逐人开展风险评估，对所有纳入等级管控的重点人员，采取“一人一策、一人一班”工作方式，实施实名防控工作方案，坚持疏堵结合、综合施策，强化教育转化工作，确保全年重点节点无滋事闹事情况发生，社会和谐稳定。

（郝　山）

【重点地区排查整治】　年内，广宁街道被列为市级城乡结合部安全隐患、社会治安重点挂牌挂账整治地区，区委政法委牵头公安、消防、应急、属地街道等部门，先后开展先期摸排，制定整治方案，倒排整治工期等基础工作，持续开展“治安洼地”攻坚整治等一系列专项行动。年底，广宁地区黄赌警情突出、入室盗窃高发等问题实现达标，顺利完成销账。

（郝　山）

【服务保障区域经济发展】　年内，区委政法委先后妥善处置e租宝、安心贷等突发涉稳事件，推进西黄村棚改项目回迁问题。按照“疏解整治促提升”专项工作要求，强化人口变化动态监测，持续巩固“疏非控人”“基本无违法建设区”成果。建立政法委、金融办双牵头的专班工作机制，加强对P2P网贷整治力度，统筹公安、信访配合金融办，通过综合运用约谈高管、限速断网、限制账户等措施，压实压紧企业的主体责任，推动逾期企业逐步化解风险。

（郝　山）

【特殊人群服务管理】　年内，区委政法委牵头区卫健委、各街道强化对全区在册重症精神障碍患者严格落实入户探视、评估管理、免费服药等措施，加强对病情较重患者收院治疗工作力度。区司法局严格落实在“七包一”、入户走访等措施，狠抓社区服刑人员、安置帮教人员的监督管理工作。区委政法委、公安分局和各街道强化对涉军、涉众、涉毒等特殊群体的动态评估、动态管控、服务管理等措施，确保辖区治安平稳有序。

（郝　山）

公　安

【概况】　2019年，北京市公安局石景山分局（简称公安分局）全力做好防风险、保稳定、护安全、促发展各项工作，圆满完成新中国成立70周年庆祝活动安保等系列公安保卫任务，维护首都政治安全和社会稳定，为石景山高水平建设首都城市西大门创造良好社会治安环境。年内“零失误、零差错”完成警卫勤务151起，确保党和国家领导同志、重要来访外宾在区活动绝对安全。有效防控各类风险，妥善处置多起突发事件，依法打击滋事闹事行为，牢牢守住工作底线。牵动开展“擦亮城市西大门、文明祥和迎大庆”城市秩序整治行动，统筹推进“2019平安行动”“并肩治乱”“三重大排查”等专项工作。年内，公安分局破获刑事案件1415起，抓获违法犯罪嫌疑人1993名；查处治安案件1.5万起，同比上升56%。打击处理“盗非”、涉黄、涉赌违法犯罪嫌疑人574名，同比上升21%，三类警情同比下降14%，挂账治

9月27日,公安分局民警在新开通的首钢大桥巡逻　(公安分局供图)

安重点地区按期摘牌;环食药旅联动执法、行刑衔接机制更加完善,全力保障石景山获评北京市食品安全示范区,打击整治偷倒渣土违法犯罪专项行动取得突出战果;行业阵控、保安监管有力落实,黑车治理、养犬管理成效明显,整治"黑出租"专项行动打击处罚率达到400%,12345热线投诉降幅全市第一,养犬集中年检登记同比升幅全市第一。社区规范运行"两队一室"警务模式,强化落实入户走访、基础摸排、重点管控、宣传防范、涉外管理、群防群治等各项工作。"政风行风热线""政民互动网络平台"信件办结率、满意率达到100%。年内,金顶街派出所所长董天婳当选全国"三八红旗手",苹果园派出所民警刘炳旺获评"首都精神文明建设奖";八角派出所获评"全国青年文明号"和市局"枫桥式公安派出所"示范单位,模式口派出所作为市局基建样板工程参与全国示范派出所评选。公安分局通报表彰集体143个次、民警857人次,战时记功嘉奖9个集体、139名个人,推树警营标兵42名、杰出青年卫士8名。

(申小荣)

【反恐进校园】 4月25日,公安分局在北京市第九中学举行2019年"反恐进校园主题宣传周"启动仪式。公安分局、区委政法委、区反恐办、区教委、第九中学校长等领导出席活动。反特巡支队、内保大队、模式口派出所主要领导、民警代表,以及第九中学师生、保安员300余人参加活动。

(申小荣)

【防范电信网络诈骗宣传】 9月6日,公安分局在首钢体育大厦报告厅举办"全民反诈,首都无诈——石景山区反电信网络诈骗犯罪宣传日主题活动"。区级联席会成员单位领导、社区群众和高校学生代表,以及各单位民警、辅警代表等共计600余人参加活动。

(申小荣)

【新中国成立70周年庆典安保】 年内,公安分局围绕庆祝新中国成立70周年大会、联欢晚会、群众游园和支援勤务等"点""线"安保工作,研定公安分局国庆安保方案预案114个,强化"点""线"措施,压实岗位责任,完成专项勤务及以面保点、应急处突等安保任务,确保参加庆祝活动的2.2万余人次群众、1674辆次车辆绝对安全。围绕北京国际雕塑公园、石景山游乐园、八大处公园等游园活动,有序疏导游客23万人次、车辆5.1万辆次。

(申小荣)

【养犬管理】 10月24日,公安分局联合区委宣传部在半月园公园举行"倡导文明养犬,共建文明家园"宣传活动启动仪式,发放《致全区养犬朋友的倡议书》和养犬小礼包,现场组织开展文明养犬咨询、观展、承诺签名等活动,100余名养犬爱好者参与。公安分局全年救置无主犬1673只,同比上升0.1%;接报涉犬110警情645件,同比下降8.5%;开展涉犬行政处罚177起,罚款3万元,没收有主犬22只。办理养犬集中年检登记1.02万只,同比上升39%,位列全市第一。

(申小荣)

【打击破案】 年内,命案、涉枪涉爆等重大敏感案件全部快侦快破。电信网络诈骗立案、群众损失同比分别下降31.3%和24%,抓人、破案同比分别上升59.1%和1.7%;破获经济案件128起,在侦涉众型经济案件犯罪嫌疑人全部到案;缉毒会战抓获涉毒人员269名,缴毒1012克;"云剑"行动实现部督逃犯"清零"目标。

(申小荣)

【扫黑除恶】 年内,公安分局紧盯"11+8"重点领域,狠抓线索摸排、专案攻坚、"打伞破网""打财断血"等重点工作落实,完善挂账督办、专案侦办、区属公检法联席会议等机制制度,固化疑难复杂案件法制、刑侦、派出所会商机制,严厉打击违法犯罪活动,统筹采取常态化摸排、"四长"负责、成立线索核查专班和适时启动线索核查、案件侦办会商,建立线索流转、牵动核查打击和结办工作流程。建立联席会议、线索流转、联合执法等联动机制及重点行业领域监管机制,对"八黑"等秩序类社会顽症持续开展排查整治,中央督导组督办线索结办率排名全市第一。

(申小荣)

【涉外人员管理】 年内,"外管通APP"开通率、使用率达到100%,查处涉外案事件65起,查获"三非"外国人42名,同比上升121%,行政拘留同比增长2倍。

(申小荣)

【交通综合治理】 年内,公安分局优化区域交通组织,加快智能交通建设,设立停车严管示范街82条,实施优化渠化方案62个,全区拥堵、事故报警同比分别下降23.58%和8.76%,处罚各类交通违法同比提升5.1%,开出全市首张违反道路交通安全防范责任制社会单位万元罚单。

（申小荣）

【反恐防恐】 年内，公安分局全力保障区反恐办实体运行，落实“六住”措施，防控区内关注群体、危爆物品、敏感行业和反恐重点目标，贯彻落实《反恐怖主义法》，依法实施全区反恐怖首例行政处罚；推进反恐人民战争，组织“五进”宣传87次，专项培训11次，实战演练189次，奖励群众举报涉恐线索3件。

（申小荣）

【构建合成指挥体系】 年内，公安分局构建统一、高效、权威的情报指挥中枢体系；完成调研、统计、机要、通信等服务保障任务，人大代表建议、政协委员提案办复率、满意率100%；在全市率先完成公安信息网IP地址资源扩容工作，获评公安部先进单位；开通“石警官”微信公众号，“平安石景山”微博进入在京百家政法矩阵前十名。

（申小荣）

【便民服务措施落实】 年内，公安分局规范落实户口审批权限下放、“全国通办”等户政、出入境惠民新政15项，推出证件延时自助服务等便民举措7项，服务窗口全年接待群众20.3万人次，办理各类证件8.1万件；出台分局《深化12345市民服务热线电话派单“接诉即办”工作实施方案》，创建“沟联办答”工作法，全年高效办理市民服务热线电话派单同比上升11%。

（申小荣）

【涉奥冰雪项目安保】 年内，公安分局主动融入场馆运行团队，全保障首钢滑雪大跳台正式投入运营，完成沸雪世界杯、冰壶世界杯总决赛、冬奥志愿者招募开幕式安保等12项80场次世界级赛事安全监管任务，维护吉祥物发布会、志愿者全球招募启动仪式等高规格冬奥赛会活动现场秩序，冬奥组委驻地及周边实现“零发案”。

（申小荣）

检　　察

【概况】 石景山区人民检察院（简称区检察院）设置10个内设机构，明晰部门工作职责；动态调整专业办案组织，设国家安全和公共安全犯罪等5个专案组，提升检察官办案专业化水平。实行捕诉一体办案机制。按照捕诉同一规则办理案件273件，占一审公诉案件的55.8%。全面落实认罪认罚从宽制度。充分发挥检察机关在认罪认罚从宽制度中的主导作用，适用认罪认罚程序办理案件283件311人，适用率为58.2%，同比上升12.1%。对认罪认罚案件提出量刑建议264人，提出率为62.4%，同比上升19.9%，法院采纳220人，采纳率为83.3%。结合办案发现的社会治理问题，发出检察建议18份，其中17份予以回函，发挥检察建议的综治作用，在国家治理体系和治理能力现代化建设中体现检察担当。提升量刑建议的精准化水平。严格落实依法办理、舆情引导、社会面管控“三同步”工作机制，办理非法吸收公众存款、集资诈骗等涉众型经济犯罪案件17件28人，做好稳控投资人情绪及舆情管控和矛盾化解；进一步健全律师值班制度，为律师执业提供便捷服务，接待律师432次；与区司法局等相关单位共同打造京西法治论坛品牌，助力区域法治建设。坚持检察工作、检察文化、检察宣传三位一体，通过微博、微信等平台发布各类信息1200余条，策划拍摄微视频13部。

（张　珂）

【首次联动监督工作联席会】 3月4日，区检察院与区人大专委会召开首次联动监督工作联席会，落实《石景山区人大专门委员会与区检察院民事行政检察部门联动监督若干规定（试行）》，增进信息互通与工作互信，推动双方联动监督工作有效开展。双方就推动联动监督机制有效持续运行、实现人大代表建议督办与检察公益诉讼衔接配合、共同服务区域中心工作等多方面进行交流。

（张　珂）

【未成年人法治教育中心启动】 5月31日，北京市石景山区未成年人互动体验式法治教育中心正式启动，该中心由区检察院组织筹建，是北京市检察机关第一家未成年人法治教育展厅，是全市检察机关首家独立建设设有独立场地的未成年人法治教育中心。中心建筑面积400余平方米，按照最高检智慧检务4.0的标准，利用手环注册系统、幻影成像技术、智能机器人等科技手段，通过此类多媒体展示的内容占80%以上，为参观者提供全方位、立体式呈现宪法教育、犯罪预防教育、安全自护教育、家庭教育、德育等内容。截至年底，该中心被列为国家检察官学院未检工作现场教学点，接待全国检察官参观交流11批125人次，中小学生参观学习19批1130人次。

（张　珂）

【检察官办案主体地位】 年内，检察长（含副检察长）带头办理重大疑难复杂等各类案件47件，审批决定126件，提出检察建议9件，检察长列席审判委员会会议2次。落实“谁办案谁负责、谁决定谁负责”要求，检察官决定案件占办结案件的97.6%，确保检察官依法独立行使职权。

（张　珂）

【审查逮捕、审查起诉】 年内，区检察院对故意伤害、强奸等侵害公民人身权益类犯罪，批准逮捕50人，提起公诉50人；对盗窃、诈骗等侵犯公民财产权益类犯罪，批准逮捕151人，提起公诉159人；对危害公共安全类犯罪，批准逮捕7人，提起公诉97人。持续加强经济犯罪和职务犯罪检察。对经济犯罪，批准逮捕41人，提起公诉36人。发挥检察机关在反腐败斗争中的积极作用，对职务犯罪，决定逮捕13人，提起公诉22人（含刑诉法修改后北京首例自行侦查的司法人员渎职类犯罪案件3件3人）。

（张　珂）

【未成年人检察工作】 年内，区检察院受理未成年人审查逮捕案件10件10人，审查起诉案件10件10人。贯彻教育、感化、挽救方针，对涉嫌轻微犯罪并有悔罪表现的未成年人，不批捕1人，不起诉1人。持续开展法治副校长进校园活动19次，受众6280人。开展校园周边商户向未成年人出售烟草专项监督活动。根据《北京市控制吸烟条例》“禁止在幼儿园、中小学校、少年宫及其周边100米内销售烟草制品”的规定，围绕中小学校周边商户摸排线索、固定证据，向相关部门发出诉前检察建议2份，全部收到回函，督促相关单位联合执法，为未成年人健康成长营造优良环境。

(张 珂)

【刑事诉讼监督】 年内，区检察院受理刑事立案监督案件7件，经要求说明不立案理由或通知立案后，监督公安机关立案5件；受理行刑衔接案件6件，建议行政执法机关向公安机关移送5件，公安机关均已立案侦查；开展立案监督专项活动，通知公安机关撤案23件。因法律适用错误向审判机关提出口头建议1件，审判机关已裁定予以纠正；因事实认定和法律适用错误等原因向审判机关提出抗诉3件。办理各类监外执行监督案件103件，发出检察建议书13份，建议收监暂予监外执行罪犯1人，相关单位予以采纳，该案被评为北京市及全国刑事执行检察十佳精品案件；深化财产刑执行专项监督，发出纠正违法通知书5份，检察建议书2份，相关单位均予以整改回函；依法开展羁押必要性审查，对23名犯罪嫌疑人提出变更强制措施的建议并被采纳。

(张 珂)

【民事检察工作】 年内，区检察院受理民事诉讼同级监督案件14件，比上年增长1.33倍。着力加强职能宣传。开展“民事诉讼监督职能宣传周”活动，走访区法院、区司法局、区工商联、区律协等单位，深入社区、广场、购物中心等人群密集处，加强职能宣传，扩大民事诉讼监督影响力。与区律师协会签订《关于民事诉讼监督线索移送会议纪要》，建立线索移送、听取意见、联合培训等工作机制；与区司法局保持常态化沟通，确保信息及时共享。开展虚假诉讼与非诉执行监督，通过部门间协力合作，甄别专项监督工作线索；就刑检部门移送的民事虚假诉讼监督线索，成立联合专案组，为案件精准办理提供保障。

(张 珂)

【行政检察工作】 年内，区检察院开展行政非诉执行专项监督。围绕行政罚款执行不到位等问题，促成原区工商分局与被执行人赵某某行政非诉执行监督案重启强制执行程序，赵某某被纳入失信被执行人名单。落实“加强行政检察监督，促进行政争议实质性化解”专项行动。坚持以人民为中心理念，对办理的行政诉讼监督案件作出中止审查决定后，继续深入查明案件事实，促进行政争议双方实质性化解。选派专人参与北京市积案清理专项工作。办理各类行政诉讼监督案件9件。

(张 珂)

7月2日，扫黑除恶专项斗争普法宣讲 (区法院供图)

【公益诉讼检察工作】 年内，区检察院积极开展公益诉讼检察，把诉前实现保护公益目的作为最佳状态。在接受群众举报的同时主动作为，发现公益诉讼案件线索10件，调查核实后立案8件，发出诉前检察建议7份，督促相关单位积极整改，启动整改率为100%。主动争取重视和支持，落实公益诉讼各项机制。

(张 珂)

【推进扫黑除恶专项斗争】 年内，区检察院对近三年747件刑事案件进行排查，向市检察院、区扫黑办、区纪委监委移送涉黑涉恶及“保护伞”线索3件；成立专案组、与公安机关建立会商研究机制，办理涉恶案件2件10人(本区1件3人)。加大扫黑除恶宣传力度，开展扫黑除恶普法宣传活动27次，检察长带头走进社区，结合典型案例讲授扫黑除恶相关知识，发放扫黑除恶宣传品1700余件，宣传折页3000册，制作各类宣传展板17块。

(张 珂)

【服务保障民营经济发展】 年内，区检察院在办理涉民营企业家案件时，坚持可捕可不捕的不捕，可诉可不诉的不诉；主动加强与区工商联的联系，邀请民营企业家参加“检察护航民企发展”主题公众开放日活动；到搜狐畅游等驻区企业，帮助企业完善规章制度。

(张 珂)

【案件管理监督】 年内，区检察院坚持随机分案为主、指定分案为辅，将提前介入引导侦查案件纳入统一业务应用系统分配和监管，跟踪督办监督线索167件。坚持办案全程留痕，重点监控案件办理、权限管理等关键节点，发现问题实时提醒并督促整改，按季通报检察业务数据。

(张 珂)

法　院

【概况】 北京市石景山区人民法院(简称区法院)公正高效审理各类案件，防范化解重大风险，服务保障中心工作，推进司法体制综合配套改革，为维护社会和谐稳定、百姓安居乐业提供优质高效的司法服务，为服务首都“四个中心”建设、落实石景山“三区”功能定位提供坚强有力的司法保障。全院有政法编干警188人；事业编制11人；聘用制司法辅助人员96人，通过劳务派遣方式补充辅助人员65名，充实到安检、驾驶、保安和电子扫描岗位。在编干警（政法编和事业编）中，40岁以下青年干警141人，占全院在编干警的70%，研究生以上学历129人，占64%，人员结构呈现“年轻化、高学历”的特点。法官员额67个，现有员额法官62人。年内，区法院新收各类案件45242件，结案45446件，结案率95.11%，结收比100.45%，法官人均结案733件。审结刑事案件549件，民商事案件2.5万余件，知产案件922件，行政案件132件，执结案件19605件，基本解决执行难“3+1”核心指标全部达标。区法院依法履行审判职责，巩固“基本解决执行难”成果，开展扫黑除恶专项斗争，营造法治化营商环境，全力防范各领域重大风险，服务保障区域高质量发展。坚持以人民为中心，完善诉源治理和多元解纷机制，切实便利群众。深化全领域、各渠道司法公开，推进阳光司法。区法院海特花园1号楼15年执行案件获评“2019年人民法院十大执行案件”，司法宣传工作受到最高人民法院通报表扬。审管办（研究室）的司法宣传工作受到最高人民法院政治部、最高人民法院新闻局、人民法院新闻传媒总社的联合通报表扬。

（邢 星）

【未成年人保护】 年内，区法院深化“相伴青春观护站”“相伴青春法官工作室”“青春护航基地”“传统文化与青少年犯罪预防保护中心”工作平台，落实“特殊、优先”保护原则。审结涉少民事案件114件，对5件涉未成年人权益保护的抚养、探望类纠纷案件开展社会观护工作，服判息诉率达100%。启动周末法庭助力高三未成年被告人备战高考，对多起案件开展亲情会见、法庭教育、判后回访，依法维护民事案件未成年人的合法权益。持续打造“青春护航”品牌，与辖区内10多所学校开展20余次法治互动，举办模拟法庭、法院开放日，邀请未保机关、团体、学者召开“精治 共治 法治”少年审判融入社会综合治理座谈会，推进少年审判融入社会综合治理。

（邢 星）

【定制化司法服务】 年内，区法院为辖区营商主体提供优质司法服务，在全市范围内率先建立区级民营企业产权保护社会化服务体系，成立民营企业产权保护调解室，创新开展商事纠纷调处工作，开展法治宣传教育活动，指导企业解决经营中的法律难题。深化“商事预防纠纷机制”，通过召开驻区企业座谈会等方式，了解企业司法需求，做到“事前防范、事中控制、事后补救”。强化知识产权保护普法宣传，以“知识产权宣传月”为契机，通过录制街头普法短视频、“智护石景山”微视频和系列公开课、典型案件公开庭审等方式，线上线下同步宣传。

（邢 星）

【巩固“基本解决执行难”成果】 年内，区法院配合外地法院完成腾房工作。以团队化改革推进繁简分流，全年速执团队结案6500件，4名干警执结占总数三分之一的案件，缓解案多人少矛盾。加大财产查扣力度，运用网络查控手段扣划被执行人银行存款2319笔，金额9200万元，首度查封无形资产，促进案件实际执结。提高财产处置效率，规范案款收发流程。首次尝试利用网络大数据对涉案房屋进行价值评估，加快评估进度。严控执行案款流转收发，全年收到执行案款达7.7亿，案款发还周期始终保持在15天以内。

（邢 星）

【法治化营商环境】 年内，区法院成立优化营商环境专项工作领导小组，将优化营商环境各项工作指标纳入审判管理体系，建立“周通报—月考核—季讲评”工作制度，强化管理考核。加强商事案件审判信息公开，推介电子送达、网上立案与“微律师”线上应用，商事案件电子送达率达53.1%，为营商主体提供优质司法服务。组建金融案件速裁团队和速执团队，商事速裁案件平均审执周期43天。加强清破案件审判团队专业化建设，探索简化破产案件审理程序，提升破产清算案件审理质效，推动僵尸企业快速退出市场，成功召开北京法院首例破产清算案件债权人网络视频会议，运用信息化手段强化司法服务营商环境。

（邢 星）

【服务保障区域发展】 年内，区法院审执结涉城市规划建设等“疏整促”案件102件，推进保障区域重点工程和“六个一批”建设，妥善审结涉冬奥重点项目工程案件入选“北京法院为北京冬奥会、冬残奥会筹办提供司法保障优秀案例”。将“五联五进”党建法治共建机制延伸到冬奥组委及中关村石景山园区，了解司法需求，提供法律咨询，建立矛盾纠纷化解会商机制，参与涉冬奥、涉优化营商环境纠纷诉前化解。强化与冬奥组委法律事务部对接，探索内外联动的涉冬奥司法保障工作会商机制，掌握涉冬奥法律需求，对涉冬奥司法问题，提前研判、及时应对、妥善处理。建立相关案件过滤筛查、立审执快速联动调处机制和涉冬奥案件院庭长包案工作机制，依法稳妥处理冬奥组委周边道路及环境整治等配套基础设施建设引发的各类纠纷100余件，确保相关案件高质量、实质性化解。

（邢 星）

【诉源治理和多元解纷机制】 年内，区法院依托多元纠纷解决机制和诉源治理工作，构建“诉源治理联动链”新模式，参与ODR调解平台建设，发挥平台的调解资源双向化解纠纷作用，完成平台推送案件矛盾化解及司法确认270件。创新构建“公证+执行”工作模式，研发“金融类纠纷线上一体化平台”，减少金融类案成讼，该类案件降幅达20.16%，诉源治理成效明显。构建“人民调解+专业调解+公证员调解+律师调解”的立体化、全方位调解体系。针对类型化案件，建立常态化沟通机制，强化案件分类导流，完善类案裁判规则，增强判决示范效果，畅通纠纷化解联动渠道。全年“多元调解＋速裁”结案17897件。

（邢　星）

【“一站式”诉讼服务体系建设】　年内，区法院创新便民立案机制，完善跨域立案、网上立案措施，引导当事人通过自助立案一体机、微信客户端等探索网上立案、网上缴费、网上阅卷、网上送达等智能服务。开展电子卷宗随案同步生成工作，确保全面及时完整生成电子卷宗，案件平均扫描次数2.45次，位居全市法院前列。成立专门送达团队，完善集约送达一体化平台建设，依托北京法院集约送达一体化平台，推进电子送达及委托第三方送达深度应用。规范诉讼服务标准和流程，构建诉讼服务大厅、12368热线、移动终端等多位一体综合性诉讼服务平台，服务当事人26.5万人次。

（邢　星）

司法行政

【概况】　年内，原区司法局与原区政府法制办公室进行职责整合，组建为北京市石景山区司法局（简称区司法局），作为区政府组成部门。设办公室、政工科（主体责任办）、规范性文件审查科、行政执法协调监督科、行政复议应诉科（区政府行政复议接待室）、基层工作科、普法与依法治理科、公证律师工作管理科、社区矫正和安置帮教工作科9个科室和1个社区矫正管理支队，同时区委全面依法治区委员会办公室设在区司法局。区司法局行政人员编制67人。在全区9个街道、集体资产监管办分设10个司法所。设1个参照公务员法管理事业单位（区法律援助中心），1个全额拨款事业单位（区阳光中途之家），1个自收自支事业单位（北京市燕京公证处）。年内，区司法局被中华全国人民调解员协会评为“2019年度人民调解宣传工作先进集体”；15人获“北京市司法行政系统十九大维稳安保先进人物”称号；秉道律师事务所联合党支部被表彰为“全国律师行业先进党组织”、2018—2019年度北京市律师行业先进律师事务所党组织。

（高红伟）

【表彰先进树典型】　1月18日，区司法局和区律师协会举办2018石景山区律师公益法律服务工作表彰大会暨律师协会年会，会上宣读2018年度石景山区公益法律服务先进律师事务所、优秀律师表彰决定，与会领导为获奖的10名律师、10家律师事务所进行颁奖。律师代表100余人参会。12月20日，在石景山景园假日酒店举办2019石景山区律师行业年会，对5家优秀公益律师事务所、11名优秀公益律师、10名为协会作出贡献的律师和2名法律援助特别贡献律师作出表彰。年内，律师共参与信访接待620余人次，参与区法院值班2730余人次；社区法律顾问为居民举办法制讲座631次，开展法律咨询71064人次，参与矛盾纠纷调解448次，举办培训1691人次，受众人数达759382人次。

（高红伟）

【普法与依法治理】　年内，区司法局落实“谁执法谁普法”普法责任制，分两批公布石景山区党政机关普法责任清单。结合“三八”妇女节、4·15全民国家安全教育日、6·26国际禁毒日、建军节等重要时间节点开展特色普法宣传活动。结合社区“两委”换届，开展依法选举、公民权利等宪法法律知识宣传。组织开展第17届“石景山区‘物美杯’青少年维权知识竞赛”，全区16所中学的200余名学生代表参加。组织领导干部和企业职工参加法院庭审旁听2次。举办12·4宪法宣传周活动，全区80余家单位举办活动300余场，受众5万余人。

（高红伟）

【依法治区委员会】　3月25日，区委发文组建中共石景山区委全面依法治区委员会，作为区委议事协调机构。依法治区委员会下设执法、司法、守法普法3个协调小组，成员单位包括公安分局、区法院、区检察院等20余家。5月14日，区委全面依法治区委员会第一次会议召开。会议研究并原则同意《中共北京市石景山区委全面依法治区委员会工作规则》等文件。7月4日，守法普法协调小组第一次会议召开。会议传达市委全面依法治市委员会办公室第一次会议精神和区委全面依法治区委员会第一次会议精神，审议并原则通过《中共北京市石景山区委全面依法治区委员会守法普法协调小组工作规则（试行）》等文件。7月9日，执法协调小组召开第一次会议。会议传达中央全面依法治国委员会第一次、第二次会议，市委全面依法治市委员会第一次会议，市委全面依法治市委员会执法协调小组第一次会议，

5月14日，石景山区召开区委全面依法治区委员会第一次会议

（区司法局供图）

区委全面依法治区委员会第一次会议精神，审议并原则通过《中共北京市石景山区委全面依法治区委员会执法协调小组工作规则》等文件。

（高红伟）

【妇女法律援助维权】 3月至4月，区司法局组织值班律师到全区9个街道27个社区开展为期两个月的妇女法律援助维权系列讲座，500余人次参加。

（高红伟）

【法院旁听活动】 5月28日，区司法局、区法院联合北京地铁机电分公司、北京公交集团客四分公司，开展法院旁听、“以案释法”活动。机电分公司法治专办员、纪检委员、党风廉政监督员30人，客四分公司9名工作人员，全程旁听法院审理的侵权案件。

（高红伟）

【调解业务培训】 6月27日至28日，区司法局在区业余大学礼堂组织开展人民调解业务培训，全区街道调委会、社区调委会等200余名调解业务骨干参加。培训邀请市司法局公共法律服务管理处、调解工作处领导，区法院立案庭高级法官、北京电视台《向前一步》栏目心理专家和高级工程师等，为参训人员讲授公共法律服务、案卷文书规范制作、多元调解和典型民事案件调解技巧、运用心理学方法促进调解成功和调解平台系统使用等课程。

（高红伟）

【任命新一届人民陪审员】 8月22日，石景山区新一届人民陪审员任命、宣誓仪式在北方工业大学学术报告厅举行。会议表彰上一届先进人民陪审员，宣读区人大常委会对365名新任人民陪审员的任命文件并颁发证书。新任人民陪审员进行宣誓，陪审员代表表态发言。区法院有关部门组织新任人民陪审员进行集中岗前培训。

（高红伟）

【宪法日暨司法行政开放日活动】 12月4日，石景山区举办2019年“12·4国家宪法日”集中宣传活动暨第九届司法行政开放日，区委、区人大、区政府各相关部门、区法院、区检察院及驻区单位等20余家单位参加。现场摆放数十个展台，发放近3000份宣传资料，累计为200余名群众提供义务法律宣传和业务咨询，律师、公证员等解答法律问题超过150人次。

（高红伟）

【扫黑除恶专项宣传】 年内，区司法局开展“两类人员”扫黑除恶线索摸排，指导律师代理“涉黑涉恶”案件，各司法所深入社区开展扫黑除恶宣传活动，张贴扫黑除恶主题海报，悬挂扫黑除恶主题横幅，营造“扫黑除恶”法治氛围。

（高红伟）

【行政执法】 年内，区司法局依托北京市行政执法信息服务平台，对行政执法绩效任务指标完成情况进行监测和评价，6次在区政府常务会议上对区属各行政执法部门执法绩效完成情况进行专题汇报。起草印发《北京市石景山区关于落实行政执法“三项制度”的工作意见》。组织全区43家涉改部门完成行政执法事项衔接。开展执法监督专项调研，对区属26家执法部门逐一上门对接指导。

（高红伟）

【依法决策】 年内，区司法局承担区政府交办的重大决策事项的研究和相关协调工作。联合政府办对选取的石景山区重大行政决策的议题进行“清单式”管理。全年完成规范性文件合法性审查21件，文件合法性审查95件，完成市级有关法律法规及区内单位发文征求意见70件。组织开展全区行政规范性文件清理工作，对本区2018年12月31日之前制定的行政规范性文件进行全面清理，形成决定保留、修改及废止的文件目录并向社会公布清理结果。

（高红伟）

【行政复议与行政应诉】 年内，区司法局依法办理行政复议、行政诉讼案件，收到行政复议申请69件，办结62件；以区政府为被申请人向北京市申请行政复议案件3件，结案3件。以区政府为被告提起的行政应诉案件63件，办结57件。

（高红伟）

【人民调解】 年内，石景山区各级人民调解组织调处矛盾纠纷2295件，成功化解1505件，涉及金额18345.91万元，达成书面协议959件。全区行政调解案件11532件，涉案人数9084人，调解成功金额1687.6万元。

（高红伟）

【社区矫正和安置帮教】 年内，社区服刑人员电子腕表应戴尽戴。发挥视频会见系统平台作用，开展监所视频延伸帮教，开展视频会见18人次。全年开展社区服刑人员集中教育和分类教育483人次，个别谈话教育1440余人次，社区矫正、刑满释放累计管理692人，没有发生严重违法违纪问题。

（高红伟）

【律师公证司法鉴定】 年内，区司法

12月6日，公安分局全警实战大练兵　　（《石景山报》供图）

局完成对辖区律师事务所年度检查考核工作，考核全区46家律师事务所287名律师。办理律师类行政许可、备案事项93项，开展许可检查7次，约谈9次。每月对律师事务所和律师进行抽查执法检查，全年开展律师类检查363次。推进社区公益法律服务工作，完成社区公益律师新一轮签约。强化公证服务便民力度，实行一次性告知及首问负责制、注重电话咨询接听质量、网上申办及时受理、提供加急服务等措施，全年公证处办理各类公证事项13146件；其中国内民事公证5301件，涉外民事公证7845件。截至年底，石景山区有司法鉴定机构3家。

（高红伟）

【法律援助】 年内，区公共法律服务中心设立学雷锋志愿服务站点，设立母婴室，组建法律援助志愿服务团队；简化申请审批程序，推行法律援助案件当日受理当日审批当日指派“三当日”制度；探索“互联网+法律援助”方式，拓宽宣传渠道；推进法律援助工作站点向法院、看守所、部队军营等场所及困难群众集中场所延伸；成立法律援助人才库，建立一支擅长办理法律援助案件的专业队伍。全年中心受理法律援助民事案件176件，刑事案件75件，接受来访咨询2717人次，来电咨询7921人次。

（高红伟）

石景山区政法部门负责人

公安分局局长	亢　军
政委	龚嘉明
区检察院党组书记、检察长	王春风
区法院党组书记、院长	高　虹（女）
区司法局党组书记	高维华
局　长	高维华（3月免）
	倪斐远（3月任）

军　事

人民武装

【概况】 中国人民解放军北京市石景山区人民武装部(简称区人武部)受北京卫戍区和区委、区政府双重领导,主管全区军事工作,行使区委军事指挥机关和区政府兵役机关职能。下辖17个基层武装部,有专兼职武装干部40余人。区人武部内设军事科、政治工作科、保障科。年内,坚持以习近平新时代中国特色社会主义思想为指导,全面贯彻习主席强军思想,围绕习主席视察卫戍区重要讲话精神,按照卫戍区党委举旗铸魂、聚焦打赢、依法治理、强基固本、创新推动、坚强核心“六句话”抓建工作思路和“五部”新职能新定位,坚持以党建为引领狠抓全面建设,完成各项年度工作。

(何竹青 王文俊)

【民兵整组】 2月至4月,区人武部组织全体区人武部机关和专武干部搞好业务培训,按照“编得实、召得来、稳得住”的要求,创新编组方法、拓宽编兵渠道,持续推进由户籍地编兵向属地编兵拓展,由传统领域编兵向高新产业领域编兵拓展,由单纯人员编组向人装结合编组拓展。利用民兵整组、民兵应急分队训练和集训,开展“改革强军”教育和形势任务专题教育。以青年民兵之家为载体,指导基层民兵营连开展各种形式的教育活动,利用《中国民兵》《国防》《国防教育》等杂志进行刊授教育。

(何竹青 王文俊)

【党管武装】 年内,区人武部自觉把党管武装工作摆上突出位置,推动经济社会建设和国防建设协调发展。注重把军事法规和有关文件纳入区委理论中心组学习内容,召开区委议军会研究解决国防后备力量建设矛盾问题,过“军事日”体验军营生活,按时组织述职接受人民监督。6月14日,召开区党管武装工作会议,总结上年度党管武装工作,部署本年度党管武装工作,并对上年度武装工作先进单位和个人进行表彰。

(何竹青 王文俊)

【国防教育宣传】 9月20日,邀请军事科学院教授罗援为区处两级干部以“我国面临的机遇与挑战”为题进行国防形势授课辅导。利用香山革命纪念地、八宝山革命烈士陵园等爱国主义教育场所,组织祭扫、宣誓、瞻仰等传统教育活动,开展“我和我的祖国”群众性主题宣传教育活动,激发爱国热情。创作西山永定河文化带系列丛书、《模式口红色记忆》等文艺作品,做好军事文化保护传承与利用。分5期对8所普通高中、1所职业高中新生进行军训,全区51所少年军校长期与部队开展“结对子”活动,树立国防教育从娃娃抓起、从学生抓起的责任意识。结合“征兵宣传月”活动,开展国防教育进校园、进企业、进社区等系列活动,学习贯彻《国防教育法》《北京市国防教育条例》等法律法规。

(何竹青 王文俊)

8月25日,预征新兵役前教育训练 (区人武部供图)

【战备训练执勤】 年内,区人武部突出战备要素规范,围绕情况设想、组织指挥、兵力使用等6个方面进行细化修改,修订完善应急维稳、抗洪抢险、山林灭火等15个战备方案,补充配齐战备库室器材物资,规范战备值班秩序。学习贯彻新条令新大纲,高标准组织官兵参加定级考评;依托首钢、北重机械厂、京西电厂等5个企业和区属9个街道,组建民兵应急队伍,指导各企业和街道搞好前期分散自训。

(何竹青 王文俊)

【国防动员】 年内,区人武部规范区国动委组成及机构设置,组织相关成员单位,召开国防动员潜力统计调查任务传达部署会,区分后备力量、国民经济、交通运输等9大领域,在做好国防动员潜力数据普查核准的基础上,重点抓好网络安全和信息通信资源、新兴领域资源、特殊人才资源等7大类重点数据的核准、更新和补采工作,完成本区国防动员潜力数据核查统计和备报工作。

(何竹青 王文俊)

【兵员征集】 年内,区人武部依托区属征兵宣传专栏,在学校、社区、公交和地铁站张贴征兵海报,开展“征兵宣传教育进社区、进学校”等系列活动。会同区委宣传部研究征兵宣传方案,发挥好电视台、报刊和新媒体的作用,要求相关单位严把体检、政审、学历认证关口,保证为部队输送合格优质兵员。确保“准新兵”顺利向军营生活过渡,提高入伍训练起点。征兵“五率”综合排名连续多次全市第一,大学生入伍指导比例提高到93%,并做到零责任退兵。

(何竹青 王文俊)

【双拥共建】 年内,区人武部发挥区双拥工作领导小组作用,建立畅通的会

9 月 26 日，人防工程安全检查　（区人防局供图）

商机制，定期召开军政联席会，强化合署办公制度、重大工作和难点问题定期沟通制度。以创建全国双拥模范城“八连冠”为目标，开展“八一”双拥月活动，满腔热忱为驻区部队办实事、解难事、做好事。实施“强军育才接力工程”，为驻区部队免费培训专门人才；实施“强军爱兵救助暖心工程”，用于救助部队家庭遇有特殊困难的驻区现役官兵；实施“军营社区共建共治”活动，把城市建设机制引入军营，已建立14个军营社区。协调区委区政府积极做好驻区部队“后路”“后院”“后代”等关系军人切身利益的工作，妥善解决军队转业干部、退役士兵、随军家属安置和子女入学教育等问题。

（何竹青　王文俊）

人民防空

【概况】　3 月 30 日，区民防局更名为区人民防空办公室（简称区人防办），内设综合科（主体责任办公室）、指挥通信宣传科（应急管理科）、工程建设管理科（安全生产监管科），下属事业单位 2 个，即区防空防灾指挥中心、区人防工程管理中心。负责全区人民防空指挥通信建设与管理、人防工程建设管理与开发利用、人民防空知识宣传教育、人防专业队伍建设、人防志愿者队伍建设；承担区政府赋予的应急指挥保障、公用人防工程安全管理等任务。年内，全面落实“长期准备，重点建设，平战结合”的方针，认真履行“战时防空、平时服务、应急支援”职能使命，人防组织指挥、目标防护、人员防护、专业力量和支撑保障五大体系建设取得新成绩。

（崔建国）

【指挥通信建设】　年内，区人防办修订完成人防工程事故、人防工程防汛、突发事件应急通信保障预案，完成元旦、除夕、“一带一路”“世园会”、亚洲文明对话大会、新中国成立 70 周年等重要节日、重大活动应急保障任务。石景山游乐园正月十五灯会期间，完成 815D 指挥车将现场图像传送至市应急指挥中心保障任务。加强防空防灾指挥中心维护管理，完成预检预修10949 项次，对 2 台 200 千瓦柴油发电机和 UPS 蓄电池进行维护与保养。参加市级人防系统 815D 应急指挥车驻训训练考核和为期一周的京津冀协同拉练、培训。按照京津冀一体化训练计划，完成 7 次短波电台、警报通信指挥车车载短波电台、450 兆短波电台、800 兆短波电台的京津冀一体化训练任务。完成 12 次诺达卫星通信系统、10 次 570L 卫星通信系统、20 次海事车载机，30 次手持机、北斗卫星通信系统车载机的训练任务。

（崔建国）

【专项整治】　年内，区人防办 6 项防火专项行动。分别为：冬春季火灾防控行动、元旦、春节、两会期间社会面火灾防控、安全生产消防安全隐患大检查、“一带一路”国际合作高峰论坛专项检查、“防风险保平安迎大庆”消防安全执法检查和新中国成立 70 周年庆典活动消防安保社会面火灾防控等专项消防行动。开展人防工程安全生产大清理、大排查、大整治回头看，城乡结合部安全生产有限空间安全作业、安全生产月，城市安全隐患治理

11 月 25 日，人防工程设备设施运行情况检查　（区人防局供图）

“三年行动”等4个专项行动。在各专项整治行动中,重点抓好元旦、春节、两会、国庆等重点时期的巡查检查。全年出动检查人员1200余人次,开展行政检查600余处次,实施行政处罚3起,关停违法违规使用人防工程1处,确保全区人防工程安全无事故。

(崔建国)

【人防工程防汛】 6月汛期前,区人防办召开街道干部防汛工作会、人防工程管理使用单位防汛工作会,人防工程留守人员防汛工作会,签订防汛工作责任书60余份。组建1支防汛应急抢险队,24小时电话保持通讯畅通。购置55台小型潜水泵以及防汛麻袋、雨伞、雨鞋、强光手电等防汛物资,将6000袋防汛沙袋,提前码放在人防工程口部,做好应对汛期极端天气的物资保障。严格执行防汛值守制度,接到雨情预警后由处级领导在岗带班,科以上干部值班,应急抢险人员在岗在位,确保应急处置迅速启动。区人防办与区防汛指挥部、区气象局建立雨情沟通制度,利用短信群发系统,及时向工程管理单位发布雨前预警,全区人防工程未出现倒灌等安全事故。

(崔建国)

【防空警报试鸣】 9月21日,石景山区完成五环外38台防空警报器试鸣、组织开展群众性宣传教育活动,指挥所开设等任务,警报鸣响率100%,音响覆盖率100%。

(崔建国)

【设施维护管理】 年内,区人防办落实防空警报设施社会化管理措施,明确设施维护的主体责任,完成6台防空警报设施电动改电声更新工作,完成3台新建电声警报器的安装工作,更新13台警报器蓄电池组,改造9套防空警报防误鸣设施的安装。

(崔建国)

【宣传教育】 年内,区人防办结合“国际民防日”“国家防灾减灾日”“全民国防教育日”等重要时间节点,6次到社区开展人民防空专业技能和法规知识培训宣传普及活动,增强广大居民国防观念和人防意识,熟悉防空警报的信号规定,掌握防空袭的基本知识和技能。

(崔建国)

综合经济管理

经济社会发展与经济调控

【概况】 石景山区发展和改革委员会(简称区发改委)是负责辖区国民经济和社会发展统筹协调、经济体制改革综合协调的区政府组成部门。2019年,区发改委落实区委、区政府决策部署,抓住"两大机遇",把握"三区定位",扎实推进稳增长、促改革、调结构、惠民生、防风险、保稳定各项工作,切实发挥参谋助手作用,高水平建设首都城市西大门。全区经济延续总体平稳、稳中有进的良好态势,地区生产总值完成806.4亿元,同比增长6.9%,中心城区排名第2;一般公共预算收入完成63.4亿元,同比增长2.1%,中心城区排名第3;固定资产投资完成290.4亿元,同比增长6.1%,中心城区排名第1;建安投资完成110.4亿元,同比增长22.5%,中心城区排名第1;社会消费品零售额完成327.2亿元,同比增长4.7%,中心城区排名第2;市场总消费完成650.1亿元,同比增长5.8%,中心城区排名第5;居民人均可支配收入76990元,同比增长8.1%,中心城区排名第4;常住人口57万人,超额2000人完成任务目标;PM2.5年均浓度43微克/立方米,同比下降18.9%,万元地区生产总值能耗下降6.12%,均达到市级要求。全年完成主动公开信息109条,办理依申请公开23件。

(周 彪 张 青)

【重大项目建设】 年内,石景山区共安排产业培育、市政基础设施、能源和生态环境、社会公益、民生保障、土地入市6大类92个重点建设项目。截至年底,新首钢国际人才社区(核心区南区、核心区北区)、西黄村1606-641等地块、首钢东南区1612-761等地块、首钢铸一区共有产权房等一批重点项目取得市发改委立项批复;M11线西段、银河商务区L地块、首钢东南区1612-806等一批重点项目开工建设。争取市政府固定资产投资资金16.6亿元,其中衙门口城市森林公园、高井规划一路、五里坨精神卫生专科医院等28个项目获得市级支持资金约15.1亿元;完成2018年固定资产投资任务和市政府固定资产投资无沉淀奖励资金1.5亿元。通过重大项目支撑带动,投资实现稳步增长。全年全区完成建安投资110.4亿元,比上年增长22.5%;完成全社会固定资产投资290.4亿元,比上年增长6.1%,增速城六区排名第一,全市排名第五。

(张 萌)

【服务业高质量发展】 年内,首钢老工业基地成为全国城区老工业区搬迁改造试点。石景山区以此为契机,结合国家老工业振兴战略,以产业升级带动区域发展,培育和壮大新兴业态,实现由传统城区老工业基地向以现代服务业为主的绿色生态新区转型,进入高质量发展新时期。石景山区第二次获国务院办公厅关于老工业基地调整改造真抓实干成效明显城市表彰。获批成为全国首批家政服务业务"领跑者"行动试点城市。

(邓 磊)

【营商环境评价】 年内,区发改委牵头落实"9+N"政策2.0版和优化营商环境行动计划,在全市率先出台优化营商环境3.0版,打造政策升级版,推进区域营商环境持续改善。制定迎接世行评价工作方案,成立工作专班,加强工作调度,加大督查暗访,狠抓整改落实,定期编制简报,推行"综合窗口"无差别受理等便利化政务服务措施,推动形成一批典型案例,完成世界银行及国家营商环境评价迎检任务。制定政策宣传方案,组建区级政策宣讲团,开展政策解读和业务培训,落实"一线窗口人员、部门工作人员、政策服务对象"三个百分之百全覆盖目标。

(邓 磊)

【推动"十四五"规划编制】 年内,区发改委为在全区范围内征集重点课题,并多次专题研究前期课题目录和规划体系,率先在中心城区印发《石景山区"十四五"规划编制工作方案》,提前做好谋篇布局。组织召开全区80余家单位参加的动员大会,强调规划编制的重要性,同时,针对29家牵头单位再动员,细化时间安排,强调规划编制的紧迫性,进一步提高思想认识。成立"十四五"规划研究编制工作领导小组,搭建微信对接平台,畅通沟通渠道。

(张 肖)

【社会固投领域重大项目】 年内,区发改委全力助推石景山区五里坨精神卫生专科医院、北大附中石景山学校等12个项目落地。苹果园、古城、八角街道城市公共空间改造提升项目取得市发改委实施方案批复;五里坨精神卫生专科医院取得市发改委项目建议书批复;北大附中石景山学校、铸造村小学、儿童福利院及救助站等项目通过市发改委入库评审;区政务服务中心和档案馆、残疾人康复中心一期工程分别由区发改委完成项目建议书(代可行性研究报告)、初步设计概算批复。

(李双全)

【52项便民工程完工】 年内,区发改委发挥主责部门作用,坚持"严格审核把关、强化资金保障、加强统筹调度"原则,完成便民工程项目备案和实施方案审批,协调区财政安排建设资金5190万元。加强事中事后监管,全年52项便民工程建设项目全部顺利完工。

(李双全)

【推进"疏整促"专项行动】 年内,区发改委印发实施《2019年石景山区"疏解整治促提升"专项行动工作方案》,坚持稳中求进工作总基调,推进长安街西延长线石景山段等四个重点区域整治提升任务,完成长安街石景山段风貌修补、夜景照明和绿化提升等项目;坚持巩固提质,注重疏解整治与优化提升相衔接,扎实推进"六个一批"项目建设,完成29条背街小巷环境整治,"留白增绿"48.94万平方米,新建、提升便民商业服务网点41家,网点连锁化率52.5%,实现8项基本便民服务功能全覆盖;深化治理与防反弹控新生并重,市级违法建设销账18313.46平方米,压缩培训机构3个,调整疏解商品交易市场4家,疏解一般制造业企业4家,新生违法建设治理等16项任务持续保持"动态清零"。

(马 岩)

【新首钢地区规划建设】 年内，区发改委贯彻新首钢高端产业综合服务区发展建设领导小组第六次会议精神，落实三年行动计划，新首钢地区规划建设取得阶段性成果。规划拼图基本完成。12月20日，首钢南区街区控规公示。新首钢地区与全区基本形成“一张蓝图”。重点项目顺利推进。首钢滑雪大跳台中心实现阶段性完工。冬训中心、脱硫车间、三号高炉取得建设工程施工许可证。城市织补创新工场项目(东区、西区、中区)取得核准批复。高线公园、群明湖景观改造、首钢绿轴景观提升等3个项目完成备案批文。东南区22个地块入市。配套设施更加完善。M11线西段取得“一会三函”手续，长安街西延建成通车。石景山220千伏、石龙220千伏输变电工程运行投产。群明110千伏输变电工程运行调试。炼钢110千伏输变电工程完成主体工程建设，具备发电条件。产业集聚步伐加快。落实税收贡献共享支持政策并制定实施细则，首批支持资金拨付到位。搭建中关村-新首钢产业承接平台，推动将新首钢园区作为中关村核心区企业新业务空间集中承载地。2019年，落地注册优也科技、新石器等12家企业。

(邢钦卉)

【行政执法】 年内，区发改委全年完成执法检查任务163项，超额完成全年任务目标。项目抽取情况、执法人员情况以及行政执法检查结果全部按要求在北京石景山网进行公示。

(李 冀)

【放管服工作】 年内，区发改委对固定资产投资项目审批监管，通过北京市固定资产投资项目信息管理平台办理审批36件(其中权限内审批16件，初审20件)，核准20件(其中权限内核准10件，项目延期核准3件，核准转报7件，投资计划1件)。

(李 冀)

【经济领域改革】 年内，石景山区经济领域改革专项小组召开专题会议6次，以小组名义上报区委改革专项会议2次；完成每月改革任务进展情况汇报10次；上报年度改革督查工作计划，改革专项会议召开情况及年度总结。

(李 冀)

【提议案办理】 年内，区发改委办理区人大建议、政协提议案共36件。其中，区人大建议5件，主办1件，会办4件；区政协提案31件，主办8件，会办23件。办结率、满意率均达到100%。并完成政府办组织的人大代表满意度二次评价。

(李 冀)

【受援地全部实现脱贫摘帽】 年内，内蒙古自治区呼伦贝尔市莫力达瓦达斡尔族自治旗(以下简称莫旗)实现脱贫摘帽。至此，石景山区携手奔小康结对帮扶4个受援地全部实现脱贫摘帽。河北省保定市顺平县、内蒙古自治区赤峰市宁城县、莫旗贫困发生率分别降至0.06%、0.05%、0.19%，青海省玉树州称多县贫困人口实现清零、贫困发生率降为零。

(金亚松)

经济和信息化

【概况】 石景山区经济和信息化局(简称区经济和信息化局)，加挂石景山区大数据管理局(简称区大数据局)牌子。负责石景山区指导工业、软件和信息服务业发展，统筹协调信息化工作，促进中小企业发展的政府工作部门，同时，履行区信息化工作领导小组办公室、通信保障和信息安全应急指挥部办公室的职能。2019年，区经信局围绕“三区定位、两大机遇、创城牵引”总体工作思路，全力构建“高精尖”产业结构；推进智慧城市建设，全面实施大数据行动计划；落实创建文明城区工作任务，统筹推进社会信用体系建设。高标准防范抵御各类风险隐患，圆满完成重大活动服务保障工作。

(张 帆)

【信息化项目前置评审】 2017年，区经济和信息化局牵头修订的《石景山区信息化建设管理办法》，首次将信息化项目前置评审机制上升为管理办法予以固定。2018年，石景山区正式引入第三方专业队伍及专家参与信息化项目前置评审工作。截至年底，收到48家单位近120个申报项目，前置评审工作主要成效有：技术指导重心移至立项前，信息化项目规范化程度普遍提升。加强宣贯与制度衔接，全区各单位前置评审意识逐渐增强。建立信息化项目联合评审机制，发挥市信息化专家、公安分局、机要局、保密局作用，形成评审合力。以前置评审为抓手，信息系统的数据资源开放共享与立项同步规划。区级共性平台利用率进一步提升，集约化建设收效明显。信息系统安全等级保护工作进一步巩固，建设类项目安全等保定级率达到100%。

(王继广)

【北京城市大数据研究院揭牌】 1月28日，北京城市大数据研究院在石景山区揭牌成立。大数据研究院由区政府、中国电子科技集团有限责任公司、太极计算机股份有限公司、北京东土科技有限公司、北京百分点信息科技有限公司共同发起成立，运营实体采用股份公司制模式，采用“1+3+N”建设模式，以解决城市治理和发展难题为主要任务，面向城市综合治理、公共服务和创新产业，打造基础设施和业务平台，带动各项应用领域的创新发展，形成“政产学研资”紧密合作的科技创新生态体系，为石景山区打造高端、绿色、开放、共享的融合发展示范区提供助力。

(由 凡)

【区信用环境等评价全市第一】 3月，根据2018年北京市对各区营商环境的评价结果，石景山区“信用环境”“社会信用体系建设重点任务完成情况”两项信用指标排名均位列全市第一。29日，由市经济和信息化局主办、区经济和信息化局承办的北京市信用体系建设宣讲会在石景山区召开，区经济和信息化局在会上作优秀代表典型发言，介绍区信用体系建设顶层设计方案和工作成果。4月4日，《北京日报》报道“石景山搭建区级信用信息服务平台”，展示区平台建设效果。作为社会信用体系建设的重要组成部分，该平台既是一项促进社会诚信、优化营商环境的基础工作，也是政府在新形势下创新市场主体监管方式的有效实践。

(张 钦)

【社会信用体系建设联席会议】 5月23日,石景山区召开社会信用体系建设联席会议工作推进会。会议更新调整区社会信用体系建设联席会议成员单位42家,听取区经济与信息化局关于2018年度社会信用体系建设工作小结及下一步工作安排,并审议《关于全面落实2019年度石景山区社会信用体系建设重点工作的通知》等重要文件。

(张 钦)

【出台区大数据三年行动计划】 7月17日,区两办印发《石景山区大数据三年行动计划(2019—2021年)》。以2019—2021年为第一个三年行动计划期编写行动计划方案,提出大数据三年行动的总体目标、年度目标,确定总体架构围绕一套基础设施、一个大数据平台和N个领域应用展开,形成“1+1+N”的整体格局。三年行动计划明确推进大数据工作的四项重点任务:一是实施城市大数据“贯通工程”。完善大数据基础设施建设,提升云平台性能,提升区级大数据平台数据存储、处理能力,提升各节点网络传输能力,为大数据汇聚和应用奠定坚实基础。二是实施城市大数据“汇聚工程”。建成全区统一的大数据“资源池”,在确保信息安全的前提下,实现市区两级数据汇聚和全区政务数据、社会数据整合汇聚,实现政务系统互联互通、资源共享。三是实施城市大数据“精治工程”。按照点面结合、条块兼顾方式,以服务政府、服务企业、服务群众为主要方向,以稳增长、促改革、调结构、惠民生、防风险、保稳定为目标,围绕提升政务效能、城市精细化管理、优化营商环境、创建智慧社区和助力高端产业发展等重点工作,创新机制、方式和手段,开展大数据主题应用。四是实施城市大数据“产业工程”。做强北京城市大数据研究院,组建大数据产业基金,构建大数据企业孵化培育产业生态。聚焦大数据、云计算、虚拟现实、人工智能等相关技术,营造大数据产业发展环境,以大数据开放创新平台为依托带动全区大数据产业发展。

(邱 君)

【创诚信经营示范店主题活动】 7月18日,区经济和信息化局联合区商务局在万达广场东广场举办“重履约守信,创诚信经营示范店”主题活动,300余名商户代表和群众参与。活动通过展板展示、发放宣传材料、互动问答、问卷调查等环节向公众介绍辖区社会信用体系建设成果,并向全体商户发起诚信经营、打造诚信经营示范店的号召。苏宁百货、家乐福、海底捞、麻辣诱惑等重点企业相继表态作出诚信经营承诺,并当场签下诚信经营承诺书。

(陈 璐)

【民营企业中小企业账款偿还】 8月,石景山区在全市率先完成台账内3441.14万元拖欠民营企业中小企业账款偿还工作。建立工作机制。通过制定《石景山区清理拖欠民营企业中小企业账款工作方案》、设立减轻企业负担联席会议、召开工作会议、开通信息反映专栏方式统筹协调清理拖欠民营企业中小企业账款工作。制定科学还款计划。通过建立台账、制定科学还款计划的方式实现经营还款两不误。严防新增欠款。通过部门自查、网上评估方式避免边清边欠、敷衍核实,截至年底未发现新增欠款情况。

(于 欢)

【接诉即办平台上线】 8月,石景山区启动区“接诉即办”系统建设工作。区经济和信息化局联合区城管监督指挥中心,组织诉求相对集中的部门及街道代表进行需求专题调研,细化业务流程,确定建设目标。9月3日,区自主研发的12345市民服务热线“接诉即办”平台正式上线。平台整合区城市管理监督指挥中心及各街道的接诉即办业务数据,并与市级12345接诉即办系统对接,实现全区所有接诉即办工单录单、派发、处理、回复全流程线上运行。

(由 凡)

【政务数据资源目录编制】 9月5日,石景山区召开年度政务数据资源目录编制工作部署会,落实《北京大数据行动计划2019年重点工作任务》相关任务,就辖区34个政府部门(非涉密)“职责目录–数据目录–系统目录”三级目录体系编制工作做出具体部署。年底,34个部门职责目录梳理全部完成,共涉及186个科室的职责目录1378条,并全部录入北京市目录链系统。

(邱 君)

【无线电管理宣传月活动】 9月,区经济和信息化局按照市无线电管理局统一部署,以新修订《中华人民共和国无线电管理条例》为宣传重点,制定宣传方案,通过社区、营业厅向公众宣传无线电管理条例,累计发放宣传品约1800余件、宣传册800余本,接受咨询1500余人次,加强全区公众依法使用无线电频谱资源意识,增强无线电管理工作社会认可度。

(王宇寰)

【公益性信用修复培训会】 11月4日,区经济和信息化局举办“2019年石景山区公益性信用修复培训会”。此次培训是对90余家失信主体的100多人进行的信用修复培训。通过培训,有利于引导市场主体诚信自律、提升社会成员道德素养和全社会诚信意识,推动失信市场主体及时纠正失信行为。

(陈 璐)

【优化营商环境】 年内,区经济和信息化局多举措优化营商环境。启动“优化营商环境管理服务平台”大数据示范项目。联合发改委、商务局、投促局、政务服务局等14个部门启动该项目策划。平台从服务企业角度出发,整合政府各部门的服务资源向企业提供服务,并结合大数据及人工智能等信息化技术实现政策自动匹配、融资渠道推荐等精准服务,实现优化政务服务、金融风险防控、宏观经济分析三位一体的营商环境管理,推动服务事项优化升级。整合服务资源解决企业需求。针对“一对一”走访企业中京西热电公司提出厂区通信信号弱及无有线电视等问题,协调中国移动、铁塔公司及歌华有线联合制定楼宇室分系统及建塔等施工方案。

(由 凡)

【协同办公一体化系统推广】 年内,

区协同办公系统推出含公文审批、会议管理、绩效督查等20余个功能模块。截至年底，覆盖全区党政事业机关84个部门（其中28个政府部门应用到部门级平台），用户1200余个，日均访问量1500余人次，累计登陆57万余次。系统自2018年3月上线以来，修改完善230处，小版本升级16次；举办集中培训9次，部门专题培训7次，参训人员600余次。各部门全年通过该系统发文8万余条、收文3万余条；区领导批办公文万余条，其中三日内批办完成的占批办公文的62%；会议管理模块发送会议通知2000余条；各类督察督办2000余条；领导日程模块发布信息近2600条；应急管理模块填报应急值班1000余条；文件预审模块发送文件7000余条。大幅提高政府办公效率，公文流转效率平均提高约40%，节省纸张近200万余张。

（张　媛）

【重要节点政务网络带宽升速】　年内，石景山区电子政务外网升级改造工作全面展开，区人保局、卫健委、公安分局、政务服务局等10余家单位的政务网络带宽升速工作完成。带宽由100兆扩容至400兆，为各单位日常办公及业务系统运行提供有力支持。

（许致远）

【创城实地考察】　年内，创城工作中的实地考察部分，区经济和信息化局负责通讯营业厅点位14处，其中，联通营业厅3个，电信营业厅6个，移动营业厅5个。区经济和信息化局每周根据创城办下发指标结合窗口提升工作相关要求，对营业厅定期巡检，针对部分营业厅缺少或无障碍设施不完善的情况，召集物业、产权单位等相关方研究整改方案。并与各通讯运营公司共同设计创城统一景观，提升营业厅宣传氛围。

（徐志峰）

【工业和软件信息服务业】　全年石景山区工业生产保持平稳增长。全区累计完成现价工业总产值232.1亿元，同比增长11.1%；工业销售产值231.9亿元，同比增长10.7%；实现出口交货值1.1亿元，工业产销率为100%，产销衔接良好。全区信息传输、软件和信息技术服务业完成收入491亿元，同比减少2.3%。其中电信、广播电视和卫星传输服务业实现收入18.5亿元，同比减少9.2%；互联网和相关服务业实现收入113亿元，同比增长4.2%；软件和信息技术服务业实现收入360亿元，同比减少3.8%。

（赵　鹏）

【疏解整治促提升工作】　年内，区经济和信息化局落实《北京市新增产业的禁止和限制目录》和《北京市工业污染行业生产工艺调整退出及设备淘汰目录(2017年版)》，按照《关于组织开展“疏解整治促提升”专项行动(2017—2020)的实施意见》《2019年石景山区“疏解整治促提升”专项行动工作方案》要求，全年关停退出一般制造业企业4家，影响人口270人，涉及面积23600平方米。疏解同时注重“腾笼换鸟”、“筑巢引凤”，加快产业结构调整，为工业企业牵线搭桥，助力存量工业用地转型升级，与市级部门对接工作，推动大型市属国有企业转型升级。研究腾退土地再利用政策和操作办法，加快推动空间置换和产业升级。其中上年疏解退出的北京特冶工贸有限责任公司于年内引入院士工作站。

（代　蓉）

【工业企业环保】　年内，区经济和信息化局落实《北京市空气重污染应急预案》要求，对区内相关工业企业停限产应急措施落实情况监督检查。在第二届“一带一路”国际合作高峰论坛、北京世界园艺博览会及空气重污染3次橙色预警期间，出动检查小组46人次，检查工业企业37家次，同时对工业企业的空气重污染应急“一厂一策”实施方案逐一审核，确保空气重污染应急减排有效实施。摸排区内工业企业内部非道路移动机械使用情况并建立台账，严格使用符合排放标准的非道路移动机械，确保达标排放。与区住建委共同牵头，开发扬尘污染监测平台。通过整合现有环保监测数据、道路监控视频和工地监控视频资源，统一整合物联网感知数据，建设专题应用平台。通过人工和智能分析手段，及时发现工地违规施工和渣土车违规运输等违法行为，为相关部门提供行业监管和处罚依据。

（李弈僖）

【工业企业安全生产零事故】　年内，区经济和信息化局本着“管行业必须管安全”原则，落实《北京市党政领导干部安全生产责任制实施细则》要求，推进企业主体责任和主管部门安全生产指导职责落实，注重夯实基层基础，强化安全生产指导作用，预防和减少各类安全生产事故。全年做好重大会议和节假日期间安全保障工作同时，配合应急局做好安全生产各专项工作，包括电气火灾综合治理三年行动、城市隐患排查治理三年行动、“防风险保平安迎大庆”消防安全专项行动、国庆安全生产综合治理专项行动等。

（代　蓉）

【推进工业互联网产业发展】　年内，区经济和信息化局做好顶层设计，深化产业互联内涵，高标准编制《北京市石景山区工业互联网产业发展规划(2020—2025年)》。争取国家政策支持，在北京市统一组织下，石景山区与顺义区、海淀区、朝阳区共同申报国家新型工业化产业示范基地(工业互联网)。以中关村工业互联网产业园建设为契机，以产业招商为主线，聚焦重点项目，以国内一流、世界领先的工业互联网集聚中心和全要素发展的工业互联网新高地为打造目标。

（王　闪）

【创建文明城区测评服务四举措】　年内，区经济和信息化局加强组织领导，及时召开专项工作部署会。学习落实《石景山创建全国文明城区测评服务保障工作方案》，针对创城测评服务保障工作及存在问题进行细致全面部署。落实创城实地考察点位包片包点责任制。制定测评服务保障工作方案，主要领导亲自对移动、联通、电信14个营业厅开展全方位的实地检查，进一步规范宣传品的数量及摆放位置，对公益广告播放内容进行统一，强化窗口秩序和文明礼貌服务的相关要求。对检查中发现的问题立行立改，务求测评服务保障工作不出疏漏，万无一失。做好推进诚信建设制度化牵头工作,做好材料审核汇总,全面提升网上申报材料质量。持续加强诚信宣传,在社区、楼宇、商场、公园等场所开展"创建文明城区·争做诚实守信的石景山人""创城信经营示范店"等诚信主题活动,提高群众对诚信体系建设的知晓度和满意度。

(于　欢)

【服务中小企业】　年内,区经济和信息化局主动靠前,走访重点企业。宣传创城及政策法规,在了解企业发展需求基础上,分期分批制定楼宇企业走访计划,为企业提供点对点上门服务。拓宽渠道,挖掘优势项目。紧密联系孵化器、基地和其他服务资源等产业发展载体,全面掌控辖区中小企业发展动态。加强服务,解决企业困难。通过走访、座谈、组织培训等方式,了解企业需求,为企业排忧解难,于每周三定期开展线上培训。整合资源,打造服务联合体。加强与各委办局职能部门沟通协调,研究全年专题培训计划,强化中小企业服务意识,共同打造区域服务联合体。

(李雅娜)

【国庆网络安全保障】　年内,区经济和信息化局完成国庆期间政务外网、政务内网和政务信息安全隐患保障工作。保障期间,完成核心机房、UPS室安全隐患排查,拦截网络攻击815次,修复系统漏洞12处,发现并封禁257个来自互联网的IP攻击源。加强应急值守,明确值守点位,根据可能发生的消防、停电、网络攻击等问题开展针对性安全培训及应急演练。切实保障国庆活动期间石景山区网络及重点业务系统安全稳定运行。

(张　兰)

【落实对口帮扶】　年内,区经济和信息化局修定《石景山区经信局关于落实精准扶贫工作的方案》,确保对口支援任务落实到位。5月,赴宁城县开展实地调研交流,现场考察2018年完成的扶贫项目,走访调研忙农镇、八里罕镇、存金沟乡等地,了解当地产业政策,在充分研讨和广泛动员企业参与扶贫行动基础上,最终确定4个扶贫项目:一是支援八里罕镇建设2个扶贫车间,帮助50个建档立卡户实现就业。二是支援忙农镇建设牛养殖扶贫产业园,帮助村民获得土地流转收益,并设立2个公益岗位。三是引导企业捐款1万元,帮助88个建档立卡户换取生活物资。四是援助一肯中乡和存金沟乡建设6个村级光伏扶贫电站,解决村民用电问题。10月,赴宁城县开展实地项目验收,现场考察全部项目进度,收集全部项目验收材料。

(金云龙)

价格管理

【概况】　年内,区发改委严格落实公布取消项目。按照市发改委和市财政局有关规定,继续加强对取消项目后续监管,在政策执行前与收费单位做好工作沟通,严格规范管理,跟踪公布取消项目执行情况,确保公布取消项目贯彻落实。进一步优化区域经济发展环境。按照市发改委有关规定,加强路侧占道停车收费监管,协调区城市管理委等有关部门增加9个临时占道停车场、临时停车位4400多个,有效解决春节庙会、清明节扫墓、重阳游山会及重要节假日停车难问题。会同区交通委对新增临时停车场收费公示和收费标准执行情况检查。

(王学谦)

【景区门票价格管理】　年内,区发改委落实景区门票价格管理。本着"服务决策、服务民生、服务社会"原则,开展群众关心热点、重点价格问题调查,按照国家及北京市关于完善国有景区门票价格形成机制降低重点国有景区门票价格工作要求,对八大处公园开展成本监审,梳理景区门票价格执行情况、收支情况及国家要求落实情况,维护旅游市场价格秩序。

(王学谦)

【占道停车收费管理】　年内,区发改委以创城工作开展为契机,加强对占道停车收费管理。现场核对全区占道停车场经营状况。会同区城管委、交通支队等单位对辖区内占道停车场按照道路逐条核实,及时掌握道路、车位数量及经营单位变化情况,为价格监管信息化打好基础。强化社会监督。定期向社会公示辖区内各经营停车场名称、经营单位、车位总数、收费时段、收费标准、明码标价牌编号、行业服务监督电话等信息,方便社会查询监督。

(王学谦)

【价格调控】　年内,按照市发改委价格调控总体部署和要求,区发改委采取措施开展价格调控工作。一是迅速行动,制定价格调控措施。制定《石景山区进一步加强价格调控工作方案》,建立由9个部门为成员单位的价格调控工作联席会议制度;定期召开调度会,鼓励大型超市、集贸市场每天供应5种平价蔬果;鼓励集贸市场对销售猪肉、水果的摊位降低租赁费,切实降低食品价格上涨对居民生活影响。二是扩大监测,及时了解市场价格变动情况。在日常监测1家超市、2家市场基础上,增加对4家超市及1家市场猪肉、鸡蛋价格进行临时监测,并督促各监测点位按时、准确上报价格变动情况,增强价格调控的前瞻性和针对性。三是加强调度,全力做好市场供应保障。与区商务局、统计局、市场监管局等部门加强沟通协作,召开调控工作专题会,形成合力;多次召开重点超市、市场负责人培训会,要求各超市、市场主动承担社会责任,组织货源保证市场供应,采取有效措施,丰富产品多样性、降低流通环节成本,缓解客观因素对物价造成的不利影响。

(王学谦)

【价格监测预警】　年内,区发改委按照市级要求对蔬菜、副食品、居民服务和医疗、机动车停车收费等10类527个品种开展价格监测并及时上报监测数据;根据价格预测预警,提出合理政策建议。一方面全面加强督查督报,每期报送完成后登陆实时价格应急监测调查系统,对监测点报送情况及报送数据准确性进行核验。另一方面建立并完善价格监测考核评价机制,出台《石景山区价格监测质量考核实施细则》,考核监测点数据报送情况,确保价格监测数据的准确性、及时性。

关注居民生活必需品价格变动情况，研判并及时上报信息，年内共上报各类价格监测信息75条，被区委、区政府信息及《国家发展改革委价格监测中心地方工作动态》《北京市价格早报》采用49条，为政府价格调控提供科学依据。

（王学谦）

财政管理

【概况】 石景山区财政局(简称区财政局)是主管全区财政收支、财税政策、会计管理和财政、财务监督管理工作的区政府职能部门。全局设办公室(主体责任办)、人事教育科、预算科、国库科、行政政法科、教科文科、社会保障科、城建科、综合计划科、会计科、政府采购管理科、法制监督科、绩效评价科、行政科共14个行政科室;下属石景山区财政局预算编审中心、石景山区财政局国库收付中心、石景山区财政局绩效考评中心、石景山区财政监督检查所、石景山区财政局财政所、北京中华会计函授学校石景山区分校6个事业单位。2019年，区财政局坚持稳中求进工作总基调，实施积极财政政策，充分发挥财政政策和资金的引导撬动作用，统筹财力推进“三区”建设，稳步推进各项财税改革，圆满完成各项任务目标，为加快落实稳增长、促改革、调结构、惠民生、防风险、保稳定等各项工作提供有力保障。

（刘 秒）

【财政收支平衡】 年内，辖区一般公共预算收入634257万元，增长2.1%，完成调整预算的100.04%，加市下达一般性转移支付404698万元，专项转移支付161915万元，上年结余49002万元，调入预算稳定调节基金373万元，调入资金224万元，一般公共预算总收入1250469万元，一般公共预算支出1170278万元，上解支出32332万元，年终结余47859万元，实现一般公共预算收支平衡。政府性基金预算总收入496142万元，加市下达专项转移支付49779万元，上年结余34121万元，地方政府新增债券收入350000万元，调入资金29123万元，政府性基金预算总收入959165万元，政府性基金预算支出完成895986万元，专项债券付息及手续费等专项上解30348万元，年终结余32831万元，实现政府性基金预算收支平衡。国有资本经营预算收入完成800万元，支出完成576万元，加调入一般公共预算224万元，年终无结余。社会保险基金预算收入完成4384万元，加上年结余4511万元，社会保险基金预算总收入9686万元，支出完成5277万元，加年终结余4409万元，实现社会保险基金预算收支平衡。

（刘 秒）

【重点投入】 年内，区财政局投入重点项目建设资金192801万元，全力保障新中国成立70周年庆祝活动、北京冬奥组委和冬奥场馆周边环境整治、“创城”“创森”“疏整促”等工作，稳步推进“六个一批”(一批停车设施、一批便民服务设施、一批公共绿地、一批高端项目、一批棚改项目、一批基础设施兴建)建设，开展“十大提升工程”(党政环境提升工程、市民文明素养提升工程、未成年人思想道德建设提升工程、城市公共设施提升工程、城市精细化治理提升工程、绿色生态环境提升工程、社区生活环境提升工程、营商环境提升工程、公共文化服务提升工程、群众满意度提升工程)。投入城市基础设施建设资金298177万元，建成长安街西延、古城南街、永引渠南路东段并通车，推进高井规划一路、北辛安路南段、西山八大处道路以及冬奥组委周边等重点区域配套城市道路建设，完成14条道路路侧停车电子收费设施建设和5个疏堵改造项目。支持北京银行保险产业园开发建设，保障冬奥社区、中关村科技园石景山园北I区地源热泵工程、体育生活化社区二期工程以及古城大街文化休闲廊等项目建设。投入生态环境建设资金120072万元，开展垃圾分类示范片区创建工作，实现生活垃圾分类全覆盖。严格落实河长制，完成永引渠景观提升一期工程，实现3个监测断面水质稳定达标。着力打好蓝天保卫战，抓好大气污染防治“一微克”行动。截至年底，PM2.5平均浓度42微克/立方米，同比下降19.2%。超额完成新一轮百万亩造林任务，长安街公园群基本建成。有序推进污染地块治理，开展第二次全国污染源普查。

（刘 秒）

【优化营商环境】 年内，区财政局持续优化营商环境，推进经济转型发展。深化“放管服”改革，全面落实北京市“9+N”政策3.0版、石景山区“2+N”政策体系和优化营商环境三年行动计划，提高纳税便利度;全面清理政府采购领域妨碍公平竞争行为，创造公平公正的市场环境;落实国家和北京市

5月23日，区财政局组织召开优化营商环境政策培训会 （区财政局供图）

一系列减税降费政策,石景山区减税降费规模总计49.3亿元。

(刘 秒)

【预算编制与执行】 年内,区财政局精细准确编制2020年部门预算,完善公用定额标准,细化项目内容,确保市、区年度重点工作所需资金全部纳入预算管理。压缩行政运行成本,严控“三公经费”等一般性支出,大力压减非刚性、非急需项目支出,一般性支出全年压减幅度达到10%以上。加强支出进度管理,将财政支出进度及盘活存量管理纳入区政府绩效考核及区委全面从严治党考核。加大统筹力度,提前完成存量资金全年消化90%以及部门预算财政拨款结转结余低于2%的任务目标,加强结余资金管理,共收回各部门存量资金6.7亿元,统筹用于北京银行保险产业园建设等重点项目。

(刘 秒)

【国库集中收付】 年内,区财政局推进国库支付电子化制度改革,实现单位端、财政端、银行端全流程电子化管理,提升操作系统安全级别,确保资金支付环节安全规范。深化公务卡制度改革,进一步规范财政资金使用和管理。截至年末,系统注册公务卡3263张,同比增长10.3%;公务卡消费19389笔,公务卡报销3299万元,同比增长21.4%。公务卡改革不仅方便预算单位经费使用,也进一步规范预算单位现金管理,确保财政资金安全。

(刘 秒)

【债务管理】 年内,区财政局成功申请发行35亿元衙门口棚改专项债券,争取10亿元北京银行保险产业园建设专项债券。贯彻落实国务院地方政府债券管理政策规定,研究制定石景山区政府专项债券资金管理办法及政府性债务风险应急处置预案,规范债券资金使用和管理。压实各债务单位主体责任,推动化解隐性债务。细化隐性债务化债方案,严控新增隐性债务,多措并举防范和化解政府债务风险。

(刘 秒)

【预算绩效管理】 年内,区财政局扩大绩效目标编制范围,编报部门整体绩效目标,实现56家预算部门和50万元以上预算项目全覆盖。加强重点项目绩效评价,选取71个项目进行绩效跟踪,选取23个项目开展财政重点支出绩效评价,绩效评价项目结果优良。拓展绩效评价方式,实现财政评价与部门评价相结合,自评结果与部门决算同步公开。全年财政绩效评价涵盖52个部门108个项目,涉及资金113982万元;绩效自评涵盖51个部门534个项目,涉及资金270487万元,与上年相比,项目数量增长10.9倍,涉及资金增长1.28倍。财政投资评审金额显著增长,全年完成评审项目195个,报审额172818万元,审定额161402万元,审减资金11416万元,审减率6.6%。

(刘 秒)

【国有资产管理】 年内,区财政局加强行政事业单位资产管理,以开展资产年报、资产月报、公共基础设施、事业单位及所属企业产权登记、行政事业单位资产处置等工作的方式,摸清行政事业单位国有资产家底。扎实做好国有资产报告工作,建立多部门协作联动机制,收集行政事业单位国有资产、经管资产、自然资源国有资产的基础信息,夯实资产管理和预算管理数据基础,推进向人大报告国有资产制度的落实。

(刘 秒)

【政府采购】 年内,区财政局优化采购流程,规范采购活动,提高采购专业化水平,加大监管力度,加强对政府采购活动中的权力运行监督,有效防范舞弊和预防腐败。全年完成政府采购项目23134个,政府采购金额112685.53万元,较上年同期的92565.1万元增加20120.43万元,同比增长21.74%。节约资金7609.28万元,资金节约率6.33%。全年货物、工程、服务三大类的实际采购金额分别为45144.78万元、13085.77万元、54454.98万元。

(刘 秒)

【财政监督管理】 年内,区财政局健全权力运行制约制衡机制,严格开展内部监督检查、会计监督检查、违反财经纪律专项整治等财政监督检查。完善动态监控建设,加强教育、卫生、文化等事业保障,确保法定增长。严格政府采购监管,推进预决算信息公开,加强规范性文件管理,规范行政许可、行政复议管理,开展多样化的法制宣传教育活动,不断提升财政依法行政管理水平。

(刘 秒)

【财政信息公开】 年内,区财政局实施全面规范、公开透明的预算制度,预决算公开工作不断向纵深推进,从扩大公开范围、细化公开内容、规范公开形式、做好舆情研判应对四方面入手做好信息公开工作。年度区政府预决算、部门预决算、“三公”经费预决算全面公开,以公开促管理的效果初步显现。

(刘 秒)

税务管理

【概况】 国家税务总局北京市石景山区税务局(简称区税务局)隶属国家税务总局北京市税务局(简称市局),设有征收管理科等18个科室、2个事业单位、11个税务所。干部职工519人,科级以上领导135人,党员368人、团员41人,本科以上学历465人,占总人数的89.6%,有注册会计师、注册税务师或律师证书43人,13人入选市局巡察专业人才库。区税务局主要负责增值税、消费税、企业所得税、个人所得税、房产税、城镇土地使用税、印花税、环保税、资源税、车船税、契税、文化事业建设费、残疾人就业保障金、城市维护建设税、耕地占用税、成人高考招生经费、机关事业单位社会保险费、城乡居民社会保险费、教育费附加和地方教育附加、外商投资企业土地使用费(石景山区已无费源户)征管及国家电影事业发展专项资金、防空地下室易地建设费、工会经费代征税收征管工作。全年税源登记户数44718户,内资企业36450户,个体经营6998户,非企业单位784户(其中国家机关32户、事业单位376户),港、澳、台商投资企业225户,外商投资企业215户,其他46户。增值税纳税人38273户,其中一般纳税人10797户,小规模纳税人27476户；消费税纳税人116户，企业所得税纳税人31094户，个人所得税纳税人37248户。集贸市场14个。2019年，区税务局落实国家减税降费政策，大力组织收入、深挖税源潜力，提高税收分析精准度，推进各项税收改革，提升税收征管质效，区域税收营商环境持续优化，圆满完成各项税收任务。全年累计完成各项税费收入227.6亿元，同比减少14.2亿元，下降5.9%（不含社保费）；完成税收收入219.7亿元，同比减少13.1亿元，下降5.6%；完成地方一般公共预算收入120亿元，同比减少7.1亿元，下降5.6%；完成区级收入56.3亿元，同比增加0.7亿元，增长1.2%。

（杜志刚）

【税收收入特点】 年内，石景山区税收呈现如下特点：增值税作为主体税种支撑效应明显。全年累计完成104.2亿元，增收7.9亿元，同比增长5.9个百分点，占全局收入比重45.8%；企业所得税完成55.7亿元，减收3.0亿元，同比下降5.2%；个人所得税累计完成33.6亿元，减收15.4亿元，同比下降31.5%，降幅明显。所辖20个行业税收趋势各异，金融业保持高速增长，全年累计完成63.9亿元，占比29.1%，同比增长8.2%；房地产业受市场及政策调控因素影响，列第二位，全年累计完成32.9亿元，增收0.3亿元，同比增长1%；信息传输软件和信息技术服务业等五个行业受减税政策影响，收入大幅下降。

（杜志刚）

【减税降费】 年内，区税务局成立减税降费工作领导小组，下设政策落实、统计核算分析、征管信息化、纳税服务、宣传舆情、督察督办、社保非税、监督检查八个工作组。组织减税降费工作推进会11次、编发简报15期。推进9764户企业税控软件升级，升级率100%，实现4月1日正常开具13%、9%和6%税率的增值税发票。落实好小微企业普惠性政策，结合市局下发各类问题汇编和企业需求，完善辅导培训课件，提高纳税人政策宣传的广泛性和精准度解读，内部培训税务人员2142人次、培训辅导纳税人9.69万户次。利用微信公众号推送企业新政信息191条，点击量20580次，在首钢篮球馆为4000余户纳税人举办专场政策辅导，开展减税降费“进公园”“进地铁”“进商圈”“进社区”“进校园”等系列宣传活动。确定各税（费）筛查口径、开展申报数据筛查比对，加强数据监控、核实。明确减税降费政策核算分析方法、指标，做好减税降费数据统计分析、核算，提升减免税统计数据质效，完成《减税降费政策对本区收入的减少性分析报告》。实行错峰申报、申报表提取或系统生成的数据、精简涉税材料等措施，为办理减税降费企业提供便捷办税服务。利用信息化手段，提供减税降费数据分析44项、数据808027条。完善减税降费“知识库”系统维护134条，建立《减税降费政策落实督察督办整改台账》，确保各项政策落实到位、落实到纳税人。全年共减税降费49.32亿元，助力区域经济发展。

（杜志刚）

【社会保险费】 年内，区税务局与区人社局等部门建立协调沟通机制，开展费源户信息核实。组织内外培训7场，做好征收窗口设置、业务测试和梳理流程，于4月1使用金税三期系统和特色软件完成机关事业单位五险和职业年金征收工作。全年机关事业单位费源户368户，完成社会保险费（五险）6.68亿元、职业年金2.02亿元、城乡居民养老保险119.32万元，合计8.71亿元。

（杜志刚）

【非税收入】 年内，石景山区完成非税收入职责划转工作，采取费种认定和预约上门申报“一站式”服务，完成成人高考招生经费征收工作，征收成人高考招生经费8.98万元。全年完成非税收入7.85亿元，同比减少1.15亿元，下降12.8%，主要是残保金减少9904万元，文化事业建设费减少3609万元。

（杜志刚）

【增值税管理】 年内，区税务局落实小微企业普惠性税收减免政策，向7448户小规模纳税人发送政策短信、举办培训7场，全年有8.3万户次纳税人享受优惠政策免征增值税，减免增值税7696.07万元。完成税控设备升级。制定升级工作方案，培训税务人员1200人次、纳税人3.7万户次，5月1日首日实现顺利申报。做好留抵退税工作，增值税留抵退税办理14户次，合计退税额度2亿元，其中先进制造业增值税留抵退税0.23亿元，其他行业留抵退税1.77亿元。开展事后监督核查，监控纳税人开具发票情况，涉及发票2.58万份，对4683户纳税人开展行业核实。完成增税企业分析，

石景山区税务局办税服务区　　（区税务局供图）

对1613户增税企业开展增税分析。依托内网办税管理平台预警,做好其他扣税凭证监控、加计抵减监控。全年共涉及其他扣税凭证栏次预警纳税人37户次,经核查35户次业务均真实有效,2户次转出进项税额5.27万元;10%加计抵减栏次预警纳税人168户次,调减加计抵减额27.14万元;15%加计抵减栏次预警纳税人113户次。调减加计抵减额135.94万元。做好改革效应分析,选取20户有代表性企业,建立定点联系制度,开展典型案例分析,并形成效应分析简报。经金三期平台统计,累计净减税额11.77亿元。其中,1月至3月翘尾数1.3亿元,降税率加加计抵减加不动产一次性抵扣加旅客运输7.7亿元,留抵退税2亿元,小规模免税0.77亿元。加强增值税发票管理,制定工作方案,对各系统进行清理,组织内外辅导,开展上线测试,完成增值税发票管理系统2.0版顺利上线。推进发票领用分类分级管理,运用内控平台规范发票管理服务行为。严格按照规定开展升级版推行后续工作。办理软件产品优惠政策资格审批180户次;审核即征即退退税889户次,涉及税款1.22亿元;审核多缴误收退税825户次,涉及税款3.62亿元;审核录入涉及失控发票纳税人299户次,录入失控发票3307份。

(杜志刚)

【所得税管理】 年内,区税务局做好2018年度汇算清缴工作。明确各时间节点事项,做到事前有目标、事中有数据监控、事后有管理。至5月31日,完成31053户企业2018年度汇算清缴,所得税完成6.55亿元。落实小微企业普惠性税收减免政策,全年小型微利企业户数28112户,盈利企业7021户,实际享受小微企业户数7018户,共减免所得税2.88亿元,受惠面达100%。推进个人所得税新政改革,制定工作方案、加大宣传培训、做好催报催缴、退税及汇总申报审核等工作。全年完成个人所得税33.56亿元,同比减少15.41亿元,下降31.46%。制定工作方案,成立6个工作组,通过短信通知扣缴义务人尽快下载更新员工专扣信息,加强对未申报户采取短信和电话通知方式催报等措施,做好个人所得税汇算清缴工作。

(杜志刚)

【优化冬奥服务】 年内,区税务局提高服务北京冬奥组委会工作主动性,第一时间做好北京冬奥组委会各项税收优惠政策备案,保证其所享受的优惠政策减免及时落实到位。打造绿色通道,实行无障碍办税和预审核,保证涉税事宜顺畅、高效办理。走访北京冬奥组委会7次,及时对个人所得税等新税收政策进行专门辅导,以视频连线方式宣传覆盖冬奥石景山驻地、延庆运行中心、张家口冬奥中心“三地”。

(杜志刚)

【财产和行为税管理】 年内,区税务局针对财产和行为税具有“税种小、多”特点(10个税种),落实减税降费,组织内外政策培训10次,开展(近)数据统计和分析50次,做好“应享未享”数据核查3000条和退税工作。优化营商环境,推行“一窗受理、内部流转、即时办结、同窗出证”不动产登记模式,不动产登记大厅“综合窗口”由2个增至9个,交易业务100%办理,完成“世行”评价验收。与区生态环境局等部门建立数据共享机制,全年交换信息8次207条,对违规违法行为排污单位复核调整环保税款,加征税款239万元。全年完成环保税2751万元,同比增加1338万元,增长94.7%。做好土地增值税预缴和清算工作,采取科所审核,建立相关局沟通机制,完成清算项目1个、启动流程项目3个,完成清算税款1.4亿元。优化税种后续、动态管理,自行开发“房、土税数据模型”筛查税种疑点信息。开展房产税和土地使用税风险核实,共组织收入2413万元。与区水务局建立协商机制,加强水资源税征收管理,举办水资源税培训35户次。全年完成水资源税7361万元,同比增加1705万元,增长30.1%。全年10个税种合计完成收入36亿元,同比减少1.7亿元,下降4.5%。

(杜志刚)

【纳税服务】 年内,区税务局利用网站、专题辅导等形式做好个税新政和减税降费政策宣传,共发短信5万余条、宣传资料15.4万册、纳税人达9.7万余户次。优化办税厅窗口设置,升级自助办税设备功能。发挥涉税中介机构作用,“面对面”宣传企业3000余户。严格执行《纳税服务规范》(3.0版),加强办税厅人员业务培训,提高规范、便捷纳税服务。做好信用等级评价和复评工作,完成3.6万余条评价任务确认和2500余户A级企业名单发布、完成26户企业复评审核、对9户重大税收违法案件企业纳税信用等级降为D级。做好纳税人诉求处理,全年累计处理12366投诉工单48件、热线工单68件、便民电话转办单2件、局长信箱2件,均按时限处理。落实双公示制度,全年公示税务行政许可信息1478条、税务行政处罚信息87条。

(杜志刚)

【征收管理】 年内,区税务局清理欠税4430万元,其中本年新欠3892万元、陈欠538万元。完成金税三系统并库系列工作,调整59453户次、核实清理28757户次、并库双轨测试303项、电子税务局集中测试10524户次。完成22类147项业务双系统并行期流程梳理。加大税控服务商督办,做好支付宝、微信、POS机、现金、网上缴费方式支持。完善行政处罚文书表单填写和操作流程、规范。全年行政处罚纳税人户次为9978户次,其中一般程序行政处罚97户次、简易程序行政处罚9881户次。优化营商环境,开办套餐业务,全年2416户新办企业申请套餐事项并一日办结。

(杜志刚)

【国际税收】 年内,区税务局加强非居民税收管理,取得市局政策解释和工作指导。对市局下派的专项情报交换任务,加强内外部数据比对分析,注意发现异常点、风险点。深入走访企业,掌握全面、准确信息。提高执法力度,严格依法依规履行扣缴义务人补正申报,共补缴个人所得税1536.42万元、缴纳滞纳金1676.25万元,有效防止境内税源流失。提高反避税工作水平,与相关税务部门协作完成涉及京津跨地区间接股权转让案件核办1起，反避税工作取得组收4.66亿元成果。

（杜志刚）

【电子税务】 年内，区税务局完成电子税务局升级9次，新增业务33项，优化业务82项，提升网上业务办理率。完成金税三期并库，系统权限调整575人次、1435个岗位；完成个税改革系统权限配置410人次，系统测试712项。新建石景山区小呼中心18个网络点位的铺设和11台次设备接入和调试。完成14台自助机互联网切换工作。完成办公区5条内网专线迁移、129个工位315个点位铺设和8台网络设备设置。为业务科所和区有关单位提供数据支持593次、792.6万条。

（杜志刚）

【税收法制】 年内，区税务局优化营商环境，推进已取消的45项税务证明事项落实到位。推行"三项制度"，成立重大执法决定法制联合审核组，推进税务执法透明、规范、合法、公正。完成13类32项执法事项公示。发放执法记录仪35台。参与行政复议案件和行政诉讼案件各1起。

（杜志刚）

【税收宣传】 年内，区税务局开展全国第28个税收宣传月活动，组织多种形式税收宣传，各类媒体刊发报道64篇。其中，新华网、人民网、中国税务报、中国财经报等中央级媒体刊发20篇，《北京税务》刊登13篇。编辑信息800余篇。其中，被市委市政府采纳信息11篇，列市委市政府采纳信息量全区第二名，获市领导批示1次；被区委区政府采纳信息29篇，获区领导批示11次；被市局采纳信息63篇，获市局领导批示3次。发布局内网站信息776篇，外网发布动态类信息63篇、图片类信息48篇。

（杜志刚）

金融服务管理

【概况】 石景山区金融服务办公室（简称区金融办），2019年3月3日，根据《北京市石景山区机构改革实施方案》，重新核定《北京市石景山区金融服务办公室职能配置、内设机构和人员编制规定》，按照"三定"规定，区金融办为区政府的工作部门。主要职责是贯彻落实党中央关于金融工作的方针政策、决策部署和市委、区委有关工作要求，在履行职责过程中坚持和加强党对金融工作的集中统一领导。机构改革后，新增对石景山区小额贷款公司、融资担保公司、典当行、融资租赁公司、商业保理公司、投资公司、地方各类交易场所等行业的管理权限。下设综合科、金融发展科、金融服务科、金融稳定科。年内，区金融办以建设"国家级金融产业示范区"为目标，以创建文明城区为抓手优化营商环境，以专场专班为主阵地打好防范化解金融风险攻坚战，以推动功能区建设为重点，推动现代金融产业高质量发展。全年现代金融产业实现收入800亿元，实现税收64亿元，在全区高精尖产业中占比分别达到45%和31%，百强企业中，有20家是现代金融机构，在百强财政贡献中占比超过40%，现代金融业作为石景山区主导产业地位进一步增强。

（李　响）

【"长安金轴"建设】 9月，国家级第二批产业转型升级示范区明确提出将"长安金轴"建设成为北京市现代金融产业的重要节点。石景山区依托银河商务区，形成总部金融集聚区，光大集团新设立的阳光消费金融公司进入实质批筹，入驻现代金融产业基地二期。以盛景国际为中心，成为新金融孵化培育区，其中百融云创建成全国首家人工智能金融实验室，荣登"2019中国智能风控企业50强"榜单。依托京西商务中心，中荷人寿北京分公司等一批保险总部及央企金融板块在此集聚办公，成为现代金融集中承载区。

（李　响）

【银行保险业国际高峰论坛】 10月17日—18日，由北京市地方金融监督管理局、石景山区政府、北京金融控股集团主办的第二届中国银行保险业国际高峰论坛在石景山区的北京·银行保险产业园举行。副市长杨斌出席论坛并代表北京市致辞，中国社会科学院副院长高培勇、诺贝尔经济学奖获得者马斯金等33位国内外著名专家学者、业界代表围绕金融产业园区建设、金融服务实体经济发表主题演讲，1500余名嘉宾、80家新闻媒体嘉宾参加论坛，中央、境外和市属媒体刊发（播）相关原始稿件120余篇，累计132万人次通过新浪等网络平台观看专题直播，成为金融行业年度盛会。本届论坛上，《中国保险科技发展白皮书（2019）》正式发布，"北京保险科技加速器"在银保园揭牌，石景山区与北京金控集团建立战略合作，中国银行保险业发展历程展拉开序幕，极大地提升银保园对外影响力。

（李　响）

【北京银行保险产业园建设】 年内，北京银行保险产业园中央公园、金融文化交流中心、三星级的银保建国酒店等一批载体设施投入使用。二期639、649、637、641地块完成竣工验收，园区累计提供54万平方米载体。园区内部三纵二横五条道路完成建设，交通大动脉永引渠南路实现通车，地铁1号线福寿岭站改造启动，园区公交场站（刘娘府公交场站）实现腾退移交并启动建设。

（李　响）

【11家金融机构入驻】 年内，区金融办引进现代金融机构11家，规模亿元以上机构9家，由北京金融控股集团设立的北京小微企业金融综合服务有限公司、中国总精算师行业协会等机构与组织落地，呈现出金融行业示范与金融创新能力不断提升的特点。截至年末，银保园聚集现代金融机构30家，实现税收近30亿元。

（李　响）

【金融系统创建文明城区】 年内，区金融办以银行网点创建指标为基础，制定工作方案，全面开展动员部署培训，对全区银行网点负责人进行动员培训3次，培训200余人次；根据各银行不同特点，制作具备行业特色，融入周围环境的创城宣传品600余件，安排专人逐一上门安装服务到位；发放市民文明手册，宣传创城意义，实现宣传培训全覆盖,强化银行网点文明服务意识,努力营造良好创建氛围。

(李　响)

【搭建银企服务平台】 年内,区金融办成功申报全国民营和小微金融服务改革试点;搭建银企对接平台,先后组织“石景山区高精尖企业融资洽谈会”“石景山区重点项目融资对接会”“银企融资服务对接会”“金融服务沙龙活动”等融资对接活动。制作《石景山区银行产品与服务手册》,22家银行累计对接服务企业50余家,全年为石景山区企业贷款余额226.7亿元支持区域经济发展。

(李　响)

【优化金融营商环境】 年内,区金融办认真落实“服务管家”工作,一对一开展企业走访调研,解决企业实际困难,为驻区60余家金融机构送上“政策服务包”,为金融机构兑现创新资金补贴、高管奖励和房租补贴支持资金超过6000万元,协调子女入学入园20人次,组织金融机构申报金融人才引进5人次,有效解决金融机构发展后顾之忧。

(李　响)

【金融对口帮扶】 年内,区金融办加强与对口帮扶顺平县神南镇政府的沟通联系,做好8个牵头扶贫项目的全程跟踪,投入资金239万元,保障扶贫工作按要求推进落实。动员驻区金融机构参与精准扶贫,华夏银行信用卡中心等10家金融机构捐赠资金177.3万元。

(李　响)

【金融安全宣传】 年内,区金融办组织金融行业组织、驻区金融机构,深入各街道社区开展“2019年金融安全宣传活动”,实现全区9个街道全覆盖。期间,发放宣传材料万余份,大力提升群众防范金融风险的意识。

(李　响)

【中国银保信获突出贡献奖】 年内,在《金融电子化》杂志社举办的“2019中国金融科技年会暨第十届金融科技及服务优秀创新奖颁奖典礼”上,“中国银保信GIS系统”(以下简称GIS系统)项目获“2019年度金融科技产品创新突出贡献奖”。这是GIS系统继获评“2019中国保险业信息化优秀案例一等奖”后再次获得金融领域奖项。

(杨　帆)

【中国银行服务冬奥】 年内,中国银行北京石景山支行成功为首钢集团发行五年期冬奥债10亿元。该笔债券为银行间市场首笔“冬奥债”,是中行与首钢集团两家冬奥合作伙伴,以创新型金融产品支持冬奥相关建设与运营的典范。

(华竹青)

【建行发放扶贫爱心卡15499张】 年内,建行石景山支行借助分行传统媒体+新媒体渠道的宣传以及扶贫卡“满200减100”优惠活动,顺利与石景山区教委达成共识,前、后台员工搭配组成发卡团队,在区内各中小学开展扶贫爱心卡发放。截至年末,建行石景山支行扶贫爱心卡发放15499张。

(苗一聪)

【杭州银行创新服务手段】 年内,杭州银行北京石景山文创支行通过金融科技手段创新服务方式,为区域经济个体和小微企业提供快速便捷的结算产品,开展服务创新、产品创新、业务流程创新,支行率先推出“e开户”、“企业开户一次不用跑银行”产品,实现7×24小时在线预约,现场开户,提升服务效率,优化客户体验。加强智慧银行建设,通过电子银行设备提升客户分流率,减少客户等待时间。同时,支行增加“纸硬币兑换一体机”,全年实现为客户清分兑换硬币2.9万枚,兑付2.88万枚,小票面纸币兑换2.4万张。推出“财资金引擎”2.0版本,打造连锁企业、集团客户的电子银行综合服务渠道。

(汪妍青)

【P2P网贷整治】 年末,石景山区26家P2P企业中,4家被立案,8家退出,14家在营。与上年相比,石景山区P2P行业的存量借贷余额、出借人数、借款人数同比分别下降24.28%、18.62%、9.05%,呈现稳步下降态势。约谈企业高管29批次,搭建交流平台3次,协调市级部门对高风险平台采取限速断网等措施,推动高风险平台逐步化解风险。

(李　响)

9月20日,驻区银行举办的金融安全宣传活动　(区金融办供图)

统　计

【概况】 石景山区统计局、石景山区经济社会调查队(简称区统计局、调查队)是区政府负责综合统计和国民经济核算的职能部门,受区政府和北京市统计局双重领导。局队机关设办公室、党群办公室(人事科、主体责任办)、宣传科、综合科、数据中心、社区统计工作协调科(普查中心)、工业(能源)科、城建科、商贸科、服务业科、人口就业科、社会科技科、计算机中心

(由办公室统一管理)、法规科、执法队、价格调查科、专项调查科、住户调查科。下设9个统计所:八宝山统计所、老山统计所、八角统计所、古城统计所、苹果园统计所(园区所)、金顶街统计所、广宁统计所、五里坨统计所、鲁谷统计所。2019年,区统计局、调查队紧紧围绕高水平服务保障冬奥会筹办、打造新时代首都城市复兴新地标、高水平建设好首都城市西大门等重点工作,以创建全国文明城区为牵引,圆满完成年度重点工作,为石景山区经济社会发展提供坚强的统计保障。

(郑红丽)

【第四次全国经济普查】 年内,石景山区总结作为四经普全国专项试点工作经验,按照"全国统一领导、部门分工协作、地方分级负责、各方共同参与"原则,做好四经普的组织实施工作。重点完成八项工作:一是加强部门联动,做好紧密配合。组织召开区经普领导小组会一次,区经普办主任办公会四次、街道级经普办主任会五次及多次街道普查骨干工作会,及时传达国家、北京市关于普查工作相关精神及要求,研究部署普查各阶段工作事项,做好指导及工作方案实际落实,确保普查工作稳步推进。二是坚持依法依规,严格法制保障。根据国务院普查方案及北京市相关方案、办法,制定石景山区四经普普查方案,清查、登记阶段实施细则,数据审核验收组织实施方案,数据修改处理办法,数据质量检查方案等。制定石景山区四经普《领导小组工作制度》《专项经费管理办法》《人员经费管理及分配方案》《物资管理办法》《普查人员标识(防寒服)管理办法》等制度,严格公车管理,规范公务用车,确保人员、经费、物资使用有规可循、有章可依。根据不同时间节点,下发通知要求各经普办确保普查资料和PAD设备的安全。要求各经普办按时做好工作总结、做好纸质电子资料移交、做好设备移交、做好普查物资清查管理,切实做好保密工作,确保资产不发生遗失。三是优选普查队伍,规范人员管理。清查期间,全区共选聘普查工作人员、普查"两员"约550人;登记阶段,根据工作需要,在此基础上补充普查人员60余人。先后制发石景山区四经普《"两员"选聘及管理工作实施细则》《政府购买服务选聘普查人员管理办法》《普查指导员选聘及管理工作补充规定》,调聘结合、用管并重,明确职责职权、严肃工作纪律,对普查人员进行规范化管理。经普办坚持因需制宜,采取"一级直培"模式开展培训,采取"区-街道-社区"分级模式开展登记培训,召开非一套表平台操作等培训会,同时多次派专业组到街道社区指导工作。四是宣传形式多样,营造良好普查氛围。充分利用多媒体资源增加宣传工作的覆盖面;充分利用市经普网、统计报,采取QQ、微信群发,发放经济普查告知书等开展宣传,共刊发石景山区工作、普查风采、普查新闻、经验交流等稿件一百余篇,位列全市第四。五是完成普查登记验收工作。普查人员使用PAD上门定位、核实相关信息,对所有普查对象进行普查登记,对普查数据进行审核、检查和验收。六是完成普查数据汇总与评估。完成全部普查数据的审核汇总上报、事后数据质量抽查和数据汇总与评估等。七是有序推进普查公报发布、普查资料开发应用和总结表彰工作。八是完成第四次全国经济普查先进单位申报工作。

(郭　涛)

【社区统计工作室建设】 年内,区统计局、调查队加强和创新社区统计室建设,完善统计基层基础工作体系,结合石景山区实际,重点做好人员培训、统计服务和开展自查等工作。加强基础建设,提升队伍整体素质。认真实施两个《管理办法》相关规定,加强与相关部门沟通协调,确保社区统计队伍相对稳定。加强对社区统计工作者组织领导,参加市局基层统计人员岗位知识培训班,提升社区统计工作者工作质量和服务水平。发挥统计社工的骨干力量作用,通过参加四经普锻炼队伍,提升业务水平。落实减负精神,完成清理挂牌工作。根据全市统计系统清理社区统计室挂牌工作视频会会议精神,全面开展相关工作。按照市局要求,12月20日石景山区全部社区统计工作室挂牌清理完毕。

(郭　涛)

【统计宣传】 年内,区统计局、调查队制定落实《2019年石景山局队信息工作计划》,加大业务技能的培训学习,充分利用市区学习平台和学习渠道,开展新闻写作技巧、摄影技能等知识培训,依托局队宣传微信工作群及时发布市区稿件需求、采稿情况,建立实时学习研讨共享平台,编印《石景山区统计调研分析信息宣传汇编》,落实好年度考核奖励机制,激发局队人员信息写作积极性。全年市局信息采稿

1月8日,区领导了解第四次全国经济普查工作情况　(区统计局供图)

221篇,两办采稿115篇,1篇被《昨日市情》采登。全年在《中国信息报》累计刊登稿件22篇,《石景山报》刊登稿件15篇。国家及北京市统计微信公众号采用8条。石景山统计微信公众平台全年累计发布微信175条,用户数16915位,组织竞答2次,居全国统计调查系统微信公众号综合影响力前50名。开展"开放的统计欢迎您"为主题的政府统计开放日活动。专业科室用通俗易懂语言展示统计工作,现场统计知识抢答普及统计知识及法律法规。围绕统计开放日主题,采用展板展示、展台宣传、宣传折页等多种宣传方式,用数字和图表展示石景山区70年来社会经济民生发展成就。在石景山统计公众号中推送统计小知识,在《石景山报》刊登"奋进70年 民生展新篇"统计局专版,开展微信统计知识大科普竞答活动,搭建统计与民生、与公众的沟通桥梁,回应社会各界对统计工作的需求和关注。研究制定《石景山区人口抽样调查宣传工作实施方案》,围绕人口抽样调查各阶段工作特点和要求,利用一封信、海报、楼宇电梯公益广告、宣传片、微信平台等宣传形式,宣传人口抽样调查的重要意义和调查内容特点。12月4日宪法宣传日围绕法治建设主线,以《统计法》《统计法实施条例》《人口普查条例》为主要内容,多形式向社会公众进行普法教育宣传。

(李岱丽)

【信息化建设】 年内,区统计局、调查队完成上年年报和年度定报采集平台维护,包括建立区级工作组71个、所级工作组27个,分配报表150余张,汇总表1300余张;两级业务人员管辖表的调整;两级业务人员的添加、删除;为企业重置密码;对业务人员操作进行指导;设置两级汇总表权限;对平台出现的问题及时向市局反馈。同时完成石景山区第四次全国经济普查数据处理任务。

(罗 凯)

【年度人口抽样】 年内,区统计局、调查队按照全市统一部署开展年度人口抽样调查工作。本次调查分国家、北京、区级样本,共涉及全区9个街道,88个居委会,131个调查小区,其中国家、北京样本由国家、北京市局抽取,涉及9个街道、48个居委会、91个调查小区;区级样本由石景山区统计局补充抽取,共涉及9个街道、40个居委会、40个调查小区。登记户数9686户,登记人口25057人,其中常住人口20207人。国家、北京、区级样本共选聘指导员和调查员379人,全部采用调查员手持电子终端设备(PDA)入户登记的方式进行调查。调查的实施时间从8月至12月,历经前期准备、入户摸底、登记复查、质量抽查、评估推算、工作总结等环节。根据北京市年度人口抽样调查工作联席会议办公室反馈数据显示:石景山区2019年年末常住人口57.0万人,其中常住外来人口13.7万人;其中男性人口28.4万人,女性人口28.6万人;常住人口中0—14岁人口5.2万人,15—64岁人口45.2万人,65岁及以上人口6.6万人,60岁及以上人口9.2万人;出生人口4281人,出生率为7.38‰;死亡人口3630人,死亡率为6.26‰。

(张敬如)

【统计执法】 年内,区统计局、调查队完成执法任务360家(区内常规检查57家,专项查询检查243家,催报60家),完成全年执法任务。立案155家,其中一般程序立案47家,简易程序108家,全年处罚金额15.8万元,均为一般程序处罚。两起行政复议案处罚决定得到维持,1起行政诉讼案一审、二审均维持区统计局处罚决定。诉讼案中,常务副区长和区统计局、司法局局长同时出庭应诉,区人大代表和全市统计系统代表参加旁听,在全市率先以案释法、宣传统计执法,获得良好社会效应。年度执法工作呈现五个新亮点。第一,执法单位个数和立案单位个数再创新高,分别为360家和155家。第二,对迟报违法行为的查处保持高压态势,全年催报达到60家。通过催报工作宣传统计法,提高数据上报的及时性。第三,全面落实行政执法"三项制度",统计执法公开透明,坚持执法检查"双随机"原则,检查结果100%公示。第四,克服岗位人员减少、人员抽调频繁、执法任务激增、考核标准过高、执法头绪繁多等重重困难,稳步推进执法数量和执法质量,人均处罚量位列全市统计系统和全区经济调控执法领域首位。第五,全力配合国家统计局、市统计局、区司法局、区市场监管局、区经信局等多部门开展工作,选派4名优秀执法骨干分5批次参加国家统计局赴京外开展统计执法和督察工作,在统计造假专项整治、排查纠治执法不公选择性执法随意性执法相关工作、区营商环境验收等专项工作中发挥主力军作用,完成国家市场监管局对石景山区部门联合"双随机、一公开"督查迎检工作。

(张雪萌)

【专项调查】 年内,石景山区统计局、调查队先后组织完成北京市统计局、国家统计局北京调查总队部署及部门委托的《北京家庭医生签约服务需求调查》《中美贸易摩擦对北京涉美企业发展影响状况调查》《北京市重点商务楼宇摸底调查》《石景山区互联网+政务服务调研》《北京市企业减税降费实施效果调查》《石景山区居民生活便利度调查》《石景山区"不忘初心、牢记使命"主题教育专项调查》《2020年重要民生实事线索调查》《北京市医耗联动综合改革实施效果调查》《2019年国有企业全面从严治党民意调查》《2019年服务零售结构调查》《2019年石景山区全面从严治党民意调查》《北京市小微企业融资状况调查》《金融和铁路单位楼宇信息调查》和《垃圾分类调查》等近20项各类调查,调查结果成为有关部门进行决策的依据。

(杨福江)

【居民生活状况】 年内,区统计局、调查队做好稳增长、促改革、调结构、惠民生、防风险、保稳定各项工作,百姓收入持续增长,收入结构显著优化。全年对400户常规家庭户进行收支与生活状况调查,调查资料显示,全区居民人均可支配收入76990元,同比增长8.1%;人均消费支出45904元,同比增长6.0%。

(孔 磊)

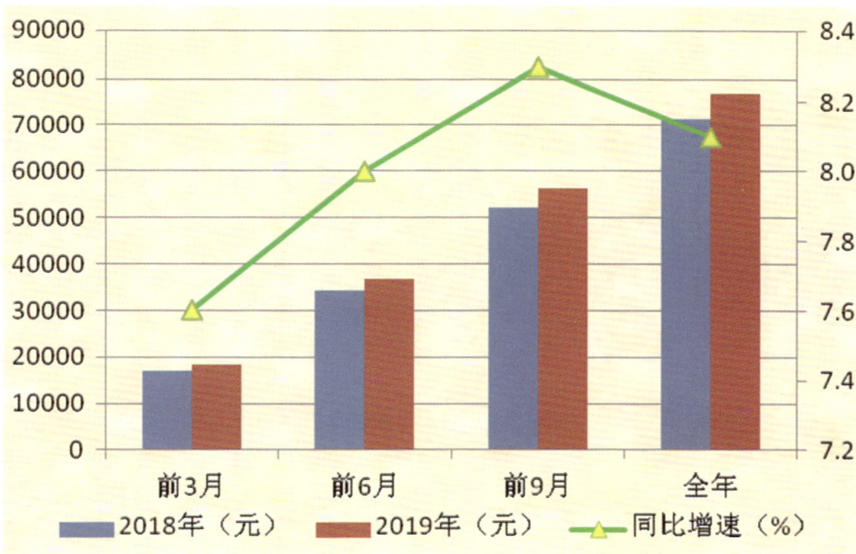

2018年与2019年石景山区居民人均可支配收入与增速

【居民收入】 全年居民人均可支配收入76990元，同比增长8.1%。四项收入呈现“三升一降”特点。其中：工资性收入同比增长6.8%，四项收入中占比最重，拉动作用突出。

表11 2019年石景山区居民人均可支配收入情况表

收入项目	金额（元）	同比（%）	构成（%）
可支配收入	76990	8.1	100
工资性收入	45292	6.8	58.8
经营净收入	864	-28.6	1.1
财产净收入	8420	5.9	10.9
转移净收入	22414	13.9	29.1

（孔　磊）

【消费支出】 全年居民人均消费支出45904元，同比增长6.0%，其中八大类消费支出呈现“六增两降”态势。

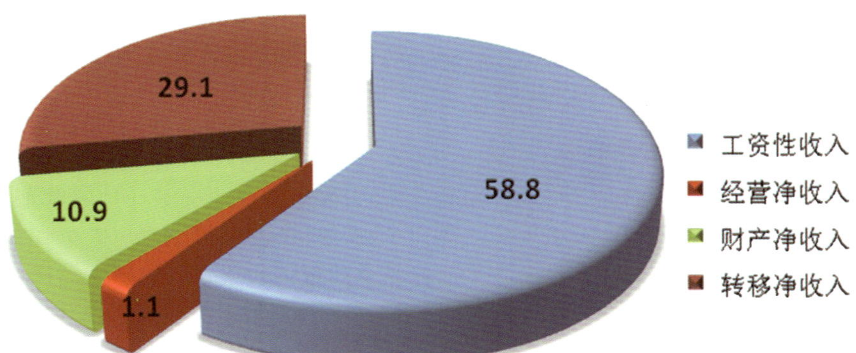

2019年石景山区四项收入构成（%）

表12 2019年石景山区居民消费支出增长及构成

消费项目	金额（元）	同比（%）	构成（%）
消费支出	45904	6.0	100
食品烟酒	9235	12.5	20.1
衣着	2632	-5.6	5.7
居住	13110	5.5	28.6
生活用品及服务	2583	6.4	5.6
交通和通信	6014	0.5	13.1
教育、文化和娱乐	5318	4.2	11.6
医疗保健	5679	9.3	12.4
其他用品及服务	1332	16.1	2.9

（阴晓霞）

【百户耐用消费品拥有量】 年内，石景山区居民家庭每百户耐用消费品拥有量最高为移动电话，拥有量为221.0部；最低为摩托车，拥有量为0.7台。

表13 2019年每百户耐用消费品拥有量

项　目	单位	数量
摩托车	辆	0.7
助力车	辆	8.8
家用汽车	辆	51.4
洗衣机	台	99.8
电冰箱	台	104.0
彩色电视机	台	125.0
计算机	台	98.8
空气净化器（含新风系统）	台	30.0
吸尘器	台	22.1
照相机	架	40.5
中高档乐器（含钢琴）	件	8.1
微波炉	台	86.3
空调器	台	182.6
淋浴热水器	台	99.8
排油烟机	台	99.7
洗碗机	台	1.7
健身器材	套	6.9
固定电话	部	40.1
移动电话	部	221.0

（阴晓霞）

【统计调研】 年内，区统计局、调查队围绕石景山区高质量发展、构建“高精尖”经济结构、楼宇经济发展、冬奥背景下体育产业发展等方面开展7项课题研究。进度类和专题类分析239篇。其中，《新动能成长蹄疾步稳 高质量发展蓄势起航——2019年1—3季度石景山区经济运行情况分析及全年展望》获得年度北京市优秀统计分析报告评比三等奖，同时《掘金楼宇经济 打造高端绿色发展新高地——石景山区楼宇经济发展现状研究》获得二等奖。撰写的《关于石景山区产业结构转型升级的研究》《石景山区楼宇经济发展现状》《关于冬奥背景下石景山区体育产业发展评价的研究》等调研分析得到区领导批示。

（谭召辉）

【名录库管理维护】 年内，区统计局、调查队扩大准规模调查范围，严格执行“四上”单位审批工作相关规定，全年核查准规模单位1285家；新纳入定期统计单位268家，退出100家。

（隗京华）

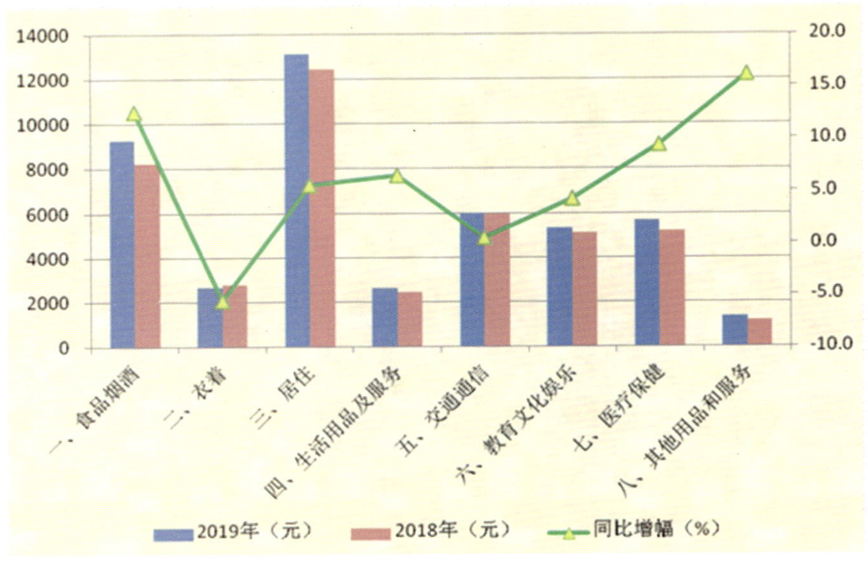

2018 年与 2019 年石景山区居民人均消费支出与增速

【统计服务】 年内,石景山区第四次全国经济普查取得重要成果。区统计局、调查队统筹 610 余名普查员,完成对 33000 个普查对象的现场登记,全面摸清家底,获“第四次全国经济普查国家先进集体”称号。做好石景山区“七有”“五性”监测评价指标体系测算。联合区商务局建立涉美企业情况月度通报机制。与首钢集团合作推进《新首钢地区评价指标体系研究》课题,反映区域发展阶段性成果。开展“1+3+1”高精尖产业体系和民营经济主要指标月度监测,为优化营商环境提供服务支撑。围绕政策实施效果,发挥专项调查“轻骑兵”优势,开展家庭医生签约服务需求调查、政府绩效考评民意调查和重要民生实事项目线索调查等。完成价格监测调查,并建立旬报制度。聚焦“促提升”,人口监测深化大数据应用,完成人口抽样调查。围绕经济发展,开展对重点指标、重点行业、重点领域的跟踪监测,紧抓预警预判,发挥统计部门服务全区工作调度、精准施策的参谋职能。坚持科学规范原则及时提供数据服务,围绕“十三五”规划中期评估、区“两会”等重点工作,对外提供数据 19 万余笔。扩大统计宣传覆盖范围,拓展“石景山统计”微信公众号功能。编印《北京石景山统计年鉴 2019》《统计公报》《石景山区经济社会发展统计月报》11 期和《石景山统计调研分析信息宣传汇编(2019)》等统计资料。统计开放日活动展示石景山区 70 年来社会经济民生发展成就。在《石景山报》整版刊登“奋进 70 年 民生展新篇”“70 年蝶变 石景山驶入高质量发展‘快车道’”两期专版。

(谭召辉)

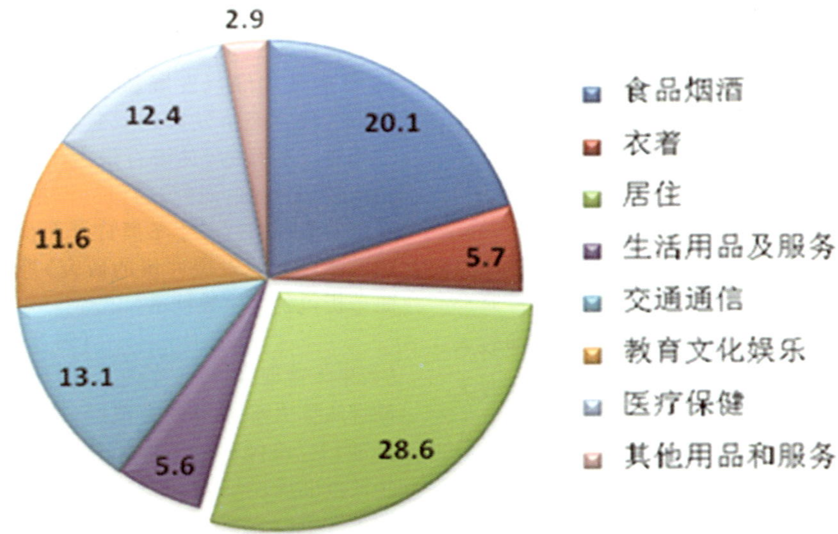

2019 年石景山区八大类消费支出构成(%)

【统计年报】 年内,区统计局、调查队完成当年年报及下年定期统计培训、布置和统计工作。全年召开年定报培训会 25 场,培训单位 1500 余家,涉及人员 3000 余人次。

(谭召辉)

审　　计

【概况】 石景山区审计局(简称区审计局)是承担全区财政收支和法律法规规定属于审计监督范围的财务收支的真实、合法和效益进行审计监督,维护财政经济秩序,提高财政资金使用效益,促进廉政建设,保障石景山区经济社会健康发展等职能的区政府职能部门。2019 年,有公务员编制 40 名,事业人员编制 12 名,工勤编制 1 名。在编公务员 38 名,事业人员 8 名,工勤人员 1 名。设有办公室(主体责任办公室)、综合法规审理科(审计委员会办公室秘书科)、内部审计指导监督科、电子数据审计科、财政审计科、固定资产投资审计科、经济责任审计科、行政事业审计科、企业审计科。年内,区审计局开展各类审计项目 32 项,开展重点建设项目审计监督 86 项。查出主要问题金额 38072 万元,其中违规金额 16014 万元、损失浪费金额 41 万元、管理不规范金额 22016 万元;审计发现非金额计量问题 183 个;损益(收支)不实金额 707 万元;出具审计报告和专项审计调查报告 49 篇,被批示、采用 27 篇次。审计处理处罚金额 14388 万元,其中应上缴财政 2551 万元、应归还原渠道资金 13 万元、应调账处理金额 11824 万元;移送司法机关、纪检监察机关和有关部门处理事项 11 件，移送处理人员 13 人，移送处理金额 15310 万元。审计促进整改落实有关问题资金 14355 万元；审计促进拨付资金到位 100000 万元；移送处理落实事项 7 件。审计提出建议 276 条，被采纳 205 条；推动被审计单位制定整改措施 24 项；促进被审计单位建立、健全规章制度 41 项；提交审计信息 206 篇，被批示、采用 132 篇次。4 篇审计宣传被《中国审计报》刊登，3 篇审计宣传被《北京审计》采用。向社会公告审计结果 14 篇，同时公开审计工作报告和审计发现问题整改报告。

（邵建设）

【政策审计】 年内，区审计局根据审计署和市局相关要求，重点审计减税降费政策、疏解整治促提升专项行动、中央转移支付资金拨付进度、贯彻落实过“紧日子”要求、政府债务（含隐形债务）管理、全口径政府债务管理、支持民营企业发展及专项清欠活动等重大政策落实情况，并按照要求上报各季度跟踪审计结果。

（邵建设）

【财政审计】 年内，区审计局创新区级财政预算执行和其他财政收支审计方式，首次利用信息化手段对全部一级预算单位实现审计全覆盖，并在此基础上对 12 个部门的预算执行进行重点现场审计。审计中，探索大数据审计，在数据分析方面做到“两个结合”（根据“集中数据分析，分散调查核实”的数字化审计思路及市局“部门预算执行智能审计系统”，实现财政数据和部门财务数据相结合；预算执行审计方案与市局“部门预算执行智能审计系统”相结合），提高审计质量和效率。7 月 18 日，区审计局代政府向区人大常委会作《石景山区人民政府关于 2018 年度预算执行和其他财政收支的审计工作报告》。11 月 14 日，区审计局代区政府向人大常委会汇报《2018 年度预算执行和其他财政收支审计查出问题整改情况的报告》，并首次接受人大代表询问。审计工作报告、审计整改报告及 12 个部门预算执行审计结果全部向社会公开。

（邵建设）

【经济责任审计】 年内，区审计局坚持党政同责、同责同审，根据年度项目计划安排，对 5 个单位 6 位处级领导干部开展经济责任审计。审计中，紧扣经济责任，聚焦权力运行和责任落实，重点关注任期内的目标责任制完成情况、内部控制执行情况、资产管理情况、重大经济决策情况等。新的《党政主要领导干部和国有企事业单位主要领导人员经济责任审计规定》出台后，组织全体审计干部进行认真学习研讨，准确把握经济责任审计标准和要求，确保按照新规定要求，不断提升经济责任审计工作质量。

（邵建设）

【政府重点建设项目审计】 年内，区审计局对区老山城市公园一期、长安街沿线景观提升项目等 86 个政府投资项目开展审计监督。按照区政府要求，将区园林局 2019 年全部工程项目列入计划，开展审计监督；对区 9 个街道便民工程项目的建设进度、组织方式、资金管理使用、项目绩效等情况进行审计调查。

（邵建设）

【专项审计调查】 年内，区审计局对长安街石景山段整治提升项目绩效情况和 2018 年度绿化项目资金管理使用绩效情况、人防资金资产管理情况、优化营商环境相关政策措施落实情况、中小学内部控制制度管理及执行绩效情况、政府向社会力量购买服务实施绩效情况等开展专项审计调查；首次跨地区对石景山区扶贫资金使用情况开展延伸审计调查；对石景山区行政事业性国有资产管理绩效情况开展专项审计调查。

（邵建设）

【企业审计】 年内，区审计局对 1 家区属国有企业财务收支情况开展审计，采取综合预判分析审计着力点、有效借助企业内审力量、展开多维度评价分析等方式实现审计工作效率、审计覆盖领域、审计成果结论的多重突破。同时，制定《石景山区审计局关于持续深化国有企业和国有资本审计监督的实施意见》，推进石景山区国资国企领域审计全覆盖。

（邵建设）

【内部审计】 年内，区审计局向全区各内审单位下发年度《内审工作指导意见》，指导开展内部审计工作；结合审计部门在预算执行、经济责任、投资等领域发现的问题，对各内审单位负责人和内审人员开展面授培训，利用北京市内部审计后续教育平台开展内审人员线上培训；采取单位自查和现场重点检查，听取汇报与座谈交流相

2 月 27 日，审计组对区城管执法局预算项目中的非税收入票据进行盘点

（区审计局供图）

结合的方式,对全区50个一级预算单位内审工作从6个方面进行质量检查,对3个单位进行重点检查。向区政府上报《关于我区内部审计工作情况的报告》及《关于我区内部审计工作质量检查的情况报告》。

(邵建设)

国有资产管理

【概况】 石景山区国有资产监督管理委员会(简称区国资委)围绕2019年政府工作报告提出的中心任务和重点工作,立足部门工作职责,在市国资委指导下,深化国资国企改革、完善国资监管体系、加强国有企业党的建设,确保国有资产保值增值,不断增强区属国有经济的竞争力、创新力、影响力、抗风险能力,大力开展民生服务保障工作,扶贫工作获2019年"内蒙古自治区五一劳动奖状"。年末,系统内一级监管企事业单位11家,二级及以下66家。从业人员2643人。全年系统内区属国企营业收入累计实现24.2亿元,实现利润总额0.6亿元,上缴税金1.9亿元。年末资产总计566.0亿元,同比增长18.7%;净资产187.7亿元,同比增长21.2%。

(魏 然 裴 培)

【国资国企发展规划出台】 年内,区国资委参照北京市《进一步深化国资国企改革推动高质量发展三年行动计划(2018年—2020年)》,出台《关于落实北京市〈三年行动计划〉2019—2021年进一步深化国资国企改革工作方案》,以区国资委名义下发系统企业。

(山 杉)

【国企改革发展】 年内,区国资委完成国资公司、实兴腾飞公司、宏润公司、游乐园及建筑公司5家全民所有制企业公司制改革工作。整合重组石泰、京石投资、保险园、京石发展四家公司,《石泰等四家企业整合重组方案》经第93次区长办公会、第119次区委常委会审议通过。完成房管中心转企改制人员安置、资产清查、资产评估等工作,开展资产划转工作。北京京石园景有限公司完成工商登记注册,出资人为石景山区国资委。制定《区属物业企业老旧小区综合整治三年行动计划》(2019—2021),经区长专题会审议通过。

(山 杉)

【精准扶贫】 年内,区国资委获年度"内蒙古自治区五一劳动奖状",区国资公司、万商集团扶贫事迹入选国家扶贫办企业精准扶贫典型案例初选,万商集团扶贫事迹入选北京市扶贫支援案例集。国资委及万商集团、国资公司在内蒙古莫旗、宁城对接6个项目,涉及资金568.04万元。通过设置公益岗位和分红的方式,累计惠及14个贫困村建档立卡贫困人口1347人。国资委系统5家企业筹集社会资金1000万元,用于石景山区对口支援地区的扶贫项目。

(刘 婕)

【国有资本经营预算】 年内,区国资系统全面开展国有资本经营预算收益收缴等工作。石景山区国有资本经营预算收入执行收缴800万元,资本经营预算支出安排576万元,上缴一般公共财政预算共计224万元,全部用于民生项目、解决历史遗留问题、加强国资监管等。

(裴 培)

【国有企业工资决定机制改革】 年内,区国资委根据《北京市人民政府关于改革国有企业工资决定机制的实施意见》文件精神,按照深化国有企业改革、完善国有资产管理体制和国有企业工资分配监管体制的要求,完成改革石景山区区管国有企业工资决定机制工作,出台《石景山区区管企业工资总额管理办法(试行)》。研究推行国有企业年金工作,出台《关于区属企业规范实施企业年金的指导意见》。按照《石景山区区管企业负责人履职待遇、业务支出管理暂行办法》文件要求,建立企业负责人履职待遇、业务支出预算管理体系。

(裴 培)

【重大建设项目】 年内,银保园规划建成率达70%,637、639、641、649四地块投入使用,全年新增10家各类金融保险机构入驻。双创园一级开发前期工作完成70%,地上物拆除工作全部完成,取得市政规划项目综合成果,达到场光地净的验收条件。模式口文保区项目在推进"两廊"建设同时,开展模式口公园和永引渠水电站景观改造提升工作。

(魏 然)

【民生服务保障】 年内,区国资委把"接诉即办"作为服务群众的重要抓手和载体,制定《区国资委深化"接诉即办"工作实施方案》,构建"快速接件响应、分级见面处置、督办协调处理、绩效考核评价"闭合工作流程,国资委工作专班随时调度疑难问题,系统企业采取设立应急处置资金等措施,全力解决市民诉求。全年受理市民热线便民转办单1427件,全年总体响应率100%、解决率72%、满意率79%。

(魏 然)

【疏解整治促提升】 年内,区国资委根据石景山区"疏解整治促提升"专项行动的整体安排部署,在全系统持续开展疏解整治促提升专项行动。推进国资系统出租房屋环境综合整治,实现国资系统出租房屋隐患点位"动态摸排、动态清零"。参与精品街巷建设,建设和谐宜居民生家园,助力区域规划整体提升。引导经营性资产"腾笼换鸟",抓住全区疏解整治促提升机遇,对低质低效业态进行转型提升。

(赵天翊)

【区属资产整合】 年内,区国资委完成模式口文保区和古城南路步行街区属资产整合工作。将模式口地区产权分散的区属国有资产统一整合至石泰公司,推进模式口文保区项目建设。配合区商务局统筹推进古城南路步行街范围内区属企事业单位资产整合,统一交由宏润公司下属子公司宏润商业运营公司管理,实现该街区商业改造运营管理统筹化专业化。

(赵天翊)

【产权管理综合检查】 年内,区国资委启动系统产权管理综合检查工作,进一步规范国资委监管企业产权登记、资产评估和资产损失核销行为,及时、真实、动态、全面地反映企业产权状况。

(赵天翊)

国有资产经营

【概况】 石景山区国有资产经营公司(简称区国资公司)有21家出资企业,其中全资子公司9家,控股子公司4家,参股公司8家。主营业务涉及商务金融、现代服务业、电子竞技产业等领域。2019年,按照区委区政府及区国资委的要求,坚持党建引领,牢固树立“四个意识”,坚决做到“两个维护”,科学谋划,勇于创新,牢牢把握“三区定位”,紧紧抓住“两大机遇”,充分发挥国有企业排头兵作用,不断提升投融资运营水平,助推区域经济快速发展。全年实现资产总额137亿元,负债总额54亿元,所有者权益83亿元。

(贾艳丽)

【产业发展基金项目】 年内,区国资公司与首钢基金共同草拟《石景山新地标产业发展基金设立方案》,先后三次经区长专题会研究讨论。分别前往盛世投资、大河资本、丰台区发展投资有限公司、朝阳区国有资本经营管理中心等基金行业领先公司开展专题调研,学习国资母基金的设立和运营管理方式,并与北京盛世智达投资基金管理有限公司签订基金项目咨询服务协议。

(贾艳丽)

【重点项目建设】 年内,区国资公司发挥区投融资平台职能作用,为区域重大项目建设和主导产业培育提供资金支持。同时,了解区重点项目的资金缺口,累计为保险产业园公司提供融资租赁25亿元及提供银行贷款担保1亿元,为区建筑公司提供及时的融资支持。同时,加大与金融机构及其他企业的合作力度,创新融资方式,全面提供高水平的融资服务。完成企业债信息披露和跟踪评级工作。

(贾艳丽)

【双创园项目开发建设】 年内,区国资公司所属项目双创园取得建设项目规划条件、建设项目用地预审意见批复、发改委立项批复、交通影响评价审查意见、考古勘探报告及批复、市政单项咨询9项成果及市政规划项目综合成果,完成全部地上物的拆除工作,并将北侧代征道路和代征绿地分别移交给区城管委和区园林局。

(贾艳丽)

市场监督管理

【概况】 3月18日,根据《北京市石景山区机构改革方案》,石景山区市场监督管理局(简称区市场监管局)正式挂牌成立,同时加挂石景山区知识产权局、石景山区食品药品安全委员会办公室牌子。不再保留工商行政管理局石景山分局、石景山区质量技术监督局、石景山区食品药品监督管理局,将三个局以及区发改委的价格监督检查、区科委的知识产权管理职责进行整合,组建新型市场监管执法队伍。区市场监管局是行政区域内市场综合监督管理工作部门,负责行政区域内市场主体统一登记注册,组织和指导本行政区域内市场监管综合执法工作,监督管理行政区域内市场秩序,负责行政区域内产品质量安全、特种设备安全、食品药品安全监督管理以及宏观质量管理、计量、标准化、检验检测、知识产权管理、价格监督检查等工作。设有23个科室、9个街道所、9个事业单位。2019年,石景山区市场主体总数46919户,同比减少4.20%。其中,企业38905户,同比减少1.66%;个体工商户8014户,同比减少14.92%。注册资本亿元以上企业889户,同比增长4.58%,占全区企业总数2.28%。石景山区新设立市场主体3378户,同比减少11.71%;其中新设立企业3035户,同比减少13.01%;新设立个体343户,同比增长1.78%。食品药品监管主体6276家,其中食品生产主体7家,食品经营主体2831家,餐饮服务主体1584家,药品生产使用主体231家,药品经营主体117家,医疗器械经营主体900家;医疗器械生产主体22家,特殊食品经营主体584家。在用特种设备8306台,其中锅炉160台,压力容器1380台,压力管道74条,电梯5427台,起重机械1077台,厂内机动车157辆,大型游乐设施30台,客运索道1条。区市场监管局全面落实区委、区政府决策部署,坚持党建立局、融合兴局、尽职强局的理念,抓改革、保安全、谋发展、提质量、强监管、促融合,有力推动区域经济高质量发展,切实增强人民群众获得感、幸福感、安全感。12月,人力资源社会保障部、市场监管总局授予登记注册科“全国市场监管系统先进集体”称号,市场监管总局、中国个体劳动者协会授予私营个体经济协会“全国个私协会系统先进单位”称号。

(李　颖　王　震)

【优化营商环境】 年内,区市场监管局推行企业开办便利化改革,全面实现企业登记“壹时代”,实现“一窗办理,一次填报,一个环节,一天办结”,新版营业执照正式启用。进一步优化企业开办大厅建设,制作石景山区企业开办服务手册(2019中英双语)、e窗通服务平台操作指南、企业开办大厅工作标准,推行“三区五办”服务模式。扩大简易注销适用范围,适用企业类型由1类扩大至7类,公告时间由45天压缩至20天。设置企业开办满意度评价终端,建立“社会监督评价机制”,获得国务院办公厅政府职能转变办肯定。承办石景山区政务开放日“优化营商环境”专题活动,发布关于优化区域发展环境的27项工作措施。累计受理企业设立申请3029户,全程电子化注销254户。行政许可审批进一步优化,扎实推进“证照分离”改革,实行“一网一门一窗一次”办理程序,落实小食杂店备案管理工作。受理各类食药经营许可2374件,受理计量业务26家28件,特种设备生产单位资格许可13家13件,特种设备使用登记317家1768台件。石景山区商标窗口全面采用网上申请系统,业务范围由2项增至25项,受理商标注册申请1827件,发放商标注册证490件。

(李　颖　王　震)

【食品药品安全监管】 年内,区市场监管局坚持创建食品安全示范区工作常态化,开展食品安全宣传周、安全用药月等各类宣传活动,加强对肉制品、无菌医疗器械等重点产品,校园周边、

5月13日,区市场监督管理局市场食品检查　(区市场监督管理局供图)

冬奥组委驻地等重点领域食品药品安全监管,实现无证餐饮经营行为动态清零。“阳光餐饮”建设和品质质量双提升,覆盖率继续基本保持100%,万达嘉华等180家餐饮单位获“2019年度首都品质餐饮示范店”荣誉称号,永辉超市获“阳光餐饮示范街区”荣誉称号。深化药品全过程监管,深入开展中药饮片、医疗器械、化妆品等重点领域专项整治。加强食品药品安全统一监测,完成食品抽检1987件、药品抽检230件、医疗器械抽检18件,合格率分别为99.47%、100%、100%。12月,石景山区通过第三批创建北京市食品安全示范区综合评议及创建结果公示。

(李　颖　王　震)

【特种设备安全监管】　年内,区市场监管局按照“三落实、两有证、一检验、一预案”工作要求,以冬奥组委驻地、游乐场所、大型商业设施等为重点,加强社会面特种设备安全隐患排查和治理,实现连续28个月特种设备超期未检动态清零。组织召开特种设备安全工作会议。强化高风险电梯安全评估隐患治理,以老旧小区为重点完成区域内高风险电梯的安全风险评估点位确定工作,落实2019年重要民生实事项目。继续做好特种设备治理超期未检工作,通过与检测机构沟通协调,对不存在设备按程序予以注销,对目录外设备予以补充标注,及时更新未同步检验数据,督促使用单位落实主体责任。开展重大活动特种设备安全服务保障工作,制定服务保障工作方案,结合区域实际,紧盯重点区域、重点设备、重大隐患以及风险高、隐患多的单位,对检查中发现的问题限期整改到位,打击各类违法违规行为,防范各类事故发生。全年开展执法检查活动235次,处理投诉举报118件,办理案件48件,开具指令书24份、责令改正通知书9份。

(李　颖　王　震)

【产品质量安全监管】　年内,区市场监管局聚焦人民群众关注的产品质量需求,主动开展流通领域眼镜产品质量专项抽检、大气污染防治相关产品专项抽检、垃圾再生产品专项抽检等专项工作。流通领域完成市区两级产品抽样215组,合格率86.97%;生产领域完成产品抽样18组,合格率100%。落实蓝天保卫战,完成车用尿素、胶黏剂、成品油等抽检64组,合格率100%。开展产品质量问题召回调查处置1起,完成产品质量风险监测1次,消除产品质量安全隐患。

(李　颖　王　震)

【12345市民服务热线】　年内,区市场监管局强化主动治理意识,采取有效措施,加强消费环境建设,应对多元诉求。坚持精治共治法治“三治”并举,不断完善工作机制,着力源头治诉。成立工作专班,设立“接诉即办”分中心,引入第三方服务机构,提高投诉处理效能。建立总结研判并案制度,对于有共性的群众诉求,及时关注跟进,总结一批,解决一类。坚决落实“不退件”的工作原则和首办责任,坚持局分中心负责接单流转大循环、科所队负责处置流转小循环的“双循环”协同模式,提速过程。坚持分职能分属地“一体”监测,优化办理流程,靶向减诉。实施“两个123”工作监测模式,即以“一单二量三率”为主线,加强统计分析,实行全程轨迹化记录,为提升“三率”提供充分数据基础。以“一账两则

8月19日,区市场监督管理局开展游乐设备检查　(区市场监督管理局供图)

三线”为抓手，对所有工单建立台账，制定工作细则和职能属地分类规则，压实主体责任线、强化调解化解纠纷线、构筑舆论宣传线，提高工作靶向性，促进诉求减量。办结群众诉求5023件，占全区委办局总量四成，解决率和满意率持续稳步提高。

（李　颖　王　震）

【企业信用监管】　年内，区市场监管局抓实企业信用监管基础，企业年报公示率94.66%，列入企业经营异常名录3211户，移出企业异常名录1919户，列入严重违法失信企业名单465户。清理长期停业未经营企业1024户、个体工商户817户，吊销虚假注册企业95户。牵头落实石景山区市场监管领域部门联合“双随机、一公开”监管工作，制订《石景山区关于在市场监管领域全面推行部门联合“双随机、一公开”监管实施方案》，完成预付式消费、质量监督、食品餐饮等领域双随机抽查1951户次，实现“进一次门，查多项事”。

（李　颖　王　震）

【知识产权保护】　年内，区市场监管局依托知识产权联席会议制度，形成“一个平台五项机制”的知识产权管理体系。整合专利、商标奖励政策，联合园区管委会制定《石景山区提升科技创新能力促进知识产权服务业发展暂行办法》。建立统一协调的知识产权保护机制，加强部门之间的执法协作，严厉打击侵犯知识产权和制售假冒伪劣商品等违法行为，构建良好创新创业环境。全区专利申请量6313件，万人发明专利拥有量73.2件，提前完成“十三五”规划目标。全区有效商标注册量11789件，增长率27.1%，累计注册量55346件，平均每个市场主体拥有1.2件有效商标。

（李　颖　王　震）

【网络交易监管】　年内，区市场监管局坚持监管与服务并举，依托北京市网络交易监管系统，发挥区级网络市场监管联席会议统筹协调作用，与网信、网安等部门共享数据，持续更新辖区重点电子商务平台和自建网站名单，重点电子商务平台6家和自建网站35家。严格依法履职，开展网络经营主体亮照亮标经营规范专项检查，检查辖区45家电商经营者亮照亮标亮证情况，发放责令改正通知书18份。贯彻落实《电子商务法》，开展落实电子商务平台责任专项行动，处置电商平台舆情2件。

（李　颖　王　震）

【广告监管】　年内，区市场监管局强化广告导向监管，完善监测机制，聚焦药品、医疗、保健食品、金融投资等重点领域，加大案件查办力度，推进互联网广告整治。对区域重点电商企业进行行政约谈，提示企业增强广告发布的责任意识、建立和完善内部管理制度、广告审查制度、员工法规培训制度等，把好广告发布前内部审查关，从源头杜绝违法行为出现。监测53719条，发现违法广告线索3条。加大违法广告查处力度，维护良好广告秩序。结合“创城”“创卫”工作，联合开展烟草广告、社区售水机、野生动物保护、保健食品行业等多项整治工作20余次。处理违法线索65条，立案20件、结案20件，罚没款44.17万元。

（李　颖　王　震）

【价格监督检查】　年内，区市场监管局开展殡葬服务、生活必需品、停车管理、社区物业、转供电、燃气安装、打击医疗骗保、整治医疗乱象、医耗联动、医疗服务价格、教育收费、校外培训机构、涉企收费13个突出价费问题专项整治，切实优化区域价费环境。开展医耗联动综合改革价格专项和医疗服务价格重点治理专项自查，完成医疗定点单位自查报表及报告78家，重点医疗机构数据抽查9家。

（李　颖　王　震）

【公平竞争审查】　年内，区市场监管局承接区公平竞争审查联席会议日常工作，成立公平竞争科，有序推进全区公平竞争审查工作，推动公平竞争审查工作制度、方案的修改与落实。系统梳理公平竞争审查制度政策措施，形成《公平竞争审查制度》和《公平竞争审查制度推进图》两张思维导图，加深对公平竞争审查工作理解认识，明确工作推进路线图，促进公平竞争审查工作有序实施。11月27日，国家公平竞争审查督查组对石景山区公平竞争审查工作落实情况进行现场督查并给予充分好评。

（李　颖　王　震）

【庆祝新中国成立70周年保障】　年内，区市场监管局开展“擦亮城市西大门，文明祥和迎大庆”专项行动，强化市场安全保障、重点行业地区监管和社会矛盾防范化解。持续开展群众游行方阵组织及群众游园活动食品安全保障工作，累计检验样品400余件，保障群众游行训练人员用餐累计10余万人次，办理信访事项451件。23名党员干部参加群众游行第31号“中华儿女”方阵相关工作。

（李　颖　王　震）

【冬奥筹办服务保障】　年内，区市场监管局完成中芬冬季运动年开幕式、冬奥会和冬残奥会吉祥物发布仪式、冬奥会志愿者全球招募启动仪式、沸雪国际雪联世界杯等相关重大活动保障任务，未发生食品药品、特种设备和产品质量领域重大安全事故。与山东省东营市食品安全委员会签订区域合作协议，稳步推进冬奥食品安全“区域协作 基地保障 全程监管”工作。

（李　颖　王　震）

【扫黑除恶专项斗争】　年内，区市场监管局坚持党组研究部署专项斗争常态化、制度化，成立问题整改工作领导小组，制定5个方面17条问题整改措施。突出行业监管特色，集中开展“八黑”及其他市场乱象的清理整治打击工作，强化职业索赔人、预付费、虚假登记等重点群体领域的治理力度，吊销虚假注册企业95户，向公安机关移转重大线索7条，移送涉刑案件4起。

（李　颖　王　震）

【文明城区创建】　年内，区市场监管局围绕“一点一线”工作目标推进创城工作落实，顺利完成北京市和全国文明城区测评保障任务。网上申报环节完成4批次92份网上申报材料的报送，实地测评环节完成报送30余次，19个窗口全部完成服务提升点位公益广告宣传布设、学雷锋服务站点建设。突出亮点，培树品牌。选定冬奥组委驻地周边的喜隆多新国际购物中心作为试点商圈,以点带面推进诚信示范街区建设,完成融景城小区、万达商圈等区域115户电梯公益广告位宣传布设。将创城工作与国家卫生区复审、创建食品安全示范区等工作统筹落实,以农贸市场、食品安全为重点,完成国家卫生区复审验收工作。

(李　颖　王　震)

【标准化工作】　年内,区市场监管局加大政策扶持力度,引导企业开展标准创制,服务高精尖产业发展。全年发放石景山区标准化专项资金189.3万元,补助企业16家;其中标准制修订补助177.5万元,养老机构星级评定补助7.5万元。石景山区属企业创制国际标准1项,国家标准6项,行业标准13项,地方标准4项,团体标准22项。全面监督检查区内43家单位自我声明的171项标准,抽样率100%,对存在问题的4家企业的产品标准,指导企业整改并重新自我声明公开。12月25日,创业公社创新创业公共服务综合标准化试点项目,作为北京市仅有的3个项目之一,通过国家市场监管总局的审核,成为国家级标准化试点项目。

(李　颖　王　震)

【质保体系建设】　年内,区市场监管局推进科学管理,加强计量检测,严格落实计量器具首检负责制。以涉及民生的加油站、集贸市场、大型超市和旅游景点餐饮企业、出租车计价器为重点开展计量专项检查。开展定量包装市级监督检查抽样17批次,合格率100%。开展对石景山区个体超期未检专项双随机抽查,处罚3起,有效遏制出租车计价器违法现象。累计完成特种设备检验4482台(件),管道8.36千米,财政收入175.5万元;完成强制检定计量器具周期检定10600件(套)。

(李　颖　王　震)

【法制建设】　年内,区市场监管局完成执法交接工作,按照区司法局要求7月31日前完成行政处罚、行政许可、行政强制等2800余项行政执法事项交接并按照要求做好平台维护,与区编办完成市、区两级职权分类对接,同时配合区政务局完成行政执法事项职权系统维护。落实公益诉讼工作,落实区检察院"校园周边100米禁止销售烟草制品"检查建议1件,落实区法院"关于办理食品案件进一步规范证据材料"的建议1件。落实制度建设,适应改革过渡期需要,起草制定关于行政执法案件办理的有关规定制度。现有行政处罚职权2067项,涉及法律法规、规章451部,非处罚类职权186项,其中行政许可事项26项。作出行政处罚2548件,罚没款208.55万余元。办理行政复议案件43件,行政诉讼案件29件。

(李　颖　王　震)

集体经济

【概况】　石景山区人民政府集体经济办公室是负责统筹协调全区集体经济发展的区政府工作部门。3月,集体经济办公室更名为石景山区人民政府集体资产监督管理办公室(简称区集体资产监管办)。同时,不再保留中共北京市石景山区委农村工作委员会。内设党建办公室、行政办公室、改革发展科(信访办公室)、集体资产监管科、财务审计科、人事权益科、综合管理科7个科室。年内,区集体资产监管办工作重点主要围绕中华人民共和国成立70周年服务保障;区农工商总公司改制;集体租赁房项目建设;集体经济产业转型发展;集体资产监督管理;精准扶贫;综治维稳和依法行政等工作,保障集体经济系统平稳健康发展。全年系统总收入14.76亿元,同比增长4.6%;应上交税金1.55亿元,同比减少32.3%;利润总额6689.9万元,同比减少42.1%;人均收入分配7.7万元,同比增长9.7%。

(卢　靖)

【国庆服务保障】　年内,区集体资产监管办做好国庆服务保障工作,建立领导小组,明确各项工作任务,圆满完成应急值守、群众游行、安全维稳等国庆服务保障工作。期间,按照"精精益求精、万万无一失"的要求,突出重点整治"五小企业""六小场所"安全隐患,加大安全检查力度,全力保障系统安全稳定。建立全系统矛盾纠纷问题台账,做到排查关口前移,超前形势预判,加强重点人员管控,重点矛盾化解,筑牢共保平安的坚强防线,活动期间未发生严重信访矛盾。

(卢　靖)

【农工商总公司改制】　年内,区集体资产监管办完成最新版"改制方案"和"劳龄登记细则"的修订工作。制定《关于深入推进集体经济改革发展的意见》,开展改制社会风险评估与风险防控,完成总公司资产评估,按计划完成4400余人劳龄审核工作。根据区长办公会和区委深改委会议讨论意见,完善关于总公司第三阶段改制工作的设想等内容。组织召开农工商总公司产权制度改革成员代表大会成立大会暨第一次会议,民主通过《北京市石景山区农工商总公司产权制度改革成员代表大会议事规则》《北京市石景山区农工商总公司产权制度改革实施方案》《北京市石景山区农工商总公司集体经济组织成员资格认定与劳龄登记审核实施细则》《北京市石景山区农工商总公司产权制度改革劳龄登记公告》,并遴选石景山区农工商总公司资产评估机构、确定区农工商总公司产权制度改革劳龄鉴定委员会委员提名名单。

(卢　靖)

【集体租赁房项目建设】　年内,区集体资产监管办推进集体土地租赁住房项目建设,其中古城租赁房项目年底顺利完成结构封顶。八宝山租赁房项目在解决水位上涨突发问题后,开始复工建设。五里坨租赁房项目完成办理施工许可手续相关资料和基坑开挖前辅助工作。

(卢　靖)

【集体经济产业转型发展】　年内,区集体资产监管办推进集体经济高质量转型发展。完成黑石头休闲农业观光旅游配套服务设施提升改造项目,并通过文旅局初验。压力容器厂、北方旧货市场实现转型提升。古城泰然国际大厦和金府公寓等物业返还项目与地区产业深度融合。

(卢　靖)

【精准扶贫】　年内,区集体资产监管办制定《集体资产监督管理办公室

2019年对口支援和对口协作工作计划》和《石景山区集体资产监督管理办公室2019年精准扶贫工作方案》，明确年度扶贫任务。与青海玉树称多县7个项目所涉及的3个镇、7个村深入沟通对接，确定扩建糌粑加工厂、绿色生态畜牧养殖等7个产业扶贫项目。全年集体经济系统为青海称多县帮扶项目拨付资金220万元，援建项目7个，惠及422个贫困户1518人，对口帮扶村全部实现脱贫摘帽。

（卢　靖）

【依法行政】　年内，区集体资产监管办共开展农药、种子、渔政执法检查和宣传活动129次，出动人员371人，检查经营主体243个次；检验农用车58辆，办理农机相关手续37个，注销农用车596台，发放宣传材料1500余份。协助优化营商环境，实效推进“一网通办”工作。强化政务信息公开工作。主动公开政府信息93条，依申请公开政府信息2件。

（卢　靖）

【制度建设】　年内，区集体资产监管办以新版“三定”方案为依据，围绕集体资产监督管理职能定位，建立和完善机关制度规范。机关内部修订完成制度48件，新拟定制度4件，继续执行制度8件，纳入制度汇编54件。

（卢　靖）

【集体资产监管】　年内，区集体资产监管办严把对外投资程序关、风险关、政策关，完成《2018年12家集体经济组织对外投资、借款情况总结》；起草《集体经济组织收益分配工作管理办法》，加强集体经济组织监管效力；围绕总公司改制工作，组织协调指导乡村两级集体经济组织及其下属企业的清产核资工作。根据市农业农村局《关于进一步全面开展农村集体经济合同清理整改工作的通知》要求，结合系统实际情况，制定《石景山区集体经济合同清理整改工作方案》，成立专项工作组，分阶段清理整改尚在履行中的各类经济合同。截至年底，涉地集体经济合同清理整治自查自纠全部完成。

（卢　靖）

【综治维稳】　年内，区集体资产监管办接待群众来访139批、459人次。其中集体访29批、320人次。办理网上信访转办件44件次，涉及人数101人。做好“接诉即办”工作，制定下发“接诉即办”工作实施方案，成立领导小组，分解工作任务，细化工作流程，全年办理“接诉即办”诉求91件，办结66件。抓好全系统安全监管工作，共组织检查483组次，出动检查人员982人次，检查单位400余个，排查隐患127个，责令改正、限期整改、停止违法行为64次，警告15家。重点做好“春节”“两会”“中非论坛”“国庆”等重要时期的安全检查工作。

（卢　靖）

【就业安置和“老人老办法”补贴】　年内，区集体资产监管办全系统劳动力总数3781人，就业率100%。发放农转居劳动力就业专项补贴资金60.64万元。为1010名“老人老办法”人员核实发放生活补贴、医疗补贴、大病医疗保险补贴、生活费差额和医疗费报销10%部分，合计856.65万元；为44名“历年农转非未安置工作和未办理超转”人员核实发放生活补贴和大病医疗保险补贴86.8万元。

（卢　靖）

烟草专卖

【概况】　石景山区烟草专卖局（公司）实行“统一领导、垂直管理、专卖专营”的经营管理体制，承担全区烟草经营业务、净化卷烟市场、规范烟草经营秩序、对辖区烟草专卖品经营企业实施全面监管职责。内设8个科室，有职工57名，其中处级干部6名，高级政工师1名，科级干部12名，党员30名。2019年，区烟草专卖局（公司）被授予A级纳税信用等级单位、获北京市烟草专卖执法技能竞赛三等奖、“9·20”网络售烟案件入围北京烟草十大精品案例。营销科郝永莲获北京烟草第一届营销技能大比武竞赛三等奖。营销科卢谧QC课题获北京烟草QC成果优秀奖。派驻办张媛竹OPL一点课获北京烟草季度推介优秀课题。专卖科田园一页纸课题获“2019年北京烟草十佳一页纸课题”。人事科李丹、吴琼论文获北京烟草学会2019年度学术论文三等奖。

（王　伟）

【经济运行】　年内，区烟草专卖局（公司）销售卷烟1.77万箱，同比增长1.46%；实现税利1.08亿元，完成市局（公司）下达任务1.03亿元的104.27%；同比下降8.63%；单箱销售额3.25万元，同比增长3.21%。

（王　伟）

【“三心”示范店创建】　年内，区烟草专卖局（公司）共创建示范店93家，占比16.3%，公司累计投入12.58万元，

1月4日，石景山烟草与零售客户开展示范店建设“谈心 交心”座谈会

（区烟草专卖局供图）

撬动客户自主投入71.03万元,撬动比为1:5.64,共制作柜体478组547.7延米,解决客户店铺储存空间不足、卷烟展示功能不强、商品码放散乱等传统难题,客户经营环境得到明显改善。

(王 伟)

【文明吸烟环境建设】 年内,由区文明办牵头,区烟草专卖局(公司)为辖区建设吸烟区(点)合计133处,分布在企事业单位、万达商圈、石景山游乐园、首钢园区和冬奥组委等地标性建筑周边,起到以点带面的示范引领作用。

(王 伟)

【自律互助小组建设】 年内,区烟草专卖局(公司)持续推进自律互助小组建设,不断扩大客户参与度,发挥小组在规范经营、价格自律、提升经营水平等方面的平台作用,由固定组长店开会的传统模式转变为示范店引领的标准模式,并开展示范店体验交流。全区共创建自律互助小组40个,涵盖573户,覆盖率为98%。

(王 伟)

【查获违法卷烟181万余支】 年内,区烟草专卖局(公司)共查获涉烟案件93起,其中5万元以上案件2起,参与查办网络案件7起,刑拘1人;查获违法卷烟181.44万支。

(王 伟)

【市场监管】 年内,区烟草专卖局(公司)以"双随机、一公开"与"模型分析"监管模式,重点关注"天价烟"、物流寄递和加热不燃烧新型烟草制品领域涉烟违法行为等问题,切实加强专销协调,提高监管效能,全年辖区市场净化率达到96.67%。

(王 伟)

【电子烟治理】 年内,区烟草专卖局(公司)开展电子烟专项治理工作。摸排辖区持证户655户,宣传传统烟草和电子烟对青少年危害,敦促校园周边63户零售户下架电子烟,为广大未成年人打造一片"净土蓝天"。

(王 伟)

【企业管理】 年内,区烟草专卖局(公司)组织开展年度"问题导向"清单梳理工作,明确各类课题的解决思路和改善形式,完成各类课题24项,其中精益管理项目1个,QC课题3个,OPL一点课11个,一页纸8个,合理化建议1个。开展年度内审工作,审核事实项578项,改进建议项1项,文件执行率100%。

(王 伟)

城市建设

规划和国土资源管理

【概况】 北京市规划和自然资源委员会石景山分局(简称市规划自然资源委石景山分局)于3月23日挂牌成立。内设办公室、法制科(信访与信息公开科)、规划编制与城市设计科、市政交通科、规划实施科、综合审批科(规划土地核验科)、自然资源调查监测科、自然资源所有者权益科(自然资源开发利用科)、国土空间生态修复科(矿产资源管理科)、财务科、机关党委(党建工作科、人事科)、纪检办公室12个机关科室。分局下设5个局属单位:规划和国土资源执法队(下设规划和国土资源管理所)、石景山区不动产登记事务中心、石景山区土地储备分中心、石景山区土地一级开发管理中心、石景山区城市建设档案信息中心。年内,石景山分局深入落实新版北京城市总体规划,推动分区规划编制,加快土地上市,优化营商环境,推动重点项目落地。

(马晓兵　杨晓彤)

【完成石景山分区规划】 年内,市规划自然资源委石景山分局统筹9个方面36个专项规划,编制完成《石景山分区规划(2017年—2035年)》,获市政府批复,并获北京城市规划学会城乡规划突出贡献奖(一等奖)。经法定程序批准的分区规划,是下一阶段编制详细规划、乡镇域规划和村庄规划的依据。

(张　悦)

【责任规划师工作】 年内,市规划自然资源委石景山分局制定《石景山区责任规划师制度实施办法(试行)》,建立石景山区责任规划师人才库。由区政府与北京建筑大学联合主办,承办"石景山区街区更新与责任规划师论坛",邀请来自清华大学、同济大学、中规院、AECOM、广州城市更新规划研究院等国内外专家学者为石景山区街区更新及责任规划师制度建立工作建言献策。人民网、北京日报、北京晚报、北京青年报等多家知名媒体报道论坛情况。截至年末,各街道均配备一个责任规划师团队。

(原慧慧)

【城市体检工作】 年内,市规划自然资源委石景山分局根据《2018年度北京城市体检各区自检任务书》要求,石景山区城市体检从九个方面着手,编制完成《2018年度北京石景山区城市体检报告》,获区委常委会及区长办公会通过后上报市级部门,以《2018年度北京石景山区城市体检报告》为基础形成的《2018年度北京石景山区城市体检调研报告》获石景山区优秀调研报告二等奖。

(梁　月)

【无障碍环境建设调研分析】 年内,市规划自然资源委石景山分局委托第三方公司,对八角街道及古城街道区域内典型人行道、公共建筑、居住建筑、公共停车场(库)、城市广场、城市绿地等区域的无障碍建设情况摸底调查,填报建设现状及建设问题数据,并结合调研分析,梳理现状典型问题,提出典型设施设置要点及无障碍环境发展的相关建议。《石景山区八角街道及古城街道无障碍环境建设调研分析》通过专家评审,为后期八角、古城街道的无障碍环境建设及改造提供基础及依据。

(吴亚楠)

【地下空间开发利用专项规划】 年内,市规划自然资源委石景山分局规划调研石景山区的地下空间利用现状,明确地下空间利用需求,评估地下空间开发资源,从城市更新、公共交通、公共服务、基础设施等层面制定地下空间开发策略,并结合轨道微中心制定重点地区规划导则及地下空间开发利用实施策略,推动石景山区地下空间利用合理有序开展。

(赵珊珊)

【土地供应计划】 年内,市规划自然资源委石景山分局编制完成国有建设用地供应计划和保障性安居工程用地供应计划。计划供应15个项目,供地总量70.05公顷,实际完成供地47.78公顷。

(丁轶光)

【城乡建设用地减量】 年内,根据2016年土地变更调查,全区共有城乡建设用地53.53平方公里。按照市规划和自然资源委要求,全区到2020年需减到53平方公里,年内净减量任务0.26平方公里。年内,新增城乡建设用地约0.04平方公里,城乡建设用地减量任务0.30平方公里,确定上报年度减量地块0.78平方公里,完成年度减量工作任务。

(黄　卉)

【首钢设备处共有产权房项目】 年内,市规划自然资源委石景山分局核发首钢设备处共有产权房项目供地项目"多规合一"协同平台审核意见的函。项目建设用地规模2.8公顷,地

3月8日,市规划自然资源委石景山分区规划草案公示

(市规划自然资源委石景山分局供图)

上建筑规模8万平方米，用地性质为二类居住用地。

（黄　卉）

【老旧小区废旧锅炉房梳理】　年内，市规划自然资源委石景山分局和区住建委共同对老旧小区内锅炉房开展摸底，全区废旧锅炉房共7处。其中，八角街道3处，老山街道1处，金顶街街道2处，古城街道1处。

（许　多）

【污染土防治工作】　年内，市规划自然资源委石景山分局积极参加污染土防治工作，与生态环境部门共享有关建设用地地块信息，对纳入石景山区污染地块和疑似污染地块名录的地块进行建设严格管控，建立建设用地土壤污染状况调查报告评审机制。

（许　多）

【规划综合实施方案】　年内，市规划自然资源委石景山分局推进项目规划综合实施方案编制工作。落实冬奥周边环境整治工作。细化方案中的资金账，完善广宁村棚户区改造项目规划综合实施方案；结合规划统筹研究编制黄庄43号院棚户区改造项目规划综合实施方案；结合玉泉新城项目遗留代征绿地腾退问题及11号院改造，统筹编制玉泉路11号院项目规划综合实施方案；结合原有老工业腾退、原厂区部分老旧职工住房更新等，编制巴威－北锅及北重西厂项目规划综合实施方案；利用老旧厂房拓展文化空间试点，结合政策要求，推进北重科技文创园项目1期及1919京西影视文创园1期落地实施。

（化玉谨）

【轨道交通M11（冬奥支线）】　年内，市规划自然资源委市规划自然资源委石景山分局配合市规划自然资源委开展轨道交通M11（冬奥支线）的方案研究及协调工作，同时配合推进冬奥支线各站点出入口与周边地块一体化，组织轨道交通建设运营单位结合轨道交通项目规划设计，同步梳理场站周边用地情况，并对接研究中的《石景山区地下空间专项规划》。年末，轨道交通M11（冬奥支线）开工。

（裴贺蕊）

【北京保险产业园综合交通规划】　年内，市规划自然资源委石景山分局落实陈吉宁来北京保险产业园调研精神重要指示，配合市规划自然资源委会同保险产业园与规划设计单位共同研究北京保险产业园周边轨道交通规划以及下一步工作方向，完成《北京保险产业园综合交通规划》。

（裴贺蕊）

【北辛安路等设计获批复】　年内，市规划自然资源委石景山分局配合市规划自然资源委交通处会同设计单位优化研究北辛安路（长安街西延－锅炉厂南路）和锅炉厂南路（古城南街－西五环）的道路设计方案及污水干线设计方案。北辛安路与锅炉厂南路规划为城市主干路，是石景山西南部地区的市政交通干道，也是冬奥首钢赛区污水下游干线路由。年末，北辛安路（长安街西延－锅炉厂南路）和锅炉厂南路（古城南街－西五环）的道路设计方案及污水干线设计方案获批复。

（裴贺蕊）

【“多规合一”协同审查】　年内，市规划自然资源委石景山分局搭建区级市政交通项目协作平台，组织召开“多规合一”协同平台会，审定电信架空线入地、“三供一业”小区电力设施改造等项目的设计方案。

（裴贺蕊）

【集体土地征收】　年内，市规划自然资源委石景山分局完成刘娘府综合改造A2地块土地一级开发项目、石景山首钢园区东南区土地一级开发项目、苹果园交通枢纽项目等3个集体土地征收初审上报工作，征收集体土地面积47.87公顷。

（崔茜倩）

【国有土地使用权收回】　年内，市规划自然资源委石景山分局完成石景山首钢园区东南区土地一级开发项目收回区国资公司等单位国有土地使用权工作，收回土地面积0.67公顷。

（崔茜倩）

【首钢两项目协议出让】　年内，市规划自然资源委石景山分局完成首钢冬奥广场（五一剧场、制粉车间改造）项目、首钢工业遗址公园（金安桥站交通一体化及工业遗存修缮）项目协议出让前期初审上报市规划自然资源委工作。

（崔茜倩）

【土地一级开发项目授权】　年内，市规划自然资源委石景山分局完成刘娘府综合改造B地块土地一级开发项目授权审批，同意由北京市土地整理储备中心石景山分中心作为主体继续组织开展石景山区刘娘府综合改造B地块的土地一级开发工作。

（崔茜倩）

11月14日，市主管部门调研街区更新、冬奥保障、重点地区规划改造情况

（市规划自然资源委石景山分局供图）

【土地供应计划】 年内，市规划自然资源委石景山分局编制完成国有建设用地供应计划和保障性安居工程用地供应计划。2019年，石景山区计划供应15个项目，供地总量为70.05公顷。计划落实保障性安居工程用地总量8.83公顷，实际完成供地47.78公顷。

（丁轶光 崔茜倩）

【土地变更调查和遥感监测】 年内，市规划自然资源委石景山分局完成2018年度土地变更调查和遥感动态监测工作，内外业调查核实图斑共计95个，完成图斑明细表、图斑维持原地类证明、临时用地批文等相关材料的报送。

（李 涵）

【土地权属确认核实】 年内，市规划自然资源委石景山分局对八角街道、区园林绿化局、区人民法院、区城管委等20余个单位土地权属情况来函来电来访进行调查、查询、现场核实并出具答（函）复意见。落实区领导批示件精神，核实丰沙线铁路沿线土地权属情况，按时上报区政府督查室。

（李 涵）

【土地权属审查与纠纷调处】 年内，市规划自然资源委石景山分局完成刘娘府H区安置房、首钢三高炉改造、十一学校、秀池西路、石景山区新建档案馆、北大附中等29个项目和城市市政基础设施的土地权属审查工作和土地勘测定界报告的数据核查工作。推进解决北京京西发电有限责任公司和大唐国际发电股份有限公司北京高井热电厂土地争议案件，协助市规划自然资源委持续与争议双方单位沟通。《京西－大唐土地权属争议调解协议书》经京西公司、大唐高井电厂双方单位互审修改，报市规划自然资源委确认。

（李 涵）

【第三次全国国土调查】 年内，市规划自然资源委石景山分局开展第三次全国国土调查，完成阶段性内外业调查工作，按市三调办要求进行区级整改，成果上报市三调办；开展全面“回头看”整改工作；将三调成果报送至国家三调办，完成国家核查结果整改并上报国家三调办。

（李 涵）

【重点项目建设】 年内，市规划自然资源委石景山分局共核发房屋建筑类建设工程规划许可证79个，审批建筑面积269万平方米；市政类许可104件。

（林志新）

【优化营商环境】 年内，市规划自然资源委石景山分局组织开展“9＋N”2.0版新政培训21场次，涉及3800余人次；组织“多规合一”协同平台会商会32次，57个项目纳入全过程服务监督系统，为建设单位提供贴身服务，共完成规划核验23个项目，建筑面积为138.51万平方米。

（林志新）

【地质矿产管理】 年内，市规划自然资源委石景山分局区域探明有无烟煤、凝灰岩、陶粒岩、铸石辉绿岩、砂石、矿泉水、地热等矿产资源。由于产业政策调整，区域固体矿山全部关闭，有矿泉水企业4家，地热井1个。完成年度矿产资源数据模块更新统计上报自然资源部工作，矿泉水企业网上公示工作。配合市规划自然资源委落实地勘等地质矿产有关工作。

（赵晓宾）

【地质灾害防治】 年内，市规划自然资源委石景山分局经专家评审，石景山区域确定地质灾害隐患点28处，涉及金顶街、广宁、苹果园、五里坨4个街道及八大处公园，隐患点多为人工削坡违法建房形成人工边坡造成隐患。截至年末，治理、或消除遗患的地灾隐患点23处，最大限度地降低地质灾害的损失。成立应急调查队伍，及时发布地灾风险预警，落实预案相关要求，确保安全渡汛。配合市规划自然资源委开展区域地灾隐患点三维数据建库相关工作。

（赵晓宾）

【土地储备项目上市】 年内，石景山区土地储备在施项目21个，按开发主体划分，其中市区联合储备项目8个，以分中心为主体项目8个，企业为主体运作项目5个。在施土地面积387.41公顷，其中规划建设用地面积188.17公顷，规划代征用地199.24公顷。按照全市住宅供地任务指标要求，石景山区年度住宅项目入库任务29公顷，其中供地下限15公顷。石景山区土地储备分中心完成商品住宅入库35公顷，完成入库任务120%，完成住宅供地27公顷，完成住宅供地任务180%，完成比例排名全市第二。推进刘娘府综合改造项1604－663、676、667、678、666地块和中关村科技园石景山园北Ⅱ区西井地块项目上市工作。年内完成投资12.76亿元。

（周星宇）

【不动产登记】 年内，石景山区不动产登记中心受理不动产登记业务34089件，登簿32535件，办结28540件。其中，办结不动产证书20409件，不动产证明8131件；房屋首次登记93件，土地首次登记42件，土地注销登记8件，房屋注销登记230件，受理权籍调查104件，完成103件，回复地籍科权属复函10件；行政诉讼16件，信访31件，信息公开8件，非紧急救助便民服务单212件；档案查询发号量21415个，查询14912人次，借阅档案34691卷，对外预约35600号。

（胡晓明）

【不动产登记便民举措】 年内，石景山区不动产登记中心将不动产登记、房屋交易、税收征管进行“三位一体”整合，对外统一窗口，对内分块办公。优化整合资源，统筹窗口设置，将所有窗口划分为综合窗口、受理窗口、收费发证窗口三类，将所有登记业务和绿色通道业务全部纳入综合窗口办理。缩短办理时限，窗口受理人员将交易、纳税、登记事项所需的全部材料一并收取。

（郗惠娟）

建设管理

【概况】 石景山区住房和城乡建设委员会（简称区住建委）是负责辖区住房和城乡建设行政管理的区政府工作部门。3月21日，区住建委更名为石景山区住房和城乡建设委员会（简称区住房城乡建设委）。2019年，区住房城乡建设委完成石景山区20户滞留户收尾任务；开工各类政策性住房3339套，竣工各类政策性住房5023套；累计向27317户次保障房家庭发放补贴4146.68万元。审核房产实测绘备案项目28件，审核通过28件，建筑面积1353579.8平方米。

（许正锋　钟长梅）

【铸造村集资建房遗留项目10号公建】2014年7月30日开工，2019年9月23日竣工。工程位于铸造村，为铸造村集资建房遗留项目，规模2490平方米。其中铸造村集资建房遗留项目10号公建地上3层，框剪结构，工程总造价941.23万元。首钢集团有限公司建设，北京首钢国际工程技术有限公司设计，北京首钢建设集团有限公司施工，北京建院金厦工程管理有限公司监理。

（何　为　王　蕊）

【京燕饭店业务综合楼】2016年4月6日开工，2019年12月25日竣工。工程位于石景山路29号，为中国铁建电气化局京燕饭店业务综合楼，规模58156平方米。地下4层、地上24层。框剪结构，工程总造价23737.78万元。北京京燕饭店有限公司建设，北京市建筑设计研究院有限公司设计，中铁建设集团有限公司施工，北京中建工程顾问有限公司监理。

（何　为　王　蕊）

【西十冬奥广场N3－3转运站等7项工程】2016年4月15日开工，2019年3月20日竣工。工程位于石景山路68号，为首钢老工业区改造项目，规模51343.95平方米。包括N3－2、N3－3转运站，N1－2转运站，85平方米除尘及料仓除尘机房，主控室，一三高炉车间联合泵站，一高炉空压机站及返矿仓。N3－3转运站地上11层；N3－2转运站，地上9层；N1－2转运站地上9层；85平方米除尘及料仓除尘机房地上3层；主控室地上4层；一三高炉车间联合泵站地下1层、地上5层；一高炉空压机站及返矿仓地上7层。框架结构，工程总造价25795.89万元。首钢集团有限公司建设，杭州中联筑境建筑设计有限公司、北京首钢国际工程技术有限公司设计，北京首钢建设集团有限公司施工，北京诚信工程监理有限公司监理。

（何　为　王　蕊）

北京保险产业园　（区住房城乡建设委供图）

【西黄村回迁安置房一期7项工程】2016年4月21日开工，2019年4月3日竣工。工程位于石景山区西黄村，为石景山区西黄村棚户区改造土地开发项目，规模77125.24平方米。包括10号（A、B、C区）和11号、配电室3、3号门房、1606－645地下车库。其中10号（A区）地下2层、地上28层，10号（B区）地下3层、地上28层，10号（C区）地下1层、地上1层，11号地下3层、地上12层，配电室3地下1层、地上1层，3号门房地上1层，1606－645地下车库地下2层、地上1层。剪力墙结构，工程总造价18749.21万元。北京鋈金置业有限责任公司建设，北京首都工程建筑设计有限公司设计，中国建筑第二工程局有限公司施工，北京双圆工程咨询监理有限公司监理。

（何　为　王　蕊）

【西黄村回迁安置房二期7项工程】2016年4月21日开工，2019年4月3日竣工。工程位于石景山区西黄村，为石景山区西黄村棚户区改造土地开发项目回迁安置房二期，规模42961.01平方米。包括12号—14号、配套商业、配电室4、4号门房、地下车库。其中12号地下2层、地上11层，13号地下2层、地上21层，14号地下2层、地上16层，配套商业地上2层，配电室4地下1层、地上2层，4号门房地上1层，地下车库地下2层。剪力墙结构，工程总造价10443.86万元。北京鋈金置业有限责任公司建设，北京首都工程建筑设计有限公司设计，中国建筑第二工程局有限公司施工，北京双圆工程咨询监理有限公司监理。

（何　为　王　蕊）

【西黄村回迁安置房一期16项工程】2016年4月21日开工，2019年4月3日竣工。工程位于石景山区西黄村，为石景山区西黄村棚户区改造土地开发项目回迁安置房一期。规模196215.41平方米。包括1—9号楼、服务配套设施、垃圾站、开闭站/配电室1、配电室2、1—2号门房、1606－644地下车库。其中1号楼地下2层、地上26层；2号楼地下2层、地上17层；3、4、5号楼地下2层，地上28层；6号楼地下3层、地上9层；7号楼地下3层、地上10层；8号楼地下2层、地上12层；9号楼地下2层、地上27层；服务配套设施地上4层；垃圾站地上2层；开闭站/配电室1地下1层、地上2层；配电室2地下1层、地上1层；1号门房，地上1层；2号门房地上1层；1606－644地下车库地下2层、地上1层。剪力墙结构，工程总造价47700.13万元。北京鋈金置业有限责任公司建设，北京首都工程建筑设计有限公司设计，中国建筑第二工程局有限公司施工，北京双圆工程咨询监理有限

4月,西黄村保障房完工　　（区住房城乡建设委供图）

公司监理。

（何　为　王　蕊）

【西十冬奥广场 N3－17 转运站等 2 项工程】　2016 年 5 月 15 日开工,2019 年 5 月 8 日竣工。工程位于石景山路 68 号,为首钢老工业区改造项目,规模 3432.73 平方米。包括 N3－17 转运站、一三高炉压差发电综合楼。其中 N3－17 转运站地上 9 层;一三高炉压差发电综合楼地上 1 层。框架结构,工程总造价 1344.89 万元。首钢集团有限公司建设,杭州中联筑境建筑设计有限公司、北京首钢国际工程技术有限公司设计,北京首钢建设集团有限公司施工,北京诚信工程监理有限公司监理。

（何　为　王　蕊）

【首钢铸造厂南区限价房项目】　2016 年 8 月 29 日开工,2019 年 6 月 13 日竣工。工程位于石景山区金顶街,规模 242842.71 平方米。包括 1、2、4—6、8—10 号住宅楼,11、12 配套公建,地下车库及地下商业。1、2 号住宅楼地下 4 层,地上 28 层;4 号住宅楼地下 4 层,地上 25 层;5 号住宅楼地下 4 层,地上 23 层;6 号住宅楼地下 2 层,地上 21 层;8 号住宅楼地下 3 层,地上 21 层;9、10 号住宅楼地下 3 层,地上 28 层;11 号配套公建地上 2 层;12 号配套公建地上 1 层;地下车库及地下商业地下 3 层,地上 1 层。剪力墙结构,工程总造价 58338.24 万元。北京首钢房地产开发有限公司建设,华诚博远(北京)建筑规划设计有限公司设计,北京首钢建设集团有限公司施工,北京诚信工程监理有限公司监理。

（何　为　王　蕊）

【首钢集资建房 4 号住宅楼等 3 项工程】　2016 年 9 月 18 日开工,2019 年 9 月 23 日竣工。工程位于铸造村,为铸造村集资建房遗留项目重新核准的工程项目,规模 36166 平方米。包括 4、7 号住宅楼,11 号公建。4 号楼地下 2 层,地上 13 层;7 号楼地下 2 层,地上 15 层;11 号公建地上 2 层。钢结构,工程总造价 10830.34 万元。首钢集团有限公司建设,北京首钢国际工程技术有限公司设计,北京首钢建设集团有限公司施工,北京建院金厦工程管理有限公司监理。

（何　为　王　蕊）

【国家体育总局冬训中心及配套设施项目】　2017 年 3 月 20 日开工,2019 年 12 月 19 日竣工。工程位于石景山路 68 号长安街西延北侧新首钢高端产业综合服务区内,规模 82042.35 平方米,包括 1607－737 地块网球场及配套楼,1607－745 地块精煤车间改造(西段)、训练中心配套 1、2、4 号楼、1607－746 地块冰球馆、精煤车间改造(东段)、训练中心配套 3 号楼。1607－737 地块网球场及配套楼地下 1 层、地上 7 层;1607－745 地块精煤车间改造(西段)地上 2 层;1607－745 地块训练中心配套 1 号楼地下 1 层、地上 7 层;607－745 地块训练中心配套 2 号楼地下 2 层、地上 7 层;1607－745 地块训练中心配套 4 号楼地下 1 层、地上 7 层;1607－746 地块冰球馆地下 1 层、地上 3 层;1607－746 地块精煤车间改造(东段)地上 2 层;1607－746 地块训练中心配套 3 号楼地下 1 层、地上 7 层。钢结构,工程总造价 94103.29 万元。北京首奥置业有限公司建设,杭州中联筑境建筑设计有限公司、北京首钢国际工程技术有限公司设计,北京首钢建设集团有限公司施工,北京诚信工程监理有限公司监理。

（何　为　王　蕊）

【实兴大街 1605－649 地块 B23 办公楼 4 项工程】　2017 年 7 月 14 日开工,2019 年 8 月 28 日竣工。工程位于石景山区实兴北街,为(中关村科技园区石景山园北Ⅰ区)1605－649 地块 B23 研发设计用地项目,规模 142179 平方米。包括 1—4 号办公楼,为地下 3 层、地上 8 层。框剪结构,工程总造价 57220.30 万元。北京保汇置业发展有限公司建设,华东建筑设计研究院有限公司设计,北京市石景山区建筑公司施工,北京五环国际工程管理有限公司监理。

（何　为　王　蕊）

【北辛安回迁安置房 1608－677 地块 14 项工程】　2017 年 7 月 26 日开工,2019 年 11 月 18 日竣工。工程位于北辛安,为北辛安棚户区改造 B 区土地开发项目回迁安置房 1608－677 地块建设工程,规模 127707.04 平方米。包括 1—6 号楼、S－1—7 号楼、地下车库及设备配套。1 号楼地上 27 层;2、3、5 号楼地上 28 层;4 号楼地上 21 层;6 号楼地上 25 层;S－1 号楼地上 1 层;S－2 号楼地上 4 层;S－3 号楼地上 1 层;S－4 号楼地下 1 层,地上 1 层;S－5 号楼地上 1 层;S－6 号楼地上 2 层;S－7 号楼地下 1 层,地上 2 层;地下车库及设备配套地下 2 层,地上 1 层。剪力墙结构,工程总造价 58540.49 万元。北京安泰兴业置业有限公司建设,中国建筑标准设计研究院有限公司设计,中建国际建设有限公司施工,北京五环国际工程管理有限公司监理。

(何为 王蕊)

【北辛安回迁安置房 1608－678 地块 13 项工程】 2017 年 7 月 26 日开工,2019 年 11 月 18 日竣工。工程位于北辛安,为北辛安棚户区改造 B 区土地开发项目回迁安置房 1608－678 地块建设工程,规模 127146.85 平方米。包括 1—6 号楼、S－1—6 号楼、地下车库及设备配套。1 号楼地上 27 层;2、3、4 号楼地上 28 层;5 号楼地上 25 层;6 号楼地上 20 层;S－1 号楼地上 1 层;S－2 号楼地下 1 层,地上 1 层;S－3 号楼地上 1 层;S－4 号楼地下 1 层,地上 2 层;S－5 号楼地上 1 层;S－6 号楼地下 1 层,地上 1 层;地下车库及设备配套地下 2 层,地上 1 层。剪力墙结构,工程总造价 58087.84 万元。北京安泰兴业置业有限公司建设,中国建筑标准设计研究院有限公司设计,中建国际建设有限公司施工,北京五环国际工程管理有限公司监理。

(何为 王蕊)

【北辛安回迁安置房 1608－679 地块 13 项工程】 2017 年 7 月 26 日开工,2019 年 11 月 18 日竣工。工程位于北辛安,为北辛安棚户区改造 B 区土地开发项目回迁安置房 1608－679 地块建设工程,规模 118285.55 平方米。包括 1—6 号楼、S－1—6 号楼、地下车库及设备配套。1 号楼地上 27 层;2 号楼地上 28 层;3 号楼地上 28 层;4 号楼地上 9 层;5 号楼地上 23 层;6 号楼地上 28 层;S－1、S－2 号楼地下 1 层,地上 1 层;S－3、S－4、S－6 号楼地上 1 层;S－5 号楼地上 2 层;地下车库及设备配套地下 3 层,地上 1 层。剪力墙结构,工程总造价 54236.27 万元。北京安泰兴业置业有限公司建设,北京市天地都市建筑设计有限公司设计,中建国际建设有限公司施工,北京五环国际工程管理有限公司监理。

(何为 王蕊)

【实兴大街 1605－639 地块 B23 办公楼等 7 项工程】 2017 年 8 月 7 日开工,2019 年 6 月 5 日竣工。工程位于石景山区实兴北街,为(中关村科技园区石景山园北Ⅰ区)1605－639 地块 B23 研发设计用地项目,规模 100060 平方米。包括 1—5 号办公楼、D 号地下车库、自行车库出入口、人防出入口。1 号办公楼地上 5 层,2 号办公楼地上 7 层,3 号办公楼地上 3 层,4 号办公楼地上 6 层,5 号办公楼地上 6 层,D 号地下车库地下 2 层,自行车库出入口地上 1 层,人防出入口地上 1 层。框剪结构,工程总造价 38608.68 万元。北京保汇置业发展有限公司建设,中国建筑设计院有限公司设计,北京市石景山区建筑公司施工,北京市双利工程建设监理有限责任公司监理。

(何为 王蕊)

【铸造厂南区 3 号住宅楼等 2 项工程】 2017 年 11 月 16 日开工,2019 年 6 月 24 日竣工。工程位于金顶街,为石景山区首钢铸造厂南区限价商品住房项目,规模 30607.29 平方米。包括 3 号、7 号住宅楼。3 号楼地下 1 层,地上 23 层;7 号楼地下 2 层,地上 23 层。钢结构,工程总造价 6427.53 万元。北京首钢房地产开发有限公司建设,华诚博远工程技术集团有限公司设计,北京首钢建设集团有限公司施工,北京诚信工程监理有限公司监理。

(何为 王蕊)

【北辛安棚户区改造 A 区项目 1 号楼等 8 项工程】 2017 年 12 月 25 日开工,2019 年 10 月 28 日竣工。工程位于北辛安,为北辛安棚户区改造 A 区 1608－668 地块项目,规模 84048.90 平方米。包括 1—5 号楼、S－1—3 号楼。1、2、4 号楼地上 26 层;3 号楼地上 22 层;5 号楼地上 25 层;S－1 号楼地下 1 层,地上 1 层;S－2 号楼地上 2 层;S－3 号楼地下 1 层,地上 1 层。剪力墙结构,工程总造价 32000 万元。北京安泰兴业置业有限公司建设,中国建筑设计院有限公司设计,北京市石景山区建筑公司施工,北京思创建设监理有限责任公司监理。

(何为 王蕊)

【重大项目建设】 年内,石景山区共有 28 个重大项目,其中新建项目 19 个,续建项目 7 个,土地上市项目 1 个,前期推进项目 4 个。新建项目为:首钢滑雪大跳台中心及配套设施建设工程、永引渠城市景观带建设工程、棚户区改造项目于 3 月开工建设;城市森林公园群提升工程、老旧小区改造工程、长安街石景山段整治工程、M11 号线西段(冬奥支线)工程、北京银行保险产业园建设工程、输变电工程于 6 月开工建设;西黄村 1606－646 地块产业项目、高井规划一路建设工程、锅炉厂南路东段建设工程、北辛安路南段建设工程、衙门口地区城市道路建设工程、刘娘府东街北段建设工程于 12 月开工建设;续建项目为:石景山水厂建设工程、五里坨污水处理厂建设工程、苹果园大悦城、五里坨产业部分、银河商务区 L 地块建设工程、模式口文保区修缮改造工程、苹果园交通枢纽建设工程;土地上市项目包含石景山区古城南街东侧(首钢东南区部分地块)、刘娘府 A2 部分地块、西黄村棚户区改造 A－D2 地块、北Ⅱ区西井地块;前期推进项目为:石景山区档案馆及政务服务中心、北大附中、十一学校、体育中心和人民渠西延项目。

(倪跃龙 贾洁)

【保障性住房管理】 年内,区住房城乡建设委审核保障房申请家庭 1167 户;入住签约、续签合同前对保障房家庭进行资格复核以及市场租房补贴资格 4281 户;取消 889 户家庭的保障房资格;受理审核资格变更家庭 1078 户;办理经适房上市前回购意见 133 份。完成公共租赁住房专项配租工作。底前取得公共租赁住房备案资格的 541 户城镇低保、低收入和计划生育特殊困难家庭按年度分组,通过电脑随机摇号方式确定选房顺序号,依申请全部实现应保尽保。累计向 27317 户次保障房家庭发放补贴 4146.68 万元。其中,为 1260 户次廉租家庭发放租金补贴 113.28 万元,为 14048 户次公租房补贴家庭发放补贴 2331.08 万元,为 12009 户次市场租赁补贴家庭发放补贴 1702.32 万元,为 319 户限价房轮候家庭购买市场住房,对其发放市场购房货币补贴 6265 万元。完成苹果园 H 地块廉租房项目人脸识别及监控升级改造工程;开展日常检查及督促维修事项140余次,对保障房小区进行日常巡查670余人次,清退不符合资格家庭(廉租户)6户,廉租住房收缴租金140余万元,拨付廉住房管理经费199余万元。

(潘丹丹 周 新)

【政策性住房建设】 年内,区住房城乡建设委推进落实各类政策性住房建设工作,开工各类政策性住房3339套,其中北辛安棚户区改造A区土地开发项目安置房1526套,建筑面积11万平方米;衙门口棚户区改造土地开发项目安置房926套,建筑面积7万平方米;古城南街东侧共有产权住房887套,建筑面积7万平方米。竣工各类政策性住房5023套,其中西黄村棚户区改造土地开发项目安置房2762套,建筑面积21万平方米;首钢铸造厂南区限价房2261套,建筑面积18万平方米。

(许正锋 梁 超)

【棚户区改造】 年内,区住房城乡建设委推进西黄村、北辛安、衙门口项目征收收尾工作,统筹项目整体建设,研究广宁村项目实施路径。截至年底,完成石景山区20户滞留户收尾任务;西黄村项目21.6万平方米、2762套安置房竣工交付,首期资金平衡用地实现入市;依法完成北辛安A区项目约3000户住宅征收,滞留地上物实现清零,B区项目首期24万平方米、3168套安置房竣工交付;衙门口西区15万平方米、1806套安置房结构封顶;广宁村项目确定拆建分离的实施路径,并纳入市棚户区改造计划。

(张 明 王 磊)

【推动老旧小区长效管理】 年内,石景山区老旧小区面积约741万平方米,占全区现有住宅小区面积的一半以上,大部分为房改房小区或以房改房为主的多产权混合小区。区住建委不断推进老旧小区长效管理机制的建立,截至年底,23个小区实施准物业管理。7月11日,石景山区与首开集团正式签署老旧小区有机更新和物业管理方面的战略合作协议,通过老旧小区综合整治、有机更新和长效管理等不同的治理模式推进市属产权老旧小区软硬件提升,以市属产权为效应,辐射带动央属、区属产权老旧小区管理水平提升。

(樊佩杰 袁 丽)

【商品房住宅专项维修资金审核备案】 年内,区住房城乡建设委在继承原有审核流程和标准的基础上,优化审理流程,对申请材料真实性详细复核,提升专项维修资金审核工作的工作效率和使用安全。优化审核项目台账,增加数据比对分类,为更好地对专项维修资金的使用和分布进行分析,对全区房屋使用情况提供数据支撑。全年审核维修项168笔,支取总额24201356.23元。其中应急支取项目57笔,涉及金额14070893.82元;非应急支取项目111笔,涉及金额10130462.41元。维修项目主要为消防、防水、电梯、二次供水四项。

(樊佩杰 张 扬)

【房改售房】 年内,区住房城乡建设委完成上年核准批复房改售房方案7件。对73个单位次的房改售(调)房进行审核备案,共售467套,约37102.33万平方米。其中:央产17个单位次售75套,5031.12平方米;市属20个单位次售268套,23962.42万平方米;区属9个单位次售78套,4930.85平方米;办理调房20个单位次38套,2495.87平方米;办理康居(安居)住房2个单位2套,147.58平方米;办理回购住房5个单位次6套,534.49平方米。

(王 佳 李 瑾)

【住房补贴和专项维修资金管理】 年内,区住房城乡建设委做好住房补贴审核、备案及核发工作。截至年底,累计审核31个单位金额9566671.08元的级差、差额补贴。审核通过1个单位支取售后公有住房专项维修资金97.49万元;审核通过3个单位168.8万元售房款用于售后公有住宅楼房的维修费用。

(王 佳 李 瑾)

【征收拆迁】 年内,区住房城乡建设委成立石景山区攻坚收尾专项行动领导小组和重大项目攻坚收尾工作专班,印发《石景山区年内重大项目征收拆迁收尾专项行动方案》,针对全区棚改、市政、土地一级开发等重大项目98个征收拆迁滞留点位开展专项攻坚。完成78个点位搬迁拆除,确保衙门口东区安置房、以及西黄村和北辛安4个地块上市和建设,实现地铁M11号线、苹果园交通枢纽、北辛安南路、北辛安东路、和平街等5个市政工程以及冬奥供电管廊开工建设。现全区滞留拆迁项目21个、819户。征收项目3个,西黄村、北辛安、衙门口3个遗留项目共11户。

(张佰军 武 月)

【建筑施工绿色安全管理】 年内,区住房城乡建设委加强安全监管,规范企业主体责任落实,科学组织建筑工地安全生产并严格监督管理。严控重大危险源管理,杜绝较大以上安全生产事故。持续开展深基坑工程、高支模及高大脚手架、临时用电、建筑起重机械等方面的安全隐患专项治理,全力压减易发一般事故。强化培训教育,促进从业人员安全意识和技能提高。加强行业消防安全管理,严防工地火灾事故。强化应急演练,落实建筑工地防汛工作。加强工地扬尘治理,规范绿色施工行为,提升建筑工地精细化管理水平。

(曹 宇 白 石)

【房屋交易与资金监管】 年内,区住房城乡建设委受理预售许可11件,监管预售资金总额68.91亿元,商品房签约5524套。二手房购房人资格核验共计受理8304件;存量房网签5450件,二手房全区成交5273套,成交总面积38.29万平方米;二手房资金监管0.52亿元。

(果雪梅 冯艳萍)

【工程建设招标投标】 年内,区住房城乡建设委办理施工招标31项(其中施工总包招标24项,专业分包招标7项),建筑面积31.41万平方米,中标金额25.48亿元;完成监理服务交易14项、交易额4283.36万元。收取交易服务费80.8万元(4月1日起停止收取交易服务费,6月起停止办理专业分包招投标工作)。

(高相波 张倩倩)

【房产经纪机构管理】 年内，区住房城乡建设委办理房地产经纪(分支)机构变更备案申请52件、注销申请5件；住房租赁企业备案申请7件。房地产经纪(分支)机构登记备案总数198家，租赁企业登记备案总数7家。截至年底，检查房地产经纪(分支)机构281家次；发放责令改正通知书22份；约谈房地产经纪(分支)机构44家次；处罚房地产经纪机构22家，罚款8万元。调解并处理好房地产经纪、租赁企业中的各种纠纷161件。

(李红印　李铁军)

【普通地下室管理】 年内，区住房城乡建设委完成普通地下室新备案登记19件；完成普通地下室环境提升进行挂账整治任务共132处；完成普通地下室日常巡查管控355人次，处罚11处，罚款10500元；完成《石景山区利用地下空间补充完善便民商业服务设施工作实施流程》制订，并完成2处试点推进工作。

(李红印　董　静)

【劳务管理】 年内，区住房城乡建设委重点强化行业监管，开展劳务合同备案管理检查，督促企业进场前及时签订合同，加强农民工实名制管理及开展农民工依法维权教育，加强日常检查和重大日期的隐患排查，配合区人力社保局推进农民工工资专用账户和保函，及时消除农民工讨薪隐患。截至年底，开复工700余万平方米，累计使用农民工3万余人，开展工地劳务检查350人次，检查总包企业137家，劳务企业300余家；组织农民工安全生产和普法维权培训累10000人；处理建筑企业拖欠农民工工资案件32件，共帮助500余农民工解决3000多万元工资。

(曹　宇　赵　伟)

【建筑节能和建筑材料监管】 年内，区住房城乡建设委落实新建建筑节能标准，推进绿色建筑发展。截至年底，新增取得绿色建筑二星级标识以上建筑面积184.75万平方米。结合冬奥契机和首钢、电厂转型需要，牵头北京市地方标准《既有工业建筑绿色改造评价标准》的编制、新增装配式建筑103.7万平方米，占新开工37.5%。开展公共建筑节能绿色化改造5.6万平方米，加强公共建筑电耗限能管理和超低能耗建筑示范等工作，对7家超限额单位下发能源审计告知书。推动行业减量集约、高质量发展，组织开展《北京市预拌混凝土搅拌站绿色生产管理规程》执行情况专项检查，两家混凝土搅拌站检查结果均为优。落实北京市蓝天保卫战工作，推进建筑砂石“公转铁”工作落地，并在全市率先完成任务。

(王丽波　杨慧宇)

【房地产企业资质管理】 年内，区住房城乡建设委办理57家房地产开发企业开发资质升级、延续、变更等手续。截至年底，全区共有房地产开发企业78家。其中一级资质4家、二级资质4家、三级资质2家、四级资质40家、暂定资质28家。

(倪跃龙　贾　洁)

【建筑业企业资质管理】 年内，区住房城乡建设委受理建筑业企业资质审批申请66件，其中，升级4件，增项22件，首次申请资质9件，变更15件，主动申请注销资质7件，资质延续6件，建筑企业全资子公司间重组、分立及国有企业改制重组分类申请3件。完成二级建造师业务818人，其中，初始注册121人，注销267人，变更注册59人，延期注册224人，遗失补办3人，增项注册20人，重新注册124人。

(李万生　何　丹)

西部建设办公室

【概况】 石景山区西部建设办公室(简称西建办)是全面组织协调石景山西部地区开发建设工作的区政府派出机构，行政编制12名，领导职数3名，内设综合办公室、规划发展科、项目推进科(挂工程管理办公室牌子)。实有9人，其中，党组书记1名(副区级待遇)，副主任1名(党组成员，副处级)，科级干部(含非领导职务)7人。年内，西建办深化区域规划研究，加强基础设施建设，有力推动西部建设向纵深发展，为保障服务国庆70周年、推进石景山区创建全国文明城区、建设国家级产业转型发展示范区、绿色低碳的首都西部综合服务区、山水文化融合的生态宜居示范区作出贡献。

(张路平)

【市政道路建设】 年内，西建办完成石府路道路工程部队土地征收工作，工程主体累计完成道路基层施工2.5千米，路面铺筑沥青混凝土2.5千米，人行步道铺设1.1万平方米，铺设热力、电力、电信、上水等市政管线各2.5千米，完成照明及交通工程地下管线铺设，种植绿化带2.6千米，全年完成固定资产投资1200万元，超额完成年

7月19日，西建办召开工程推进会协调部队征地事宜　(区西建办供图)

度投资任务。完成五里坨地区热力主管线、新隆恩寺路西段大修、秀府村北路及南宫中路、黑石头村路北段大修工程决算审计工作。

(张路平)

【创城工作】 年内,西建办树立“抓创城工作就是抓日常工作”的思想认识,把创城工作与单位的日常工作和各类主题活动结合起来,做到同谋划、同部署、同落实。开展“文明工地”创建,落实“十大提升工程”中城市精细化治理提升工作要求,加强管辖工地施工现场管理,每日开展巡查,对破损、缺失的围挡及时加装更换,提高施工现场文明施工水平。加大社会环境秩序综合管理力度,定期对建设区内的市容环境、生态环境、施工环境及建设环境进行监督检查和综合整治,确保创城测评指标任务完成到位。

(张路平)

北京燕金源置业有限公司

【概况】 北京燕金源置业有限公司(简称燕金源公司)是石景山区国有控股的房地产企业,注册资本4.5亿元,具有房地产开发四级资质,负责实施苹果园交通枢纽商务区土地一级开发项目的建设工作,配合市、区相关部门做好苹果园交通枢纽建设有关工作。苹果园交通枢纽商务区项目四至为:东至苹果园大街、杨庄大街,南至阜石路,西至规划金顶西路,北至琅山苗圃(其中,不包含苹果园交通枢纽范围)。总用地面积52.81公顷,总建筑控制规模55.14万平方米。苹果园交通枢纽位于地区中部,以苹果园地铁站为中心,北至苹果园路,南至阜石路,东至金顶东路,西至规划一路。规划占地规模为4.77公顷,总建筑面积为29.7万平方米,其中,枢纽及轨道交通部分15.9万平方米,商业开发部分13.8万平方米。建成后,汇集M1线、M6西延线和S1线三条轨道交通,数十条公交线,7种交通方式(轨道交通、快速公交、常规公交、出租车、小汽车、自行车、步行)相互衔接,拥有14.31万平方米公共服务设施。

(姚　波)

【推进北区开发前期工作】 年内,燕金源公司委托招标单位重新进行苹果园交通枢纽商务区北区二期工程的拆迁、评估、拆除、测绘、法务、审计等从业单位的公开招投标工作,并完成金顶山村的入户普查工作。对琅山苗圃地块重新进行测绘、钉桩,并对完成的40个桩点进行砌筑保护,为地块上市创造条件。

(姚　波)

【安全与环保措施】 年内,燕金源公司邀请石景山消防救援支队苹果园消防站专业人员为全体员工进行消防安全培训;解决苹果园地区快递分理点并加装监控设施不规范摆放分拣问题,指导现场看护公司清理地块现场入口处废弃物、更新消防器材、巡视检查看护人员宿舍电气设备、配备应急灭火设备、更换破损的苫盖网,空气污染预警时期增加现场巡视频次和人次,落实施工工地环保工作相关要求。

(姚　波)

新首钢高端产业综合示范区与首钢集团

综　述

【概况】“新首钢高端产业综合服务区”(简称首钢园区),紧临永定河,背靠石景山,是城六区唯一集中连片待开发的区域,是长安金轴的西部起点,是西山永定河文化带的重要组成部分,也是新版北京城市总规重要的区域功能节点。在地理区位、空间资源、历史文化、生态环境上首钢园区具有独特优势,是落实首都功能定位的重要支撑。交通发达,通过阜石路、莲石路贯通五、六环路与北京城市快速路体系相连;地铁S1线从首钢园区穿过。9月29日,新首钢大桥开通,长安街西延长线全线贯通,园区分为南北两区。年底,地铁11号线西段(冬奥支线)开工建设。

年内,《新首钢高端产业综合服务区北区详细规划》(首钢园区北区)获“国际城市与区域规划2018年度规划卓越奖”,“2019年环保建筑大奖研究及规划类别优异奖”。首钢园区被纳入国家首批城区老工业区改造试点、国家服务业综合改革试点区、国家可持续发展实验区、中关村国家自主创新示范区、国家级智慧城市试点、北京市绿色生态示范区,成为国内首个C40正气候样板区。2月1日,习近平总书记视察首钢园区,为首钢园区开发建设指明方向。9月17日,市领导到新首钢地区调研时指出,首钢园区已经成为城市更新的标杆,要围绕文化复兴、产业复兴、生态复兴、活力复兴,落实三年行动计划,将新首钢地区打造成工业遗产保护利用的示范。首钢园区正按照北京城市总体规划和市委市政府提出的新首钢地区“打造新时代首都城市复兴新地标”的总体要求,以“三年行动计划”为工作主线,全力服务保障冬奥会筹办,持续推动园区开发建设和运营管理。在空间建设方面,冬奥办公区、冬训中心、首钢工舍、运动员公寓、秀池酒店等重点场馆设施高标准交付使用;首钢滑雪大跳台正式交付使用;顺利完成脱硫车间改造;石景山景观公园、厂东门广场、群明湖、绿轴景观、三高炉、高线公园(群明湖北段、绿轴西段)、长安街西延景观提升等特色景观基本完成改造并交付运营,山-水-工业遗存特色景观体系初步形成。在招商运营方面,圆满举办北京2022年冬奥会和冬残奥会赛会志愿者全球招募启动仪式、2019年沸雪北京国际雪联单板及自由式滑雪大跳台世界杯比赛、冬奥会吉祥物发布会、2020北京新年倒计时、京交会、抖in北京、2019首钢园环境舞蹈展演、冰壶世界杯、KHL冰球联赛等重要赛事活动,不断提升园区国际国内影响力。立体布局、精准招商,园区业态日趋完善,腾讯体育、泰山体育、全民畅读、优必选、新石器等10家企业及冬训中心集中办公区落地。推动奥运TOC技术中心落户首钢园区。在产业规划方面,遵循市委市政府对首钢园区“传统工业绿色转型升级示范区、京西高端产业创新高地、后工业文化体育创意基地”的定位,规划建设体育+、数字智能、文化创意三个主导产业,消费升级、智慧场景、绿色金融服务三个产业生态和首钢国际人才社区在内的“三产三态一社区”的产业体系。

首钢集团有限公司(简称“首钢”),总部位于石景山区,隶属于北京市国资委。首钢以钢铁业为主,兼营矿产资源业、环境产业、静态交通产业、装备制造业、建筑及房地产业、生产性服务业、海外产业等跨行业、跨地区、跨所有制、跨国经营的综合性企业集团。首钢自2011年以来八次跻身美国《财富》杂志公布的世界500强企业。首钢成为国企改革、转型发展、大国工匠、先进制造业的旗帜。2019年,是中华人民共和国成立70周年,也是首钢建厂100周年。百年首钢正抓住首都发展契机,实现华丽转身。通过深入学习贯彻习近平总书记在首钢北京园区视察慰问时的重要指示精神,把国庆和厂庆激发出的爱国爱厂热情,转化为锐意改革创新、奋力攻坚克难、谱写百年首钢发展新篇章的强大动力。全年营业收入2015亿元,实现利润51.2亿元,处理历史遗留问题后利润26亿元。钢产量2931万吨,创历史纪录。钢铁业劳产率820吨/人·年,同比提高9.3%。

(马　晓)

【总书记考察北京冬奥会筹办工作】2月1日下午3时30分,习近平总书记到位于首钢园区的北京冬奥会展示中心和办公区、国家冬季运动训练中心,考察北京冬奥会和冬残奥会筹办工作,看望慰问北京冬奥组委工作人员、运动员、教练员和志愿者代表。习近平走进北京冬奥会展示中心展厅,了解北京冬奥会、冬残奥会筹办工作、场馆和基础设施规划建设等情况。他表示,办好北京冬奥会、冬残奥会,是党和国家的一件大事。要全面落实绿色、共享、开放、廉洁的办奥理念,充分考虑场馆的可持续利用问题,高标准、高质量完成各项筹办任务。他还通过视频连线延庆赛区场馆建设者,给他们拜年,并向所有奋战在冬奥会场馆建设一线的建设者们致以诚挚的问候。习近平表示,举办北京冬奥会、冬残奥会来之不易、意义重大,同实现“两个一百年”奋斗目标高度契合,给新时代北京发展注入新的动力。北京将成为国际上唯一举办过夏季和冬季奥运会的“双奥城”。我们要言必信、行必果,扎实工作,步步为营,要拿竞技奖牌,也要拿精神奖牌、廉洁奖牌,兑现向世界作出的庄严承诺。举办冬奥会是推进京津冀协同发展的重要抓手,必须一体谋划、一体实施,实现北京同河北比翼齐飞。随后,习近平来到国家冬季运动训练中心,在短道速滑馆结合展板听取速滑、花滑项目介绍,之后进入馆内察看国家速滑队、花滑队训练备战情况。看到运动员们在冰面上挥洒汗水、刻苦备战,习近平表示赞许,叮嘱他们科学训练、注意安全。随后前往冰壶馆,察看国家冰壶队训练备战情况。他勉励运动员、教练员注重选拔培养好人才,增强为国争光的荣誉感,坚定创造佳绩的信心,刻苦训练、全力备战、勇攀高峰,力争实现新的突破。发展体育事业不仅是实现中国梦的重要内容,还能为中华民族伟大复兴提供凝心聚气的强大精神力量。要弘扬中华体育精神，弘扬体育道德风尚，推动群众体育、竞技体育、体育产业协调发展，加快建设体育强国。

（马　晓）

【市领导调研新首钢】 在首钢建厂百年之际，9月17日下午，市委书记蔡奇、市长陈吉宁到新首钢地区调研，对首钢百年表示祝贺。蔡奇、陈吉宁步行察看即将通车的新首钢大桥“合力之门”建设，了解长安街西延工程相关情况。首钢园区北区的滑雪大跳台即将完工，北京冬奥会后将成为世界首例永久保留和使用的滑雪大跳台；曾用于存放炼铁循环用水的秀池，改造一新，形成3200平方米的下沉式圆形展厅。蔡奇强调，首钢要坚持以习近平新时代中国特色社会主义思想为指导，深入贯彻习近平总书记对北京重要讲话精神，开拓进取、向上奋斗，勇当国企改革先行者、高质量发展排头兵，打造世界一流的综合性大型企业集团，再度书写百年传奇。要将新首钢地区打造成工业遗产保护利用的示范，要注重风貌协调，利用更多创意元素为老厂区注入新活力。蔡奇一行详细参观首钢百年厂史展，与12名“首钢工匠”合影留念，并召开座谈会。

（马　晓）

【企业改革】 年内，首钢推进“双百行动”计划和改革综合试点工作，加大内部市场化改革力度，持续完善体制机制，企业发展质量不断提升。首钢集团管控体系持续完善。制定“双百行动”工作方案，抓住改革综合试点机遇，进一步细化措施、明确节点。梳理规范集团法人单位公司章程，修订党委会、董事会、经理层议事规则和“三重一大”决策实施办法，进一步明确党组织在法人治理结构中的法定地位，实现决策事项清单化，公司治理运行机制逐步规范。全面梳理集团存量资产，开展资本运营顶层设计，完善经营计划评价体系。建立集团资产评估体系，完成评估备案176项，防范资产流失风险。推进改制企业深化改革，首自信公司、首建公司等企业形成股权流转方案。完成市场化选聘首钢集团公司职业经理人副总经理。全力推进“三供一业”移交，北京地区实物及管理移交全部完成，12家京外企业签订移交协议，6家完成移交。完成首钢医院改制，形成矿业公司矿山医院、特钢公司泰康医院改革方案。

（马　晓）

【发展质量】 年内，坚持做优做强钢铁业，瞄准世界一流水平，发挥搬迁后形成的先进技术装备优势，持续推进制造+服务战略，着力打造质量、产品、成本、服务和技术优势，汽车板、电工钢、镀锡板三大战略产品市场影响力不断增强。高端领先产品完成653万吨。EVI产品完成172万吨，同比增加21万吨。新产品完成44万吨，同比增长19%，新能源汽车电机用无取向电工钢实现全球首发，1200兆帕级冷轧复相汽车板等5项新产品国内首发。汽车板巩固华晨宝马和长城等第一供应商地位，上汽大众和日系品牌供货量实现倍增，进入丰田供应体系，1000兆帕级酸洗复相钢国内独家供货奔驰。镀锡板DR材同比增长54%。电工钢产量163万吨，其中取向电工钢薄规格比例达65%、超薄产品连续两年国内市场占有率第一。轻量化用钢供货华为5G基站。获华晨宝马“质量卓越奖”、西门子全球最佳供应商等奖项，产品影响力不断增强。

（马　晓）

【产融结合】 年内，首钢对接社会资本市场，发挥金融服务功能，为产业发展和整体效益提供有效支撑。资金归集与结算功能进一步完善，搭建票据池和境外资金归集平台，为提高资金使用效率和京唐二期一步工程建设发挥重要作用。系统谋划发展战略，明确投资方向，完善风险评级和管控机制，加大投后管理力度，成功引入全国社保基金，助力国际人才社区建设。首钢香港首控五家上市公司全面实现盈利，首长国际、首钢资源市值双破百亿。

（马　晓）

【园区开发】 年内，首钢抓住筹办冬奥会历史性机遇，加快8.63平方公里老厂区开发建设。首钢北京园区实施三年行动计划，开发建设取得新进展，厂东门开放、新首钢大桥通车，长安街西延线全线贯通，以开放的姿态融入首都城市发展。以“冬奥标准”精心组织建设，滑雪大跳台成为首个正式投用的北京冬奥会比赛设施。产业空间载体建设加快推进，冬奥组委、冬训项目全部竣工交用，五一剧场、制氧厂、金安桥等产业项目开工建设，国际人才社区核心区取得多规合一会商意见，织补工场取得立项批复。产业生态逐步建立，中关村智能创新应用产业园、AI产业应用研究院等落地运行，开展5个系列、23家企业参与的AI示范应用。泰山体育、腾讯体育视频等

首钢获华晨宝马汽车供应“质量卓越奖”　（首钢集团供图）

一批符合园区产业定位的重点企业落地,启动中德创新园招商工作。

(马　晓)

【产业拓展】　年内,首钢加快发展城市服务新产业。围绕城市发展需要,整合优质资源,积极培育停车、环保等产业。环境产业:生活垃圾处理量118万吨、发电量4.4亿度,餐厨垃圾收运处3.9万吨,均创最好水平,长治生物质项目点火试运行;建筑垃圾再生材料应用于大兴国际机场高速公路等重点工程,处理技术推广到江苏张家港等项目;土壤修复满足北京园区、贵钢公司厂区开发需要,自主创新的电磁波污染土处理技术实现工程化应用;中标河北永清静脉产业园项目。矿业公司固废资源综合利用产能突破1000万吨,绿色建材产品打入京津冀鲁等区域市场。静态交通产业:首长国际公司新签约车位3万个,累计签约6万个。大兴国际机场停车楼投入运营,获首都国际机场停车楼15年经营权,实现京沪四大国际机场全覆盖。城运公司建成二通公交立体停车楼并通过性能测试,大兴明月湾公交场站项目进入设备安装调试阶段,首例大容量"摩天轮"自行车立体车库投用。

(马　晓)

【科技创新】　年内,首钢科技创新持续发力,深化客户需求驱动的"挂牌督办"机制,产品质量改进项目滚动管控、分级督办,整改完成率93.9%,汽车外板纵向条纹、涂装技术等工艺瓶颈攻关取得突破,客户满意度稳步提高。推进"一院多中心"改革,股份公司、京唐公司分别成为京、冀省级企业技术中心,启动重点攻关项目63项,京唐公司特大型高炉大比例球团冶炼突破56%、达到国际先进水平,股份公司实现全炉役碳氧积均值0.0016,取向电工钢热轧基料实现1.8毫米批量生产,带钢翘曲智能检测设备实现国内首发并成功应用于镀锡产线,取得一批重大攻关成果。新增3个联合研发平台,与帝国理工成立汽车防撞轻量化用钢实验室,研发能力进一步增强。钢铁业研发投入比例达3%,获行业及省部级科技奖励17项,"高效环保变压器用高性能取向硅钢制备技术"获冶金科学技术一等奖。获得专利授权558件,主持和参与制修订国际标准10项、国家和行业标准32项。贵钢公司等5家企业获国家高新技术企业认定。顺义冷轧公司获北京市"智能制造标杆企业"称号。

(马　晓)

【管理创新】　年内,首钢完善制度体系,管控权力清单升级为3.0版,进一步向平台公司下放权力、向培育产业扩大授权。全面修订首钢风控手册,内容更加简洁实用,权力清单、规章制度、风控体系"三位一体"制度体系更加完善。全力组织实施"疏整促"专项行动,连续3年提前完成市国资委部署的任务目标。推进信息化建设,用信息化推动管理流程优化。财务一体化和财务共享分别实现367家和152家单位上线,初步实现投资计划－预算管理－资金支付的业务集成,通过主数据标准化消除信息孤岛。产销一体化项目在股份公司、京唐公司上线,实现与首钢集团管控信息系统集成,业务处理效率大幅提升,订单评审时间从24小时缩短为10秒,热轧生产排产时间由1小时缩短到20分钟。

(马　晓)

【安全环保】　年内,首钢安全生产工作推行双重预防机制和49个本质化安全试点区域建设,现场安全管理水平显著提升。针对首钢老工业区改造的特点和边施工边组织重大活动的管理难度,建立安全联席会制度,多措并举,压实园区安全管理责任。组织内部专家对北京地区5个重点单位进行安全检查调研,健全安全管理长效机制。实施绿色行动计划,绿色发展和精细化管理水平不断提高。年内完成环保项目70项。在国庆70周年等重大活动期间,圆满完成环境质量保障任务。在唐山市重污染天气钢铁行业应急减排绩效分级评比中,股份公司被评为唯一A类企业,成为钢铁行业超低排放标杆。京唐公司获全国绿化模范单位。顺义冷轧公司获国家级绿色工厂称号。

(马　晓)

【协同发展】　年内,首钢落实京津冀协同发展战略,推进曹妃甸园区和首秦园区开发建设。按照京冀《共同打造曹妃甸协同发展示范区框架协议》,首钢与曹妃甸组建投资公司,设立曹妃甸发展基金,承接非首都功能疏解。首钢曹妃甸园区推进首堂创业家楼盘去化和蓝海嘉苑资产盘活。推动公共服务落地,中科院幼儿园开园授课。配合地方政府推动招商引资,举办钢铁产业链招商推介会,产业先行启动区累计引入项目23个,发挥京津冀协同发展的载体作用。首钢首秦园区迈出转型发展第一步,首钢赛车谷开园试运营,坚持"高端、特色、集成",完成核心区规划调整。钢铁赛道、卡丁世界、直线竞速等项目投入使用,"华家班""恩佐超跑"入驻园区。

(马　晓)

新首钢高端产业综合服务区

【获全国城乡规划设计一等奖】　1月,中国城市规划协会公布全国优秀城乡规划设计奖评选结果,《首钢老工业区转型发展规划实践——北区详细规划》项目获全国优秀城乡规划设计奖(城市规划)一等奖,在本次全国29个一等奖项目中排名第三,仅次于北京城市总体规划(2016—2035年)、上海市城市总体规划(2017—2035年)两个城市级总体规划类项目。该奖项也是继首钢北区详细规划获2017年度北京市优秀城乡规划设计一等奖后,获得的国家城乡规划设计领域的最高奖项。

(马　晓)

【首钢与石景山区高层对接】　3月6日,首钢与石景山区政府高层对接会召开,陈之常及石景山区各有关部门负责人,首钢领导张功焰及各相关部门负责人参加。石景山区与首钢相关部门负责人分别汇报相关议题,围绕新首钢地区建设开发的具体问题进行沟通。石景山区与首钢一致认为,首钢转型发展的成功意味着石景山区高端绿色的崛起,必须全力以赴支持和服务保障新首钢地区的城市规划、建设管理和产业发展,共同落实好市委市政府的各项要求,实现区企共同发展。

(马　晓)

【智能网联汽车示范运行区启动】 3月,北京市智能网联汽车示范运行区在首钢北京园区启动。示范运行区启动后,首钢北京园区将成为北京市无人车最集中的区域和集中测试的实验田,重点推进智能网联汽车技术产业化、加快建设智能路网设施、建成满足超大城市出行需求的交通云、率先建设5G车联网、大力发展高精度地图产业,全力打造以智能网联汽车为代表的城市科技实验场和孵化器,推动高精尖产业集聚发展,加速建设未来智慧城市。

(马　晓)

【规划获国际规划学界最高奖】 3月,新首钢高端产业综合服务区北区规划获"国际城市与区域规划2018年度规划卓越奖",是国际规划学界的最高奖项。经来自世界各地的专家评审组多轮评审,首钢项目最终从众多申请项目中胜出。国际城市与区域规划师学会评委会认为,"首钢园区作为中国最大的城市更新区域之一,拥有极其丰富的工业遗产,首钢园区项目城市更新再利用的做法,对北京2022年冬奥会的举办做出强有力的支撑。其规划创新性围绕三大发展支柱展开,引领北京市可持续发展、应对气候变化以及经济转型示范"。

(马　晓)

【获C40规划设计认证】 4月2日—4日,首钢在由国家住房和城乡建设部、C40城市气候领导联盟举办的"C40中国区域论坛"上,获得由C40城市气候领导为"新首钢高端产业综合服务区"颁发首钢正气候项目第二阶段(规划设计)认证证书。并表示"首钢正气候项目在工业园区转型、产业升级过程中,为中国乃至全球作出了示范、树立了榜样"。伦敦、洛杉矶、茨瓦内、武汉、成都、青岛、福州等中国及海外部分C40成员城市领导,以及国内外应对气候变化领域专家、相关国际组织和智库等嘉宾和代表参加。此前,首钢与C40城市气候领导联盟签署认证证书,首钢正气候发展项目被正式纳入C40正气候项目发展计划中,成为中国第一个、全球第19个正气候项目。

(马　晓)

【"冬奥向我们走来"活动】 5月11日,"冬奥向我们走来"北京市民喜迎冬奥倒计时1000天健步走活动,在北京冬奥组委办公地首钢园区举行,来自首都社会各界的近500名徒步爱好者、华侨代表、首钢干部职工代表参加健步走活动。参加健步走活动市民代表向广大社会各界发出"走向2022、我们同行"倡议书。

(马　晓)

【京交会首钢分会场活动】 5月28日—6月1日,京交会石景山首钢园区分会场由石景山区政府、首钢联合中关村科技园区管委会、北京市政府侨务办公室、北京市体育局等单位共同主办,以"冰雪机遇与城市发展"为主题,设置丰富的主题论坛、展览展示等,包括文化、体育、冬奥等专题活动,并邀请政府主管部门和国内外行业组织、企业领袖、权威专家参与,围绕冰雪运动及冬奥举办城市发展等展开探讨。

(马　晓)

【冰雪产业联盟理事会召开】 6月21日,由中国冰雪产业联盟主办,机械工业信息研究院承办,首钢协办的中国冰雪产业联盟第一届理事大会在首钢召开。为助力北京2022年冬奥会成功举办,推动"三亿人参与冰雪运动",促进冰雪产业发展壮大,中国冰雪产业联盟(CISIA)于2018年4月18日在工业和信息化部、国家体育总局共同指导下成立。联盟由冰雪运动、冰雪场馆、冰雪装备制造、冰雪教育、冰雪旅游、冰雪赛事、金融互联网、文化、媒体等领域的企业、行业组织、高等院校、科研机构等组成,按照自愿、平等、互利合作的原则发起成立的跨行业、非盈利性的社会组织。联盟第一届理事长单位由国家体育总局冬季运动管理中心担任,秘书处设在机械工业信息研究院。

(马　晓)

【首钢滑雪大跳台建成】 10月31日,首钢滑雪大跳台建设完成。首钢滑雪大跳台是2022年冬奥会北京赛区第一个建设完工的新建场馆,也是唯一的雪上比赛场地,将承办北京冬奥会和冬残奥会的跳台滑雪比赛项目。首钢滑雪大跳台由赛道、裁判塔和看台区域三部分组成,赛道长164米,赛道最宽处34米,最高点60米。

(马　晓)

【获2019环保建筑大奖】 12月,"新首钢高端产业综合服务区北区详细规划"获2019年环保建筑大奖研究及规划类别优异奖。首钢园区北区详细规划以西十冬奥广场、冬季训练中心、大

10月31日,首钢滑雪大跳台建成　　(首钢集团供图)

跳台以及三高炉、秀池改造等工业资源再利用等重点,坚持规划引领,以传承文化、延续历史记忆、营造首都特色风貌为原则,以“创新、修补、活力、绿色、智慧”为核心理念和特色,紧密结合新版北京城市总体规划,落实“减量提质、增绿留白”,以“推动控制性详细规划层面的‘多规合一’”作为设计条件和精细化管理依据进行设计,契合“卓越的可持续建筑环境”主题,为推进首钢园区开发建设,营造绿色低碳、宜业宜居环境,促进可持续发展,实现以“北京示范、全国领先、国际典范”为目标奠定基础。

(马　晓)

首钢集团

【获国家科学技术进步二等奖】 1月,首钢牵头项目“超大型水电站用金属结构关键材料成套技术开发应用”获国家科技进步二等奖。该项目是此次获奖中唯一一个由钢铁企业牵头的项目。项目由首钢及所属首秦公司,联合北京科技大学、中国水利水电第七工程局、中国电建集团华东勘测设计研究院等7家单位开展攻关,以解决超大型水电站金属结构关键材料应用过程中关键技术难点为导向,形成“产、学、研、用”的联合自主创新团队,集合全产业链的创新智慧,在材料设计开发、关键生产技术、关键焊接材料和应用技术等方面取得重大突破,开发超大型水电站金属结构关键材料成套技术,尤其是高焊接性800兆帕级钢板、150毫米规格特厚板、适应大热输入的配套焊材及高效焊接技术,达到国际领先水平。

(马　晓)

【中标工信部新能源汽车材料】 1月,由首钢集团、一汽集团、北汽集团牵头,成功中标工信部“新能源汽车材料生产应用示范平台建设项目”。首钢成为唯一一家跻身该新材料示范平台的钢铁企业。《中国制造2025》将“节能与新能源汽车”作为十大发展领域之一,工信部按照国家新材料产业发展的总体部署,开展“新能源汽车材料生产应用示范平台建设项目”工作,为新材料产业快速健康发展提供支撑和保障。首钢获得工信部“新能源汽车材料生产应用示范平台建设项目”招标信息后,与一汽集团、北汽集团达成合作意向,开始平台项目申请,并成功中标。

(马　晓)

【公交立体停车楼试运行】 1月,国内首个公交立体停车楼项目——第二通用机械厂公交立体停车楼机械车库进入带车联动试运行阶段。第二通用机械厂公交立体停车楼项目是首钢城运公司自主研发、拥有28项国家专利的全国首个公交立体停车楼机械车库,是北京市重点工程。按照整体规划,停车楼高峰期运营将实现169辆公交车的停放,并拟规划8条公交线路,有效改善场站及周边交通环境。为达到规划设计的高要求,首钢城运公司进行停车楼的“带公交车负荷联动试车”,通过从单体到联动测试,对发现的问题进行优化和调试,并进行多条线路同时测试,直至达到设计条件。

(马　晓)

【首钢制造助力“嫦娥”】 2月,国家探月与航天工程中心发来贺信,感谢首钢北冶公司研制的着陆器低频射电频谱仪卷筒式伸杆机构核心部件,助力嫦娥四号探月任务取得圆满成功,对参与材料研制的首钢科研人员作出的突出贡献表示衷心感谢。首钢北冶公司作为国家重点军工配套单位、航空航天材料重点研发生产基地,在嫦娥四号任务中承担着陆器低频射电频谱仪卷筒式伸杆机构核心部件弹性卷筒用带材的制备工作,产品在轨状态良好。在产品的研制过程中,首钢北冶公司践行“追逐梦想、勇于探索、协同攻坚、合作共赢”的探月精神,为任务的完成作出贡献。

(马　晓)

【获智能制造标杆企业】 2月,北京市经信局公布《2018年北京市智能制造标杆企业名单》,首钢冷轧公司等12家企业获得“智能制造标杆企业”称号。智能工厂包含企业制造管理四层级定位、典型系统及技术、工业机器人应用、智能制造技术升级改造、节能减排技术应用、新一代信息技术应用等。首钢冷轧公司采用智能捞渣机器人、高质量汽车面板检测信息化系统、8.3兆瓦屋顶分布式光伏发电项目等智能制造技术。生产控制以减少人为干预为准则,实现系统化、自动化、智能化;技术需求通过控制和信息技术,按需定制智能化解决方案,研发并应用满足生产线生产工艺要求的智能制造系统和装备,提高劳动作业率。智能工厂建立提高冷轧公司生产效率,全员劳产率提高近1倍。

(马　晓)

【获中国最具影响力创新公司】 2月,财富中文网发布“2018中国最具影响力创新企业排行榜”,首钢登上榜单,排名第18位。这是首钢连续两年进入此榜单,排名比上年上升12名。财富中文网联合科尔尼咨询公司连续两年开展“中国最具影响力创新企业排行榜”的评选活动,从创新战略、创新文化、创新领域、创新战略与行为产生的影响力4个维度进行考量,旨在发现那些不仅规模领先,而且在创新方面不断进取,引领行业,甚至拥有跨行业影响力的企业。

(马　晓)

【获北京市科学技术奖】 在3月1日召开的北京市科学技术奖励大会上,首钢“高强韧、厚规格海洋工程用钢高效制备技术及应用”项目获一等奖,“基于商用车正向设计轻量化用钢的开发技术与应用”和“机械式立体停车设备研发设计与应用”项目获三等奖。“高强韧、厚规格海洋工程用钢高效制备技术及应用”项目,历经十多年自主研发,解决高效制备和应用难题,通过行业科技成果评价,总体技术达到国际先进水平。产品广泛应用于国内外大型海洋工程,包括世界最大的半潜式平台“蓝鲸1号”、世界最大40万吨矿砂船、国内最深400英尺自升式平台等近百个大型海洋工程项目,为助力海洋工程装备升级和高效制造、实现“海洋强国”战略作出重要贡献。

(马　晓)

【转炉精炼高效化取得新突破】 4月,首钢以转炉精炼高效快节奏生产为核心的重大工艺攻关项目取得显著成效，该项目由首钢技术研究院牵头，联合股份公司和京唐公司共同开展。通过工艺攻关，实现转炉处理周期缩短 7 分钟，RH 处理周期缩短 12 分钟，IF 钢转炉出钢温度降低 30℃，达到国际一流水平，为实现首钢高级别钢种，尤其是汽车板的高效、稳定生产打下坚实基础。炼钢生产实现整体高效化的稳定生产，需要铁水预处理、转炉炼钢、二次精炼、连铸等多道工序周期的良好匹配，实现难度很大。由技术研究院首席研究员李海波牵头，联合具有丰富现场生产经验的股份公司郭玉明团队和京唐公司孟德伟团队，以生产实际为依托，从数值模拟部分入手，成功实现炼钢工艺技术新突破。

（马　晓）

【首钢硅钢助力城市服务】 4 月，由首钢超低损耗、低噪声取向硅钢为主材料设计制作的 SCB12 型和 SCB13 型高能效变压器，成功应用于“北京副中心”“北京新机场”等重大工程项目输变电配套设施建设，经相关管理部门综合测试，整体性能优于标准要求。作为一种清洁高效的优质功能性产品，首钢硅钢正在迈开城市服务新步伐。提高电力输送效率，降低输送过程电力消耗，加快构建以特高压电网为主通道、以高能效配电网为末端的能源输送新格局，其核心要求是变压器制作的主材料——取向硅钢必须具备高能效、高安全、高环保特性。首钢适应国家能源发展战略要求，坚持自主创新、刻苦钻研，推动首钢取向硅钢快速跻身变压器材料供应世界第一梯队。

（马　晓）

【首钢秘铁扩建项目】 5 月，首钢中首公司及相关单位历经 8 个月，坚持“挂图作战，系统协同，多方联动”，全力推进工艺调试、流程理顺、设计及设备消缺等系列工作，首钢秘铁 1000 万吨扩建项目主要工艺技术指标均达设计水平，高标准实现达产达效目标，推动秘铁优质精矿年产能达到 2000 万吨以上。首钢秘铁 1000 万吨精矿扩建项目是中秘产能合作的重要成果，也是“一带一路”落地拉美的第一个项目。该项目于 2014 年 8 月开工建设，2016 年 12 月完成第一阶段供配电和原矿生产系统设备设施建设安装；2018 年 7 月完成第二阶段新选厂和海水淡化工厂整体施工。

（马　晓）

【成立汽车用钢联合实验室】 5 月，首钢与中国第一汽车集团有限公司举行“汽车用钢联合实验室揭牌仪式”。联合实验室的成立，标志着双方在建立“全方位、深层次、多形式”的高效协同机制上更进一步，对推动双方在汽车用钢方面的共同发展具有重要意义。

（马　晓）

【获优秀财务公司称号】 5 月，首钢财务公司在财政部新理财杂志社主办的第十四届中国 CFO 大会暨 2018 中国 CFO 年度人物颁奖典礼上，获“2018 中国年度优秀财务公司”称号，是获奖财务公司中北京市唯一的市属企业集团财务公司。

（马　晓）

【大型原创话剧专场演出】 6 月 28 日，由首钢文化公司、区委宣传部、区文旅局、北京一九九八国际青年艺术剧团出品的大型原创话剧《升起天安门广场的国旗》在石景山古城电影院举行专场演出。作为石景山区、首钢广泛组织开展“我和我的祖国”群众性主题宣传教育活动的重要内容之一，《升起天安门广场的国旗》以首钢机电公司检修维护天安门广场旗杆设备为素材，讲述名牌大学硕士研究生秦专毕业后来到首钢机电公司工作，通过一系列的人和事、一次次受到心灵上的洗礼和震撼，最终励志担当起把爱国主义精神传承下去的故事。话剧整体剧情内容紧凑、语言朴实、感情真挚，展现出中华优秀儿女大爱无疆、大道无垠的爱国情怀、梦想追寻，诠释出一代代首钢人强企报国、矢志奋斗的优秀品质。

（马　晓）

【获中国企业全媒体标杆单位】 6 月，在中国企业文化研究会召开“构建全媒体传播体系，提升企业品牌传播力—第六届中国企业传媒与品牌传播年会”上，对 2018—2019 年度中国企业全媒体传播体系构建与品牌传播成果进行总结和表彰。首钢获“中国企业全媒体传播体系构建与品牌传播三十标杆单位”称号，《首钢日报》获“中国企业文化与品牌传播优秀报纸”一等奖，首钢股份公司、首钢京唐公司获“中国企业全媒体传播体系构建与品牌传播优秀单位”称号。

（马　晓）

【首钢第八次跻身世界五百强】 7 月，财富中文网全球同步发布最新的《财富》世界 500 强排行榜，首钢以 31103.8 百万美元的营业收入列第 402 位，比上年上升 29 位。这是首钢自 2011 年首次进入世界 500 强榜单以来第八次上榜。《财富》世界 500 强排行榜以公司前一年度营业收入等业务指标为主要评定依据，是衡量全球大型公司的最著名、最权威的榜单，被誉为“终极榜单”，公认为世界商业领域最权威的评价，由《财富》杂志每年发布一次。

（马　晓）

【电磁波修复污染土项目投运】 7 月，由首钢环境公司投资建设的全球首个可移动式电磁波修复有机类污染土壤示范项目在贵州省贵定县一次性试产成功并投运。电磁波修复有机类污染土壤新技术是首钢环境公司下属北京首华科技发展有限公司与新冶高科集团共同研发的专利技术。该项目一期总投资 2000 余万元，修复有机类污染土壤能力 1 万立方米/年。电磁波修复有机类污染土壤新技术是电磁波加热技术和现有土壤修复技术应用的首次结合，填补国内外技术领域空白。

（马　晓）

【首钢桥梁钢用于官厅特大桥】 7 月，作为北京 2022 冬奥会重点配套基础设施的京张高铁全线铺轨完成，其中由首钢钢板建造的官厅水库特大桥第一拱首批次上弦杆洗墙灯调试点亮。官厅水库特大桥，跨越官厅水库，主桥孔跨为 8 个 108 米曲弦桁梁，全桥重约 16099 吨，其中首钢提供钢板约 14000 吨，主要材质为新一代易焊接高性能桥梁钢 Q370qE－HPS。京张高铁官厅水库特大桥建设周期短、服役地区风沙大，导致桥梁钢交货周期短、技术指标要求高，首钢桥梁钢团队开展攻关，为产品研制生产开辟绿色通道,最终保质、保量完成全部合同。

(马　晓)

【8项成果获冶金科学技术奖】 8月,冶金科学技术奖奖励委员会正式公布对84个项目授予2019年中国钢铁工业协会、中国金属学会冶金科学技术奖。首钢牵头申报14项,最终8项获奖。其中,1项成果获冶金科学技术一等奖,4项成果获冶金科学技术二等奖,3项成果获冶金科学技术三等奖,是历年评审中成绩最好的一年。《高效环保变压器用高性能取向硅钢制备技术》获一等奖,《大型高炉铜冷却壁长寿技术研究及应用》《260吨/小时超大型干熄焦高效稳定运行技术开发与应用》《绿色高性能系列集装箱钢板制造关键技术及应用》《转炉低碳氧积复吹操作技术开发应用》获二等奖,《大型地采矿山高强度开采关键技术研究》《高炉原燃料全自动取制样及检测系统研发与应用》《中厚板轧机系统搬迁工程综合施工技术》获三等奖。

(马　晓)

【13人获全国技术能手】 8月,国家人社部发布2018年度职业技能竞赛获"全国技术能手"荣誉人员名单,首钢职工13人上榜。根据人力资源社会保障部职业技能竞赛管理有关规定,授予560人在第45届世界技能大赛全国选拔赛和在2018年中国技能大赛中取得优异成绩的选手"全国技术能手"荣誉,并颁发奖章、奖牌和荣誉证书。首钢获"全国技术能手"的是:第九届全国钢铁行业职业技能竞赛优秀选手,首钢股份公司赵满祥、罗德庆、张月林、张浩、赵建宣,首钢京唐公司荣彦明;第二届全国冶金矿山行业职业技能竞赛优秀选手,首钢矿业公司吴大宽、岳军、富全、侯禹合、王宝林、徐鹏、孙雪明。

(马　晓)

【"首钢长卷"创作完成】 8月,庆祝首钢建厂100周年活动之一的"首钢长卷"创作完成。绘制国画"首钢长卷"活动由首钢工会和首钢体育公司联合开展,在首钢篮球中心开始创作,在职和部分退休书画爱好者50人参与。"首钢长卷"以首钢及各地企业的标志性建筑及地形地貌为主要元素,将首钢由弱到强,由山到海,由长材向板材转变所走过的路程,用水墨画形式,记录在一张10米长的画卷中。

(马　晓)

【"百年首钢·城市复兴"论坛】 9月22日,作为首钢百年厂庆系列活动之一,由北京市规划和自然资源委、首钢集团、中国建筑学会共同主办的"百年首钢·城市复兴"论坛在新首钢园区三高炉报告厅举行。论坛围绕努力打造城市更新标杆工程,从加快北京老工业区崛起,遵循北京城市"新总规",依托"长安金轴",集区位优势、空间资源、创新要素于一身等方面,结合首钢老工业园区转型发展中探索出的统一规划、统一建设、统一管理的创新模式,从城市复兴的角度进行交流、分享。

(马　晓)

9月29日,新首钢大桥开通　　(首钢集团供图)

【新首钢大桥开通】 9月29日,新首钢大桥开通,首钢厂东门向社会开放,标志着拉动北京西部新首钢地区经济发展的重点工程——长安街西延线全线贯通。新首钢大桥是长安街西延道路工程的重要节点工程,于2016年6月16日正式开建。桥型为全球首例双塔斜拉钢构组合体系桥,独特的曲面造型诠释着首钢不断突破的创新精神。大桥是北京地区最大跨径桥梁,设计为双向8车道,全长1354米。大桥钢箱梁、钢塔所用钢板全部由首钢供应,各类钢板用量合计约4.5万吨,超过鸟巢的总用钢量,这是首钢高性能桥梁钢又一次在国内重点市政精品工程建设中实现整桥供货。

(马　晓)

【百年首钢丛书和画册发行】 9月,《百年首钢》四册丛书和《百年首钢世纪圆梦》画册出版发行。《百年首钢》四册丛书由"自强卷、创新卷、绿色卷、文化卷"组成,收录文章180篇、照片475幅,共120余万字。丛书站在历史和现实的高度,展现首钢人始终如一的家国情怀和使命担当;反映百年首钢在中国钢铁工业史上具有典型性和代表性并产生深远影响的事件,表现首钢"自强、创新、绿色、文化"的鲜明特质和不同凡响。《百年首钢世纪圆梦》画册以百年首钢历史变迁的大事、要事、喜事、盛事为索引,共收录不同发展阶段的珍贵历史照片650幅,由"指引方向、百年历程、自强首钢、创新首钢、绿色首钢、文化首钢、名人荟萃、美好未来"8个板块构成。

(马　晓)

【首钢汽车用钢技术论坛】 9月,举办首钢第二届首钢汽车用钢技术论坛。中国汽车工程学会轻量化联盟副秘书长、轻量化研究部部长杨洁,首钢领导和相关单位专业人员,与来自中国一汽、上汽集团、北京奔驰、华晨宝马、广

10月，首钢承揽运营的北京大兴国际机场停车楼项目　（首钢集团供图）

汽丰田、东风日产、东风本田、长城汽车、浙江吉利等156家汽车制造及配套企业，共计270余位客户及嘉宾参与，围绕汽车用材料以及汽车产业应用的发展趋势，首钢的战略定位、产品和保障能力，首钢新技术新产品的研发与应用，基于用户需求的解决方案等进行交流研讨。首钢专业人员分别同参加供应链、新材料新技术、酸洗板三个分论坛的与会客户及嘉宾进行研讨。

（马　晓）

【参与中国国际老龄产业博览会】 10月11日—13日，在2019中国（北京）国际老龄产业博览会上，首钢医疗健康公司联合北京大学首钢医院、首钢工学院共同参展。首钢医疗健康公司发挥首钢资源协同优势，借助北京国际老龄产业博览会，与国内养老企业探讨交流，对首钢养老产业、老年福敬老院品牌进行推广，以“打造有行业影响力的城市综合服务商”为导向，围绕搭建“大型示范项目＋中型品牌机构＋小型特色驿站”互为依托、相互支撑的养老服务体系，实现品牌化、连锁化、规模化经营，打造有行业影响力的健康养老综合服务商。北京市老龄产业协会专家团队对促进北京老龄产业良性发展的社会企业进行表彰，首钢医疗健康公司获“社会责任奖”“安心养老奖”两项大奖。

（马　晓）

【首钢厂东门复建后开放】 10月21日，首钢厂东门经过复建后正式对外开放。2015年5月，为实施长安街西延工程，首钢厂东门启动保护性拆除。四年半后，位于原址向西500米处的厂东门经过复建后全新开放。复建后的厂东门同样是朱红外墙、绿琉璃瓦，同样是12.85米高、56.28米长，新厂东门坐北朝南，完全是按照1比1的比例复建。

（马　晓）

【京唐公司获全国绿化模范单位】 10月，首钢京唐公司获“全国绿化模范单位”称号。全国绿化模范单位是全国绿化委员会组织开展的一项重要评选活动，是全国造林绿化工作评比表彰中的最高奖项。首钢京唐公司总规划面积25平方公里，全部是吹沙造地形成的陆域。海砂地含盐碱量高、蒸发量大、地力瘠薄、保水保墒差，首钢京唐扎实开展土壤改良和环境治理。一期绿化工程完成绿化面积320多万平方米，种植147万多株乔灌树木。二期绿化工程重心由“绿化固沙”转入“景观提升”和“林带发展”阶段，持续打造景观亮点和“林荫带”建设，建成25个绿化景观带点，28条主干道环线林荫带。绿化总面积499万平方米，绿化覆盖率41%。

（马　晓）

【中标首都国际机场停车项目】 10月，首钢在港旗舰上市公司首长国际（HK.0697）中标北京首都国际机场停车楼（场）经营权转让项目，获得15年经营权。首都国际机场是中国三大门户复合枢纽之一、世界超大型机场，同时也是公认的中国黄金航线的中心交通枢纽站。首都国际机场停车楼（场）车位数共计10774个，是超大型的停车项目。该次中标首都国际机场停车运营权项目后，首长国际团队实现对北京的机场停车运营权领域实现全覆盖。

（马　晓）

【与宝武签署战略合作协议】 11月6日，首钢和宝武集团在上海宝武集团总部签署战略合作协议。该战略合作标志着两大钢铁集团在深化供给侧结

11月6日，首钢和中国宝武签署战略协议　（首钢集团供图）

构性改革大背景下，通过强强联合，共同带动钢铁行业高质量发展。双方将立足于加快国有企业转型升级，加速创新驱动发展的战略导向，在产业金融、钢铁及相关服务、智能制造、绿色制造、新材料研发、城市服务等领域开展深度合作，共同推动在更高层次、更广领域优势互补，共同发展。双方表示，站在时代发展的新起点，继续深化供给侧结构性改革和国企改革，在产业转型升级、发展先进制造业上积极作为，引领示范，努力实现钢铁强国梦。

（马　晓）

【科博会首钢展台】 11月，首钢参与第二十二届中国北京国际科技产业博览会，并设多个展台。首都青年科技创新创业成果展区，展示首钢技研院、股份公司、京唐公司的青年创新成果，有首钢自主研发的防护涂层，有达到国际先进水平的电动汽车驱动电机转子片，有以海水淡化为载体的能源及资源高效利用；中关村特色园展区，中关村（首钢）人工智能创新应用；首建投公司展板展示首钢园区5大场景体系的11项落地示范项目，包括“园区大脑”、服务机器人、智慧文旅、未来交通、智能城市基础设施。首自信公司作为“园区大脑”平台，展示数据智能一体化平台和智慧建筑群控平台等。

（马　晓）

【获批国家级继续教育基地】 11月，人社部公布第九批国家专业技术人员继续教育基地名单，首钢工学院名列其中。首钢工学院围绕《国家中长期人才发展规划纲要（2010—2020年）》和《专业技术人才知识更新工程实施方案》，结合首钢转型发展要求和打造首都城市复兴新地标总目标，发挥服务京津冀教育培训上的优势，认真撰写申报材料，全面展示学院在专业技术人员继续教育领域的实力和成果。作为年度北京市排名第一的候选单位，获批国家级专业技术人员继续教育基地。

（马　晓）

【长治垃圾焚烧发电项目试运行】 12月26日，首钢环境公司与首钢长钢合作建设的长治市主城区生活垃圾无害化处理项目一期工程生活垃圾焚烧发电厂顺利点火试运行，标志着首钢环境产业跨区域复制首钢鲁家山垃圾焚烧发电模式落地。2017年3月中标后，首钢环境公司与首钢长钢公司联合成立长治首钢生物质能源有限公司，加快推进土地、环评、规划、核准、施工许可证等前期手续办理，并于2018年4月正式签署特许经营协议，2018年8月开始施工建设。长治市主城区生活垃圾无害化处理项目距离长治市中心约30公里，占地约6.67公顷，分两期建设，日处理1500吨的生活垃圾焚烧发电厂和配套填埋场，配套2台27兆瓦汽轮发电机，每年可节约标准煤量4.13万吨，上网电量约1亿度。

（马　晓）

【票据交易系统3.0上线】 12月，首钢财务公司票据交易系统3.0正式改版上线运行，并与中国一汽财务公司、五矿财务公司联动完成自由格式和查询查复业务验证。系统接口功能升级后，实现纸质票据电子化交易、无纸化托收、DVP清算等多种功能，解决票据市场公开、统一交易平台缺失的问题，提升票据市场交易效率，降低操作风险，有利于票据价格发现和业务创新。升级后的票据系统整体运行顺稳，为首钢财务公司全面开展贴现后的各项纸电票线上清算业务交易奠定坚实基础。

（马　晓）

商业贸易

综 述

【概况】 2019年,石景山区实现总消费650.1亿元,同比增长5.8%。其中,零售额实现327.2亿,同比增长4.7%;实现服务性消费额322.9亿元,同比增长6.9%。完成年度4家商品交易市场转型升级,成为全市首个完成商品交易市场调整疏解任务区。新建、提升基本生活性服务业网点41个,完成市级任务指标的110.8%,成为首个获批创建的北京市生活性服务业示范区。落实北京市服务业扩大开放综合试点,推进3个试点任务、2个市级统筹项目、21个区级试点项目。成功举办京交会分会场活动,签约19个项目,签约额超500亿元。实现实际利用外资3.9亿美元,同比增长22.8%,超额完成全年3亿美元任务指标。助力“1+3+1”高精尖产业体系建设,打造石景山特色品牌商务服务行业。联动新首钢高端产业综合服务区、石景山科技园等重点功能区,加强商务服务企业引入,补齐产业发展配套服务短板。高度重视电子商务工作,以政策为先导,推进国家电子商务示范基地建设。优化政策环境,切实扶持区域总部企业发展,深化服务企业机制,促进总部企业高端发展。努力提升商务行业文明程度及服务水平。

(程华祥 马 宁)

【服务业扩大开放】 年内,石景山区成立区统筹工作领导小组并组建工作专班,制定工作推进方案及任务清单,落实“2+21”个市级统筹项目和区级试点项目;聚焦4个试点园区和8大重点产业领域,组织编制“4+8”三年行动计划,推动“产业+园区”开放。截至年底,新首钢国家体育产业示范区成功争取市级政策支持,推动新品首发、商业首店、公共保税等新业态、新模式落地;北京银行保险产业园引进金融机构30家;新首钢国际人才社区核心区项目取得立项核准批复,国际学校启动规划选址。北京侨梦苑吸引130家侨资企业落户。推动Keewifi研发中心、安博教育与美国大学合作项目、“互联网+医疗健康”等8个区级试点项目落地。

(刘 珊 王子丹)

【消费结构优化升级】 年内,区商务局出台《石景山区促进消费升级发挥新消费引领作用行动计划(2019—2021)》,实施“空间重塑、品质提升、特色培育、热点打造、需求释放、环境优化”六大举措和39项重点任务,全面推动消费升级。研究制定《石景山区发展夜间经济促进消费升级实施方案》,提出构建石景山区“一标两圈三街四地”夜间经济发展新格局。集中打造石景山游乐园京西“夜消费地标”,鲁谷和苹果园两大“夜经济特色商圈”,鲁谷东路、古城南路、杨庄东街三大“夜经济示范街区”,首钢园区、郎园、喜隆多、五里坨四大“夜经济打卡地”,增强夜间消费对经济增长的拉动作用。

(王建博 宗 喆)

【消费市场稳步增长】 年内,石景山区总消费完成650.1亿元,同比增长5.8%,居城六区排名第五。其中,社零额实现327.2亿,同比增长4.7%,居城六区排名第二;实现服务性消费额322.9亿元,同比增长6.9%。

(王建博 宗 喆)

商务服务业

【概况】 石景山区商务局(简称区商务局)是负责全区内外贸易和对外经济合作的区政府工作部门。年内,区商务局在区委区政府领导下,贯彻落实党的十九大精神,坚持稳中求进工作总基调,统筹推进稳增长、促改革、调结构、惠民生、保稳定各项工作,各项任务扎实有序开展。2019年,石景山区商务服务业收入合计212.3亿元,同比增幅26.1%。全区商务服务业已形成较为齐全的行业类别,其中高附加值、高辐射力的行业发展态势较好,带动产业内部结构不断优化。企业管理服务、广告、咨询与调查、人力资源服务四大主导领域发展效益较好,合计收入及税收均占全区商务服务业总量的80%以上,新业态、新模式快速发展,高精尖企业加快集聚。

(程华祥 刘 斌)

【拍卖企业年审】 6月,石景山区全面完成2018年度北京市拍卖企业年审工作,通过核查的拍卖企业为:北京鼎兴天和国际拍卖有限公司、北京政轩拍卖有限公司、爱拍得拍卖有限公司、北京富雅国际拍卖有限责任公司。

(刘 斌 丁 玲)

【生活性服务业品质提升】 年内,区商务局完成市级生活性服务业网点建设任务41个,完成全年市级任务的110.8%。全区共有生活性服务业网点1655个,较2018年底增加254个,店面连锁化率达52.6%,较2018年底

崭新的喜隆多新国际购物中心 (区创城办供图)

提升4.1个百分点，实现八项基本便民服务功能全覆盖。通过强化部门合力、统筹网点建设、扩大扶持力度，提升生活性服务业“六化”（规范化、连锁化、便利化、品牌化、特色化、智能化）水平。

（滕小宇　张　然）

【商品交易市场疏解】　年内，区商务局根据市、区两级政府对“疏解整治促提升”的工作要求，推进商品交易市场调整疏解工作，全面完成4家市场的疏解任务，涉及建筑面积3.3万平方米，涉及商户376户，涉及人口486人，成为年度全市首个完成商品交易市场调整疏解任务的区县。同时，做好市区两级政策衔接，对疏解完毕并通过验收的各类商品交易市场给予相应政策资金奖励支持，进一步强化市场疏解保障。组织主责单位做好对已疏解提升点位的常态化监管，确保已疏解市场“场清地净”，实现“零新生”“零反弹”的工作目标。

（张　然　滕小宇）

【救灾物资储备管理】　年内，区商务局落实北京市机构改革方案，6月，完成与区民政局救灾物资储备管理职责交接和救灾物资盘点。在市民政局、市粮食和物资储备局的指导下，完善救灾物资管理体系建设，强化日常监督管理工作。重点加强对库房安全的监督检查。特别是汛期做好防潮、防虫工作，确保救灾物资处于良好状态。

（滕小宇　张　然）

【精准扶贫】　年内，区商务局依托区内物美、永辉、壹公里果蔬等大型连锁零售企业，设立7个专区专柜，年销售额近800万元。推进区级消费扶贫分中心建设，成为集中展示展销受援地特色农产品的重要平台。支持企业集团总部产地直采，引导开展扶贫产品定期进机关、进企业，形成长效社会帮扶机制，累计开展进机关、进商超活动30余次。支持受援地农产品通过字节跳动、抖音等网上销售平台发展直销模式，帮助宁城、顺平等地购置电商物流设备，推动互联网创新成果与扶贫工作深度融合，加快贫困地区脱贫攻坚进程。

（王建博　宗　喆）

5月28日至6月1日京交会召开，图为石景山分会场展区（区商务局供图）

【居住配套商业服务设施管理】　年内，区商务局落实《北京市居住配套商业服务设施规划建设使用管理办法（试行）》《北京市居住配套商业服务设施改变使用性质及转让工作办理规定》要求，明确居住配套商业服务设施查验及转让手续办理程序，根据配置标准、结合项目及周边商业服务需求，对居住配套商业服务设施经营内容、业态结构提出意见。全年共办理新建配套设施转让手续1份、存量配套设施转让手续6份。

（王建博　宗　喆）

【行业安全生产监管】　年内，区商务局履行“党政同责、一岗双责”，按照“管行业必须管安全”的要求，严格落实行业安全管理责任，持续加大行业安全管理力度，做好行业安全管理基础工作，有效防范和坚决遏制各类安全事故发生，完成全国“两会”“中非论坛”“一带一路第二届高峰论坛”“世园会”“亚文大会”“新中国成立70周年”等重要时期的安全服务保障任务。全年召开全区商务行业安全生产会议5次，开展安全生产各类培训7场次，累计培训人员600余人次，印发文件、宣传资料4000余份，组织第三方机构为全部规模以上企业进行“一对一”全员培训。共出动安全生产检查人员991人次，检查478家次，排查、治理隐患611处，对存在问题较多的21家次企业进行传唤和指导。

（刘　颖）

【创城工作】　年内，区商务局负责的商场超市、餐饮企业、商业大街等点位是全区创城工作的重点之一，内容涵盖整治商超门前三包、垃圾分类、环境卫生，广泛张贴宣传海报、控烟标识、光盘行动标识等工作。一是组织“优化营商环境——选树人民满意的服务窗口”和“服务之星”评选等主题活动，提升行业整体服务水平；二是专项整治商业企业门前三包、环境卫生等问题，落实企业“门前三包”主体责任；三是要求企业将创城宣传海报装裱入框，利用电子屏、电视墙循环播放公益广告，营造浓厚文明社会氛围；四是指导大型商场的母婴室和无障碍设施的新建和改造，下发制作光盘行动、俭以养德标识，组织垃圾分类培训，配备分类垃圾桶。

（康烁辰）

对外经济

【概况】　年内，外资企业在石景山区总体投资额达14.9亿美元，同比增长74.4%，其中合同外资6.3亿美元，同比增长100.9%。2019年新设外商投资企业43家，平均投资规模1926.5万美元。全年，石景山区完成实际利用外资4.2亿美元，同比增长7.9%。完成外贸进出口总额55.8亿元人民币，其中出口总额36.6亿元人民币，进口总额19.2亿元人民币。

(刘 珊 王凯蒂)

【举办京交会分会场】 5月28日—6月1日在首钢园区举办。按照京交会组委会统一安排，石景山区作为分会场主办单位之一，负责在首钢园区组织举办文化、体育、冬奥等专题活动，并负责属地配套服务保障工作。石景山分会场活动以“冰雪机遇与城市发展”为主题，由北京2022年冬奥会和冬残奥会组委会支持，区政府、首钢集团、中关村科技园区管委会、市政府侨务办、市体育局等单位联合主办；设置主题论坛、展览展示及其他配套活动。其中，论坛活动包括主论坛暨“冰雪机遇与城市发展”论坛及中关村科技服务2022冬奥论坛、侨梦苑北京论坛活动和北京2022特许经营论坛三场平行论坛。展览展示活动以首钢北区为分会场主场地，以三号高炉为背景、秀池地上及地下展厅为中心，呈现立体宣传空间，包括冰雪体育综合展、首钢工业遗址展和冬奥文化展三场展示活动。以“冰雪机遇与城市发展”为主题，在首钢园区组织主题论坛、展览展示及配套活动近十场；市商务局“双向投资”政策、冬奥特许商品新品“激情冬奥金钥匙”、首钢园区国际新品首发中心等多项新政策、新产品、新项目发布；分会场吸引一批海外企业拓展在华业务和开展项目合作，现场推动项目签约19个，签约金额超过500亿元；分会场日接待观众近万人；接待来访客商上百批次，搜集信息百余条；吸引媒体50余家、记者170余人次到会，国内外新闻媒体报道超过600余篇。石景山区分会场被京交会组委会评为“最佳专题展区”。

(刘 珊 王凯蒂)

【参加第二届进博会】 11月5日—10日，石景山区组团参加第二届进口博览会。采取区域企业“全覆盖”，重点企业“点对点”的方式，重点围绕科技、食品及农产品等社会消费品、医疗器械及医药用品、高端装备及汽车等产业领域组织企业参会采购。第二届进博会石景山区交易分团共有注册参团企业、单位57家，参团人员156人，参团企业、单位数比上届到会企业增长129.5%。结合石景山区产业定位，开展有针对性的招商引资工作，重点走访服务贸易、冰雪、医药展区，走访包括龙漫集团、汉诺威米兰展览、安永咨询、复星旅文等近20余家代表性企业，宣传石景山优势政策，广泛开展招商引资工作。

(刘 珊 王凯蒂)

【新批外资结构】 年内，区商务局新批“三资”企业中，从企业类型上分，独资企业33家，合同外资额2.3亿美元，占全部新设企业的94.5%；合资企业10家，合同外资额1350.6万美元，占全部新设企业的5.5%。从产业结构上分，新批“三资”企业全部符合石景山区产业发展定位。投资涉及的主要行业有技术开发与服务、企业管理、咨询、策划、商贸、文化艺术交流等，其中，技术开发与技术服务类企业占新批企业的79.1%。

(刘 珊 王凯蒂)

【新增外资规模】 年内，全区新设外商投资企业43家，同比增长30.3%，投资总额8.3亿美元，同比增长194.7%，合同外资2.5亿美元，同比增长110.8%。其中，投资总额5000万美元以上大项目3个，投资总额达5.8亿美元，吸纳合同外资1.3亿美元，占全部新批企业合同外资额的52.5%；投资总额1000万美元以上企业9家，投资额达7.8亿美元，吸纳合同外资2.2亿美元，占全部新批合同外资的90.2%。开业外商投资企业增资19项，投资总额6.6亿美元，同比增长15.1%，吸纳合同外资4.1亿美元，同比增长97.8%。

(刘 珊 王凯蒂)

【外贸进出口】 截至年末，石景山区共有对外贸易经营者备案企业1401家，涉及实际进出口业务的企业443家，其中有出口业务的264家，有进口业务的319家。完成外贸进出口总额55.8亿元人民币，同比下降13.1%，全市占比0.2%。其中出口总额36.6亿元人民币，同比下降7.1%，全市占比0.7%；进口总额19.2亿元人民币，同比下降22.6%，全市占比0.1%。出口商品主要以机械设备和工业产品为主。出口国包括韩国、日本、美国、蒙古以及欧洲等地区。

(刘 珊 王凯蒂)

【服务贸易】 截至年末，石景山区在商务部服务贸易统计监测系统注册重点服贸企业62家，年内47家服务贸易企业填报进出口执行额743笔，填报总金额达3.9亿美元。其中，服务贸易出口企业41家，出口额3亿美元；服务贸易进口企业12家，进口额9209万美元。业务范围涉及旅行服务、金

5月18日，京交会主论坛在首钢园举行 (区商务局供图)

融服务、电信、计算机和信息服务、知识产权使用费、个人、文化和娱乐服务、维护和维修服务、以及其他商业服务等行业。

（刘　珊　王凯蒂）

【外资结构】　截至年底，石景山区开业外商投资企业305家。按企业生产方式划分，工业企业35家，服务业企业270家；按合作方式划分，独资企业222家，合资企业76家，合作企业4家，股份制企业3家。累计投资总额67.4亿美元，其中合同外资34亿美元，企业平均投资规模2210万美元。

（刘　珊　王凯蒂）

招商引资

【概况】　石景山区投资促进局（简称区投促局）是区政府直属负责组织、管理、协调、指导全区招商引资工作的职能部门，属工资规范管理事业单位，机构规格为正处级。2019年，区投促局落实市委、区委区政府决策部署，以高质量招商引资工作为主线，以全面优化营商环境为重点，围绕“1+3+1”高精尖产业体系，坚持招优引强，引导产业向优势领域集聚，贯彻落实服务包制度，不断优化营商环境，扎实推动区域经济高质量发展。全区新增注册企业3030家，注册资本5000万元及以上的规模企业124家，亿元以上企业55家。全区企业累计完成税收总额227.56亿元，入区库税收56.3亿元，为区级财政收入增长提供有力支撑。

（王　琳）

【注册企业3030家】　年内，全区新增注册企业3030家，同比下降13.1%，新增企业累计注册资本总额447.49亿元，同比增长5.7%。注册资本5000万元及以上的规模企业124家，累计注册资本356.5亿元，同比增长16.3%，其中，亿元以上企业55家，新增注册资本320.5亿元，同比增长27.2%。全区企业累计完成税收总额227.56亿元，同比下降5.9%，入区库税收56.3亿元，同比增长1.2%，占一般公共预算收入比重88.8%。

（王　琳）

【产业引导】　年内，区投促局在科技创新产业方面，与北京华侨科技创业者协会合作打造侨创空间，吸引海外侨商创新创业发展，引进北京凯声科技有限公司等30余家侨资企业入驻；依托中欧科技创新中心，引进航天华世云定制（北京）国际科技有限公司、毫米波太赫兹产业发展联盟等23家企业和平台；依托中诚创投科技创新中心，引进北京无界鸿蒙科技有限公司等25家企业。在文化产业方面，与首创集团联合打造郎园Park园区，引进爱乐青少年交响乐团、山水琴苑、语慧天下、莱奥斯等61家文创企业；推进对原凯利华维包装厂进行改造的京禧文化产业园和对压力容器厂改造的京西创想际VR产业园。在园区招商方面，发挥与新首钢园区政企招商平台作用，推进铁狮门、大唐电竞、人民电竞、世界冰壶协会等优质项目落户新首钢园区；加快康复辅具产业园建设，引进长钛工程技术研究院等14家企业。

（王　琳）

【招商平台搭建】　年内，区投促局搭建联合招商平台。研究出台《石景山区加强高质量招商引资工作实施细则》，并与重点企业、招商平台特色产业园区等建立联系，搭建联合招商平台，吸引近百余家高精尖企业落户。打造侨商侨智创新发展平台。北京侨梦苑产业功能布局初步形成，集聚139家侨商。举办“侨梦苑北京论坛”，建设侨商跨境产品交易交流中心，搭建对外展示窗口，汇集26个国家300余种跨境产品，开展12场文化、商贸交流活动，促进毫米波太赫兹国际合作实验室、干细胞等高精尖产业项目落地。成立京西商务中心招商服务专班。制定京西商务中心优化升级方案，做好政府服务代表工作安排，明确各楼宇政府服务代表、职责及管理办法，做好招商引资全流程精准服务。

（王　琳）

【营商环境优化】　年内，区投促局全面落实服务包制度。深化区处领导“一对一”服务企业工作，完善23位区领导服务73家企业、21个经济及相关部门的117位处级领导“点对点”服务117家企业的重点企业“服务包”制度，并建立“管家式”服务企业工作机制。截至12月底，全区为189家企业送出“服务包”，制定服务措施360项，办结357项，取得阶段性成果3项，办结事项占全部服务事项的99%。加大企业政策支持。组织召开9次招商引资领导小组专题会议，研究审议并通过中兵投资管理有限责任公司等52家企业“一事一议”支持政策；兑现20家企业政策支持资金187520857元。组织企业早餐会、座谈会、政策培训会，搭建

5月26日，侨梦苑优选店入驻乔商授牌仪式　（区投促局供图）

10月12日,抖音北京城市美好生活节在首钢园举行 (赵 昂 摄)

政企沟通桥梁,加大政策宣传,同时,为25家企业在国际人才社区办理入住服务。推进"2 + N"政策体系修订。对标构建高精尖经济结构等系列政策,聚焦"1 + 3 + 1"产业定位,对辖区"2 + N"政策体系进行修订和完善。"2"是指明确辖区高精尖产业发展方向的指导性文件和促进招商引资吸引企业落户的基础性政策;"N"是指涵盖公共服务、产业促进、园区建设、人才集聚等重点领域的21项专项扶持政策。召开重点项目调度会。根据企业需求和项目进展,由主管区领导不定期按需主持召开,集中研究讨论,帮助企业解决落地和项目建设过程中的痛点、难点问题,全力为企业排忧解难。全年组织召开9次,共涉及31个企业注册相关问题。

(王 琳)

【区域高端绿色提升】 年内,区投促局加强宣传载体制作。策划制作区域形象宣传片《开门见未来》和产业发展宣传片《投资石景山》,在各类重要会议和活动中播放;制作《北京石景山》宣传折页、海报等宣传材料,在区内各大重点商务楼宇、高端商务酒店和大型推广活动进行投放推广。加强品牌活动宣传。先后承接"西山创新创业论坛暨第四届清华校友三创大赛""石景山区产业发展暨营商环境推广大会""抖 in 北京城市美好生活节"等各类主题活动10多场,加大区域环境宣传。加强传统媒体 + 新媒体宣传。通过AI石景山微信公众号、今日头条、抖音等渠道,策划制作宣传软文1300多篇,阅读次数160多万次。围绕"政策解读、一对一服务、园区建设"等重要内容,专题策划30余篇主题文章,分别在《北京日报》《北京晚报》《北京青年报》等数十家媒体专题报道。

(王 琳)

旅　游

综　述

【概况】 2019年,根据《北京市石景山区机构改革实施方案》,区文化委员会和区旅游发展委员会的职责整合,组建石景山区文化和旅游局(简称区文旅局)。年内,区文旅局坚持新发展理念,以服务保障新中国成立70周年为重点,全面落实北京城市总体规划,把握石景山区“三区”功能定位,紧抓两个重大历史机遇,以创建全国文明城区为总牵引,全面创建国家公共文化服务体系示范区,高标准建设西山永定河文化带,保障服务好冬奥会筹办,扎实推动旅游业高质量发展,通过开展旅游服务设施项目建设,组织举办旅游活动,宣传推介石景山区文化和旅游资源,为游客创造良好的旅游服务环境,带动辖区全年旅游人数、旅游收入双双实现增长率在全市名列前茅,为打造“秀水石景山”、实现“一枝独秀”,高水平建设好首都城市西大门作出贡献。

(李振平　邢永鑫)

【旅游扶贫】 9月17日—19日,区文旅局邀请旅行商、媒体、旅游达人到对口扶贫地区河北顺平县体验和挖掘旅游资源、旅游业态和旅游线路,设计旅游产品和旅游线路。本次邀请的旅游达人在微博、微信、蚂蜂窝、携程等平台上都有庞大的粉丝群体,活动以其通过直播、短视频、图片、文字的形式在互联网上展现扶贫地区旅游资源、旅游产品等,吸引游客关注。

(丁　玥)

【冰雪文化旅游体验推广】 12月9日,由北京市文旅局、天津市文旅局、河北省文旅厅、延庆区政府、张家口市政府主办,北京冬奥组委、市委市政府京津冀协同办支持,区文旅局和延庆区文旅局、张家口市文化广电和旅游局、瑞益文传(北京)品牌管理顾问有限公司承办的京津冀冬季冰雪文化旅游体验推广活动在北京冬奥组委首钢园区举办。参与活动120余人。会上,北京(石景山、延庆)、天津、河北(张家口)三地代表推介本地区冬季冰雪文旅资源。同时,会上发布京津冀冰雪抖音账号,提升新媒体宣传力度。

(李振平)

【旅游经济】 年内,石景山区接待游客678.9万人次,同比增长25.1%,增长率位列全市第一。其中景区接待458.1万人次,住宿业接待220.8万人次。实现旅游经营收入78.5亿元,同比增长14.9%,增长率位列全市第二。

(李振平)

旅游活动

【首届莲石湖彩色环湖跑活动】 3月31日,由区文旅局、区文明办、市马拉松协会协办,游侠客旅行社有限公司北京分公司承办的首届莲石湖彩色环湖跑活动在莲石湖公寓举办。参与活动的跑步爱好者近2000多人,共同围绕莲石湖完成6千米的跑步运动。同时,区文旅局、区文明办组织志愿者向游客开展文明旅游、创建文明城区公益宣传等。

(丁　玥)

【第三届“助力冬奥·清凉水战”】 7月28日,由区文旅局与游侠客北京分公司主办的第三届“助力冬奥清凉水战”在石景山游乐园举行。活动内容包含泼水大战、七彩泡泡、冰桶挑战等夏日清凉项目。近800人参加。本次活动在2018年“助力冬奥·清凉水战”基础上进行升级创新。“助力冬奥·清凉水战”活动始于2017年,已成为石景山区夏季旅游节庆活动的品牌活动之一。

(李振平)

【红色教育征程线路推介】 8月22日,区文旅局组织区内旅行社、旅游景区等旅游企业代表30人赴天津市河北区参加红色教育征程线路推介会。推介会上,河北区介绍区域总体文化旅游资源以及红色旅游线路,并组织到觉悟社纪念馆和梁启超旧居参观。与会的旅游企业依托各自主营业务和优质资源,与天津的企业就如何开展长期互惠合作进行深入交流探讨,部分企业达成初步合作意向。

(李振平)

【支持实体书店发展行动计划】 9月30日,区文旅局结合本区实际,编制完成支持实体书店发展的相关政策,并以区政府办公室名义在全市各区中率先印发《石景山区实体书店发展行动计划(2019年—2020年)》和《石景山区扶持实体书店发展暂行办法》。重点支持新开设书店、现有规模书店、24小时书店及特色书店。区财政每年拨付300万元扶持实体书店健康持续发展。

(李振平)

【获国际旅游博览会组织奖】 10月18日—21日,在第八届北京国际旅游商品博览会上,区文旅局获“2019第八届北京国际旅游商品及旅游装备博览会优秀组织奖”。会议期间,区文旅局推出一系列具有文化内涵的旅游商品,展出商品20余种300余件。同时邀请对口扶贫地区河北顺平县、对口协作地区湖北竹山县、友好地区天津市河北区共同参展。

(丁　玥)

【冬奥组委—香八拉(石景山段)建成】 11月20日,冬奥组委—香八拉(石景山段)步道标识项目通过验收并投入使用。该项目投资138.36万元,完成安装步道综合导览标识、指示警示标识、教育性标识等6类标识共385块(合计770平方米),涉及步道沿线23千米。

(李振平)

【“助力冬奥会 快乐冰雪行”活动】 12月15日,由北京马拉松协会联合市雪上运动协会主办,区文旅局支持协办的“助力冬奥会 快乐冰雪行”迎新年10千米联赛在石景山区莲石湖公园举行。参加活动的有清华大学、北京大学、中国人民大学等6个高校跑步团体,阿里巴巴、百度、清华同方等17家知名企业跑步团体,共计800余名选手参赛。联赛设置10千米马拉松赛、路跑+旱地雪上滑轮两种竞赛形式。本次联赛是莲石湖地区第一次举办专业赛事。

(李振平)

【黑石头休闲步道建成】 12月16日,黑石头旅游休闲步道项目通过验收并投入使用。项目投资334.92万元,建成旅游步道6360米、生态卫生间(5厕位)、观景平台(60平方米)、果皮箱(61个)、标识标牌(241平方米)、休息座椅(64个)等配套服务设施。

(李振平)

【5家书店获市级资金支持】 年内,区文旅局对区内书店企业开展培训,解答申报资金项目方面的问题,组织企业参加北京市“最美书店”评比活动。石景山区全民畅读书店(郎园店)、创想乐园央美艺术馆、悦闻书院(24小时书店)、喜隆多中信书店、文社书店等5家企业获得北京市实体书店专项资金支持。全民畅读书店(郎园店)获得北京市“最美书店”荣誉称号。

(李振平)

【推实体书店发展】 年内,区文旅局开展对全区实体书店实地调研,了解企业经营现状,摸清底数。全区有实体书店30家,特色书店9家,其中包括1个大型综合书城、2家馆店结合书店、1家古籍书店、1家绘本书店、1家24小时书店、3家多业态融合书店。在前期调研基础上,启动编制《石景山区实体书店发展规划》,制定实体书店发展布局和目标,明确主要任务和保障措施,为实体书店发展奠定基础。研究制定扶持实体书店发展项目管理办法,以扶优抚新、鼓励创新为原则,鼓励实体书店发展。与市级部门对接,做好2019年北京实体书店扶持资金项目征集工作,组织区内实体书店开展项目申报培训,为实体书店争取市级资金支持提供指导帮助。区图书馆和新华求索求知(北京)图书有限公司开启石景山区阅读空间“图书馆+书店”创新运营模式,推动实体书店发展新模式。

(李振平)

旅游管理

【概况】 年内,区文旅局围绕石景山区年度重点工作任务和目标责任书要求,全面落实责任,强化宣传培训,加强行业管理,确保全区文化和旅游行业安全稳定。2019年,区文旅局共组成187个检查组,其中联合相关执法部门检查15次,区领导带队检查8次,局领导带队检查41次。出动执法人员564人次,车辆141台次,检查旅游经营单位446家次,整改安全问题469起。

(张术瑞)

【春节假日】 2月4日—10日春节期间,石景山区接待中外游客56.7万人次,实现旅游综合收入1392.51万元。八大处公园、北京国际雕塑公园和石景山游乐园三大庙会及其它文化活动安全保障到位,旅游市场秩序良好,实现“安全、有序、品质”的假日工作目标。

(张术瑞)

【联合检查两会驻地服务保障】 2月13日,区旅游部门与区质监、食药、消防等部门联合检查全国“两会”驻地服务保障工作情况,对存在的问题作出立即整改或限期整改处理。并就下一步工作提出四点要求:一是按照大会接待服务标准和《北京市住宿业服务质量标准与评定》有关要求,做好接待、住宿、会议、餐饮等服务保障工作;二是落实安全保障和服务接待主体责任,完善环境布置、前厅接待、客房服务、餐饮服务、会议保障、安全保卫等工作方案和应急预案,并开展预案演练活动;三是主动与市、区有关部门进行工作对接,并按照有关部门的工作意见研究制定措施,整改不足之处;四是遇有突发事件,稳妥处置,并报区旅游委和其他有关部门。

(张术瑞)

【五一假日】 5月1日—3日五一期间,石景山区举办各类文化主题活动13项、28场,约6.5万人参与。期间,由区文旅局主办,区非遗中心承办的2019年世园会“北京日”文艺演出及非遗展示活动在北京世园会举办,接待游客2.2万人。五一期间,全区累计出动执法人员879人次,查处无照经营及无照游商14个,检查文物景点等文化娱乐场所20家,检查食品药品企业203家,查扣黑出租车10起。

(张术瑞)

【端午假日】 6月7日—9日端午期间,石景山区接待游客5.75万人次,综合旅游收入316.36万元。期间,石景山区纳入统计监测的旅游景区3家,住宿经营单位5家。区文旅局、公安分局、消防支队、市场监管局、城管执法局、交通支队等假日办成员单位,3天共出动执法人员716人次,检查商超市场、餐饮企业、文化娱乐场所等各类经营户569家。无人员大规模聚集情况发生,无旅游突发及投诉事件发生。

(张术瑞)

【消防安全培训】 6月13日,区文旅局在京燕饭店组织全区文化和旅游经营单位从业人员参与的消防安全培训活动,170余人参加。培训针对文化和

11月,区文旅局举办备战冬奥会旅游行业从业人员素质提升班

(区文旅局供图)

旅游行业消防安全实际情况，结合在工作和生活中用火、用电、用气等不同情形，介绍事故发生的原因、造成的危害情况，并详细讲解发生火灾后的自防、自救、逃生技能，并按种类、功能、用途介绍不同的灭火器材的使用范围、方法和注意事项。

(张术瑞)

【国庆假期】 10月1日—7日国庆期间，石景山区重点旅游景区接待游客21.55万人次，综合收入612.36万元；5家市级住宿监测点接待宾客1432人次，综合收入143.48万元，平均出租率50.38%。期间，石景山区共组织开展特色公共文化活动55项93场次，参与市民和游客91900人次。全区出动执法人员2228人，出动执法车辆306台次，检查旅游景区、文化市场、文物点、食品药品生产经营单位等场所213家次，整改问题9起。

(张术瑞)

【备战冬奥培训】 11月14日、28日和29日三天，区文旅局举办“备战冬奥·2019年石景山区文化和旅游行业从业人员素质提升培训班”。全区住宿经营单位的管理人员及一线员工近200人参加专题培训，培训设经营管理、服务礼仪、投诉处理等六个专题。培训得到参训人员一致好评。

(张术瑞)

北京石景山游乐园

【概况】 北京石景山游乐园(简称游乐园)占地面积35万平方米，拥有大中型主题游艺项目40余项，国家AAAA级旅游区(点)，是国内唯一一家通过ISO14001:2004环境管理体系、ISO9001、2008质量管理体系、GB/T28001-2001职业健康安全管理体系认证的游乐园。2019年，游乐园大力实施“全面深度转型、高端绿色发展”战略，加快完善管理制度、拓宽发展思路、创新经营模式、整体提升品牌价值、全面落实安全生产责任制，确保各项经营工作安全、有序、平稳进行，最大限度地保证企业经济效益。获得“全国模范劳动关系和谐企业”“北京市安全文化建设示范企业”“北京市构建和谐劳动关系先进单位”称号。全年接待游客166万人次，综合经营收入9606万元。

(曹　悦)

【迎春庙会】 2月16日—22日在游乐园举办，以“中国年 世界的春节”为主题。园内主要活动“有相约‘欢腾秀’国际大马戏”见证全球欢乐盛典、“中国梦 丝路情”新春主题演出及花车巡游表演、全民的“美味狂欢”一站式吃遍中外美食、“慢品漫游过大年就来火车飞机暖心驿站”、新春最嗨“游艺嘉年华”、“助力冬奥 邂逅冰雪奇缘”、“打卡抖拍乐园”、献礼建国70周年“飞越中国”带您飞越梦里江山、“迎祥纳福 共享京味”、“文明创城普和谐 欢天喜地迎新春”等10余项活动内容，近50项经典游艺项目全部开放，6辆造型各异的花车与中外近百名演员带来异域风情舞蹈组成巡游方队。庙会接待游客40万人次，综合经营收入1489.9万元。

(曹　悦)

【元宵灯会活动】 2月19日在游乐园举办，以“团聚、团圆、团结”为主题。主要活动有光影艺术展示、文艺演出、灯谜竞猜、非遗互动、游艺活动、元宵美食汇等。在摩天轮、欧风街、飞天城广场分设幸福团圆区、和谐团聚区、爱国团结区3处核心观灯区，制作福星高照、天心月圆等9组大型花灯、308个中型花灯，悬挂2022盏红灯笼，安装数十万小型LED灯，呈现出幸福轮、奇幻城堡等39组光影创意景观。活动入园人数1.56万人。

(曹　悦)

【“春之韵游园会”活动】 4月5日—5月4日在游乐园举办，以“花海 & 金鱼艺术展”为主题。主要活动包括郁金香花海”展示区、“鱼乐世界”金鱼艺术展、“抖拍乐园”网红打卡地、创意美食汇；春日狂欢项目主题游等五大板块。园内还有十万株郁金香花装扮的艺术景观；由五花兰寿、红白兰寿、珍珠鳞、熊猫蝶尾、琉金、蝶尾、珍珠、顶红等2000个品种、80组异形鱼缸组成的800平方米艺术展。活动接待游客7.4万人，综合经营收入553万元。

(曹　悦)

【爱心公益活动】 4月26日，游乐园与“飞越中国”飞行体验馆联合以“书香传爱 情暖人间”为主题，在摩天轮广场举办爱心公益活动。活动邀请北京天云语言无障碍康复中心的小朋友们观看飞越中国。同时，捐赠爱心款一万元及图书100余册。

(曹　悦)

【“世界学者杯”分会场活动】 6月21日—22日在游乐园举办。主要活动有“学者的寻宝之旅”和社交晚宴两项内容。活动中既有团队合作的体验，也有中国美食、京剧美猴王、川剧变脸等具有中国特色的饮食文化与文化艺术体验。该活动是耶鲁大学官方支持的全球中学生学术嘉年华，来自40余个国家、3600名中学生分两批来园参加活动。期间，实现综合经营收入49.6万元。

(曹　悦)

【“狂欢之夏”活动】 7月13日—8月31日在游乐园举办，以“北京石景山游乐园邀您盛夏狂欢”为口号。主要内容包括幻境森林+奇幻光影艺术秀、大马戏宠物假期、“炫动盛夏”潮趴表演、酷爽游艺项目狂欢、啤酒之夏 & 缤纷美食汇、魔幻人泡泡王国、“夏日清凉挑战赛”湿身跑七大板块。全园设置9处梦幻心愿奇幻灯光打卡点，同时在占地5000平方米游乐园幻境森林光影景观，通过运用声、光、电等手段，呈现全新娱乐新空间、营造数字交互新领地。期间，接待游客32.7万人，综合经营收入2466.3万元。

(曹　悦)

【“飞览天下”飞行影院开馆】 9月8日，游乐园新项目“飞览天下”飞行影院飞越世界馆开馆。该影院是传统球幕影院的技术革命，智崴集团拥有国际专利技术的飞行座椅平台，结合创新的光影技术，使人沉浸入梦幻般的飞翔世界。在20米的巨大球幕中，裸眼体验到急速拉升、失重、俯冲、滑翔等真实的飞行感受。水雾、吹风、香氛等技术的叠加，使观众上可云中漫步九天揽月，中可展翅翱翔一览山河，下可潜入江海波澜壮阔。无论是外观设计，还是内部空间的展现，都体现出对中国开放的丝路文化和人类共同精神的表达。与园内传统的游乐、娱乐项目相比，其最大特征就是馆内影片全部以国际自然人文为主，采用区域世界馆大规模、大投入、大制作。截至年底，接待游客3万余人次。

（曹　悦）

【“中秋游园会”活动】　9月12日—15日在游乐园举办，以“欢聚摩天轮 今秋月更圆”为主题。主要内容包括乐享游艺大狂欢、飞越世界献礼中秋佳节、嫦娥奔月庆中秋文艺演出、金秋缤纷美食汇、醉美中秋灯光秀等五大板块。期间，接待游客1.9万人次，综合经营收入101万元。

（曹　悦）

【“我爱你中国”主题灯光秀】　10月1日—7日举办。游乐园将活动分为祝福祖国、中华梦圆两大主题区域；五洲同庆、温馨家园两条特色外围沿线；祝福、欢乐、友爱、幸福、梦圆、复兴、远航、初心、寻梦等九大主题亮点。同时，还有“我爱你中国”大型主题灯光秀，在摩天轮50米立柱巨型LED屏幕上，采取动态形式环幕视觉效果呈现“我爱你中国”“祖国万岁”巨型文字。

（曹　悦）

【“欢度国庆”游园会】　10月1日—7日在游乐园举办，以“壮丽七十年，欢乐在金秋”为主题。活动内容包括“盛世迎国庆 欢歌颂中华”舞台及花车巡游表演、乐享游艺项目大狂欢、畅享金秋缤纷美食汇、“我爱你中国”大型主题灯光秀、金秋胜景迎宾客、“壮丽七十年·宜居石景山”主题展等六大板块。期间，接待游客9.5万人次，综合经营收入622万元。

（曹　悦）

【国庆阅兵花车落户游乐园】　12月10日、17日，国庆70周年群众游行花车“鲲鹏展翅”“扬帆远航”分别落户游乐园。“扬帆远航”主题花车，寓意“中国号”巨轮向着实现中华民族伟大复兴的光辉彼岸破浪前进。“鲲鹏展翅”主题花车象征着全国各族人民在党中央的领导下，汇聚在一起，团结在一起，展翅高飞，走向民族复兴。

（曹　悦）

【“北欧冰雪小镇”活动】　12月21日—22日、24日—25日、28日—31日举办，历时8天。游乐园以冰雪、童话、跨年、狂欢为主要内容。活动主要包括冰雪奇幻生活小镇、3D城堡夜光幻影秀、缤纷圣诞场景板块、童话巡游表演、音乐舞台演出、北欧风情美食街、新年礼品市集、游艺项目大狂欢八大板块。此次活动首次引入3D城堡夜光幻影秀，全球先进的投影技术，使物体表面转变成动画，实现物体与动画融合，同步音乐，产生视听双呈现效果。期间，接待游客7.5万人次，综合经营收入140万元。

（曹　悦）

【更换游艺项目】　年内，游乐园以安全运营为首要工作职责，对整体游乐设备进行评估，对老旧设备进行升级改造或停运。拆除能源风暴、炫酷2项到期设备。新增飞越世界、旋转飞船2个项目。

（曹　悦）

【入园提示信息】　入园开放时间4月1日—10月31日周一至周五9:00—17:30，周六日9:00—18:00；11月1日—3月31日周一至周五9:00—16:30，周六日9:00—17:00。节假日期间正常营业，闭园时间根据当日具体情况适当延长，持老干部离休证、65岁（含）以上老年证、军官证、士兵证、残疾证、6岁（含）以下凭有效证件和1.2米（含）以下儿童免门票入园；持全日制大学本科及以下学历学生凭本人身份证或《学生证》、60岁至65岁（不含）老年人凭有效证件购买门票享受半价优惠。

（曹　悦）

八大处公园

【概况】　八大处公园是国家AAAA级景区、北京市一级一类公园，位于石景山区西北部，是由一组佛教古建筑群组成的山地寺庙园林。2019年，八大处公园对标对表折子工程各项指标，扎扎实实搞建设，凝心聚力谋发展，园区呈现稳步提升的良好态势。全年接待游客273.2万人次，同比增加14.7%；门票收入1655.9万元，同比增加1.2%；综合经营收入3031万元，同比减少5.9%。

（王少卿）

【第六届新春祈福庙会】　2月5日—9日在八大处园内举办。活动以“迎新年、进福门、走福路、拜福山、过福桥、点福烛、品福茶、吃福糕、敲吉祥钟、击太平鼓、上平安香、打金钱眼、戴福还家”为主线，突出喜迎亥猪新春、福送千家万户的老北京民俗文化。活动包括：“福”送千万家、祈福大法会、敲新年钟

第六届新春祈福庙会表演现场　（八大处公园供图）

祈新年福、灵光普照福门开、“打金钱眼”求福寿康宁、“钻钱眼儿”求财源滚滚、击太平鼓祈平安、十三档花会拜庙走会、民俗表演大舞台、小货郎展风采、非遗手工绝活展演、乘滑道贴地飞行等。其它还有:巨“福”布艺上虎峰、冬奥吉祥物联展、“金猪”报福贺新春、“创城”福门迎宾客、百年庙会图片展、老北京年货小吃街,以及各处推出的挂吉祥牌、请如意符、走健康路等一系列景观布置和传统祈福活动。活动历时5天,接待游客17.6万人次,门票收入138.9万元,综合经营收入295.1万元。

(王少卿)

【佛诞节庆祝活动】 5月12日(农历四月初八),中国佛教协会在灵光寺举办佛诞节庆祝活动。来自全国三大语系佛教界人士、中外嘉宾及佛教信众千余人共同庆祝佛诞。缅甸、尼泊尔、斯里兰卡驻华大使,泰国驻华使馆代办、公使,以及越南、印度、老挝、阿富汗驻华使馆代表出席活动。中央统战部、全国政协民宗委、中国宗教界和平委员会、中国人民争取和平与裁军协会、中国社会科学院,北京市委统战部、市民宗委,石景山区政府,西城区民宗侨办,以及中国佛教协会、中国藏语系高级佛学院、市佛教协会,国家图书馆、国家文物信息中心、北京大学、北京师范大学,海峡经济科技合作中心、星云文教基金会等相关部门负责人、社会各界嘉宾参与上述活动。

(王少卿)

【景观改造提升工程】 6月开工,12月完工。工程包括对八大处公园现状给排水、电力、天然气、弱电等管线进行改造,同时对道路、桥梁及景观设施进行提升。工程总投资5300万元。

(王少卿)

【古建维护保养工程】 6月开工,12月完工。八大处公园古建维护保养包括门区管理用房周边地面砖、二处局部地面砖维护保养;二处管理用房南侧房屋屋面维护保养;二处通往三处门洞及墙体维护;六处局部围墙、甬路维护;古建扫瓦垄等项目。工程总投资240万元。

(王少卿)

【中佛协庆祝新中国成立70周年】 9月27日上午,中国佛教协会在灵光寺举行庆祝新中国成立70周年歌咏会等系列活动。全国政协民宗委、中央统战部等有关部门领导出席活动,中国佛教协会驻会负责人及全体工作人员、在京直属寺院法师和居士约300余人参加活动。

(王少卿)

【西山文化节暨重阳游山会】 10月1日—7日举办。活动主题为:“西山显魅力 文明育和谐”“再挑黑茶上北京”“孝满京城 德润人心”。分为三个板块——“庆祝建国70周年”板块内容包括:大型山体艺术“祖国好”铺上虎峰、“祖国好”文艺汇演、“一带一路”大使视觉行主题图片展、“国庆”主题书画笔会等;“第十八届八大处中国园林茶文化节及安化黑茶文化周”版块内容包括:盛世传承灵境封茶、安化黑茶斗茶大会、“茶香满园”安化黑茶主题园、京城曲艺与地方茶戏同台飙戏、黑茶文化书法笔会、水谷流泉奏响安化小调、“挑担茶叶登三山”、现场制作百两茶等;“第三十二届八大处重阳游山会”版块内容有:万平方米“重阳”布艺展虎峰、重阳敬老综艺展演、“孝”文化戏曲专演、登高取吉戴福还家、重阳敬老主题园。还有胖友魅力大赛和《八大处传说》曲艺和评书展演。活动历时7天,接待游客9.8万人次,门票收入46.4万,综合经营收入48.9万元。

(王少卿)

【第四届北京西山中医药文化季举行】 10月19日,由北京市中医管理局和石景山区政府共同主办的“弘扬国粹·添彩冬奥·让中医药走向世界”第四届北京西山中医药文化季系列活动在八大处公园举办。活动以“品牌展示日·全民文化季”为载体,公布本届活动“10365”重点任务。本届品牌展示日,包括“弘扬国粹·中医中药中国行”“冬奥之窗·中医药走向世界”“问脉京西·中医药创新发展”三大主题活动,汇聚中医药服务和特色产品,通过藏、回、瑶等民族医药单元展示的特色技术和产品,展现中华民族医药特色与底蕴。

(王少卿)

10月3日,第十八届国际茶文化节　　(唐志常　摄)

城市管理

综　　述

【概况】 石景山区城市管理委员会(简称区城管委),加挂区环境建设办、区水务局、区交通委牌子,是负责辖区城市环境建设、城市管理的综合协调,市政基础设施、市政公用事业、市容环境卫生、能源日常运行、水务、交通等管理工作的区政府工作部门,设14个内设机构。3月,石景山区机构改革工作专班印发《关于调整机构职责编制和办理人员转隶手续的通知》,不再保留区委城管工委,撤销工委办,核减行政编制3名;将区水务局的水旱灾害防治职责划给区应急管理局;将区水务局所属事业单位气象灾害预警中心职责、事业编制及对应人员划转给区应急管理局;将区防汛抗旱指挥部的职责划入区应急管理局;撤销防汛办机构,实有人员划转区应急管理局;将区水务局的水、湿地资源调查和确权登记管理等职责划转给规划和自然资源委员会石景山分局;将区水务局的编制水功能区划、排污口设置管理、流域水环境保护职责划转给区生态环境局,相应划转2名行政编制及对应人员;将区水务局的水利风景区、水生野生动物自然保护区等管理职责划给区园林绿化局;核减处级编制4名。调整后,区城管委机关行政编制53名,所属事业单位11个。2019年,区城管委围绕"建设国家级产业转型发展示范区、绿色低碳的首都西部综合服务区、山水文化融合的生态宜居示范区"的三区定位,充分依托筹办2022年冬奥和打造城市复兴新地标的两大契机,全面发挥创建全国文明城区的总牵引作用,聚焦重点任务,提高治理水平,推动高端提升,全力做好城市管理各项工作。

(王　璐　郝　丽)

【国家卫生区复审】 7月2日,石景山区国家卫生区复审工作推进会召开。区卫健委、区复审办汇报石景山区迎接国家卫生区复审工作及下一步重点工作任务,明确国家级暗访检查的重点和石景山区急需整改的问题;主要责任单位进行工作研讨交流;各主管副区长分别就分管工作提出要求。会议认为,复审工作是"创城"重要基础性工作,石景山区通过复审市级综合评估,得到市级评估组的充分肯定,各成员单位要进一步提高站位,坚定必胜决心、再接再厉、一鼓作气,圆满完成这项政治任务。复审办要明确各项任务的迎检标准、规则和程序,各成员单位务必须以"创城"工作为总牵引,结合"擦亮城市西大门,文明祥和迎大庆"专项行动统筹谋划精心部署。对照国家卫生城市标准,石景山区还存在许多薄弱环节,尤其针对旱厕、建筑工地围挡和内部管理、背街小巷和老旧小区环境卫生、绿化带卫生、中小餐饮卫生管理和病媒生物防制等工作需下大力量整治,要坚持问题导向,抓紧时间查漏补缺,知难而进、迎难而上、狠抓落实,各成员单位要按照各负其责切实解决重点难点问题。区城管委成立专项工作小组以及10个包片巡查组;制定并印发《国家卫生区复审工作方案》《2019年国家卫生区复审市容环卫和环保工作组工作方案》,实地考察复审迎检点位,建立问题台账,督促完成市容环境、路面破损、共享单车乱停放、河湖环境问题,全面落实整改,完成国家卫生区复审工作。

(靳文静)

【全国文明城区创建】 年内,区城管委坚持以创城工作为牵引,定期会商研判,狠抓工作落实。成立"城市公共设施提升工程"和"城市精细化治理提升工程"工作组、"'擦亮城市西大门,文明祥和迎大庆'城市环境整治"专项行动组、"创建全国文明城区城市环境"保障组。制定《"城市公共设施提升工程"实施方案》《"城市精细化治理提升工程"实施方案》《"擦亮城市西大门,文明祥和迎大庆"专项行动工作方案》《迎接2019年度全国文明城区测评服务保障工作方案》。组织45名85后年轻干部巡查全区主次干道、背街小巷;开展47条主次干道及"门前三包"范围内路面整治、背街小巷路面应急修补;维修32条主次干道沥青路面和人行步道,巡修故障路灯、整治共享单车停放秩序、增加共享单车停放处、清理小广告、安装公厕指示牌、开展垃圾分类检查,完成主次干道、公交车身、地铁站内各类创城公益广告宣传品布设。在测评服务保障中,成立测评服务保障工作领导小组,建立处级领导联系街道机制,146名干部参与定人定点定责巡查47条主次干道,全时段在岗在位进行保障,及时清理烟头、小广告,维护宣传布设、果皮箱垃圾分类及共享自行车秩序等问题。

(靳文静)

城市环境建设管理

【概况】 年内,区城管委加快推进垃圾分类示范片区覆盖,全面启动全区9个街道示范片区创建工作;全区83家党政机关、41家大型商超、1494家餐饮单位全面执行生活垃圾强制分类,20所中小学"垃圾分类示范校园"完成创建。选取八角古城南里、老山东里北、金顶街金铸阳光苑等10个"样板小区",制定垃圾分类运行标准,引导居民参与垃圾分类。深化道路清扫保洁等级管理,"冲、扫、洗、收"工艺作业率97%以上,机扫率99%。开展打击建筑垃圾违规消纳专项行动,全年牵头组织开展各类渣土运输车辆专项治理联合执法708次。开展渣土运输车辆源头治理工作,完善前端数据采集装置。加强户外广告日常管理,开展照明设施安全大检查活动。加强公共服务设施管理,对破损或长期闲置废弃的报刊亭、电话亭、废物箱、公交车站设施等公共服务设施进行修理维护或减量移除,共移除闲置报刊亭4座、公用电话亭326个。推进背街小巷环境整治提升,完成长安街石景山段、冬奥赛场及阜石路沿线、模式口文保区、古城街道精品街巷样板区、鲁谷街道精品街巷样板区5个区域。推进街巷长制有效落实,招募"小巷管家"3591名,上岗"小巷管家"累计巡访20万余小时,处理各类事件18万余件;注册街乡镇级志愿服务队9个,注册社区村级志愿服务队143个,2746名志愿者累计志愿活动时长36万余小时,营造出"人民城市人民管”的社会治理氛围。

（王　璐）

【非达标厕所改造】　年内，区城管委以“兜底保民生、主体履责任”为原则，坚持拆一批、封一批、改一批、建一批的思路，会同各街道对全区非达标厕所进行摸排，完成46座非达标公厕改造工作。其中拆除、封闭废弃厕所9座，改造、新建厕所37座。

（梁　涛）

【餐厨垃圾规范收运】　年内，区城管委制定《石景山区2019年餐厨垃圾规范管理工作推进方案》，与区商务局等单位联合加大宣传力度，加强餐饮服务单位源头管理，规范餐厨垃圾收集运输行为，强化日常检查和联合执法检查。全年共组织开展日常检查2881次、联合执法检查22次，发现问题立督立改，实现辖区餐厨垃圾“日产日清”。全区1588家餐饮服务单位全部纳入台账规范管理，累计收运餐厨垃圾3.01万吨，全部进行规范消纳处理。

（田　锦）

【垃圾分类管理】　年内，石景山区9个街道全部开展垃圾分类示范片区创建工作，实现全区居住小区垃圾分类体系全覆盖。开展20个“垃圾分类示范校园”创建工作。巩固提升已达标分类小区日常运行成果，加大对辖区居民、党政机关及社会单位的垃圾分类宣传普及力度，全区83家党政机关及41家大型商超实施生活垃圾强制分类。全年开展各类宣传活动70余场，直接参与人数近4000人。注重对垃圾分类投放、收集、运输、处理四环节的有效衔接。加强日常巡查，全年开展日常检查13392次，发现问题7099处，问题整改率98%以上。随着居住小区生活垃圾实行“干湿分离”，全区日均厨余垃圾分出量约36吨，全年达到1.31万吨。全区混合垃圾总量得到有效控制，全年混合垃圾量较去年减少1500吨。

（侯　森）

【大件垃圾规范收运】　年内，区城管委加大大件垃圾清运消纳工作力度，完善大件垃圾规范消纳机制，为各街道配发“石景山区大件垃圾清运消纳通行证”85张，制作安装居民小区大件垃圾暂存点公示牌79块，督促各街道及时收集清运。全年转运大件垃圾共计883车箱、2.5万立方米。

（赵艳涛）

【长安街石景山段整治提升】　年内，区城管委完成对长安街石景山段沿线23个市政路口、64个社区、单位出入口、12181平方米市政步道改造提升；完成黔灵餐厅等3个社会单位建筑楼体外立面改造提升；完成长安街沿线绿带、石景山游乐园及万达嘉华酒店等8个建筑楼体景观照明整治提升，共计安装各类景观照明灯具85797套；完成新安城市森林公园等3个公园、广东门绿地等2处绿带改造建设，总体绿化面积53.3万平方米。

（马长兴）

【冬奥赛场周边等地整治提升】　年内，区城管委完成北辛安路沿线两侧等地块绿化提升工程，总绿化面积6.3万平方米；完成苹四小马路等6条区域内背街小巷环境整治提升工程。冬奥赛场周边及阜石路沿线整治提升工作年度任务的完成，初步解决冬奥赛场周边山体改造、道路建设等大项基础建设工程环境配套建设问题，为后续两年冬奥赛场周边整治提升工作的顺利开展奠定基础。

（马长兴）

【背街小巷环境整治提升】　年内，区城管委完成古城地铁宿舍7—9号楼院外马路等29条背街小巷环境整治提升任务。共计完成：违建拆除1800平方米、建筑外立面整饰20000平方米、地面整修68000平方米、绿化新增20800平方米、牌匾整治1100平方米。基本实现除待拆迁区域（广宁村、麻峪村、高井村、福田寺村、梁公庵村）、规划待建设区域（衙门口村、北辛安周边、保险产业园区域、首钢厂区）及小区、单位内部以外的背街小巷整治提升全覆盖。

（马长兴）

【新中国成立70周年宣传环境布置】

年内，区城管委围绕“点、线、面”整体布局，以陆军总部、中部战区及八大处、冬奥组委、石景山游乐园为重点区域，3条重要道路28条主要街道为联络线，通过升挂国旗、插挂彩旗、灯笼灯饰、硬质横幅、公益广告、立体花坛、夜景照明及灯光秀等9种形式开展宣传，环境布置覆盖150个社区143条背街小巷。全年擦拭翻新14条道路，布设灯笼、中国结6676个，新增17条道路布设灯笼7188个。利用道路两侧硬质横幅框架40余处、大型立柱式户外广告设施11处、候车亭广告位123处发布宣传标语和画面。结合重要环境提升工程，集中展示长安街石景山段景观照明、永引渠区域环境照明，组织发动京西商务中心等商业楼宇开启

9月，先锋小学门前路整治后　（马长兴　摄）

重大节日照明模式,并开启石景山游乐园夜间照明景观。在长安街延长线重要节点和冬奥组委周边设置主题花坛,八大处公园、石景山游乐园、西长安街文化艺术园等设置园艺花坛,莲石路主路、北辛安路、杨庄至古城大街设置多个花坛带,营造国庆氛围。

(张　楠)

【12345接诉即办】　年内,区城管委12345平台接收案件4302件。其中市政交通工作2711件,水务工作1021件,市容环境工作369件,供热燃气工作128件,电力工作73件。涉及停车类、道路设施类、市容环境类、供水、供电、供暖等多个方面,全部办理完成。

(石　硕)

【人大建议政协提案办理】　年内,区城管委办理人大建议、政协提案165件。其中,市级人大建议、政协提案7件(主办2件、会办5件),区级人大建议、政协提案158件(主办72件、会办86件)。主要涉及精细化管理、市政交通、水环境治理、景观提升、环境整治等方面,全部按期办结。

(于思昂)

城市运行保障

【概况】　年内,区城管委完成2018—2019年采暖季供热运行保障工作,督促供热单位实施老旧供热管网维修改造,热力集团市政热网完成消除隐患及管网改造大、中、小检修4138项,为2019—2020年采暖季冬季供热提供保障。加强天然气、瓶装液化石油气安全管理,完成8处天然气使用安全隐患整改。加快推动8项输变电工程建设,其中石景山220千伏、石龙220千伏、群明110千伏输变电工程运行投产;刘娘府110千伏、炼钢110千伏输变电工程完成主体工程;北辛安110千伏、苹果园110千伏输变电工程完成立项。开展电力隐患排查治理和电力应急救援,保障电力运行平稳安全。

(王　璐)

【西六环天然气工程石景山段】　西六环(中段)天然气工程石景山区域标段2018年11月17日开工,2019年6月15日通过压力试验,完成主体施工。总投资6000万元。改标段北起现状石门路,沿京门公路新线至高井预留阀室,标段全长1450米。全段采用全线浅埋暗挖工艺敷设,平均管线覆土9.5米。

(章　磊)

【管网改造】　年内,石景山区各供热单位对上个供暖季发现的老旧管网问题进行解决,共消除隐患及管网改造大、中、小检修4138项。其中,对183栋楼底盘管进行改造,更新二次管线总长度1050米,一次管网改造总长4920米,楼内管线进行改造总长度30900米,投入资金合计9685万元。

(范立堂)

【重要活动电力保障】　年内,区城管委在"新中国成立70周年"、全国"两会"期间,派出专人24小时现场驻守,协调供电公司派驻专业人员、应急车辆等在现场附近持续巡逻。从预警、预案、预控和综合调节上入手,督促电力企业加强对重点电力设备和线路的持续巡查,及时协调处置电力隐患,确保活动和节日期间电力运行安全稳定。

(杨　晨)

【变电站投运】　年内,全区8个输变电工程取得重要进展。其中,石景山220千伏、石龙220千伏、群明110千伏输变电工程运行投产。刘娘府110千伏 、炼钢110千伏输变电工程完成主体工程,并进行投产前调试。北辛安110千伏输变电工程、苹果园110千伏输变电工程完成立项。通过各项输变电建设工程的实施,优化地区电网网架结构及变电站电源布点,改善原电源点偏少难以支撑地区经济发展的状况。

(杨　晨)

【26个隐患小区纳入市改方案】　年内,区城管委按照区委区政府关于老旧居民小区配网改造工作的指示精神,与各街道、区供电公司研究梳理出26个存在电力隐患的居民小区,共涉及13086户居民,并报送市发改委。26个存在电力隐患的居民小区,涉及的13086户居民,全部被市发改委纳入《北京市老旧居民小区配网改造工作方案(2018－2022年)》的实施方案。

(杨　晨)

【公共电网隐患排查治理】　年内,区城管委与区供电公司联合组织开展全区公共电网隐患排查工作,对供电公司所属115个配电站室、33条架混线路、60座电缆分界室、41条输电线路进行排查,针对检查中发现的安全隐患建立隐患台账和统计表,做到底数清、情况明。同时认真分析隐患情况,采取压实防尘网、加固围挡、清除垃圾等措施进行整改。对暂时不能整改的隐患和问题,制定并落实管控措施,确保电网稳定运行、电力有序供应。

(杨　晨)

交通建设管理

【概况】　年内,区城管委推进主次干路、支路、轨道交通及交通枢纽建设。长安街西延、古城南街、永引渠南路建成通车,刘娘府东街北段、煤制气厂东路施工单位进场,高井规划一路、北辛安路南段、锅炉厂南路加快推进前期工作。围绕北京银行保险产业园、刘娘府建设区、西黄村、北辛安棚户区等重点区域周边实施次干路、支路建设,石河村东路、金顶北路、铸造厂中街等

10月,万达商圈电子围拦建设现场

(翟鲁敏　摄)

3条次干路、支路建成。推进S1线、M6号线西延、M11号线西段工程建设。推进苹果园交通枢纽建设。完成玉泉路、半月园西街、玉泉西街等7条道路清线撤杆和古城小街通信架空线规范梳理,围绕冬奥组委周边完成杨庄大街、阜石路通信架空线入地清线撤杆;实施鲁谷路、慈善寺路大修工程,实施常规疏堵工程,完成老古城前街东口步道改造等5项工程。推进慢行系统建设,完成25千米自行车道治理,铺设自行车路彩色标识12200平方米,安装阻车桩716根。集中整治"有路无灯"问题,牵头对市政巡河道路、街巷甬路、小区进行路灯安装。统筹停车设施供给管理工作,完成辖区地面停车位规划方案编制,推进全区停车设施供给,新增停车设施5处,停车位6000余个。推进路侧停车电子收费改革,完成路侧停车电子收费改革前期设备建设,一期高位视频建设覆盖15条道路、1276个车位;开展道路停车居住认证,完成认证人数7800余人。提升公交交通服务质量,新开专61路等三条微循环公交线路,调整10条线路。规范共享自行车管理,在万达商圈安装21处蓝牙电子围栏,试点推进共享单车"入栏结算";开展停放点施划复划工作,新增推荐停放点390处,复划243个点位。

(王　璐)

【核对民用运力预征用车辆】 5月23日,区城管委召开民用运力预征车辆核对工作会,对2014年预征的10辆重型自卸货车、50辆大型普通客车进行核对,掌握预征用车辆底数。

(韩振杰)

【道路停车居住认证】 6月,区城管委在道路停车电子收费实施前,开展道路停车居住认证工作。制定《石景山区道路停车居住认证工作方案(试行)》,并在各相关社区张贴《致居民的一封信》,组织街道对前来申请的市民进行登记,并对申报材料审核。年内共完成认证8000余人次。通过认证的居民享有在认证道路停车1元/2小时的优惠资质。

(李　辰)

9月,长安街西延线通车　　(张　亮　摄)

【道路停车电子收费建设】 7月1日,石景山区61条道路、4586个车位全部实行停车电子收费,15条道路、1276个车位一期高位视频建设完成。

(韩振杰)

【签署公共交通战略合作协议】 10月16日,区政府与北京公共交通控股(集团)有限公司在区机关签署战略合作框架协议。双方就未来石景山区域内公共交通服务质量提升、大力发展绿色公共交通、加强公交基础设施建设、促进区域经济发展等四方面内容达成一致,并组成战略合作协调推进小组。

(李　辰)

【城市道路建设】 年内,区城管委按照北京市交通综合治理行动计划工作安排,完成金顶北路、石河村东路、铸造厂中街等3条次干路、支路建设任务。9月29日,长安街西延、古城南街、永引渠南路东段等三条主干路建成并通车。

(张　亮)

【轨道交通建设】 年内,区城管委按照北京市关于轨道交通建设要求,协调各相关单位全面推进轨道交通建设,S1号线金安桥至苹果园区间持续推进,苹果园车站建设随苹果园交通枢纽同步实施;M6号线西延苹果园站换乘方厅主体工程完成,道路、管线导改工作完成;M11号线西段工程征地拆迁工作完成,实现全面进场。

(张争争)

【道路养护管理】 年内,区城管委完成鲁谷路东段和慈善寺路大修工程,总长度2.73千米,总面积3.49万平方米;完成炮厂路、银河东街等8条城市道路步道专项整治工程,整修人行步道15986.42平方米,沥青路面1845.34平方米;完成保养小修人行步道11059.82平方米,沥青路面23284.20平方米。

(彭　鹏)

【区级疏堵工程】 年内,区城管委实施完成景阳东街设置右转弯车道、鲁谷大街南口路口改造、鲁谷路东口路口改造、老古城前街东口步道改造、八大处路设置右转弯非机动车道等5项区级疏堵工程。

(彭　鹏)

【自行车道整治】 年内,区城管委完成老古城棚户区改造项目和保险产业园内新接收管养的18条道路25千米自行车道治理,有效解决代建道路经常出现的环境脏乱、乱停车、失管失养、移交缓慢等问题。

(彭　鹏)

【通信架空线入地工程】 年内,区城管委完成玉泉路、半月园西街等7条道路通信架空线入地工程;完成实兴北街、杨庄北区中街等5条道路通信架空线规范梳理;全面开展往年已实施管道建设道路的清线撤杆。全年累计清线的道路长度30.05千米,撤杆705根。

(张争争)

【"有路无灯"问题集中治理】 年内,区城管委按照区政府部署,与区财政局、规划和自然资源分局、区住房城乡建设委、区国资委、区集体经济办、区园林绿化局、各街道办事处对全区范围内市政道路、巡河路、街巷胡路、部分小区"有路无灯"问题集中治理。共完成15条市政巡河道路、29条街巷胡路、32个小区的路灯安装工作。安装市政路灯107盏、太阳能路灯115盏、街巷胡路各类路灯271盏、更换小区内各类灯具1082盏。改善居民夜间出行条件。

(张争争)

【制定交通综合治理行动计划】 年内,区交通委根据《2019年北京市交通综合治理行动计划》和《2019年交通综合治理行动计划任务书》的要求,为全面提升石景山区交通综合治理能力,持续改善全区交通运行状况,制定《石景山区2019年交通综合治理行动计划》,并于7月12日正式印发。全市交通综合治理任务共41项,涉及石景山区任务21项,结合区域实际,细化分解为30项。

(崔玲霞)

【学校医院周边交通综合治理】 年内,区交通委组织教委、卫健委召开学校医院周边交通综合治理工作会,研究治理措施。从道路通行畅通、管理措施到位、基础设施齐全、满意度四个方面,查漏补缺。通过完善"一校一策"、"一院一策"、组建五支队伍(家长、保安、教师、协管、老街坊)、错峰就诊、预约就诊、完善硬件设施设备、加强引导等措施,学校医院周边秩序得到有效治理。截至年底,石景山区拥堵挂账的9所学校(除古二小外)和3个医院全部退出全市前30名拥堵排名。

(崔玲霞)

【交通护栏治理】 年内,区城管委通过采取"五个一"(即"一个方案、一个试点、一张图、拆一条、管一条")方式,全面落实交通护栏治理工作。石景山区有交通护栏42228扇,合计110.7千米,涉及道路179条,其中,市属38424扇、99.3千米,区属3804扇、11.4千米。经充分调研,可拆除护栏24405扇、67.01千米。至8月底,便道高护栏、机非隔离护栏全部拆除完毕。

(崔玲霞)

交通道路管理

【概况】 北京市公安局公安交通管理局石景山交通支队(简称交通支队)是区道路交通的管理机关,主要职能是对道路交通依法进行管理。截至年底,在编干警179人,支队下属7个职能科室,1个执勤大队。2019年,交通支队围绕全国"两会""一带一路峰会""亚洲文明对话""世园会""70年大庆"等"五大安保"任务,全面加强社会面维稳、处突、防控等工作,为圆满完成各项安保任务提供有力安全保障。

(杨敬民)

【违法整治】 年内,交通支队依托"使命2019平安行动""交通秩序整治百日攻坚""雷霆行动""两打击一整治"等专项工作,持续保持社会面严查严管、严防严控高压态势。针对"僵尸车"治理,联合属地派出所、各街道全面开展专项整治工作。5月15日,开展苹果园地区集中整治行动。并依托各社区服务站,设立宣传栏、公开"管片负责民警"联系方式,建立一套长效监管机制,有效遏制"僵尸车"问题反弹。

(曹世兴)

【疏堵治堵】 年内,交通支队对照区年度挂账的3处堵点6处乱点,逐点建立"一图、一表、一方案"台账,通过实名挂账督办、阶段性治理销账。截至年末,3处堵点5处乱点全部销账,并对已销账的点位定期开展"回头看",持续巩固前期工作成效。围绕商业区、学校、医院、主要大街等重点区域,因地制宜优化区域交通组织,畅通道路微循环,全年共完善交通标志设施656件,施划复划标线351千米,制定交通组织优化渠化方案55个。金安桥行人二次过街信号灯建设全部完成。与交管局科信处和易华路公司座谈,加快全区智能交通建设步伐,推进科技治堵;与平安保险公司建立"警保联动"机制,平均用时7分钟,最快3分钟,提升路面处警清移速度,大幅减少事故致堵因素;严格落实"科技巡逻+定点执勤"和"1+1"岗位工作部署,持续加大重点区域、路段交通疏导维护力度,早晚高峰时段日均投入警力32人、协警31人,提高道路通行效率,缓解区域交通拥堵。

(曹世兴 郝 炘)

11月13日,交通支队开展交通安全宣传 (交通支队供图)

【静态交通秩序管理】 年内,交通支

队设立停车严管示范街80余条，在区主要道路施划禁停黄线143千米，新增“电子警察”监控点位65处，整合“雪亮工程”监控探头78套。同时组建视频巡控队伍，全员上路执法，利用电子监控、鹰眼等科技设备，对违停加大执法力度。

（郝　炘）

【交通宣传】　年内，交通支队坚持多策并举，把牢宣传、教育、监管三个关口，全力确保辖区交通秩序安全稳定。严把主体责任关，组织“一区一警”成立9个交通安全检查组，深入辖区各社会单位，逐一与领导、驾驶员见面把关，逐人签订《交通安全责任书》，督促落实交通安全主体责任。严把宣传教育关，组织安监民警到全区党政机关、部队、社区、企业、学校等单位，开展“细节关乎生命、安全文明出行”“七进”等系列宣传教育活动；发动各街道交通安全委员会、“老街坊”社区交通安全积极分子参与交通安全宣传；专门制作并发放《致市民朋友的交通安全信》，引导市民安全文明驾驶。全年开展宣传活动93场次，召开动员部署会71场；为中小学讲授交通安全课82场，展板巡展85场，受教育学生9.5万余人；发放《一封信》3万余份。严把安全监管关，加大专业运输单位、重点车种、重点群体监督力度，全面消除安全隐患，全年检查社会单位890余家，签订《交通安全责任书》4450余份。

（曲守全）

水务建设管理

【概况】　年内，区城管委有序推进石景山水厂建设，截至年底主体结构完成50%；加快推进五里坨污水处理厂二期升级改造，完成2万吨/每天提标改造工程；持续优化高井沟流域生态修复、人民渠西延景观提升工程设计方案。深化河长制工作，全年全区各级河长巡河率100%，累计巡河1490人次，巡河里程5317千米；完成6处小微水体整治，实现小微水体问题“动态清零”；开发推广“石景山河长”APP，推进区属河道“一口一牌”建设，设立标识202块，封堵非法排污口69处。强化地表水断面维护，1月—12月石景山区国控南大荒莲石湖点位、市控新开渠、高井沟村桥点位断面综合评定水质均达标。严格水政专项执法，全年执法检查量5694件，行政处罚案件158件，处罚金额134.14万元，触发职权数量为22项。全面推动节水型社会建设，完成8000套节水器具换装及470个节水型单位、42个节水型社区创建工作，顺利通过节水型区创建验收。编制并实施区域海绵城市建设专项规划，以西郊砂石坑蓄洪工程、北京银行保险产业园、首钢冬奥组委园区等项目有序推动海绵城市建设实现石景山区建成区16.7%的面积达到海绵城市建设要求。对50个小区实施供水管网改造，改造管线55千米，全区基本实现污水收集处理设施全覆盖，污水处理率达到99%。

（王　璐）

【海锦城市建设规划实施】　11月20日，石景山区海绵城市专项规划（包含于《石景山分区规划（国土空间规划）（2017年—2035年）》）获市政府正式批复。区城管委有序推动各项海绵城市建设项目，截至年末石景山建成区16.7%的面积达到海绵城市建设要求。

（吕春华）

【节水型区创建验收】　11月，石景山区报送的《节水型区创建申报材料》通过初审。12月12日，由水利部、市水务局组成的节水型区验收专家组对石景山区节水型区创建工作进行验收考评，石景山区以96分的成绩顺利通过节水型区验收。

（吕春华）

【小微水体整治完成】　年内，区城管委根据北京总河长1号令工作要求，全面开展小微水体排查、整治工作，力保全区各类水体基本实现“无垃圾渣土、无集中漂浮物、无污水排入、无臭味、无违法建设”五无目标。4月起，对全区小微水体进行全面排查，并于5月完成小微水体问题台账建立并公示，累计入账小微水体问题点位6处。针对调查摸底发现的问题，制定治理措施，明确责任部门及治理时限。6处上账小微水体问题全部完成治理，分别是：5月底完成琅璜渠治理、6月完成黑陈路边沟和五环路排水沟治理、7月完成军福渠和上庄大街东侧排洪沟治理、8月完成永定河休闲森林公园内自然边沟治理。

（温冬青）

【各级河长巡河督导工作】　年内，区城管委根据年初工作安排，完成全年四个季度的巡查督导工作，包括总河长巡查在内，区级河长全年累计开展督导及巡河工作34人次，累计巡河里程140余千米，提出并督导解决河道问题9件。全区各级河长累计开展巡河1467余人次，有效巡河里程超过5300千米，累计查处河道问题139处；全面完成市级部署的17项年度重点任务。自10月“北京河长APP”正式上线使用以来，区级河长巡河率保持100%，街道级河长巡河率在100%以上。

（温冬青）

【南马厂水库获“优美河湖”称号】　年内，在北京市2019年优美河湖评选活动中，区水务局严格落实“巡、查、治、联”工作要求，维护提升河湖范围生态环境，通过转发“北京河长”公众号链接，发动群众完成每日投票。辖区五里坨南马厂水库获得北京市2019年“优美河湖”称号。

（温冬青）

【河长制宣传获国家级荣誉】　年内，在中国水利水电出版传媒集团和水利部宣传教育中心主办的“守护美丽河湖”微视频公益大赛工作中，区水务局联合航天三院、北京教育学院石景山分院、京源学校莲石湖分校，与“小河长们”历时25天，先后15次下湖，开展水下机器人科学实践活动，对莲石湖水体总量进行精确测量，并建立莲石湖立体模型。经过大赛组委会作品征集、专家评审后，石景山区的《科技创新，守护生态，小手“丈量”母亲河》微视频在全国300余个作品中，被评为优秀奖，是北京市唯一一个获奖作品。

（温冬青）

【开发“石景山河长APP”】　年内，区城管委在“北京河长APP”开发基础上，结合工作实际，开发“石景山河长APP”。依据“采办分离”要求，APP实现市区两级数据实时对接、河道基础数据更新、增设河道管护和巡查等基层工作用户账号、问题采办交办、巡河任务统计和提示等功能;同时具备定制功能和分析功能,河长可定制巡河任务,分析统计河长履职情况。

(温冬青)

【节水型社会建设】 年内,区城管委严格用水总量控制,用水总量控制7500万立方米以内。对全区非居民用水户开展“六要素”(法定代表人、管水部门负责人、区节水部门负责人、街道节水责任人、社区节水责任人、管水员)调查。完成8000套节水器具换装工作,提高节水器具普及率。完成470个(其中市级20个、区级450个)单位、42个社区节水型创建工作,提高节水型企业(单位)和节水型社区覆盖率,节水型社区覆盖率100%。

(吕春华)

【永引渠水系景观提升工程】 年内,区城管委对永引渠模式口北街至西五环河段进行水系景观提升整治,景观全长5.05千米,分两期实施。其中,一期工程(北京银行保险产业园段)于年内建设完毕,投资8069.62万元,完成1.15千米河段生态护岸和4千米的慢行系统建设,建成“庐台”等景观节点,按照森林城市的标准提升全线绿化工程配置,完善夜景照明及公共服务设施。

(马　惠)

城市管理监督指挥

【概况】 石景山区城市管理监督指挥中心(简称区城管监督指挥中心)是负责城市管理监督与评价工作的区政府正处级行政机构,设9个内设机构。4月,区城管监督指挥中心根据区机构改革调整,从区城管委剥离,实现独立办公。5月,北京市12345非紧急救助中心石景山分中心正式划转至区城管监督指挥中心。2019年,区城管监督指挥中心把握筹办2022年冬奥冬残奥会、打造城市复兴新地标、全国卫生区复审的契机,以创建全国文明城市为总牵引,围绕12345市民热线“接诉即办”和城市网格化管理工作,不断完善制度机制,积极构建通畅高效的城市管理监督指挥体系,逐步提高城市治理水平,推动高端提升,确保各项任务高效落实。深化落实工作方案,加大指挥协调力度,按照“简单问题网格办、一般问题社区办、综合问题街道办、疑难问题吹哨办”的原则,实行分级办理、首办负责,推动“接诉即办”向主动治理转变。强化数据综合分析,自主研发区级“接诉即办”系统平台、升级版融合平台等系统,建立日报、周报、月报、专报制度。全区诉求平均响应率100%,平均解决率62.78%,平均满意率79.37%,综合得分80.25分,全市排名第五位。将全区1442个万米网格整合为239个管理网格,修订网格员管理办法,提升网格员规范采集、简易处置能力,全年街道网格员处置问题8.9万余件,占处置总量的46.7%。自主研发区级“接诉即办”系统,将融合平台案件数据与12345市民热线数据进行统计分析和关联性比对,为信息采集员主动巡查发现问题提供参考。响应“街乡吹哨、部门报到”工作,优化调整派发流程,增加“一案双派”“一案多派”功能,全年“一案双派”19920件,结案19880件,结案率99.8%。

(于文华)

【热线情况】 1月1日0时至12月31日24时,全区受理市民热线诉求52405件。据市平台有效回访统计,2018年12月20日12时至2019年12月20日12时,全区诉求平均响应率100%,平均解决率62.78%,平均满意率79.37%,综合得分80.25分,全市排名第五位。

(于文华)

【职能划转】 5月5日,北京市非紧急救助服务中心石景山分中心(简称石景山分中心)正式划转至区城管监督指挥中心。主要承担全区非紧急救助服务相关工作,负责受理北京市非紧急救助服务中心交办、督办的辖区内非紧急救助事项,收集整理非紧急救助事项反映的社情民意和社会动态,进行社情舆情综合分析,协调和指导重大非紧急救助事项的处置。

(于文华)

【夏季树木缺株死株专项治理】 6月—8月,区城管监督指挥中心集中开展夏季树木缺株死株专项治理工作。组织网格员、第三方专业队伍对市政道路、背街小巷、居住小区内开展“地毯式”巡查,建立专项整治台账,现场确认权属,压实补种责任。期间,完成近30棵缺死株树木的补植工作。

(赵　欣)

【夏季暴露垃圾问题专项整治】 6月—8月,区城管监督指挥中心依托融合平台集中开展夏季暴露垃圾问题专项整治。利用城市管理大数据分析系统,确定高发点位、高发时段,指导网格员加大巡查力度,协调区环卫中心、

永引渠水系提升工程完工　　(区城管委供图)

街道办事处增设收纳装置，加大垃圾清运频次，坚持做到“第一时间发现、第一时间派遣、第一时间处置”。期间，立案暴露垃圾类问题14592件，全部得到快速解决。

（石 梦）

【小区私装地锁清理】 6月—11月，区城管监督指挥中心通过12345市民服务热线、96310城管热线等受理渠道，接收小区私装地锁案件410件，同比上升44.37%，涉及113个小区。老旧小区占比93%。各街道集中整治，案件及时处置率达到100%。

（章鲍勃）

【夏夜环境治理专项巡查】 7月1日起，石景山区正式启动夏季夜间环境治理专项巡查工作。区城管监督指挥中心研究制定专项工作实施方案，明确任务目标，抽调专业力量，分阶段组织实施，重点针对露天烧烤、夜间大排档、店外经营、无照游商、路灯断亮等问题开展夜间巡查，形成专项问题整治台账，第一时间派发至各相关部门。

（石 梦）

【防汛应急及隐患排查治理】 7月，区城管监督指挥中心借助融合平台系统，做好防汛应急与隐患排查治理工作。采取区域与类别巡查相结合、街道监督员与第三方队伍巡查相结合的办法，对检查井井盖、市政道路、行道树等进行“地毯式”巡查；利用共享视频监控摄像头，对重点积水点及地质灾害高发频发地段实时监控；通过12345便民服务热线、96310城管热线及网格员巡查等多种途径，广泛收集，及时派发，确保汛期城市运行安全稳定。

（章鲍勃）

【校园周边环境秩序专项检查】 8月20日—30日，区城管监督指挥中心集中开展校园周边城市环境秩序专项检查。提前谋划，全面准备，制定方案，加强沟通协调。期间，完成1500余件相关案件的检查处置。

（章鲍勃）

【“接诉即办”平台系统】 9月3日，区城管监督指挥中心自主研发的12345市民服务热线“接诉即办”平台系统上线试运行。24日，二次升级改造后，实现案件派发向各社区延伸。系统依托区政务门户网站，分区分中心、承办单位、承办单位所属部门三级架构，设置签收、批转、办理、反馈、结案等流程，解决各街道接收办理市区两级派件、派发不可直达社区、系统网络不稳定、案件派发不及时、数据统计不准确等问题，优化流程，缩短流转时间，数据实时抓取，便于分析研判。

（薛红民）

【融合平台开放日】 9月24日，区城管监督指挥中心融合平台开展物业服务企业专题开放日活动。区国资委、住建委会同多家物业服务管理单位到融合平台现场观摩，工作人员详细讲解12345“接诉即办”平台案件的签收、派发、处置、结案等环节和可能出现的问题。开放日活动有助于物业管理部门和企业了解12345“接诉即办”及网格化平台工作情况，提高物业管理类诉求解决率。

（张劲松）

【新中国成立70周年大庆保障】 9月，区城管监督指挥中心全力做好新中国成立70周年大庆保障工作。加大巡查频次，区分案件类别，第一时间派发责任部门，协调相关单位适时启动专项治理，使问题得以妥善解决。期间，协调办理各类案件19700件，其中，暴露垃圾6160件，积存垃圾渣土2559件，非机动车乱停放2568件，废弃家具设备2452件，乱堆物堆料2126件，合计15865件，占比80.5%。

（章鲍勃）

【专题开放日】 10月23日，区城管监督指挥中心组织“城市管理服务”专题开放日活动。活动以“守初心担使命、接诉即办解民忧”为主题，邀请社区居民代表、老街坊、小巷管家、媒体代表以及城市管理相关责任部门参与，设基本情况介绍、观摩系统操作演示、亲身体验诉求办理、面对面畅谈交流四个环节，展现石景山区12345市民服务热线“接诉即办”工作成效。

（章鲍勃）

【区领导接听电话】 11月21日，区四套班子领导带领区相关部门及街道负责人参加市12345市民热线服务中心接听群众电话活动。在市中心，接听群众诉求电话，回访诉求办理情况；在问题现场，会商解决群众诉求，实地协调解决问题。活动期间，接电话116件，其中，区四套班子领导接听43件，回访工单21件，现场督办解决问题5件。

（顾 雪）

【物业管理法律法规培训】 12月19日，区城管监督指挥中心根据年度工作安排，紧贴“接诉即办”工作中涉及较多的物业管理问题，邀请北京市合达律师事务所律师开展物业管理法律法规专题培训，中心全体工作人员和融合平台骨干40多人参加。

（于文华）

【数据分析】 年内，区城管监督指挥中心实行“接诉即办”“日统计、周汇总、月通报、年考核”机制，分别以日报、周报、月报（含半月报）、年报形式进行印发，督促各单位将“接诉即办”工作落实到位。全年刊发日报199期、周报28期、半月报2期、月报5期、年报1期。

（于文华）

【专题业务培训】 年内，区城管监督指挥中心组织“接诉即办”及网格化城市管理专题业务培训3期，230余名网格员和平台工作人员、30名第三方城市管理问题信息采集员及管理人员参与。培训通过讲解运行机制、业务流程、基本操作，明确各级人员的工作任务和工作要求，提升工作人员业务水平和城市管理诉求问题的受理、采集、处置效率。

（张劲松）

【升级版融合平台启用】 年内，区城管监督指挥中心升级版融合平台正式启用。经2次升级改造，接入北京市非紧急救助服务中心石景山分中心相关业务，实现融合平台从单一采集处置城市管理问题到协调处置群众反映的非紧急救助事项的跨越，强化案件的综合分析与应用。

（薛红民）

【网格案件类别全覆盖】 年内，区城管监督指挥中心推动实现网格案件类别全覆盖。采取小类覆盖纳入考评范围、完善第三方采集队伍周例会制度、召开街道月度调度会、开展专项行动扩充案件类别等举措，实现11大类、80小类案件的全覆盖，推动城市管理法治化、标准化、智能化、专业化、社会化建设。

(章鲍勃)

【城市管理保障】 年内，区城管监督指挥中心提前谋划，完成端午、中秋，以及中、高考期间的12345市民服务热线及网格化城市管理保障工作。期间，发挥城市管理监督指挥职能，明确重点区域，建立工作台账，加大巡查力度，提升问题处置效率，有效降低居民诉求。

(张劲松)

【国家卫生区复审保障】 年内，区城管监督指挥中心多措并举为国家卫生区复审工作保驾护航。采取昼夜交替、5+2工作方式巡查，对全区100余条主次干道、500余条背街小巷、部件破损、环境不洁及露天烧烤等季节性问题重点巡查。通过12345热线和网格平台，双线同步问题派遣、转办，对疑难问题会商督办。截至6月28日，受理案件1282件，处置完成1277件。

(石　梦)

【清理非法小广告11875件】 年内，区城管监督指挥中心依托网格化融合平台开展非法小广告专项治理。加大重要点位及周边的巡查力度，发现问题，第一时间上报，第一时间派发；依据数据统计分析结果，汇总重复举报点位，及时通报，精准打击；固化部门联动工作机制，协调各街道和相关部门及时清刷。全年，通过网格化融合平台立案清理非法小广告14873件。

(石　梦)

【城市管理基础数据普查更新】 年内，根据北京市地方标准《数字化城市管理信息系统技术要求》和北京市《2019年度网格化城市管理专项考评实施细则》规定，区城管监督指挥中心开展年度城市管理基础数据普查更新采集工作。核实城市部件321187个，其中，新增城市部件28332个；新增电动自行车充电棚、共享汽车停放点等5个网格化部件图层；测绘10条新修道路及附属部件；完成9个街道图层、150个社区图层、重点区域(含点位)23742个、单元网格1581个、责任网格239个和系统内原有的区域信息和人员情况更新；对派出所、医院、药店、学校、幼儿园、公共停车场等内容进行采集和更新。

(薛红民)

城市执法监察

【概况】 石景山区城市管理综合行政执法局(简称区城管执法局)的前身是石景山区城市管理监察大队，成立于1998年9月2日。2013年7月1日更名为石景山区城市管理综合行政执法监察局。2019年10月29日，根据市编办《关于组建部分领域区级行政执法机构的通知》要求，更名为北京市石景山区城市管理综合行政执法局。区城管执法局是负责区域贯彻落实国家及北京市关于城市管理方面的法律、法规、规章及政策，依法开展治理和维护城市管理秩序。依据国家及北京市有关城市管理综合行政执法方面的法律、法规、规章及政策措施，研究制定完善辖区城市管理综合行政执法监察体制的意见和措施。负责辖区城市管理综合行政执法监察的业务指导、统筹协调、指挥调度、督促检查工作。负责向街道(鲁谷社区)和相关职能部门及时反映问题、通报情况。负责害区城市管理综合行政执法监察方面跨片区和市、区交办的重大、疑难案件的查处工作，负责辖区各类重大活动环境秩序保障和突发事件处置的调动指挥工作。负责组织协调区政府授权的行政强拆工作；负责监督指导执法队对辖区内违法建设案件的督办、查处、拆除工作。依法集中行使城市管理领域的行政处罚权。负责行政执法案卷考核及重大案件的审核批准，并对行政执法案卷归档等工作进行统一管理。负责辖区城市管理综合行政执法监察专业培训，负责组织行政执法资格培训及执法资格证的管理工作。负责辖区城市管理综合行政执法监察队伍的组织建设、作风建设、队伍建设及廉政建设，研究制定执法规范和行为规范，并指导实施。负责对街道执法队依法行政、执法履职、执法风纪、重点问题整改、重大案件办理等执法活动的监督。2019年，区城管执法局围绕高水平服务保障冬奥会筹办、打造新时代首都城市复兴新地标、高水平建设好首都城市西大门等重点工作，以创建全国文明城区为牵引，把创城工作与城市精细化管理结合起来，以环境整治提升为重点，保障石景山区全面深度转型、高端绿色发展。全年出动执法人员16万人次，执法车辆5万车

12月23日，区城管执法局开展餐饮单位燃气安全“随机”执法检查

(《石景山报》供图)

次。先后开展“门前三包”专项整治、非法小广告专项整治、燃气安全执法检查等市区交办的专项执法任务200余次，部署春运、春节、全国“两会”、高考、新中国成立70周年等重大活动、节假日外围环境管控80余次。全区城管执法系统检查规范各类环境秩序问题61308起，处罚7501起，罚款7814360元。其中处罚无照经营4162起，罚款312900元；“门前三包”203起，罚款21950元；渣土运输车辆（泄漏遗撒、车轮带泥、无准运证）1055起，罚款869800元；餐厨垃圾25起，罚款59000元；没收小广告26930张。拆违治乱方面，拆除存量违法建设166处，100280.18平方米，完成区级任务2万平方米的501.4%；拆除新生违法建设45处、4829.46平方米。下发任务单34个，各街道执法队上报信息70篇。在市专指办平台2019年违法建设销账11处，面积18313.46平方米，完成市绩效拆违任务1万平方米的183.1%。新闻宣传市专指办平台得分50分，完成48分年度绩效任务的104.2%。

（王　珊）

【私装地锁专项整治】 年内，区城管执法局以“区级统筹、属地牵头、行业主责”为原则，制定整治方案、明确任务分工、划分实施步骤、细化实施措施，联合公安交管、住房城乡建设等相关力量，发挥“街道吹哨、部门报到”工作机制优势，以社区为重点，开展综合治理。累计拆除地锁6607个，销账率100%。

（王　珊）

【创城服务保障专项行动】 年内，区城管执法局根据区创城工作要求，制定创城总体工作方案和创城实施方案等文件53个；制作《创建全国文明城区工作手册》，发给全局干部以及司机和保安、协管员，确保人手一份；建立议事制度、推进制度、督察制度；各科（室）队分别制定落实措施；梳理应知应会内容，组织干部职工认真开展学习；制定个人创城措施，要求干部职工在本职工作和社会生活中积极为创城增光添彩；明确专人负责创城实地考察派发平台，制定案件处理流程，高质量整改存在问题；同时制作公益广告在院内、楼内进行布设，营造创城氛围。

（王　珊）

【新中国成立70周年服务保障】 年内，区城管执法局成立国庆节期间环境秩序保障工作领导小组，制定国庆节期间环境保障工作方案。开展国庆节期间重大活动环境秩序保障专项行动，全区城管执法系统践行“三早三勤”，“三早”即早布控、早上岗、早请示；“三勤”即眼勤、嘴勤、腿勤。据统计，节日期间累计出动执法人员752人次和执法车辆136台次，重点对区政府、八角游乐园、国际雕塑公园、八大处公园、石景山路沿线等重点点位进行盯守，开展环境秩序保障工作。其中，每日出动执法人员6人次和执法车辆3台次，分早中晚三班对新首钢大桥展开巡查，确保国庆节期间的绝对安全。开展大气污染防治专项行动，成立督察检查组对全区涉气类违法行为开展大气污染防治执法检查，加强夜间大气污染专项管控巡逻，确保活动期间辖区空气质量。开展安全隐患排查专项行动，加强隐患源头排查整治，重点对餐饮等液化石油气、燃气使用单位，沿街商户堆物堆料等安全隐患进行拉网式排查。

（王　珊）

【“黑车”“黑摩的”专项整治】 年内，区城管执法局通过业务指导和督导检查，指导相关执法队集中开展“黑车”“黑摩的”乱象整治。局督察队对挂账点位开展巡查，拍照取证，以监管通知单下发执法队，不定期进行复查。各执法队采取有效措施和手段，3、4月份，苹果园执法队会同区黑车办、交通支队、交通执法八队、苹果园派出所、苹果园街道综治办，开展联合整治3次，暂扣“黑车”“黑摩的”11辆，全部移交相关部门处理。4月，八宝山执法队联合八宝山派出所、八宝山街道综治办开展联合执法，查扣黑摩的4辆。

（王　珊）

【拆违治乱】 年内，区城管执法局依法拆除存量，严控新生违建。在执法队整建制力量下沉后，融合社区工作人员、网格员、物业管理人员、志愿者形成常态化巡查机制，做到“街道吹哨，部门报到”，加大属地街道城市管理力度。加大新生违法建设管控力度，采取关口前移，抓早、治小的原则，凡在施建筑，经现场核对无误，坚持当日拆除。根据市专指办违法建设拆除地块四至范围需要渣土清运、场干地净的销账规则，销账11处，面积18313.46平方米，完成市绩效拆违任务1万平方米的183.1%。

（王　珊）

消　防

【概况】 石景山区消防支队（简称消防支队）是负责辖区防、灭火和综合救援主责主业的部门。下设6个消防中队，分别为古城、八大处、银河、高能所、石电、五里坨。有3个小型消防站，分别是苹果园、首钢冬奥、广宁。2019年，消防支队立足“三区”功能定位，以创建全国文明城区为总牵引，忠诚践行“对党忠诚、纪律严明、赴汤蹈火、竭诚为民”四句话方针，圆满完成全国“两会”“一带一路”高峰论坛、“世界园艺博览会”“亚洲文明对话大会”“新中国成立70周年系列庆祝活动”五大安保及重大勤务保卫任务，实现火警、火灾数双下降20%，直接财产损失下降27.21%，群众消防知识知晓率上升到82.71%，位列中心城区第一；全年未发生亡人火灾事故的“两降一升一严防”工作目标。实现各基层中队战斗力指标提升10%，机关人员体能考核达标率提升到90%的整体提升。在市消防总队冬训比武考核中取得团体第三，两项个人第一的优异成绩。10余项工作亮点、突出业绩以简报形式在市消防总队主页编发，1人立部局三等功，14人立总队三等功，51人被市消防总队通报嘉奖。在国庆70周年消防保卫工作中，2人被评为市政府先进个人。全年未发生违法违纪案件，实现全区社会面火灾形势和队伍安全双稳定。12月31日，石景山区消防救援支队正式挂牌。

（尹成云）

【“安全生产月”咨询日宣传】 6月16日，石景山区在北京京西燃气热电有限公司开展以“防风险、除隐患、遏事故”为主题的安全生产月咨询日活动。全区各街道设立分会场,通过摆放宣传展板、悬挂宣传横幅、发放宣传品等方式,呼吁群众提高安全意识,关注消防安全。活动中共发放消防安全宣传资料1万余份,张贴宣传横幅200余条,展出宣传板面100余块,接待咨询1万余人。

(防火处)

【新中国成立70周年消防安保】 9月10日,石景山区组织召开新中国成立70周年消防安保工作部署会暨社区火情“秒级响应”处置机制启动大会。对新中国成立70周年消防安保“八项严管严控”刚性措施及社区火情“秒级响应”处置程序(一报警、二处置;一调度、两通知)等重点工作进行部署。发放《新中国成立70周年消防安保社会面火灾防控工作方案》《社区火情“秒级响应”处置程序》等文件材料2500余份。安保期间,启动18名区领导包街道、125名街道领导包社区、197名社区民警包网格的工作机制,全面压实党委政府、行业部门、属地街道、居民社区、社会单位消防安全责任。设置新中国成立70周年消防安保工作领导小组和“一室五团队”,领导小组带队到执勤车组、制高点位、防火巡控组、基层队站督导检查76次,一线督导战时慰问指战员90余人,开展“秒级响应”拉动95次,发现整改问题20件,组织召回测酒300人次。开展消防安全隐患大扫除及“五清”行动,累计清理可燃物1250余吨,清理楼门9835个(楼门清理率达100%),打通消防车通道121条。累计检查单位1837家,督促整改火灾隐患3173处,“三停”34起,查封50起,罚款71.25万元,各项执法数据大幅上升。确保全区消防安全形势高度平稳,取得火灾同比下降75%、连续45天零火灾的成果,实现重要节点敏感时段“不起火、不冒烟”的既定目标,完成新中国成立70周年消防保卫工作。

(司令部)

【“119”消防宣传月】 11月6日,石景山区在首钢工学院隆重举行纪念习近平总书记向国家综合性消防救援队伍授旗并致训词一周年暨第二十九届119消防宣传月启动仪式。市区相关领导、消防支队全体指战员,各委办局、街道、派出所、居民社区及企事业单位代表1000余人参加启动仪式。宣传月期间,全区开展启动仪式30余场,消防安全培训会、宣传活动60余场,发放宣传材料、知识手册、纪念品5万余份,悬挂宣传横幅、条幅300条,将消防安全宣传工作延伸到社会每一个角落,形成“人人了解消防、人人关注消防、人人参与消防”的局面。

(防火处)

9月,消防支队开展国庆安保应急演练 (消防支队供图)

【消防救援支队挂牌】 12月31日,石景山区消防救援支队举行挂牌仪式,区领导亢军等为消防救援支队揭牌。支队党委班子成员、机关干部、部分中队消防指战员代表等共计100余人参加仪式,全区各基层消防队站同步举行挂牌仪式。改制转隶后,在习近平总书记授旗训词精神指引下,石景山区消防救援队伍认真贯彻落实上级工作部署,改制不改初心、转隶不转作风、换装不换使命、退役不褪本色,实现改革平稳过渡、工作有序推进,有效承担起防范化解重大安全风险、应对处置各类灾害事故的神圣使命。

(政治处)

【灭火救援】 消防支队全年接警1140起。其中,火警431起,抢险312起,社会救助397起,出动消防车辆2649车次,出动警力18543人。全年火警成灾34起,比上年42起下降19%;死伤0人,与去年持平;直接财产损失53.4万元,比去年直接财产损失50.8万元上升5.1%。全年火灾形势比较平稳。

(指挥中心及火查科)

【消防安全环境净化】 消防支队全年检查单位9590家,整改火灾隐患17244处,查封212处,三停172家,罚款267万元,拘留36人,各项执法数据较近四年平均值全部上升。依托区、街道两级防火委平台,推动行业部门及属地街道、派出所等力量,开展检查3470余次,检查单位1.2万余家,发现整改火灾隐患2.8万余处,打通消防车通道221条。对全区5处挂账隐患及城中村、文物古建、老旧居民小区、施工现场等重点场所开展消防安全专项整治;制定城中村综合治理整治方案和“十个严禁、十个必须”整治标准,投入4000万元专项经费,推动城中村消隐行动。完成90%的整治任务,实现安全和环境双提升。

(防火处)

【民生实事落实】 年内,石景山区安排1200万元在全区建设121处电动自行车充电设施,提升电动自行车充电设施覆盖面和使用率。消防支队落实消防弱势群体一对一帮扶措施,为全区60岁以上老人安装独立式感烟报警装置2万套。与首钢集团、冬奥组委建立沟通机制,对冬奥会场馆建设消防行政审批技术及施工现场消防安全进行整体协调、指导和服务保障。联合街道、派出所、城管等部门对出租房屋通道内堆放物进行清理,清理可燃物50余吨;强制拆除私自安装地锁52个。全年接到12345热线隐患举报310件,办结308件,办结率98%,满意率89%,解决率91%。

(防火处)

【群防群治】 年内,消防支队整合4671名网格员,在重要节日、重大活动期间开展全方位、不间断巡查防控。动员社会力量5832人,针对鳏寡孤独群体开展入户宣传1.2万余家,协助消防执法、整改隐患7500余处。组织151支"老街坊"防消队巡查六小单位1.2万余家,清理隐患3800余件,清理电动车违规充电1237处。依托市、区主流媒体及网络平台,播出消防题材节目178期,播放消防专题节目、滚动播放消防安全提示字幕和消防公益广告;发动各街道、社区、派出所在小区显要位置广泛张贴各类消防宣传海报30万份。推动全区43所中小学校开展消防安全第一课,依托第三方消防培训机构开展消防知识培训300余场次,推动区住建、商务、安监、旅游等多部门将消防安全培训纳入员工入职、晋级等各类培训环节,共培训12.8万人次。

(防火处)

【全民消防大培训】 年内,消防支队推进"消防安全城区"建设。6月中旬,依托第三方培训机构启动石景山区2019年全民消防大培训工作,全年共培训3.3万人次,提高辖区单位、群众消防安全意识,全面提升群众自防自救能力。

(防火处)

气象

【概况】 石景山区气象局(简称区气象局)是科技型、基础性社会公益事业单位,受市气象局和区政府双重领导。主要负责区域内气象防灾减灾、地面气象观测、天气预报、气象灾害预警、公共气象服务、专业气象服务、气象科普宣传、气象探测环境保护、气象行政执法等工作。下设综合办公室、业务管理科、社会管理与法制科和石景山区气象台,同时代管石景山区气象灾害预警中心。2019年,区气象局面向社会开展气象观测和天气预报、预警服务工作,向区委、区政府和相关部门发送决策气象信息;通过预警平台向区各级防汛部门、各街道气象协理员、各社区气象信息员和社会公众发送天气预报预警信息;通过手机短信、区电视台、电子显示屏以及官方微博、微信发布气象信息,不断提升预报准确率,观天测云,守土有则,为石景山区防灾减灾当好"消息树""发令枪"。

(王琳琳)

【气象科普宣传】 "3·23"世界气象日,区气象局开展系列气象科普活动——邀请气象信息员参观国家气象观测站、结合"太阳、地球和天气"的主题在实验小学和金顶街第二社区开展气象科普专题讲座。"5·12"防灾减灾日,为北辛安小学师生讲解雷电防护知识、联合区教委综合事务管理中心开展气象法制宣传活动。9月,应北京九中地理教研组邀请,为高中学生揭秘大气运动和天气预报,向老师们讲解校园气象观测站、探讨气象专业知识等。汛期和"12·4"法制宣传日,联合八大处公园、杨北社区开展现场普法咨询活动。全年累计开展气象科普宣传活动9次,同时利用展板、电子显示屏、微信公众号以及新浪官方微博等方式全面宣传,加大宣传力度和覆盖面。

(王琳琳)

【依法行政】 年内,区气象局开展气象行政执法147次,其中实施气球安全执法巡查83次,气象设施与探测环境执法检查1次,气象预报与传播执法检查4次,防雷安全执法59次,对安装有防雷装置的重点单位进行年度防雷检测执法检查。行政处罚5件,未出现行政复议或诉讼案件。4月26日与区应急管理局联合发文《关于开展2019年防雷安全大检查的通知》,要求各个单位开展防雷安全大检查自查工作,加强防雷安全意识,消除防雷安全隐患,完善防雷安全措施。落实北京市"放管服"改革和优化营商环境改革要求,优化气象部门政务服务,推进政务服务工作高效、便民服务,按照"所有未实现全程网办的事项网办深度提升一级"的目标,区气象局所有事项由三级提升至四级,实现四级网办深度和"零跑动"的要求。

(连亚平 王琳琳)

【气象服务】 年内,区气象局气象监测预警预报、公共气象特色服务、气象防灾减灾、气象现代化等方面显著提升。区气象台0—24小时降水预报准

3月23日,世界气象日——气象法治科普走进金二社区 (区气象局供图)

确率达到91%。分区预警业务水平显著提升,多种手段保障预警信息发布及时有效,暴雨、雷电两种强天气预警信号提前量达69分钟。预警发布手段采取区重点工作微信群+气象安全社区QQ群+手机短信+网页+区网格平台+"钉钉"平台+显示屏+大喇叭+微博等多维发布模式,实现预报预警信息分级逐层发布,形成覆盖企事业单位、街道、社区、学校等的网络式、立体化气象预警信息发布体系。探索"互联网+"模式在预警信息发布中的作用,利用"石景山气象"微信公众号,公众不但可以获取气象信息,而且可以获取气象灾害预警信息以及气象科普信息,提高公众防御气象灾害的能力。全年累计开展重要节日和重大活动气象服务保障7次,包括春节庙会、全国"两会"、"五一",八大处公园茶文化节、石景山游乐园"狂欢之夏"活动,以及2019年国际服贸会首钢园区分会场、庆祝新中国成立70周年石景山区游园活动、2019沸雪国际测试赛的气象服务保障。全年发布重大活动气象服务产品241期。

(李　辉　果欣欣)

【气象科研】　年内,区气象局承担和参与科研(标准)项目6项。其中,由区气象局主持的北京市地方标准项目《气象灾害风险调查技术规范第1部分:城市内涝》4月1日实施;9月,获批一项市委组织部青年骨干项目《主要气象因子以及太阳辐射对北京臭氧长期趋势的影响》;10月,市气象局科技发展项目《近5年石景山区漏报的强对流天气》提交验收材料。

(李　辉)

【气候评价】　本年度主要气候特点:气温较常年均偏高,降水较常年均偏少。年平均气温13.9℃,较常年平均值(12.7℃)偏高。年极端最高气温38.5℃(常年平均值为37.6℃),出现在7月4日;年极端最低气温-13.8℃(常年平均值为-13.8℃),出现在12月31日。年总降水量483.3毫米,较常年(540.7毫米),和2018年(573.3毫米)均偏少;日最大降水量57.1毫米,出现在9月10日。本年度气温时间分布特点为:4、10、12月平均气温接近常年,2月平均气温较常年偏低,1月、5—8月、11月平均气温较常年偏高,3、9月平均气温较常年明显偏高;本年度总降水量较常年偏低,降水时间分布特点为:1月无降水,2—3月、5月、7月降水较常年偏少,6、8月降水较常年明显偏少,4、9—12月降水较常年明显偏多。年无霜期202天,较常年(213天)偏少;年内大风18次、浮尘1天、扬沙1天、大雾6天。年内主要气象灾害为暴雨。

表14　石景山区2019年月平均气温与常年对比统计表　单位:℃

年度	1月	2月	3月	4月	5月	6月	7月	8月	9月	10月	11月	12月
2019年	-1.4	-0.5	9.8	15.0	22.5	26.5	27.8	26.1	23.0	13.1	6.0	-0.9
常年	-3.3	0.1	6.6	14.9	20.9	24.8	26.5	25.2	20.3	13.2	4.7	-1.3

(果欣欣)

防震减灾

【机构改革】4月24日,依据区机构改革工作专班转隶要求,区地震局人员及编制暂不划转给区应急管理局,区地震局承担的行政职责划转给区应急管理局。职责划转工作于4月29日完成。根据《中共北京市石景山区委机构编制委员会关于调整区地震局机构编制的通知》调整后区地震局主要承担地震监测、防震减灾宣传培训等基础性、技术性工作。

(曹　冰)

【示范学校创建】　年内,区地震局开展防震减灾科普示范学校创建工作。会同区教委、校领导考察校园实际情况,对创建工作详细指导。完成防震减灾知识培训,做好标识牌的安装及应急物资的配备等系列工作。组织区教委、区科委组成联合验收工作组,对高井中学、电厂路小学两所创建的学校统一验收和评审,对达标示范单位进行区级防震减灾科普示范学校认定。

(乔　怡)

【宣传教育】　年内,区地震局利用"5·12"国家防灾减灾日和"7·28"唐山大地震纪念日开展系列宣传活动。一是开展防震减灾知识讲座。5月6日,邀请北京市地震局防震减灾宣教中心老师为高井中学全校300余名师生进行防震减灾知识讲座及互动答题、有奖竞猜、自救互救的躲避训练。二是开展地震自救互救知识讲座及应急疏散演练。5月10日,区地震局到电厂路小学开展宣传教育活动。同时开展现场互动答题、自救包扎演示,最后组织学生参观防震减灾知识挂图。三是做好"7·28"唐山大地震纪念日的宣传。7月23日,联合区残联在金顶街街道开展"防震减灾,平安常在"的宣传培训活动。

(乔　怡)

【震情跟踪保障】　年内,区地震局执行月、季度震情会商会和周震情监视例会,全年共组织会商91次。执行《北京市2019年震情跟踪工作方案》,制定《石景山区震情跟踪工作方案》。做好前兆数据资料的收集、处理、上报,确保按时、按质、按量传送地震观测资料,全年无错报漏报。做好重大活动和节日期间震情保障。对地震监测台站及技术系统排查,按时做好活动期间加密会商,认真落实"宏、微观异常零报告制度",完成两会、"一带一路"、新中国成立70周年庆祝活动等重大活动和节假日期间各项地震安全保障服务任务。

(乔　怡)

生态环境

市容环境

【概况】 石景山区环境卫生服务中心(简称区环卫中心)是区政府直属财政补助事业单位,承担全区环境卫生方面的技术性、服务性、事务性工作,主要根据区政府下达的环境卫生作业任务、指标和要求,组织专业单位作业,并对其实施监督、检查和管理;负责全区主要道路以及部分街巷道路清扫保洁作业;全区环卫产权清洁站管理及垃圾清运,区内环卫产权公厕管理、粪便清运与消纳;环卫设施规划提出和实施,环卫经费、单位国有资产管理和使用;全区重大活动、重点节假日环境卫生保障和特殊天气条件下环境卫生应急保障。2019年,区环卫中心以创建全国文明城区为总牵引,坚持问题导向,深度开展规范化精细化管理,持续推动环卫工作稳步向前。全年完成专业清扫保洁总面积467万平方米,可机械化作业面积289.70万平方米,机扫率、机保率、新工艺率、冲刷率达到99%,超额完成市级机扫率91%、区级新工艺率97%目标,实现可实施范围全覆盖;生活垃圾日产日清,衙门口转运站全年进站生活垃圾160551.40吨,压缩并密闭转运151159.40吨;做好分类小区的厨余垃圾密闭清运和11座分类清洁站收集管理,全年清运厨余垃圾10318.06吨;粪便抽运规范处理,全年清掏粪便94701.88吨;垃圾、粪便无害化处理率均为100%;完成2500组果皮箱清理、45座清洁站、109个垃圾桶站、57个垃圾箱站及184座环卫产权公厕清运、使用、保洁及维护工作,持续推进商户垃圾上门回收工作,试点服务商户从600家扩大到1200家。

(黄　芪)

【国庆期间作业保障】 年内,区环卫中心制定《2019年国庆期间环境卫生保障工作方案》和《2019年新中国成立70周年游园活动环境卫生保障工作方案》。保障期间,作业队加派人员、车辆对重要点位和远端点位内160座移动公厕和60个垃圾桶进行保洁,对周边道路进行清理。7天保障,共清理垃圾20吨、清掏粪便30吨;针对十一前期的公园游园活动,中心抽调7名骨干,对国际雕塑园3座产权公厕及20座移动公厕进行保洁服务,加强园区垃圾清运,对公园周边公厕和道路增加保洁频次,适当延长作业时间,高质量完成游园保障任务。针对人流密集地及重点主干线周边,强化专业作业效果,全力做好空气重污染橙色预警保障和洒水降尘工作。国庆期间出动道路作业车辆1100余台次、作业人员4400余人次,洗扫降尘用水约19000吨,清运垃圾2800余吨、清掏粪便2000余吨。

(黄　芪)

【重要节点环卫保障】 年内,区环卫中心针对全国“两会”“一带一路”峰会、文明对话大会、篮球世界杯及冬奥组委系列活动等保障任务,分级分类制定专项任务保障方案,加强重点区域周边道路清扫保洁作业,做到保障到位。春节期间,加强道路清洁降尘、生活垃圾日产日清、提供优质公厕服务,重点做好烟花燃放点及周边的环境卫生,清理烟花爆竹残屑10.90吨;区委区政府重要活动和应急特勤保障任务,做到提前部署,分工明确,全部按时有序完成。全年清理遗撒乱倒共计出动车辆1565车次、保洁人员7061人次,清理渣土580吨;落实政府督办单、脏乱点整治和特勤保障,共计出动车辆866台次、人员4258人次,清理垃圾、渣土480.01吨。

(黄　芪)

【专项应急保障任务】 年内,区环卫中心统筹考虑季节变化可能带来的问题,提前科学编组作业人员,认真准备保障物资,加强应急处置演练,高标准完成季节变化各类保障任务。冬季雪后出动作业人员708人次、车辆1888车次,使用融雪剂376吨、融雪液312吨。对春季大风扬沙及杨柳絮漂浮等情况,调整新工艺清洗、道路冲刷和日间中心线水冲作业的时间和频率,人工清扫和机械捡拾相结合,加速清理道路遗撒、污染物,缩短污染扩散时间。在污染严重路段、异形道路死角,利用人工抱管高压水冲等方式,配合机械作业,降低道路积尘负荷,快速恢复道路原貌;针对雨季防汛,提前筹措,加强设施安全防护,各类物资储备到位,雨前做好雨篦清理,雨后及时开展推水作业,消除出行安全隐患。

(黄　芪)

【落实“创城”工作任务】 年内,区环卫中心制定中心和基层两级《“城市精细化治理提升工程”实施方案》,细化任务分解和职责分工,建立台账,发现问题及时整改,加强信息沟通,总结经验,全力提升各项作业水平。迎检期间,提高道路清扫作业质量,增加密闭式清洁站收运班次、减少垃圾停留时间,做好分类收集和分类运输;为高类别公厕加装母婴台,按照所有公厕配置文明标语、无障碍设施要求,因地制宜,采取增建或配备移动坡道、加装扶手及张贴管理制度、禁烟节水提示牌等措施,提升公厕人性化服务水平;全区2500组果皮箱每日进行2遍次清掏,同时对果皮箱箱体和内胆每日擦洗1遍;11月中下旬进入各作业路段加强保洁和巡视,清理非责任树池、绿地及门前三包地带。道路保洁人员凌晨出动,对风雨后的落叶枝杈进行全面清理,辅助园林和各街道对大风造成的倾倒树木、垃圾及时清运。

(黄　芪)

【保障卫生区复审】 年内,石景山区迎接国家卫生区复审,区环卫中心落实市级道路作业标准,强化道路分级达标作业。“冲扫洗收”组合工艺覆盖率达到97%,水车满负荷作业,全力降低道路积尘负荷;将道路护栏清洗纳入常态化作业,并配合干部职工人工擦拭,街容市貌焕然一新;加强环卫设施内外环境保洁,对115座三类公厕加装防蝇门帘,引导物业垃圾车苫盖进站和蚊蝇消杀。增加垃圾清运和粪便抽运频次,强化分类垃圾密闭收集措施,部分设施喷淋除臭系统24小时开启;各科室与基层单位相互配合,加强信息汇总分析、梳理疑点难点问题,为“爱国卫生区”复审及全面提升石景山区环境卫生质量提供基础。

(黄　芪)

【落实空气污染防治】 年内,区环卫中心按区扬尘污染防治工作要求成立专项工作小组，制定工作方案，结合道路实际调整降尘作业安排。春夏秋季均采用机械清洗作业方式提升原有降尘效果，与洒水降尘作业配合，将环保控制区范围由93.60万平方米扩大至143万平方米。冬季根据气温指令暖温天气午间开展日间机械清洗作业，将控制区范围恢复93.60万平方米2遍次机械保洁作业，提高步道积尘清理效果。针对政府周边、八大处路、老山环形路等积尘负荷较高路段，多次开展夜间积尘负荷专项行动，利用高压水车、洗地车配合抱管冲洗，共出动作业人员70人次、作业车辆27台次；与区住建委、区城管委合作，建立工地门口百米控尘责任区，由施工单位按照环卫专业作业质量标准进行周边道路清洗，加强工地违规监控，将控尘监督从百米责任区延伸至运输路线全程，将工地道路扬尘影响降到最小程度。重污染天气时，对27条重点道路增加1遍机械化作业。全年实施保障20天，增派车辆1997车次，增加洒水量15000吨。在北京市生态环境局通报的北京市道路积尘负荷监测结果中，石景山区由年初的1.55克/平方米下降到0.41克/平方米，达到合格标准（≤1.0克/平方米）；在北京市城管委通报的道路尘土残存量检测结果中，石景山区全年均值为5.61克/平方米，完成14克/平方米以下目标要求。在四个城市功能拓展区中排名第一。

（黄　芪）

【完成专业作业】　年内，区环卫中心完成年度清扫保洁总面积467万平方米，实施机械化作业289.70万平方米，机扫率、机保率、新工艺率、冲刷率达99%，超过市机扫率91%、区新工艺率97%的标准，实现可实施范围全覆盖；道路分级达标作业，责任一级道路开展“一扫两保”作业率达100%；水冲步道56.6万平方米，覆盖率57.7%；全年洗扫冲洗用水共计752083吨，完成日最大使用量950吨的指标要求。同时，冬季道路机械作业，严格按照气温指数进行清洗保洁，及时添加环保防冻材料，确保道路清洁，通行安全；建成区二级道路二次机械化保洁32.80万平方米，街巷机械化作业7万平方米，清理非法宣传广告62.30千米，增强乱倒垃圾的清理频次，持续提升区域内市容环境水平。启用改造后的粪便消纳站，加强与鲁家山垃圾焚烧厂、门头沟粪便无害化处理厂等垃圾、粪便终端处理设施的外运对接，确保垃圾、粪便100%无害化处理；完成2500组果皮箱清理、45座清洁站、109个垃圾桶站、57个垃圾箱站及184座环卫产权公厕清运维护及保洁管理。全年清掏粪便94701.88吨，衙门口垃圾转运站进站生活垃圾160551.40吨，压缩并密闭转运151159.40吨；做好分类小区厨余垃圾密闭清运和11座分类清洁站收集管理，全年清运厨余垃圾10318.06吨。落实城市精细化治理，配合区城管委做好垃圾分类，与八角和八宝山街道对接，试点施行商户垃圾上门回收工作，服务商户600家，日收集垃圾2吨，引导商户自觉做到垃圾规范分类和投放。

（黄　芪）

【设施设备更新升级】　年内，区环卫中心配合区城管委推进“创城”非达标公厕改造，4座公厕建设完成并投入使用。其中，梁公庵地坑式清洁站改造为密闭挤压作业方式。同时完成石景山区首个道路扫尘土废水收集池试点建设工作。按照市级更新新能源车辆和淘汰柴油车辆要求，中心全年两批次报废车辆56台，更新购置车辆86台，其中天然气车辆51台，电动车辆22台。为完成道路隔离护栏清洗任务和推进垃圾分类，购置1台护栏清洗车和6台餐厨垃圾车及配套压缩箱；为弥补作业盲区，购置小型道路清扫设备10台，降低道路积尘负荷。

（黄　芪）

【安全生产管理】　年内，区环卫中心在239个点位进行拉网式检查，排查出一般性安全隐患1760条，重大隐患17条。与相关单位逐一签订《2019年安全隐患排查整改落实责任书》，按照《中心现场隐患排查技术报告》逐条整改；结合工作实际，修订、增补《环卫中心安全生产管理制度》《环卫中心安全生产责任制》《环卫中心操作规程》等系列制度；加强基层公车管理，细化管理流程，完善使用登记台账，履行逐级审批制度，确保公车使用规范；落实安全生产奖励机制，对上年度中心445名“三无”（无违章、无扣分、无事故）驾驶员和174名安全管理人员进行嘉奖；投入消防安全资金11万余元落实火灾防控，组织开展4次消防安全知识讲座、2次大练兵，提高职工消防意识与技能。定期进行消防器材检测、补充和更换，实现全年消防零事故；配合区市场监管局，完成密闭式清洁站17座吊装设备的质检。

（黄　芪）

【重点工程建设】　年内，区环卫中心推进场站工程建设，谋划中心综合场站环境整治，对衙门口场站布局合理分区，美化内外环境；对衙门口粪便消纳站、南山东部场站基础设施建设、环境整治提升工程，设计编制方案；衙门口生活垃圾转运站升级改造工程，进入公开招标阶段；与中石化北京分公司合作，完成转运站柴油撬装站基础建设工作；推进杏石口环卫场站前期方案编制，并与区规自委沟通对接用地规划，同时进行基础设施设计和方案编制工作。

（黄　芪）

【接诉即办】　年内，区环卫中心落实市区12345服务热线“接诉即办”工作，成立环卫中心办理工作领导小组及工作专班，建立工作制度、确定工作流程，逐级安排专人负责办理，并组织培训，初步搭建接诉即办专业工作队伍，实现案件及时处理、主动沟通、小事不过夜、大事不超期，不断提高解决率、满意度。截至12月底，共接收案件790件，办结权属案件565件，按时完成回访案件挂账剔除与销账；按时完成8件人大建议、政协提案，落实办结案件定期回访工作；严格执行信访工作流程，耐心与市民解释沟通，完成10件信访案件办理。

（黄　芪）

环境保护

【概况】　2019年3月21日，石景山区生态环境局(简称区生态环境局)挂牌成立。职能延续原区环境保护局的职能以及区发改委的应对气候变化、减排和压减燃煤工作职责,市规自委石景山分局的监督防止地下水污染职责,区水务局的编制水功能区划、排污口设置管理、流域水环境保护职责等,原石景山区环保局撤销。6月14日,区生态环境局的行政执法机构“生态环境综合执法大队”挂牌成立,原“环境保护监察队”撤销。年内,区生态环境局落实市委、区委决策部署,以服务保障新中国成立70周年庆祝活动为纲领,圆满完成国庆等重大活动服务保障任务,平稳有序推进机构改革,全面推进污染防治攻坚战,为石景山区高质量发展奠定良好的环境基础。一是大气环境质量持续改善,四项主要污染物浓度均创历史同期最低水平。PM2.5、PM10、和年均浓度分别为43微克/立方米、71微克/立方米、5微克/立方米和39微克/立方米,同比下降18.9%、10.1%、16.7%和18.8%。其中,细颗粒物(PM2.5)浓度比年度目标任务低8微克/立方米,城六区排名第三,NO2浓度达到国家标准(40微克/立方米),SO2远低于国家标准(60微克/立方米),PM10年均浓度高出国家标准(70微克/立方米)1微克/立方米。降尘量累计平均为6.0吨/平方千米·月,达到年度考核目标任务。全年,石景山区优良天数248天,占比67.9%。其中,一级优的天数66天,二级良的天数182天;重污染天数显著减少,仅4天,首要污染物均为PM2.5,全年无严重污染日。二是水环境质量保持稳定,南大荒桥国控考核断面及玉泉路、高井麻峪村桥市控考核断面总体达标,平均水质类别分别为Ⅲ类、Ⅲ类、Ⅳ类,地下水水质保持稳定。三是土壤环境总体良好。完善土壤污染防治工作机制,土壤环境监管工作有序开展,重点地区污染土壤修复顺利推进,土壤环境安全得到有效保障,土壤环境风险得到严格管控。

(周建勋 杨 叶)

【重大活动服务保障】 年内,区生态环境局以新中国成立70周年服务保障为统领,全力保障重大政治任务。9月,安排执法队伍128支291人次,检查单位584家次,处罚环境违法行为16起。10月1日当天,石景山区PM2.5浓度始终保持在优良水平。统筹做好第二届“一带一路”国际合作高峰论坛、亚洲文明对话大会、世界园艺博览会等重大活动服务保障工作。

(杨 叶)

【建议与提案办理】 年内,区生态环境局受理人大代表议案、建议共3件。其中,主办2件,会办1件;受理政协提案共12件。其中,主办1件,会办11件。主要涉及大气污染防治、生态环境建设等方面,均按期答复完毕。

(夏显东)

【环保督察】 年内,区生态环境局开展生态环境专项核查工作。对第一轮中央及北京市环保督察反馈意见及信访问题进行认真梳理,列出清单,按片划分,包件到人,中央及北京市环保督察45项反馈意见及360个信访问题全部完成现场核查。制定《石景山区保障第二轮中央生态环境保护督察工作方案》。

(常 超)

【污染物减排】 年内,区生态环境局通过餐饮油烟设备改造、老旧车、国Ⅲ柴油车淘汰退出、工业企业一厂一策管理等工作的开展,石景山区氮氧化物减排6.5%,挥发性有机物减排4.5%。

(王宇轩)

【生态保护红线】 年内,区生态环境局开展区域生态保护红线勘界定标工作,形成《北京市石景山区生态保护红线勘界定标方案》。方案遵循生态空间面积不减少、功能不降低的原则,促进自然生态系统保护和修复,实现环境质量根本改善,优化城乡空间布局,划定石景山区生态保护红线面积约7.34平方千米,涉及古城街道、苹果园街道、金顶街街道、广宁街道、五里坨街道、鲁谷街道等6个街道。该方案以区政府名义报送市生态环境局、市规自委审议。根据市级职责分工安排,移交规划部门开展后续评估、勘界定标工作。

(王宇轩)

【污染源普查】 年内,区生态环境局开展普查数据核查、整改、定库等工作。共普查工业源企业127家,入河排污口3个,生活源锅炉149家,餐饮企业980家,汽修企业43家,加油站16座。

(王宇轩)

【环保宣传教育】 年内,区生态环境局开展“六五”环境日主题宣传活动、“绿色石景山·我的家”随手拍摄影大赛、中小学生生态环保主题演讲比赛决赛“牢记使命,一微克行动”新闻采访活动,“共创国家文明城区 共建绿色石景山”创城主题讲座等多项宣传活动,累计1200余人参与活动,营造公众参与的良好氛围。同时发挥新媒体矩阵优势,发送微信907篇,发送微博1812篇,累计阅读量487.2万次。

(程忠元)

【环境准入】 全年区生态环境局审批各类建设项目12件,否决不符合区域发展定位和环保要求项目10件,企业自主备案517件。审批时限压缩55%,报告表、报告书分别为5和10个工作日;申请材料分别缩减为3至4项。

(周建勋)

【排污许可证核发】 年内,区生态环境局对辖区锅炉、资源回收制造等行业企业开展申领与核发工作培训。全年核发排污许可证101家,其中,热力锅炉100家、废弃资源加工1家。

(周建勋)

【环境信访】 年内,区生态环境局按照12345市民服务热线“接诉即办”和12369环境投诉举报办理工作要求,处理办结环境信访757件,同比下降37.6%,案件办结率100%。其中“12369”举报系统42件,“12345”市民热线661件,局内受理54件;按照环境类型分,大气环境类327件,水环境类11件,声环境类338件,辐射类11件,其他70件。其中,“12345”市民热线占信访件总数的87%。

(杨 峰)

【蓝天保卫战行动计划】 年内,区政

府印发《石景山区打赢蓝天保卫战2019年行动计划》，主要包括空气质量目标，推进移动源低排放化，推进扬尘管控精细化，推进生产生活排放减量化，推进能源消费清洁化，强化空气重污染应对、加强区域联防联控，强化基础保障能力七部分，共33项重点任务，51项工作措施，涉及牵头单位28个。区生态环境局各项重点任务措施顺利完成，主要包括：全年淘汰国三及以下营运重型柴油货车219辆，人工检查重型柴油车29036辆，完成全年任务的145%，处罚超标车4610辆次，开展重型柴油车氮氧化物检查车辆6419辆，检查非道路移动机械370台，处罚32台，罚款16万元；淘汰退出4家不符合首都功能定位的一般制造业和污染企业；制定《石景山区2019年扬尘污染防治工作实施方案》，包括一个总方案和六个分方案；环保、公安、城管执法等多部门联合检查固定污染源1426家次，立案101起、查封5起，罚款187.3万元，查处施工工地违法行为307起，罚款543.6万元，开展渣土运输规范管理联合执法检查701次，城管执法部门查处违规渣土车1268辆，生态环境部门查处尾气排放超标渣土车302辆，交管部门处罚违规大货车(含渣土车)75025辆，交通部门查处无货物运输证及非法改装渣土车518辆；推进餐饮油烟净化器升级改造，召开餐饮废气治理宣贯会5场，培训500余人次，升级改造339家，检查餐饮企业850余家次，罚款23万元；实施空气质量加密监测网络建设工程，针对社区、工地、污染源等建立自动监测点位300余个，运用走航检测车等新技术，开展道路积尘走航监测。降尘量年均值6.0吨/月·平方千米，同比下降27.7%，达到北京市考核要求。

（龙国瑜）

【大气环境质量】 年内，石景山区大气中细颗粒物(PM2.5)、可吸入颗粒物(PM10)、二氧化硫(SO_2)、二氧化氮(NO_2)累计浓度分别为43微克/立方米、71微克/立方米、4微克/立方米、39微克/立方米，分别同比下降18.9%、10.1%、33.3%、18.8%。细颗粒物(PM2.5)浓度比年度目标任务低8微克/立方米，城六区排名第三。四项污染物同比均明显改善，NO_2浓度达到国家标准(40微克/立方米)，SO_2远低于国家标准(60微克/立方米)，大气环境质量改善明显。

（龙国瑜）

【煤改清洁能源】 年内，区生态环境局完成最后一批307户平房居民“煤改清洁能源”工作，巩固石景山区“无煤区”建设。结合“煤改电”工作遗留问题多、情况复杂的工作实际，接诉即办25件涉及“煤改电”信访件，来人访2次，来电访30余次，均在规定时限内给予满意答复。

（龙国瑜）

【碧水保卫战行动计划】 年内，区政府印发《石景山区打好碧水保卫战2019年行动计划》；成立区委生态文明建设委员会水污染综合治理工作小组；制定并印发《中共北京市石景山区委生态文明建设委员会水污染综合治理工作小组工作规则》及年度工作要点；组织召开石景山区水污染综合治理工作小组专题会及水污染防治与水环境治理会商会，统筹全区水环境保护工作；深化工业污染防治，强化证后监管，定期对五里坨污水处理厂、京西燃气热电有限公司进行依法排污检查，确保工业废水达标排放；根据机构改革职责划分调整，联合区水务局开展全区“一口一牌”建设工作，对区属河道内所有排水口进行摸底调查并建立台账；2019年石景山区国家和市级三个地表水考核断面全部达标；根据《石景山区水环境街道跨界断面考核办法》，开展街道间跨界监测断面水质采样和监测，检测结果纳入石景山区“河长制”系列考核机制，推动“河长制”建设和“河长”履职；石景山区尚未出现黑臭水体，全年未发生突发水环境应急事件；2019年辖区地下水持续保持稳定。

（田　涛）

【饮用水源保护】 年内，区生态环境局组织开展辖区集中式饮用水水源地环境状况评估，完成《2018年北京市石景山区集中式饮用水水源地环境保护状况评估报告》编制工作，科学研判和评价水源保护区环境保护现状，了解掌握水源保护区污染源及风险源分布现状；联合区水务局、区卫健委，按季度在石景山区政府外网，向社会公布石景山区生活饮用水水质状况，包括饮用水水源、自建水厂出厂水和城市末梢水水质状况；组织开展集中式饮用水源保护区环境专项整治及专项执法活动，以汽修、医疗单位为重点，对石景山区饮用水源地保护区开展专项执法，全年出动执法人员174人次，检查87家单位，未发现破坏饮用水安全的环境违法行为。

（田　涛）

【水环境质量】 年内，石景山区水源防护区监测井为杨庄水厂水源地0号井，五里坨水源地1号井；集中式地下饮用水源地监测井为杨庄水厂水源地11号井(浅水井)、首钢家属区供水管理所苹果园泵站水井、北京市燕山水泥厂200米浅水井、永定林工商公司水井。主要以生活饮用水功能为主，1月、4月、8月、10月选取pH值、高锰酸盐指数、总硬度、氨氮、硝酸盐氮、硫酸盐、氯化物、亚硝酸盐氮、汞、铅、挥发酚、氰化物、砷、镉、六价铬、铜、锌、铁、锰、硒、阴离子表面活性剂、氟化物22项指标作为评价参数。与上年相比，石景山区地下水环境质量总体有所改善，超标频次有所减少。2019年，石景山区地下水共有总硬度、硫酸盐两项检测项目超过地下水Ⅲ类标准。

（田　涛）

【土壤污染防治】 年内，区政府印发《石景山打好净土保卫战2019行动计划》，并向社会主动公开。区生态环境局、市规自委石景山分局、区住房与城乡建设委建立联动监管机制，建立辖区内疑似污染地块和污染地块名录，并及时更新。

（彭　萌）

【声环境质量】 年内，石景山区建成区区域环境噪声昼间(112个小网格加5个大网格)的平均值为51.6分贝(A)，网格达标率96.6%，城市区域环境噪声总体水平为二级，评价为较好；石景山区建城区交通干线噪声监测昼间共监测35条道路,总长度80.9千米。道路交通噪声平均值为69.5分贝(A),平均车流量为2442辆/小时,道路交通噪声总体水平为二级,评价为较好。

(周　莹)

【危险废物监管】 年内,区生态环境局审核危险废物产生单位,严把准入关。顺利通过市环保局关于危险废物规范化管理督察考核工作,总成绩全市排名第二。加大对汽修、医疗机构、科研院所、公共交通等行业危险废物专项检查力度,全年共检查194家次,处罚11家,罚款13万元。

(彭　萌)

【辐射环境安全监管】 年内,区生态环境局受理Ⅲ类辐射项目行政许可和放射源、放射性同位素备案事项37件。加强核技术利用单位监管,累计检查85家次。完成辖区内21家新发证单位和许可证延续单位"辐射安全规范单位"创建工作。

(周建勋)

【空气重污染应急】 年内,区生态环境局启动空气重污染预警7次,橙色预警3次13天,内部预警4次15天。空气重污染期间,全区各单位、各街道严格按照应急预案要求,第一时间启动应急响应,严格落实各项应急措施,最大限度发挥"削峰""降速"作用,有效缓解空气重污染带来的不利影响。根据国家和北京市要求,按照差异化绩效分级管理思路,重新修订石景山区空气重污染应急减排清单,指导重点工业企业完善"一厂一策",并上报国家生态环境部和北京市生态环境局。

(龙国瑜)

【行政执法】 年内,区生态环境局以大气为重点,以土壤为突破,组织完成工业达标、餐饮专项、汽修专项、扬尘专项、噪声专项、土壤专项等30余个执法活动,通过双随机、热点网格、全时执法等形式,集中开展大气、水、土壤三大攻坚战执法行动。全年累计出动执法人员5000余人次,检查各类固定污染源单位1761家次,立案102起,查封3起,处罚金额184.7万元。立案起数和处罚金额均超过上年同期水平。

(杨　峰)

【机动车污染控制】 年内,石景山区报废转出高排放老旧柴油货车219辆。区生态环境局、区城管委、区城管执法局等部门联合开展建筑垃圾运输车及重型柴油车专项整治行动,打击渣土运输车等重型柴油车超标排放行为。全年人工检查重型柴油车29036辆,完成全年任务的145.18%。巡检加油站755座次,抽测48座次。全年累计处罚超标车辆4610辆,完成全年任务的133.39%,处罚金额107.32万元。累计处罚加油站1座,罚金2万元。累计检查非道路移动机械370台,落实处罚32台,罚金16万元。

(王　昕)

【环境监测】 年内,区环境保护监测站按照《2019年石景山区环境监测工作要点》进行监督性监测。上、下半年对2家污水处理厂的进、出口水质进行监测,掌握重点污水集中处理设施水质状况;完成22家次企业燃气锅炉、2家次垃圾转运站、8家加油站企业油气回收、5家加油站观测井地下水、16家次重点VOCs汽车维修企业;完成17家次企业工业废水、54家次餐饮企业生活废水及餐饮油烟进行监督性监测,为排污企业管理及排污费征收提供监测数据;完成28家医疗废水单位的监督监测,做到一级、二级、三级医院全覆盖。

(周　莹)

园林绿化

【概况】 石景山区园林绿化局(简称区园林局)成立于2009年8月31日,挂北京市石景山区绿化委员会办公室(简称区绿化办)牌子,是负责辖区园林绿化工作的区政府工作部门。主要承担城市园林绿化、林业行政管理职责和森林防火职责。下设5个全额拨款事业单位,分别为:绿化工程一队、绿化工程二队、玉泉花圃、园林设计所、森林消防大队。有干部、职工123人,其中行政编制23人,政法编制5人,事业编制95人。2019年,石景山区新一轮百万亩造林项目完成面积44.16万平方米,留白增绿项目完成面积为48.87万平方米。打造城市森林公园及长安街城市森林公园群,完成城市森林建设总面积119万平方米,其中新增78万平方米,改造41万平方米,城市森林公园建设8处。具体为金中阳光绿地、园林小区西侧绿地、左岸二期城市森林、双峪路城市森林、郎园、复兴花园、老山公园南区、龙海天一绿地:完成长安街沿线新安城市记忆公园、郎园、松林公园、旺景公园、园林小区西侧绿地、复兴花园、老山公园南区7处公共绿地建设任务,累计绿

绿色的松林公园　　(杨京伟　摄)

化面积 67 万平方米。长安街沿线城市森林公园群 13 处建成 10 处。全年新升级特级绿地 5 处 5.73 万平方米，一级绿地 2 处 1.38 万平方米；为全区 3 万株杨柳树注射“抑花一号”，有效抑制飞絮污染；组织开展古树核查，摸清全区古树底数；完成全区林地变更调查、疑似林地图斑核查、森林督查等工作；强化林地绿地资源保护管理，严格林木绿地资源行政许可与批后监督，开展林地保护执法行动，加大涉林案件查处力度。对非法捕猎或经营野生鸟类及动物制品行为加大打击力度并建立长效机制，全年刑事立案 8 起，抓获犯罪嫌疑人 8 人。灾情防控工作做到零事故，通过广泛宣传、全面检测、执法检查、实地演练等方式，全年未发生危险性林木有害生物疫情，森林防火实现连续 17 年无警无灾。

（郑文靖）

【国际森林日植树活动】 3 月 21 日，由全国绿化委、教育部、国家林草局、首都绿化委主办，全国绿化办、首都绿化办、区政府承办的国际森林日植树纪念活动，在新安城市记忆公园举办。全国绿化委员会成员单位、20 多个国家和国际组织代表、有关部门（系统）代表及各界干部群众 240 余人参加，共栽植油松、银杏、白蜡、栾树、国槐、元宝枫等 800 余株。活动后，市园林绿化局、首都绿化办领导向参加植树的单位个人代表颁发“全民义务植树尽责证书”，向参加植树的外宾代表颁发“国土绿化荣誉证书”。

（黄　乐）

【绿化宣传】 3 月—4 月，石景山区结合全国植树节、首都全民义务植树日、学雷锋日等节点，发动街道、公园、社区、单位开展多种形式、不同主题的宣传活动。宣传主题围绕义务植树、创建国家森林城市等内容，共发放绿化美化宣传材料及宣传品万余份。同时通过报纸、电视、微信等方式展示绿化成果，传播生态文明理念，倡议市民积极参加义务植树，自觉通过造林绿化、抚育管护、认种认养、志愿服务等 8 类形式履行公民植树义务。9 月 24 日，区创森办联合区委宣传部邀请人民网、《北京日报》《北京晚报》、北京电视台、北京广播电台、北京交通广播、《北京青年报》《新京报》《劳动午报》等多家主流媒体做客石景山进行“绿色之城”主题采访活动，加大《石景山区国家森林城市建设总体规划》宣传，展示石景山区绿化建设成果亮点。11 月 8 日，“石景山创森”公众号正式上线。通过微信发送创森动态信息，并配有义务植树板块用于宣传和发布组织相关活动，为实现义务植树线上线下互动提供平台。

（黄　乐）

【病虫害防治】 3 月—5 月，区园林局开展越冬基数调查和春季病虫害监测工作，主要调查虫种为美国白蛾、春尺蠖、国槐尺蠖等食叶类害虫。调查采取林分及小班周边重点线路及路段的踏查方式、采用数据采集的方法，更准确地预测辖区虫害发生规律。监测针对于早春常发生的春尺蠖及草履蚧等害虫，采取样地监测办法。

（尹　赫）

【区绿化委员会调整】 4 月 2 日，石景山区完成区绿化委员会成员调整工作，区长陈之常任主任，副区长肖平、北京军区善后工作办公室政工组副组长刘长金、陆军政治工作部群工联络局副局长李春、中部战区联合参谋部直属工作局副局长蒋艳明、首钢总公司副总经理胡雄光任副主任。区政府各委、办、局、处，各街道办事处，各人民团体，驻区有关单位主要领导为委员，成员共计 47 人。

（郑文靖）

【首都全民义务植树日活动】 4 月 4 日，石景山区在永定河左堤组织主题为“创建国家森林城，建设美丽石景山”的全区春季义务植树活动。平整土地约 7000 平方米，栽植油松、银杏、栾树等树木 200 株。区四套班子领导、驻区部队首长、首钢集团、高能所等 41 个驻区和区属企事业单位的干部职工，以及劳模、妇女和学生代表 350 余人参加活动。同日，冬奥组委秘书长韩子荣、秘书行政部部长郭怀刚，首钢集团干部职工约 1180 多人，在首钢北京园区高线公园示范段西段等地，栽种黄栌、油松、刺槐、金银木、柿子树、玉兰树等苗木 336 株，养护树木、绿地草坪 65 万平方米；同时组织浇水、除虫、绿地清理、补植、铺装、栏杆擦拭及“门前三包”活动。

（黄　乐）

【社会义务植树点接待】 4 月 13 日—21 日期间，区园林局在石景山区社会义务植树点永定河左堤接待区规划自然资源分局、区律师协会、海淀实验小学、中国新加坡商会等单位、团体、家庭及个人共计 645 人，栽植油松、国槐、白蜡等树木 198 株。年度首次使用首绿办义务植树尽责管理信息系统进行尽责证书发放，累计发放量 570 张。

（黄　乐）

【创森总规正式印发】 4 月 28 日，经国家林草局、首绿办同意，区园林局以区政府名义组织召开专家评审会，《石景山区国家森林城市建设总体规划（2018—2035）》通过专家组评审。5 月 20 日，区政府印发《石景山区国家森林城市建设总体规划（2018—2035）》，要求各部门结合实际认真贯彻落实。国家森林城市创建有严格的指标考核体系，包括森林网络、森林健康、生态文化和组织管理等五个方面，石景山区涉及其中 31 个。

（黄　乐）

【世园会花卉环境布置】 4 月 29 日—10 月 7 日世园会期间，石景山区在世园会内一号门东侧 200 米处布置主题花坛，占地约 500 平方米，主体高 7 米，长 22 米。花坛以永定河特大桥“新首钢大桥”“首钢大跳台”、石景山游乐园摩天轮为主景，以连绵的青山为背景，用花卉勾勒永定河，形成一幅西部城区生态发展的长卷。花坛累计种植红草、白草、金叶佛甲草、四季秋海棠等穴盘苗近 20 万株，使用金叶佛甲草、四季秋海棠、非洲凤仙等卡盆 2 万余盆，平面花卉布置使用新几内亚凤仙、天竺葵、超级鼠尾草、南非万寿菊等花卉 1.5 万盆。

（赵　林）

【“绿卫 2019”森林执法行动】 4 月，石景山区开展“绿卫 2019”森林执法专项行动。行动涉及变化图班37个,面积286267平方米,区园林局对上述图班均履行"图层比对、实地勘验、地类排查、部门协调"程序。7月,确定排除33处变化图班,将4个变化图班确定为疑似图班。9月,疑似图斑全部完成整改,按要求完成成果提交工作。

(尹　赫)

【第九次园林绿化资源调查】 5月,区园林局根据市局统一工作部署,正式启动第九次园林绿化资源调查工作。调查范围涉及全区9个街道,包含林地和城市绿地。制定区级工作方案和质量检查方案,并成立领导小组,由建设管理科、绿化发展科、资源管理科分别协助专业绿地、社会绿地和林地的调查;具体调查工作通过招投标委托第三方公司进行。截至年末,完成全部外业调查与数据提交工作。

(尹　赫)

【野生动物保护】 9月,区园林局联合属地苹果园街道,按照"提前宣传告知、加大巡视频次、突击勘察查抄、严格执法查处"相结合的方式,进行不定期、高频次野生动物保护专项执法检查。10月26日,与区森林公安联合巡查中,查处一起非法收购野生鸟类案件,涉案鸟类28只,交付野生动物保护中心。11月—12月,进行为期2个月的秋冬季打击乱捕滥猎和非法经营利用鸟类等违法犯罪活动专项行动。截至12月底,没收野生鸟类20余次共计百余只,并进行野外放生。

(尹　赫)

【国庆花卉布置】 国庆期间,石景山区以冬奥组委、八大处、石景山游乐园、国际雕塑园等6处重点区域,3条重要道路28条主要街道为联络线,花卉布置面积约18980平方米,种植摆放火炬花、球菊、鼠尾草、一串红、矮牵牛、醉蝶花、天竺葵等花卉101.58万株。在长安街延长线重要节点设置"祝福祖国""绿色中国""扬帆起航""描绘明天""幸福生活""勇攀高峰"等主题花坛,莲石路主路、北辛安路、杨庄至古城大街设置花坛带,在八大处公园、石景山游乐园、西长安街文化艺术园、半月园公园、实兴北街、冬奥组委周边设置花坛。其中,布置面积最大的花坛位于石景山路与八角桥交叉处西南角绿地,寓意"祝福祖国",主花坛高度8.5米,花卉栽植立面面积433.5平方米,平面栽植1823平方米,花坛以中国传统写意山水形式为载体,象征吉祥、富贵、昌盛、美好的牡丹花绽放在祖国大地,表达区域"绿水青山"的美好生态。

(赵　林)

【林木绿地抚育及认建认养】 年内,区园林绿化部门结合自身养护任务和公众参与能力,推广林木绿地抚育、认建认养,引导机关、团体、企事业单位、热心市民通过多种形式尽植树义务。同时,为接待工作提供技术指导、劳动工具、任务安排和相关服务保障。春季期间,接待区直机关工委、苹果园街道团工委、民盟区工委、区总工会、团区委、八宝山礼仪公司、京西志愿者服务中心、区穆斯林志愿者服务队、中华儿女报刊社党委等单位开展林木绿地抚育劳动。截至年末,全区认养绿地面积为107576平方米,认养树木609株(其中古树认养2株)。

(黄　乐)

【绿化主题活动】 年内,石景山区围绕创建国家森林城市工作开展多个主题活动,旨在推动创森工作,提高群众知晓率、支持率和满意度。3月,在五里坨街道温馨家园为残疾居民朋友举办家庭养花知识专题讲座,邀请专业技术人员介绍家庭常见花卉的浇水、施肥、除虫、修剪等方面的实用技能,普及花卉养护知识,现场解答居民养花疑问。5月,开展"我给土壤加加肥"活动,结合近年来开展"月季进社区"活动中参与踊跃、成效显著的社区,以及为社区增绿添美中表现突出的家庭,发放一批有机肥料。活动共向17个社区发放有机肥24吨,共计480袋。8月,以创建国家森林城市——"乡土植物进社区"为主题开展绿化美化进社区活动。为全区9个街道37个社区提供月季、大花萱草、玉簪、马蔺等乡土植物共计6.5万株。活动由区创森办发起,街道社区组织3000余人参与。

(黄　乐)

【古树保护】 年内,石景山区开展古树摸底普查工作,对全区1546株古树进行调查、定位、定级、建档。通过现场勘查对古树种类、组成、分布、生长状况及衰老原因进行系统分析,形成一份调研评估报告和一套古树调查档案,做到一树一档。加大古树监管力度,10月30日,组织街道办事处、住建委、城管执法局等政府相关部门以及辖区物业公司、小区项目部相关工作人员召开树木保护宣传培训会,印发《树木保护法律法规宣传手册》,对《北京市古树名木保护管理条例》重点内容进行政策解读,强调古树保护工作的重要性,加强各单位古树名木保护意识。11月底至12月初,针对全区古树牌示信息进行统一核查,对核查中发现的公园景区管护单位自制古树介绍牌示与古树树牌信息不一致的情况,要求管护单位摘除自制牌示。同时,与古树相对集中的各管护单位逐一进行对接,发放树木保护法律法规宣传手册,强调古树保护的重要性,督促各管护单位加大古树保护力度。

(郑文靖)

【涉林案件办理】 年内,区森林公安处立刑事案件8起,抓获犯罪嫌疑人8人,非法收购珍贵、濒危野生动物案2起,非法收购、出售珍贵濒危野生动物制品案5起,毁坏国家重点保护植物案1起。其中,联合区公安分局成立打击犀牛和虎及其制品非法贸易专项行动组,共立案5起,抓获犯罪嫌疑人6人。区森林公安处获年度市园林绿化局森林公安局集体嘉奖。

(赵　巍)

【森林防火】 年内,区森林防火指挥部办公室针对全区森林防火工作组织召开4次工作会,7次组队实地检查森林防火工作,严格落实森林防火责任制。3次组织区森林消防大队进行森林火险处置实战演练。10月,组织开展2020年度森林防灭火培训和演练,2支专业森林消防中队60名队员全年在岗备勤,随时处理突发火情。11月,组织开展森林防火宣传,区融媒体中心进行报道,增强全民防火意识。11月18日,园林绿化局将区森林防火指挥部、区森林防火指挥部办公室、区森林防火指挥部行政审批专用公章移交至区应急管理局；区森林防火扑救任务正式移交至应急管理局。

（李骞楠）

公 园 管 理

【概况】 石景山区公园管理中心（简称区公园管理中心）是负责全区区属公园及其他所属机构规划、建设、管理、安保、服务、科技工作的区政府直属相当正处级全额拨款事业单位，管理北京国际雕塑公园、老山城市休闲公园、古城公园、石景山雕塑公园、法海寺森林公园5所公园。2019年，区公园管理中心紧扣服务保障新中国成立70周年庆祝活动这条主线，落实区委区政府各项决策部署，把握石景山区功能定位，抓住“两个”重大历史机遇，以创建全国文明城区为总牵引，统筹推进公园建设管理各项工作，所属公园事业发展稳中有进、稳中提质，圆满完成全年任务。截至年底，所属5所公园共接待市民游客总量约797万人次，游人量与去年同期相比有所提升，市民游客继续保持较高满意度。

（叶 萌 宋 超）

【新中国成立70周年服务保障】 年内，区公园管理中心紧扣“服务保障新中国成立70周年庆祝活动”这一主线，按照“精精益求精，万万无一失”的工作要求，精心组织、严密实施北京国际雕塑公园国庆游园活动。高标准制定花卉布置、气氛渲染方案，高质量实施完成北京国际雕塑公园国庆游园活动景观环境布置，围绕庆祝活动主题，突出国庆元素，开展绿化、美化、亮化、净化等环境和景观布置，因地制宜设置主题花坛等园艺美景，营造氛围。周密部署活动期间安全运行保障工作，修订完善3类工作方案、6类应急预案，紧盯重点区域、重要时间节点，拧住关键环节，高水平完成各项服务保障任务，被市委市政府授予北京市筹备和服务保障中华人民共和国成立70周年庆祝活动先进集体。

（叶 萌 宋 超）

【文明城区创建】 年内，区公园管理中心开展“擦亮城市西大门、文明祥和迎大庆”专项行动，抓好22个项目、59项任务，以便民为核心，充分体现人性化设计、贴近市民需求，突出精致精巧，抓好服务管理，加强创城工作常态化建设。大力弘扬社会主义核心价值观系列主题教育活动，充分考虑布设背景，注重图文并茂，力求生动形象，融合自然环境，做好各类标语宣传工作，打造以八角雕塑园为代表的嵌入式创城宣传阵地。狠抓“服务凝聚工程”，以“柔性引导”为主，做好群众工作，办好游客身边事，打造志愿者文明服务引导新亮点，营造“市民和睦、和谐公园”氛围，形成“共建共治共享”的新格局。持续发挥创城总牵引作用，将创城与重点工作任务、新中国成立70周年庆祝活动有机融合，统筹做好创卫复审、创森等专项工作。

（叶 萌 宋 超）

【国家森林城市创建】 年内，区公园管理中心落实《石景山区创建国家森林城市工作方案》《石景山区国家森林城市建设总体规划（2018－2035年）》，编制完成《老山城市休闲公园生态修复与环境保护提升项目方案》，方案秉持“生态修复、环保优先”的理念，以延续“郊野休闲”定位和传承“自然生态”精髓为切入点，在正确处理公园生态环境建设与夏奥遗产、冬奥运动等体育资源利用关系的基础上，更加注重生态系统修复措施的合理运用。按照“精心设计、精细修复、精准提升”的原则，先期完成北京国际雕塑公园基础设施专项维修更新工作，高标准改善公园整体硬件设施条件，推进基础设施提档升级，同时优化景观环境，提高服务质量，进一步提升市民游园的幸福感、获得感和舒适感。

（叶 萌 宋 超）

【森林防火】 年内，区公园管理中心坚决落实属地责任和主体责任，加强森林防火监测预警、通信指挥、扑救等基础设施建设，加大日常巡查监管力度，瞭望哨及视频监控系统全天“上线”运转、全方位实时监测，护林防火队伍全天候轮班靠前驻防，密切与周边友邻单位、部队的协调合作，建立森林资源保护联防联控机制，确保防火期内无森林火情火险。

（叶 萌 宋 超）

【绿化养护】 年内，区公园管理中心加强公园绿地精细化管理，做好绿地卫生保洁维护，保持整洁环境。加大绿化养护作业人、车、水、肥、苗监管力度，组织开展绿化管理提升专项行动和养护常态化专项检查，对突出短板进行集中整治，绿地管护水平不断提高、管理品质明显提升。扎实推进杨柳飞絮综合治理，加大标本兼治，完成年度药剂注射、疏枝修剪、伐除补植任

清理石景山雕塑公园河面 （区公园管理中心供图）

务。稳步推进公园水体治理保护,加大水域范围漂浮物清捞保洁力度,定期开展底泥清淤工作,整体水质环境得到明显改善。

(叶 萌 宋 超)

【资源保护管理】 年内,区公园管理中心加强林木有害生物防控,推进无公害防治,综合防治水平不断提升。年内未发生危险性林木有害生物疫情。落实古树名木保护管理责任制,加强古树名木保护标准化、规范化管理,加大古树名木科普宣教工作力度,开展古树名木复壮修复,严格保护管理各项措施。全面推进森林资源安全管理和生物多样性保护,以"零容忍"的态度,会同行政执法部门严厉打击侵绿毁林和破坏野生动植物资源的违法犯罪行为。

(叶 萌 宋 超)

【工程项目建设】 年内,区公园管理中心完成北京国际雕塑公园、老山城市休闲公园、法海寺森林公园等34处、1026个园林路灯的新增维修工作。完成老山城市休闲公园3.4千米健身健走步道建设,完成老山城市休闲公园裸地、道路扬尘污染治理项目,完成北京国际雕塑公园安防监控系统改造,完成北京国际雕塑公园基础设施专项维修更新,完成北京国际雕塑公园安防监控系统改造。推动智慧公园建设,在北京国际雕塑公园试点率先实现5G信号网络覆盖。

(叶 萌 宋 超)

【大气污染防治】 年内,区公园管理中心深入落实《石景山区污染防治攻坚战2019年行动计划》。按照"降尘作业标准化、养护管理精细化、卫生保洁常态化"工作方针,落实空气重污染预警期间老山城市休闲公园空气质量市控站、TSP监测站周边环境管护措施。

(叶 萌 宋 超)

【精细化管理】 年内,区公园管理中心健全公园网格化管理机制和网格化巡查机制,开展"门区微笑、志愿服务、亲和安保"行动,实现管理向精细化迈进,践行"以游客为中心、以服务为宗旨"的工作理念。统筹强化文明引导员和各类社会志愿者队伍管理和服务保障,发挥社会力量在公园噪音治理、投喂动物、攀折名贵花卉、踩踏绿地等不文明行为治理中的作用,初步构建公园治理、社会治理与游客自治新模式。

(叶 萌 宋 超)

【园内活动】 年内,区公园管理中心所属各公园开展健康向上的群众性文化娱乐活动,严格控制纯商业活动的举办,提高公共服务品牌建设的质量和水平。先后举办、承办第二届北京迎冬奥新春体育庙会、第十六届玉兰赏花季、第十二届北京清明诗会、第三十六届古城之春艺术节、"庆祝新中国成立70周年——泥正逢时·印象石景山"泥塑展、第七届非遗文化体验周等群众性系列文化品牌活动10余场。

(叶 萌 宋 超)

科学技术

综　　述

【概况】　2019年,石景山区辖区内新增航天测控国家地方联合工程研究中心,软件融合应用与测试验证工信部实验室等3家国家级创新基地。拥有国家级创新基地19家,各类市级创新基地78家。整合科技部、北京市科委专家库资源,多举措充实高精尖领域专家库人才,入库专家超过200名。石景山区围绕科技冬奥园区、智慧社区建设、智慧教育服务平台、"智能+"康养服务与产业发展等领域梳理27项应用场景,39项新技术新产品供应,形成21个重点对接项目。打造"国家级+市级+创新型孵化器"相结合的专业化、国际化、市场化的孵化服务体系,为区内创业孵化机构定制"创业促进精准服务包",侨创空间获得市科委创新创业服务机构建设促进专项立项支持,新增中欧科技创新中心、启迪之星(石景山)2家北京市众创空间。全区共有国家级、市级众创空间和孵化器等创业孵化服务机构15家,全区从事创业服务机构近30家。北京市石景山区科学技术委员会(简称区科委)促进应用场景建设和科技服务业发展等重点领域,完成牵头主责的市绩效2项任务、市折子工程2项任务,区折子工程5项任务等各项重点任务;修订并发布最新版《石景山区科技计划项目(课题)管理办法(修订)》。

(耿　璐)

【创新企业政策培训】　4月24日,区科委、区税务局、园区管委会联合在石景山创新平台举办创新企业政策培训会。100余家企业参加培训。内容包括小微企业减税降费新政、高新技术企业认定、技术合同登记、首都科技条件平台和创新券、中关村高新认定等相关内容。

(崔　欣)

【重点实验室绩效考评】　5月中旬,市科委对2011年度、2014年度认定的北京市重点实验室和工程技术研究中心开展绩效考评工作,北方工业大学的北京市变截面辊弯成形工程技术研究中心、城市道路交通智能控制技术北京市重点实验室、固体微结构与性能北京市重点实验室和北京航天测控技术有限公司的高速交通工具智能诊断与健康管理北京市重点实验室均获得"良好"等级。

(王鹤乾)

【科学计划立项评审会】　5月13日—20日,区科委召开2019年度石景山区科学计划立项评审会,来自清华大学、北京大学、中科院、北理工、会计师事务所等21名专家对74项申报材料进行专业评审,确定建议获奖项目名单。74个项目分为经济发展类和社会发展类,涉及人工智能、金融科技、数字创意、大数据、移动通信、虚拟现实、节能环保、医疗卫生、新能源等领域。

(崔海霞)

【与航天测控公司合作】　5月29日,区科委与北京航天测控技术有限公司就"装备全寿命周期状态监测与健康管理技术与应用国家地方联合工程研究中心"建设签订战略性合作框架协议。双方将就政策、经费、场地等重大问题,建立协同创新工作推进机制,在关键要素引入、重点项目对接、核心战略实施等方面进行深度合作。中心针对全国民用航空/航天、轨道交通、船舶、发动机等高端装备研制建设及使用保障需求,发展物联网集成应用、通用测试测量、大数据与人工智能等先进技术为支撑,以故障预测与健康管理(PHM)及装备智能制造为核心的测试保障一体化服务产业,高度融合全寿命周期海量数据,使高端装备的设计、仿真、生产、试验、使用、维修、安全控制、应急管理等过程紧密结合,打通信息链,建立全寿命周期大数据分析环境,进行深度挖掘、分析、利用。

(岳继华)

【政策辅导专题会】　5月30日,区科委在石景山科技馆报告厅举办政策辅导专题会。石景山区50余家创新型企业参加培训。培训内容包括高新技术企业认定辅导、技术合同登记辅导、市区两级科技项目的政策和申报等。8月9日,石景山区科委举办政策辅导专题会。培训内容包括高新技术企业认定辅导、技术合同登记辅导、人才引进计划、新技术新产品应用场景需求等。全区60余家科技型企业参加培训。

(崔　欣　张　旭)

【11个项目纳入市科委项目表】　5月,石景山区"金融支付产品国际化检测平台、基于标准化直采和网络信息技术的新能源大数据云平台、高端检测仪器服务平台的建设与应用、全国一体化国家大数据中心(一期)、事故车智能定损云平台、侨梦苑·中关村智造园、北京工业互联网研究院开放服务平台、北京城市大数据研究院、中关村(首钢)人工智能创新应用产业园、基于光磁一体和人工智能关键技术的城市立体化管控安防平台研制及示范、图灵机器人操作系统(Turing OS)产品及服务"11个项目纳入市科委科技服务业和人工智能产业重点跟进项目表。

(胡　妍)

【应用场景建设项目】　5月,石景山区启动新技术新产品应用场景建设项目征集工作,在城市基础设施建设、运营及管理、产业发展、民生保障等领域,发掘新技术新产品(服务)的应用需求场景,推动前沿科技新技术、新产品应用。7月3日,《石景山区支持拓展应用场景建设暂行办法》座谈交流会暨第一次供需对接会在区科技馆报告厅举办。市科委,区发改委、城管执法局、司法局、经信局、八角街道办事处等14家单位,驻区高校、研究院所代表北方工业大学、国科工业互联网研究院、北京城市大数据研究院有限公司,行业协会代表科技服务业联盟,首建投、保险产业园、华为等驻区企业代表近40人参会。

(岳继华　王鹤乾)

【智慧交通产学研对接】　7月31日,区科委围绕智慧交通应用场景组织产学研对接会。北方工大、区城管委、区交通支队相关专家、主管负责人参加对接会。北方工大城市道路交通智能控制技术北京市重点实验室介绍"面向全息交通检测的交通信号控制系统"研发进展情况,区城管委、交通支队结合石景山区未来三年交通难点同题和规划要求进行介绍。

（岳继华）

【科技项目结题验收】 8月29日，区科委召开2018年度第二批科技项目结题验收会议。来自北京大学、中国科学院大学、北方工业大学、首钢医院和北京市科学技术研究院的五名专家对“移动通信网络多网协同节能系统”等8个结题项目进行评议。专家组听取项目承担单位结题汇报，进行关键考核指标质询，经评议，8个项目完成既定目标，准予结题。结题验收8个项目共带动企业增加研发投入3900余万元，产生专利、软著、论文等项知识产权42项。

（崔海霞　岳继华）

【科技人才政策交流会】 9月19日，区委组织部和区科委在区科技馆联合组织召开区科技人才政策座谈交流会，会议邀请科技领军人才、科技新星、“百千万人才”、“长城学者”、创业服务机构代表、智库和产业园运营机构等近20人参加会议。

（崔海霞）

【与广宁街道对接】 9月27日，区科委围绕冬奥社区健康步道建设科技支撑难点问题，组织北京城市大数据研究院和北京数知云信息技术有限公司与广宁街道办开展对接。结合金融街智能步道等相关案例重点介绍智能斑马线、智能座椅、健身打卡桩、智能公交站、太阳能人行步道、压力地砖、互动灯景竞跑等先进可用且成本适宜的方案，为后续项目规划建设拓展思路。

（岳继华）

【与电工所签署协议】 10月25日，区政府与中国科学院电工研究所签署战略合作框架协议，在北京市康复辅助器具产业园共建“智能康复辅具研发与成果转化基地”。框架协议的签署，推动康复辅助器具核心技术和关键技术创新，促进创新成果转化、产业项目落地，形成“产、学、研、用”联动的研发与成果转化服务体系，引领康复辅助器具产业融合创新发展。智能康复辅具研发与成果转化基地围绕康复辅助器具产业技术与产品创新的需求，搭建涵盖技术研发、成果转化、检验检测、示范应用各个环节的公共服务平台。

（胡　妍）

【获市设计创新中心认定】 11月中旬，市科委经资格审查、专家评审公示2019年度北京市设计创新中心名单，石景山区企业北京盛世顺景文化传媒有限公司被认定为2019年度北京市设计创新中心。

（高嘉璐）

【科技创新政策发布会】 12月20日，“石景山区科技创新政策发布会暨石景山区应用场景建设工作推进会”在新首钢园区召开，会上发布《石景山区促进应用场景建设加快创新发展的支持办法》（简称石景山“科创28条”），共28条内容，每年设立5000万元的“科技创新”专项资金。并公布石景山区首批应用7个场景项目名单，包含中关村（首钢）人工智能创新应用产业园、北京·银行保险产业园智慧园区指挥中心、中关村工业互联网产业园、北京康复辅助器具产业园、石景山城市管理数据中心、冬奥智慧社区、全媒体播控一体化“VR＋体育”服务平台，项目总投资超10亿元。主要集中在智慧城市和民生改善等领域。

（赵楚然）

科技活动

【概况】 年内，区科委贯彻落实北京建设具有全球影响力的科技创新中心战略，以举办2022年冬奥会冬残奥会和打造新时代首都城市复兴新地标两大契机，围绕加快科技创新发展、优化创新创业环境，组织开展以“逐梦科技智创未来”为主题科技周活动；与科技馆开展“飞扬多彩科学梦、欢庆建国70年”石景山科学嘉年华暨2019全国科普日特别活动；与园区管委会联合组织“科技创新”专题政务开放日活动；举办“文创繁荣”展览展示活动

（耿　璐）

【科技周活动】 5月23日，由区科委主办，石景山科技馆和北京尚德博瑞国际管理咨询有限公司承办的2019年石景山科技周主场活动，在科技馆举行。科技周以“逐梦科技 智创未来”为主题，来自辖区的百姓及广大青少年参展并体验。科技周以“逐梦科技 智创未来”为主题，采取主会场、分会场相结合的方式，整合区域内相关的科普基地、科研院所、科技企业等科普资源。主会场通过科普报告会、石景山区科技创新成果展、科技惠民展、前沿科技产品互动体验等内容开展科普活动。分会场设在中国第四纪冰川擦痕遗迹陈列馆和北方工业大学。中国第四纪冰川擦痕遗迹陈列馆围绕“探梦第四纪冰川”为主题，面向社会公众和青少年举办的特色活动。北方工业大学与区科委

9月20日，第四届中国创新挑战赛需求集中发布会　（区科委供图）

联合开展石景山科普研学游活动,组织区科普工作者参观校内重点实验室。

(蔡真婷)

【创新挑战赛需求发布】 9月20日,由科技部火炬中心主办、创业公社承办的第四届中国创新挑战赛需求集中发布活动在首钢侨梦苑举办。承办第四届挑战赛的地方科技主管部门、承办单位、部分需求企业、潜在挑战团队、科技服务机构及新闻媒体代表共100余人参加发布会 。第四届中国创新挑战赛是由科技部指导、科技部火炬中心联合18个省、市、自治区的25个地方共同承办,主要面向企业技术创新需求、区域产业(行业)关键技术需求和国家(区域)战略重点需求,通过"揭榜比拼"方式,面向社会公开征集解决方案的创新众包服务活动。

(岳继华)

【科学嘉年华】 9月20日—21日,区科委、区科技馆开展"飞扬多彩科学梦、欢庆建国70年"石景山科学嘉年华暨2019全国科普日特别活动。活动设立"创意挑战区""科学表演区""成果展示区"三个区域,20多项互动科技体验活动与展项。来自石景山古城二小分校100余名师生、周边100余名家庭参与嘉年华活动。

(盛丽霞)

【科普工作者培训】 9月24日,区科委举办石景山区2019年科普工作者能力素质提升培训班,来自区科普工作联席会议成员单位、区内科普基地及科普社区的科普工作者及中小学校的科技教师近40人参加培训。中国科学院科学家演讲团、心理研究所的专家分别以《创新创意、从我做起》《认识自己》为题做报告,专家们从创客教育与重点人群科学传播的方法、策略,科技创新成果与便民化科普资源的转化,心理学理论前沿研究、传播方式等角度,诠释科技创新与科学普及两翼发展的先进理念与做法。

(杨晶晶)

【"文创繁荣"展示】 10月1日—7日,石景山区在北京国际雕塑公园举办以"文创繁荣"为主题的展览展示活动。作为北京市国庆游园活动"十园风采"之一,展览展示活动分为"文创赋能""文创数字""文创书香""文创视界"四个部分,通过图片、文字、音视频、实物等形式,展现百年首钢成功转型的历程和历届冬奥会的吉祥物文创产品。区科委牵头展览展示工作,运用5G数据传输、VR虚拟现实、人工智能等科技手段和新媒体技术,展示石景山区文创成就,体现科技感和时代感。整个游园活动集中在雕塑公园东园,形成"一轴两翼多点"的整体布局,以文化表演互动、体育表演互动为主的文化活动。

(孟宪然)

【"科技创新"开放日】 10月24日,区科委、园区管委会联合组织"科技创新"专题政务开放日活动。活动以"科技创新担使命,助推发展勇作为"为主题,组织参观航天测控和华录集团展厅,展示园区企业科技成果在国家战略相关领域的应用。活动邀请区人大代表、政协委员、科技人才、科技企业、创业孵化机构、科普教育基地等30余位群众代表参加。

(赵楚然)

【"5G技术走进校园"活动】 10月31日,区科委联合北方工业大学在北方工大文化会堂举办"5G技术走进校园"主题活动。邀请工信部科学技术司原副司长张新生和国家特聘专家李万林为师生们进行"对5G的认知""5G与无人驾驶"专题报告。高精尖创新研究院国家特聘专家、科技日报、人民网等媒体记者以及学校师生参加活动。

(王鹤乾)

【科普知识进军营】 12月13日,区科委开展"科普知识讲座走进军营"活动。特邀数知云信息技术有限公司刘英华总工程师,围绕"大数据和智慧城市"这一主题,为广大官兵讲授大数据技术、产品以及区块链应用等内容。

(盛丽霞)

9月20日,石景山区科技馆科普日活动 (区科委供图)

中关村科技园区石景山园

【概况】 中关村科技园区石景山园(简称园区)是中关村科技园区"一区十六园"中的文化创意产业特色园。2006年1月17日,国家发改委批准石景山园正式加入中关村科技园区,规划面积345公顷。2012年,国务院批复中关村国家自主创新示范区空间规模和布局调整,石景山园规划面积增至1334公顷。年内,园区收入完成2650亿元,同比增长12%,增速位居"城六区"园区第二位,园区收入总量在中关村一区十六园中位列第七,占比达到4%。实缴税费超过90亿元,从业人员8.26万人。石景山区园地均产出率198亿元/平方公里,在中关村一区十园中位列第五;老均产出率320万元/人,在中关村一区十六园中位列第四,出口总额超16亿元,同比增长38%,稳居城六区之首。科技活动经费支出计划值指标突破80亿元。银行保险产业园639、649、637、641地块实现全部竣工验收,提供近26万平米优质载体。首特绿能港科技中心15号地项目和16号地项目进展顺利。完成北京银行保险产业园中心绿地建设,完成内部五条道路施工和慢行系统、标识系统等市政工程建设。2019年新引进落户园区企业400余家。其中注册资本过亿11家企业,注册资本过千万72家企业。园区企业乐元素科技公司等2家企业荣获“首都文化企业30强”,华录新媒信息技术公司等2家企业荣获“首都文化企业30佳”;百融云创、一下科技登录胡润2019一季度独角兽榜单,光大科技荣登2019中关村金融科技30强榜单。园区8项成果获2018年度北京市科学技术奖。北京青燕祥云科技有限公司等5家企业入选第八批金种子企业认定名单。北京航天测控技术有限公司被国家发改委认定为装备全寿命周期状态监测与健康管理技术与应用国家地方联合工程研究中心,在长征三号乙运载火箭搭载“嫦娥四号”探测器成功发射的任务中,航天测控研制的测量长征三号系列运载火箭保障团队承载远距离测试-发控系统地面测控设备保障任务。石景山区政府与中关村发展集团签署“中关村工业互联网产业园”建设战略合作框架协议。双方将围绕搭建“1中心+1联盟+1基金+1基地+3平台”的创新服务体系,在打造产业创新聚集区、研究制定产业支持政策、打造产业服务平台、推进重大项目落地、共同成立产业发展基金、注重人才培养6个方面展开合作。

(罗耀玲)

【入选国家企业技术中心名单】 1月2日,国家发改委、科技部、财政部、海关总署、税务总局印发《关于发布2018年(第25批)新认定及全部国家企业技术中心名单的通知》(发改高技〔2019〕36号),公布第25批111家国家企业技术中心名单。中关村示范区7家入选,其中石景山园北京易华录信息技术股份有限公司入选。

(岳继华)

【助力探月工程】 1月11日,“嫦娥四号”着陆器与“玉兔二号”巡视器完成两器互拍,标志着“嫦娥四号”任务完成。在长征三号乙运载火箭搭载“嫦娥四号”探测器成功发射的任务中,园区企业北京航天测控技术有限公司研制的测量长征三号系列运载火箭保障团队承载远距离测试-发控系统地面测控设备保障任务。地面测控设备保障任务包括对箭上遥测、外安系统供配电控制、模拟信号控制、状态参数采集、模拟量参数采集以及数据存盘、处理和网络传输等工作,是运载火箭成功发射的重要保障。

(胡 妍)

【创想石景山大赛】 1月16日—18日,由中关村石景山园管理委员会、区科委、中关村创业生态发展促进会主办的第二届中国虚拟现实创新创业大赛易华录杯北京区域赛暨首届“创想石景山”创新创业大赛在石景山区举办。大赛以“创新创业”为主题,分初赛、复赛、提升训练营、总决赛、颁奖5个环节。16支来自文化、娱乐、科研、教育等应用领域的虚拟现实参赛队,近100名来自北京、黑龙江、重庆、浙江、山东、深圳等全国各地的参赛选手晋级16强,进入全国总决赛。北京区域赛决赛一等奖一名,获奖单位为北京亮亮视野科技有限公司;二等奖三名,获奖单位分别为威爱交易、北京蚁视科技有限公司、北京布润科技有限责任公司;三等奖六名,获奖单位分别为上海幻坊影视科技有限公司、凌宇科技(北京)有限公司、宁波泓蚁光电科技有限公司、新浪VR、视车科技(北京)有限公司、苏州美房云客软件科技股份有限公司。

(罗耀玲)

【获市科学技术奖】 3月1日,在2018年度北京市科学技术奖励大会暨2019年全国科技创新中心建设工作会议上,中关村石景山园8项科技成果获奖。首钢集团有限公司的“高强韧、厚规格海洋工程用钢高效制备技术及应用”项目获一等奖;中国科学院高能物理研究所的“超寻质子加速器2K超流氦大型低温恒温器关键技术研究及应用”、北京京西燃气热电有限公司的“城市燃气热电中心智慧清洁供热关键技术研究与应用”2个项目获二等奖;北方工业大学的“高性能交流电机变频系统非线性控制理论和方法”、北京航天测控技术有限公司的“航天器故障预测与健康管理技术”、首钢集团“基于商用车正向设计轻量化用钢的开发技术与应用”、首钢城运“机械式立体停车设备研发设计与应用”和金银建科技公司‘基于个体特征的生态驾驶行为感知-评估-反馈成套技术研究与应用”5个项目获三等奖。

(岳继华)

【“园区讲堂”】 3月6日,由石景山园管委会主办的科委园区第6期“园区讲堂”在石景山创新平台10层报告厅举办举办。北京触幻科技有限公司、北京东土科技股份有限公司、国广东方网络北京有限公司等企业的代表130余人参加。市科委科文处专家对科技项目资金管理的操作攻略讲解;科委园区负责人对项目申报指南背景、申报系统介绍、项目重点分析、科技资金填报、申报材料准备等内容进行讲解。年底,石景山园管委会累计举办“园区讲堂”32期,培训内容包括政策宣讲、项目申报、人才引进、创新融资等内容,园区企业累计500家次3000余人次参加。

(胡 妍)

【虚拟现实(VR)设备签约】 4月23日,红色地标(北京)文化科技有限公司与HTC授权经销商台湾永昌开发股份有限公司“虚拟现实(VR)设备合作”签约仪式在中关村石景山园举行,标志着石景山区首个两岸合作虚拟现实(VR)设备项目正式签约落地。台湾立法委员林为洲出席活动。红色地标(北京)文化科技有限公司是园区集文化传播、VR科技于一体的虚拟现实重点企业,与台湾永昌股份签订VR设备规模采购合同。

(杨 莉)

【企业政策培训会】 4月24日,石景山园管委会主办的"创新创业政策宣讲、投融资对接及申报培训会"在石景山创新平台举办,北京布润科技有限责任公司、北京宝沃石油技术有限责任公司等企业代表200余人参加。以"创新创业季"为主题,采用专家授课、现场体验等方式开展教学,主要讲解小微企业减税降费新政和深化增值税改革相关政策、高新技术企业认定、技术合同登记、首都科技条件平台介绍和创新券新政、中关村高新技术企业认定等内容。

(王 震)

【专题推介】 5月17日,在5G元年的AR/VR变革·2019第三届全球虚拟现实产业创新者峰会上,中关村石景山园举办专题推介。会上,中关村石景山园管委会介绍石景山区城市发展、产业促进和中关村虚拟现实产业园的建设历程进行介绍,同时对引进AI/5G产业资源与应用示范项目、促进前沿技术交叉融合创新及提高产业发展配套与服务水平等方面政策进行讲解,并就企业关心的参与服务冬奥、参与中关村首钢AI园建设、5G商业应用等问题进行宣传。中关村石景山园管委会对接爱威尔科技有限公司、北京七维视觉科技有限公司、北京小鸟看看科技有限公司、重庆云威科技有限公司等近20家目标企业,开展精准招商服务。

(杨 莉)

【中关村德国科技合作对接会】 5月20日,由北京首钢建设投资有限公司、北京创业公社投资发展有限公社主办的中关村德国科技合作对接会在首钢·侨梦苑举办。中关村管委会、首钢集团、石景山园管委会等单位的相负责人及德国、中国代表100人参加。通过搭建中德企业交流平台,加强中关村与德国科技企业在智能制造、新一代信息技术等产业领域的交流合作,促进石景山区国际化发展,推动中德双方合作互利共赢。德国企业围绕人工智能医学应用软件、医疗诊断及治疗设备制造、半导体器件专用设备制造、物联网技术、生物药品制造、大数据应用等领域从项目实施、品牌化运营、发展前景评估等方面进行路演。分组交流AIXaTECH、Brezzl等10家德企与首钢基金公司、北京东土科技股份有限公司、北京易华录信息技术股份有限公司 等26家中方企业进行沟通。石景山园的北京易华录信息技术股份有限公司、北京石景尚风科技有限公司、北京首钢自动化信息技术有限公司3家企业与德国企业初步达成合作意向。

(雪 冰 林茂盛)

【瑞尔沃德公司落户园区】 5月29日,瑞尔沃德医药科技(北京)有限公司落户石景山园,注册资本2000万元。瑞尔沃德公司是医疗大数据和人工智能应用领军企业,致力于数据驱动医学领域治疗创新、为医药产业赋能,为临床研究提供"一站式"临床机构管理组织服务,专注于通用远程监控系统研究和临床试验研究,是临床机构管理组织和临床试验研究的临床机构管理组织供应商。

(李 丹)

【服务冬奥论坛】 5月30日,由中关村管委会、区政府、首钢集团等单位主办的中关村科技服务冬奥论坛在新首钢园区举办。论坛以"科技助力冬奥"为主题。冬奥组委、区政府、首钢集团等单位的相关负责人及企业代表近350人参加。论坛旨在搭建中关村新技术新产品与采购应用单位供需对接平台,畅通供需对接渠道。张家口市发改委副主任孙东峰、首钢建投副总经理付晓明、延庆区冬奥办督查处处长关鑫分别就"冬奥城市建设及经济发展""借冬奥契机搭建科技应用场景平台""纯洁的冰雪、激情的约会"做主题发言。在项目推介环节,石景山区企业幻世新科(新浪VR)在内的11家企业代表围绕安防运维、场馆建设、赛事联播、5G共享等领域做推介发言。近100项中关村新技术新产品在会上展示推介。

(杨 莉)

【参加全国双创周】 6月13日—19日,园区组织系列活动参与双创周北京分会场活动。园区东土科技、优也科技、枭龙科技、字节跳动、囡宝科技等多家重点企业从工业互联网、虚拟现实、人工智能等领域参与展览展示,受到与会者好评。一批成果有效推出。北方工大重点展示包括雷达预警系统、医用全自动微量元素检测、新型高级氧化环保装备、20KW储能功率变流器和"低小慢"航空器主动探测技术在内的多项优秀科技成果,50余家企业就五个项目与课题组进行深入交流对接。一批赛事相继启动。启动第四届中国创新挑战赛暨中关村第三届新兴领域专题赛工作,发布第一批包括新能源与动力装置、人工智能与大数据、无人系统、网络安全与通信、虚拟现实等9个领域的需求82个;承办文化创意大赛分赛场活动,16个参赛项目获得奖项。

(林茂盛)

【入选金种子名单】 6月15日,中关村管委会在2019年全国双创周北京会场发布第八批中关村金种子企业名单。遴选出207家金种子企业,石景山园北京青燕祥云科技有限公司、光和(北京)数字科技有限公司、北京爱特拉斯信息科技有限公司、北京微瑞集智科技有限公司、北京八斗互动网络技术有限公司5家企业入选。年底,园区共有72家企业入选。

(林茂盛)

【获"创业北京"三等奖】 7月5日,在以"创时代 新未来"为主题的第二届"创业北京"创业创新大赛决赛及颁奖仪式上,石景山园的凌宇科技(北京)有限公司获创业组三等奖。大赛自5月启动以来,共有1132个创业项目报名,创新、创业两组各18个项目进入到决赛环节。

(林茂盛)

【获人工智能先锋奖】 7月12日,在以"新时代 大变局与新动力"为主题的第八届中国财经峰会上,园区企业北京青燕祥云科技有限公司获"2019人工智能先锋奖"。青燕祥云公司专注云计算、大数据和人工智能技术,打造数字化、移动化及智能化的医疗平台和医疗影像辅助诊断识别系统,拥有数10件专利和软件著作权，支持60多个语种参与国内外高端学术交流与全球医疗资源共享。

（李　丹）

【入选“科技服务商50强”榜单】　7月17日，园区企业电科云（北京）科技有限公司凭借面向党政军用户提供“自主云、安全云、云上云”，作为政务云领域的唯一代表企业入围“中国企业云科技服务商50强”榜单。电科云成立于2019年1月，以“打造一朵面向党政军的自主安全云、做国家数据的守护者”为目标，为新一代信息基础设施建设提供算力和数力。

（杨　莉　李　丹）

【金融科技创新大赛】　7月26日，中关村“番钛客”2019金融科技创新大赛第三场分组赛——保险科技与金融风控专场在北京银行保险产业园召开。中关村“番钛客”金融科技大赛是为贯彻落实《北京市促进金融科技发展规划（2018年—2022年）》和《关于首都金融科技创新发展的指导意见》，构建金融科技企业挖掘、筛选培育、孵化机制而举办的赛事评选活动。

（马海涛）

【北方工大科技成果对接交流会】　8月2日，北方工业大学举办北京工大科技成果对接交流会。中国技术交易所、中国银行石景山支行、启迪之星石景山基地等单位的相关负责人及代表20余人参加。会上，针对北方工大科技成果转化中心的微变感知雷达预警系统、基于多元视频信息的低小慢航空器主动探测技术、表面修饰系列片状金属颜料、带视觉智能多轴电路板焊锡工业机器人、“船－船通”全国物联智能游船5项科技成果开展交流对接。会议促成中国技术交易所对接基于多元视频信息的低小慢航空器主动探测技术、带视觉智能多轴电路板焊锡工业机器人、碳化硅晶体培养技术3项成果、中国银行石景山支行、工商银行石景山支行合作银行对接带视觉智能多轴电路板焊锡工业机器、基于多元视频信息的低小慢航空器主动探测技术2项创业企业投融资需求。

（林茂盛）

【入选“中国AI商业榜单”】　8月30日，在2019WAIC世界人工智能大会上，亿欧智库发布“中国AI商业落地系列榜单”，石景山园百融云创科技股份有限公司、北京量科邦信息技术有限公司、北京猎户星空科技有限公司、北京猎豹移动科技有限公司、北京字节跳动网络技术有限公司等5家企业入选。

（李　丹）

【智能轨道交通交流对接】　8月30日，由中关村管委会、石景山园管委会、北京航天测控技术有限公司主办的中关村智能轨道交通领域新技术新产品交流对接会在中关村石景山园航天测控公司举办。北京轨道交通技术装备集团、北京地铁运营公司、北京磁浮交通发展有限公司企业高管、系统总工和技术专家等企业高管、系统总工和技术专家60余人参加。会议通过新技术新产品项目路演，搭建中关村新技术新产品供需对接产业平台，助推两化融合与智能制造战略落地，促进中关村企业与市属国有企业对接合作，深度参与首都智能轨道交通重大项目实施，助力首都“智慧城市”“智能交通”建设。

（罗耀玲）

【知识产权创新沙龙】　9月26日，由中关村知识产权促进局、石景山园管委会、石景山区知识产权局主办的第四期中关村知识产权创新沙龙活动在石景山区创新平台10层报告厅举办。北京小熊博望科技有限公司、北京航天测控技术有限公司等单位的代表70余人参加。沙龙活动以“政策解读、专利商标管理运营、技术价值分析”为主题。相关专家对知识产权政策，知识产权布局、知识产权管理及维权等方面内容进行讲解。年底，累计举办沙龙活动4场，包括中关村高新及知识产权政策解读、知识产权投融资、专利和商标管理等内容，参加人数300余人。

（林茂盛）

【国庆阅兵技术保障】　9月至10月，园区7家企业参与国庆70周年阅兵技术保障工作。达瓦未来（北京）影像科技有限公司参与“阅兵实施模拟仿真系统”总体研制，负责数字内容生产和仿真方案呈现，对阅兵总体方案进行前期推演论证、改进编组、提升观瞻效果上起到支撑作用；北京爱奇艺智能科技有限公司是新华社VR阅兵直播项目合作伙伴之一，为直播提供VR＋5G＋8K技术产品和技术保障；首钢集团有限公司负责天安门广场联欢活动中60＊90米“五星红旗”LED网幕以及纪念碑北侧7棵25米高烟花树等大型装置的研制、安装和运行工作；国家无线电监测中心检测中心全程参与国庆无线电设备检测和现场核验，前期对含港澳台媒体、境外媒体等批准用户单位进行设备测试，在国庆演练以及活动当天，负责核心区标签设备拦截，保障核心区内无线电安全工作；北京猎户星空科技有限公司旗下AI机器人豹小秘作为人工智能科技产品代表登上江西省国庆彩车，亮相国庆游行巡演；国广子行传媒（北京）有限公司负责建国70周年系列献礼片的多语种译制；北京蓝月谷文化传媒有限公司打造“国门礼遇”主题国庆献礼城市灯光秀，利用先进科技手段完成从奥林匹克公园到CBD的大空间多地形光影秀工程。

（杨　莉）

【“党建＋文化”党建联盟】　10月15日，中关村石景山园举行“党建＋文化”郎园文化创意产业园党建联盟揭牌成立大会暨项目推进会。园区党工委依托郎园商务楼宇工作站成立郎园文化创意产业园党建联盟。区委组织部、宣传部、统战部，区妇联、总工会、市场监管局、团区委以及党建联盟38家成员单位、园区学雷锋志愿服务队代表、园区楼宇工作站工作人员共80余人参加活动。

（梅传刚　胡梓博）

【参展冬博会】　10月17日—20日，在2019国际冬季运动（北京）博览会上，北京猎户星空科技有限公司、北京枭龙防务科技有限公司、中译语通科技股份有限公司、北京艾尔豪斯膜式技术有限公司等4家企业参展。企业展示的产品包括猎户星空的全球五星级接待服务员“豹小秘”为展区提供智能引领、服务接待、讲解咨询等智能服务;枭龙科技的运动AR智能眼镜,模拟互动滑雪体验;中译语通的基于神经网络机器翻译、语音识别等前沿科技打造的“LanguageBox语言盒子”提供高质量的机器同传和实时翻译。爱柯·艾尔豪斯通过二氧化碳直接蒸发新技术创新推出“模块化装配冰场”,助力冰雪场馆建设。

(杨 莉 李 丹)

【中关村第三届新兴领域专题赛】 11月12日,由国防科工局信息中心、中关村管委会等军地单位联合主办的第四届中国创新挑战赛暨中关村第三届新兴领域专题赛石景山军工赛区在园区举行。专题赛以“密切军地协同,深度融合创新”为主题,针对科技创新需求,通过“揭榜比拼”方式,面向全国公开征集解决方案。发布25个项目需求,内容涉及新能源与动力装置、无人系统、智能制造、新材料与新技术、电子器件与控制、航发西控6个领域。石景山园的北京瑞和云图科技有限公司参加,北京高能新技术有限公司、中译语通科技股份有限公司、达瓦未来(北京)影像科技有限公司等企业现场进行产品展示,并与西安航空学院、北京世冠金洋科技发展有限公司等企事业单位进行对接。来自军地相关部门负责人及专家代表、联席会成员、企业代表及媒体人员等120余人参加。

(雪 冰 林茂盛)

【第四届国际创新论坛】 12月15日,由创佰汇(北京)科技有限公司创佰汇前沿科技孵化中心主办的第四届国际创新论坛在点石商务园举办。中国工程院院士及专家、石景山园管委会等单位相关负责人,九州创佰汇(北京)隧道技术有限公司、中国供销集团海洋经济公司等企业的代表150余人参加。论坛以“厚积十年铸匠心,辉煌百年强国梦”为主题,与会代表围绕“互联网和高端制造”“海洋经济和生命科技”等专题进行交流与探讨。原能细泡科技集团有限公司、安华恒泰(北京)医药科技有限公司、中粤智能集团有限公司等数10个科技项目进行路演,包括超高速管道交通技术、细胞科技赋能生命技术、可穿戴设备、抗癌药品新发现等。评选出8个“创新科技奖”。论坛上,由创佰汇与三〇一医生集团共同创立的“创佰汇三〇一医师集团”揭牌成立。

(雪 冰 林茂盛)

教　育

综　述

【概况】 2019年,石景山区有各级各类幼儿园47所60址(公办园18所24址、民办园29所36址),教学班549个,在园(班)幼儿14544人。全区市级示范园7所,一级幼儿园24所,市级早期教育示范基地16所,市级特殊儿童教育示范基地6所。全区有小学36所(其中一贯制学校小学部10部),小学阶段教学班741个,招生4501人,在校生23459人。中学21所,其中初中6所,高中2所,完全中学3所,一贯制学校10所;中学阶段教学班共399个,其中初中268个教学班,高中131个教学班;中学阶段在校生共11342人。区属职业学校1所(教办),教职工165人,专任教师110人;毕业生352人,招生120人,在校生320人;设有4个系部,开设美容美发与形象设计、计算机计动漫与游戏制作等共11个专业,23个教学班。石景山区各级各类民办教育学校、培训机构共113所。其中民办普通中学3所(含来京务工人员自办校1所),民办幼儿园29所,民办职业高中1所,其它文化、教育、技术等非学历培训学校80所。辖区有北方工业大学、中国科学院大学、北京工业职业技术学院、首钢工学院、国家检察官学院等高等院校。

北京市石景山区教育委员会(简称区教委)是区政府主管教育事业的职能部门,负责管理、推动发展全区学前教育、基础教育、职业教育、成人与社区教育等工作。下设科室21个,有公务员72名,下属教育信息中心、青少年活动中心、业余大学等单位13家。年内,区教委制定出台《石景山区推进中小学社会主义核心价值观"进教材、进课堂、进学生头脑"工作方案》;制定并发布《石景山区关于新时代加快推进教育现代化的实施意见(2019—2025年)》《石景山区促进教育优先发展实施方案(2019—2025年)》和《石景山区深化五育并举,提升育人质量实施方案(2019—2025年)》1+2文件,提出全面深化教育重点领域改革等7项重点任务;推进《石景山区基础教育设施专项规划(2017—2035年)》研究制定;引入中国人民大学附属中学成立人大附中石景山学校,并以其为核心完成全区第八个教育集团组建;制定《教育系统2019年创建全国文明城区工作方案》等专项工作方案,编发中小学生创城宣传实践手册等,推进家校社三方协同共育;从送教下乡、选派教师支教、承接教师来区研修跟岗、学校结对与手拉手、精准助学等方面开展教育扶贫与协作工作。

(姜　玮)

【获评"首都劳动奖章"】 2月22日,区教委根据《关于开展2019年首都劳动奖状、奖章和北京市工人先锋号评选表彰工作的通知》要求,按推荐申报程序,推荐北京市第九中学师德光、北京景山学校远洋分校肖伟华参评,经区、市两级审核评选,师德光获得"首都劳动奖章"荣誉称号。

(王宝军)

【"物美杯"知识竞赛】 3月15日,区教委、区工商分局、区司法局、区食药监局、物美控股集团有限公司联合举办石景山区第十七届"物美杯"青少年维权知识竞赛。16所中学,64名选手参赛,北大附中石景山学校夺冠。

(李　炬)

【教育教学研讨月】 3月28日,在北京教育学院石景山分院召开石景山区第十三届教育教学研讨月活动启动会。主题为"坚持立德树人,贯彻五育并举",引导全区教育系统落实立德树人根本任务,培养社会主义建设者和接班人。区教育分院联合各学校,围绕"立德树人""五育并举"设计并申报各类教育教学活动共197场次,其中区级重点活动12次,区级一般活动26场,学校研讨展示活动94次,带题授课65次。活动特邀北京教育学院刘胡权博士做专题报告。区委教工委、教委,区教育分院领导,以及区教委、教育分院相关部门负责人,各中小学校长、教学干部、教育分院研修员等共计240余人参加活动。

(施　爽)

【机构体制改革】 3月,区政府进行机构改革调整。区政府教育督导室由原来区教委代管改为其下设科室,由区教委统一管理;保留"石景山区人民政府教育督导室"名称,不再设置主任一职。原主任调至其他部门工作;教育督导室工作由区教委主任统一领导。4月,根据区教育工委、区教委"关于调整两委领导班子成员工作分工的通知(暂行)",原教育督导室的督政科、督学科、综合科及区教育督导与教育质量评估监测中心工作由区教委副主任负责分管领导。6月,区教委机关进行机构改革调整,撤销教育督导室综合科,原督导室督政科、督学科改为教委

3月28日,2019年石景山第十三届教育教学研讨月启动仪式(区教委供图)

督政科、督学科。

（王桂洋）

【获批市级暖心驿站】 4月16日，石景山区上报2019年度验收合格的区级职工暖心驿站单位参评市级暖心驿站。5月15日，教育工会相关领导带队，对参评单位工会职工暖心驿站建设情况进行检查。石景山外语实验小学分校、京源学校莲石湖分校、石景山区幼儿园分园、综合事务管理中心共计4个单位获批2019年度市级暖心驿站。

（杨铭华）

【中小学生环保演讲赛】 4月26日、29日，石景山区中小学生环保主题演讲比赛决赛在银河小学和同文中学举行，演讲主题为“美丽中国 我是行动者——我的环保行动”。比赛由区教委、区环保局联合举办，分为小学组和中学组进行，最终区实验小学牛雨晨获得小学组一等奖，首钢集团有限公司矿业公司职工子弟学校王昕阳获得中学组一等奖。

（李 炬）

【新时代文明实践中心成立】 5月9日，石景山区新时代文明实践中心成立揭牌仪式在石景山社区学院举行。市委宣传部副部长、首都文明办主任、市推进新时代文明实践中心领导小组副组长腾盛萍，区领导于长辉、姚茂文出席揭牌仪式，各街道党工委书记、各社区书记、区机关牵头部门负责人220余人参加仪式。田利跃主持仪式。腾盛萍、于长辉为石景山区新时代文明实践中心揭牌。

（谢 盈 赵荣霞）

【第十届中学生模联】 5月11日—12日，区教委在北大附中石景山学校举办以“百年薪火 青春华梦”为主题的石景山区第十一届模拟联合国大会。区教工委、区教委领导，各高中学校书记、校长、部分学校观察团出席开、闭幕式，全区七所高中学校200余名学生参加活动。

（李 炬）

【“六一”主题活动】 5月31日，“我和我的祖国”—2019年石景山区庆祝“六一”国际儿童节主题活动在青少年活动中心举行。区领导及相关委办局、街道办事处负责人出席活动，与全区600余名少先队员和少先队辅导员代表共同庆祝“六一”国际儿童节。活动现场，展示石景山区第33届“四联展”中的优秀作品。剧场演出环节共分为三个篇章：“我的祖国是花园”“ 我的祖国我的家”“ 我的祖国我的梦”。通过童谣展示、冬奥项目展示、京剧展示、爱国主题舞蹈展示等方式分抒发石景山区少先队员热爱祖国，迎接冬奥，弘扬中华传统文化，争做时代新人的精气神。对荣获北京市及石景山区“新时代好少年”称号的10名少先队员表彰颁奖。

（王 蕾）

【与人大附中西山学校合作】 7月21日，区教委、人大附中联合总校、人大附中、人大附中西山学校四方签订合作办学框架协议，区教委与人大附中西山学校签订合作举办人大附中石景山学校协议。中国人民大学常务副校长、人大附中联合总校校长王利明，中央文史研究馆馆员、人大附中联合总校理事会理事长、联合总校名誉校长、人大附中名誉校长刘彭芝，联合总校党委书记、人大附中校长刘小惠，区领导常卫、陈之常、姚茂文、左小兵等出席会议，陈之常主持签约仪式。

（魏 莉）

【教师节表彰】 9月10日，以“庆祝新中国七十华诞 弘扬新时代尊师风尚”为主题的石景山区庆祝第三十五个教师节暨表彰大会在北方工业大学礼堂举行。区四套领导班子、各相关委办局主要负责人、教育系统各单位负责人、优秀教育工作者及师生代表700余人参加表彰大会。全体人员观看师生文艺表演和《教师风采视频展播》短片，新教师代表举行宣誓仪式。大会表彰2019年石景山区教育先进单位、优秀教育工作者。

（李丽娜）

【人民满意学校测评】 9月28日—30日，区教委对全区中小学、公办幼儿园开展2019年区教育工作满意度调查工作。调查采取无记名电子问卷方式，对辖区内幼儿园、中小学、特教学校及中职学校的学生、家长、干部教师进行抽样调查。参加调查的有幼儿园11所，小学34所，中学18所，高中8所、职业高中1所及特殊教育学校1所。调查结果显示，各学段2019年教育工作整体满意度得分如下：幼儿园95.04%，小学93.31%，中学91.55%，职业高中85.12%，分别较2018年提高1.94%、2 13%、0.29%和0.17%。

（王桂洋）

【少先队建队70周年活动】 10月12日，“红领巾心向党 争做新时代好队员”石景山区庆祝中国少年先锋队建队70周年主题教育活动在古城第二小学举行。来自全区1000余名优秀

9月10日，石景山区庆祝第三十五个教师节大会 （区教委供图）

少先队员和500名新队员参加活动。活动分为六年级换戴大领巾仪式、新队员入队仪式和少先队表彰颁奖三大环节。活动中对2019年区"优秀少先队小干部"和辅导员金质、银质奖章的获得者进行表彰,少先队员们表演红歌联唱《我为新中国唱首歌》和诗朗诵《最美中国红》。全国优秀少先队员代表高春雨分享现场观看天安门国庆阅兵和群众游行的感受。

(王　蕾)

【第八个教育集团成立】 11月8日,石景山区第八个教育集团人大附中石景山学校教育集团成立。成立仪式上,参会领导为人大附中石景山学校教育集团揭牌,为集团8所成员校颁牌。人大附中石景山学校教育集团由人大附中石景山学校、北京市高井中学、北京市石景山区电厂路小学、北京市石景山区红旗小学、北京市石景山区五里坨小学、北京市石景山区广宁村小学、北京市石景山区炮厂小学和北京市石景山区麻峪小学8所学校共同组成。区委、区政府、区委教育工委、区教委以及相关资源单位、驻地部队、学校、街道办事处等单位领导参加会议,各成员校学生还带来鼓乐、武术、快板、健美操等精彩的文艺展示,共同祝贺教育集团成立。

(胡光熠)

【教师资格国考面试】 年内,在北京市中小学教师资格考试国考面试中,石景山区承办小学英语、语文、社会、科学、体育、音乐、美术、信息技术、高中英语、幼儿园十个学科的面试组织工作,两次考试考点均设在北京景山学校远洋分校,共设94个考场,四天共组织18个批次、36场考试,共计3166名考生参加面试。

(李丽娜)

【教育扶贫与协作】 年内,区教委带领区教育系统继续对内蒙古宁城、内蒙古莫旗、青海称多、河北顺平、湖北竹山地区,开展从送教下乡、承接教师来区培训、学校结对与学生手拉手、教师支教等方面教育扶贫与协作工作。选派34名教育骨干教师通过示范课等方式开展送教下乡活动,受培训人数近5000人;选派26名干部教师赴受援地区开展为期1个月、7个月、13个月的支教工作;全区23所学校与五个地区缔结43对结对校关系,在教育科研、课程建设等方面深入学习交流;接待完成7批次共计200名干部教师来石景山区研修学习与入校跟岗。

(姜　玮)

【"四个一"活动】 年内,区教委利用新中国成立70周年的教育契机,组织辖区中学生参加"四个一"(即组织学生分别走进一次国家博物馆、首都博物馆、军事博物馆、抗日战争纪念馆)活动。4月4日—10日,组织全区初一学生2168人参观抗战馆;4月24日—30日,组织初二学生2176人参观国家博物馆;10月16日—22日,组织初二学生2474人参观首都博物馆;12月5日—11日,组织初一学生参观军事博物馆。

(谭春林)

学前教育

【概况】 2019年,石景山区有各级各类幼儿园47所60址(公办园18所24址、民办园29所36址),教学班549个,在园(班)幼儿14544人。教职工2631人,其中专任教师1256人。幼儿园占地面积2.69万平方米,校舍面积1.86万平方米。全区市级示范园7所,一级幼儿园24所,市级早期教育示范基地16所,市级特殊儿童教育示范基地6所,普惠性幼儿园29所37址,普惠率达到70.2%。年内,区教委全面实施市区《第三期学前教育三年行动计划》,贯彻扩大高质量学前学位供给和建设高质量师资保障体系的工作精神,构建广覆盖、保基本、有质量的学前教育公共服务体系。

(黎　铮)

【学前教育工作总结】 1月17日,区教委学前科组织召开2018年石景山区学前教育系统工作总结会。会议对2018年石景山区学前教育工作进行回顾总结,表彰在2018年实现质量提升的首钢幼教中心金顶街幼儿园,对在第十五届"萌芽"杯教育研究系列活动中获奖园长和教师进行表彰。

(黎　铮)

【"两寻找三研究"研训】 3月20日,区教委学前科与分院学前研修室联合开展以"尊重规律、重视游戏、促进成长"为主题的"两寻找三研究"系列研训活动。包括组织"两寻找三研究"专题培训,200余名幼儿园园长、业务园长、骨干教师参与活动。4月,5所示范园进行"两寻找三研究"教研展示活动。12月7日—9日,在全国第四届中国学前教育高峰论坛暨"两寻找三研究"成果汇报会中,石景山区获一等奖37名,二等奖46名,三等奖10名,全国一二等奖获奖人数占全国获奖人数的17%。

(黎　铮)

【优秀自制玩教具展评】 3月28日,区教委学前科与分院学前研修室联合召开2018"张謇杯"全国幼儿园优秀自制玩教具展评活动石景山区总结表彰会,对在全国幼儿园优秀自制玩教具展评活动及北京市幼儿园优秀自制玩教具展评活动中获奖幼儿园和个人进行表彰。

(黎　铮)

【参加园本课程建设培训】 4月26日,区教委学前教育科组织全区56家幼儿园的园长、业务园长、保教骨干等约120人参加"基于图画书资源幼儿园园本课程建设"培训。

(黎　铮)

【学前教育资源辐射工作】 4月、10月,石景山区7所市级示范幼儿园和13所一级一类幼儿园分别通过开放班级环境,展示幼儿游戏活动、集体教学活动、户外体育游戏,组织参与式教研等活动形式进行开放式考核观摩活动,全区幼儿园共计1200余名教师进行园际观摩与学习。

(黎　铮)

【一月一专题培训】 6月12日,区教委学前科组织2019年石景山区学前系统"一月一专题"培训,邀请脚丫儿教育为全区幼儿园进行自然体验教育的培训,共90余名幼儿园园长、业务园长、骨干教师参与户外体验活动。

(黎　铮)

【暑假园长培训班】 7月10日，区教委学前科以"归正高效，平稳安全，办重细节、有质量的幼儿园"为主题组织第十七期暑期园长培训班，全区130余名幼儿园园长、业务园长、保教主任等参与活动。

（黎 铮）

【参加"家园研讨会"】 11月4日—6日，区教委学前科组织全区61所幼儿园的60余名园长、业务园长与保教主任参加"创新·培育·发展——第四届全国家园共育理论与实践研讨会"。

（祁 矛）

【"萌芽杯"评比活动】 11月13日，区教委学前教育科、分院学前研修室组织第十六届"萌芽杯"调整阶段教师说课评比活动，全区40名工作年限10年以上的调整阶段教师参加活动。

（祁 矛）

【园本研修故事交流】 11月26日，区教委学前科与分院学前研修室联合组织举办"研"途携手共前行——幼儿园园本研修故事展示交流活动。市区研究员13名及石景山区61所幼儿园共80余名业务园长和教研主任参与活动。

（祁 矛）

【学前教育研讨会】 12月5日—6日，区教委学前科组织石景山区共计50余所幼儿园的园长以及教研员们参加"中国——新加坡学前教育研讨会"。

（祁 矛）

【学前教育督查】 年内，石景山区共开展8轮针对各类型幼儿园的督查活动，2名专职督查员通过实地走访、查阅档案、参与保育教育活动等形式督促幼儿园进行规范管理，提升幼儿在园一日生活质量。

（黎 铮）

基础教育

【概况】 2019年，石景山区小学36所（其中一贯制学校小学部10部），小学阶段教学班741个，招生4501人（其中非京籍招生1419人），在校生23459人（其中非京籍在校生7320人），毕业生3734人（其中非京籍毕业生1519人）；小学入学率100%，巩固率100%，毕业及格率100%。中学21所，其中初中6所，高中2所，完全中学3所，一贯制学校10所；中学阶段教学班共399个，其中初中268个教学班，高中131个教学班；中学阶段在校生共11342人（其中非京籍在校生2897人），其中初中7689人（其中非京籍学生1987人），高中3653人（其中非京籍在校生910人）；中学阶段招生共4063人（其中非京籍1069人），其中初中2828人（其中非京籍697人），高中1235人（其中非京籍372人）；中学阶段毕业生共3348人（其中非京籍869人），其中初中1963人（其中非京籍566人），高中1385人（其中非京籍303人）；初中入学率为100%，普通高中录取率为95.6%，高考录取率为6.2%，应届高考录取率为98.3%；中小学教职工4254人，其中专任教师3459人。特殊教育学校数1所，10个教学班，招生11人，结业8人，在校73人；教职工33人，其中专任教师29人；随班就读学生68人。残疾儿童入学率100%，巩固率100%，结业率为100%。校外教育单位1个，教职工61人，其中专任教师54人。小学教师学历合格率100%，初中教师学历合格率100%，高中教师学历合格率100%。中小学具有高级技术职务543人，中小学具有中级技术职务1398人。全区中小学图书馆藏书1,722,209册。固定资产总值285,862万元。

（陈玉珠）

【高三期末质量分析会】 1月23日，石景山区高三年级期末考试质量分析会在石景山教育分院召开，区教委、教育分院主管领导，各高中学校校长、教学副校长、教学主任、高三年级组长等30余人参加会议。基教研部门分学科把测试成绩进行统计分析，基于数据对各学校的教学工作进行诊断，建议各学校备考工作要回归学科基础，科学选题、高效教学，准确定位学生，个别指导、重点培养，注重整体架构，提升能力、培养思维。

（施 爽）

【课程教材与教学检查】 3月3日—8日，区教委、教育分院和各义务教育阶段中小学组成联合调研检查组，以教育集团（片）为单位，组织集团内所有义务教育阶段中小学开展交流调研检查，通过听取学校工作汇报、随机听课、教师座谈、学生座谈和集中进行档案资料查阅和交流及反馈，促进课程教学的规范实施。

（张树升）

【区初三年级质量分析会】 3月6日，2017—2018学年第一学期石景山区初三年级期末质量分析会在区教育分院召开。各初中学校的教学副校长、教学主任、初三年级组长参加会议。会上，基教研副主任赵志国做全区整体质量分析，各学科教研员就本学科情况作具体分析。在对数据科学分析的基础上，各学科都做全面梳理，对知识、能力组块中存在的问题进行查找，并提出下一步复习建议。

（施 爽）

【学生综合素质评价部署会】 3月22日，区教委召开全区综合素质评价工作部署会，石景山区初高中各校综合素质评价主管校长、主任、综素管理员参会。会上，对初、高中学生综合素质评价主要工作进行部署。会议邀请北京市教委委专家赵小燕老师对校级管理员新系统使用操作进行专门培训，旨在推动"综评平台"系统全面升级，不断完善石景山区"综评平台"功能及服务。

（陈玉珠）

【高三模拟考试质量分析会】 4月17日，区教委组织召开高三年级模拟考试质量分析会。区教育分院基教研中心副主任刘晓昕做高三模拟考试的整体质量分析报告，9个高考学科教研员结合本学科模拟考试情况分别作分析。

（施 爽）

【"当代好课堂"】 4月，区教委召开当代好课堂联席会，会上对项目实施情况进行阶段性总结并对下一阶段工作计划进行解读；8月至9月，完成"当代好课堂项目"绩效跟踪评价"工作；11月25日，石景山区"当代好课堂"优秀课堂展示活动暨交流研讨会举行，会上呈现项目教师15节课堂教学,当代好课堂项目专家示范课,并对项目一年来的实施情况进行总结,8位项目学校校长和教师代表进行经验交流,向展示优秀教学成果的教师代表颁发证书。市区领导及石景山区20余所学校以及来自北京兄弟区县和上海、重庆、河北、河南、内蒙、四川、湖北、湖南、山东、浙江、福建、贵州等省市代表约300人参加展示研讨活动;11月,委托北京菲尔麦德咨询有限公司对当代好课堂项目开展第三方绩效评价工作,评价结论为:该项目绩效目标明确合理,项目组织机构完整、执行规范有效,项目效果显著,经专家统一意见,综合评价91.5分,评价等级为优。12月16日,石景山区教育委员会关于深化课程教学改革培训与实践工作采购"当代好课堂"项目合作协议(2019—2020)签署,继续深入开展"当代好课堂"项目。

(施　爽)

【教材培训】 4月,区教委组织辖区小学4—6年级语文、道德与法治、9年级历史的教材培训,培训对象为小学语文、道德与法治学科全体专兼职任课教师和初中历史学科全体专兼职任课教师,提升"三科"教师教书育人的能力和水平。7月,区教委组织语文、历史、思想政治、生物、物理、地理、数学、化学、英语、体育等10个学科全体新高一教师的教材培训。

(施　爽)

【学农教育】 4月,石景山区第5期学农教育活动启动。截至11月16日,石景山区16所学校,共计1800余名学生,分13批到北京农学院参加学农教育活动。学农教育活动是教育综合改革的重要配套环节,是落实新课程方案关于开展学科实践活动的重要举措。学生们在学农过程中亲身体验农业、园艺、畜牧、家务等劳动过程,学习到现代农业知识。

(荆　林)

【初三模拟质量分析会】 5月8日,区教委组织召开初三模拟质量分析会。区教委、教育分院主管领导,各初中学校校长、教学副校长和区教育分院中考学科相关教研员参加会议。各学科教研员基于数据,从区域整体、各初中学校甚至各个班级等不同层面对考试数据做深入分析,并对各学校提出具体指导建议。

(施　爽)

【高中课改研讨会】 5月10日,首都师范大学附属苹果园中学召开"石景山区高中课改与学业发展指导"研讨会。会议邀请北京教科院课程中心王红丽、殷桂金、杨雪梅三位专家,来自石景山区及昌平区、怀柔区、海淀区等一百余名一线生涯指导教师观摩研讨活动。研讨会展示四节高中课改与学生学业发展研究课,其中苹果园中学和北大附中石景山学校展示两节专题指导课《专业选择与高中学习》《学业水平考试中的合理归因》;另两节为学业指导学科渗透课《选择的悖论 The Paradox of Choice》《海水资源开发利用——海带中碘的提取》。

(陈玉珠)

【墨香书法】 6月8日—17日,石景山区举办第4届中小学生"墨香书法"展示活动,是石景山区"书香石景山,文化校园行"主题活动中一项内容,也是区教委、区教育分院配合石景山区创建全国文明城区工作的重要内容。活动旨在激发广大中小学师生学习书法的热情,提高审美能力和文化品位,传承祖国优秀传统文化。

(荆　林)

【中小学生武林大会】 6月11日,主题为"弘扬中华武术美德 传承高尚家国情怀"的石景山区中小学生武林大会暨石景山区中小学生向祖国70华诞献礼优秀武术教育教学成果展示活动在石景山区银河小学举行。来自电厂路小学、五里坨小学、银河小学等全区12所学校的1500多名学生参加活动。

(荆　林)

【高考质量分析会】 9月11日,石景山区2019年高考质量分析会在分院六层会议室召开。会议由区教育分院基教研中心刘晓昕主任做2019年石景山区高考质量分析,北京九中作典型发言。会议邀请北京教育考试院科研办和北京教育科学研究院教育督导与教育质量评价研究中心的专家做高考数据分析和学校增值分析。

(施　爽)

【中考质量分析会】 9月11日,石景山区2019年中考质量分析会召开。会议由区教育分院基教研中心赵志国主任做2019年石景山区中考质量分析,中考九科教研员对不同学科分别从试题特点、考试情况、教学建议等几方面做分析。会议要求学校要固本强基,深化研究,全面发展;要研究教育改革政策,精准教学,提高实效性,培养学生自主学习能力;精细管理,夯实基础,有计划有目标的实施教育教学工作。

(施　爽)

【教育教学培训与展示】 9月—10月,石景山区举办第十七届教育教学培训与展示活动。活动分德育类、学科类、地方校本类展示活动,针对35岁以上工作满一年的教师,延续本年度"坚持立德树人,贯彻五育并举"的主题,采取随堂听课的形式,从教学设计到课堂实践对中小学各学科进行展示与评审;中小学各学科参加展示424节,其中小学245节,中学179节。其中包含主题班会53节、心理健康课18节、地方校本课程53节。教学设计方面,共有94篇教学设计获一等奖,137篇获二等奖,128篇获三等奖;课堂教学方面,共有93节课获课堂教学一等奖,136节获二等奖,129节获三等奖。

(施　爽)

【综合素质评价经验交流】 11月26日,石景山区初高中综合素质评价经验交流会在高井中学召开。会议邀请北京教育科学研究院教育督导与教育质量评价研究中心杜文平副主任莅临指导。会上,高井中学、首钢矿业学校、首师大附苹果园中学三所学校进行展示交流,分别就综合素质评价与日常教育教学融合促学生全面成长、发挥综评引领作用等专题进行工作经验分享。

(陈玉珠)

【义教学校管理验收】 11月28日,石景山区第二批17所义务教育学校管理标准化建设达标验收工作完成。在

2018年完成首批13所学校达标验收基础上,2019年全区加强专家入校指导形成"一校一案",进一步促进学校依标建设与改进,在7月10日召开工作推进会。

（张树升）

高等教育

【概况】 石景山辖区内有北方工业大学、中国科学院大学、北京工业职业技术学院、首钢工学院、国家检察官学院等高等院校。中国科学院大学(简称国科大)是一所以科教融合为特色的高等学校,国科大以研究生教育为主,同时招收少量本科生,实施本科精英教育。国科大由京内四个校区(玉泉路、中关村、奥运村、雁栖湖)、京外五个教育基地(上海、武汉、广州、成都、兰州)和分布在全国的116个培养单位组成,学校直属教学科研单位57个,其中,京内40个、京外17个。北方工业大学(简称北方工大)前身是创办于1946年的国立北平高级工业职业学校,1985年更名为北方工业大学;先后隶属于中央重工业部、冶金工业部、中国有色金属工业总公司,1998年9月起以北京市管理为主,是一所以工为主,理、工、文、经、管、法、艺七大学科门类协调发展,工科优势突出、特色鲜明的高等院校。北京工业职业技术学院(简称北工职院)是1所由北京市政府举办的普通高等职业学校,是全国首批独立设置高职院校、国家示范高职院校,1999年正式改制为职业技术学院,2019年成为北京市"特色高水平职业院校"建设单位,入选中国特色高水平高职学校建设单位。年内,国科大、北方工大、北工职院等院校共组织师生5000余人参加国庆70周年群众联欢活动。

（通拉嘎　钱丹红　白旭东）

【北工职院人工智能建设】 3月26日,北工职院就"AI+智慧学习"共建人工智能学院项目进行项目申报答辩,就学校相关基础条件,人工智能学院的定位、功能和架构,校企合作人才培养特色,科研与行业应用创新,与北京人工智能相关产业契合度,项目实施保障等方面向教育部评委专家进行汇报。申报方案获得通过,入选教育部人工智能学院建设项目。4月11日教育部公布"AI智慧学习"共建人工智能学院项目入选学校名单,北工职院位列其中。

（白旭东　胡军伟）

【国科大本科生毕业】 7月2日,举行2019届本科生毕业典礼。第二届本科生毕业307人,其中继续深造270人,占毕业生人数的87.9%;直接就业3人;准备继续深造34人。继续深造学生中,国内读研究生202人,出国(境)留学68人。2014年,国科大开始招收本科生。截至年底,已培养两届本科毕业生,授予598名本科生学士学位。

（通拉嘎）

【北工职院机器人大赛卫冕】 7月13日,第十八届全国大学生机器人大赛ROBOTAC赛事在广州市正式开赛。经过两天的比赛,北京工业职业技术学院机器人队成功卫冕,第四次捧回冠军奖杯,取得比赛史上"四冠一亚"战绩;第三次获得"最佳技术奖"。

（白旭东　胡军伟）

【中赞职业技术学院授牌】 8月2日,中国第一所海外学历教育职业院校中国—赞比亚职业技术学院(以下简称"中赞职业技术学院")暨北京工业职业技术学院赞比亚分院在赞比亚卢安夏市举办开学典礼暨揭牌仪式。赞比亚高教部部长Brian Mushimba和中国教育部职成司二级巡视员郁洁为中赞职业技术学院"中国－赞比亚职业技术学院北京工业职业技术学院赞比亚分院"授牌。中赞职业技术学院是一所三年制高等职业技术学院,在中国教育部和赞比亚职业教育训练管理局指导下,由中国有色金属矿业集团联合国内多所高职院校共同建设。学院主要面向赞比亚高中毕业生开展高等学历教育,同时面向中资企业员工开展技能培训。学生修满专业学分并达到汉语六级后可参加赞比亚国家统一考试,考试合格者颁发中赞职业技术学院毕业证书。

（白旭东　胡军伟）

【参与研制"太极一号"】 8月31日,国内首颗空间引力波探测技术实验卫星在酒泉卫星发射中心成功发射。9月20日,微重力技术实验卫星正式命名为"太极一号"。"太极一号"由国科大副校长吴岳良院士担任首席科学家,国科大承担科学应用系统的研制,与相关单位共同承担霍尔微推进器的研制。9月20日,第一阶段在轨测试任务完成。

（通拉嘎）

【石墨烯"折纸术"】 9月6日,国科大物理学院院长高鸿钧团队在《科学》杂志发表论文,宣布重要研究成果。研究团队实现对石墨烯纳米结构的原子级精准的可控折叠,构筑出一种新型的准三维石墨烯纳米结构。该项研究成果在国际上首次实现原子级精准控制、按需定制的石墨烯折叠。基于这种原子级精准的"折纸术",可以折叠其它新型二维原子晶体材料和复杂的叠层结构,制备出功能纳米结构及其量子器件,对构筑量子材料和量子器件(机器)具有重要的科学与技术上的意义。

（通拉嘎）

【国科大田径运动会】 10月11日,国科大田径运动会开幕。这是学校更名以来首次举办的全校田径运动会。运动会主题为"享运动·竞未来"。开幕式上,国旗、校旗、会旗方阵与所旗方阵、裁判员方阵、各单位运动员方阵与国庆方阵进行入场展示。比赛设立100米、200米、400米、800米、1500米、5000米、110米栏、100米栏、4×100米接力和4×400米接力十项竞赛项目,跳远、立定跳远、三级跳远、跳高、铅球五项田赛项目。报名参赛的选手有1097人,其中学生744人、教职工353人。经过两天的竞技,各项比赛产生前六名。12日,举行运动会闭幕式,表彰"最佳运动员"、"优秀组织奖"和"道德风尚奖"获奖集体和个人。

（通拉嘎）

【能效管理人才研究中心】 12月5日,中法智慧城市能效管理应用人才培养和研究中心落户北工职院。北工职院院书记王伟、法国国际教育研究中心负责人皮埃尔·弗朗索瓦·穆尔、施耐德电气中国区副总裁王洁共同签署合作意向。签约仪式由北京工业职业技术学院副校长刘兰明主持,北京市教育委员会副主任黄侃、职成处处长王东江、法国大使馆职业教育专员顾博(Thibault Curmi)等领导和嘉宾也一同出席活动。中法能效管理应用人才培养和研究中心是中法两国推进职业教育领域合作的具体代表。

(白旭东　胡军伟)

【北方工大学科专业建设】　年内,北方工大完成本科教学工作审核评估整改,推进博士学位授予单位申报工作。工程学科跻身ESI全球排名前1%,获批5个国家级和3个北京市级一流本科专业、1个北京高校“重点建设一流专业”,1个北京高校高精尖建设学科,2个专业通过工科专业认证,1门北京市重点课程,3门北京市一流课程。

(钱丹红)

【北方工大科技创新工程】　年内,北方工大总体科研经费达到1.50亿元。新增国家级项目、课题、子课题66项,省部级A项目30项,特别是获批科技部重点研发计划课题1项、北京市自然科学基金立项19项、国家社科基金立项6项、教育部人文社科重点项目立项1项。与石景山区八角街道签署国家重点研发计划项目示范合作协议,持续服务京西建设。

(钱丹红)

【北方工大人才强校工程】　年内,北方工大引进人才45名,留学访学占比33%。获评全国优秀教师1人。新增省部级人才项目或团队19项次,其中,新增海聚工程特聘专家2人,获北京市教委高水平教师队伍建设计划13个,北京市战略科学家团队1个、北京市组织部青年拔尖人才2人、北京市科技新星1人。目前,学校国家级高层次人才达到11人,获国务院特贴专家9人。

(钱丹红)

【北方工大国际化办学】　年内,北方工大围绕“一带一路”战略和“留学北京”品牌,在乌兹别克斯坦安集延机械制造大学建立现代工程大学,与英国伦敦布鲁内尔大学共建合作办学机构完成教育部专家评审答辩。与欧美亚等10所高校建立校际合作关系,接收来自84个国家各类外国留学生1252人,比去年增长22.87%,其中长期留学生627人(含学历生477人)、短期留学生171人;接收“一带一路”沿线27个国家444人,接待国际及港澳台来访团组105个(不含学生团组)、279人次。因公出国(境)团组72个、133人次,派出254名学生赴国(境)外高校交流学习。

(钱丹红)

成人教育

【概况】　2019年,石景山区成人教育有石景山区业余大学暨石景山社区学院和北京开放大学石景山分校2所,两校合署办公,统一管理,有八角和八大处2个校区,三个教学系,开设30个专业,覆盖10个学科。教职工95人,其中行政人员32人,教辅人员17人,任课教师42人,工勤人员2人,科研机构人员2人,研究生学历42人,本科学历48人。正高级职称2人,副高级职称14人。毕业生837人,其中,专科生496人、本科生341人。招生1077人,其中,专科生515人(业余大学282人,开放大学233人)、本科生563人。在校生2793人(不含遗留生),其中,专科生1533人(业余大学855人,开放大学678人)、本科生1260人。全年非学历继续教育培训项目273个,包括会计职称、保育员等职业技能培训;区委组织部、区民政局、北京市教委等职工继续教育;舞蹈、美术、体育、器乐等青少年综合素养教育以及琴棋书画等老年教育等,总计5.39万人次。全年教育经费投入3065.4万元,其中,国家拨款2599.92万元、自筹经费465.48万元。区业余大学2个课题获“北京市教育科学“十三五”规划课题”立项,5个课题获得北京市成人教育学会课题立项。

(马迎春)

【合作办学】　3月7日,区业余大学举行2019级经济信息管理(物业管理方向)新生开学典礼。校企合作办学发挥区业余大学教育资源优势,通过专业系统的人才培养通道,提高求学劳动者的就业能力、工作能力和职业转换能力服务石景山区经济发展和产业转型。4月25日,北京开放大学石景山分校在中国人民解放军某部队举行军地合作学历班开学典礼。石景山社区学院非学历“强军育才接力工程”延伸到学历教育的新举措,学院将通过专业系统的培养,为战士成长成才提供保障。

(贾　琳　赵明旭)

【获市终身学习品牌项目】　9月5日,在北京市成人教育学会召开2019年下半年工作会,石景山区获“北京市第十四届全民终身学习活动周特殊贡献奖”“北京市石景山区2018年全民终身学习活动周优秀组织单位”。石景山社区学院“老年艺术教育”和“公益冬奥英语”两个学习品牌获北京市2019年终身学习品牌项目。

(张佳鑫)

【第一届语言文字书法展】　9月28日,石景山区第一届语言文字书法大赛“我和我的祖国”书法作品展在石景山社区学院进行。活动展出由石景山区语言文字工作委员会主办,石景山社区学院承办。共收到5家区属单位、15所中小学,软硬笔书法作品174幅,经过专家评审,共评出软硬笔一、二、三等奖各5名,优秀作品奖14名。

(化　娟)

【获评“教务工作先进集体”】　9月,石景山分校开大教务处在国家开放大学教学管理工作“评先进、促改革”表彰活动中被评为教务工作先进集体,经国家开放大学评选委员会评审,全国45所分部和8所学院共计1600余个教学单位中,92个单位部门被授予“国家开放大学教务工作先进集体”称号,北京分部仅石景山分校获此荣誉。

(徐晓娴)

【“一月一主题”】　10月14日,石景山社区学院举办石景山区“一月一主题——摄影培训”市民教育体验活动,邀请摄影专家陈琳老师授课,来自9个街道66名摄影爱好者参加培训。陈琳老师以“如何参加摄影比赛并取得优异成绩”为主题，通过大量作品赏析，从不同角度为学员们讲述“好照片的六个标准”“照片如何切合主题参加摄影赛的注意事项及落选原因”等内容，并对学员们提出的问题进行解答。

（谢晨萌）

【市民冬奥英语大讲堂】 10月15日，石景山区第十九期市民公益英语大讲堂暨第四期“冬奥英语大讲堂”市民公益英语培训在石景山社区学院开课，来自石景山区9个街道的46名英语骨干学员参与学习，社区学院志愿者荀旭辉老师任主讲。为助力2022年冬奥会，石景山区人民政府外事办公室在石景山社区学院举行“赠书仪式”，区外事办公室副主任韩娜及王老师将100余册《牵手冬奥—市民实用外语手册》送到学员手中。

（谢晨萌）

【市民讲外语活动周】 10月19日，“学外语 促创城 迎冬奥”2019年石景山区第十七届市民讲外语活动周启动仪式暨石景山区外语游园会在石景山社区学院举办。本次活动由区外办、区文明办、区教委、社区学院共同主办。活动发出积极学习英语、提升交往能力、热心服务冬奥的号召，社区学院获赠《牵手冬奥》英语学习书籍。外语爱好者通过英语短剧、“我是冬奥小达人”主题英文演讲等形式，展示石景山区市民讲外语活动取得的成果。外语游园会上，设有现场教学互动区、烘焙美食体验区、英语能力测试区、创意美术区、非洲鼓体验区、冬奥作品展示等体验区。

（孙海燕）

【垃圾分类主题宣传】 10月30日，首都精神文明建设委员会办公室、北京市城市管理委员会联合主办的“做文明有礼的北京人——垃圾减量垃圾分类主题宣传进社区”首场活动在石景山社区学院举行，市、区有关部门领导，区级文明单位、文明校园主管领导，首都级文明社区居委会书记等共200余人参加活动。

（谢　盈）

【获“特别受百姓喜爱品牌”】 11月8日，在全民终身学习活动周开幕上，教育部对全国范围内申报的213个终身学习活动品牌项目进行层层遴选，最终产生11个“2019年特别受百姓喜爱的终身学习品牌项目”并进行表彰，石景山区业余大学“老年艺术教育”项目获此荣誉。

（吴　琳）

【中俄传统文化交流】 11月13日，来自俄罗斯后贝加尔边疆区妇女代表走进石景山社区学院与女教师、女学员开展中俄传统文化体验交流活动。中俄妇女代表共计30余人参加活动。俄罗斯妇女代表团向学院赠送代表俄罗斯传统茶文化的茶炊。活动中，学院组织茶文化体验、团扇扇面绘制、传统水饺文化体等验活动，俄方带来民族特色的活动展示，增进传统文化交融。

（徐迎军）

【“中日韩”终身学习研讨会】 11月23日—24日，由中国教育发展战略学会终身学习专业委员会主办，中国成人教育协会成人科研机构工委和石景山社区学院协办的2019“中日韩”终身学习研讨会在社区学院举行，来自日本、韩国及中国大陆与台湾地区的终身学习研究专家与学者共计130余人参加研讨会。研讨会上，中日韩各国专家围绕老年教育政策、老年教育的发展趋势与优秀案例进行大会的交流演讲，为国内外学者作经验介绍。社区学院院长、老年大学校长汇报学院作为终身学习服务直接供给侧，探索出的多层次、多类别的老年教育和终身学习服务体系建设情况。与会人员观看《相知相伴二十载》石景山老年大学建校二十年发展纪实片，参观石景山社区学院老年教育教学场所及设施。

（谢　盈　徐迎军）

【“燕京八绝”进社区】 12月11日，石景山社区学院与北京成人教育学会终身教育工委共同举办“传统文化——燕京八绝进社区“文化教育活动。活动在位于承恩寺的北京燕京八绝艺术馆举行。来自石景山区、朝阳区、顺义区、国家开放大学等从事终身教育、社区教育工作的领导和专家60余人参与活动。清宫造办处第六代传人、北京燕京八绝协会常务副会长、北京燕京八绝艺术馆馆长柏群以“燕京八绝文化传承与发展”为题做讲座。

（徐迎军）

【全民终身学习周】 12月12日，石景山区第十五届全民终身学习活动周开幕式在石景山社区学院举办。本届活动周由区委教育工委、区教委主办，区各委办局、街道领导及代表，2019年石景山区“学习之星”“终身学习品牌”项目获奖代表等近百人参加开幕式活动。对2019年在石景山区终身学习、创建全国文明城市工作中取得突出成绩的28名“学习之星”、12个“终身学习品牌”项目及21名石景山区成人教育学会优秀论文获奖者进行表彰。现场以海报形式对2019年石景山区“学习之星”和区级“终身学习品牌”事迹进行宣传。开幕式上组织中国茶文化之旅、中式插花、中药保健香囊、多肉种植养护、新式盆景制作五门体验课程及终身教育科研工作研讨交流活动。

（谢　盈）

【市民厨艺风采大赛】 12月18日，石景山区第七届市民厨艺风采大赛在石景山社区学院举办，区内各街道、单位共8组参赛选手参加比赛。组委会邀请全国“五一”劳动奖章获得者、中烹高级技师丁海涛，中国药膳大师、高级烹饪师严学明出席活动。大赛突出“营养食疗”主题，旨在展示市民学习成果，大赛分为养生菜肴烹制比拼、养生果蔬拼盘比拼、选手创作理念分享、评委点评以及选手互评等环节。

（徐迎军）

【市民花卉节】 12月26日，石景山区第六届市民花卉节活动在石景山社区学院举办，石景山区系列特色活动市民获奖者、市民学习骨干及社区教育志愿者代表近百人参与活动。花卉节以“最美的花儿献祖国”为主题，托物言志，开展“金枝玉叶”盆景造型以及“多肉植物”盆景造型两个体验式技能培训项目。

（徐迎军）

职业教育

【概况】 2019年,北京市黄庄职业高中(简称黄庄职高)有毕业生352人,招生120人。在校生320人;走读生278人,寄宿生77人。学校设有4个系部,开设美容美发与形象设计、计算机计动漫与游戏制作等共11个专业,23个教学班。学生职业资格证书取证率92%,就业率100%。学校法人是倪晓辉。教职工165人,其中教辅人员3人,工人5人。专任教师110人,其中专科学历0人,本科学历110人,硕士以上学历18人,本科及以上学历占教师总数100%;专业技术职称一级41人,中级55人,高级59人,特级教师1人;"双师型"教师45人。聘请校外教师15人。市级级骨干教师1人,区级骨干教师3人;校级学科教学带头人6人、骨干教师13人。学校设有1个校区,总计占地面积9.06万平方米,建筑面积7.88万平方米,包括产权校舍建筑面积7.88万平方米,运动场馆4975.8平方米,运动场地2600平方米。普通教室88个,专用教室181个。多媒体教室座位1890个,计算机1490台,"信息技术"课程2课时/周。图书室建筑面积1600平方米,藏有纸质图书0.41万册、电子图书30万册。阅览室1个。信息化建设经费6.44万元,网络信息点3000个,校园网出口总带宽100Mbps,上网课程2门,数字资源量73728GB。学校固定资产30585.65万元,包括教学科研仪器、器械资产值15060.83万元。全年教育经费投入6677.19万元,其中,国家拨款6433.66万元、自筹经费243.53万元。学校获得首都绿化美化花园式单位、区科研先进单位等荣誉称号。

(文昌敏)

【创建工程师学院】 1月,黄庄职高与中国数字文化集团有限公司合作申报中国数字文创工程师学院,经《北京市教育委员会关于公布北京市特色高水平职业院校及第一批高水平骨干专业(群)和实训基地(工程师学院、技术技能大师工作室建设名单的通知)》京教职成〔2019〕3号公布,"中国数字文创工程师学院"成为第一批北京市职业院校实训基地(工程师学院),中数集团和黄庄职高旨在共同培养文创人才,孵化文创工作室,研发数字文化产品;5月17日,黄庄职高与北京体育职业学院、启迪宏奥体育文化发展有限公司、北京卡宾滑雪体育发展集团股份有限公司共同举行第二个工程师学院——体育产业学院签约和揭牌仪式,依据协议双方将合作培养"体育+旅游""体育+营养""体育+传媒""体育+经济人"等"体育+"复合型技术技能人才。

(刘　荣)

【对口帮扶工作】 4月至12月,黄庄职高通过开办学生学员班、跟岗研修、送教、支教等形式,与和田市职业高中、宁城职教中心校、莫旗职业教育中心和顺平县顺平职教中心四家对口合作单位开展对口帮扶工作。组织顺平职教中心音乐专业35名学生到黄职进行为期一个月的学习,先后组织为期一个月的支教活动2次,为期一周的支教活动3次,25名管理人员及专业教师承担支教任务,涉及教育教学等部门及美容美发、服装、学前教育等四个专业。

(姜煜洁　文昌敏)

【涉台教育交流】 5月24日—30日,黄庄职高组织师生代表16人赴台进行为期7日的交流访问,访问以"中华传统文化为纽带、两岸情感技艺交融"为主题,参访台湾明台高级中学、高雄三民高级家事商业职业学校、高雄中正高级技工学校、台北滬江高级中学四所学校,新签署三份友好协议,依据协议,双方在教育教学、中华传统文化及技艺方面定期开展交流活动。8月23日,"台湾青少年走进大陆校园夏令营暨两岸青少年橄榄球友谊赛"在黄庄职高举行,台湾桃园橄榄球代表队、黄庄职高橄榄球代表队和香河中学橄榄球代表队进行15分钟7人制英式橄榄球友谊赛,中华两岸文化交流促进会理事长出席活动。

(曲　颖　文昌敏)

【承办胡格教学模式培训】 8月26日—29日,依据市教委与德国巴符州教育部职业教育合作计划,黄庄职高承办北京市数字媒体专业胡格教学模式项目第四期培训任务,该项目以数字媒体专业为试点进行教学改革,德国专家Mr·Tscherning和Hr·Knig主讲,培训内容为解读"数字媒体专业素质本位教学发展试验班项目"课程大纲总体方案和制作广播节目的教学案例培训两部分。黄职等9所项目学校的54名教学改革项目校学员参加培训。

(陈亚军)

【传承京式旗袍技艺】 11月4日—13日,黄庄职高组织国际交流处教师、第五代京式旗袍传承人张凤兰老师及旗袍工作室成员4人组成代表团赴意大利罗马、法国亚眠举办"一带一路 霓裳雅韵—中国京式旗袍文化展",代表团先后举办"国服魅力—京式旗袍的历史文化传承及其特点"专题讲座、旗袍静态展、文创产品展、旗袍试穿体验活动共计20场,890人次参加讲座及体验活动。代表团与法国圣马丁餐饮酒店管理学校、法国亚眠高等教育学院签订合作协议书,依据协议,双方将在留学、课程对接、师生互访交流等方面开展合作。

(吴　懋)

【服装文创】 年内,黄庄职高服装设计与工艺专业研发工作室研发制作完成"京彩华章"系列盘扣、"冬奥国韵"文创产品、"匠心雅集"家居饰品、"京服再现"京式旗袍四个系列非遗产品,产品包括非遗盘扣8款、扎染旗袍4款、旗袍创意装饰画2款、中国风书签3套、植物扎染服饰及家居系列产品10款、各类手工包10款,课程配套材料包10套、拍摄形成各类实物相应的数字化资源,形成服装设计专业文化创意产业衍生品的成果。

(杨　红)

【开放科学实践活动】 年内,黄庄职高作为中小学综合社会实践活课程资源单位面向全市中小学生开展开放科学实践活动,开设"服装服饰体验""微电影制作"等18门综合实践活动,来自市、区中小学校500名学生参加活动。

(陈　虹)

教育督导

【概况】 2019年，石景山区人民政府教育督导室(简称教育督导室)改为区教委下设科室，人员、工作等由区教委统一管理；“石景山区人民政府教育督导室”保留名称，不再设置主任一职。区教委机关进行机构改革调整，撤销教育督导室综合科，原督导室督政科、督学科改为教委督政科、督学科。年内，教育督导室制定《石景山区2019—2021年幼儿园办园质量督导评估工作方案》，组织专家培训，完成对13所幼儿园督导评估；修订《石景山区中小学校全面实施素质教育评价方案》和评价指标体系，完成对金顶街第四小学和北京九中初中部综合督导的试督导；完成古城教育集团内4校和北京景山学校远洋分校督导回访。完成全区中小学校和幼儿园春、秋季开学情况专项督导；落实《北京市中小学幼儿园安全管理规定(试行)》，完成对全区47所中小学校和55所幼儿园安全管理专项督导检查；以一月一主题形式做好责任督学经常性督导工作。强化政府职责，完成《<区政府履行教育职责督导评价指标体系>责任分解》《石景山区委区政府有关部门教育职责》修订；开展区级相关部门履行教育职责情况自查，完成《石景山区履行教育职责自查报告》上报市教委督政处；完成对区属35个相关委办局、街道办事处的工作自查自评和各部门党政领导干部考评工作。完成2018—2019学年度教育满意度问卷调查工作。完成全区高中教育质量评估工作。完成2019年度国家义务教育质量监测、北京市学校教育发展状况监测和学前教育发展状况监测统计工作。年底，教育督导室专职督学8人，兼职督学12人，责任督学29人，特约督学20人，挂职督学1人。

(王桂洋)

【国家义务教育质量监测】 5月23日，国务院教育督导委员会办公室、教育部基础教育质量监测中心对石景山区2019年义务教育质量进行抽样监控测试。监测抽取石景山区20所中小学校作为样本校；监测科目为语文、艺术及其相关因素；监测对象为四年级和八年级学生及其教师、学校领导。测试方式为语文测试、语文相关因素问卷填答，艺术纸笔测试、演唱测试和艺术相关因素问卷填答，以及学校校长与教师网络问卷填答。市教委巡视员王定东、市教委体卫艺处副处长和市级视导员等对北大附中石景山学校监测点进行巡视检查。石景山区完成国家部署的监控测试工作。

(王贤鑫　王桂洋)

【督学培训】 7月至9月，教育督导室组织专兼职督学10人参加“第一期国家级教育督导网络培训班”学习，经综合考核合格，全部获得国家教育行政学院颁发的结业证书。年内，分别组织督学参加国家义务教育质量监测报告解读及结果应用、市中小学校内部督导、市幼儿园办园质量督导评估专题培训和“北京市督学太讲堂”等培训。开展区级自主培训，聘请丰台区教育督导中心主任孙卫刚对全体督学进行“校园安全与责任督学”专题督导培训；聘请北京师范大学教授苏君阳、北京市督学研修中心副主任石英德、北京教育学院副教授何育萍和副教授马效义进行为期两天的全体督学集中培训；组织责任督学春、秋季开学情况督导检查、幼儿园安全工作专项督导检查、幼儿园办园质量督导评估等专项督导培训。

(王桂洋)

【安全管理专项督导】 11月26日至12月4日，督学科组织责任督学对本区中小学校、幼儿园开展《北京市中小学幼儿园安全管理规定(试行)》落实情况的专项督导检查。29名责任督学通过听取汇报、查阅资料、巡视校园、召开座谈会、个别访谈等方式对全区47所中小学校(含职业高中、培智中心)和55所幼儿园就落实《规定》情况(其中中小学校28个检查项目、幼儿园25个检查项目)进行督导检查。

(王贤鑫)

【教育执法目标责任考核】 12月，教育督导室组织开展2019年区属相关部门履行教育职责自评自查工作。区属35个相关单位依据新修订的《石景山区委区政府有关部门教育职责》和《<区政府履行教育职责督导评价指标体系>责任分解》，自查本年履行教育职责工作情况；各单位的党政一把手和主管教育副职依据《关于将履行教育法律法规职责、落实素质教育目标情况纳入有关行政部门领导干部政绩考核的意见》(石组字[2001]49号)，自查本年履行教育职责工作情况，填报《领导干部履行教育法律法规职责推进素质教育自查鉴定表》。以此推动区属各部门落实教育职责，促进各相关部门切实履行教育发展主体职责。

(赵智红)

【高中教育质量评估】 12月，区教委、教育督导室委托北京菲尔麦德咨询有限公司开展对本区高中教育质量评估工作。通过增值评价从学生的入口到出口进行过程性跟踪，公平、科学、全面地评价学校，促进学校特色发展，让学校从重学生成绩到重教学过程，从重生源质量到重学生培养，从讲客观条件到研究主观因素，从单纯关注考试结果到重视教育全过程。此次评估对象为本区所有高中学校；评估方式采取电子问卷和现场实地调研形式。北京菲尔麦德咨询有限公司依据《北京市普通中小学全面实施素质教育评价指标体系》，制定《石景山区高中教育质量评估问卷》，对本区普通高中学校校长、教师、学生进行评估，并负责对本区高中教育质量评估数据结果进行数据统计、深入分析、综合评价，完成全区总报告和各学校报告。

(王桂洋)

【幼儿园办园质量督导评估】 年内，教育督导室制定《石景山区2019—2021年幼儿园办园质量督导评估工作方案》，成立区幼儿园办园质量督导评估领导小组；推荐产生16名市级评估专家、30名区级评估专家；组织专家参加“北京市幼儿园办园质量督导评估专题培训班”学习培训，并参加市教委对本区民办尚德幼儿园的试评估工作。组织辖区内幼儿园依托“北京市幼儿园办园行为督导评估系统”进行网上自评;通过网上查阅资料、实地查看验证等进行区级督评。完成对卡尔贝贝幼儿园、新世界实验幼儿园等13所幼儿园督导评估。并配合市专家完成对卡尔贝贝幼儿园市级督导复评。

(王贤鑫)

民办教育

【概况】 2019年,石景山区各级各类民办教育学校、培训机构共113所。其中民办普通中学3所(含来京务工人员自办校1所),民办幼儿园29所,民办职业高中1所,其它文化、教育、技术等非学历培训学校80所。各类培训机构全年培训人数达98891人,民办幼儿园在校生7673人,民办中、小学在校生1522人。各级各类学校(中、小、幼、中职)教职工合计1860人,其中专任教师861人。从2019年1月至12月共办理行政许可事项11项,办理民办学校变更校址、校长、决策机构成员、增设教学点等备案事项13项,做出行政处罚11项。

(白　璐)

【民办学校培训】 3月22日,区教委召开区民办学校分类改革培训会。市教科院教育发展研究中心副主任刘熙作“分类管理背景下民办学校道路选择与学校法人治理”的专题培训,刘熙分别从北京市民办教育新政,学校法人类型、政策与选择,学校法人治理问题等方面做讲授,对各民办学校进行营利性或非营利性选择提供专业指导。

(白　璐)

【暑期工作部署】 7月11日,区教委召开区民办教育暑期工作会,全区各民办学校负责人参加会议。会议要求,严格执行国家相应政策规定,牢记教育使命,履行好社会责任;做好学校暑期各项活动的安全保障,制定安全预案,一旦出现突发事件按要求第一时间上报;进一步规范办学行为。各校外培训机构暑期活动,要按照学生身心健康发展特点来开展,不得借助暑期开展超纲超前、幼小衔接等课程,一经发现违规办学行为将严肃查处。

(白　璐)

【参与创建文明城区】 10月31日,区教委召开校外培训机构创建文明城区工作会。对各校外培训机构提出要求:各机构按照创城各项工作要求做好相关工作;各机构要依法依规开展办学活动,区教委对不规范办学的机构将从严监管,对规范办学的机构进一步提升服务水平;教育工作者要有社会责任和时代担当,切实担负起教书育人的使命;安全第一,守住底线。

(白　璐)

文　化

综　述

【概况】 2019年,石景山区文化委员会和石景山区旅游发展委员会的职责整合,组建石景山区文化和旅游局(简称区文旅局),于3月18日挂牌。区文化和旅游局机关行政编制23个,比原两个单位的总编制减少9个编制,机关实际在编26人。机关内设6个科室:办公室、公共服务科、行业管理科(安全科、假日办)、文物科、发展规划科、组织人事科(主体责任办公室)。下属文化市场综合执法大队、文化馆、文化中心、图书馆、非遗中心、文物研究所、冰川馆、慈善寺文保所、法海寺文保所、承恩寺文保所、会计管理中心、旅游咨询服务中心共12个单位,在职员工173人。石景山区创建国家公共文化服务体系示范区工作领导小组办公室,设在区文化和旅游局。年内,文旅局牵头组织石景山区近3000人参加国庆联欢活动,区文旅局被评为"北京市先进集体";负责北京国际雕塑公园国庆游园活动的文艺演出和文化互动相关工作,组织文艺表演3场,1.5万人观看;在第四批国家公共文化服务体系示范区创建中期调度工作中获得全国第二名;组织新春音乐会、八大处新春祈福庙会、石景山游乐园春节庙会、迎冬奥新春体育庙会、"送福到家"等元旦春节系列文化活动及"优秀传统文化"进基层活动;立足庆祝新中国成立70周年等时代主题,与首钢集团、北京一九九八国际青年艺术话剧团合作创编话剧《升旗天安门广场的国旗》;立足冬奥举办契机,以北京市第一块冬残奥奖牌获得者陈建新的事迹为原型,创编单弦联唱《冬梦·飞跃》;11月,文化中心工程按期完成竣工验收。12月,区文化中心(区博物馆)、区文化馆、区非遗中心入驻。

(邢永鑫)

10月29日,创建国家公共文化服务体系示范区文旅融合交流研讨会

(区文旅局供图)

9月17日,第四批国家公共文化服务体系示范区工作进展情况汇报

(区文旅局供图)

【创建国家公共文化服务体系示范区】 4月3日,区文旅局组织召开石景山区创建国家公共文化服务体系示范区制度设计课题研究会开题报告会,开题报告会邀请国家公共文化服务体系建设专家委员会委员专家实地指导。文化和旅游部公共文化司副司长白雪华,市文旅局副局长李芳芳,区领导陈婷婷以及市文旅局相关处室领导、区创建办相关部门负责人参加会议。课题组就石景山区制度设计核心课题——街道社区公共文化设施社会化运营管理机制的研究背景、思路、要点框架以及研究中遇到的问题向专家组进行汇报说明。9月17日,第四批国家公共文化服务体系示范区创建中期调度会在中央文化干部管理学院举行。陈婷婷率区文旅局相关负责人进行汇报答辩。石景山区以89.94分超过广东中山、浙江温州、江苏镇江、天津滨海新区、重庆南岸区、福建泉州、

山东威海等25个城市地区名列全国第二名。

（刘婧超）

【文旅融合交流研讨活动】　10月29日，市文旅局、区政府联合主办的“文旅融合——公共文化服务新动能”创建国家公共文化服务体系示范区交流研讨活动在石景山区银保建国酒店举行。文化和旅游部公共服务司司长李宏、副司长白雪华，市文旅局党组书记陈冬、副巡视员马文，区领导陈之常、陈婷婷、刘国庆以及国家公共文化和旅游服务领域的专家、来自全国各地第四批国家公共文化服务体系示范区创建城市、京津冀地区示范区创建城市代表以及北京市各区文旅局，文旅企业和各界媒体代表近200人参加活动。

（刘婧超）

【区文化中心竣工】　年内，石景山区文化中心完成装修及设施设备安装、项目大市政工程、室外园林景观绿化等工作。历经3年半的建设时间，石景山区文化中心工程建设完毕。石景山区文化中心位于苹果园南路东口，总用地15863平方米。总建筑面积41232平米，地下3层，地上8层。内部功能包括：区文化中心（博物馆）、区文化馆、区非遗中心、实体书店、报告厅及公益放映厅等功能。区文化中心已入驻3个单位：区文化中心（区博物馆），主要负责综合协调文化中心相关管理工作，打造区域内文化活动品牌，统筹、协调、保障各进驻单位业务活动的开展及文物文化交流普及工作。区文化馆，主要负责组织群众文化活动，举办艺术赛事、文艺演出和有关展览，面向社会开展艺术培训和艺术教育。区非遗中心，主要负责统筹、指导、协调非物质文化遗产保护传承、展览展示工作。

（姜　楠）

【文化干部培训】　年内，区文旅局共举办四期创建国家公共文化服务体系示范区基层文化干部专题培训，来自全区9个街道的主管领导、街道社区文化工作负责人及文化组织员800余人次参加培训。授课教师包括文旅部公共服务相关专家学者、第三方检查负责人等，培训内容包括《公共文化服务保障法》解读，国家公共文化服务体系示范区创建指标任务介绍，社区文化活动的组织与开展，各街道综合文化中心日常开放及督导检查重点事项梳理，公共文化台账数字化建设等。

（刘婧超）

西山永定河文化带建设

【概况】　2019年，石景山区西山永定河文化带建设共有6项市级重点任务清单，总投资22360万元，在西山永定河文化带建设领导小组办公室（设在区委宣传部）的督促下，均在年底完成预期建设目标。领导小组在历经10余次意见征集、20余稿修改完善，并提交区委深改委会议以及区长专题会等多次会议讨论后，印发实施《石景山区西山永定河文化带保护发展规划》《石景山区西山永定河文化带保护发展五年行动计划》。石景山区西山永定河文化带建设管理委员会（简称区西山永定河文化带建设管委会）主要职责为：根据区政府授权，负责石景山区西山永定河文化带的统筹规划、开发建设、运营管理等组织协调工作。年内，区西山永定河文化带建设管委会完成八大处文化景区整体提升规划和智慧景区建设规划编制；出版八大处历史文化丛书四册，包括《八大处传说》《八大处碑刻》《秘魔崖诗钞》《八大处诗集》。丛书全面、系统梳理八大处的民间故事、石刻碑文和历代诗文，为研究八大处历史文化提供资料。

（游京蓉　王少卿）

【西山永定河文化研究中心成立】　5月17日，石景山区西山永定河文化研究中心成立大会在八大处公园召开。该研究中心由区西山永定河文化带建设管理委员会牵头成立，首批聘请文化、历史、园林、旅游等方面的专家21人。会上，向12名专家顾问代表颁发聘书。研究中心主要工作职责包括：收集反映西山永定河文化的各类档案资料；定期编印宣传刊物；定期组织学术讲座、专家论坛等研究活动，搭建西山永定河文化学习交流平台；挖掘和梳理西山永定河文化带文化遗产，形成多种形式的研究成果；加强成果转化，推动文旅融合发展。

（王少卿）

【文博志愿者拓展活动】　8月10日，由北京西山大觉寺管理处联合西山永定河文化带沿线的12家博物馆及文化单位举办的“山河壮美 遗珍荟萃——西山永定河文化带之瑰宝暨2019首都文博志愿者培训拓展第8场活动”在法海寺、中国第四纪冰川遗迹陈列馆举行。活动包括法海寺历史文化专题讲座、第四纪冰川遗迹主题讲座和非物质文化遗产葫芦範制体验三项内容。60名文博系统志愿者参与活动。

（杨晓红）

【文化带规划发布】　8月28日，《石景山区西山永定河文化带保护发展规划》（以下简称《规划》）由石景山区西山永定河文化带建设领导小组办公室发布实施。区发展改革委完成《规划》和《石景山区西山永定河文化带保护发展五年行动计划（2018年—2022年）》（以下简称《五年行动计划》）编制工作。其中，《规划》分为总则、主要内容和保障措施三部分，在全面总结石景山区西山永定河文化带资源、特征等基础上，明确到2022年近期目标及到2035年中长期目标，提出构建“一轴双核两翼多片区”的空间体系和六大发展任务。《五年行动计划》以重点项目为核心支撑，分领域部署六个方面50项重点任务。

（张　肖）

【西山文化讲坛】　年内，由区文旅局主办，区文研所承办的“西山文化讲坛”全年共举办9场。讲坛结合西山永定河文化带建设，走进社区、学校、企业开展文化宣传，聘请市、区文史专家分别从“民俗吉祥图案”“北京的城堡文化”“北京‘契约’中的旗人”“一门一世界”‘老北京过冬习俗”“北京的京味儿文化和历史变迁”“西游记如何想象‘一带一路’”“评书艺术赏析”“评剧表演技巧”等方面为大家讲述老北京的文化内涵,累计400余人参加讲座。

(杨晓红)

群众文化

【概况】 石景山区公共文化事业紧扣首都建设全国文化中心的功能定位,围绕新版北京城市总规对石景山区建设国家级产业转型发展示范区、绿色低碳的首都西部综合服务区、山水文化融合的生态宜居示范区的“三区”定位,以创建国家公共文化服务体系示范区为抓手,组织新春音乐会、八大处新春祈福庙会、石景山游乐园春节庙会、迎冬奥新春体育庙会、“送福到家”等元旦春节系列文化活动及“优秀传统文化”进基层活动;立足庆祝新中国成立70周年等时代主题,与首钢集团、北京一九九八国际青年艺术剧团等单位合作开展文艺创作。继续推进“歌聚石景山”“舞聚石景山”“戏聚石景山”“诗聚石景山”“书聚石景山”“画聚石景山”等一批特色主题活动的开展,构建现代公共文化服务体系。

(刘婧超)

【元旦、春节文化活动】 元旦和春节期间,区文化馆面向全区各街道社区、机关企事业单位、驻区部队,开展主题为“2019,送福到家”文化惠民系列活动。举办2019年石景山区“新时代 新乐章”新春交响音乐会。区文化馆文化志愿者送福到家活动,共组织演出15场,2万余人观看。区图书馆组织开展“福满京城 春贺神州”主题展板、灯谜有奖竞猜、网络书香过大年、新春古诗词微信展和春节主题楹联展等5场主题活动,参加活动3519人次。”

(刘婧超)

【新春交响音乐会】 1月30日,举办石景山区“新时代 新乐章”2019年新春交响音乐会。陆军政治工作部群联局副局长李春,区四套班子主要领导,以及驻区重点企事业单位、各行业代表、石景山老街坊等共300余人参加活动。陈之常代表区四套班子向到场的各界代表送上新春的祝福。此次活动是推动全国文明城区创建、西山永定河文化带建设、国家公共文化服务体系示范区创建工作的有力举措,是深入实施文化惠民工程、不断提高群众获得感幸福感的具体体现,并通过新华社、中国网、《北京日报》、北京时间、优酷、爱奇艺等平台同步直播,累计收看人次达51.2万。

(王 莉)

【北京“清明诗会”】 4月2日,市委宣传部、首都文明办、区委区政府主办的第12届北京清明诗会在北京国际雕塑公园西园举办。作为北京市2019年清明节文化活动三大主场活动之一,清明诗会活动围绕中华人民共和国成立70周年的主线,突出“忆满京城 情思华夏”活动主题,通过吟诵、朗读、舞蹈等形式,追思为中华人民共和国成立、建设、改革事业抛头颅、洒热血的英雄人物,弘扬中华传统文化,培育和践行社会主义核心价值观。

(王 莉)

【“北京日”活动】 5月1日,北京世园会举办“北京日”活动,石景山区在世园会演艺中心2号剧场组织开展两场文艺演出。节目包括展现中华民族优秀传统文化和北京古都文化、京味文化、创新文化的杂技、武术、非遗展示以及来自立陶宛、塞尔维亚的艺术团体表演的歌曲。组织石景山区非遗代表性项目“京式旗袍制作技艺”“和香制作技艺”在演艺中心西南侧中东欧国家文化艺术嘉年华草坪展棚摊位内进行展览展示。

(刘婧超)

【“文旅护照”打卡集章活动】 5月11日,由石景山区文化和旅游局主办的“石景山文旅护照”打卡集章活动正式启动。截至7月31日,市民持纸质版文旅护照或手机端电子护照,到22处公共文化设施和旅游景点“打卡”,收获定制的文旅礼品。策划举办此次打卡集章活动正是推动地区文化和旅游融合发展的一次尝试,助推石景山区创建全国文明城区和第四批国家公共文化服务体系示范区工作。活动线下发放护照1万本,线上参与人次1万余人次,获奖800余人。

(刘婧超)

【“古城之春”艺术节】 5月22日,“我和我的祖国”——石景山区第36届“古城之春”艺术节“盛世谱华章 舞聚石景山”群众舞蹈比赛在北京国际雕塑公园举办。艺术节以“文化惠民生,共创文明城”为主题,历时2个多月,在全区范围内组织开展包括献礼新中国成立70周年原创话剧《升起天安门广场的国旗》展演、“六聚石景山”艺术赛事、文化遗产日主题宣传、“我和我的祖国”精品原创节目展演、“石景山文旅护照”打卡集章、基层文艺展演评比、艺术培训等,开展活动300余场次,110余支群众业余艺术团队参赛,惠及群众102.67万人次(含在线网络直播)。

(王 莉)

【“我和我的祖国”主题展演】 6月6日,“我和我的祖国”石景山区原创精品文艺节目展演暨2019年“文化和自然遗产日”主题宣传活动在区青少年活动中心举办。展演活动汇聚石景山区群众文艺战线原创的各类别文艺作品,有获得中宣部“五个一”工程奖的中国梦主题歌曲《北京时间》,有入围文旅部群星奖决赛的舞蹈《邻里守望》,有体现冬奥冰雪元素的曲艺单弦联唱《冬梦·飞跃》,有紧扣石景山高端绿色发展、展现文明城区创建发展成果的歌曲《老街坊》《点赞石景山》《春醉花园城》《文明花》,还有传承京西古道文化的区级非遗项目“和香制作技艺”表演《凝香》等。

(王 莉)

【夏日文化广场】 7月至10月,文化馆组织文艺小分队走进驻区部队、企业、机关、事业单位、学校、社区,让市民群众在家门口欣赏歌舞、戏曲、器乐、相声、小品等丰富多彩的文艺演出。共组织演出活动11场,5000余人观看演出。

(王 莉)

【新中国成立70周年作品展】 9月23日,区文旅局、区文联主办的石景山区庆祝中华人民共和国成立70周年美术书法摄影优秀作品展览在老山街道文化中心郎园 Park 园区像素画廊拉开帷幕。活动吸引全区广大文艺爱好者参与。展览共征集美术、书法、摄影作品近 800 件，经过业内专家评选出 210 件优秀作品。

（王　莉）

【国庆游园群众文艺演出】　10 月 2 日，区文旅局按照市区国庆游园指挥部和市文化活动组工作要求，围绕 70 周年游园活动“普天同庆，共筑中国梦”的主题组织国庆游园主题文艺演出。与市文化活动组对接，由中国铁路文工团承接此次游园活动国际雕塑公园主演出舞台文艺表演。开展主题文艺演出三场，快闪表演 2 场，有 1.5 万群众观看、参与。游园群众文化互动活动设置三部分内容：第一部分是非遗项目互动展演，内容包括国家级非遗项目“石景山区太平鼓”现场表演，市级非遗项目“京西民谣”花棍表演。第二部分是非遗项目静态展示内容，包括京式旗袍制作技艺展览、“燕京八绝”展览、和香制作技艺展示等。第三部分是群众性文艺表演。统筹区内两只群众性业余文艺表演团队进行表演。

（刘婧超）

【参加“舞动北京”大赛】　10 月 29 日—30 日，市委宣传部、市文旅局等市级单位主办、各区文化和旅游局、文化馆承办的 2019 首都市民系列文化活动“我和我的祖国”——文化新生活第十四届“舞动北京”群众广场舞蹈大赛决赛在地坛体育馆举行。区文化馆选送的“金枫舞蹈团”“广宁街道艺枫舞蹈团”获“舞动北京”群众广场舞蹈大赛团体金奖。

（王　莉）

图　书　馆

【概况】　2019 年，石景山区图书馆（简称区图书馆）全年采购图书 16032 种，40794 册，办理借书卡 6061 个，外借图书 1162467 册，接待读者 1593652 人次，解答咨询 2831 条，举办读者活动 740 场次、33565 人参加，为基层图书分馆（室）送书 849 次、457228 册。接待读者增长率为 12%，借阅册次增长率为 72%，举办读者活动增长率为 110%，为基层图书分馆（室）送书次数增长率为 67%，册次增长率为 93%。

（尹　洁）

【图书馆理事会一届二次会议】　2 月 26 日召开。区图书馆馆长向理事会报告图书馆及理事会 2018 年工作情况、2019 年工作计划及图书馆 2018 年项目资金使用情况、2019 年项目资金安排。会议审议通过修改理事会章程、增选 4 名社会理事等事项。理事会还就 2019 年理事接待日工作和 2019 调研课题进行讨论。

（尹　洁）

【总分馆制建设专题会】　3 月 22 日，区图书馆组织召开创建国家公共文化服务体系示范区总分馆制建设专题工作会。区文旅局、区图书馆、区文化馆、非遗中心、街道文教科长、文化站长、图书分馆管理员、第三方运营团队负责人参会，会议地点区图书馆多功能厅。会议主要内容，总结 2018 年主要工作，2019 年创建工作、基层图书流转配送、第三方社会化运营、街道社区图书分馆（室）文化工作辅导、文化志愿者总分支队“图书漂流”系列活动、公共文化活动“菜单式服务”和公共电子阅览室建设等问题进行部署。

（尹　洁）

【“4.23 世界读书日”活动】　4 月 23 日，区图书馆根据“阅读北京——2019 年度首都市民阅读系列文化活动方案”要求，按照石景山区创建全国文明城区和创建国家公共文化体系示范区的工作部署，在“4.23 世界读书日”期间，立足阵地及各街道图书分馆开展一系列内容丰富、形式多样的活动近 40 场，1 万余人参加活动。八宝山街道图书分馆交换心仪书籍、一起进行亲子阅读；八角街道图书分馆举办世界读书日“拥抱春天·书香八角”主题活动；金顶街街道图书分馆开展“当青少年遇上更年期”心理图书推介会；广宁街道以“阅读越乐·悦读越雅”为主题，介绍世界读书日的由来；鲁谷街道举办“共享诗词之美，诵读经典之作”经典诵读交流活动。

（尹　洁）

【红领巾讲故事比赛】　4 月 26 日，“祖国，我要对你说”红领巾讲故事比赛在区图书馆四层多功能厅举办，共有 24 所学校 47 名小选手参加。经过评委们评定，推选出 5 名优秀选手和作品参加北京市大赛。在 2019 年北京市红领巾读书“祖国，我要对你说”讲故事比赛中，石景山区推选的 5 名小选手获得北京市二等奖 1 名；北京市三等奖 4 名。1 位老师获得北京市优秀指导教师荣誉称号。

（尹　洁）

【入选“全民阅读示范基地”名单】　7 月 31 日，中国图书馆学会公布 2018 年全民阅读工作名单，区图书馆进入全民阅读示范基地名单。全民阅读工作名单是中国图书馆学会为发现和宣传 2018 年全民阅读工作中组织得力、成效突出的组织、单位、个人和项目而编制。

（尹　洁）

【“我和我的祖国”诵读赛】　8 月 2 日，区图书馆举办“我和我的祖国”诵读大赛。作为“阅读北京——2019 年度首都市民阅读系列文化活动”的标志性活动内容之一，近百名选手参与活动。在北京市总决赛中，石景山区选派参赛人员荣获集体组一等奖及个人组二等奖。

（尹　洁）

【京津冀“讲中国故事”展演】　12 月 15 日，首届京津冀“讲中国故事，展冬奥风采——我是文化小使者”英文展示大赛展演活动在北京市石景山区图书馆举办。英文展示大赛活动鼓励三地少儿以儿童视角发现家乡之美，用国际声音讲好中国故事，大赛由区委宣传部、区文旅局、区少工委联合天津市南开区文旅局、河北省唐山市文化广电和旅游局主办，石景山区图书馆、南开区少儿图书馆和唐山市图书馆承办。京津地三地的 4000 余名中小学生参与到活动中。央级媒体平台、视频类门户平台、直播类门户平台等十九个平台对 12 月 1 日进行的北京分赛区决赛进行直播，宣传范围覆盖北京、天津、河北、上海、四川等多个城市地区,观看人数累计达到1426445人次,共收到11余万次的点赞。

(尹 洁)

文化遗产保护

【概况】 2019年石,石景山区文化遗产保护工作围绕全国文明城区、国家公共文化服务体系示范区创建、西山永定河文化带建设、服务冬奥工作,落实文物安全主管、监管责任,制定出台《北京市石景山区关于进一步加强文物工作的实施意见》,争取市级财政专项资金2300余万元,完成显应寺、慈善寺等13项文物保护修缮工程。申请区级财政经费290余万元,完成法海寺、慈善寺、承恩寺、冰川馆等文保单位基础设施改造。挖掘石景山区文化遗产内涵,编辑出版《历史名人石景山寻踪》,完成北辛安五组记忆建筑主体迁移工程及展陈设计初稿,编制法海寺、承恩寺保护规划。举办法海寺壁画高峰论坛、西山文化讲坛、"京西古香道文化"国际学术交流会、"承恩书话"品读分享会、冰川馆国际博物馆日等活动。公布《打花棍》《古琴斫制技艺》《磨石口石文化习俗》3个项目为第五批区级非遗代表性项目。市级项目八大处传说被北京市推荐申报第五批国家级非遗代表性项目。

(李 晨 周继红)

【法海寺主题数字壁画展】 1月1日,以"流金载岁月,辉煌六百年"为主题数字壁画展活动在修缮后的法海寺四进院藏经阁及西配殿数字展厅开展,通过触摸一体机、高清LED大屏、4K高清电视等先进的数字化科技设备,采用视频、手绘临摹壁画、声效等媒介形式,对法海寺壁画进行介绍和展示,推进法海寺壁画资源的传播与传承。

(杨晓红)

【科学保护与创新利用论坛】 1月11日,法海寺文保所举办第一期北京法海寺智库汇之科学保护与创新利用论坛。北京工业职业技术学院《法海寺大殿结构及建造工艺研究》课题组的专家学者共同参与本次座谈会。与会专家从法海寺科学保护与创新利用的风险评估、理念目标、艺术和社会价值、保护难点及禁忌、灾害防治、新材料新技术等不同角度,对法海寺的现状和保护利用做论述和探讨。

(杨晓红)

【冰川馆科普活动】 1月23日,冰川馆举办以"福满京城 春贺神州"为主题的"博物馆里过大年"系列科普文化活动。活动通过创意剪雪花、书法新春送福、互动式创客体验、新年联欢表演等形式,让北京九中新疆班的少数民族师生、居民群众亲身体验感受非遗技艺。2月18日,冰川馆举办"2019欢欢喜喜闹元宵温暖和谐庆团圆——元宵节科普大讲堂"活动,40余个家庭参加活动。

(杨晓红)

【清代墓葬考古发掘】 3月12日,八大处后山清代墓葬开始考古发掘,北京市专项资金投入39万元,市文物研究所为项目实施单位。考古内容为确定墓葬分布大致位置,做好遗迹发掘记录及绘图与照相;及时对墓葬进行回填保护;对出土文物进行室内修复与绘图、研究,及时发表研究成果。12月26日完成考古报告,经双方验收合格后竣工。

(杨晓红)

【净德寺遗址保护】 3月25日,净德寺遗址保护规划项目开始编制规划。主要内容:明确保护对象、保护范围、建设控制地带等保护区划的划分与管理规定、文物本体的主要保护措施、利用功能的规定和游客容量控制指标等。北京市专项资金投入83万元,通过竞争性谈判的方式确定清华大学建筑设计研究院有限公司为本项目实施单位。11月26日,完成规划编制并形成报告,经合同双方验收合格后竣工。

(杨晓红)

【"中国的智慧"文化讲坛】 4月26日,由海内外知名学术团体"中国文化书院"学术支持,法海寺文保所举办"中国的智慧——从传统走向现代"文化讲坛。中国文化书院院长、北京大学王守常教授和文化艺术研究院院长、上海视觉艺术学院刘传铭教授围绕中国的智慧和法海寺的现代价值,分别以"中国的智慧——从传统走向现代""法海寺壁画的艺术成就和文化意义"为题开讲。

(杨晓红)

【慈善寺保护修缮】 5月10日,慈善寺建筑群油饰保护修缮工程开工,市财政投资435万元,10月17日竣工。由北京大龙建设集团有限公司承建,对慈善寺院内45栋单(连)体文物建筑中存在的油饰损伤、开裂等情况进行修缮。经慈善寺文物保管所、市文物建筑保护设计所、北京方亭工程监理有限公司和北京大龙建设集团有限公司四方验收合格。5月14日,慈善寺防雷工程开工,市财政投资316万元,10月30日竣工。工程由北京鸿太万安科技有限公司承建,对慈善寺院内45栋单(连)体文物建筑的接闪装置、引下线装置、防雷接地装置进行全面更换。经市气象局、慈善寺文保所,北京鸿太万安科技有限公司三方验收合格。

(杨晓红)

【科普大篷车进校园】 5月12日,冰川馆科普大篷车开进矿大附中,开启2019年科普大篷车巡展的序幕。活动围绕矿物和化石资源,以主题展览、现场科普知识互动问答、矿物和化石标本展示等学生喜闻乐见、通俗易懂的形式进行展览展示,传播"人与自然是生命共同体"的生态理念,倡导大家珍惜地球资源,争做保护地球的小主人。9月7日,冰川馆开展"我们从远古走来"科普大篷车主题展览走进石景山区高井中学活动,吸引两百余名社区群众参观。11月19日至11月20日,中国第四纪冰川遗迹陈列馆同北京市广渠门中学附属花市小学联合举办"揭开地质的神秘面纱"流动的博物馆——科普大篷车进校园活动,包括科普大篷车(40余种矿物晶体和亿万年前化石参观讲解)、科普互动课程、科普体验实践课堂三部分。

(杨晓红)

【承恩寺保护项目验收】 5月13日,承恩寺保护规划项目开始实施,市财政拨款78万元,10月31日完成验收。

采用公开招标形式确定项目实施单位北京建工建筑设计研究院。

（杨晓红）

【参展文化产业博览会】　5月16日—20日，法海寺文保所代表石景山区应邀参展第十五届中国（深圳）国际文化产业博览交易会，展出法海寺明代壁画艺术研究、“三维矩阵数字技术”转化应用成果和吴海燕教授的“东方盛世”系列文创产品。5月29日—6月1日，法海寺文保所携文创作品参展第十四届中国北京国际文化创意产业博览会，主要展出法海寺壁画的复制展品和“朴缘”系列文创作品。

（杨晓红）

【“5.18国际博物馆日”活动】　5月18日，慈善寺与五里坨小学联合开展“未成年人思想道德教育走进慈善寺”主题活动。来自五里坨小学的60余名小学生参与中国香文化，包括古琴、茶道、香道、插花“四道雅集”的观摩、交流、互动。冰川馆举办以“冰川创世·畅想未来”为主题的主题活动。活动由冬奥仿真冰壶项目体验区、冰川知识林互动区、西山永定河文化带繁荣发展未来畅想互动区、“小小冰川讲解员”现场展示与招募、VR科技体验区等五大体验区以及“冰川创世·畅想未来”文化展览区组成。区文旅局、财政局、科协、模式口村居委会负责人和模式口村社区居民代表、石景山外语实验小学分校的师生和家长及参观游客200余人参加活动，人民日报海外网、区有线电视台、腾讯视频、新浪+、新华网小记者等多家媒体进行报道。

（杨晓红）

【显应寺保护修缮】　5月20日，显应寺建筑群油饰保护修缮工程开工，市专项资金投入141万，通过公开招标的方式确定北京房地集团有限公司为本项目实施单位。主要完成显应寺建筑群院内共14处建筑进行内、外檐下架油饰修缮。11月6日，经建设、施工、监理、设计、质监站五方验收合格竣工。

（杨晓红）

【法海寺保护规划项目】　5月23日，法海寺保护规划项目开始实施，区财政投入资金64万元。采用委托北京建壮咨询有限公司代理公开招标的形式，确定中标单位为北京建工建筑设计研究院。11月23日，法海寺保护规划项目完成，并通过专家评审。该项目对法海寺本体及周边区域范围共47.3k ，内容包括土地使用规划、环境整治规划、展示利用规划、基础设施规划、安全防护规划、管理规划和考古规划等多项内容。

（杨晓红）

【慈善寺获两个“基地”称号】　6月6日，慈善寺文保所被区文旅局认定为“石景山区非遗传承教育基地”，颁牌仪式在区青少年活动中心金鹏剧场举行。10月19日，慈善寺被冬奥组委、市卫健委、中国中医科学院联合授予“北京市中医药文旅示范基地”。

（杨晓红）

【“文化和自然遗产日”活动】　6月6日，区非遗中心在石景山区少年宫金鹏剧场举办2019年“文化和自然遗产日”“鼓韵传情”京韵大鼓六大派曲艺专场演出，中国曲艺京韵大鼓六大派首次齐聚石景山，表演《大西厢》《七星灯》《重整河山待后生》等的曲艺节目。活动现场还开展非遗手工艺作品展示、活态传承互动表演、非遗衍生品展览、非遗主题展板展览等活动，发放《北京市非物质文化遗产条例》等宣传材料。6月7日，冰川馆举办文化和自然遗产日活动。30个家庭参加活动，根据文物照片孩子们通过3D打印笔亲手制作相应的文物，了解中华优秀传统文化。慈善寺与区非遗中心以“传承红色基因，保护文化遗产，弘扬民族之魂”为主题开展“文化和自然遗产日”宣传活动。活动内容有拓片互动体验、冯玉祥廉政故事有声展板、非遗保护传承工作成果展、香文化系列产品展，30余人参加活动。

（周继红　杨晓红）

【崇国寺塔修缮】　7月16日，崇国寺塔修缮工程开工，北京市专项资金投入17万元，通过竞争性谈判的方式确定北京房地集团有限公司为本项目实施单位，主要完成清除塔身及周边杂草、归安、摘砌松散砖体，对塔身砖体风化酥碱严重处，进行表观修缮；对塔周边拆修栏板、望柱，重做石材地面、栏板外增加一圈石材散水。11月6日经建设、施工、监理、设计、质监站五方验收合格竣工。

（杨晓红）

【法海寺壁画论坛】　7月18日，由区文旅局主办，法海寺文保所、陶君创新工作室承办的“2019法海寺壁画高峰论坛——流金载岁月，辉煌六百年”在法海寺举办。论坛围绕新时代如何守护好近六百年的传世壁画珍品，创新壁画艺术的传承方式和传播方式这一课题，从“法海寺壁画保护现状”“法海

6月6日，石景山区“文化和自然遗产日”文艺演出　（区文旅局供图）

寺文化价值和艺术价值开发”“法海寺壁画数字博物馆打造”“法海寺文创产品研发”“法海寺壁画文化与交流”五个发面进行研讨，为法海寺壁画的保护、利用、活化提出建设性意见。中央美术学院教授、中国美协理论委员会副主任薛永年，中国美术学院雕塑与公共艺术学院教授朱晨，中国美协综合材料绘画与美术作品保存修复艺术委员会秘书长王书杰等国内壁画界的10余位学者出席论坛。同日，中国美术学院北京法海寺研究生教学基地启动运行，该校壁画、雕塑和文物与博物馆等专业的导师和研究生近20人参加论坛，并开展现场教学。

（杨晓红）

【法海寺安防和消防改造】 8月12日，法海寺安防升级改造工程开工，对法海寺报警设备、视频监控设备、门禁系统及广播系统、安全管理系统等改造升级。区财政拨款505万元。中标单位为中国自控系统工程有限公司，设计单位为北京中建恒基工程设计有限公司，监理单位为北京方亭工程监理有限公司。8月23日，法海寺消防升级改造工程开工，区财政专项资金487万元，中标单位为北京四海消防工程有限公司。设计单位为北京中建恒基工程设计有限公司，监理单位为北京方亭工程监理有限公司。12月23日，法海寺安防和消防升级改造工程同时竣工。

（杨晓红）

【“京西古香道文化”交流会】 8月27日，中国民俗学会中国香文化研究中心主办，区文旅局、区非遗中心和慈善寺文保所承办的首届“京西古香道文化”国际学术交流会暨中国民俗学会中国香文化研究中心成立五周年庆活动在天泰山慈善寺举行。中国民俗学会副会长陈泳超、刘晓峰、李刚，日本著名香道教育家、汉语言文学研究者，韩国香道协会会长，中国香港茶文化院院长、香港中文大学教授，区文旅局负责人等参加活动。以区非遗项目“和香制作技艺”为核心内容开展国际学术交流。中日韩等地香界文化名人首次在中国开展香道交流展示。同时，西山永定河文化带——古香道历史遗迹“京西古香道沙盘”首次展出，通过声、光、电以及图片等多媒体效果，展示京西古香道的演变过程以及京西香文化的发展历程。

（周继红）

【京津冀古代壁画展】 10月1日，由天津博物馆、法海寺文物保管所、天津市蓟州区文物保管所、石家庄市毗卢寺博物院联合主办的“粉壁丹青——京津冀古代经典壁画艺术展”在天津博物馆开幕。法海寺文保所展出《水月观音图》《帝释梵天礼佛护法图》《佛众赴会图》局部复制品5幅，手绘壁画局部精品12幅，以及壁画数字化成果演示视频和部分文创作品。

（杨晓红）

8月27日，首届“京西古香道文化”国际学术交流会 （区文旅局供图）

【慈善寺系列知识讲座】 11月7日—14日，慈善寺举办“文脉悠远 香韵百年——慈善寺古香道历史遗迹展”系列知识讲座。讲座共分三讲，聘请市、区专家分别以《慈善寺古香道的石刻及石刻拓片》《慈善寺的历史及庙会》《慈善寺古香道文化的历史传说故事》为题，讲述慈善寺古香道沿路石刻拓片知识、慈善寺古香道的文化内涵、慈善寺古香道上的传说故事。60余名社区居民参加讲座。

（杨晓红）

【中日民间文化交流】 11月28日，由中国香文化研究中心主办，慈善寺协办的“松风雅集——棋”中、日民间文化交流活动，在慈善寺讲堂举行。日本“太刀盛”传承人吉田先生，展示棋盘制作技工艺。20余名棋艺爱好者参加。

（杨晓红）

【承恩寺文化宣传活动】 年内，承恩寺举办承恩文化传习大讲堂活动32场。其中“以匠心传播文明——北京燕京八绝宫廷艺术精品巡展”走进街道社区系列活动，活动中邀请北京市工艺美术大师和传承人进行现场展演、展示，举办讲座。

（杨晓红）

【燕京八绝精品展览】 年内，石景山区在元宵节、世界读书日等重要节点，开展燕京八绝艺术精品巡展、传承大师技艺展演、“承恩书话”品读分享等文化活动；举办“一带一路”文化交流活动，组织非遗传承人携宫廷艺术精品亮相华盛顿；开展燕京八绝艺术精品巡展走进街道社区、传承大师技艺展演、“承恩书话”品读分享等文化活动；举办“一带一路”文化交流活动，组织非遗传承人携宫廷艺术精品亮相华盛顿；携手中国高定女装品牌“盖娅传说”走进巴黎时装周、中国国际时装周；“燕京八绝文房非遗”项目获2019年北京文化创意大赛（石景山分赛场）

二等奖。

（周继红）

文化创意产业

【概况】 2019年，在石景山区扶贫工作中，石景山区文化创意促进中心（简称区文促中心）完成5个产业项目对接，实现产业和项目全落地；推荐北重科技文创园项目、1919京西影视文创园申报为2019年北京市老旧厂房拓展文化空间试点项目；将京能热电推荐列入2020年全国文化中心建设产业组折子工程；推荐首钢文化产业园、郎园Park两家文创园区争创北京市级产业园项目。区文促中心实地走访企业80余家，了解企业需求，历时半年完成“石景山区文化产业发展研究”报告，为产业发展提供数据决策依据。年底，石景山区文化及相关产业收入478.8亿元，同比增长12%。文化及相关产业从业人员平均数23046人，同比增长9.6%，文化企业收入处在平稳增长状态。

（梁立英）

【参加国际文创产业博览会】 5月29日—6月1日，第十四届中国北京国际文化创意产业博览会在中国国际展览中心（老馆）召开。石景山区组织8家优秀文创企业、示范园区，携最新文创产品集体亮相。内容涵盖文化创意设计、动漫游戏类、动漫影视类、老旧厂房改造类、虚拟现实（VR/AR）创意设计类、特色文创及冰雪类、非物质文化遗产展示等多个板块，受到市领导和市级媒体关注。石景山区获第十四届文博会“最佳展示奖”“优秀组织奖”。

（梁立英）

【文化产业促进工作】 年内，区文促中心落实北京市“9+N”政策和石景山区“2+N”政策体系，依据《石景山区促进以数字创意为主的文化及相关产业发展暂行办法》，对40家企业实现资金支持。《石景山区文化创意企业贷款风险补偿资金管理暂行办法》为12家企业提供贷款9000万元。

（梁立英）

文化市场

【概况】 年内，石景山区文化市场综合执法大队出动检查人员2300余人次，检查文物保护和文化经营单位1500余家次，校园及景区周边80余次，组织联合执法行动17次，立案查处各类违规行为为127起，结案127起，罚没款共计76.91万元，移交公安机关处理案件2起，没收、收缴非法出版物及印刷品2.5万余册（张），没收电影放映设备7台；公告收缴非法卫星地面接收设施6套，取缔1家黑舞厅，取缔黑“点播影院”5家，没收电影放映设备7台，罚没款1.8万元，查处1起未经批准，擅自从事广播电视传输业务的违法案件，罚没款1.8万元；上报各类工作信息52篇，其中全国扫黄办采用8篇，市文化执法总队采用20篇，区委区政府采用10篇；上报“石景山公共文化”微信公众号的“政策解读”20余篇，受理上级交办和群众举报100起，其中文旅部督办1起，市文化执法总队转办7起，落实“12345”便民电话233起。

（刘　平）

【“扫黄打非”工作】 6月17日，石景山区将“扫黄打非”工作职能移交给区委宣传部。8月14日，召开“扫黄打非”工作推进会。区“扫黄打非”工作领导小组组长姚茂文，第一副组长陈婷婷参加会议。会后，全面开展“学习类App等移动应用程序专项整治”“清源2019”“护苗2019”“净网2019”“秋风2019”“固边2019”以及2019年度整治非法卫星电视接收设施等专项行动。

（刘　平）

【联合打击非法宗教传播点】 8月，区文化市场综合执法大队联合公安、民政、市监、街道等单位，依法取缔2个非法宗教传播点，扣押宗教出版物14183册，宗教印刷品10950张，宗教光盘82张。

（刘　平）

【宣传活动】 年内，区文化市场综合执法大队落实七五普法中期工作，加强普法宣传，做到全民参与，组织实施“绿书签”“4·26世界知识产权日”“12318健康文化你我他”“文化市场安全月”“扫黄打非进基层”“12.4宪法宣传日”等宣传活动。

（刘　平）

媒体传播

【概况】 北京市石景山区融媒体中心，前身为成立于1987年12月的石景山区广播电视局，2001年10月更名为石景山区广播电视中心，拥有石景山有线电视媒体平台。2018年6月6日，石景山区融媒体中心正式挂牌，包括石景山有线电视、石景山报编辑部、新媒体中心三个宣传平台。作为区委、区政府重要的新闻宣传机构，承担全区对内、对外电视宣传任务。2019年3月，区编办正式批复融媒体中心“三定”方案。中心组织架构划分为党政事务、融媒宣传、政务服务、技术支持四个功能板块，实设总编室、采编中心、新媒体制作部、客户端运营部等12个内设机构和1个直属科级事业单位。10月，原隶属宣传部的《石景山报》编辑部、《石景山工作》编辑部、新媒体中心正式转隶区融媒体中心。年内，区融媒体中心围绕庆祝新中国成立70周年、“不忘初心 牢记使命”主题教育、服务保障冬奥、“街乡吹哨，部门报到”、12345接诉即办、创建全国文明城区等全区中心工作，开展主题主线宣传。各宣传平台同步开设《壮丽70年 奋斗新时代》《民有所呼 我有所应》《事事有回音 件件有落实》《擦亮城市西大门·文明祥和迎大庆》《不忘初心·牢记使命》《开启高端绿色发展新征程》等13个重点栏目，共计播发相关新闻近4000条。

（孙桂春　白莫菊）

【融媒体中心建设】 6月，区融媒体指挥运行信息系统项目包括指挥大厅改造及信息展示、融媒体指挥平台、移动客户端（App）建设三个子项目，通过造价评审，7月完成招标，8月正式开工建设，10月底搭建完毕，投入试运行。融媒体指挥运行系统主要包括线索云、选题报题、任务管理、即时通讯、移动采编、传播分析、绩效考核等功能。11月,“北京石景山”移动客户端搭建完毕,投入试运行;12月在华为应用市场、苹果应用商店上架。持续做技术调试修复和一次较大改版,现为2.0版,从苹果、华为应用市场和应用宝均可下载。功能主要划分为新闻资讯、政务服务、便民服务、新时代文明实践中心四个板块。新闻资讯板块主要开设头条、时政、党建、冬奥、经济、科教、文旅、创城、社区等栏目,同步在首屏资讯、视图、社区、景视频、直播、电视、纸媒等功能区展示。政务服务板块主要贯通监督指挥中心“网上12345”、政务服务中心“石时办”和网上办事平台,链接30余项北京政务服务事项,同步在首屏轮播区固定展示。便民服务板块主要链接30余项便民服务,同步在首屏轮播区固定展示。新时代文明实践中心板块目前链接“石景山文明网”。“北京石景山”App还开设“石景山号”,提供新闻资讯交互服务,辖区内九个街道已经入住。增设《石景山报》《石景山工作》电子版手机适配功能。适应受众需求强化视、听、图功能,开设“景视频”、直播、电视、听吧、视图等频道。开设“发个身边”频道,为群众提供报料问政、互动参与服务。

(李　阳　孙　乐)

【纸媒体】 年内,《石景山报》与各办栏单位协作,制作“市政前沿”(区城管委)“城市美容师”(区环卫中心)“靓丽城市”(区城管执法局)“红盾风采”(区市场监管局)“劳动保障”(区人力社保局)“绿色石景山”(区生态环境局)“开启健康之门”(区卫健委)“情系我的兄弟姐妹”(区残联)等专栏。开办“社区故事”专版,通过报道社区小人物的平凡故事,弘扬社会主义核心价值。与区作协位合作,利用报告文学、散文、小小说等文学形式,从不同角度描写社区人物。《石景山报》围绕百姓生活实际需求,开设“市民学校”“消费驿站”等栏目,提供各种资讯服务。定期推出石景山区老旧小区综合整治系列报道,共刊发报道10余篇,专版4块。设立固定的国防教育专栏,宣传国防知识。

(杜　雷)

【广播电视】 年内,石景山有线电视制作《石景山区服务保障国庆70周年庆祝活动工作纪实》专题片、《政治坚定、担当作为、为民履职》人大专题片、《民之所需、政之所向》政府专题片制作,并在区“两会”上播出。《政协专题片》两部,《巩固提升创卫成果·共建共享美好家园》1部,《凝心聚力人人参与共建共享健康家园》两部专题片在北京市国家卫生区复审、争创国家慢性病综合防控示范区工作会上播出。制作《劳模风采 社会楷模》专题片在区工会“时代先锋 社会楷模”工作会上播出。制作《双拥专题片》两部。播放《石景山新闻》累计播发新闻2300余条,系列报道(栏目)17期。包括《坚持高质量发展 高水平打造首都城市西大门》15条,《幸福其实挺简单》10条,《壮丽70年·奋斗新时代》20余条,《不忘初心牢记使命主题教育》120余条,《携手奔小康》40余条,《接诉即办12345》60余条,《创城为民·创城惠民·民有所呼·我有所应》160余条,《事事有回音·件件有落实》15条,《学习贯彻全会精神》20余条,《擦亮城市西大门·文明祥和迎大庆》80余条,《不忘初心·牢记使命》140余条,《开启高端绿色发展新征程》12条,《优化营商环境石景山在行动》30余条,《创森进行时》40余条,《学榜样我行动》8条,《平安石景山》30余条,《中央扫黑除恶督导在北京》10余条。在中央电视台、北京电视台播发新闻200多条(次)。

(李　阳　孙　乐)

【新媒体】 年内,新媒体先后策划原创“光影70年”“新首钢大桥开通”“带你走大兴新机场”等手绘漫画、街采微视频、Vlog打卡等新媒体产品。抖音政务号增加粉丝2.5万人,单条播放量最高1247万,点赞量73万。策划实施线上线下宣传活动。与腾讯大燕网合作开展“探秘冬奥核心区,走进城市复兴新地标”活动,在腾讯新闻App北京频道、腾讯大燕网首页等平台进行推广,累计访问量36.7万;与今日头条合作开展“活力石景山、打卡新地标”活动,第一阶段在首钢园举办的“抖in北京嘉年华”线下活动,通过抖音平台、全网媒体矩阵、自媒体联动传播,线上总曝光量超过2亿,全网稿件超过100篇,总曝光量超2000万,20余个直播平台同步进行直播,累计观看人数451万。京交会期间,融媒体中心在首钢高炉观景台进行网络直播,在线点击观看172万余人次。

(李　阳　孙　乐)

档　案

【概况】 石景山区档案馆(简称区档案馆),原为石景山区档案局、档案馆(实行一个机构、两块牌子),是区委区政府负责档案工作的主管部门。2019年,通过机构改革,档案局行政职能划入区委办公室,档案馆不再保留行政职能,作为区委区政府永久保存档案的基地和石景山区提供档案信息为社会服务的中心。年内,区档案馆结合机构改革后区档案局、档案馆“分家”的实际情况,为规范档案接收工作,区档案馆对国家、市、区县各级档案馆档案接收工作资料进行收集整理,根据相关法律法规及规范性文件,对《石景山区档案接收办法》和《石景山区档案接收细则》重新修订;服务区机构改革工作和区“保障新中国成立70周年庆祝活动”的重点工作,将区70周年庆祝活动服务保障工作相关文书档案接收进馆;区档案馆入选石景山区第二批“新时代文明实践基地”;窗口服务共接待利用者1367人次,利用档案2187卷次,开具证明1680份,复印档案资料7444页。积极利用网络和新媒体资源开展档案服务,坚持新闻通报栏目每2周进行更新,微博发布年更新100余条。

(靳晓蕾)

【“档案馆日”活动】 6月11日,区档案馆举办以“新中国的记忆”为主题的石景山区第十一届“档案馆日”。活动设置一个主会场与两个分会场,结合建国70周年的节点,围绕“档案见证发展历程”和“档案助力文明创建”两条主线,发挥“时代掠影”“我家变化”“聚力创城”“兰台荟萃”四大板块的叠加叠加效应,推出“古都新生 人民胜利——纪念北平和平解放70周年”展、“辉煌的历程 奋斗新时代——石景山区情区貌”展、“时代回眸”馆藏老照片展三大展览和多项主题活动，接待中小学生、社区群众、机关干部等社会各界人士200余人。

（靳晓蕾）

【两大主题展览】 6月，区档案馆结合庆祝新中国成立70周年，推出固定展《辉煌的历程 奋斗新时代——石景山区情区貌展》和《壮丽70年，奋斗新时代——石景山区70年发展历程掠影展》两个大型主题展览。全景展示石景山区新中国成立以来，特别是党的十八大以来取得的辉煌发展成就、发生的翻天覆地的历史性变化。展览真实还原历史原貌和巨大变化。

（靳晓蕾）

【“新中国成立70周年”档案服务】 年内，区档案馆主动介入区“保障新中国成立70周年庆祝活动”重点工作，派出档案专业人员到新中国成立70周年庆祝活动石景山区筹备和服务保障工作办公室开展档案整理、归档指导工作，及时接收相关文书档案344件，照片档案5卷170张，实物16件。

（靳晓蕾）

【服务机构改革】 年内，区档案馆服务区机构改革重点工作，联合区档案局召开“撤销单位档案进中心培训会”，向全区涉改单位档案部门提出移交档案具体要求和时限。区档案馆实地走访涉改单位，进行现场“一对一”指导，确保涉改单位在机构改革中档案工作不停、档案管理不乱、档案处置平稳有序。围绕机构改革开展档案征集，征集到机构改革旧印章17枚。

（靳晓蕾）

【《广宁村》出版】 年内，石景山区口述档案的记忆系列丛书第一册《广宁村——口述档案的记忆》一书完成编辑出版，该书采编70篇文章、200余幅图片，围绕石景山区“提升冬奥首钢赛区周边环境”“广宁村棚改项目”等重点工作，挖掘广宁村的历史文化内涵和相关资料，通过传说中的广宁村、记忆中的广宁村、追溯中的广宁村、商业网点、企业、童年记忆、教育、名人轶事、奇闻怪事等十三个篇章，呈现广宁村的历史文化风貌以及在城市化进程中的蜕变发展。

（靳晓蕾）

【《我家变化》出版】 年内，区档案馆、区教委和北方工大附属学校共同编辑的《我家变化——庆祝新中国成立70周年征文集萃》出版。收录50篇中小学生优秀作文，通过一百余张照片，从细微处反映石景山区周边环境、区容区貌以及普通居民的家庭生活等方方面面的变化，以小见大，以旧观新，呈现石景山区在新中国成立70年间的社会发展、城市面貌变化、人文和自然环境等的发展变迁。

（靳晓蕾）

地方志

【概况】 石景山区地方志办公室（简称区志办）负责地方志书编纂和地方志资源的保护开发和利用工作，与区档案馆合署办公。年内，区志办深入挖掘西山永定河文化带相关的古籍、史志、方志、档案等各类文献资料，梳理地情文脉资料，助力石景山区西山永定河文化带建设，协助区文旅局完成《百位名人与石景山》部分资料的史实核对等工作。规范和完善地方志5项政务服务事项网上办理操作指南和流程，5项政务服务事项全部实现一网通办理，为区机关、企事业、社会各界人士提供地情资料服务。

（宋正鑫）

【2019年鉴出版发行】 12月，由区政府主办，区志办承编的《北京石景山年鉴（2019）》由中华书局出版发行。2019卷为总第14卷，依据中国精品年鉴工程规范要求，2019卷对框架结构进行微调和完善，全书共分栏目29个，全面翔实系统地记述石景山区2018年政治、经济、文化、社会发展等情况，记述时限为2018年1月1日至2018年12月31日（部分内容根据实际情况略有前后延伸）。全书共分栏目29个，文字总计约91万字。所载录的石景山区行政区划地图由北京测绘研究院绘制，书后附有电子版光盘，具有多媒体阅读和全文检索功能。向全区各单位累计发放1500余册，发放范围覆盖机关、企业、社区、军营和学校。

（宋正鑫）

【地名志编纂工作】 年内，区志办与合作单位北京联合大学北京学研究所编辑人员深入法海寺、首钢、八大处等地实地调研，收集相关专业人士意见，补充完善相关资料，完成《北京市石景山区地名志》二稿，共6篇、13章，约20万字。修改完善《北京市地名志》中石景山政区聚落部分内容；完成石景山古迹名胜部分18个词条及生产建筑部分21个词条的编纂任务。

（宋正鑫）

文联活动

【概况】 石景山区现有注册文艺团体15家，登记在册会员2000余人。年内，石景山区文学艺术界联合会（简称区文联）为庆祝中华人民共和国成立70周年，按照区委宣传部部署，区文联组织部分文艺家协会，在八一建军节、国庆节前举办以“我和我的祖国”为主题的系列文艺活动，区曲艺家协会“八一建军节”期间慰问石景山武警支队、军休人员活动；区老年书画研究会纪念建国70周年书画展；区美术家协会“擦亮城市西大门文明祥和迎大庆”建国70周年美术作品；区书法家协会“擦亮城市西大门文明祥和迎大庆”建国70周年书法作品展；区集邮协会庆祝国庆70周年集邮展。在活动中，驻区的书法家、美术家围绕爱国情怀、新中国成立70周年等内容创作书画作品，表达文艺工作者心向共产党的爱国情怀。

（王成成）

【文艺志愿服务】 1月16日，市文联“我们的中国梦”文艺志愿服务进万家活动走进西山机械厂社区，市文联党组副书记、驻会副主席程惠民，市文联文艺维权部主任白洪远等，带领中国书协会员、北京书协理事郑轩、程度、邢光辉、陈国华、王振宇、陈旭森、苏林，泥塑艺术家姚晓静，剪纸艺术家巩春华、王俊林、杨越,糖人艺术家厚国毅等参加活动。文联机械厂社区文艺志愿服务基地同时揭牌。艺术家们为社区居民写春联送福,通过剪纸、泥塑、吹糖人等民间工艺,展演老北京传统年俗。“送联送福进万家”公益活动累计举办10多场次。

(王成成)

【文艺志愿服务基地】 5月24日,石景山区文艺志愿服务基地挂牌暨书画交流活动在首钢园举行。来自区书协、区美协、区政协书画院、首钢书画院等驻区的部分艺术家进行书画交流活动。“文艺志愿服务基地”是区文联与首钢园服公司党委的共建项目。创作、展示、交流是基地的基本功能,动员组织艺术家、文艺工作者用艺术服务首钢园区、服务冬奥组委的文化建设。

(王成成)

【“我和我的祖国”作品展】 5月30日至6月6日,区文联与京源学校小学部在台湾印象主题展馆举办“我和我的祖国”学生书画艺术作品展。展览以“我和我的祖国”为主题,共展出学生书画、手工艺作品200余件。展览内容分为三个主题:“抱朴含真”——书法作品;“意蕴之间”——绘画作品;“方寸匠心”——工艺作品。此次活动是石景山区文联庆祝建国70周年——书画石景山系列活动之一。

(王成成)

卫 生

综　　述

【概况】　2019年,石景山区共有医疗卫生机构237家,其中医疗机构231家(一级以上医院26家,社区卫生服务机构57家,其它医疗机构148家),其他卫生计生机构6家。每千常住人口实有病床数、执业(助理)医师和注册护士分别为8.94张、5.80人、6.88人,分别同比增加0.36张、0.36人、0.50人。全区户籍人口出生2643人,计划生育政策符合率99.72%;人均期望寿命82.43岁;孕产妇死亡率为0,婴儿死亡率2.21‰,5岁以下儿童死亡率3.48‰,甲、乙类传染病报告发病率129.41/10万,国家免疫规划疫苗接种率保持在99%以上,严重精神障碍患者在册规范管理率95.58%,患者报告发病率4.52‰;疾病死因前三位依次为恶性肿瘤、心脏病和脑血管病。全区医疗机构总诊疗778.02万人次(不含矿山医院),同比增加7.66%;门急诊777.70万人次,同比增加7.75%,其中门诊741.54万人次,同比增加8.01%,急诊36.16万人次,同比增加2.55%;社区卫生服务机构总诊疗248.22万人次,同比增加17.88%;社区卫生服务机构总诊疗人次占全区总诊疗人次32.12%,同比增长2.82个百分点。全区医疗机构出院人数13.25万,同比增加10.19%;住院患者手术5.66万例,同比增加16.28%;二级以上综合医院出院患者平均住院日9.53天,同比减少0.55天;实有病床周转次数34.46次,同比增加2.18次;实有病床平均使用率89.80%,同比增长0.47个百分点。全区公立医院医疗费用增幅为9.33%;药占比(不含中药饮片)由去年同期的34.51%下降到29.12%;百元医疗收入(不含药品收入)中消耗的卫生材料费为32.13元,同比增加0.31%。

石景山区卫生健康委员会(简称区卫健委)根据北京市部署,推进全区79家参改医疗机构统一实施医疗服务项目价格调整,取消医用耗材加成,开展集中采购和使用试点工作。2019年度在北京市医改绩效综合考评中,石景山区得分92.35分,排名全市第四。统筹资源,增设苹果园急救站,完成10辆急救车的购置工作;呼叫满足率已达到96.7%。落实《"健康石景山"三年行动计划》,运用区－街－社区三级公共卫生委员会工作机制,开展健康教育、健康宣传等全民健康行动。落实《石景山区改善医疗服务行动计划(2018—2020年)》,完善预约诊疗、双向转诊、临床路径管理等工作机制和流程,探索医疗机构在远程医疗等方面创新服务举措。依托22个区医疗质控办专业技术力量,开展各类医疗质量专项检查并举办学术交流活动。全年完成无偿献血17826单位,其中团体无偿献血3772单位,街头采血14054单位,保证临床用血储备。年底,老年健康管理率70%,重点人群签约率95.07%。进一步加大家庭保健员和健康管理师培训力度,充实家庭医生团队力量,推进慢病管理与健康档案管理有效融合;全区建立个人电子健康档案468278份,电子建档率79.37%;高血压规范管理率68.14%,2型糖尿病规范管理率71.26%。推进"互联网＋"医疗健康服务,推广社区卫生移动服务平台,实现家庭医生签约、药品配送状态提醒、药事服务等功能,改善居民签约服务体验。推进"中医药为特色的健康管理社区"建设,开展高层次人才扎根基层"五联动示范工程",加强29个名中医工作室建设。举办"第四届北京·西山中医药文化季"系列活动,开展中医药创新发展"冬奥""亮眼""医养""保险""文旅""提素"等六大品牌项目。委托北京师范大学开展石景山区中药资源普查,组织参与北京市中医文化资源调查试点工作,成为"北京市中医药文化资源转化示范区"。根据《国家卫生城》标准,制定2019年石景山区国家卫生区复审工作方案》。为全区40家单位为成员单位分为9个专项工作组,明确十一大项146小项具体工作任务并进行模拟检查,梳理问题点位8860件,在规定时限基本整改完毕。统筹调动辖区医疗卫生资源,继续开展精准健康扶贫。选派医学专家赴宁城、莫旗、顺平、称多4个地区开展帮扶活动,义诊1458人次,在当地进行132台手术示教,教学查房150次,科内讲课6次,会诊12次。

(王　磊　乔伯文)

【整治"保健"市场】　2月至4月,区卫健委开展整治"保健"市场乱象百日行动的工作安排,结果自身工作职责,对可能存在"保健"市场乱象的医疗机构、无证医疗机构、生活美容机构和消毒产品经营机构开展全面的监督检查,特别是中医医疗机构和设有中医科的医疗机构。共出动检查人员2136人次,检查1068户次,均未发现违法行为,未接到关于非医疗机构非法开展中医诊疗活动的线索、举报。

(崔瑞莲)

【冬奥中医药国际保障中心】　3月6日,石景山区召开冬奥中医药国际保障中心建设座谈会。市中医管理局局长屠志涛,区领导陈之常、左小兵,冬奥组委秘书行政部副部长于甲川,首颐医疗及区卫生健康委相关负责人,共同就冬奥中医药国际体验中心建设及运营方案进行座谈交流。冬奥中医药国际保障中心建设及运营方案确定后,进行内部装修改造;8月,医疗机构设置审批材料完成递交;9月11日,区卫健委参加市中医管理局局务会汇报冬奥中医药国际保障中心筹建工作。

(朱学群　边凌云)

【机构改革】　3月15日,区委、区政府印发《北京市石景山区机构改革实施方案》的通知。将原区卫生和计划生育委员会的职责,以及区安全生产监督管理局的职业安全健康监督管理职责,相关机构的深化医药卫生体制改革工作、老龄工作职责等整合,组建区卫生健康委员会,作为区政府工作部门。不再保留区卫生和计划生育委员会(区动物卫生监督管理局)。按照区委、区政府关于印发《北京市石景山区卫生健康委员会职能配置、内设机构和人员编制规定》的通知,卫生健康委是政府工作部门,为正处级单位。行政编制45名,主任1名,副主任4名。内设科室13个,科级领导职数15正(含机关党委专职副书记、工会专职副主席各1名)1副。8月,北京市石景山区卫生和计划生育监督所更名为北京市石景山区卫生健康监督所(简称区卫生健康监督所)。12月,根据区委机构编制委员会《关于北京市石景山区人民政府老龄办公室更名并调整机构编制的通知》,将原由北京市石景山区人民政府老龄工作办公室承担的除养老职责以外的其他老龄工作相关职责划入区卫生健康委,由原区民政局所属事业单位调整为区卫生健康委所属事业单位,并更名为北京市石景山区老龄事业发展中心,相当副处级公益一类事业单位。同时,相应划转财政补助事业编制8名,其中主任1名(副处级),副主任1名。调整议事协调机构,保留议事协调机构3个:北京市石景山区深化医药卫生体制改革领导小组,北京市石景山区老龄工作委员会。北京市石景山区爱国卫生运动委员会调整为挂牌机构的议事协调机构1个。北京市石景山区防治艾滋病工作委员会改为北京市石景山区防治艾滋病工作领导小组,在北京市石景山区爱国卫生运动委员会加挂牌子;调整为下设工作小组的议事协调机构4个:北京市石景山区中医药创新发展工作领导小组、北京市石景山区药品供给改革领导小组、北京市石景山区医药分开综合改革领导小组、北京市石景山区创建慢性非传染性疾病综合防控示范区领导小组均调整为北京市石景山区深化医药卫生体制改革领导小组下设的工作小组;调整为部门联席会议的议事协调机构2个:"健康石景山"建设工作领导小组;北京市石景山区重大动物疫情应急指挥部。撤销议事协调机构6个:北京市石景山区献血工作领导小组;北京市石景山区健康促进工作领导小组;北京市石景山区癌症防治工作领导小组;北京市石景山区生活饮用水卫生安全保障工作领导小组;北京市石景山区社区卫生服务工作领导小组;北京市石景山区人口与计划生育领导小组。

(任　爽)

【《职业病防治法》宣传】 4月22日—28日,区卫健委组织开展一系列《职业病防治法》宣传周活动。开展主题宣讲活动3场次、宣传咨询活动54场次、警示教育活动150场次,印发宣传材料1500余份,投入宣传工作人员200余人次,宣传受众7000余人。

(崔瑞莲)

【中医药文化旅游示范基地】 4月,石景山区"八大处公园""天泰山慈善寺""北京康复医院"获批成为第四批北京市中医药文旅示范基地。市中医局、市文旅局、市园林局多次邀请国家、北京市等相关部门(机构)专家调研石景山区中医药文旅康养工作,并拟推荐石景山区申报首批"国家森林康养示范基地";区卫健委与世界中医药学会联合会签订协议共同开展2019年北京市石景山区中医药文化旅游+森林康养开发项目。

(朱学群　边凌云)

【行业综合监管】 7月至10月,区卫健委开展"加强综合监管,保证行业安全"百日行动,包括经常性安全检查、打击无证行医活动、整治"号贩子"和"网络医托"、医疗废物和医疗污水监督、血液安全监督、传染病防治监管、生活饮用水卫生监管等方面工作。摸排查处非法行医黑诊所及无证游医14户次,出动执法人员50人次、执法车13辆次,下达非法行医取缔公告2户次,组织及参与多部门联合开展打击非法行医行动5次。下达行政处罚6户次,罚款人民币5.5万元整、没收非法所得人民币5892元。专项期间接到涉嫌非法行医的投诉12起,均已办结。对辖区医疗机构进行摸排127户次,通过摸排未发现存在"号贩子"和"医托"现象。对辖区73家医疗机构的医疗废物处置和医疗污水排放进行监督检查,发现不合格单位4户次,给予行政处罚并给予不良执业行为记分,责令立即改正,复查均整改到位。对辖区8家临床用血单位和1家临时采血点开展监督检查,未发现非法行为。开展传染病防治检查217户次,消毒产品检查90户次,责令改正5户次,实施行政处罚5件,罚款1.5万元。其中包括对学校及托幼机构的传染病防治和消毒工作监督127户次。开展生活饮用水检查225户次,现场制售水机检查8次,实施行政处罚4件,罚款2万元。对校内生活饮用水卫生的监督检查共计监督7户次,结果均合格。

(崔瑞莲)

【西山中医药文化季】 10月19日,市中医管理局和区政府共同主办的"弘扬国粹·添彩冬奥·让中医药走向世界"第四届北京西山中医药文化季系列活动在八大处公园举行。活动现场分"弘扬国粹·中医中药中国行""冬奥之窗·中医药走向世界""问脉京西·中医药创新发展"三大主题展区,汇聚各色各样的中医药服务和特色产品。"世界中医药日"北京石景山分会场活动在第四届北京西山中医药文化季活动中举办。第四届北京西山中医药文化季开幕式中,北京康复医院、八大处公园、天泰山慈善寺风景区被评为北京市中医药文旅示范基地。

(朱学群　边凌云)

【标准化服务评估】 11月至12月,区卫健委组织开展卫生健康监督协管标准化服务评估资料筹备和现场督导工作,统计辖区10家社区卫生服务中心协管宣传和人员信息数据,督促八角和古城社区卫生服务中心做好标准化评估资料筹备和现场督导考核迎检工作。

(崔瑞莲)

【国家卫生区复审】 年内,区卫健委根据《国家卫生城》标准制定《2019年石景山区国家卫生区复审工作方案》,统筹协调全区40家成员单位建立跨部门合作,分为9个专项工作组,明确十一大项146小项具体工作任务,针对市容环境卫生、环境保护、重点场所卫生、食品和饮用水安全、公共卫生与医疗服务、健康教育和健康促进、病媒生物预防控制等任务开展12轮模拟暗访实战,梳理问题点位8860件,在规定时限全部整改完毕,通过国家级暗访专家组的考核验收,成绩全市名列前茅,石景山区连续16年保持国家卫生区称号。

(李　培)

【落实《控制吸烟条例》】 年内,区卫健委制定《石景山区2019年控烟工作实施方案》,召开领导小组成员单位控烟工作会议,要求各单位、各部门制定落实《条例》的工作方案并组织实施。经检查,全区公共场所控烟标识全部到位。以“世界无烟日”为主题,结合创城和国家卫生区复审工作实际,区爱卫办组织开展控烟主题宣传活动,全区九个街道办事处同时在辖区醒目位置设置分会场,向群众和社会单位宣传控烟戒烟知识。成功创建市级无烟单位33家,推广控烟示范单位经验做法。联合相关部门开展冬季控烟检查工作,加大公共场所控烟检查力度。

(李 培)

【病媒生物控制】 年内,石景山区发挥区、街、社区三级爱国卫生组织网络力量,组织开展春秋季灭鼠、夏季灭蚊蝇、四季除蟑蚁等活动。申请财政专项资金400万元,公开招标专业消杀公司,对全区154个社区、360个居民小区开展三轮蚊虫和灭鼠消杀工作,设立毒饵站5万余个,累计投放鼠药2000余公斤,出动专业人员3000余人次,开展环境治理活动144次、爱国卫生和相关健康知识宣传活动237次。为街道办事处、社区配备灭蚊药品和器械,做好居民小区日常防制工作。加强“五小行业”、建筑工地、农贸市场病媒生物控制检查工作,发现问题及时督促落实。在农贸市场、公共场所、建筑工地等区域统一投放灭鼠、灭蚊蝇药物,确保全区“四害”密度控制在国家卫生区标准之内。

(李 培)

【非洲猪瘟防控】 年内,区卫健委牵头组织区重大办成员单位做好非洲猪瘟防控工作,制定《石景山区非洲猪瘟防控工作方案》,成立防控非洲猪瘟领导工作组,加强协调配合;加强对猪产品流通、餐饮等重点环节的执法检查;设置运输车辆检查点,严禁非正规渠道猪产品进入石景山区;建立专项工作日报告制度,每日收集汇总成员单位的日报信息,编制非洲猪瘟防控专报,共编制12期。

(崔瑞莲)

【社区中医药健康驿站】 年内,区卫健委联合各街道(鲁谷社区)按照“政府统筹、整合资源,部门参与、形成合力,社会动员、居民共享”的工作思路,在各街道选址建设“社区中医药健康驿站”,开展“治未病”一站式体验服务。铺设完成以“社区中医药健康驿站”和“流动中医药健康驿站”为主体的石景山区“9+1”中医药特色健康管理和文化科普服务平台。全区九个街道社区中医药健康驿站都已投入运营,且以驿站所在社区为中心,辐射周边社区开展常态化活动。开展“名中医下基层”义诊服务164场、社区家庭医生巡诊76场,开展慢性病管理及讲座93场,适宜技术培训129场,运动养生功法及传授64场,中医药沙龙与体验89场,膳食养生制作77场,直接服务居民约3.12万人,间接受益5万余人,已辐射到全区89个社区。

(朱学群 边凌云)

【“闪亮双眼”校园行】 年内,区卫健委与区教委利用中国中医科学院眼科医院、京西中医药文化研究会等社会资源,共同组织实施“闪亮双眼”校园行项目。在21所学校开展眼健康筛查和宣教活动,建立更新学生“屈光度、眼周长度、屈光介质参数”视力筛查数据电子健康档案6368份,并分别出具《校园眼健康条件改善建议报告》《个人视力保健反馈意见》。

(朱学群 边凌云)

卫生应急

【概况】 年内,区卫健委有效处置各类公共卫生事件34起,包括急性胃肠炎疫情及学校和托幼机构的多起集中发热疫情、诺如疫情等事件。突发公共卫生事件报告率、报告及时率、网络直报率、报告完整率、事件评估率均达到100%。完成春节、清明等重要节日和全国两会、第二届“一带一路”国际合作高峰论坛、国庆70周年、国际篮联篮球世界杯等重要活动及“国际森林日”、高中体育会考等政府指令性应急保障任务70次,派出医疗救护车88车次,医护司267人次;开展空气重污染健康防护知识宣传等应急工作,完成3次橙色预警期间的卫生应急工作。

(高 晖 王艳红)

【卫生应急培训】 年内,区卫健委共组织开展5场石景山区卫生应急专题培训班,邀请5名国家级及市级专家就突发急性传染病监测预警与风险评估、卫生应急演练的理论与实践、新发输入性传染病的早期识别与应急处置、卫生应急预案的编制与管理等内容进行培训,辖区140余家单位530余人次参加培训。

(高 晖 王艳红)

【新中国成立70周年医疗保障】 年内,区卫健委制订《石景山区新中国成立70周年公共卫生应急保障工作方案》《石景山区远端集结点应急医疗救护保障工作方案》等8个工作方(预)案,成立9个医疗急救保障小组,统一配备12个急救箱,委托区急诊质控中心对医疗急救保障小组全部成员70人进行急救培训,确定3家医疗救治定点医院,及时开通急诊抢救绿色通道,做好对转运病人的急诊抢救工作。国庆保障期间(包括训练、演练和正式活动)共计安排急救车保障129车次,出动医护人员1081人次,现场接诊1566人次,包括中暑、上感、肌肉拉伤、皮肤擦伤、腹泻等病症,均对症处理,转诊57人;安排6家医疗卫生机构应急处置车备勤24车次、车组备勤人员72人次,备勤期间,接诊0人。

(高 晖 王艳红)

【院前急救管理】 年内,区卫健委编制《加快推进石景山区院前医疗急救服务体系建设工作方案》,并以政府办名义发文并正式实施。完成新增2个急救站点和10辆急救车的购置工作;委托区急诊质控中心举办院前急救培训班,培训7家二三级医院的40余名医护人员;组织召开3次院前急救工作推进及总结会,加强120急救站点日常管理;制定绩效考核工作方案及实施细则,对急救站点实施季度绩效考核工作。

(高 晖 王艳红)

【突发事件处置】 年内,石景山区发生各类公共卫生事件34起,包括集中发热疫情10起、急性胃肠炎疫情14起、手足口病疫情10起,各项疫情均得到及时规范处置。全年共处置突发事件27起,其中包括车祸6起(伤21人)、食物中毒1起(伤者3人)、纵火1起(6伤)、摔伤(1人)、砸伤1起(3

人)、坠亡1起(死亡1人)、割腕1起(1人)、一氧化碳中毒13起(伤者16人)。突发事件与去年同期相比增加6起。在突发事件发生时,各医疗卫生机构均及时上报信息并进行医疗应急救治,未发生有重大影响的突发事件。

(高 晖 王艳红)

【血液管理】 年内,区卫生健康委组织完成无偿献血19858.1单位,其中团体无偿献血完成3886.1单位,街头献血完成15972单位。辖区医疗用血单位共7个,全年医疗用血19241单位,血浆705800毫升,血小板1334.5单位,全年血液供需达到平衡。

(高 晖 王艳红)

医疗服务管理

【概况】 年内,区卫健委制定《北京市石景山区改善医疗服务规范服务行为2019年行动计划实施方案》;7月22至10月31日,开展改善医疗服务百日行动工作。苹果园社区卫生服务中心荣毅新被评为"首都杰出护理工作者";北京大学首钢医院—金顶街社区卫生服务中心被评为优质护理服务"医院—社区"联动示范单位;五里坨医院姜伟、石景山医院王岩、中国中医科学院眼科医院杨剑英被评为优质护理服务先进个人。北京大学首钢医院被确定为全国"互联网+护理"试点单位,通过线上App的方式,开展医院社区一体化的延续护理模式,共服务238人次。推进三个区域医联体建设,开展预约诊疗、双向转诊、技术帮扶、人才培养工作,同步推进中医、儿科专科医联体建设。其中石景山医院加入以北京儿童医院为核心医院的紧密型儿科医联体,北京大学首钢医院成功申报全国县域紧密型医共体建设试点。22个区医疗质控办公室,开展两票制督导检查、输血质控检查、超声质控检查、护理质控检查等各类医疗质量专项检查,举办急诊研讨会、京西口腔学术年会、抗菌药物管理、护理论坛、检验POCT规范化应用项目、医疗器械管理等学术交流活动。根据驻区企业实际健康需求,印发《石景山区就医服务手册》1300册。为驻区企业高管及职工提供就医服务105人次,提供电话、微信医疗健康咨询300余人次;服务企业职工2160余人、义诊300余人。组织全区公立医疗机构参加国家组织药品集中采购和使用试点工作,完成25种中选药品的承诺采购任务量。

(崔 超 李小方)

【扶贫协作】 3月1日,石景山区选派3名援疆医师高慧莉、李晓松和尚少华做为第九批第三期援疆医师赴新疆和田墨玉县人员医院进行为期一年医疗援疆工作。3月至10月,区卫生健康系统开展帮扶青海称多县、河北顺平县、内蒙莫旗和宁城县医疗卫生工作。11月17日—19日,组织石景山医院医疗专家一行7人赴新疆和田地区开展对口支援医疗对口帮扶工作,医疗队专家们以义诊、临床带教、业务培训等活动开展对口支援工作。年内,区卫健委共组织驻区18家医疗卫生机构参与到扶贫协作工作中。确定扶贫项目24个,投入资金共755万元,其中250万元用于医疗精准扶贫,24万元用于远程医疗,50.5万用于医学专科建设、义诊会诊、人才培养,170.5万用于捐赠医疗设备,260万元用于莫旗及歇武镇医疗机构建设。共计派出定期支援人员、医疗队专家等医务人员共110余名,开展义诊16次,受益人数1696人次,培训人数1805人次,手术112人次,会诊86人次。接收四地中长短期来京进修人员共40余人,涉及中医科、针灸科、康复科、普外科、急诊、放射科、内科、妇科、检验科、重症医学科、动态脑电、多普勒超声、理疗科、泌尿外科等14个医疗专业和综合监督执法、疾病预防控制等公共卫生专业。

(李 卓)

【服务百姓义诊活动周】 9月20日—26日,区卫健委组织全区卫生计生系统开展一系列"守初心、解难题、助扶贫、庆丰收"为主题的"服务百姓健康行动"大型义诊活动周活动。各医疗机构结合自身特色开展对口支援义诊、医联体成员单位义诊、边远山区义诊、武警部队义诊、院内义诊以及健康大讲堂等形式多样的义诊活动,同时为居民免费测量血糖、血压,提供健康咨询、体检、发放健康手册和用药指导等便民服务。义诊周服务居民2871人次,参加大讲堂群众1436人次,发放各类宣传资料3048份。

(曹 晖 郭银静)

【医联体建设】 年内,石景山区医联体上转14815人次,下转患者116895人次,接收下级医疗机构医务人员进修182人次,核心医院派出医务人员下社区8932人次。北京大学首钢医院医联体在古城社区卫生服务中心进行远程心电会诊平台试点,共完成748例心电会诊;在4个社区卫生服务中心开设惠民门诊,安排心血管内科、呼吸科、老年医学专业、中医科、康复科、胃肠外科等10个专业31位副主任医师及以上职称专家出诊,共接诊682人次。

(崔 超 李小方)

【准入管理】 年内,区卫健委完成医疗机构设置审批4家,医疗机构登记注册3家,机构注销3家,医疗机构变更名称、法定代表人、主要负责人、注册资金、诊疗科目、床位(牙椅)数、医疗机构地址等41项行政许可。办理执业医师首次注册117人次、变更注册284人次,多执业机构备案381人。办理护士首次注册66人次,重新注册10人次,延续注册428人次、变更注册149人次、更换主要执业机构204人、多执业机构备案164人。

(曹 晖 李小方)

社区卫生服务

【概况】 年内,石景山区社区卫生服务管理中心(简称区社管中心)围绕健康中国发展战略,落实市、区两级社区卫生服务工作部署,深化医药卫生体制改革,完善绩效考核机制,侧重重点人群签约服务,加强老人年健康管理。石景山区实际运行10家社区卫生服务中心、39家社区卫生服务站。八角社区卫生服务中心迁入体育场南街新址,初步完成八角社区卫生服务中心和石景山区中医院的剥离,于10月23日开诊运行。

(田爱红)

【药品集中采购和使用】 3月23日，区社管中心按照北京市的统一部署，组织46家社区卫生服务机构完成医保对照和测试，正式实施国家药品集中采购和使用试点工作，对机构的实施情况进行督导全覆盖。通过北京市药品阳光采购监管平台，对机构中选药品采购量和使用中选药品情况的监测并定期通报纳入绩效考核。

(曾玉香 郭星华)

【医耗联动改革】 6月15日，石景山区实施医耗联动综合改革，通过各种措施确保改革的平稳进行，持续做好改革后的督导、考核、重点数据监测工作。开展一系列便民、惠民服务，落实基层医疗机构改善医疗服务措施。6月15日至12月底同比，门急诊人次增加7.57%、次均费用降低3.73%、药占比减低0.85%。

(曾玉香 薛 坤)

【家庭医生签约服务】 年内，区社管中心召开工作启动暨培训会，制定相关工作方案，加强政策宣传和解读，推进智慧家医优化协同模式，侧重重点人群家医签约服务；对全科医生和家庭医生团队开展多种形式的“岗位练兵”活动；组织43名家医团队医务工作者参加市级“5.19世界家庭医生日”—携手家庭医生、共筑健康生活主体峰会活动，并获市级“动情一刻家医摄影”活动月度之星15人、季度之星3人、年度之星一人，石景山区获得优秀组织奖。年底，家庭医生签约服务227612人，签约率38.58%，其中重点人群签约人数131592人，重点人群签约率95.07%；

(贾彩霞 李 宁)

【健康档案管理】 年内，区社管中心通过区级专项工作交流、聘请市级专家开展国家基本公共卫生服务规范(第三版)健康档案和重点慢性病健康管理培训、组织基层糖尿病防治管理在线培训等工作；推进“身边医生”手机App软件升级，推动全区电子健康档案向居民个人开放；配合委疾控科，完成市级慢性病综合防控示范区复审工作和国家级慢性病综合防控示范区创建工作。年底，全区居民个人电子建档率80.29%；高血压规范管理31134人，规范管理率68.40%；2型糖尿病规范管理15618人，规范管理率71.46%。

(贾彩霞 马 欣)

【老年健康管理】 年内，区社管中心召开老年人健康管理工作布置会，下发实施方案，开展全员规范培训；通过《石景山区社区卫生报》、官方微信、在机构内部播放国家基本公共卫生服务项目公益广告、LED滚动显示屏、张贴宣传海报、与社区居委会联合通知居民等形式宣传开展老年人健康管理工作；迎接北京市对石景山区老年人健康管理工作督导，结合督导内容梳理全区老年人健康管理工作存在的问题。辖区内65岁及以上常住居民数为6.6万人，全年完成老年人健康管理46512人，老年人健康管理率为70.47%。

(曾玉香 郭星华)

【创建老年友善中心】 年内，石景山区在全市率先开展老年友善社区卫生服务中心创建工作。区社管中心配合区卫生健康委老幼科制定并下发《北京市石景山区老年友善社区卫生服务中心创建方案》(试行)，成立主管区长为组长的创建工作领导小组，明确创建内容、流程及创建标准；设立专项经费，对获得“北京市石景山区老年友善社区卫生服务中心”称号的机构，给予专项经费支持；组织10家社区卫生服务中心围绕建设三个等级，即A、B、C级，着力四个提升：即提升老年友善文化、提升老年友善管理、提升老年友善服务、提升老年友善环境四个方面，对照标准开展创建自评，查找不足，积极整改；聘请市级专家对自评合格的7家社区卫生服务中心进行创建工作区级评估、指导，并召开专家研讨会细化评审标准。

(曾玉香 郭 旭)

【中医药服务】 年内，区社管中心组织12人参加北京市基层中医适宜技术骨干培训班；推荐8家机构参加北京市中医管理局高层次人才扎根基层“五联动示范工程”申报，5家通过评审；对20家机构开展中药饮片1000张进行点评，合格率80%；印制并下发中医健康教育处方8种，24万张。33家机构开展冬病夏治三伏贴工作，共贴敷2674人，32088人次。完成老年人中医药健康管理36045人，老年人中医药健康管理率为54.6%，年度辖区内应管理的0-36个月儿童数为14002人，0-36个月儿童中医健康管理9973人，0-36个月儿童中医药健康管理服务率为71.2%。

(曾玉香 汪 磊)

【人才培养】 年内，区社管中心开展2019年石景山区基层全科医生岗位练兵活动，163名全科医生参加，参与率、完成率为100%、合格率为82.82%；组织全科医生、社区卫生“十百千”人才、管理人员、护士、防保、药师等业务骨干共399人次，参加糖尿病规范诊治与防治融合、慢病防治颈动脉超声临床应用专题及脑血管疾病防治技能、主任能力提升、合理用药、技能操作等专题培训。选派3人参加北京市全科医生转岗培训，3人参加全科医生转岗培训考试，3人参加儿科强化培训班的培训。在区级技能实训室开展全科医生团队岗位练兵实操培训，30个全科医生团队师资骨干参加。完成必修课培训任务，共举办区级社区必修课19场，3656人次参加。

(曾玉香 汪 磊 薛 坤)

【规范管理返聘专家】 年内，区社管中心每月有针对性开展返聘专家现场检查，每月严格按照考勤和工作量发放补贴，确保财政资金的有效利用。全年返聘专家75名，其中高级职称28名、中级职称47名，全年开展门诊395129人次、带教2449人次，宣教26137人次，健康咨询70363人次，查房11231人次，培训受益人次458。

(郝伶敏 王小雪)

【家庭保健员】 年内，区社管中心完成400名家保员的强化培养，所有家庭保健员均已考核合格并颁发证书；组织参加“2019年北京市家庭保健员风采展示活动”，石景山区两家机构在“最美家庭保健员故事分享”评选中被社区卫生网选登，“社区慢性病防治微课宣讲”作品荣获团队优秀奖；组织四家社区卫生服务中心参加市社管委托首医开展的评估工作,完成家庭保健员健康素养调查问卷127份。

（贾彩霞　李　宁）

疾病预防与控制

【概况】　石景山区疾病预防控制中心(简称区疾控中心)心下辖结核病防治所、性病防治所、健康教育所及慢病防治所,流行病科(免疫预防、地方病防治、消毒科)、环境与职业食品卫生科、放射卫生科、理化检验科、微生物检验科、质控科、美沙酮门诊等10个专业科所。承担着疾病预防与控制、应急事件预警与处置、疫情收集与报告、监测检验与评价、健康教育与促进、应用研究与指导、技术管理与服务等重要公共卫生职责。具有国家计量认证合格证书以及职业健康检查和职业病危害因素检测与评价的资质。年底,石景山区出生3297人,出生率8.50‰;死亡3294人,死亡率8.49‰。死因前十位依次为恶性肿瘤、心脏病、脑血管病、呼吸系统疾病、内分泌及营养和代谢疾病、消化系统疾病、损伤和中毒、神经系统疾病、传染病和泌尿生殖系统疾病。人均期望寿命82.51岁,其中男性80.25岁,女性84.94岁。

（苑　昊　史倩楠）

【健康宣教】　4月至11月,区疾控中心组织开展2019年石景山区健康素养推广行动,活动期间,开展主题宣传活动暨活动启动仪式1场,健康知识讲座9场等共17场活动,覆盖医疗机构、社区、学校、街道、机关单位及健康示范单位。5月至7月,区疾控中心在辖区10所学校开展以“提升健康素养,争做健康少年”为主题的健康素养绘画作品巡展活动。年内,区疾控中心开展北京市居民健康素养线上竞赛行动,通过3次微信线上推广,3次线下动员,完成注册8000余人,超额完成市所5000人注册要求。与街道联合,开展2019年家庭健康技能大赛,推送3个优秀家庭参加北京市家庭健康技能大赛。石景山区各健康促进医院累计开展主题健康大课堂146场,利用健康大课堂及影音系统播放健康素养66条科普教程106962次,推广骨关节活力操6596人次,提供简短戒烟干预服务100万余人次。完成3家健康促进幼儿园的创建工作。对社区卫生服务机构开展国家基本公共卫生服务项目健康教育服务培训2次,督导考核3次,相关业务指导3次,开展医院公共卫生考核1次。全年石景山卫生信息网发表科普文章48篇。全年发送微信176条,利用新浪微博“北京石景山健康教育”及时发布健康知识,发送微博607条,粉丝数20514人。

（安欣华）

【传染病防治】　年内,石景山区以发病日期统计,报告法定传染病17种7349例,发病率为1245.59/10万;死亡6例,包括乙肝4例、艾滋病1例、流感1例,死亡率为1.02/10万,病死率为0.08%。甲类传染病无报告。乙类传染病报告11种739例,发病率为125.25/10万,其中,痢疾194例、肺结核152例、病毒性肝炎125例、梅毒119例、猩红热81例、淋病40例、艾滋病11例、百日咳6例、登革热5例、布病4例、伤寒2例。丙类传染病报告6种6610例,发病率为1120.34/10万,其中,报告流行性感冒5193例、其他感染性腹泻病874例、手足口病458例、流行性腮腺炎73例、风疹7例、急性出血性结膜炎5例。流感样病例监测累计监测门急诊就诊病例2390058人次,其中流感样病25485人次,流感样病例百分比为1.07%。全年无脊灰野病毒病例发生,接报3例AFP病例、332例水痘,无麻疹、狂犬病、白喉、新生儿破伤风、流脑、乙脑病例发生。

（任丽君）

【计划免疫】　年内,石景山区19家免疫预防门诊均达到A级以上标准,召开专业会议和专业培训15期,参加人次数1500余人次;全年常规免疫接种率保持在99%以上;入托入学接种证查验工作完成117家学校/托幼园所共13998名儿童,查验率100%。需要补种人数1389人,实际补种人数1293人。无补卡补证儿童。补种免疫规划疫苗9种(水痘除外),应补种1330剂次,实际补种1313剂次,补种率为98.72.0%。水痘应补种606剂次,实际补种516剂次,补种率为85.15%。疑似预防接种异常反应监测覆盖率、调查及时率及个案调查完整率等均达到100%。外来务工人员接种工作共完成196家用人单位的摸底和接种工作,接种麻疹疫苗152人,接种率10.07%;接种流脑A+C疫苗158人。完成学龄前流动儿童强化查漏补种工作,全区9个街道共调查流动儿童9784人,其中来京2月以下376人,来京2个月以上9408人。补卡23人、补证18人,补卡补证率100%。累计接/补种疫苗516剂次。全区累计接种招标流感疫苗31543支,其中60岁以上老年人15711支,学生13980支,其他保障人员1850支。未发生疑似预防接种异常反应。

（李艳辉）

【艾滋病防控】　年内,石景山区新报告HIV感染者/AIDS病人41例,其中AIDS病人11例。全区现存活HIV感染者/AIDS病人766例。筛查检测HIV抗体197728人份,阳性者76人,HIV抗体检出率0.04%;艾滋病哨点监测调查各类人群1082人,检出艾滋病抗体阳性者5人,阳性率0.5%。艾滋病高危人群干预50621人次,抗体检测13805人份,检出阳性者60人,阳性检出率0.4%,HIV感染者/AIDS病人抗病毒治疗率为92.4%。3个艾滋病自愿咨询检测门诊共接待艾滋病咨询检测者1202人,检出艾滋病抗体阳性者17人,阳性检出率1.4%。社区药物维持治疗门诊累计治疗人数588人,在治人数187人,治疗保持率100%,日均服药人数90人。区卫健委开展社区组织参与艾滋病防治基金项目以及国家艾滋病综合防治示范区等工作,探索借助互联网开展艾滋病尿液匿名传递检测工作模式,健全性病艾滋病防治网络,落实全区“三位一体”艾滋病防治工作模式,加强艾滋病实验室网络建设,开展艾滋病确证检测以及CD4淋巴细胞检测,完成辖区社区卫生服务中心及监管场所HIV和梅毒快速筛查点的建立、督导培训及质控考核等工作。利用“3.24结核病防治日”“6.26国际禁毒日”“12.1世界艾滋病日”等开展形式多样的性病艾滋病宣传活动,全年发放性病艾滋病宣传资料共计10余种13.7万份,免费发放安全套15万只、润滑油5千支。

(张国磊)

【美沙酮门诊】 年内,石景山区美沙酮在治145人,日均服药人数90人,HIV检测率98.9%,阳性率为0;梅毒检测率98.5%,阳性率为1%;HCV检测率96.5%,阳性率为75.5%;随访吗啡尿检阳性率为1%。门诊每月为坚持验尿的服药人员发放宣传品和小礼品来提高尿检率,制定奖励政策,定期开展同伴教育小组干预活动,通过小组活动,提高门诊在治病人的依从性。全年开展健康教育及心理干预活动16次,发放安全套及健康宣传材料4000份,累计发放奖励款27500元。

(姜 影)

【结核病防治】 年内,石景山区结核门诊共接诊1103人次,化验室共做检查2243人次,其中痰涂片572份,涂阳24份;培养349份,培阳26份。X-pert检查137份,其中阳性22份。全区登记管理肺结核病人75例(初治67人,复治5人,耐药3人),其中,外地患者23例,本市52例。发放免费药品17760人次。区疾控中心对辖区大学新生结核病筛查5470人,其中结核菌素皮试监测强阳性147例,发现结核病人1例。对640名学校密切接触者进行筛查,全年全区共发生1起学校结核病聚集性疫情,均已按照北京市工作规范进行处置,无重症及死亡病例。全市新生入学肺结核筛查工作首次启用电子App平台,石景山区共筛查幼小中高新生9090人次,其中在定点筛查机构进行结核菌素皮试2102人(其中妇幼保健院568人次、五里坨医院300人次、中医院462人次、石景山医院752人次,结防所20人次)。在国家基本公共卫生服务项目肺结核患者健康管理工作中,通知管理的肺结核患者73人,已管理肺结核患者73人,管理率100%,已完成治疗肺结核患者78人,规则服药肺结核患者78人,规则服药率100%。首次开展辖区糖尿病患者及65岁以上老年人群结核病筛查工作,结核病可疑症状筛查2270人,发现可疑症状者9人次数。全年举办防治结核病现场宣传、讲座及义诊活动共计79场次,发放相关宣传材料10万余份。

(姜 影)

【公共卫生监测与评价】 年内,区疾控中心通过国家职业病报告网,审核26份用人单位信息和86份有毒有害作业工人健康监护汇总表,审核并访视尘肺病病例29例、1例职业病病例、2例疑似职业病病例以及4例农药中毒病例。开展医院职报人员培训1次,对部分医院开展职业病网络直报绩效考核。开展235例职业性尘肺病的随访与回顾性调查工作。开展食品安全风险监测工作,化学污染物检测119件,除部分无评价标准的指标外,均未见异常。食品微生物监测175件,在5件外卖配送餐中检出单增李斯特菌,撰写3份隐患报告。开展食源性疾病监测工作,共采集342件患者粪便标本,完成全年任务的104%,检测出阳性样本数为44件,致病菌阳性率为12.9%。检测病毒样本277份,检出阳性样本数24件,病毒阳性率8.7%。配合区市场监督管理局调查处理1起疑似食源性疾病暴发事件,开展辖区单增李斯特菌感染病例专项监测,调查、采样并上报病例1例。组织辖区21所中小学校在“营”在校园微信公众号上参与答题活动,总答题人数12342人。组织开展3场营养知识进校园科普宣传活动和1场学龄儿童营养现状介绍及合理膳食指导讲座。以“合理膳食、天天蔬果、健康你我”为主题,开展线下宣贯活动5场次,在微信公众号开设营养周专题,发布专题知识和活动资讯图文23篇。组织辖区16个社区卫生服务中心开展3岁以下儿童食物消费量调查工作,完成960名儿童共3541份问卷调查。开展中国居民食物消费量调查,完成3个街道12个居委会共计145户居民的入户调查工作,调查人数461人,上报并审核2440份问卷。联合区教委在全区医院及中小学等机构招募营养宣传志愿者,组建石景山区营养宣传志愿者分队,招募62人(要求60名)。开展8家医院候诊室空气与空调系统卫生监测,共采集候诊室空气样本736件,合格688件,合格率93.5%,采集集中空调通风系统样品192件,合格188件,合格率97.9%。生活饮用水日常监测工作,共检测水样228件,合格228件,合格率为100%。放射工作人员外照射个人剂量监测53户438人1640人次,个人剂量监测送检率98.8%。放射性本底监测完成水体总放射性采样2次、土壤放射性分析采样1次和空气γ射线外照射剂量监测4次。开展职业性放射性疾病监测工作,对辖区51家放射诊疗机构进行基本信息及放射工作人员职业健康管理信息调查,开展石景山医院介入放射学、核医学工作人员个人剂量监测及核医学工作人员甲状腺结节超声检查,完成4例过量受照人员的医学随访。对51家医疗机构进行基本情况及放射诊疗频度调查,对其中35家开展口腔放射诊疗工作的医疗机构进行牙科专项调查。完成辖区9家医疗机构26台放射诊疗设备监测任务,协助市疾控中心和其他区县完成4家医疗机构14台放射诊疗设备的监测。完成对石景山医院成人受检者5个摄影部位8种照射类型共计80例的受检者剂量调查。开展非医疗机构放射性危害因素监测工作,对14家用人单位进行用人单位概况及详细情况调查。完成医学随访2户3例。配合市疾控中心完成北京巴布科克·威尔科克斯有限公司工业γ探伤场所防护监测任务。

(孟庆晨 王明良)

【感染防治】 年内,石景山区纳入消毒卫生监测工作范围的医疗机构区级以上的12家,区级以下的56家,个体医63家,26家学校医务室,托幼机构51家。医疗机构消毒效果监测:共监测177户次,共采样1617件,合格1612件,合格率99.7%,其中物表及工作人员手涂抹采样1192件,合格1192件,合格率100%;空气采样237间(件),合格233间(件),合格率98.3%;高压锅监测采样29件，合格29件，合格率100%。托幼机构消毒效果监测：共监测47户次，采样717件，合格713件，合格率99.4%。其中物表及手采样477件，合格476件，合格率99.8%；空气采样103间（件），合格103间（件），合格率100%；其它137件，合格134件，合格率97.8%。消毒工作检查：医疗机构177家次，托幼机构47次。传染病消毒管理：病家或疫点消毒5次，进行物表消毒面积达5900平方米，消毒效果评价3家。传染病疫情抽样病家消毒技术指导100家次，检查社区服务站（中心）30家次。传染病防控督导检查，肠道门诊8家次。举办消毒技术培训讲座1次，50家医疗单位的50余人参加消毒隔离和个人防护技能培训讲座；50家托幼机构卫生老师及园长等人员50人参加。日常病媒生物密度监测：蝇监测共21次，共6类环境每次设点7个场所，累计布放蝇笼119个；蚊监测共18次，成蚊共监测3类环境每次5个点，共累计布放诱蚊灯180套；白纹伊蚊专项监测6次，2个点，布放诱蚊诱卵器600个；幼蚊监测共4类环境每次6个点，共累计检查容器50个，取水样270勺。蟑螂密度监测12次，每次设点8个场所，累计布放粘蟑板4080张。鼠密度监测12次，每次设点4个，布粉块600块，鼠夹1300把。区疾控中心对住区家蝇及德国小蠊的抗药性调查，其中家蝇进行敌敌畏、高效氯氰菊酯及残杀威3种药物的诊断剂量抗性调查，德国小蠊进行高效氯氰菊酯、乙酰甲胺磷及残杀威3种药物的诊断剂量抗性调查。流行性出血热鼠监测，布放鼠夹1500把，捕鼠20只，鼠心肺标本送市CDC实验室进行出血热抗原抗体的检测。蚊虫的病原学监测采集标本600只。

（佟明新）

【慢性非传染性疾病防控】 年内，石景山区通过国家卫生健康委疾控局组织对国家慢性病综合防控示范区建设情况的现场评估。区疾控中心开展石景山区慢性阻塞性肺疾病监测及早期筛查研究，完成筛查504例，监测4000例。开展大气污染物对成人心脑血管疾病慢性健康效应研究，完成电话随访2388人，其中现场调查557人。开展北京市空气污染与人群健康队列研究项目，完成现场调查783人，随访率79%。开展北京市脑卒中高危人群随访干预项目，完成项目随访280人，其中2人死亡。开展石景山区老年人防跌倒操推广与跌倒干预项目，组建10支防跌倒操锻炼小组，完成现场调查422人。开展北京市机关企事业单位慢性病高风险人群管理项目、心血管病高危人群早期筛查与综合干预项目。开展“万步有约”健走激励大赛，参赛队员530名，完成体测人数占85%。新成立高血压自我管理11组，糖尿病弹力带操自我管理小组7组，培训师资36名，功能单位增加3组自我管理小组。全民健康生活方式行动新创建各类示范机构和健康支持性环境共10个，通过市级验收。新培训健康生活方式指导员292名，开展指导员“五进”活动5场。对五大高发癌症（包括肺癌、乳腺癌、大肠癌、肝癌、上消化道癌）进行危险因素评估，完成居民问卷调查及高危人群评估5069人，筛查出肺癌等各类高危人群2101人次，完成各类临床筛查1150人次，其中肺癌筛查500人次、乳腺癌301人次、肝癌165人次、上消化道癌102人次、结直肠癌101人次。开展三减三健主题宣传活动12场，举办第五届健康厨艺大赛活动。开展高血压日、糖尿病日、爱牙日等主题日宣传活动7场。累计发放海报2100张，折页4万余份，支持性工具1500余个。利用石景山电视台、石景山区健康教育官方微博及微信、石景山报等多种媒体宣传，发表科普文章300余篇。

（安欣华）

【学校卫生】 年内，石景山区通过“中小学生传染病早期预警监测系统”，实现晨午检防病相关信息网络实时报告。区疾控中心全年对中小学校医进行二级培训6场，培训人员700多人次，发放折页、手册、挂图、光盘等宣传品共4万5千余份。完成辖区内全部中小学的33942名在校中小学生进行健康体检工作，并撰写石景山区中小学生年度体检分析报告。完成全区22所中小学的教学物质环境监测任务，达到全区50%的覆盖率。在全区学校开展“5.20营养日”“6.6爱眼日”“爱眼护眼 培养良好用眼习惯”的预防近视眼专题活动30余场。在学校中广泛开展学生控烟活动，开展控烟宣传活动36场，参与师生1.6万余人次。在全区中小学开展“校科学膳食、健康体重”及“儿童健康，放眼未来”作品征集大赛，收集各类作品800余幅上交北京市参赛作品400余幅。创建3所中小学健康食堂，分别是北京京源学校莲石湖分校、北京第九中学分校和北京市石景山区外语实验小学分校。

（安欣华）

【实验室建设】 年内，区疾控中心实施实验室改造更新工程项目。组织相关人员参加危化品管理和特种设备操作培训、考试，并持证上岗。组织理化检验科和微生物检验科参加外部质量控制活动16次，微生物科参加11次，理化科参加5次。共计25个参数，其中24项结果满意，1项结果不满意，进行原因分析并整。组织全区23家微生物实验室设立单位在春节、全国“两会”、中秋、国庆等重点节点期间做好实验室生物安全管理工作。共受理、办结8家机构的实验室生物备案申请。

（吴　劲　刘丽娜）

【精神卫生】 年内，区疾控中心印发《石景山区老年人脑健康体检（痴呆风险筛查）Ⅰ期项目实施方案》，组织全区10家社区卫生服务中心31名参与脑健康体检的医护人员参加2轮次全市统一培训。各社区卫生服务中心完成4660名65岁及以上老年人脑健康体检（任务量为4500人）。配合区委组织部，分7次组织区精保所累计完成4475名社区相关人员选资格审查工作，审查报告和审查清单均及时反馈至区委组织部。全区在册严重精神障碍患者人数2809人，报告发病率4.516‰，在册患者规范管理率95.08%、在册患者服药率94.79%、在册患者规律服药率83.94%、精神分裂症患者服药率94.61%、在册患者面访率90.45%、免费服药率75.72%。

（杨成枝　沈凌霞）

【口腔卫生】 年内,区疾控中心推进“儿童乳牙口腔保健与健康促进项目”等各项口腔公共卫生服务项目;组织区牙防所及时推选石景山区 2019 年窝沟封闭、氟化泡沫项目实施医疗机构报北京市卫生健康委;对辖区定点医疗卫生机构进行专项培训,并开展五轮次的专项督导检查;举办口腔专题讲座六场,入校进行护齿训练营两次;全区窝沟封闭预防龋齿项目覆盖 50 所学校,4241 名儿童,牙齿 9532 颗;氟化泡沫全年服务幼儿园 58 所,22088 人次。

(宋子琦)

妇女与儿童保健

【概况】 年内,石景山区有助产技术服务机构 5 家,计划生育技术服务机构 10 家,围产保健机构 15 家,儿童保健机构 18 家,开展集体儿童保健管理的幼儿园 55 家。区卫健委开展适龄妇女两癌筛查、育龄妇女免费增补叶酸、0-6 岁儿童免费体检、新生儿疾病筛查等多项重大及基本妇幼公共卫生工作。组织开展节前产科质量检查、孕产妇妊娠风险评估、孕产期保健人员培训等专项工作。结合“三八节”“儿童节”“预防出生缺陷宣传日”等,开展免费婚检、母乳喂养、出生缺陷及儿童保健等知识宣传。全年孕产妇死亡 0 例,孕产妇死亡率 0/10 万;婴儿死亡率 2.12‰;5 岁以下儿童死亡率 3.64‰,孕产妇死亡率、婴儿死亡率、5 岁以下儿童死亡率等各项指标达到全市要求。

(乔彦云)

【母婴保健技术许可】 年内,区卫健委完成对北京大学首钢医院等 5 家医疗机构母婴保健技术服务许可延续、变更工作;对助产人员、计划生育技术服务人员的母婴保健技术服务人员资质进行新发、延续、变更工作;补发出生医学证明 112 例。

(乔彦云)

红十字事业

【概况】 石景山区红十字会(简称区红十字会)是中国红十字会的地方组织,是从事人道主义工作的社会救助团体。石景山区现有红十字工作委员会 3 个,街道办事处红十字工作委员会 9 个。全年应急救护培训人数 5462 人,其中 16 学时 95 人;8 学时 1868 人;4 学时 3499 人。开展各类普及培训 41 期,普及人数达 8985 人。组织志愿者参加第五届全国红十字应急救护大赛北京地区选拔赛,获“第五届北京市红十字会应急救护技能大赛三等奖”。

(柴 阳)

【红十字日活动】 5 月 8 日,区红十字会在八角文化广场举办“爱心相伴,‘救’在身边”纪念第 72 个世界红十字日大型主题宣传活动。活动分为启动仪式和主题宣传,启动仪式上区红十字会常务副会长柏静围绕人道救助、应急救护等方面,介绍区红十字会近年来工作开展情况。八角街道办事处主任介绍八角地区开展红十字工作的情况。主题宣传活动设置宣传材料、宣传品发放区,心肺复苏、创伤包扎体验区,健康咨询及义诊区,造血干细胞捐献及防艾阻艾咨询区。电子大屏循环播放区红十字会制作的专题宣传片,医生带领居民学习八段锦,社区居民进行舞蹈表演。同时其他各街道也设立红十字工作宣传点,全区有 3000 人参加宣传活动。

(柴 阳)

【造血干细胞知识普及】 7 月 9 日,区红十字会举办造血干细胞知识普及讲座,来自区各街道、社区、学校、医院等机关企事业单位工作人员及艾协志愿者 60 人参加本次培训。中华骨髓库北京分库捐献者、讲师团金牌讲师徐亮对造血干细胞捐献的流程、现状和意义进行讲解。

(柴 阳)

【服务保障】 年内,区红十字会结合创城工作,为环卫工人、文明引导员、70 周年国庆服务保障人员发放防暑急救包 560 个;为交通支队、婚姻登记、办税服务厅等 14 个区级专业大厅和 9 个街道政务服务中心、153 个社区服务站发放 201 个急救箱,增强窗口单位应对突发事件和意外伤害的安全意识和能力,提高服务水平,为群众提供方便及安全保障。在区红会公共办公区域外墙安装 LED 电视屏,滚动播放应急救护知识视频,红十字文化宣传片等内容。利用区政府大楼电子显示屏,为期两周连续滚动播放心肺复苏和创伤包扎知识视频,上下半年各播放一轮。

(柴 阳)

【募捐救助】 年内,区红十字会在全区范围开展“博爱在京城”募捐劝募活动,全年募集资金 897946.62 元。全年共发放救助款物 94.746 万元。在“元旦”“春节”两节期间,开展“两节送温暖”慰问活动,为生活困难家庭发放救助款物 17.29 万元。开展对遭遇突发事件、意外伤害、重大疾病或其他特殊原因导致基本生活出现严重困难的家庭或个人的救助工作,救助 19 人,发放救助款 14.65 万元。结合“七一”建党节,开展救助困难党员活动,慰问困难党员 30 人,发放救助款 6 万元。对区环境卫生服务中心“阳光少年成长记”活动项目进行爱心捐助,为环卫外来务工人员子女 40 人及项目活动相关人员 10 人,提供 10 天午餐,共计 1 万元。与爱乐实验小学开展定向捐助项目,资助内蒙古赤峰市宁城县一肯中乡中心校和内蒙古宁城县存金沟乡中心校两所学校各 5000 元,共计 1 万元,用于资助贫困学生的学习及生活。与北京农村商业银行石景山支行开展定向捐助项目,为崇礼地区贫困学生购买被褥 100 套、运动服 100 套,共计 2 万元。

(柴 阳)

【多种项目救助】 年内,区红十字会开展“扶残助残”项目,资助 10 名困难残疾家庭学生,发放救助款 3 万元。开展“助学”项目,资助困难学生 60 人,发放救助款 20 万元。开展“新增两癌妇女救助”项目,对石景山区新增两癌妇女进行资助,每人 2000 元。开展与内蒙古宁城县、青海玉树县、河北称多县以及内蒙古莫旗的对口帮扶工作,使用救助款 29.806 万元,受益人数达 1353 人。

(柴 阳)

体　育

综　述

【概况】 2019年,石景山区体育局以服务保障北京2022冬奥会、冬残奥会为重点,围绕冬季体育运动特色区建设,以创建全国文明城区工作为总牵引,深入实施“一一五”工程,推进体育事业高端绿色发展。“一一五”工程为基本思路,即:一个指导(以习近平新时代中国特色社会主义思想为指导),一个总牵引(以创建全国文明城区为总牵引),五大工程(冬季体育特色工程、体育中心改扩建工程、群众体育工程、竞技体育工程、体育产业工程)。与冬奥组委、首钢沟通联络,加快冬奥场地设施建设,提前谋划冬奥测试赛筹备工作,推广冬奥文化和冰雪体育。紧抓两大机遇,以“创城”为总牵引,以冬奥为契机,大力推广冰雪体育,营造冬奥文化氛围,打造“双奥之城”的典范,实现“冬奥让城市更美好”。推进体育中心改扩建工程,推进“奥林匹克体育生活化社区”二期工程,推动竞技体育再创辉煌,实施青少年冰雪运动提升工程,突出重点优化竞技体育项目布局。大力引进品牌赛事活动做好顶层设计,加快推动冰雪产业政策落地,加强与冬奥城市、冰雪组织的沟通合作。加强安全检查,紧抓安全生产,完成区委区政府国庆活动服务保障任务。

(李　昂)

【冬奥社区揭牌】 5月11日,石景山区以冬奥会倒计时1000天为节点,在广宁街道高井路社区举办“冬奥社区”揭牌仪式。距离北京冬奥组委最近的广宁街道高井路社区成为北京第一个被授牌的“冬奥社区”。高井路社区推选冬奥社区志愿家庭代表参加颁发证书仪式,短道速滑世界杯冠军赵楠楠担任第一任“冬奥社区轮值社区长”。

(李　昂)

【冬博会石景山专场推介会】 10月18日,2019冬博会石景山专场推介会活动在国家会议中心多功能厅举行。专场推介会以“燃梦冰雪共铸双奥之区”为主题,来自体育、冰雪、传媒、金融、文化等行业以及芬兰、挪威等国家的共300余名嘉宾和观众参会。冬奥组委可持续发展委员会副主任赵英刚主持,陈之常致辞,总局自剑中心党委书记孙为民、中国滑冰协会主席李琰、首钢集团副总梁捷出席并开展主题演讲、圆桌对话,冬奥组委秘书行政部副部长于甲川、市滑雪协会主席李晓鸣以及短道速滑冠军李坚柔、赵楠楠、张绍阳出席活动。左小兵与IDG集团亚洲副总裁朱东方签署战略合作协议,借助IDG平台优势,促进国际资源对接,加强体育等产业创新创业项目孵化,带动“体育+”产业发展。市滑雪协会副主席、安泰雪业董事长伍斌发布《中国滑雪产业蓝皮书(2019)》。

(李　昂)

10月,2019国际冬季运动(北京)博览会石景山区展台　(区体育局供图)

【与体育总局签署协议】 12月13日,区政府与国家体育总局冬运中心举行战略合作框架协议签约仪式,活动由常卫主持,陈之常与总局冬运中心常务副主任丁东代表双方签署协议,北京冬奥组委副主席杨树安,总局冬运中心主任、党委书记倪会忠,市体育局局长赵文以及北京冬奥组委、中国滑冰协会,区相关领导出席仪式。石景山区与国家体育总局冬季运动管理中心成立战略合作推进工作组,围绕冬季体育运动展开多领域、多形式、多角度的深度合作。合作内容包括推动冬季体育运动协会相关资源落户石景山区,依托石景山区的冰雪场馆设施和赛事服务能力优势和冬季运动管理中心国内外赛事资源和专业服务优势,协力引进或策划一批国际性、高水平、品牌化的冬季体育运动赛事落户石景山区。

(李　昂)

【第六届冰雪季】 12月28日,石景山区第六届冰雪季启动仪式在北京国际雕塑公园雪上乐园举办。冰雪季以“燃梦冰雪 共铸双奥之区”为主题,创新冰雪季活动的组织形式和内容,将雕塑公园雪上乐园打造成趣味竞技场,包括雪地拔河、雪地龙舟、雪地足球射门、雪上悠波球、雪上飞碟和冬奥知识长廊等6个项目。冰雪季系列活动还包括发放上冰体验券,组织举办冬奥文化、冰雪运动大讲堂和市民冰雪体验等多项活动。辖区企事业单位员工和街道居民近千人体验雪上运动。

(李　昂)

群众体育

【概况】 年内,石景山区完成奥林匹克·体育生活化社区建设项目(二期)工程包括8个街道的23个社区,完成第五次国民体质测试工作。推进健身步道规划和建设工作,绘制全民健身设施路径图,构建和完善区、街道、社区三级全民健身公共服务体系。加强社会体育指导员、裁判员、冰雪志愿者队伍建设，实现从发展数量到发展质量的提升，争取建立冰球、冰壶、速滑裁判员队伍。发挥阳春社区体育生活节、金秋体育盛会等品牌活动的示范带动作用，组织骑行、登山、健步走、民俗民族体育项目等活动，充分利用三大球体育社团示范引领作用，推动篮球，足球，排球等体育运动在社区的发展。培育形成以石景山区冰雪节为龙头的区级冬奥冰雪特色活动体系。

（李　昂）

【阳春社区体育生活周】 4月27日，石景山区第三十四届阳春社区体育生活周启动仪式在广宁街道冬奥社区文化广场举行，来自全区各街道居民500余人参加启动仪式，并参与冰雪项目体验、北京记录挑战等健身活动，观赏宣传冬奥文艺演出等。

（李　昂）

【自行车耐力骑行】 6月23日，石景山区第二届“连线冬奥会 再创新骑迹”耐力骑行活动在石景山体育场举行出发仪式。参加骑行活动的150名自行车骑手从石景山体育场出发，全程近300千米，途经五棵松体育馆、过八达岭、从东侧翻越延庆海坨山冬奥场馆所在地，至终点张家口崇礼区冬奥颁奖广场。

（李　昂）

【全民健身日活动】 8月8日，由区体育局、区委政法委、区卫健委共同主办，区体育总会和区武术运动协会承办的全民健身日庆祝活动在石景山体育场举行，表演少儿武术、太极拳、健身气功等大型团体展示活动，来自全区各个行业500余名体育健身爱好者参加活动。

（李　昂）

【金秋体育盛会】 10月19日，石景山区第三十四届金秋体育盛会在莲石湖畔举行开幕仪式。组委会安排自行车特技和具有浓郁民族特色的舞龙表演，运动员代表向全体市民发出“我为冬奥添光彩”的倡议，200余名自行车骑手和500余名徒步爱好者沿莲石湖岸进行环湖骑行和徒步活动，并对沿途垃圾杂物进行捡拾和收集。11月21日，第三十四届金秋体育盛会闭幕式在石景山体育馆举行，闭幕式上，空竹、健身操舞、舞龙、少儿武术、二十四式太极拳、武术八段锦等各表演团队依次亮相。组委会对石景山区金秋体育盛会进行总结。

（李　昂）

10月19日，第三十四届石景山区金秋体育盛会开幕式（区体育局供图）

【社区三人篮球赛】 10月27日，区体育局举办第二届“汉腾杯”石景山社区三人篮球联赛，也是第三十四届石景山区金秋体育盛会的系列活动之一。张家口崇礼区篮球队一行12人，来到首钢篮管中心，参加石景山区三人篮球联赛决赛阶段的比赛；共有来自全区街道社区、企业单位的114支球队482名球员进行234场比赛。

（李　昂）

【八大处金秋越野赛】 10月27日，区体育局主办的第三十四届石景山区金秋体育盛会系列活动——2019八大处金秋越野赛在八大处公园举行。比赛设半程马拉松和五公里健康跑两个组别，以八大处二处灵光寺为起点，途经香界寺、关帝庙、陈家沟、黑陈路、南马厂水库等景点，参赛的近千名跑友中除来自石景山区的体育爱好者、跑团外，还吸引来自天津、河北等地的户外运动爱好者参加。八大处金秋越野赛已连续举办五届。

（李　昂）

【冬季项目培训】 10月28日，2019年石景山区冰雪项目社会体育指导员培训班开班。来自首钢工学院的250名在校学生和区教委系统的50名各学校教师参加培训。培训内容包括速滑、冰球、花样滑冰和冰上运动发展史等，第二阶段为冰上实践培训，通过培训和考试，合格的学员获得冰雪项目社会体育指导员证书。

（李　昂）

【“奔向2022”徒步大会】 11月16日，石景山区“喜迎冬奥 奔向2022”徒步大会活动在北京国际雕塑公园内举行，徒步全程4千米沿途总共设置旱地冰壶、冰球射门等6项打卡环节，选手在参加徒步活动的同时学习、了解冬奥知识和中国传统文化运动的知识。来自全区机关委办局、街道、驻区企业、群团组织共1200多人参加，活动还吸引数十名残疾人参与。

（李　昂）

竞技体育

【概况】 2019年，石景山区体校选送队员在第二届全国青年运动会为北京代表团直接或间接贡献5金3银2铜。区体育局被北京代表团评为“突出贡献奖”。5月11日，国际泳联跳水系列赛第四站俄罗斯喀山站的比赛中，石景山区培养输送的队员苑浩妍为中国队夺得女双十米台冠军;9月29日,石景山区输送的运动员曾春蕾与队员一起,以十一连胜的成绩夺得第十三届女排世界杯冠军。区体育局利用三大球进校园活动推进体教结合,巩固体育后备人才培养的主阵地。做好选材工作,推进各项目积极招生、注册新生源,立足于自身培养为主、补充为辅,做好人才梯队建设,规划建设校园冰雪场地,整合资源,科学布局,鼓励有条件的学校与社会力量合作创建青少年冰雪俱乐部,选拔培养冰雪竞技后备人才。重点项目重点培养,继续发挥速滑、冰壶两项冬季项目优势。

(李　昂)

【助力国家跳水队获奖】 5月11日,国际泳联跳水系列赛第四站俄罗斯喀山站和5月18日伦敦站的比赛中,区体校马文君教练输送队员苑浩妍在女子十米台双人比赛中,与陈芋汐组合均获得冠军。马文君教练输送的运动员中已有三名获得世界冠军。

(李　昂)

【区中小学生篮球联赛】 6月,区体育局与区教委主办的2019年石景山区中小学生篮球联赛在景山学校远洋分校进行4天比赛。7月8日,在石景山体育馆进行决赛,近千名学生观众观看比赛。石景山区47支队伍参加比赛,参赛选手500余名。

(李　昂)

【助力国家花游队】 7月20日,第18届游泳世锦赛花游混双自由自选决赛中,区体校培养输送的运动员程文涛与搭档石浩玙以一套《化蝶》得到85.6667分,收获第六名。这也是中国队在该项目最好成绩。

(李　昂)

【参加全国青年运动会】 7月19日—22日,第二届全国青年运动会冰壶项目混合双人冰壶比赛在吉林长春速滑馆举行,区体校代表队李首为、李佳玉组合收获体校组该项目甲组金牌。这是区体校在全国青年运动中获得的首枚冬季项目金牌。8月1日—4日,第二届全国青年运动会短道速滑项目的比赛在位于河北正定的河北奥林匹克体育中心举行。区体校有3名队员加入北京世纪星俱乐部的参赛阵容,其中刘宇晨同学参加的女子乙组3000米接力项目获得第二名。

(李　昂)

【区体校射箭队获奖】 8月31日,江西省九江市体育中心举办2019年全国射箭(U18)锦标赛。区体校射箭队选派4男4女共计8名运动员参加体校组比赛。共获得5金2银的好成绩。14岁的李霁航独得女子组50米单轮、60米单轮排名和全能排名三枚金牌,李明泽获得男子组30米单轮和全能排名两枚金牌。区体校射箭男队在男子团体淘汰赛中负于福建省队,获得亚军。

(李　昂)

【区中小学生足球联赛】 10月28日至12月5日,区体育局与区教委主办的2019年石景山区中小学生足球联赛分别在九中、九中分校、京源学校、京源学校小学部、金二小、古城小学六块场地举行。比赛经过31个比赛日,有38所学校53支足球队参加6个组别的124场比赛。

(李　昂)

【参加俱乐部滑冰公开赛】 12月28日—29日,2019年中国滑冰协会俱乐部滑冰公开赛(第二站)在天津奥林匹克中心滑冰馆滑馆正式举办。石景山区体校学生代表北京启迪宏奥奇迹滑冰俱乐部参加,共派出12人参赛。获得前八名21人次,其中陈安获得儿童C组的两项第一名,王语晴获得儿童B组1.5圈弯道技术滑行的第一名、鲜西峤获得儿童A组3圈的第一名。

(李　昂)

【区冬季项目获奖】 10月至12月,区体校共组织短道速滑、花样滑冰、冰壶、冰球、滑雪队伍160人次参加北京市冬季项目比赛10项,收获金牌18枚、银牌13枚、铜牌7枚。

(李　昂)

冰雪运动

【概况】 石景山区作为北京冬奥组委、冬奥会滑雪大跳台比赛场地、国家冬训中心的承载区,以北京举办2022年冬奥会和冬残奥会、打造新时代首都城市复兴新地标两大机遇,提出打造"冬季体育运动特色先行区"的战略目标。年内,区体育局与首建投资本管理股份有限公司对接,协调推进滑雪大跳台项目建设;协助国家体育总局自行车击剑运动管理中心推动老山冬奥项目训练场地改造;五公里环行越野赛道改造完成并投入使用。区体育局结合测试赛的总体安排,补充完善测试赛组委会方案,并起草石景山区"相约北京"单项测试赛组委会方案,为成立冬奥筹备专班做好前期准备。开展"冬季体育运动特色区"专题调研,明确冬奥筹办和冰雪发展路径。聘请行业专家、高校学者、冰雪冠军组建区冰雪体育专家顾问库,举行聘书颁发仪式。培育形成以石景山区冰雪节为龙头的区级冬奥冰雪特色活动体系,并鼓励学校、社区等单位开展基层冰雪特色活动。

(李　昂)

【北京越野滑雪积分赛】 3月2日,由国际雪联主办,国家体育总局冬季运动管理中心、中国滑雪协会、市体育局、延庆区政府、奥林匹克中心区管委会和首钢集团承办的2019年首创集团国际雪联中国北京越野滑雪积分大奖赛第二站比赛在首钢园区开赛,开赛仪式由左小兵主持,冬奥组委副主席杨树安、国际滑雪联合会秘书长莎拉·刘易斯、冬奥组委秘书长韩子荣以及冬奥组委相关部门、总局冬运中心、市体育局、首钢集团领导出席。区体育局联合相关部门完成属地保障、观众组织等服务保障任务。男子冠军由挪威选手哈佛索拉斯摘得,女子冠军归属瑞典选手林·索菲亚,中国选手无缘奖牌。

(李　昂)

【女子冰球世界锦标赛】 4月6日,由国际冰球联合会主办,国家体育总局冬季运动管理中心、中国冰球协会、市体育局承办的2019年国际冰联女子冰球世界锦标赛甲级B组比赛在首钢冰球馆开赛。国家体育总局副局长李颖川宣布开幕,国际冰球联合会副主席胡文新、市政府副秘书长孟钧致辞，首钢集团、市体育局、中国冰球协会有关领导出席开幕式。作为国际A类赛事，共有来自中国、哈萨克斯坦、韩国、拉脱维亚、荷兰和波兰的6支女子冰球国家队参加比赛，共15场比赛。比赛共吸引约2000名球迷到场观赛。

（李　昂）

【与崇礼合作】 4月8日—9日，左小兵带队赴河北省张家口市崇礼区调研座谈。座谈会上，区体育局与崇礼区体育局正式签订两地体育战略合作协议。区体育局、教委、发改委、投促局相关领导以及区内冰雪企业代表、短道速滑世界冠军赵楠楠陪同调研。

（李　昂）

【颁发冰雪体育顾问聘书】 5月10日，石景山区冰雪体育顾问聘书颁发仪式在区政府机关大楼举行。石景山区成立冰雪体育专家顾问库，汇聚行业专家、高校学者、冰雪冠军等各方力量，共同推动石景山区冬奥筹办工作和冰雪体育事业发展。北京冬奥组委可持续发展委员会副主任赵英刚，北京冬奥组委运动员委员会委员叶乔波，北京体育大学体育商学院副院长林显鹏，卡宾滑雪总裁伍斌，短道速滑世界杯冠军赵楠楠作为首批石景山区冰雪体育顾问代表出席仪式，陈之常为冰雪体育顾问颁发聘书。仪式由左小兵主持，活动中，区体育局汇报打造“冬季体育运动特色先行区”的工作情况，各位顾问立足专业领域和地区特点，为石景山区筹办冬奥、发展冰雪积极建言献策。区委宣传部、区体育局、区教委、区投促局、区文旅局负责人参加活动。

（李　昂）

【男子冰壶队获银牌】 5月8日—12日，由世界冰壶联合会主办，国家体育总局冬管中心、中国冰壶协会、市体育局承办的2018—2019世界壶联冰壶世界杯总决赛，在首钢冰球馆举办。这是冬奥会进入“北京周期”后，在北京举办的首项冰壶国际大赛。作为A类国际体育赛事，共有来自中国、加拿大、日本、韩国、挪威、俄罗斯、苏格兰、瑞典、瑞士、美国等10个国家和地区的约80名运动员参加。中国男子冰壶队获得银牌，创下世界大赛最佳成绩。

（李　昂）

【参加国际冬季运动博览会】 10月17日—20日，2019国际冬季运动（北京）博览会在国家会议中心举行。石景山区以“燃梦冰雪，共铸双奥之区”为主题搭建展台，展区设置服务保障冬奥、城市功能提升、全民冰雪普及、产业融合发展、非遗文化传承等特色板块。在保留雪花盘扣、剪纸等非遗文化展品外，引入区内企业猎户星空、枭龙科技、中译语通、爱柯·艾尔豪斯的自主研发技术产品，设置机器人、滑雪VR/AR互动体验、实时翻译等智能科技内容，并采用世界先进二氧化碳直冷制冰技术，现场搭建真冰冰壶体验场地，众多体验项目吸引冰雪爱好者的关注。市委书记蔡奇，河北省省长许勤，市领导崔述强、张建东，冬奥组委秘书长韩子荣等领导到石景山展台参观，区领导常卫、左小兵陪同参观并汇报。左小兵参加冬博会主论坛并进行主题演讲。

（李　昂）

【沸雪滑雪大跳台闭幕】 12月12日—14日，2019沸雪北京国际雪联单板及自由式滑雪大跳台世界杯在首钢园滑雪大跳台举行。比赛在原有单板大跳台的基础上，加入了双板自由式项目，参赛运动员和比赛时长比往届增加一倍，吸引来自25个国家的146个运动员报名参赛。比赛期间，滑雪大跳台连续三天上演《冰雪飞天》《百年钢火》《奥运精神》灯光秀。区体育局联合相关部门完成赛事属地保障、观众组织等工作。

（李　昂）

【国家奥组委官员进社区】 12月13日，国际奥委会副主席胡安·安东尼奥·萨马兰奇，国际奥委会执委、国际雪车联合会主席费里亚尼等国际冰雪体育组织负责人一行13人到高井路社区、电厂路小学，参观石景山区冰雪运动进社区、进校园活动。北京冬奥组委副主席杨树安，总局冬运中心主任倪会忠，常务副主任丁东，市体育局局长赵文，区领导常卫、陈之常、左小兵参加活动。

（李　昂）

体育产业

【概况】 年内，区体育局结合“智慧石景山”建设规划，制定体育公共服务智慧城区建设三年规划，对区内6家大型体育场馆进行互联网改造，实现资源联网化、监管信息化、运营规范化、服务人性化、业态多元化、数据规模化的目标。引入智慧体育管理理念，高效调配市场资源，构筑集大众健身、赛事表演、娱乐休闲于一体的冰雪体育服务圈，打造冰雪产业发展示范区和智慧体育城市。区体育局先后举办首届石景山区冰雪产业论坛、2019京交会石景山分会场等展会论坛活动；举办石景山区专场推介会，以“燃情冰雪共铸双奥之区”为主题，全面展示区域的优势资源，吸引冰雪合作伙伴和品牌企业入驻。

（李　昂）

【冰雪产业论坛】 1月23日，石景山区举办主题为“立足冬奥、面向未来”的首届“石景山区冰雪产业论坛”。来自政府相关部门、行业协会领导、院校专家教授以及国内外知名冰雪企业负责人200多人参加这次活动，共同围绕如何把握冬奥契机、发挥区位优势、催化冰雪经济，展开全方位、多角度、深层次的研讨交流。活动设置主题演讲、圆桌对话、企业推荐、冰雪大课堂等板块，安排冬奥文化及冰雪企业展示、冰雪运动互动体验等环节，通过多种形式扎实推进石景山区冰雪产业健康发展，打造“石景山冰雪”的靓丽名片。左小兵出席论坛并致辞，区体育局就石景山区服务保障冬奥和冰雪体育发展的情况作介绍。中芬商会、圣祥滑雪、启迪冰雪、首开体育、金飞鹰科技负责人分别就中芬冰雪交流年项目、天之翼冰雪运动培训项目、启迪冰雪项目、鸟巢冰立方项目、金飞鹰数字化智能管理项目作讲解。启迪冰雪集团、欧悦冰雪投资管理（北京）有限公司、北京首开体育文化有限公司、北京金飞鹰科技发展有限公司、辽宁圣祥滑雪有限公司、密苑(张家口)旅游胜地有限公司、崇礼翠云山银河滑雪场、北京渔阳国际滑雪有限公司、北京京莲体育管理有限公司(北京莲花山滑雪场)等知名冰雪企业参加展览活动。本次论坛是由区体育局主办、北京市冰雪伟业文化传播有限公司承办。数十家媒体参会报道。

(李　昂)

【出台促消费方案】 5月,区体育局制定《关于促进体育产业消费升级的工作方案》,围绕六大重点任务,明确推进步骤和具体要求,切实把握2022年北京冬奥会、冬残奥会历史机遇,促进石景山区体育产业消费升级、持续推动体育产业高质量发展。

(李　昂)

【体育场地统计调查】 5月至6月,区体育局开展第四次全国经济普查及体育场地统计调查的通知,聘请专业三方公司对全区各体育场地、场馆、设施进行全面普查,形成体育场地统计调查报告、各类体育场地统计地图及体育场地大数据分析等成果。

(李　昂)

【优化营商环境】 年内,区体育局推进"一门、一网、一窗、一次"改革,实现所有体育类政务服务项目100%进厅、100%上网;高标准开展事项标准化梳理工作,进一步核对、修改、规范、更新政务服务事项要素,提升政务服务水平;搭建政企交流平台,畅通信息沟通反馈渠道,提升服务的针对性和有效性。

(李　昂)

体育执法

【概况】 年内,区体育局开展安全宣传教育,开展应急培训演练,提高行业安全意识,促进企业主体责任落实;发挥专职安全员和督查检查队作用,引入第三方安全服务机构,加强安全检查,做好重要时期安全工作,营造安全有序的体育市场经营环境。区体育局在节假日和全国"两会"、第二届"一带一路"峰会、亚洲文明大会等重要节点,及时下发通知、明确要求、加强检查、落实制度,做好安全生产、社会面火灾防控、应急值守及"低慢小"航空器管控等各项工作。全年共实施行政检查335起,行政处罚2起。

(李　昂)

【安全教育培训】 4月26日,区体育局召开石景山区体育运动经营单位安全生产工作会并组织安全培训;6月份,组织开展"安全生产月"活动,开展消防安全培训,并组织全局应急疏散演体验;9月25日,邀请区红十字会专家进行应急急救知识技能培训;11月12日,根据"119消防宣传月"计划安排,组织全区体育经营单位安全负责人到银河消防中队参观培训。

(李　昂)

【减溺工作】 6月13日,区体育局召开2019年减溺工作会议,并组织游泳救生员培训和救生技能比赛,加强减溺工作、严格危化品使用管理、提升游泳救生员技能水平。8月,组织全区游泳场所安全检查,重点围绕证照资质、安全制度、消毒剂使用、日常管理及配套设施等方面,开展为期一个月的专项检查;依据相关法律法规和国家标准,全年共为8家游泳场所审批颁发高危许可证。

(李　昂)

【国庆期间安全生产管理】 7月至10月,区体育局组织开展全区体育行业"擦亮城市西大门,文明祥和迎大庆"安全生产综合治理专项行动;国庆前,组织召开"全区体育行业2019年国庆期间安全生产工作部署会",邀请区应急管理局、区卫生和健康委员会相关负责同志出席,共同部署国庆期间安全生产工作并明确有关要求。

(李　昂)

【等级证书审批】 年内,区体育局共审核一级运动员7人,二级运动员25人,三级运动员1人,二级裁判员74人,三级裁判员84人,涉及篮球,羽毛球,射箭等项目。公开办事程序,等级运动员审批信息在规定工作日内通过市体育局网站、政府信息公开进行公示,无一例虚假投诉现象。

(李　昂)

社会生活

人力资源和社会保障

【概况】 石景山区人力资源和社会保障局（简称区人力社保局）是负责全区人力资源和社会保障工作的区政府职能部门。3月，石景山区机构改革工作启动，将公务员管理职责和人才工作职责划转给区委组织部；将军官转业安置职责划转给区退役军人事务局；将城镇职工和城镇居民基本医疗保险、生育保险职责划转给区医疗保障局；将基本养老保险费、基本医疗保险费、失业保险费等社会保险费征缴职责划转给税务部门。改革后内设13个行政科室和9个事业单位。全区40家人力资源服务机构，其中12家公共人力资源服务机构，28家经营性人力资源服务机构（含1家分支机构）。全年为驻区单位4708人办理北京市工作居住证；成功举办首届石景山工匠职业技能才艺大赛；城镇登记失业率1.87%，同比降低0.25个百分点，创近年来新低，全区就业形势稳定向好。继续提升社会保险经办服务水平，社会保险服务大厅改造升级，社保经办标准化建设初见成效；社保基金内控工作继续加强；各项社会保险待遇水平稳步提高。全市首个人事考试指挥平台正式启用；高端人才管理服务工作稳定推进，区首家园区类博士后科研站授牌仪式举行。扩大劳动合同履行监控覆盖面，实现企业季度劳动合同签订率达到96%以上；贯彻落实市委、市政府提出的“工资无拖欠”工作目标总体要求，初步实现政府工程项目“零拖欠”工作目标；加强劳动人事争议基层调解，从源头化解矛盾纠纷，有效预防和及时妥善处理企业劳动争议。

（李艾娟）

【高端人才管理服务】 1月17日，区首家园区类博士后科研站培训暨授牌仪式在区创新平台举行，4家新设站企业和10余家区属重点企业参加会议。8月7日，在区创新平台举办政策宣讲进园区活动，针对博士后科研站申报等方面进行政策解读，70余家企业人力资源负责人、楼宇工作站站长参加。11月22日，区耐得佳、科迅生物两家公司经市人力社保局批准建立园区类博士后科研工作分站。12月13日，拨付经费300万元用于对北京博士后成果转化基地启动经费支持。截至年底，分站增至5家。年内，稳步推进高端领军人才“直通车”申报工作，推荐的北京赛宝工业技术研究院有限公司曹顺安、北京特冶工贸有限责任公司刘强通过正高级工程师专业技术资格评审。截至年底，13人通过“直通车”评审取得正高级职称人员。

（李艾娟）

【职业技能提升】 2月至5月，区人力社保局完成全区民办职业技能培训机构分级评估工作（由高到低分为A、B、C、D四个等级），其中评为A级3家，B级5家。推荐区民办技能培训机构承担北京市机关事业单位工勤人员职业培训和技能鉴定工作，首钢职校、古城职校入选2019年度北京市机关事业单位工勤技能人员职业技能培训机构名册。12月3日，召开职业技能提升行动服务周启动仪式暨政策宣讲会，就职业技能提升方案及配套政策向驻区中央企业、非公经济企业、区属国有企业进行政策宣讲，就申报条件、各项补贴申请操作进行培训和现场指导。截至年底，各培训机构培训5312人，涉及职业（工种）22个。按人员类型分：本市城镇人员1527人，本市农村人员28人，外埠人员2590人，其他人员1167人。按培训等级分：一级技师培训12人，二级技师培训35人，初级培训900人，其他适应性技能培训4365人。

（李艾娟）

【首届工匠技艺大赛】 7月9日，区人力社保局举办首届石景山工匠职业技能才艺大赛，以“劳动光荣、技能宝贵、创造伟大”为主题，传承工匠精神、弘扬传统技艺、厚植区域底蕴。面向全区各委办局、各街道、首钢、职业院校，组织各部门通过行业推荐、部门评选等多种方式评选或推荐本领域或行业的职业技艺能手或人才参加，尤其对登记失业人员、残疾人士等弱势群体开展技能、才艺征集。参选作品200余件，精选出38个展示项目，包括京秀、博秀、雕漆、毛猴、面塑、泥塑、烫画、皮雕、剪纸、盆景、宫廷绘画、风筝作品、易拉罐画、内画鼻烟壶等，展现国家级、北京市级、区级非物质文化遗产风采，展示全区各行业、各领域职业技能和优秀技艺。大赛产生一等奖6名，授予石景山工匠称号；二等奖11名，授予石景山优秀技能人才称号；三等奖22名，授予石景山技能人才称号。

（李艾娟）

【劳动合同制度实施】 年内，区人力社保局扩大劳动合同履行监控覆盖面，将新增特殊工时许可企业以及劳务派遣企业纳入劳动合同履行情况监管范围。加强协调劳动关系三方机制建设，组织开展和谐劳动关系创建活动，3次召开区协调劳动关系三方工作研究会。4月16日，区协调劳动关系三方委员会（区人力社保局、区总工会、区国资委、区工商联、区私个协）召开2018年度区和谐劳动关系单位命名工作会和全国及北京市和谐劳动关系先进单位座谈会，为5家全国和市级先进单位及8家2018年度达标单位颁发证书及授牌。石景山游乐园获得全国模范劳动关系和谐企业称号。组织开展2019年达标单位自荐推荐工作，评审9家单位为2019年度达标单位。本年度实现企业季度劳动合同签订率达到96%以上，城镇职工劳动合同续订率85%以上。全年累计监控企业586户次、涉及职工13.6万余人次，年平均签订率99%、续订率92.6%。全年审查集体合同备案并录入信息686家企业，覆盖职工7.98万余人。执行期内企业918家，覆盖职工8.9万余人。

（李艾娟）

【退休人员社会化管理】 年内，区人力社保局办理企业退休人员档案转接3920份，其中涉及市属国企1817份，审核通过非公有制、注（吊）销企业80家、国有企业20家（其中市属国有企业18家，区属国有企业2家）。推进国企退休人员实行社会化管理工作，与金隅集团、首钢集团就移交属地管理相关事宜进行对接，制定计划并逐步开展申请、移交等工作；与区国资委进行对接，就区属国有企业实行属地管理相关问题进行商讨，对11家一级区属国有企业进行培训；到北京首钢退休人员服务有限公司实地走访，针对集团公司近3万退休人员社会化管理移交工作进行研讨，确保大型国企退休人员移交平稳过渡。完成500人休养任务，指标全部完成，全程安全无事故。完成退休人员清洁能源自采暖补贴审批，涉及452人，补贴金额39.06万元。截至年底，全区实行社区管理退休人员44194人。

（李艾娟）

【公服业务“一窗通办”】 年内，区人力资源公共服务中心（简称区公服中心）提升公共服务效能，梳理和简化业务流程，对新建档案、毕业生现场报到、单位查阅档案等业务流程进行简化，同时对前台各项业务流程进行集中梳理和整合，制定《综合柜员制业务流程手册》，为办事群众提供规范化服务。完善自助服务功能，在全市率先启用2台流动人员人事档案自助服务机，为办事群众提供查询个人存档信息、查询服务指南等服务。7月9日，区公服中心正式搬入办公新址。优化服务大厅功能布局，设置窗口服务区、自助服务区、休息等候区等区域，扩大招聘会大厅面积，增设单位阅档室、母婴室和无障碍设施。增设叫号系统，缩减群众排队等候时间。8月，实现公服业务综合受理“一窗通办”，业务办理时间平均缩减50%左右。截至年底，接转各类人员档案21156份，其中接收11868份，转出9288份；现有档案65779份，其中个人委托存档51488份，单位委托存档14291份；全年扫描数字化档案13967份；服务集体委托存档单位2410户；管理集体户口806份。签订日常服务协议单位1157户，完成全年指标的115.7%；空岗信息采集岗位17114个，完成全年指标的142.62%。全年举办66场日常招聘会，参会单位1350家，提供岗位24013个，达成求职意向914人；举办就业援助月、春风行动、毕业生就业服务月、民营企业招聘月、北重分流转岗专场、随军家属专场、毕业生就业服务季等20场专场招聘会，参会单位363家，提供岗位5945个，达成求职意向534人。

（李艾娟）

【毕业生就业见习】 年内，区人力社保局促进毕业两年内未就业的毕业生、16～24岁登记失业人员、16～24岁农村无业或务农劳动力等群体实现就业。制定并出台《石景山区就业见习工作管理办法》等3个文件，实施畅通沟通联络渠道、提供职业指导、推荐就业岗位、扶持创新创业、组织就业见习、开展就业培训、落实优惠政策7项帮扶措施；明确16项职责分工（区人力社保局统筹就业政策、区财政局提供财政支持、区国资委和区工商联推荐见习单位、团区委开展高校见习就业指导合作等）；重点加强就业见习工作指导，安排区级财政专项资金，按照880元/人/月标准发放区级见习补贴，帮助青年群体解决实际生活困难。本年度完成2020年区级就业见习生活补助类就业专项资金申报63.36万元。9月，召开就业见习政策培训会，北京保险产业园、国资公司、燕京八绝等17家就业见习单位30余人参会。

（李艾娟）

【创业带动就业】 年内，区人力社保局启动创业担保贷款工作，与担保公司、北京银行等相关单位沟通，签订创业担保贷款合作协议；组织街道基层工作人员召开创业担保贷款政策培训会。完成10人资格认定，申请贷款涉及金额75万元。全区推荐9家企业作为候选单位参加市级优秀创业项目遴选，把创业项目遴选工作与创业创新大赛相结合，推荐43个项目参加北京市创业创新大赛，其中凌宇科技项目在全市第二届“创业北京”创业创新大赛决赛中获得创业组三等奖。组织10名优秀创业导师参加北京市创业导师培训班，区创业导师库共有导师38名，其中27人通过创业导师培训班获取创业导师聘书。9月、10月，组织高校毕业生到石谷轻文化创业基地、启迪之星参观；11月6日，在北方工业大学组织开展“创业讲堂进校园”活动，40余名在校大学生参加创业指导。全年实现创业531人，完成年度指标的132.75%；带动就业1727人，完成年度指标的115.13%。

（李艾娟）

【职业技能鉴定】 年内，区人力社保局派遣社会督考员30人次，对所有考试场次进行督考。实操考试派遣考评员100人次，全程进行监督和检查，确保鉴定考试工作安全、有序、优质、零事故。10月31日，召开全区职业技能鉴定业务工作培训会，各技能鉴定机构55人参加培训，加强区职业技能鉴定督考员队伍建设，规范区职业技能鉴定质量督考工作。指导各鉴定所落实新版国家职业技能标准，明确技能标准详细内容、执行标准和具体要求。截至年底，辖区内职业技能鉴定机构参加考试考生总数3231人次，职业（工种）25个，督考理论、实操考试共计9场；完成新系统全市统考上线操作14批次，理论、实操共计30场，审核考生资质1854人次。

（李艾娟）

【专业技术人员管理】 年内，会同区财政局、区卫健委完成北京市会计专业技术中级资格考试及北京地区2019年度初、中级卫生专业技术资格考试联合审核工作。11月3日至4日召开石景山区中小学教师职称评审会，280人报名参会，其中高级118人、一级162人。11月25日至27日在香山景明园组织中小学职称评审市级验收工作，通过率100%。11月，组织专业技术人员开展公共知识专题培训，全区37家事业单位的2048名专技人员进行网上学习。

（李艾娟）

【人事考试指挥平台启用】 12月7日，区人事考试信息化指挥平台正式启用。作为北京市首个建成并服务保障重大考试的信息化指挥平台，实现“四个联通同步”，即：市、区考试中心视频数据联通同步；考点、考场视频数据与市、区两级考试中心联通同步；试卷保密库视频数据与市考试中心联通同步；区人事考试中心与机考基地视频数据联通同步。通过业务综合、技术开发、数据共享，搭建起一套功能齐备、操作简便的指挥系统，全面实现市考试中心、区考试中心、考场、考点、考位的数据一体联通,提升考试安全保障能力,促进人事考试专业化、现代化、规范化水平。平台建成后,率先应用于中央公务员和北京公务员两项考试考务监督中,保证数据适时联通,保障考试全程公平安全。全年区人事考试中心共承接各项考试任务15场次,共承接科次42科次,设置考点39个、考场665个,接待考生53402人次,其中承接专业技术人员资格考试11场次,承接中央及北京市公务员录用考试2场,承接区事业单位公开招聘考试1场次,承接面向社区书记、社区工作者招聘考试1场。全年承接资格审核工作7场次,接待考生3577人次。共接收各类职称证书2000余张。

(李艾娟)

【城镇登记失业率1.87%】 年内,石景山区登记失业人员实现就业5909人,完成年度指标的118.18%;帮扶城乡就业困难人员实现就业4415人,完成年度指标的176.6%;全年实现零就业家庭动态清零。全区跟踪走访用人单位并建立用人需求档案1157户,完成年度指标的115.7%;为有就业意愿的就业困难求职人员提供精细化职业指导服务,实现就业220人,就业比例95.65%,比年度指标高15.65个百分点。本区生源高校毕业生1897人,就业率97.6%,高出年度指标2.6个百分点。全区9个街道150个社区中认定充分就业街道5个,充分就业社区137个,充分就业街道占比55.6%,充分就业社区占比91.3%。城镇登记失业率1.87%,比指标3%低1.13个百分点,创近年历史新低。

(李艾娟)

【社会保险征缴】 区人力社保局全年社保转移接续任务指标完成。受理养老保险转入申请904人,受理养老保险转出4638人次;受理医疗保险转入申请660人,受理医疗保险转出2348人次。石景山区养老、失业、工伤、机关养老和城乡养老5项社会保险基金累计收支158.25亿元。其中,累计收缴72.40亿元,同比增加6.8%(五项社会保险基金分别累计收缴64.26亿元、2.61亿元、1.27亿元、3.82亿元、0.44亿元,分别同比增加6.7%、17.2%、8.9%、4.2%和-20.0%);累计支出85.85亿元,同比增加9.1%(五项社会保险基金分别累计支出72.29亿元、2.45亿元、3.58亿元、7.00亿元、0.53亿元,同比增加7.9%、3.5%、17.4%、20.6%和13.5%);基金结余-13.46亿元,同比增加23.7%。截至年底,全区五险参保单位16811户,参保人员50.38万人。其中,养老保险47.45万人、医疗保险50.38万人、失业保险31.44万人、工伤保险29.04万人、生育保险29.51万人。全区累计参加城乡居民养老保险3216人,收缴金额合计3697万元;领取养老金人数1578人,支付1634万元。城乡居民医疗保险参保人数为72427人,其中一老一小70882人,城镇无业1545人。

(李艾娟)

【就业服务管理】 年内,区人力社保局托底安置有就业意愿的就业困难人员967人;对困难毕业生建立精细化援助台账,开展一对一就业帮扶,19名困难家庭高校毕业生实现就业,就业率100%。优化企业营商环境,营造企业稳定就业环境,落实北京市"9+N"政策,推动"一网、一门、一窗、一次"改革,实现四大类46项就业服务业务纳入综合受理"一窗通办"服务范围。严格监控企业裁员潮,调动区就业工作领导小组力量,制定各行业、各领域应对企业大规模裁员风险预警机制,按月上报监测企业裁员情况;了解282家在石景山区注册且用工人数超过100人的企业现状与实际需求,提供政策与技能培训服务包;服务搬迁企业职工分流,完成北重汽轮电机有限责任公司职工疏解工作,成功疏解417人。推动本市劳动力就业,整合全区公益性岗位,安排财政专项资金,主动与用工单位和劳服输出地对接,来自门头沟、密云等地区的320名农村转移劳动力上岗,在北京市率先完成城市公共服务类岗位安置农村地区劳动力工作。

(李艾娟)

【毕业生就业率97.6%】 年内,区人力社保局开展"青年就业启航计划",开办"启航就业公开课",为毕业生签订就业启航计划书,提供现场招聘指导。设立大学毕业生就业服务窗口,提供职业指导、职业测验、岗位匹配等服务;调查摸清毕业生就业需求,建立毕业生就业信息台账,详细记录求职方向与帮扶需求,持续推送岗位招聘信息,提供就业服务。到高校宣传见习政策,鼓励毕业生参加就业见习项目,提高就业精准度。全年辖区应届高校毕业生1897人,当年实现就业1852人,就业率达97.6%;开通11家就业见习单位,提供岗位130个。

(李艾娟)

【对口帮扶就业】 年内,区人力社保局多次到对口帮扶宁城县、称多县、顺平县和莫力达瓦旗开展就业工作,了解贫困户实际情况,做好建档立卡、登记造册基础工作,针对不同情况进行分类,并制定相应对策;开发托底安置岗位并发放岗位补贴,安置困难人员就业;开展专业技术培训,鼓励贫困劳动力异地就业和回乡创业就业;举办对口支援贫困地区致富带头人培训班,从乡村振兴、产品包装营销、创业知识及相关法律法规等方面进行系统专业培训,约150名致富带头人参加。全年实施劳务协作项目28个,举办招聘会9场,累计参会企业291家,促进"三县一旗"实现就业3349人。

(李艾娟)

【148人取得积分落户资格】 年内,区人力社保局为2018年度区取得积分落户资格的141人办理落户手续,1人因子女问题当年未提交落户材料。本年度申报阶段907家单位注册成功,2705人通过审核,148人取得落户资格,103人办理落户手续。

(李艾娟)

【事业单位管理】 年内,区人力社保局按照核定岗位设置方案做好聘用人员备案工作,截至年底,区处级事业单位五、六级管理岗位和科级单位七、八级管理岗位均未超过核定的岗位职数;专业技术岗位未超过核定的结构比例聘用人员;工勤技能岗位未超过规定的结构比例聘用人员。区非纳入规范事业单位岗位设置总量8343个(管理岗位965个;专业技术岗位6281个;工勤岗位 1097 个），实际聘用人员 7287 人（管理岗位 731 人、专业技术岗位 5997 人、工勤岗位 559 人）。组织区事业单位公开招聘工作，计划招聘 122 人，实际招聘 83 人。完成事业单位考核奖惩工作，全区 182 家公益性事业单位的 7156 人参加考核，优秀人员 1410 人，占 19.7%。重点对考核等次优秀、未参加考核和确定为基本合格、不合格等次的人员情况进行逐件审核。开展机关事业单位“吃空饷”及长期不在岗问题专项整治工作，核查区机关事业单位 360 家，发现“吃空饷”及长期不在岗疑似情况 13 人，全部整改完毕。

（李艾娟）

【查处劳动违法案件 442 件】 年内，区人力社保局对辖区内 2083 家用人单位进行劳动保障监察，涉及职工 55060 人。其中，主动监察 1681 家，处理举报投诉 375 件，书面审查 27 家。监察单位数完成市局下达指标的 134%。组织开展企业劳动保障守法诚信 A、B、C 三级评价工作，建立用人单位分类管理台账，梳理所有行政处罚和一般案件，结合日常巡查材料，逐家进行等级评价，并将评定等级作为监管的重要参考，实施分类监管，并进行动态调整。开展拖欠农民工工资“黑名单”认定、推送等工作，建立联动机制，制定工作方案，本年度未发现企业及个人符合列入“黑名单”情形。对辖区内 21 个网格 150 个社区进行管理，采集网格内用人单位信息，全年新采集用人单位信息 1100 个。完成春节前农民工工资支付情况专项检查、清理整顿人力资源市场秩序专项行动、建筑行业政府及民生工程专项检查、根治欠薪夏季专项行动、各街道办事处工程建设项目联合执法检查等专项检查。全年立案查处各类劳动违法案件 442 件，年内结案 375 件，无逾期未结案件，结案率 100%。查处工资类违法案件 114 件，为劳动者 338 人追回工资 476 万余元。做出行政处罚 6 件，处罚金额 9000 元，警告 4 次。

（李艾娟）

【劳动人事争议仲裁】 年内，劳动人事争议仲裁案件裁审一致率达 96% 以上。服务京冀协同发展，确保劳动人事争议案件就地化解，区劳动人事争议仲裁院首钢唐山地区巡回仲裁庭先后 3 次赴迁安首钢矿山街委，现场公开审理 5 起劳动争议案件，结案率 100%。保护弱势群体，对涉及农民工劳动争议案件，坚持“快立、快审、快结”的原则，开辟绿色通道，30 日内结案。全年受理农民工工资案件 1359 件，年内审结 1345 件，涉及金额 1209.56 万元。全年共受理案件 4482 件，其中：案外调解 1171 件，立案 3311 件，立案数较上年同期增加 731 件，同比上升 28.33%。其中集体争议 257 起，涉及案件 1329 件（30 人以上重大集体争议 6 起，涉及职工 518 人），占立案总案件的 40.14%，较上年同期增加 81 起，同比上升 46.02%。审结 3287 件，结案率 99.28%；案外调解 1171 件，仲裁阶段调解 1940 件，调解率 71.11%；一裁终局 435 件，占裁决案件的 40.79%。

（李艾娟）

【劳动人事争议调解】 年内，区人力社保局先后在姿美堂科技集团有限责任公司和区环境卫生服务中心建立劳动人事争议调解委员会，依托区党建联盟在京西金融街楼宇工作站建立劳动人事争议调解中心。创立“庭前调解半小时”工作方式，即：在双方当事人到庭的情况下，在遵循自愿和合法的基础上，组织双方在仲裁庭坐下来调解沟通；秉承快审、快结原则，运用庭前半小时调解这一“简、准、快”的工作方式，促成当事人和平解决纠纷。

（李艾娟）

【社保待遇累计支付 74.98 亿元】 年内，区人力社保局全年各项社保待遇累计支付 74.98 亿元，同比增加 7.35%。其中，现有退休人员 14.05 万人，企业职工养老保险累计支付 71.41 亿元，同比增加 7.57%；工伤保险累计支付 18513 人次（工伤待遇 9445 人次），3.40 亿元，同比增加 2.89%；一次性失业待遇申领 536 人，累计支付 690.27 万元，同比增加 19.2%。

（李艾娟）

【社保基金内控】 年内，区人力社保局明确事前控制、事中提醒、事后追踪的重点事项，逐一梳理 106 项核心业务和 214 个重点风险点，逐项进行风险提示和监督规范。建立严密防控体系，对经办业务按照风险程度分为 3 个等级，设专职内控监督员对高风险类业务实行 100% 风险排查，街道社保所兼职内控监督员对所有下沉业务实行 100% 监控，对低风险及中等风险业务分别按照 10%、30% 比例抽查，年底，对 31.61 万笔社保业务进行抽查，发现各类风险点 121 个、3836 处并及时化解。

（李艾娟）

【核准企业退休人员 5567 人】 年内，区人力社保局核准企业退休人员 5567 人，同比下降 16.32%，其中正常退休 3856 人，占比 69.27%，同比下降 8.21%；特殊工种提前退休 1498 人，占比 26.91%，同比下降 33.13%；因病退休（职）213 人，占比 3.83%，同比上升 0.5%。

（李艾娟）

【工伤认定 741 件】 年内，区人力社保局组织 4 场工伤业务培训，针对首钢矿业公司、曹妃甸京唐公司、公交客四分公司、地铁公司二分公司等工伤多发和劳动密集等大中型企业，宣讲安全生产作业、工伤预防、工伤保险政策法规、工伤申请业务流程等。全区建筑业项目工伤保险趸交 100%。加强工伤现场调查力度，凡交通事故、意外伤害事故、因工死亡事故，进行调查核实，全年外出现场调查 150 余次，制作调查笔录 360 余份。全年工伤案卷 768 件（其中：认定工伤 741 件，视同工伤 12 件，不予认定工伤 15 件），工伤认定总数较上年增加 114 件，同比上升 17.4%。全年推荐工伤职工 53 人次到工伤康复医院进行康复治疗，工伤职工鉴定达到等级的人数为 314 人次。

（李艾娟）

【劳动能力鉴定 617 人次】 年内，区人力社保局劳动能力鉴定 617 人次，其中：职工工伤鉴定、职业病鉴定 482 人次；因病提前退休劳动能力鉴定确认 135 人次，其中达到完全丧失劳动能力 129 人。申请再次鉴定 5 例，再次鉴定结论改变率为零。

（李艾娟）

区委社会工委 区民政局

【概况】 中共北京市石景山区委社会工作委员会（简称区委社会工委）是区委派出机构，北京市石景山区民政局（简称区民政局）是区政府工作部门。区委社会工委与区民政局合署办公，为正处级。区委社会工委、区民政局机关行政编制32名。区委社会工委、区民政局内设机构办公室、财务科、基层政权和社区建设科、社会组织工作科、社会福利救助科、社会事务管理科、社会工作队伍科、党建科9个科室及区民政局福利生产办、区困难群众救助服务指导中心、区接受捐赠事务管理中心等9个事业单位。年内，全区新建7家“五个一”标准化捐赠站点，累计建成67个。新建21个老街坊“社区之家”示范点。完成社区“两委”换届选举，书记主任“一肩挑”比例占到84%，100%的社区建立“老街坊”居务监督委员会。1694名社会人才持有社会工作人才资格证书，动员3800名“老街坊”完成市区重大活动的服务保障，233个学雷锋志愿服务站点建设规范有序，有志愿者服务时长志愿者占实名认证志愿者总数的52.52%。完成“济困工程”项目72项，救助各类困难群众投入资金约2.07亿元。全区共有养老机构17家（含试运营1家）床位3912张，全年运营街道养老照料中心8家，试运营1家。全区登记社会组织323个，其中社会团体88个、民办非企业单位235个，社区备案社会组织699个。全年完成婚姻登记7043件，各种登记合格率达到100%。

（王鹤然）

【走访慰问】 1月24日，市残联党组书记郭旭升、市退役军人事务局党建人事工作负责人等与区相关领导一行对9户低保、特困供养对象和5户优抚对象进行重点走访慰问，并为他们送去慰问品及慰问金，合计16072元。同时，区民政局对14户低保、优抚、生活困难军休干部等结对帮扶家庭进行走访慰问。在重点走访慰问的基础上，组织各街道对全区3805户低保、71人次特困供养人员和842户优抚对象进行普遍走访慰问，发放慰问金和慰问品391.76万元。

（李文辉 林 园）

【见义勇为权益保护】 春节前夕，区民政局对全区41名见义勇为人员进行走访慰问，发放慰问金、专项困难补助金81800元以及32800元的慰问品。开展夏季重点走访慰问活动，为见义勇为伤残人员李延荣和牺牲人员马玉新的家庭送去8000元慰问金。组织部分见义勇为人员参观疗养和健康体检活动。石景山区依法确认4人、3起见义勇为行为（五楼救火的行为，银行附近抓获持剪刀威胁抢劫取款人的行为，深水渠内勇救落水者的行为），为见义勇为人员颁发确认证书及确认奖励金共250440元。

（孙俊国 程 云）

【居委会换届】 1月至3月，石景山区稳步推进第十届社区居民委员会（以下简称居委会）选举工作。四个既定比例指标全部达成。书记兼主任126人，“一身兼”比例84%，同比提高12.86%；社区党组织、居委会成员交叉任职人数352名，“交叉任职”比例40.79%，同比提高8.09%；户代表方式以上选举96个社区，“直选比例”64%，同比提高20.4%；社区居委会成员“本地化”人数410名，占47.51%，同比提高6.71%。

（王君语）

【康复辅助器具社区租赁试点】 4月，北京市康复辅助器具产业园区落户区泰然大厦，该园区致力于辅具文化展示、产品体验、配置评估、专业适配等重点领域，打造“线上＋线下”结合的三级康复辅具服务体系；6月，石景山区被民政部、发改委、财政部、中国残联确定为全国首批13个康复辅助器具社区租赁试点城市之一，按照向民政部等部委作出试点工作10项承诺，确定“五个一，四个二”的具体工作措施，并制定《石景山区康复辅助器具社区租赁试点工作方案》报区政府研究通过。

（刘晓宏 李 黎）

【“十个一”活动】 8月，区委社会工委、区民政局组织各社区开展“十个一”活动，落实“擦亮城市西大门，文明祥和迎大庆”专项行动。活动内容包括：开展一轮矛盾纠纷大排查，每天进行社区巡逻，加强社区矛盾风险评估和民意征集与快速响应，发现解决问题1100件；开展一轮安全隐患大整治，每周一天对违规使用地下空间、堵塞消防通道、违规用火用电用气等进行巡查整治，发现解决问题2148件；开展一轮环境问题大清理，每周一天集中开展社区垃圾清扫、堆物堆料清理、小广告清理，清理垃圾21599吨，涉及8418个楼门；作出一个承诺，动员17961名社区党员承诺践诺；制定一个公约，即制定完善社区文明养犬自律公约，提升居民文明养犬意识，共同监督不文明养犬现象；抓好一个载体，发挥社区党建工作协调委员会作用，动员辖区内2448家单位落实好“门前三包”责任制，利用单位自身资源优势，为社区居民提供精准服务；促进一个提升，规范社区工作者服务行为，践行文明礼仪，严格落实“首问负责制”，促进居民对社区服务站满意度的提升；开展一次主题活动，各社区共组织957次以文明教育、爱国主义教育为主题的社区活动；设置一批宣传标语，在社区内设置爱国主义教育、传统美德、家风家训、垃圾分类、绿色生活、行为规范等各类文明标语6786条；打造一批志愿队伍，动员社区党员、报到在职党员、居民群众加入“老街坊”劝导队、治安队、环保队等。

（田静露）

【社区邻里节】 10月26日、27日，全区150个社区统一开展以“以邻里为伴、幸福社区”为主题的“社区邻里节”活动。区级分会场现场开展冬奥项目体验、趣味运动会、现场志愿服务、“邻里亲情”百姓艺术作品展示等活动，吸引周边社区居民和周边群众500余人。

（李 露）

【超转和地退人员管理】 截至年底，全区有超转人员1115人（其中市管一般人员891人，市管病残人员48人，市管孤老1人，区管人员173人，送养2人）。按时、准确完成征地超转人员生活费发放和调标工作；春节和“十一”期间，慰问82名特困、高龄、空巢、大病超转人员，送去总价值16350.8元物品；为128名超转人员变更就诊医院；每季度与街道人员入户，核实超转人员生存信息情况；做好超转人员基本信息月报表、死亡月报表和年报表的报送工作；审核超转人员清洁能源补贴。截至年底，全区有地退人员128人（含入住福利院孤老1人）。按时、准确完成地退人员退休费发放和调标工作；发放地退人员物业补贴和采暖补贴；协助地退人员、家属及公证处等相关部门办理查档16次；在“十一”前对地退人员进行慰问，送去总价值12100元物品；按市局要求，年底为地退人员订阅老年报；做好月报表、半年报表和年报表上报以及各种补贴的审核发放工作。

（石文婷）

【老年人意外伤害保险】 年内，区委社会工委、区民政局为全区户籍65周岁及以上老年人，共7.4万余人统一购买老年人意外伤害保险，该保险于5月1日开始生效，保险期限为一年，老年人出险累计297人次，理赔金额103余万元。

（吴飞飞）

【14.6万名志愿者实名认证】 年内，实名认证志愿者总数14.6万人，志愿者服务时长志愿者7.7万人，占比52.52%。

（李　坤）

【社区之家】 截至年底，石景山区有“社区之家”示范点51个，其中，年内创建“社区之家”示范点21个。各街道与单位签订开放协议，对外张贴“社区之家”开放时间，面向社区居民开放内部服务设施，解决社区居民文化、体育、娱乐、生活等需求，通过加强资源共享，惠及社区居民。

（金　超）

【婚姻登记】 年内，石景山区完成婚姻登记7043件，其中结婚登记3459件、离婚登记2323件、补领登记1253件。出具婚姻证明10次。

（谢　曼）

【慈善活动】 年内，区慈善协会募集善款161.9万元，救助支出132.6万元。其中“爱心成就未来”、援建内蒙宁城县和莫力达瓦旗、河北顺平县、青海称多县、区培智学校等助学项目支出72.8万元，资助698人；慈善医疗卡、街道慈善救助基金和日常大病及突发事件等应急救助支出21.37万元，救助278余人（次）；“慈善进军（警）营”“救助困难母亲”“救助困难党员”“救助困难职工”等项目，支出38.44万元，救助217人。在全区范围内组织开展“共产党员献爱心”捐献活动，接收201家机关及企事业单位的23570名党员、35名民主党派人士、2100名群众参与捐款，捐款140.47万元。推荐慈善组织奖、捐赠企业奖、首都慈善奖候选单位和慈善楷模奖、捐赠个人奖候选对象各1名。

（贺迎潮）

【社会捐助】 年内，区捐赠中心组织全区捐赠站点开展“25日敞开收”，联合区慈善协会开展爱心暖阳系列之“春风送暖”“冬衣送暖”等社会捐助活动，全年累计接受捐款4.39万元、捐物3.11万件，上缴市捐赠中心衣被3.11万件。救助街道失火困难居民现金5000元；救助1户低保人员薄被4床，T恤2件。开展东西部扶贫协作和对口支援活动支出4万元。

（贺迎潮）

【福利彩票销售】 石景山区全年销售彩票1.12亿元，完成全年任务进度的133.11%，其中电脑福利彩票1.02亿元，完成全年任务进度的130.27%；即开型彩票0.10亿元，完成全年任务进度的169.62%。

（贺迎潮）

【基层党组织建设】 年内，全区150个社区全部建立社区党建工作协调委员会，全部实行街道处级领导兼任社区党建工作协调委员会主任，全部召开第一次委员会会议，近1000家单位加入，实现党建工作与基层治理有机融合。9个街道全部配备1名社区书记任兼职党工委委员。

（田静露）

【“红色物业”工程】 年内，石景山区新建27个物业党组织、3个业委会党组织、7个自管会党组织，在8个小区试点推进“双向进入、交叉任职”模式，其中7个小区实现“双向进入、交叉任职”，1个小区成立自管会及自管会功能党支部，正在组建业委会和选聘物业管理单位。全区有46名物业服务企业和业主委员会党员担任社区党组织兼职委员。

（田静露）

【区养老服务信息平台建设】 年内，区级养老服务综合信息平台建设完成，实现石景山区养老服务数据的区级、街道级和社区级三级信息管理，数据实时更新。并组织150个社区养老工作专干的培训工作，以此推动区、街道、社区三级养老信息的精准性。本年度养老服务信息综合平台汇集老年人数据201319人，累计维护老年人数据18278条，其中数据更新15166人，新增3112人。本年度系统累计同步2239710条政府补贴资金交易记录，交易总金额111399930.61元。本年度系统累计同步巡视探访、驿站运营等养老服务项目631457条服务过程数据。

（张　军）

【新建小区配套养老设施移交】 年内，新开工建设小区配套养老设施2处，督促铸阳光苑、叠翠庭苑两处小区的开发商对代建养老配套设施进行装修改造，待符合养老设施标准后予以接收。

（宋　亮）

【老年人优待工作】 年内，区委社会工委、区民政局为60周岁及以上老年人优待证5000余张，为80周岁及以上的老年人发放养老助残补贴183623人次、1831.26万元，为90岁及以上的老年人发放高龄津贴16880人次、173.11万元；为95周岁及以上老年人报销医疗补助279人次、49.35余万元。第四季度为67750人次发放养老服务补贴津贴1369.69万元。

（马丽丽）

【医养融合服务】 年内，区委社会工委、区民政局在金顶街街道探索新形势下可复制的“医＋养”服务模式，设立石景山区医养结合服务建设项目，对既有生活照料并伴有卫生、医疗、保健需求的400名老年人，进行综合评估、早期干预、上门照护、为老年人开辟绿色通道，实现“信息互通，资源共享，医生上下流动，病人双向转诊”。

（吴飞飞）

【居家养老服务】 年内,区委社会工委、区民政局开展“居家养老精准化”服务项目试点工作,通过为石景山区户籍80岁以上高龄老年人家庭和部分巡视探访老年人家庭配备“居家养老信息机”的方式,实现10000名老年人居家养老服务需求与社会养老服务网络的精准对接。精准化服务项目通过信息机可为老年人家庭提供养老驿站服务、日间照料服务、社区代购、订餐送餐、医疗咨询、物业维修、家政服务、家电维修、社区咨询、999急救等十项功能。截至年底,该项目累计征集名单9238户,累计发放7388户,累计安装5703台,为老年人提供各类服务77万余人次,为老年人提供999急救服务207人次。全区开展巡视探访老人数3820人,累计开展服务11万余人次。区民政局委托第三方为9个街道培训2040名失能失智居家养老照护者,提升石景山区失能失智老人居家照护服务整体水平。

(张 军 刘治尧 毛丽敏)

【适老化改造】 年内,区委社会工委、区民政局启动在全区开展针对石景山区户籍60周岁以上的低保、低收入、城市特困、计划生育特殊老年人家庭和80岁以上失能、半失能老年人家庭的适老化改造工作,为全区9个街道200户老年人家庭进行适老化改造评估。

(宋 亮)

【失能老人康复关爱】 年内,区委社会工委、区民政局在全区开展“失能老人康复关爱”项目,为石景山户籍60周岁以上500名因外伤骨折、心脑血管等疾病后遗症造成的失能、半失能老人进行入户身体评估和康复治疗服务。截至年底,开展康复服务713人次。

(吴飞飞)

【家庭照护喘息服务】 年内,区委社会工委、区民政局针对经济困难群体、基本保障群体,将符合条件的700名老年人安排到有资质的养老服务机构,提供短期托管或家庭床位服务,政府根据老年人自理程度给予不同的补贴。截至年底,开展喘息服务349人。

(刘治尧)

【精准救助】 年内,全区动态保障在册低保对象83997人次;低收入对象48户、106人;特困供养人员87人。全年累计发放低保金9771万元;支出特困供养人员资金256.41万元;审批医疗救助9167人次,支出资金1213.24万元;审批因病致贫14人,支出资金12.48万元;审批临时救助139户次,支出资金72.2万元;灾难性医疗救助264户,支出资金111.03万元;审批教育救助35人次,支出资金15.54万元;累计整理归档低保、低收入人员审批及医疗救助资料档案277卷册。

(李文辉)

【依法行政】 年内,区委社会工委、区民政局行政处罚工作在社会团体领域履行1项职权,即对社会团体拒不接受或者不按照规定接受监督检查的行为进行处罚;在民办非企业单位领域履行1项职权,即对民办非企业单位拒不接受或者不按照规定接受监督检查的行为进行处罚;在社会救助领域履行1项职权,即对在享受城市居民最低生活保障待遇期间家庭收入情况好转,不按规定告知管理审批机关,继续享受城市居民最低生活保障待遇的行为进行处罚。全年办理的行政处罚案件合计22件,其中社会团体领域为1件,民办非企业单位领域为17件,社会救助领域为1件。行政检查数量为440件。

(田 颖)

【精准帮扶】 年内,区委社会工委、区民政局组织专业社工深入社区逐户对低保家庭开展入户调查、精准识别,逐一建档立卡,累计入户走访低保家庭400余户,全部建立“一户一档”基础数据信息台账。按照市民政局《关于落实市政府重要民生实事项目做好困难群众个案帮扶有关问题的通知》要求,高标准组织实施并超额完成列入市政府重要民生实事工程的低保困境家庭综合帮扶项目,组织专业社工采取“一对一”个案帮扶、心理疏导等方式方法,对131户失能、重残等低保困境家庭组织开展个案帮扶服务累计798户次。按照市民政局明确的“统筹建立街道(乡镇)困难群众救助服务所数量不少于本辖区街道(乡镇)数量30%”的指标任务要求,督导全区9个街道在规定时限内全部高标准建立困难群众救助服务所,实现全区街道救助服务所全覆盖。

(李文辉 郭文翠)

【社会救助对象困难补贴】 年内,区委社会工委、区民政局累计为15011户次低保和分散供养特困家庭发放电价补贴32.96万元;为29783户次发放价格临时补贴276.33万元;为2348户低保、生活困难补助和分散供养特困人员家庭发放各类采暖补贴315.3万元,其中,为646户低保、分散供养特困人员家庭发放清洁能源分户自采暖补贴93.26万元,为202户低保、生活困难补助和分散供养特困人员家庭发放燃煤自采暖补贴20.15万元,为1500户低保、分散供养特困人员家庭发放集中供暖补贴201.89万元。

(冯 栋 陈 蓉)

【流浪乞讨人员救助】 年内,区委社会工委、区民政局开展集中救助行动15次,出动工作人员和外展救助巡视人员1200余人次、救助车辆200余台次,有效地维护流浪乞讨人员的生存权益,维护“两会”“国庆70周年阅兵”“亚洲文明对话大会”及其他重要时期社会秩序稳定。全年站内救助流浪乞讨人员251人次。其中,救助老年人45人次、未成年人3人次,残疾受助对象28人次。引入“北京市石景山区清源社会工作事务所”参与街头外展救助服务项目,全年街头外展救助、劝离流浪乞讨人员300余人次。

(郝 鑫)

【社会救助】 年内,区委社会工委、区民政局调整特困人员供养生活费,由原先的1500元调整为1650元;调整特困人员供养标准,7月,全区特困人员供养标准由为3397.25元调整为3607.16元;调整特困人员供养照料护理费,由原先424元、848元、1272元调整为440元、880元、1320元。截至年底,全区有特困人员供养87人,累计支出资金256.41万元。完成灾难性医疗救助审批264户、支出资金111.03万元;完成大学新生入学教育救助审批35人,支出资金15.54万元。

(李 韦)

【困境儿童服务保障】 截至年底，石景山区有集中供养孤儿10人，困境散居儿童28人，新审批困境散居儿童5人，发放散居困境儿童生活费301人次，34.07万元。困境儿童医疗保障报销2人，支出资金2128.02元，出台《石景山区困境儿童和留守儿童巡视探访实施方案》，通过政府购买服务的方式，购买第三方社会组织开展巡视探访工作，为留守儿童和困境儿童健康成长创造良好环境，监督困境儿童和留守儿童政策执行，推动家庭监护责任落实，维护困境儿童和留守儿童权益。开展“六一”儿童节慰问活动，区领导走访社会福利院集中养育的孤弃儿童，区民政局、各街道对其余散居困境儿童家庭进行走访慰问。开展石景山区儿童福利和保护工作培训，对全区街道儿童督导员、社区儿童主任167人开展工作培训；继续推进区儿童福利院建设。

（李　韦）

【社会工作人才队伍】 年内，区委社会工委、区民政局配合区文旅局完成70名文化社工的公开招考，完成460名新招社区工作者初任培训、“乡土社工”培训和硕士研究生培养教育工作，完成全区389名持有国家社会工作者执业水平证书人员的初次登记、再次登记、补登记、补证等工作。年内，全区社区工作者通过助理社工师考试72人，通过中级社工师考试35人，2600名余社工中，持有助理社工师证书的718人，持有中级社工师证书的273人，总计991人，全区社工持证率接近38%。

（董妍君）

【残疾人两项补贴发放】 年内，全区残疾人两项补贴累计发放119101人次、2641.43万元，其中困难残疾人生活补贴累计发放26259人次、1345.65万元，重度残疾人护理补贴累计发放92842人次、1295.78万元。截至年底，全区有5659人享受残疾人两项补贴，其中享受生活补贴2172人，护理补贴3487人。

（丁　晶　肖艳丽）

【社会组织登记】 年内，区委社会工委、区民政局办理行政许可事项83项。全区社会组织323个，其中社会团体88个、民办非企业单位235个，社区备案社会组织699个。248个社会组织完成年检审批和网上发布，其中社会团体66个，民办非企业单位182个。

（刘　青）

【社会组织监督管理】 年内，区委社会工委、区民政局委托第三方评估机构对39个社会组织进行等级评估，其中等级评定为5A级的5家、4A级的15家、3A级的10家、2A级的2家、1A级的4家，无等级的3家，累计完成评估288个，评估率达到94.7%。加强对社会组织监督管理，开展行政检查200次，行政抽查90次，对未按时接受年检的社会组织开展行政处罚17个，全部纳入社会组织活动异常名录。

（刘　青）

【社会组织培育发展】 年内，区委社会工委、区民政局建立区街两级社会组织培育孵化中心，培育品牌社会组织，全年有18个社会组织孵化出壳。

（刘　青）

【政府购买社会组织服务】 年内，区委社会工委、区民政局以“五乐”（“乐陶·文明石景山”“乐助·和谐石景山”“乐享·宜居石景山”“乐安·平安石景山”“乐土·服务石景山”）为重点开展政府购买社会组织服务工作，征集社会组织申报项目210个，经过项目初审、专家评审等环节最终确定支持70个项目，共计支持资金1200万元。

（刘　青）

【社会心理服务体系建设】 年内，区委社会工委、区民政局开展石景山区社会心理服务体系建设，规范社会心理服务和心理人才队伍建设，建成1个区级“心理服务中心”，2个街道级“心理服务站点”，开展心理讲座培训35场、心理小组活动16次，个案辅导82人次，累计服务近4000余人次。

（刘　青）

【养老服务设施建设】 年内，区委社会工委、区民政局取消养老机构设立许可，改为备案管理，完成老山、鲁谷街道养老照料中心和幸福颐养护理院建设并做好登记备案工作。8家街道级养老照料中心取得养老执业许可并运营，1家试运营。组织召开社区养老服务驿站建设项目评审会通过新建项目6个，组织召开“一事一议”评审会通过“一事一议”项目5个、备案项目1个。年内，全区养老服务机构总床位4343张，其中包括17家养老机构（含试运营1家）3912张床位，40家社区养老服务驿站（含试运营3家）431张床位。

（刘晓宏　刘治尧）

【养老机构服务管理】 年内，区委社会工委、区民政局开展养老机构服务质量专项行动，按照国家标准评定情况评审出一星养老机构2个，二星养老机构2个，实现开业运营一年以上的养老机构服务质量星级评定参与率达100%；全区15家养老机构55项基础性指标通过率100%，非强制项通过率93.3%，提前实现国家标准年度目标。新增加1家养老护理员培训机构，培训养老护理员165，老年人身体评估员、督导员106人，规范岗前培训，培训率达到100%；审核发放8家养老机构2018年下半年运营补贴449.61万元；继续发放本市户籍养老护理员岗位补贴62.5万元；困境家庭服务对象入住养老机构补贴91.09万元；加强养老机构消防等安全排查督导，对全区养老机构15家、养老驿站38家进行安全排查整治，为入住养老机构的老年人配备简易防火（毒）面具3300个，支出资金14.85万元，在区社会福利院进行消防避难空间建设试点。完成15家养老机构和区20家驿站综合责任险投保工作，完成全区养老机构上年度报告工作，配合社团办对民非养老机构进行年度检查。

（刘晓宏）

医疗保障

【概况】 石景山区医疗保障局（简称区医保局）于3月18日正式挂牌成立，主要职责为贯彻执行国家和北京市有关医疗保险、生育保险、医疗救助等医疗保障制度的法律法规和政策待遇规定，落实北京市药品、医疗耗材、长护险试点相关工作等11项。局机关及所属事业单位干部职工46人，下设区医疗保险事务管理中心,为区医疗保障局所属相当副处级公益一类事业单位。设定点医药机构管理科、综合业务受理科等9个科室。2019年,区医保局扎实推进打击欺诈骗保、医疗救助、长期护理保险试点等重点工作,医疗保障事业运行平稳。全区基本医疗保险参保缴费单位16069家,参保缴费人数50.58万人,城乡居民保险参保缴费73418人。全区有医保定点机构98家,其中定点医疗机构76家,定点零售药店22家。

(李 强 岳金凤)

【打击欺诈骗保】 4月26日,区医保局组织召开2019年全区打击欺诈骗保专项工作启动会,与区卫健委等6家单位联合印发打击欺诈骗保工作方案,全面部署打击欺诈保专项行动重要内容。年内,区医保局对所有定点医药机构进行全覆盖实地检查,对20余家费用指标异常的定点医疗机构开展专门核查及协议委托检查,对存在治疗时间不实、过度检查等问题的4家定点医疗机构,按照规定均予以违规费用追回处理,涉及违规费用25.3万元。区医保局完善打击欺诈骗保联席会议制度,建立起医保定点医院约谈制度、医保异常费用人员单位通报制度、打击欺诈骗保举报奖励制度,稳步推进定点医药机构监督检查积分制和末尾淘汰制,以制度建设推动医疗保障基金监管取得新突破。

(王 平)

【医耗联动】 年内,区医保局成立医耗联动工作小组,研究制定医耗联动综合方案;对辖区内定点医疗机构开展三轮全面督导,对位于河北省唐山市两家医院进行专项督导,确保"全覆盖、无死角、突重点、抓关键";在医保系统内部和定点医疗机构实现临床科室和职能处室全培训、人员全覆盖;实施应急值守,对定点医疗机构进行划片管理。6月15日,石景山区医耗联动综合改革系统切换完成,涉及信息系统升级改造的74家定点医疗机构于15日零点全部顺利完成信息系统切换,院端系统运行良好,医疗秩序平稳有序。

(王 平)

【长期护理保险试点】 年内,全区长期护理保险试点覆盖八角、八宝山、鲁谷三个街道。8月30日,区医保局分别与泰康养老、爱心人寿完成签约,继续委托两家经办机构提供政策咨询、长期重度失能人员的实名制管理、居家护理亲属(家政护理员)的培训与指导等工作;同日,泰康养老、爱心人寿分别与北京大学首钢医院、清华大学玉泉医院等10家定点医疗机构完成长期护理保险签约。全年,区医保局组织区内3家定点医疗机构的10名专家,对初审通过的参保人员进行重度失能评估,受理评估10批,通过87人,累计享受长期护理保险待遇人员260人。截至年底,实时享受长护险待遇189人,其中选择居家护理127人,入住机构62人;支付护理费用254.49万元,经办机构管理费48万元。年内,市委统战部、市人大社会建设委员会、市医保局、区人大法制委员会、朝阳区医疗保障局、平谷区医疗保障局、江西省吉安市医疗保障局等到石景山区调研长期护理保险试点工作;6名长期护理保险待遇享受人员家庭先后向区医保局赠送锦旗。

(肖兰匣)

【生育、医疗保险总收入39.37亿元】 年内,全区生育保险、医疗保险基金总收入39.37亿元。其中,城镇职工基本医疗保险基金收入36.9亿元,城乡居民医疗保险收入0.18亿元,生育保险收入2.29亿元。

(库 玮 鲁 斌)

【医疗、生育保险支付】 年内,区医保局审核医院上传费用1385.48万人次,其中门诊费用审核1375.24万人次,住院费用审核10.24万人次,申报金额32.26亿元,其中门诊费用19.6亿元,住院费用12.66亿元,拒付金额49.57万元,其中门诊费用拒付44.57万元,住院费用拒付5万元。区医保局全年手工审核基本医疗收单14122份,支付金额3099.1万元;手工审核生育手工保险单据4861份,支付金额866余万元。

(李国民 谭 爽)

【医疗救助金额205万元】 年内,区医保局完成石景山区2018年患重大疾病个人医疗费用负担过重城镇参保职工的审核工作,全区66家参保单位、105个参保职工享受此次医疗救助待遇,救助金额205万元;完成石景山区SARS后遗症人员医疗费用的上报及支付工作,支付总金额4.6万元;完成2018年度大额花费医疗费用的城乡居民医疗救助,审核城乡居民基本医疗保险参保人484人,支付总金额443.25万元;审批低保救助对象5180人次,救助资金715.83万元,因病致贫4人次、救助资金6.49万元。

(库 玮 谭 爽 潘晓敏)

【"4+7"药品集中带量采购】 年内,区医保局贯彻落实国家"4+7"药品集中带量采购工作要求,成立专门机构,制定配套集采应急预案、督导检查实施方案。指导定点医疗机构按照政策落实带量采购任务,做好药品采购配备。督导定点医疗机构进行药品目录维护,确保网络信息系统联通切换。及时了解试点工作落实情况、预付款拨付到位等情况,妥善处理各类应急突发情况,全面落实集采工作。

(张迎春)

【异地就医】 年内,区医保局动态监控跨省异地就医直接结算,全年各指标运行平稳。异地就医患者在石景山区有床位的21家定点医疗机构均开通持卡看病、即时结算。根据工作预案和应急预案,对定点医疗机构进行动态管理,遇到问题及时沟通,确保突发事件妥善解决。区医保局全年审核支付异地结算费用9986人次,同比增长146.81%;发生总费用3亿元,同比增长173.52%;基金支付1.71亿元,同比增长165.83%;外审率20.55%,拒付金额4702.35元。来石景山区就诊的异地患者主要集中在河北省、山西省、内蒙古自治区、山东省、黑龙江省、河南省、辽宁省等。

(谭 爽)

民族 宗教

【概况】 全区常住人口由46个民族组成,常住少数民族人口2.1万人,占全区总人口的3.3%,人数较多的少数民族分别是满族、回族、蒙古族。民族幼儿园1所,民族团结教育示范校2所,民族团结教育基地1处,民族团结进步创建示范单位2处,民族养老院1所。有天主教、基督教、佛教、伊斯兰教4种宗教,信教公民约2万余人,其中天主教信徒2000余人,基督教信徒3000余人,伊斯兰教信徒6000余人,佛教信徒9000余人。辖区内有宗教活动场所6处,即北京灵光寺、北京大悲寺、北京双泉寺、石景山清真寺、石景山区天主教北京教区老山弥撒点和石景山区基督教古城聚会点。年内,北京九中被评为北京市民族团结创建示范单位;区委统战部副部长高国强获全国民族团结进步先进个人。

(丁兰芬　路　卿)

【慈善活动】 1月22日,在金顶街街道西福村社区举办2019年"我们和你在一起"爱心帮扶活动。区佛教协会募集善款10万元,为50户困难家庭送上节前温暖;5月12日,区天主教爱国会邀请北京联科中医肾病医院医护人员,在天主教老山弥撒点开展"荣主益人 服务人群"义诊活动,为100名社区群众进行免费义诊;5月17日,区伊斯兰教协会在石景山清真寺举行2019年"斋月善行·尊老敬老"主题活动,募集善款1万余元,用于慰问辖区困难穆斯林家庭、社区困难群众;9月6日,区佛教协会第十一届"慈悲情怀·利乐众生"中秋慈善活动在京燕饭店成功举办,筹集善款10万元,对50户困难家庭给予资金帮扶;9月22日,区基督教"三自"爱国小组开展"捐衣物献爱心,用行动传递爱"主题慈善捐赠活动,为云南省普洱市西蒙佤族自治县新厂镇中小学捐赠衣物17箱。

(路　卿)

【宗教活动】 4月12日,北京双泉寺举办"中韩佛教界祈祷世界和平法会",300余名佛教信徒参加法会活动。4月21日复活节,约400余名天主教教友、300余名基督教信徒分别到天主教老山弥撒点、基督教古城聚会点参加庆祝活动。5月12日,中国佛教协会庆祝佛诞节活动在北京灵光寺成功举办,中央、北京市等有关部门领导,部分国家驻华使节和社会各界嘉宾1000余人出席庆祝活动。同日,北京大悲寺、北京双泉寺举办佛诞节活动,30000余名信教群众参加活动。6月5日,石景山清真寺举行开斋节庆典活动,1000余名各族穆斯林群众参与。8月15日,在北京灵光寺、北京大悲寺、北京双泉寺举行盂兰盆节法会活动,1000余名信众参加活动。同日,是天主教四大瞻礼之一的圣母升天节,天主教老山弥撒点隆重举行弥撒圣祭,500余名教友参礼欢庆圣母升天节。8月11日,石景山清真寺举行古尔邦节庆祝活动,380余名各族穆斯林群众参与。12月24日平安夜,天主教老山弥撒点和基督教古城聚会点分别举行宗教庆祝活动,全区1000余名信教群众到天主教老山弥撒点和基督教古城聚会点欢度圣诞。同月25日,天主教老山弥撒点举行"天明弥撒",160余名天主教信徒参加。基督教古城聚会点组织文艺表演,150余名基督教信徒参加。期间,区委统战部(区民宗侨办)、公安分局、城管委、交通支队、消防支队、属地街道和相关公安派出所密切配合,活动全程现场值守,确保庆祝活动平稳有序。

(路　卿)

【民族团结进步创建系列活动】 年内,区民宗办发挥民族团结示范校的带动引领作用,推进民族团结教育在校园深入开展,指导北京九中开展民族团结示范单位建设工作。5月6日,在八角街道市民文化广场通过发放民族宗教政策宣传资料,集中展示宣传展板,开展民族团结户外宣传活动。同时在全区范围内开展"中华民族一家亲,同心共筑中国梦"民族团结进步创建系列主题活动,开展民族团结进步创建进街道社区、进清真企业、进景区、进窗口服务行业、进学校、进宗教活动场所等"九进"工作。同月21日,石景山区第十一届民族健身操舞大赛在区青少年活动中心举行。来自街道系统、教育系统、社会团体的25支队伍,600余名健身操舞爱好者参赛,推选出5支优秀队伍参加北京市的决赛,成绩均名列前茅。11月22日,举办石景山区第五届民族歌曲大家唱比赛,以"民族歌曲大家唱 爱家爱国一家人"为主题,21支代表队1100余名民族歌曲爱好者参加比赛。

(丁兰芬)

【新中国成立70周年系列活动】 9月22日,天主教老山弥撒点、基督教古城聚会点分别举行歌曲《歌唱祖国》大合唱和"庆国庆 爱国爱教感恩音乐会"活动;同月27日,在北京灵光寺举办"石景山区宗教界庆祝新中国成立70周年书画作品展"活动,展出作品50余幅。同日,在北京灵光寺举办中国佛教协会庆祝新中国成立70周年歌咏会系列活动,区佛教协会组织并参与其中;28日,区天主教爱国会与大兴区天主教爱国会在牛坊教堂礼堂联合举办"助力新时代,共筑中国梦"歌唱比赛;30日,组织全区100名民族宗教界人士观看电影《我和我的祖国》。10月1日,区宗教界分别举行庆祝新中国成立70周年主题升旗仪式,并组织各教信徒集中收看国庆70周年庆祝活动直播。

(路　卿)

【民族宗教工作培训】 11月11日至12日,在区社会主义学院举办"石景山区2019年民族宗教工作培训班",来自全区40余个部门的105名基层统战、民族宗教工作干部参加培训。

(路　卿)

【少数民族合法权益】 年内,区民宗办保障少数民族合法权益,提升清真食品管理服务水平,为全区登记许可的清真网点更换新牌照;统一为全区清真网点制作安装规范化清真专用标识。全年对民族宗教领域开展行政执法200余次,行政处罚3件。

(丁兰芬)

残疾人事业

【概况】 石景山区残疾人联合会(简称区残联)下属残疾人劳动就业服务中心、活动中心、康复中心三个事业单位,在9个街道设街道残联,127个社区成立残疾人协会,形成区、街道、社区三级工作网络。2019年,以"精准扶贫"和

"精准助残"为主线,强化残联党的建设,开展社会保障、就业援助、康复训练、法律宣传等各项服务。区残联获国家体育总局、中残联颁发的"2015—2018年全国残疾人体育先进单位"、北京市残疾人"心系冬奥 喜迎新春"冰雪嘉年华活动优秀组织奖、北京市首届残疾人旱地冰壶比赛优秀组织奖、区"工匠"技能才艺大赛优秀组织奖。

(张　晨)

【持证残疾人 21555 人】 截至年底,石景山区持证残疾人 21555 人,其中视力残疾人 2591 人、听力残疾人 1571 人、言语残疾人 102 人、肢体残疾人 13623 人、智力残疾人 1090 人、精神残疾人 1721 人、多重残疾人 857 人。

(张　晨)

【扶残助残】 年内,区残联审核符合享受助残券的残疾人 849 名,发放资金 419.7 万元;为 2165 名残疾人发放生活补助 1126.49 万元;为 8189 名残疾人发放护理补贴 1133.73 万元;为在全区 11 家职康站参加职业康复劳动的 177 名智力和精神残疾人拨付运行经费 195 万元;为 1963 人次发放自主创业就业保险补贴 348 万元;在"元旦、春节""助残日""中秋""国庆"期间,走访慰问残疾人家庭 4404 户,发放慰问金 311.01 万元。

(张　晨)

【残疾人动态更新】 年内,区残联开展残疾人需求采集和服务状况常态化工作,申请经费 103.8 万元。对 2109 名新办证残疾人开展信息采集,对 19214 名往年调查过的持证残疾人进行入户访视工作,健全"零距离"联系服务残疾人工作体系。

(张　晨)

【无障碍环境建设专项行动】 年内,区残联有序推进残疾人无障碍环境建设专项行动,制定《北京市石景山区进一步促进无障碍环境建设 2019—2021 年行动方案》,成立无障碍专项行动工作组,定期召开专项行动调度会,开展无障碍环境建设摸排检查。截至年底,完成第一阶段无障碍设施建账工作,建账设施元素数 37204 个。

(张　晨)

【残疾人就业工作】 年内,区残联以职康站为依托,新创建 6 家帮扶性就业基地,分别与北京宜生无忧科技有限公司、如常(北京)科技有限公司 2 家机构签订残疾人帮扶性就业合作协议,帮助站内符合条件的 31 名残疾人签订劳动合同。按照扶持政策,为 4 名残疾人发放扶持创业款 9.5 万元,帮助残疾人成功实现自主创业。响应"大众创业,万众创新"号召,积极探索适合残疾人的就业项目,实现残疾人及其家庭就业增收。

(张　晨)

【康复服务】 年内,区残联开展残疾人辅具适配评估与网上申购辅具进社区入家庭宣传活动,动员残疾人及时网上注册,购买匹配的辅助器具。在辅具平台注册购买辅具的残疾人为 15757 人,购买辅具 32496 件,发放辅具补贴经费 562.81 万余元。以"石景山区残疾人家庭康复培训学校"为依托,发挥街道的积极作用,主动对接辖区的医疗机构,为残疾人开展残疾预防知识讲座。全年举办培训课程 142 次,培训残疾人及家属 12704 人次。

(张　晨)

【职业技能培训工作】 年内,区残联以提高残疾人就业能力为目标,以竞赛提升培训质量,以培训提高残疾人就业能力。承办全国第六届残疾人职业技能竞赛美发项目选手赛前培训工作。聘请专业教师,对在全市残疾人职业技能竞赛中成绩突出的 4 名选手进行 20 天的赛前培训。全年举办各类职业培训 8 期,培训残疾人 137 人。

(张　晨)

【成立两家助残社会组织】 年内,区残联新成立"善友残疾人援助中心"和"阳光儿童康复中心"2 家助残社会组织,利用社会力量为残疾人提供康复、就业、志愿服务、照料等多种专业化服务。

(张　晨)

【安置就业审核】 年内,与地税部门继续保持联络机制,采取短信提醒、快递宣传册、政务网发布公告通知、利用媒体等多种形式开展就业审核。建立公共邮箱,方便用人单位下载须知、表格等审核文件。严格操作规范,开展业务培训,按政策规定对全区用人单位开展审核。全区审核用人单位 922 家,残疾人职工 2942 人。

(张　晨)

【精准救助】 年内,区残联在落实普惠政策的基础上,对重大疾病或其他原因导致生活困难的残疾人及家庭给予临时救助,动员社会力量,为残疾人捐款捐物,资助残疾人家庭子女及残疾人学生完成学业。为 10 名困难残疾人家庭发放一次性救助金 2 万元;为残疾人学生和生活困难残疾人子女学生发放扶残助学款 24.95 万元;为 3—6 岁在学前教育或康复机构符合条件的 17 名残疾儿童申请彩票公益金 5.1 万元。

(张　晨)

【培养残疾人冬季项目指导员】 年内,区残联采取"集中小班学习培养、分散街道社区指导推广、深入群众身边广泛开展"形式,开展"魅力石景山 助力冬残奥"主题系列活动,营造残疾人参与冬奥、冬残奥氛围,宣传冬奥、冬残奥文化。全年培养残疾人冬季项目指导员 30 名,开展各类活动、赛事 54 场次,参加人数达 956 人次。

(张　晨)

街　道

鲁谷街道

【概况】 鲁谷街道的前身——鲁谷社区，组建于2003年4月，同年7月正式挂牌成立，是北京市城市基层管理体制综合改革试点单位，也是北京市唯一的一个“街道级”社区。3月30日，根据石编委〔2019〕2号文，鲁谷社区改名为鲁谷街道办事处，内设机构调整为“六室一队三中心”，即：综合办公室、党群工作办公室、平安建设办公室、城市管理办公室、社区建设办公室、民生保障办公室、综合行政执法队、市民活动中心、市民服务中心、市民诉求处置中心。行政编制人员67名（其中，城管执法队24名），纳入规范事业编制人员48名，工勤编制3名，退休人员12人。

鲁谷街道东起鲁谷大街，西至京原路；北起石景山路，南至丰沙铁路—卢沟桥北路一线与丰台区交界。辖区面积5.57平方千米，总人口9.20万人（其中常住人口7.17万人）。下辖22个居委会，社区工作者437人；党工委下设54个一级基层党组织，党员4922人。辖区内有“三横三纵”6条主要街路（三横：石景山路、鲁谷路、莲石路；三纵：鲁谷大街、银河大街、五环路），京广铁路贯穿而过，是石景山区人民政府所在地。辖区有新华社第二办公区、中铁建设有限公司、万商投资有限公司等中央、市属、区属单位40家，有农工商公司2个，居民楼248栋、商务楼宇29座、商务楼宇工作站7个。辖区有新华社第二办公区、中铁建设有限公司、万商投资有限公司等中央、市属、区属单位40家，有农工商公司2个；有老街坊志愿者2500人，老街坊劝导队20支401人，有文体队伍110支2300人；鲁谷义工协会现有社会团体会员单位14家、义工服务队21支、注册义工2846人。年内，加大施工工地执法检查力度，加强边缘区域巡查，出动人员9114人次，检查生产经营单位4557家，消除隐患3062项。

（马玉秋）

【基层队伍建设】 年内，鲁谷街道开展“进百家、访千户、知民情、解民忧”主题活动，通过定期入户走访，做到“见得了面、进得去门、说得上话、交得了心、帮得上忙”，强化培养社工队伍面对百姓生活琐事、面对小区重难点问题，面对特殊人、事、物问题处理，打通服务群众、抓落实的“最后一公里”，切实把社工队伍打造成为“六员队伍”（基层工作宣传员、末梢信息采集员、民心民意收集员、百姓政府联络员、初级矛盾调解员、简单问题化解员）。4月至12月，累计入户29533户，占比100%；收集分类处理居民共性问题建议219个，已解决139个，解决中49个，做好解释工作的31个。

（马玉秋）

【基层党建】 年内，鲁谷街道制定落实《鲁谷街道2019年度深化全面从严治党工作意见》，从“压实政治责任、落实主体责任、抓实队伍建设、夯实强基工程、做实党对基层治理的全面领导”5方面加以统筹和规范，在机关和社区党员干部中开展第二十八届党风廉政建设宣传教育月活动，举办新当选社区党组织班子廉政教育培训，组织社区党委委员到区反腐倡廉教育基地开展轮训；推进“两学一做”常态化制度化，主要领导领学促学，班子成员日学习1小时、机关党员“午间微课堂”、学习强国软件；社区党员知识竞赛、成立家庭学习互助组、广场党支部促进理论学习；组织机关干部、青年团员、两新组织党员走进首钢工业园区，开展“知爱建”主题学习教育活动；按照“利用、融合、改造”现有资源的思路，推进新时代文明实践所和22个实践站建设。深化“吹哨报到”工作机制，全年参加“双报到”在职党员4168人次，老党员、老街坊、志愿者5123人次。

（马玉秋）

【环境整治】 年内，鲁谷街道辖区每周五上午固定为“社区清洁日”，19个社区累计开展“社区清洁日”活动11次，9629人次参与，清理非法小广告26231处，清理楼内堆物堆料4140处；围绕庆祝主题，开展绿化、美化、亮化、净化的环境和景观布置。背街小巷设置70周年国庆硬质横幅15条，安装国旗悬挂设施1226个（1205个楼门），悬挂国旗1169面。守住衙门口重点区域，加强日巡夜查，对衙门口地区裸地补充苫盖7万余平方米，修复老旧小区绿地斑秃约6500平方米；开展“建设领域环保、安全、质量联合治理行动”，有效控制露天烧烤、焚烧现象，持续对背街小巷、衙门口棚改区、铁路沿线进行洒水降尘，查处环保类违法行为135起，罚款914750元。加强日常盯守，对吴庄车站、天大商城等5个高发乱点集中整治20余次，受理占道经营举报271件（有效举报19件）。

（马玉秋）

【第十届居民委员会选举】 年内，鲁谷街道19个居委会完成第十届居民委员会选举工作（衙门口3个居委会因棚改不参加换届选举）。采取户代表选举方式社区14个，直选比例73.68%，比上届提高32.77%；采取部分差额的社区18个，占参选社区的94.74%，比上届提高40.19%。换届选举产生新一届居委会成员139人，其中主任19人、副主任33人、委员87人，连选连任73人；书记兼主任16人，“一肩挑”比例84.21%；党员78人，占56.12%；社区党组织、居委会交叉任职54人，占40.30%；本地化人数75人，占53.96%。大专以上学历134人，占96.40%。持有国家社工师证书的21人、助理社工师资格证书的52人，持证人员达52.52%，比上届高17.40%。

（马玉秋）

【退役军人服务站特色经验】 年内，鲁谷街道建立街道、社区两级退役军人服务体系，实现“六有”（有机构、有编制、有人员、有经费、有场所、有保障），营造“军”味浓、“兵”事重的工作氛围。严格按照“四化”“十个一”的工作标准（即工作规范化、标准化、制度化、信息化；建立一支工作队伍、制定一套制度流程、设置一个配套场所、建立一个数据信息库、设置一面荣誉墙、成立一个志愿服务队、每月组织一次活动、每月一次交流联系、每月进行一次走访、建立一套工作台账）。市退役军人事务局局长苗立峰带队，全市16

个区主管副区长，分12批400人次来鲁谷街道召开现场会，观摩学习鲁谷经验：选派优秀的军转干部负责相关退役军人工作；通过建立精细化的工作台账，分门别类地精准服务退役军人，将走访慰问、帮扶救助有效结合；鼓励退役军人参加社区活动、参与社区建设。

（马玉秋）

【破题老旧小区治理】　年内，鲁谷街道加大老旧小区环境、停车管理等重难点问题的研究和解决，以六合园南社区为试点，“五步走”探索停车管理新途径，重新规划停车位，施划禁停标志打通消防通道，安装智能停车管理系统、雇请安保力量看管；引入“准物业”管理模式，五芳园、六合园南、依翠园南、永乐西南、永乐西北、北重西厂宿舍6个社区91栋楼、536单元、8953户、22563个居民分别与盛景嘉和物业、重德物业签订老旧小区“准物业管理”服务合同，实施“准物业化管理”将通过“四个一点”（产权单位担一点、政府资金奖一点、居民个人出一点、公共收益收一点）推动老旧小区实现公共区域“四有”（安全防范到位、绿化保洁优良、维修维护及时、停车管理有序）规范化管理。

（马玉秋）

【铁路沿线整治】　年内，鲁谷街道对破拆的铁路防护栏及时修补加装，铁路沿线周边裸露10万平方米地面进行苫盖；增加监控设备、增设移动消防设施，对“丰沙线”长1200米，铁路两侧宽30米范围内综合环境进行整治，拆除集装箱式违法建筑20余个，拆除私搭棚户10余个，疏解流动人口61人。加大铁路周边违法建设清理工作，拆除永定金属材料厂内违建仓储大棚2100平方米、京石客专65号至68号桥墩违建3675平方米，清理垃圾1600立方米。发挥护路队员和志愿者作用，统一装备、统一管理、统一巡逻，实现无铁路安全事故示范街道。

（马玉秋）

【垃圾分类】　年内，鲁谷街道完成垃圾分类全覆盖示范片区基础信息普查，更新垃圾分类小区基础信息台账，与地区104家餐饮单位签订餐厨垃圾规范收运合同，与58家签订废弃油脂规范收运合同；在重兴园、六合园南、永乐南、永西北4个社区为200余人进行垃圾分类宣讲；辖区44个居民小区，19个居委会、251栋居民楼垃圾分类实现全覆盖。

（马玉秋）

【河湖长制工作】　街道辖区内有2段河道水系——永定河左岸与人民渠，设立双河湖长，党工委书记和主任担任，居委会设立双职河湖长，居委会书记和主任担任。街道河湖长每月巡查一次，河湖长制办公室每半月巡查一次，居委会河湖长每周巡查一次，第三方河湖专管员、巡查员和保洁员每日不间断河务巡查，累计巡河833千米、202人次。永定河、人民渠醒目位置设立河湖长信息公示牌，增加二维码信息扫描功能，加强24小时热线电话值守。聘请第三方巡查、养护公司累计清理河道岸边垃圾杂物约120余立方米，修剪养护植被4600余平方米，出动清运车辆56台次，人员280余人次。

（马玉秋）

八宝山街道

【概况】　八宝山街道位于石景山区东南部，面积4.32平方千米，常住居民65860人。东以玉泉路为界，与海淀区万寿路街道相接；南以吴家村路为界，与丰台区卢沟桥街道相接；西以鲁谷大街为界，与鲁谷街道相接；北以石景山路为界，与老山街道相接。区域内道路近30条，有京九铁路穿过，地铁一号线及30多条公共汽车途径此地。辖区内有中国国际广播电台、中煤地质工程总公司、中国瑞达系统装备总公司等中央企事业单位，北京市第一中级人民法院、市人民检察院第一分院、市保障性住房建设投资中心等市属单位。街道现有机关行政编制60名，行政执法专项编制20名，工勤编制2名，事业编制42名，实有112人。共有区管处以上干部11人（含公安副主任1人），平均年龄54岁。街道所辖16个社区居委会，现有社工254人。八宝山街道党工委下设19个基层党组织，其中，16个社区党组织（12个党委，1个党总支，3个党支部），1个机关党总支（下设6个党支部），1个非公企业和社会组织党总支（8个支部），1个老干部党支部。街道直管党员2553名。在《北京日报》《北京晚报》、北京电视台市级媒体刊稿125条，区级媒体刊稿87条，石景山政务网发布政务新闻91条，街道级微信订阅号推送街道、社区时讯425条。年内，发动群防群治力量服务保障庆祝新中国70周年活动15000余人次，主动加强与各部门的衔接配合，按照“精益求精，万

3月4日，学雷锋日活动　　（八宝山街道供图）

无一失”的标准,实现“大事没出,小事也没出”的目标。八宝山街道沁山水南社区获第八届“北京魅力社区”。

(段 云)

【退役军人服务站全部挂牌】 5月,八宝山街道和辖区内16个社区的退役军人服务站全部设站挂牌。副市长卢彦对街道社区退役军人服务站进行调研并对基本建设、人员配置及工作实施的具体做法表示认可。北京市各区县相关工作人员陆续前往沁山水南退役军人服务站进行观摩交流活动。

(段 云)

【疏解整治促提升】 7月,金都园林地块所有存量违建全部拆除完毕,涉及建筑面积7600余平方米,建筑物8栋。协调建立包括产权单位、专业执法部门、网格员、社区群众在内的全方位的群防群治体系,避免拆后复建。结合长安街西延线整治,重点对6条背街小巷开展环境整治提升。高效配置利用疏解腾退空间,配合区园林局实现旺景公园开工建设。

(段 云)

【垃圾分类示范试点】 7月,八宝山街道作为全市第一批、石景山区唯一的垃圾分类示范片区,通过市级检查验收,基本实现垃圾分类投放、分类收集、分类运输、分类处理。居民生活所产生的厨余垃圾经过生化处理,产生沼气可用于发电,形成肥料可用于园林绿化。街道、社区、专业化公司、物业四级联动,推动社区居民、党政机关单位、社会单位、沿街商户4个群体参与垃圾分类工作。沁山水小区作为生活垃圾分类试点社区,垃圾桶边有垃圾分类指导员进行监管,为居民投放的垃圾称重、刷卡积分,居民根据积分可获得洗衣液、洗涤灵等礼品。

(段 云)

【新中国成立70周年系列活动】 年内,八宝山街道抽调人员参加天安门广场群众游行庆祝活动。动员辖区各方力量,发动群防群治力量15000余人次,按照“精益求精,万无一失”的标准,实现“大事没出,小事也没出”的目标。国庆节前,八宝山街道携手辖区居民,举办“凝心献祖国·聚爱谱华章”八宝山街道“七个一百”庆祝中华人民共和国成立七十周年大型活动(即百名歌者欢歌唱国庆、百名舞者齐舞迎国庆,百名志愿者鲜花扮国庆、百名老街坊“盛装”贺国庆、百名巧娘巧手献国庆、百名青少年彩笔绘国庆、百名朗读者诗歌颂国庆暨第三届朗读者大赛)。宣扬“爱国、敬业、诚信、友善”的社会主义核心价值观,用动情嘹亮的歌声、激昂向上的朗诵、青春舞动的身影、精美绝伦的画作向祖国母亲70周岁献上特殊的生日礼物。

(段 云)

【接诉即办】 年内,八宝山街道发挥属地责任,做好统筹协调,落实办理解决群众诉求,接收1621个案件,在12345“接诉即办”全市街乡月排名工作中取得一次第一,两次第二的优异成绩,2019年全区综合排名第四名。

(段 云)

【文化活动中心建设】 年内,八宝山街道围绕公共文化政策方针,结合地区的文化实际情况,坚持打造“高端普惠+创新+可持续发展”的街道级文化活动中心,在市文旅局组织的年度北京市乡镇(街道)综合文化中心效能评估工作中,八宝山街道综合文化中心取得全市第一的优异成绩,中心所在的沁山水南社区被评选为北京阅读季2019年度北京“阅读示范社区”。

(段 云)

【老旧小区更新】 年内,八宝山街道以鲁谷住宅社区为试点,实施老旧小区综合整治工程,社区环境和基础设施质量明显改善,并以三山园、四季园为试点,引入准物业化管理,探索老旧小区新型物业关系,在老旧小区改造和街区更新方面取得突破,居民满意度提升。

(段 云)

【便民工程建设】 年内,八宝山街道听取居民、产权单位、物业单位的意见,将破损严重的道路纳入便民工程。截至年底,永东南社区道路修缮工程、瑞达社区自行车棚及凉亭改造工程等7项便民工程和辖区内10个老旧小区绿化补种工程、社区文明景观建设维护工程等37项民生家园工程建设全部完工。

(段 云)

【城市家园建设】 年内,八宝山街道按照街巷长制工作要求,30名街巷长和150余名街巷管家积极履职,改善周边环境秩序。发动“老街坊”对872个楼门加强日常巡视,督促物业加强管控和粉刷保持,发现小广告反弹情况定期上报停机。贯彻落实北京市道路停车管理改革相关工作,配合区城管委做好路侧停车划线,并对本地居民道路停车居住认证1500人次。杜绝侵占公共资源行为,组织僵尸车拖移行动5次,强制拖移僵尸车14辆,自行劝离9辆,完成清理23辆。

(段 云)

【提升就业服务】 年内,街道采取纸质问卷调查、电子问卷调查、系统问卷调查等方式对街道辖区内29户用人单位进行企业用工调查,为用人单位和失业人员提供更全面有效的人力资源和公共就业服务。

(段 云)

老山街道

【概况】 老山街道位于石景山区东部,东起玉泉北路,北至田村山南路,与海淀区接壤;南起石景山路,与八宝山街道相连;西至西五环路,与八角街道相接。辖区面积6.1平方千米,常住人口41378人,其中户籍人口28019人、流动人口13359人。辖区有中央、市属、区属企事业单位218家。街道下设11个内设机构,人员编制96人,实有人员86人。下辖12个社区居委会,有社区干部186人。年内,老山街道完成机构改革,开展老旧小区有机更新试点,平房区消防安全专项整治,创建全国文明城区,“新时代文明实践推动日活动暨双报到”“文明祥和迎大庆,擦亮首都西大门”等活动。服务保障国庆70周年庆祝活动、第二届“一带一路”国际合作高峰论坛、亚洲文明对话大会等一系列重大活动和“五四运动”100周年等敏感节点的社会面防控,在重大活动期间启动专群力量防控等级“三级响应”工作机制,发动

2300余人巡逻布控力量。街道设立退役军人接待室，政务服务大厅设立退役军人接待站，各社区设立退役军人接待室，有退役军人1924人，退役士兵和军转干部占总人数的87%。政务服务中心进行“一窗式”改造，实现当日办理。街道管理失业人员492人，全年实现就业263人，摸查就业困难人员200人，采集空岗1200个。

（王文静）

【基层党建】 9月至12月，老山街道组织开展“不忘初心、牢记使命”主题教育，有13名街道处级领导班子成员，59个党支部、3857名党员参加。学习教育按照“守初心、担使命，找差距、抓落实”的总要求，制定方案分类指导，列出计划明确安排，落实集中封闭学习、专题交流研讨、讲主题党课等，同时坚持“学查改贯通”，圆满完成服务保障国庆70周年、东里北社区老旧小区有机更新、创建全国文明城区、“吹哨报到”、平房区消防安全专项整治等社会实践。

（王文静）

【平房区消防安全专项整治】 年内，老山街道开展梁公庵村居民户内消防基础设施整改，对599间平房进行户内电路改造。新建一处能够容纳60辆电动自行车停放充电的充电车棚。对梁公庵村1044平方米消防通道、疏散通道进行重新铺装，更换逃生窗护网183平方米，安装一组水泵接合器，捆扎梳理架空线200米，梳理网线等300米。辖区平房区清理不合格液化气罐18具，清理堆物堆料46车49吨，拆除存在安全隐患的私搭乱建30间345平方米，完成23个院落250余户出租房公共区域的清理，打通3条应急通道，聘用6名保安开展巡逻、防控。为平房区购置微型消防车辆1台，拆除遗留电线杆4根。

（王文静）

【老旧小区有机更新】 年内，老山东里北社区作为北京市老旧小区有机更新试点，成立由社区党委、专业规划师、产权单位、物业公司、区属相关部门及居民群众共同参与的工作专班，聘请城市规划师，制定《老山街道老旧小区更新提升工作方案》，完成涵盖小广告清理、“飞线”规整、公共空间堆物、停车管理、绿化美化等突出问题的“10+1”工程项目，打造可复制推广的“老山模式”。

（王文静）

【12345市民服务热线】 年内，老山街道成立“接诉即办”工作专班、建立社区“接诉即办”工作站，制定完善12345市民服务热线工作方案和办理流程，全年接办1493单，解决问题787件，主要涉及违法建设、物业管理、施工管理、市容环境等，响应率100%，综合办结率94.84%，综合满意率97.22%，综合评分排名位列全区第二。

（王文静）

【社会保障救助】 年内，老山街道为288户488人发放最低生活保障金700余万元，为945人次发放医疗救助171万元，为49人次发放城市分散特困救助金13.7万元，发放严重精神障碍患者监护人看护管理补贴37.7万元，为9139人次发放辖区残疾人生活护理补贴200余万元，为400余名残疾人发放助残券46.5万元，为2254名80岁以上老人养老助残卡充值254.4万元，办理生育登记服务单284人。完成街道苹果园H地块、站前小区、京汉旭城公租房项目入住家庭资格复核等。

（王文静）

【信访代理】 年内，老山街道处理信访案件84件，主要涉及辖区环境治理、停车管理等问题。街道接访40件70余人次，系统平台接访37件2376人次，其中纸信类8件2301人次（玉泉北里二区1114人联名信2件），网信类23件23人次，区接访转办6件52人次，区交办7件139人次。比去年同期信访代理量、重访量有所上升。

（王文静）

【社区居委会换届选举】 年内，老山街道完成第十届居委会换届选举工作，11个社区党组织书记和居委会主任是“一人兼”，占92%；两委委员交叉任职为33人，占41%；中共党员39人，占48.75%；大专及以上学历的有76人，占95%。所有数据均比上届有提高。

（王文静）

【流动人口服务管理】 年内，老山街道对辖区新出现和群众多次举报的违法群租房进行联合整治，组织集中宣传5次，召开协调会7次，组织联合执法11次。采取“弹性工作”与“你休息我工作”的方式，组织开展出租房屋和流动人口基础信息采集、核查工作。查验出租房2293户，流动人口11013人，梳理和完善人、房档案13000余份。

（王文静）

【提升公共文化服务】 年内，老山街道装修改造图书分馆、街道综合文化中心二层和玉泉北里二区社区文化室。综合文化中心经第三方公司进行社会化运营管理，保障每周56小时开放、19小时错时开放。开展第十届社区艺术节、第三届春节系列活动、中国爱乐–青少年交响乐团音乐会、斯特拉迪瓦里音乐会等文化活动149场次。举办“燕京八绝”等展览8场，放映电影174场，开展“相约老山 助力冬奥”冰雪活动3场。老山东里社区安装智能书柜，创新公民阅读新方式。

（王文静）

八角街道

【概况】 八角街道位于石景山区中部，东衔西五环，西连古城大街，南接莲石东路，北临京门铁路，辖区面积6.3平方千米。常住人口10万余人，其中户籍人口7.4万人、流动人口约2.6万人。辖区有23个社区、7个商务楼宇工作站，设24个党委、11个党总支、163个二级党支部，共有党员8546名。2019年，探索党建引领基层治理的有效途径，聚焦公共服务、城市管理和社会治理，发挥党建引领作用，强化区域化党建，按照街道级“1+5+X”和社区级“1+5+2”模式，强化党建工作协调委员会建设，推行红色物业、新门前三包等项目，取得良好效果。促进就业服务，实现就业创业1099人；办理户籍（二孩以内）登记674个；受理公租房、廉租房、经济适用房、限价商品房等相关业务咨询及办理3351人次。全年开展生产经营单位安全检查4281家次，整改隐患575处。高效推进精品街巷样板区16个牵头项目,100%入场施工。高标准打造景二、八角北路、八角中里、八角西街等多个宣传的样板街区;开展“八角文明榜样”选树活动,以榜样力量带动良好文明风尚;推出党员示范商户、文明商户、设立爱心公益角等营造多元参与的创城氛围,深化文明提素行动。获得2019“首都劳动奖状”、2014—2018年度“北京市侨联工作先进集体”等多项荣誉。“金色亲情”志愿服务队获“全国最佳志愿服务组织”称号。八角街道八角中里社区获“北京魅力社区单项奖”。

(高觉书)

【社区养老驿站“刷脸”就餐】 年内,八角街道融通市区街三级养老服务平台数据,开发为老服务预约软件,提供方便快捷的为老服务。从5月开始,在辖区10家社区养老驿站安装人脸识别系统,逐一录入老年人全部相关信息,凡户籍在社区内或长期在社区内居住的60岁以上老人可以到养老驿站内就餐,并实现“刷脸”用餐。每天约有两三百人到驿站内就餐。老人们除了可以享受到政府的补贴,还有街道为不同年龄段老人提供的2至4元不等的就餐补贴。

(高觉书)

【垃圾分类试点】 12月6日,八角街道启动建钢南里社区西院垃圾分类试点工作。设计研发“建钢南里生态蓝”APP积分程序,将居民门牌号等信息制作成二维码,每户一码,通过APP进行电子积分;设置三个垃圾投放点位,开放7:30—9:00、15:30—17:30两个投放时间,配备3名分类督导员,由专业公司进行垃圾分类程序培训后上岗,负责监督指导居民垃圾分类,居民每次正确分类投放后即可获得积分,积分可用于兑换居家产品。

(高觉书)

【基层党建】 年内,八角街道班子成员赴香山革命纪念地瞻仰学习,围绕“坚定信念”专题开展研讨,开展为期三天的集中封闭学习,编写《党员社区生活准则》,按照“三大纪律”曲调进行填词;机关党组织开展“初心·使命”大家谈和“争取让百姓点个赞”活动,在爱八角微信公众号开设“不忘初心、牢记使命”主题教育专栏;社区党组织根据党员身体状况和年龄结构分层分类组织实施,采取“带着学、领着唱、组织讲”等方式开展学习教育,在23个社区共同唱响《东方红》《没有共产党就没有新中国》《江山》《党员社区生活准则》等歌曲;结合庆祝新中国成立70周年,紧扣“我和我的祖国”主题,在八角文化广场举办庆祝新中国成立70周年主题升旗仪式,直播收看人数60万余人次,北京电视台等20余家国内主流媒体进行报道宣传。

(高觉书)

【区域化党建模式】 年内,八角街道构建“专委会+项目化”区域化党建新模式,推进单位党建、行业党建与社区党建深度融合。在街道层面,设置“1+5+X”构建模式,“1”即:街道党建工作协调委员会;“5”即:党群工作专项委员会、平安建设专项委员会、城市管理专项委员会、社区建设专项委员会、民生保障专项委员会;“X”即:协商议事机制。社区层面,设置“1+5+2”构建模式,吸纳居委会、社区民警、物业、业委会、老街坊议事会等各方力量,用好“双报到”资源。通过建立“三个清单、四个机制”,推进“工作项目化、项目清单化”,构建街道、社区两级项目清单。统筹推进新门前三包及红色物业等项目。

(高觉书)

【“红色物业”项目】 年内,八角街道探索物业服务管理融入社区治理体系的有效途径,以八角北里社区、时代花园社区为试点,推行“红色物业”项目,成立业委会党支部(功能型),推行实施“交叉进入、双向任职”,实施“三委联动”合署办公,建立社区级部门联动机制和协同治理工作机制,打造“红色物业”服务队,建立“民情联络站”,以党建引领物业参与社区治理为途径,加强对社区治理主体的政治引领,对解决居民群众的诉求起到促进作用。

(高觉书)

【新时代文明实践站】 年内,八角街道试点打造总面积800平方米融景城社区新时代文明实践站,设置学习强国室、识政讲习室等“两室”以及学习小屋、暖心小屋等“九小屋”,集理论政策宣讲、教育服务、文化服务、科技科普、健康健身“五大平台”作用于一体,通过集中授课、座谈、宣讲等形式,组织社区党员群众开展各类培训。在试点先行基础上,建成23个新时代文明实践站、1个新时代文明实践基地,全部挂牌启动,覆盖辖区所有社区。

(高觉书)

【为老服务呼叫中心开通】 年内,八角街道整合社区服务商、为老服务志愿者等分散的服务体系,对接石景山“老街坊”养老产业促进会和八角街道社区养老服务驿站的服务资源,面向辖区所有60岁以上老年人,开通服务热线,实时响应居家养老服务需求,为老人提供生活照料、家政、维修、政策咨询、紧急救助等服务,让老年人足不出户解决问题。年服务900余人次。

(高觉书)

【政务服务综合窗口改革】 年内,八角街道以“相似业务通办”为切入点,梳理服务事项,减少环节、精简材料,实施社区帮办代办等措施,将原有政务服务大厅26个窗口整合为1个综合咨询窗口、5个综合受理窗口、1个综合出件窗口,实现社保、计生、残联、住保、民政等173个政务服务事项“一窗受理”。

(高觉书)

【“社区花园”项目】 年内,八角街道选定特钢社区1700平方米连片场地,对可参与型绿地空间进行规划,基于小区60岁以上老年人居多的实际情况,“量身定制”关注老年人生活习惯的社区花园方案,拓宽路面方便轮椅通行,以植物造景结合休憩座椅打造景观组团,加装棋盘桌、景观廊架、休闲座椅等。

(高觉书)

【大气污染防治】 年内,八角街道将环境监管工作纳入现有网格化城市管理系统,建立并动态更新14类污染源台账;以“刮风不起尘”为基本要求,以苫盖为主要手段,对辖区裸地做到全面苫盖无遗漏;安装运行13处街道级空气质量精细化监测系统设备，实时监测 PM2.5、TSP 数值，进行专项数据分析，为辖区大气污染防治精细化治理提供决策依据；落实河长制，组织开展春季河湖岸线巡查整治、“小微水体”排查专项行动等工作。

（高觉书）

【精品街巷样板区建设】　年内，八角街道秉承“把居民当家人，把社区当家建”的服务理念，持续打造由街道牵头的精品街巷样板区。16 个项目全部入场施工，完成杨北区域静态交通提升项目一期工程和古城南路 39 号楼拆后提升项目等近 80%项目建设。

（高觉书）

【创新社区工作模式】　年内，八角街道按照“减负、归位、增效”原则，创新社区“大岗位管理、走动式工作、组团式服务”模式，对应、衔接街道机构综合设置改革，整合近 30 大类社区党组织、居委会、服务站工作职能，设置党群服务岗、自治服务岗、民生服务岗、环境服务岗和安全服务岗 5 个大岗位，组建与大岗位相对应的社区服务团队，到居民身边发现解决问题，回归社区自治、服务功能，推动为民办事常态化。全年 23 个社区走访户数达 5 万余户，发现问题 4000 余件，推动解决问题 3500 余件。

（高觉书）

古城街道

【概况】　古城街道位于石景山区中部地区，地跨长安街西延长线，毗邻永定河。东至古城东街与八角街道相邻，南部和西部到达永定河分别与丰台区、门头沟区交界，北至阜石路沿线以北分别与苹果园、金顶街和广宁街道相邻，总面积 15.41 平方千米，占全区总面积的 18.2%，辖区总人口 7 万余人，社区居委会 21 个，另有老古城南社区已批待建。冬奥组委、首钢集团和京西商务中心等重点机构和功能区均在辖区内，长安街边最后一个棚改项目北辛安棚户区在建中。现有基层党组织 152 个，党员 4336 名。街道现有机关行政编制 67 人，综合执法队 24 人，事业编制 43 人，工勤编制 3 人。古城街道全力以赴打造“古城新貌”，扎实推进高端绿色发展核心区、改革创新示范区和绿色崛起的展示窗口建设。组建“老街坊”护桥队，启动新首钢大桥看护工作；启动社会面二级加强防控和一级超常防控，全面梳理地铁、桥梁、涵洞、商超、加油、加气、制高点等重点点位 28 处和社区治安点位 39 处，全面布控、全时段值守。全年制定安保专项工作方案 11 份，启动社会面不同等级防控 66 天，发动群防群治力量 63056 人次。全年街道收到 12345 转办单 3902 件。

（赵　云）

【优抚对象服务】　年内，古城街道采集退役军人信息 1560 人，悬挂光荣牌 1530 块；现登记退役军人总数 1952 人，其中优抚对象 46 人，现役军人家属 42 人，烈士遗属 16 人，因公牺牲军人家属 3 人，病故军人遗属 15 人。“两节”发放走访慰问党员划拨资金 15.9 万元，走访慰问党员 161 名，“七一”走访慰问党员 150 人，划拨资金 15.85 万元。

（赵　云）

【河长制和水务工作】　年内，古城街道提高河湖岸线的环境标准，人工清理藻丝 20 车，投放生态水处理剂 6 吨。街道河长办和执法指挥中心对莲石湖进行 2 次拉网式排查，分指中心不间断巡查，第三方巡查员每日巡查，专业管护队伍第一时间清理整治。街道主要领导担任双河长，进行每月巡查，全年巡查 67 次，483.6 千米；街道工作人员进行日常巡查，全年巡查 17 次，138.76 千米；9 月，设专职巡河员，巡查 82 次，735.9 千米。全年河长制巡查 166 人次，1358.26 千米。继续组建应急抢险分队 3 支、75 人，防汛期间启动街道应急队伍备勤 6 次。

（赵　云）

【老旧小区更新改造】　年内，古城街道投资 740 万元在 11 个老旧小区新装智能门禁系统 200 余套，改造旧有门禁系统 600 余个。改造旱厕 3 个，加装路灯、楼门灯 770 余个，修剪危死树 300 余棵，修补局部破损路面 100 余平方米，绿化补种 18826 平方米。

（赵　云）

【“十乱”整治和“三清零”行动】　年内，古城街道开展“十乱”（乱贴乱画、乱泼乱倒、乱拉乱挂、乱搭乱建、乱停乱放）整治和‘三清零”（楼门小广告清零、楼道堆物堆料清零、私装地锁清零）行动。动态清理非法小广告 6830 张，清理粉刷楼门广告 396 个，清理喷漆广告 2701 件，分片清理无主垃圾和堆物堆料 5012 车。落实“门前三包”责任制，更新标牌、建立微信群，每月检查 2 次，规范未落实“门前三包”65 户次，清理店外经营 20 处，清理横幅广告 30 余条。立案查处违法行为 544 起，罚款 89.96 万元；查处无照经营机动车 21 辆，没收无照经营三轮车 16 辆，摩的 6 辆，清理僵尸自行车 49 辆。

（赵　云）

【环境建设】　年内，古城街道以国 9 子站为中心，加强一级防控区和 2 个 PM100 监测站周边区域综合治理。加强背街小巷保洁力度，完成 4 条背街小巷环境整治工程。加强扬尘污染精细化管控，开展大气污染防治全时高标准巡查治理，开展渣土车联合执法检查。加强裸露土地源头管控，制定出土报备、跟踪检查制度。开展施工工地执法检查，完善每月 2 次定期巡查与临时抽查相结合工作制度，立案查处施工工地 37 起，罚款 72.3 万元；运输车辆 143 起，罚款 11.6 万元。

（赵　云）

【垃圾分类】　年内，古城街道更换破损严重垃圾桶 10 个，新配置大型垃圾桶 390 个；购置垃圾分类大桶 505 个、小桶 3581 个、垃圾袋 67.65 万个。开展垃圾分类宣传教育活动，发放宣传资料 1500 余份，组织讲座 5 次，263 人次参与。组织餐饮业负责人参观鲁家山垃圾分类处理厂；处理现场会 6 次，21 人次参加。

（赵　云）

【拆除违法建筑】　年内，古城街道综合整治丰沙铁路沿线 7 个大院周边环境，拆除违法建设 4409.27 平方米，疏解人员 52 人，清理垃圾杂物 30 余车、230 余立方米；拆除南坑水屯平房区私搭乱建935平方米,清理窝棚11处,清运垃圾30余车。全年拆除辖区建设34004.59平方米。完成亨美利嘉建材城(拆除)、德义兴商品大楼(升级改造)、禹昂苹东果蔬市场(升级改造)转型升级工作。

(赵　云)

【消防安全】 年内,古城街道制作消防安全宣传提示牌4000块,在老旧小区居民楼704个单元、高层住宅楼3083个楼层统一安装;梳理辖区警示安全教育典型案例,制作展板进社区开展巡回警示教育活动。集中高压整治平房区安全隐患,成立水屯、南坑村南片管理组,每周2次夜查,安装“火眼”可视图像早期火灾报警系统;投资117万元打通消防2条,配备灭火器240套、安装烟感报警器170套、消防应急疏散演练2次。与21个社区、48家重点生产经营单位、995小微企业签订消防安全责任书,发放消防宣传材料6802份;对1043家企业开展安全检查6480次,发现隐患236处,下发责改通知书312份,隐患核销率100%。

(赵　云)

【就业帮扶】 年内,古城街道实现就业715人,就业困难人员就业542人,精细化管理就业困难人员就业34人,实现创业57人,带动就业219人,创业服务186人。走访跟踪服务用人单位户数145家,空岗信息采集1599户,职业介绍服务382人次。认定“零就业家庭”4户,实现就业4人,合并办理69人,享受市、区灵活就业人员1974人。

(赵　云)

【精准帮扶】 年内,古城街道支援青海玉树称多县清水河镇普桑村合作社养殖扩大项目及畜牧养殖险70万元,资助40名清水河镇贫困学生生活费。为辖区内困难群众办理低保医疗救助1384人次,发放医疗救助金163.52万元,发放低保金1658.7万元,发放特困人员生活费及照料护理费32.2万元,发放统筹资金5392元,报销医药费30891.5元。筹集社会资金28.8万元,资助帮扶辖区内特殊困难群众35人。

(赵　云)

【养老服务】 年内,古城街道为60岁以上老年人办理老年证81人次,审核90岁及以上享受高龄津贴老年人2146人,发放高龄津贴22.14万元,发放95岁以上高龄老年人医疗补助36人次、39462.97元。为60岁及以上特殊老年人发放年度意外伤害保险151人次。推进居家养老精准化服务项目,协助144位老人在“石景山区智慧养老服务平台”上申请信息机;为54位老人申报“失能康复关爱项目”。

(赵　云)

苹果园街道

【概况】 苹果园街道地处石景山区北部,东经新四平台与海淀区搭界,南抵京门铁路,西起首钢福寿岭疗养院、礼王坟、金顶山一线,与金顶街街道连接,北依京西翠微、青龙诸峰与五里坨街道隔界,永引渠从中部贯穿而过。辖区面积13.13平方千米。街道下辖社区21个,常住人口9.5万人,流动人口3.1万人。年内,苹果园街道摸排地区公共文化服务现状,挂牌成立苹果园街道新时代文明实践所(站),强化意识形态领域建设。全年办理12345市民热线案件3520件,响应率100%,满意率75.7%,实现街道吹哨有平台、部门报到有作为。统筹用好社区工作保障与服务群众经费,全年立项审批105项服务群众项目,共计736万元。完成疏解整治促提升专项任务,提升地区整体环境。保持大气污染防治高压态势,以超常规力度治理环保突出问题,处罚相关案件283起;推进“河长制”,消除黑臭水体490米。落实“街巷长制”,加强街巷精细化管理力度,打造整洁市容。完成“煤改电”改造120户。攻坚精准脱贫,做好结对帮扶,向青海省称多县扎朵镇提供50万元,惠及贫困人口188人。深化“参与式协商”模式,社区全年共计召开“老街坊议事厅”“老街坊楼委会”等议事会议157次,协商决议事件260件,推动老旧小区自我服务长效管理,提升社区民主自治能力。发挥群团组织纽带作用,开展志愿服务、讲座、技能培训、冰雪运动等各类活动百余场。街道获评首都全民义务植树先进单位。

(种晓阳)

【基层党建】 年内,苹果园街道组织开展“不忘初心、牢记使命”主题教育,成立街道领导小组,制定实施方案及配套文件,明确“二五六七”学习教育思路,强化机关、社区、“两新”党组织分级分类指导。组织处级领导班子聚焦党性修养、理想信念等开展专题研讨和集体学习29次,调研155次。指导地区23个基层党委159个党支部围绕“五个一”要求累计开展学习教育、现场参观、专题研讨、主题党课、知识竞赛、集中培训等各类活动900余场次。

(种晓阳)

【新中国成立70周年庆祝活动】 年内,苹果园街道围绕主线,开展“我和我的祖国”“个十百千万”主题活动及庆祝新中国成立70周年图片展,采编10位新中国同龄人生活经历,收集党员群众的祝福明信片、照片等文艺作品5000余张。

(种晓阳)

【“双报到”活动】 年内,苹果园街道开展基层党组织和在职党员“双报到”集中活动13次,累计15620人次参加;举办表彰大会,授予10个基层党组织及40名优秀在职党员荣誉称号。

(种晓阳)

【创建全国文明城区】 年内,苹果园街道以创建全国文明城区为牵引,推进地区发展新局面。调整组织领导体系,健全工作机制。编、绘制《街区图》《物业台账》《包片包点工作台账》等基础台账,倒排工期,推进“三清零”等重点工作,统一规范社区精神文明宣传橱窗93个,设置核心价值观景观小品3处,扩大宣传阵地。为20条背街小巷安装路灯147盏,为13个居住小区安装路灯148盏,修补9条背街小巷破损路面,完善民生家园基础设施建设。

(种晓阳)

【第四次全国经济普查】 年内,苹果园街道登记底册单位企业数量6060家,占全区25%。实际完成普查数量6909家,上报率114%,超全区平均上报率6%,圆满完成第四次全国经济普查工作。

（种晓阳）

【保就业指标】　年内，苹果园街道完成就业指标937个，完成年度目标任务102%；采集单位信息153家，开发就业岗位1620个，完成年度目标任务101%；完成一对一指导就业困难人员实现就业目标任务100%。

（种晓阳）

【公共文化服务】　年内，苹果园街道做好首都公共文化服务体系示范区创建工作。实现街道级文化活动中心社会化运营，建设金苹果文化小院，优化公共文化设施规划布局，打造“4+1”文化阵地模式。开展冰雪健身活动，培育冬奥会“主场意识”；培育“红色文化进社区”特色品牌，举办各类文化活动183场，惠及居民万余人。

（种晓阳）

【社会保障服务】　年内，苹果园街道发放低保、失业保险金、医药费救助金等各类社会保障金2589.6万元，完成退役军人和其他优抚对象信息采集5253人，悬挂光荣牌4940块。发放90岁以上高龄津贴3108人次，发放居家养老（助残）券5600人次。做好各类保障房受理和资格初审工作，保障居民利益。

（种晓阳）

【民生建设成果】　年内，苹果园街道投入资金454万元，完成便民工程4项；投入资金约200万元，完成街道应急小型项目工程42个；投入资金约1992万元，完成民生家园项目17个；投入资金约377万元，完成背街小巷的提升工程7个。

（种晓阳）

【垃圾分类】　年内，苹果园街道召开垃圾分类知识讲座24场，补充更换垃圾桶318个，修复桶盖251个，发放居民户用垃圾袋126万个；为新开展垃圾分类10个社区发放厨余垃圾桶近6000个，发放宣传册6000余份；八大处甲七号垃圾分类积分兑换站投入使用，科技助力生活垃圾分类处理。

（种晓阳）

【便民服务】　年内，苹果园街道聚力普惠性、基础性民生建设，与辖区内400余家商户签订“一刻钟社区服务圈”服务协议，制作并发放苹果园街道一刻钟便民服务手册1.2万册、爱心卡2.1万张，持卡居民可在爱心联盟旗下商户享受居家养老、餐饮服务、美容美发、汽修维修等9类服务优惠。

（种晓阳）

【消除安全隐患】　年内，苹果园街道开展社会单位安全生产检查5666家次，检查覆盖率100%，排查隐患1237处，消除安全隐患1218处，消隐率98.46%，下达责令改正通知书773份；超额完成16家小微企业达标和102家单位安责险投保；实现地区全年安全生产零事故，火警火灾双下降。

（种晓阳）

金顶街街道

【概况】　金顶街街道位于石景山区西北部，地区面积7.3平方千米。东以金顶山为界与苹果园街道毗邻，南以京门铁路为界与古城街道相接，西以黑头山为界与广宁街道接壤，北至蟠龙山与五里坨街道相连。金顶街街道划分16个社区，地区总人口8.3万人，其中常住人口6.9万人，登记流动人口1.3万人。全年接待群众来访360余次、530余人，受理石景山区便民电话转办单1件，受理北京市网上信访信息平台转信25件，全部按时办结。依托街道综合文化活动中心建设金顶街新时代文明实践所，建筑面积2354平方米，可以为各个志愿服务队提供活动场地。完成模式口西里三角地环境治理提升工程、模式口西里石景山小学东侧道路改造、模式口北里法治广场周边道路改造三个便民工程项目。实现城乡劳动力就业740人，实现创业39人，带动就业221人。

（杜若陶）

【基层党建】　年内，金顶街街道完成145个二级支部换届选举，规范开展“三会一课”，在主题教育中夯实组织基础；将主题教育与挖掘文保区特色资源、擦亮文化金名片相结合，以传承红色基因为主线，成立社区党校、红色剧场，排演《模式口红色记忆》原创话剧，搭建骆驼祥子文化街景，绘制社区文化艺术墙，宣传红色历史，传播红色记忆。设立模式口民俗工作室，展示地区丰厚文化底蕴；将主题教育与为民服务解难题、推动各项重点工作相结合。发挥党建引领“街道吹哨、部门报到”的统筹协调作用，完成辖区环境整治、绿地养护、地上线入地等工作。加强青年宣讲团建设，划分“中国红色革命精神”“十九大关键词”“建国70周年”等不同专题，按照机关、社区、区域化单位等不同需求开展宣讲。党工委书记讲党课3次，青年宣讲团宣讲10场，举办为期3天的基层党建工作培训和为期3天的主题教育培训。春节、七一期间，市委、区委发放专项经费27.66万元，累计走访慰问解放前入党老党员、病因党员、基层党务工作者209人。街道下拨经费19.68万元，社区党委慰问困难党员和居民党委委员1641人。工委会专题研究“两新”党建工作2次，制定“两新”党建工作计划。开展红色宣讲进楼宇、“两新”党组织与社区党委联建等活动。开展新建“两新”支部启动经费督查，投足、用好、管严“两新”经费。

（杜若陶）

【各项民生政策】　4月30日，辖区内失业登记人数708人，城乡劳动力就业740人；实现创业39人，带动就业221人；享受低保待遇家庭846户1637人，新增44户，停止139户，复审1232户，为2040人次报销医疗救助费2467137.71元；因病致贫4户65102.37元，临时救助2户7700元。

（杜若陶）

【便民精品工程】　12月，模式口西里三角地环境治理提升工程、模式口西里石景山小学东侧道路改造、模式口北里法治广场周边道路改造3个项目便民工程竣工并投入使用，合计资金496万元（包括小型工程200万元）。

（杜若陶）

【“红色物业”改革】　年内，金顶街街道选派12名党建工作指导员指导物业单位开展党建工作，吸纳物业单位9名业务骨干进入社区区域化党建协调委员会，任命9名物业人员为社区党委或社区居委会兼职委员,各社区实现与物业服务企业“双向进入、交叉任职”。

(杜若陶)

【社区治理成效】 年内,金顶街街道对西福村、模西南社区服务站办公工作台进行改建,建设模东居民活动中心,筹备成立铸造村二区社区服务站,改善社区服务环境。加大街道“老街坊之家”的品牌宣传力度,将“凝聚百姓心,弘扬正能量,让社区活动更温情、更具温度感”融入项目中,全年共举办“清明诗会”“书香换花香公益捐赠”“送妈妈的礼物”和“关爱居民健康”等25场活动,强化地区特色品牌建设,提高居民参与社区建设的积极性和主动性。推动智能型社区建设,拓展“科技创新服务”内容,全年各社区共推送动态新闻和时事新闻614条,微信公众号推送信息112条。

(杜若陶)

【模式口“文保区”建设】 年内,金顶街街道围绕“打造模式口历史文化名片”工作要求,推进模式口综合整治各项工作。持续开展各类违法违规乱象整治,拆除违法建设3657.43平方米;疏解人口近100人;主动与石泰公司进行对接,做好拆违群众工作,维护模式口地区的环境秩序;挖掘模式口文保区文化底蕴,加强历史文化的传承、保护;加大宣传力度,打造模式口区域文化品牌,提升模式口优秀民俗文化、历史文化、红色文化的辐射力、带动力、影响力。

(杜若陶)

广宁街道

【概况】 广宁街道位于石景山区西部,境内东部是由四平山、黑头山边麓形成的山地,与金顶街街道接壤;南部为京能热电股份有限公司石景山热电厂和丰沙铁路线,与古城街道接壤;西部是永定河绿色亲水生态走廊和麻峪工贸中心企业用地,与门头沟区相接;北部是西北热电中心、大唐国际北京高井热电厂,与五里坨街道相接。辖区面积6.11平方千米。户籍人口11738人,流动人口8427人。广宁村、麻峪村、柳林庄、电务三段及高井路两侧是境内5个主要居民住宅区域,并以此为主形成麻峪、麻峪北、高井路、新立街、东山5个社区。辖区设有1所中学、3所小学。社区卫生服务中心1个。广宁地区是北京市电力和供热主要生产基地之一,西北热电中心由6台35万千瓦级燃气热电机组组成,是北京市最大的燃气热电中心。寿山福海养老服务中心是由恒坤投资集团有限公司与麻峪工贸中心合资兴建的北京市五星级养老服务机构。作为冬奥服务保障的重点区域,广宁街道积极践行“奥运让城市更美好”的理念,在区委区政府和北京冬奥组委的大力支持下,稳步推进冬奥社区建设,将奥林匹克理念融入城市环境、社会治理、社区生活,打造冰雪创意丰富、居民踊跃参与、运动活力十足的冬奥社区。在做好服务冬奥、参与冬奥、借势冬奥三件大事的同时,利用冬奥理念来统筹、引领各项重点工作,将冬奥理念贯穿于日常工作中,探索社会治理创新,解决影响群众生活的各类问题,提升居民群众的获得感和幸福感。

(王 虹)

【“接诉即办”全区第一】 年内,广宁街道发挥党建“同心圆”、社区综合执法站等机制优势,主动治理、未诉先办、接诉即办,12345热线接诉问题数量635件,响应率100%,解决率80.09%,满意率97.4%,在全区绩效考评中位于第一。1、2、9月份12345非紧急救助热线解决率、群众满意度、综合评分为全市第一。

(王 虹)

【冬奥社区建设】 广宁街道全年完成1.7千米健身步道建设、高井路西侧入口吉祥物雕塑景观建设、冬奥社区公园改造,建成200平方米冰壶赛道,2700平方米冰雪乐园。5月11日,高井路社区成为北京市首个被冬奥组委授牌的“冬奥社区”。12月13日,国际奥委会副主席胡安·安东尼奥·萨马兰奇等国际冰雪体育组织负责人一行十余人到访冬奥社区。

(王 虹)

【社区两委换届】 年内,广宁街道高标准完成社区两委换届工作。党委换届社区平均投票率为97.4%,选举产生党委(党总支)委员35人;社区居委会换届社区平均投票率为97.75%,选举产生社区居委会成员共33人。

(王 虹)

【社区文体活动】 年内,创建广宁青年滑冰队、广宁冰壶队、冬奥应急志愿服务队等冰雪文体活动品牌,开展“滑雪越野挑战赛”“冰雪嘉年华灯会”等冬奥主题的群众性文化体育活动,开展“冬奥知识大讲堂”等冰雪知识宣传;艺枫舞蹈队取得石景山区第十一届民族健身操舞大赛一等奖、第三十

12月13日,国际奥委会副主席萨马兰奇参观冬奥社区 (广宁街道供图)

六届古城之春艺术展演一等奖。

（王　虹）

【开展环境整治】　年内，广宁街道开展环境整治50余次，清理堆物堆料400余车，近2500立方米；清理小广告7392张；封堵旱厕6座；消杀200余处；规范门前三包264家；检查餐饮行业150家，责令整改5家；处理违规停车213次。累计出动执法人员1200余人次，取缔挂账点位8处，规范店外经营137家，查处无照经营26起，清理无照游商78起；整治机动车乱停放347起；清理堆物堆料点位222处。累计拆除包括宏润公司、麻峪工贸公司、麻峪村南大棚房、京能电厂、首发集团等单位和个人在内的违法建设47处，共计拆除1.1万余平方米，涉及人口1500余人。取缔柳林庄六环桥下、石景山火车站和电厂建材存储市场等低端业态，腾退土地4万平方米。

（王　虹）

【消防安全排查】　年内，广宁街道检查燃气使用单位128家，整改燃气违规使用问题26个，消除安全隐患76处。平房区安全隐患整治期间出动检查人员672人次，检查单位224家次，发现隐患375处，消除隐患338处。

（王　虹）

【落实“河长”责任】　年内，广宁街道区级河长巡河5人次，街道级河长巡河628人次，里程总计2065千米。全年上报解决案件51件，安装“一口一牌”83个，封堵排污口49个。

（王　虹）

【便民民生工程】　年内，广宁街道实施便民工程、民生工程50余项，投资1500余万元。对平房区电线全部明线穿管、安装漏电保护器、烟感报警器等综合整治，修补破损路面180处，打通生命通道7条，统一规划建设麻峪主街牌匾、粉刷外立面、修建花池、口袋公园、停车场等工程。

（王　虹）

【保障和改善民生】　年末，广宁街道在册低保家庭160户312人，年度累计发放低保金362.8万元，提供医疗救助500人次63万元；年度累计发放残疾人两项补贴16万元；管理社会化退休人员1402人，年度累计发放养老金4877万元；申领保障性住房核定表45户，两房资格受理43户，审核备案42户，资格变更36户，三房资格终止20户，新增公租补贴6户，廉租转公租5户。全年，保障性住房租金补贴核算51户次、70.6万元。

（王　虹）

五里坨街道

【概况】　五里坨街道位于石景山北部，东沿香山公园西南、青龙山、翠微山、虎头山一线与海淀区、苹果园街道接壤，南沿福寿岭、109国道、高井村、丰沙铁路、永定河一线与金顶街街道、广宁街道相连，西与门头沟区三家店为邻，北沿猴山、克勤峪、白石岗诸峰与门头沟区、海淀区毗连，辖区面积21.5平方千米。109国道（石门路）过境。管辖14个社区居委会和1个社区筹备组。常住人口约6万，其中户籍人口约3万人。驻军团级以上部队19个，驻辖区企事业单位339家。街道党工委、办事处机关内设机构“六室一队三中心”，行政编制44个，实有41人；事业编制34个，实有28人；执法编制14个，实有13人。年内，深入推进全面从严治党、老旧小区有机更新和综合整治、浅山区生态环境治理等工作。接到群众反映的“接诉即办”来电诉求1915件，自成立专班以来回访响应率100%，解决率82.84%，满意率92.52%。选派75名机关干部及社区工作者参加群众游行，28名党员参加国庆观礼。举办“壮丽七十年 奋斗新时代”庆祝新中国成立70周年文艺晚会。在单位、社区、沿街商铺悬挂国旗，主要路段布设花卉景观，宣传播放《我和我的祖国》主题快闪歌曲。

（韩艳玲）

【浅山区综合整治】　4月11日，五里坨街道举行“五里坨浅山区土地资源及生态环境整治行动”启动仪式，组织力量对双泉寺、陈家沟、潭峪、新隆恩寺、转马台等区域住宅、非住宅开展排查摸底，对“大棚房”等违建进行清理，拆除黑石头沟等浅山区违建3331平方米、清退土地4500平方米。完成南马场水库周边的12处34间670平方米木屋拆除。拆除新生违法建设5起，拆除650平方米，清退土地850平方米。制止新生违法建设2起，拆除遗留问题建设10起，拆除63403平方米，清退土地72250平方米。

（韩艳玲）

【基层党建】　年内，五里坨街道成立“不忘初心、牢记使命”主题教育工作领导小组，制定实施方案及学习调研计划。组织班子封闭学习3天、研讨学习7次，完成6个专题交流。各级党组织开展教育活动680余次，处级干部和党支部书记讲党课94人次。制定党员教育培训计划，对全体机关干部分期轮训。组织党务知识轮训4次，培训1325人次。全年组织处级理论中心组学习、研讨17次。

（韩艳玲）

【环境卫生整治】　年内，五里坨街道组织全体机关干部、社区工作者及“老街坊”志愿者400余人开展常态化环境卫生整治行动。集中清理整治小广告、堆物堆料。多部门联合对辖区重点行业、公共场所开展专项检查，出动95组189人次，检查577家单位，发现隐患150处，整改隐患148处。

（韩艳玲）

【优化营商环境】　年内，五里坨街道建立为民优质服务“十标准”，开展提高工作效能“六办”和倡导“五种服务作风”活动。在服务大厅设立综合咨询窗口、综合受理窗口、专业咨询窗口，大厅内配备等候休息区、材料填写区、自助服务区、母婴室等便民区域。召开窗口服务提升工作部署会，完善设立学雷锋志愿服务站点、禁烟标识、无烟区、无障碍设施，在显著位置刊播政治主题类公益广告，运用多种形式宣传展示社会主义核心价值观。

（韩艳玲）

【矛盾纠纷排查化解】　年内，五里坨街道持续开展矛盾纠纷排查化解。全年接访14件，来访100人次，其中群体访2件，群访80人次，办结率100%，群众满意率95%。加强重点人、重点地区和重要事件的排查监控管理，全年共启动社会面一级超常防控等级10次,出动各种力量累计约16940人次;社会面二级加强等级36次,出动各种力量累计约37260人次。

(韩艳玲)

【基层党组织规范化】 年内,五里坨街道完成社区党组织换届,选举书记、副书记30名,全部达到要求。调整党组织副书记4名、服务站站长5名、副站长7名。完善街道社区两级党建协调委员会机构,推动17个小区、自管房物业与社区党组织"双向进入、交叉任职"。实施"两新组织党建深化年"行动,重新梳理街道范围内所有非公企业和党员数量,准确更新"两新"党建工作动态台账。"两新"党总支组织、"两新"党员集中开展政治学习教育活动18次。

(韩艳玲)

【文明城区创建】 年内,五里坨街道召开9次部署动员、分析研讨、问题推进等会议,解决"老街坊"广场、邮政储蓄所、便民综合果蔬站等多个民生需求。街道新时代文明实践所及14个社区文明实践站正式挂牌,成为弘扬主旋律、开展主题活动、提供为民服务的新阵地。安装文明行为提示展板750余块,核心价值观景观展示50余处,关爱未成年人宣传展示30余处,创城口号宣传展板600余处,垃圾分类亭400余个,宠物便箱280余个。规范车辆停放、堆放物料等行为110起。

(韩艳玲)

【注重民生建设】 五里坨街道全年发放低保金212.7万余元,各类救助补贴160万余元。年内,举办军民联欢会,赠送20余万元慰问品。审核通过符合要求的39名非京籍学生入学。设立"菜篮子、直通车"等便民购菜和购物点5处。投资350万元,实施隆恩颐园、兴泰嘉园、五里坨西小街7号院3个小区的绿地美化项目以及西山机械厂社区2号院环境整治项目。利用街道民生家园建设1000万元资金实施5项环境改造提升工程。

(韩艳玲)

【群众文化活动】 年内,五里坨街道综合文化中心、南宫嘉园社区文化室、红卫路社区文化室社会化运营启动,运用"石景山文E"数字文化平台发布活动信息,提高活动知晓率和居民参与率。举办春节花会走街、"创城有我健康骑行""健康十里行"登山运动会、读书月等各类文体活动。全年开展活动229场,"快乐阅读直通车"活动18场,放映电影72场。

(韩艳玲)

石景山区街道工委 办事处负责人

八宝山街道
　　工委书记　　宁慧娟(女)
　　办事处主任　卢满钧
鲁谷社区行政管理中心
　　工委书记　　梁锁生(4月免)
　　中心主任　　杜立明(4月免)
鲁谷街道
　　工委书记　　梁锁生(4月任,9月免)
　　　　　　　　李先侠(9月任)
　　办事处主任　杜立明(4月任)
老山街道
　　工委书记　　王永明
　　办事处主任　赵世英(9月免)
　　　　　　　　周　冲(女,蒙古族,9月任)
古城街道
　　工委书记　　赵恩国(苗族)
　　办事处主任　洪　炜(9月免)
　　　　　　　　王庆亮(9月任)
八角街道
　　工委书记　　宋永红(女,8月免)
　　　　　　　　高春玲(女,8月任)
　　办事处主任　颛孙永麒(3月免)
　　　　　　　　张晓磊(4月任)
苹果园街道
　　工委书记　　杨举生
　　办事处主任　梁学刚
金顶街道
　　工委书记　　佟纪光
　　办事处主任　吕三伏
广宁街道
　　工委书记　　石显富(3月免)
　　　　　　　　杨贵宝(8月任)
　　办事处主任　李宗荣(布依族,9月免)
　　　　　　　　吴智鹏(9月任)
五里坨街道
　　工委书记　　佟建国
　　办事处主任　佟建国(3月免)
　　　　　　　　王国利(3月任)

人物　荣誉

全国先进集体

全国职工互助保障工作先进单位

石景山区

全国工人先锋号

北京银建汽车修理有限公司机修车间

全国青年文明号

八角派出所

全国维护妇女儿童权益先进集体

石景山检察院第一检察部

全国巾帼文明岗

八宝山街道沁山水南社区居委会

石景山检察院未成年人案件检察部

民盟中央思想宣传工作先进集体称号

民盟石景山区工委

民进中央全国先进基层组织

民进石景山区工委

全国先进个人

全国五一劳动奖章

余　尘　北京市合达律师事务所律师

全国三八红旗手

董天婳　金顶街派出所所长

全国人民满意的公务员

姚　震　石景山区行政执法监察局办公室主任

全国模范退役军人

王晓庆　石景山区住房保障中心主任

全国巾帼建功标兵

诸　敏　八角社区卫生服务中心主任助理

全国教育系统先进个人

师德光　北京市第九中学新疆部主任

全国维护妇女儿童权益先进个人

李丽军　石景山公安分局看守所主任科员

中国好人榜

常胜利(见义勇为类好人)鲁谷街道重兴园社区居民

师德光(敬业奉献类好人)北京市第九中学新疆部主任

全国民族团结进步模范个人

高国强　石景山区委统战部副部长

全国最美家庭

姚志刚家庭

民盟中央思想宣传先进个人

李　莉　民盟石景山区工委秘书长

王朋飞　民盟石景山区工委综合支部盟员

民进全国基层组织工作先进个人

于秀云　民进石景山区工委主委

北京先进集体

首都劳动奖状

八角街道办事处

北京市工人先锋号

首都医科大学附属北京康复医院 骨科—康复中心

北京市筹备和服务保障中华人民共和国成立70周年庆祝活动先进集体

区总工会

北京先进个人

首都劳动奖章

师德光　北京市第九中学新疆部主任

杜建忠　北京金建出租汽车有限公司驾驶员

陈玉彬　北京市石景山区税务局科长

陈　飞　北京藏经阁收藏品文化交流中心唐卡画师指导

第三十三届“北京青年五四奖章”

张春景　北京盛世顺景文化传媒有限公司董事长

首都最美家庭标兵户

徐念庸家庭

姚志刚家庭

首都最美家庭

徐念庸家庭　张宁敏家庭

庄扬名家庭　姚志刚家庭

程万祥家庭　王冠伟家庭

李福继家庭　路紫霞家庭

陈永刚家庭　夏淑芹家庭

田宝来家庭　蓝斌志家庭

孙淑珍家庭　张晓巍家庭

张成家庭　朱爱丽家庭

唐秀娟家庭　安素芬家庭

杨晶晶家庭

第七届首都道德模范提名奖

柏　群　燕京八绝集团有限公司董事长

陈　飞　北京藏经阁收藏品文化交流中心唐卡画师指导

北京市筹备和服务保障中华人民共和国成立70周年庆祝活动先进个人

何有华　北方工业大学团委书记

王祖芝　石景山区科学技术协会副主席

刘有宝　北方工业大学安全稳定工作部职员

周专祥　石景山区城市管理委员会综合整治办主任

高　照　石景山区委区直属机关工作委员会工会副主席

汤塞力　北京景山学校远洋分校大队辅导员、舞蹈教师

马彦斌　石景山区统计局主任科员

隗　婉　石景山团区委团务部部长

统计资料

表 15

石景山区主要经济指标完成情况

（2014 年—2019 年）

指　标　名　称	计量单位	2014 年	2015 年	2016 年	2017 年	2018 年	2019 年
一、地区生产总值							
地区生产总值	亿元	481.8	532.3	592.9	667.3	748.8	806.4
第二产业	亿元	97.7	102.5	105.9	114.4	124.0	134.9
第三产业	亿元	384.1	429.8	487.0	552.9	624.8	671.5
第三产业增加值占地区生产总值比重	%	79.7	80.8	82.1	82.9	83.4	83.3
二、土地与人口							
土地面积	平方公里	85.74	85.74	85.74	85.74	85.74	85.74
常住人口	万人	65.0	65.2	63.4	61.2	59.0	57.0
户籍人口	万人	38.0	38.3	38.7	33.2	38.6	39.0
人口密度(常住人口/土地面积)	人/平方公里	7581	7604	7394	7137	6881	6648
三、全社会固定资产投资							
全社会固定资产投资增速	%	13.0	9.3	12.1	20.1	1.1	6.1
#房地产开发投资增速	%	38.0	11.2	11.2	32.2	－30.2	57.2
房屋建筑施工面积	万平方米	351.5	303.0	353.5	383.1	346.5	382.3
房屋建筑竣工面积	万平方米	70.8	27.5	108.7	61.1	19.2	24.3
#住宅面积	万平方米	54.8	10.8	20.4	13.1		
四、社会消费品零售总额							
社会消费品零售总额	亿元	241.9	266.0	287.4	303.4	312.4	327.2
批发业	亿元	6.2	17.9	17.0	17.0	16.4	43.4
零售业	亿元	213.2	233.9	256.4	271.1	277.3	263.6
住宿业	亿元	4.3	1.8	1.2	1.4	1.2	1.5
餐饮业	亿元	18.2	12.4	12.7	13.9	17.4	18.7
五、财政							
财政收入总计	亿元	135.4	82.6	75.1	106.5	112.3	113.0
财政支出总计	亿元	169.7	133.5	127.9	182.3	177.7	206.7

续表

指 标 名 称	计量单位	2014年	2015年	2016年	2017年	2018年	2019年
六、劳动工资							
非私营法人单位从业人员期末人数	人	200521	198350	196270	199133	204078	207861
非私营法人单位在岗职工平均工资	元	91189	99121	110490	127794	148532	182472
七、文化、卫生、体育							
图书馆藏书	万册	101.0	74.9	79.6	113.0	104.0	107.5
文物保护单位	个	33	40	36	36	36	36
卫生技术人员	人	7927	8316	8845	8774	9036	9371
医疗病床	张	4634	4870	5183	5250	5276	5363
每千常住人口拥有医生	人	4.5	4.6	5.3	5.4	5.8	6.0
每千常住人口拥有床位	张	7.1	7.5	8.2	8.6	8.9	9.4
中小学在校学生	人	38194	36816	35455	34100	33942	35038
八、居民生活							
居民人均可支配收入	元	51971	56304	60980	66112	71244	76990
居民人均消费支出	元	33767	36789	38547	40767	43286	45904

注：根据北京市统计局反馈结果，依据石景山区2018年第四次全国经济普查结果，对本区2014—2018年地区生产总值进行历史数据调整。

附　录

中共北京市石景山区委主要文件目录

中共北京市石景山区委文件

京石发〔2019〕3 号　中共北京市石景山区委北京市石景山区人民政府关于印发《北京市石景山区机构改革实施方案》的通知

京石发〔2019〕4 号　中共北京市石景山区委 北京市石景山区人民政府 中共首钢集团有限公司委员会 首钢集团有限公司印发《关于贯彻落实〈加快新首钢高端产业综合服务区发展建设打造新时代首都城市复兴新地标行动计划（2019—2021 年）〉的 2019 年工作方案》的通知

京石发〔2019〕5 号　中共北京市石景山区委北京市石景山区人民政府关于印发《北京市石景山区深化街道机构综合设置改革全面推开工作方案》的通知

京石发〔2019〕6 号　中共北京市石景山区委印发《关于解决形式主义突出问题为基层减负的十六条措施》的通知

京石发〔2019〕7 号　中共北京市石景山区委印发《中共北京市石景山区委关于加强党的政治建设的工作措施》的通知

京石发〔2019〕8 号　中共北京市石景山区委关于印发《石景山区深入开展"不忘初心、牢记使命"主题教育实施方案》的通知

京石发〔2019〕9 号　中共北京市石景山区委关于新时代加强和改进人大工作的实施意见

中共北京市石景山区委办公室文件

京石办发〔2019〕1 号　中共北京市石景山区委办公室关于印发《石景山区 2018 年度党委（党组）书记抓党建述职评议考核工作方案》的通知

京石办发〔2019〕2 号　中共北京市石景山区委办公室关于集中整治形式主义、官僚主义的通知

京石办发〔2019〕3 号　中共北京市石景山区委办公室关于印发《区委常委会 2019 年议题计划》的通知

京石办发〔2019〕4 号　中共北京市石景山区委办公室 北京市石景山区人民政府办公室关于转发《石景山区 2019 年调研工作要点》和《石景山区 2019 年重点调研课题计划》的通知

京石办发〔2019〕5 号　中共北京市石景山区委办公室 北京市石景山区人民政府办公室关于转发双拥办《石景山区 2019 年双拥工作要点》的通知

京石办发〔2019〕6 号　中共北京市石景山区委办公室关于转发《中共北京市石景山区委党的建设工作领导小组 2019 年工作要点》的通知

京石办发〔2019〕7 号　中共北京市石景山区委办公室 北京市石景山区人民政府办公室印发《石景山区贯彻落实〈关于加强新时代街道工作的意见〉的任务分解方案》的通知

京石办发〔2019〕8 号　中共北京市石景山区委办公室转发区纪委区监委机关区委组织部区委宣传部关于《石景山区第二十八届党风廉政建设宣传教育月活动计划》的通知

京石办发〔2019〕9 号　中共北京市石景山区委办公室关于印发《石景山区推进新时代文明实践中心建设实施方案》的通知

京石办发〔2019〕10 号　中共北京市石景山区委办公室关于调整十二届区委常委分工的通知

京石办发〔2019〕11 号　中共北京市石景山区委办公室 北京市石景山区人民政府办公室关于印发《石景山区"擦亮城市西大门，文明祥和迎大庆"专项行动方案》的通知

京石办发〔2019〕12 号　中共北京市石景山区委办公室北京市石景山区人民政府办公室关于印发《石景山区大数据三年行动计划（2019－2021 年）》的通知

京石办发〔2019〕13 号 中共北京市石景山区委办公室北京市石景山区人民政府办公室关于印发《石景山区深化 12345 市民服务热线“接诉即办”工作实施方案》的通知

京石办发〔2019〕14 号 中共北京市石景山区委办公室北京市石景山区人民政府办公室印发《石景山区关于新时代加快推进教育现代化的实施意见(2019－2025 年)》的通知

京石办发〔2019〕15 号 中共北京市石景山区委办公室北京市石景山区人民政府办公室印发《石景山区关于进一步加强和改进离退休干部工作的实施方案》的通知

京石办发〔2019〕16 号 中共北京市石景山区委办公室北京市石景山区人民政府办公室关于印发《石景山区区管企业领导人员管理规定(试行)》的通知

京石办发〔2019〕17 号 中共北京市石景山区委办公室关于调整十二届区委常委分工的通知

北京市石景山区人民政府主要文件目录

北京石景山区人民政府文件

石政发〔2019〕1 号 北京市石景山区人民政府关于印发 2019 年折子工程的通知

石政发〔2019〕2 号 北京市石景山区人民政府关于印发《石景山区生活性服务业品质提升三年行动计划(2018 年—2020 年)》的通知

石政发〔2019〕3 号 北京市石景山区人民政府关于实施 2019 年度至 2021 年度促进就业优惠政策的通知

石政发〔2019〕4 号 北京市石景山区人民政府关于印发《2019 年非本市户籍适龄儿童少年在石景山区接受义务教育证明证件材料审核标准》的通知

石政发〔2019〕5 号 北京市石景山区人民政府关于公布第五批石景山区级非物质文化遗产代表性项目的通知

石政发〔2019〕6 号 北京市石景山区人民政府关于印发《石景山区国家森林城市建设总体规划(2018—2035 年)》的通知

石政发〔2019〕7 号 北京市石景山区人民政府关于印发《石景山区鼓励企业上市发展实施办法》的通知

石政发〔2019〕8 号 北京市石景山区人民政府关于印发《石景山区加强政府投资建设项目全过程管理办法(试行)》的通知

石政发〔2019〕9 号 北京市石景山区人民政府关于落实向区人大常委会报告国有资产管理情况制度的实施意见

石政发〔2019〕10 号 北京市石景山区人民政府关于印发《区政府重大决策出台前向区人大常委会报告工作办法》的通知

石政发〔2019〕11 号 北京市石景山区人民政府关于印发《北京市石景山区人民政府工作规则》的通知

北京市石景山区人民政府办公室文件

石政办发〔2019〕1 号 北京市石景山区人民政府办公室关于印发《石景山区污染防治攻坚战 2019 年行动计划》的通知

石政办发〔2019〕2 号 北京市石景山区人民政府办公室关于印发《2019 年长安街石景山段整治提升项目工作方案》的通知

石政办发〔2019〕3 号 北京市石景山区人民政府办公室关于印发《石景山区净土持久战三年行动计划(2018 年—2020 年)》的通知

石政办发〔2019〕4 号 北京市石景山区人民政府办公室关于印发《石景山区医耗联动综合改革工作方案》的通知

石政办发〔2019〕5 号 北京市石景山区人民政府办公室关于印发《石景山区 2019 年交通综合治理行动计划》的通知

石政办发〔2019〕6 号 北京市石景山区人民政府办公室关于印发《石景山区促进消费升级发挥新消费引领作用行动计划(2019 年—2021 年)》的通知

石政办发〔2019〕7 号 北京市石景山区人民政府办公室关于修订《石景山区人民政府法律顾问工作暂行办法》的通知

石政办发〔2019〕8 号 北京市石景山区人民政府办公室关于印发《北京市石景山区推进全国社区治理和服务创新实验区工作实施方案(2019－2020 年)》的通知

石政办发〔2019〕9 号 北京市石景山区人民政府办公室关于印发《石景山区关于在市场监管领域全面推行部门联合“双随机、一公开”监管实施方案》的通知

石政办发〔2019〕10 号 北京市石景山区人民政府办公室关于印发《北京市石景山区关于进一步加强文物工作的实施意见》的通知

石政办发〔2019〕11 号 北京市石景山区人民政府办公室关于成立北京市石景山区就业工作领导小组的通知

石政办发〔2019〕12 号 北京市石景山区人民政府办公室关于印发《石景山区促进应用场景建设加快创新发展支持办法》的

通知

石政办发〔2019〕13号　北京市石景山区人民政府办公室关于印发《石景山区深化医药卫生体制改革2019年重点工作安排》的通知

石政办发〔2019〕14号　北京市石景山区人民政府办公室关于公布石景山区政府文件清理结果的通知

石政办发〔2019〕15号　北京市石景山区人民政府办公室关于印发《石景山区进一步促进无障碍环境建设2019—2021年行动方案》的通知

区域文化设施名录

全国重点文物保护单位名录

单位名称	地址	电话
法海寺	模式口大街北	88749278－809
承恩寺	模式口大街东段路北	88724148
八宝山革命公墓	石景山路	88259709

北京市文物保护单位名录

单位名称	地址	电话
长安寺	八大处	88964661
灵光寺	八大处	88964661
三山庵	八大处	88964661
大悲寺	八大处	88964661
龙泉庵	八大处	88964661
香界寺	八大处	88964661
宝珠洞	八大处	88964661
证果寺	八大处	88964661
慈善寺	五里坨天泰山	88905988
冰川馆	模式口大街28号	88722585
田义墓	模式口大街北	88724148
老山汉墓	老山驾校内	64033516－8038
皇姑寺	西黄村	88701190

石景山区文物保护单位名录

单位名称	地址	电话
崇兴庵	鲁谷村	88724148
龙泉寺	模式口大街北	88749279－809
双泉寺	双泉寺村	88960590
礼王府	福寿岭铁路疗养院内	51028600
万善桥	黑石头村东	88701190
隆恩寺第四纪冰川擦痕	五里坨	88902466
雍正御制碑	首钢制氧厂内	88297552－206
福田公墓	福田寺村	88962197
贤良寺塔院	八大处长安寺南200米	88701190
石景山古井	石景山南侧	88297552－206
石景山古建群元君庙	石景山南侧	88297552－206
八大处冰川漂砾	八大处公园五处龙泉庵	88964661
四柏一孔桥	模式口大街北	88749279－809
瑞王坟碑亭	西山枫林东南角	68872844
兴隆寺	五里坨小青山上	88902166

翠云庵	高井村	88902166
崇国寺塔	八宝山革命公墓南 300 米	88701190
龙王庙	五里坨街道黑石头路上石府村	88701190
模式口 76 号院	金顶街街道模式口大街 76 号	88711860
五里坨民居	五里坨街道五里坨后街 3－7 号	88795053

公证服务机构

公证处名录

单位名称	地址	电话
北京市燕京公证处	杨庄东路 66 号	88915322　68834410　68875084

法律服务所名录

单位名称	地址	电话
北京市石景山区八宝山街道法律服务所	八角西街 61 号院 222 室	13911506990
北京市石景山区八角街道法律服务所	中关村科技园 5 号楼 6 层	13501293959
北京市石景山区古城街道法律服务所	杨庄大街 69 号 1212 号	13321191098

石景山公安分局派出所名录

单位名称	地址	电话
八宝山派出所	永乐小区甲 66 号	68668751
八角派出所	八角北路甲 38 号	68875652
古城派出所	老古城北后道甲 1 号	68872373
苹果园派出所	实兴大街甲 1 号	68836781　68872303
老山派出所	老山东里	88971590
模式口派出所	模式口南里甲 1 号	68875574
金顶街派出所	金顶街五区 3 栋	88732328
鲁谷派出所	依翠园甲 16 号	88682186
广宁派出所	广宁复兴街 75 号	88992177
五里坨派出所	五里坨东街甲 1 号	88952410
石景山路派出所	石景山体育馆内	68875350
八大处派出所	八大处公园内	88964250
高井派出所	高井甲 32 号	66384471
四平台派出所	八大处甲 1 号	88963060

街道社区居委会

古城街道

单位名称	地址	电话
八千平社区居民委员会	古城北路 3 栋平房处	68875184
古城路社区居民委员会	古城路 16 栋西侧	68874653
南路东社区居民委员会	古城南路 28 栋前	68835582
南路西社区居民委员会	古城南路 16 栋北侧	68875391
十万平社区居民委员会	古城大街曦景长安 3 号楼底商 105 室	68888325

北小区社区居民委员会	古城北路 14 栋前平房	68875712
环铁社区居民委员会	杨庄大街地铁车辆一公司门口	68835233
特钢社区居民委员会	特钢东门大楼一栋平房	68810165
西路南社区居民委员会	古城西路 8 栋对面	68882076
西路北社区居民委员会	古城西路 10 栋	68874303
天翔社区居民委员会	古城北路 21 栋后院	68882488
老古城东社区居民委员会	古城现代嘉园 66 号院 1 号楼 1 单元 102 室	68819071
老古城西社区居民委员会	古城现代嘉园 68 号院 1 号楼 2 单元 102 室	68819073
北辛安大街社区居民委员会	北辛安大街 56 号	68826703
北辛安铁新社区居民委员会	北辛安新房子 16 号	68871476
北辛安南北岔社区居民委员会	北辛安南岔 34 号	68876114
水泥厂社区居民委员会	京原路 68 号	88957201
南大荒社区居民委员会	京原路 55 号永定林居民区院	68822740
白庙庞村社区居民委员会	白庙村 35 号	68868592
滨和园燕堤西街社区居委会	燕堤西街 7 号院 1 号楼二层	53023226/28
滨和园燕堤中街社区居委会	燕堤中街 6 号院 3 号楼二层	53023963/69
滨和园燕堤南路社区居委会	燕堤南路 1 号院 8 号楼三层	

苹果园街道

单位名称	地址	电话
苹一区社区居委会	苹一区 8 栋北侧	68877460 68877461
苹二区社区居委会	苹二区 6 号楼后面	68870591 68861882
苹三区社区居委会	苹三区 19 栋西	88719085 88736486
苹四区社区居委会	苹果园中路 15 号院 2 号楼二层	56454125
海一社区居委会	海特花园 15 栋后平房	88791108 88790239
海二社区居委会	海特 41 号楼北侧平房	88790874
海三社区居委会	西井四区 1 号楼前	88791077 88796485
西井社区居委会	西井二区甲 1 号	88932431 88931244
西黄村社区居委会	叠翠庭苑二区二号楼底商社区服务站	88705057
西黄新村社区居委会	西黄新村北里小区南门内平房	68834311 88908471
琅山社区居委会	刘娘府 8 号院 9 号楼底商	88752643 88728914
边府社区居委会	刘娘府 9 号院 8 号楼底商	68814302
装备部社区居委会	绍家坡驻军 1 号院	66397283 66397061
八大处社区居委会	八大处路 6 号六一教工院内	88962791 68862944
西山枫林一社区居委会	香山南路 168 号院 8－9－101	88994437 88782445
西山枫林二社区居委会	香山南路 166 号院 8－6－102	88774971 88910751
军区第一社区居委会	八大处甲一号院 58 楼一层	88963343 66398257
西黄新村东里社区居委会	西黄新村南里 5 号楼南侧平房	88701800
西黄新村西里社区居委会	西黄新村西里社区 12 号楼卫生服务站北侧	88701646 88701881 88701722
下庄社区居委会	八大处甲 26 号院二号楼北侧	88960745
东下庄社区居委会	福田寺西街三号院西山芳苑小区 3 号楼	68838978 88728158

金顶街街道

单位名称	地址	电话
金一区居委会	金顶北路 20 号院 18 号楼底商	88775047 88749902
金二区居委会	金顶北路 18 号院 13 号楼底商	88750554 88778664
金三区居委会	金三区 6 栋东南侧	88758200 88748025
金四区居委会	金顶北街 68 号(金顶街工商银行北侧)	88740881 88748026

金五区居委会	金五区甲 9 栋底商	88739940 88749971
赵山居委会	赵山 9 号楼院内	68883912 88748007
西福村居委会	金顶山路 168 号院 9 栋旁	88710004 88723576
铸造村居委会	铸造村一区新 1 号(14 栋旁)	88747233 88748033
模式口村居委会	模式口村 76 号 88741910	88750148
模式口东里居委会	模式口东里 1 号楼北侧	88728152 88807010
模式口南里居委会	模式口南里 9 栋北侧	88722187 88726875
模式口中里居委会	模式口南里 26 栋前	88739668 88728616
模式口北里居委会	模式口北里 44 栋南侧	88748010 88730004
模式口西中居委会	模式口西里 20 栋北侧	88722602 88748826
模式口西南居委会	模式口西里 33 栋北侧	88720481 88720488
模式口西北居委会	模式口西里 39 栋东侧	88724325 88755746

五里坨街道

单位名称	地址	电话
天翠阳光第一社区居委会	石门南路一号院 9 号楼平房	88902443
天翠阳光第二社区居委会	五里坨西街 9 号院 11 号楼 1 层	88796850
天翠阳光第三社区居委会	五里坨西街 12 号院 5 号楼一层	88920530
东街社区居委会	西小街 7 号院 4 号楼一层居委会	69832780
高井社区居委会	五里坨派出所对面(高井社区)	88951713
南宫社区居委会	石门路 368 号南宫社区居委会	51511273
西山机械厂社区居委会	西山机械厂社区居委会 99 号	51725435
黑石头社区居委会	黑石头南街 49 号	88952941
隆恩寺社区居委会	隆恩寺村礼堂	88902905
红卫路社区居委会	隆恩寺路 99 号院	51912279
陆军机关军营社区居委会	高井甲 32 号院	66384479、66384348
隆恩寺新区社区居委会	秀府南路 19 号金谷香郡 1 号楼	68845300
隆恩颐园社区居委会	隆恩寺路 3 号院汇众仁和物业大厦二层	61818860
南宫嘉园社区居委会	隆恩寺路 18 号院 10 号楼 1 单元	88900611
京西景园社区居委会	五里坨中街京西景园 40 号院 2 号楼北侧 1 层	88938610

广宁街道

单位名称	地址	电话
新立街社区居委会	广宁村新立街 113 号	88991868
东山社区居委会	广宁村复兴街东山	88991398
高井路社区居委会	广宁村电厂路 21 号	52552881
麻峪社区居委会	麻峪南沟五十五亩地	88991640
麻峪北社区居委会	双峪路麻峪新街北口	88991282

八宝山街道

单位名称	地址	电话
三山园社区居委会	永乐东区 84 楼东侧平房	68657086
四季园社区居委会	永乐东区 57 楼前白楼	68681076
永东南社区居委会	永乐东区 32 楼南平房	68684695
永东北社区居委会	永乐东区 7 号楼前	68658546
鲁谷住宅社区居委会	鲁谷住宅 7 号楼东侧一层	68636654
情报所社区居委会	情报所 26 号楼北侧二层	88686047
玉泉西社区居委会	玉泉路甲 65 号院平房	88682712

瑞达社区居委会	瑞达社区北院 11 号楼北侧一层	68689014
青年楼社区居委会	青年楼 2 号楼东侧	68687279
中铁建社区居委会	八宝山南路 29 号院食堂二层	51885679
西里西社区居委会	玉泉西里二区 7－3－106	88685338
西里中社区居委会	玉泉西里二区 29 号楼一层(底商)	88609638
西里北社区居委会	玉泉西里二区 1 号楼一层(底商)	88680676
西里南社区居委会	玉泉西里二区 30 号楼 3 单元	88608457
沁山水南社区居委会	玉泉西里一区 26 号楼三层 302	68645680
沁山水北社区居委会	玉泉西里一区 2 号楼一层 106	88687020

鲁谷街道

单位名称	地址	电话
依翠园南社区居委会	依翠园 13 号楼底商依翠园南居委会	68624224
依翠园北社区居委会	鲁谷路市运八场 3 号楼南侧	68663737
双锦园社区居委会	永乐西小区 3 号楼东面	68636674
五芳园社区居委会	鲁谷南路 5 号	68620956
六合园南社区居委会	六合园 20 号楼南侧	68625271
六合园北社区居委会	六合园 12 号楼北侧平房	68626880
七星园南社区居委会	七星园 10－13　101	68627417
七星园北社区居委会	七星园 7 号楼对面	68627418
衙门口东社区居委会	衙门口上后街南头	88681730
衙门口西社区居委会	衙门口西街 44 号	68636683
衙门口南社区居委会	衙门口西南后街	88681010
新华社社区居委会	京原路 8 号新华社第二工作区西配楼 102 室	3077157
石景山医院社区居委会	碣石坪小区 3 号楼西侧平房居委会	68659138
久筑社区居委会	双锦园 16 号楼底商久筑服务站	68658542
西厂东社区居委会	北京重型机电厂西厂宿舍 10 号楼 3 门 103 号	68683321
新岚社区居委会	依翠园乙 16 号新岚大厦一层	68641236
永乐西南社区居委会	永乐西区 20 号楼北侧平房院	88681799
永乐西北社区居委会	永乐西区 20 号楼北侧平房院	68686532
重聚园社区居委会	重聚园 18 号楼西侧物业综合办公楼四层	68686316
重兴园社区居委会	重兴嘉园 1 号楼 6 层居委会	68655994
碣石坪社区居委会	碣石坪 12 号一单元 101	88690992
聚兴园社区居委会	天和景园 1－10－101	53666011

八角街道

单位名称	地址	电话
八角北里社区居委会	八角北里 45 号楼前	68883787
八角中里社区居委会	八角中里 21 栋东侧	68879231
八角南里社区居委会	八角南里 17 栋东侧	88910810
八角北路社区居委会	八角北路 44 栋对面八角北路居委会	68872161
八角路社区居委会	八角路社区 10 栋东侧	68874285
八角南路社区居委会	八角南路 12 号楼东侧	68879213
杨庄南区社区居委会	杨庄小区 35 栋西侧	68873013
杨庄中区社区居委会	杨庄中区 1 号楼西侧	68867818
杨庄北区社区居委会	杨庄北区奈伦熙府 49 号楼西侧平房	52651531
杨庄北区第二社区居委会	杨庄北区 12 号楼北侧和 13 号楼南侧之间	57435597
公园北社区居委会	古城路甲 61 号	68872798

古城南路社区居委会	古城南路 50 栋院内	68873023
古城南里社区居委会	古城南里 5 号楼西南侧	68876379
建钢南里社区居委会	八角南里 1 号楼南侧平房	58419189
八角北路特钢社区居委会	八角北路 9 栋北侧平房	88915047
地铁古城家园社区居委会	八角北路 59 号地铁家园社区 5 号楼南侧	68879223
黄南苑社区居委会	黄南苑小区 2 号楼北侧平房	88995817
时代花园社区居委会	时代花园南路 23 号院 15 号楼 1 层	88937457
景阳东街第一社区社区居委会	景阳东街 69 号院 1 号楼 1 层	68648819
景阳东街第二社区社区居委会	景阳东街 65 号院 3 号楼 2 单元 1 层	88605660
景阳东街第三社区社区居委会	景阳东街 58 号院燕保京原家园底商	88602430
体育场南路社区居委会	体育场南街 7 号院 5 号楼	68800805
体育场西街社区委员会	体育场西街 20 号院 10 号楼 1 层	88938340

老山街道

单位名称	地址	电话
老山西里社区居委会	老山西里 4 栋东侧平房	88970474
老山东里社区居委会	老山东里 5 栋东侧临甲 5－2	88975996
老山东里南社区居委会	老山东里 28 栋东侧平房	88973339
老山东里北社区居委会	老山东里 49 栋北侧楼房	88973470
何家坟社区居委会	梁公庵临 35 号	57411001
高能所社区居委会	玉泉路 19 号乙高能所居委会	88233098
玉泉西路社区居委会	玉泉西街 1 号院玉泉西路居委会	88255501
11 号院社区居委会	玉泉路 11 号院东平房入口处	68289034
翠谷玉景苑社区居委会	翠谷玉景苑 1 号楼 6 门 103 号	58974113
京源路社区居委会	石景山路 23 号院京源路居委会	68810401
玉泉北里二区第一社区居委会	玉泉北里二区国防大学 B 区 21 号楼底商 2 单元 102	88620097
中国科学院大学社区居委会	玉泉路 19 号丙 16 号楼北侧平房	88256073

索 引

使用说明

一、本索引采用内容分析索引法编制，除大事记外，年鉴中有实质检索意义的内容均予以标引，以便检索使用。

二、本索引基本上按汉语拼音音序排列，具体排列方法如下：以数字开头的，排在最前面；以英文字母开头的，列于其次；汉字索引词则按首字的音序、音调依次排列，首字相同时则以第二个字排序，依此类推。

三、索引词后的数字，表示检索内容所在的正文页码；数字后面的英文字母 a、b、c，表示正文栏别，合在一起即指该页码及内容所在的版面区域。年鉴中用表格、图形反映的内容，则在索引词后面用括号注明(表)(图)字，以示区别。

四、为反映索引词的隶属关系，对于二级索引词，采取在上一级索引词下缩二格的形式编排，之下再按汉语拼音音序、音调排列。

0～9(数字)

A～Z(英文)

A

B

C

D

E ~ F

G

H

J

K

L

M

N～P

Q

R

S

T

W

X

Y

Z